© Noordhoff Uitgevers bv

Strategisch management in het MKB

H.J. Dekker AA

drs. H.M.P. Huls

drs. D.P. Scherjon

Zevende druk

Noordhoff Uitgevers Groningen/Houten

© Noordhoff Uitgevers bv

Ontwerp omslag: G2K Groningen-Houten
Omslagillustratie: iStockphoto

Eventuele op- en aanmerkingen over deze of andere uitgaven kunt u richten aan: Noordhoff Uitgevers bv, Afdeling Hoger Onderwijs, Antwoordnummer 13, 9700 VB Groningen, e-mail: info@noordhoff.nl

0 / 15

© 2015 Noordhoff Uitgevers bv Groningen/Houten, The Netherlands.

Behoudens de in of krachtens de Auteurswet van 1912 gestelde uitzonderingen mag niets uit deze uitgave worden verveelvoudigd, opgeslagen in een geautomatiseerd gegevensbestand of openbaar gemaakt, in enige vorm of op enige wijze, hetzij elektronisch, mechanisch, door fotokopieën, opnamen of enige andere manier, zonder voorafgaande schriftelijke toestemming van de uitgever. Voor zover het maken van reprografische verveelvoudigingen uit deze uitgave is toegestaan op grond van artikel 16h Auteurswet 1912 dient men de daarvoor verschuldigde vergoedingen te voldoen aan Stichting Reprorecht (postbus 3060, 2130 KB Hoofddorp, www.reprorecht.nl). Voor het overnemen van gedeelte(n) uit deze uitgave in bloemlezingen, readers en andere compilatiewerken (artikel 16 Auteurswet 1912) kan men zich wenden tot Stichting PRO (Stichting Publicatie- en Reproductierechten Organisatie, postbus 3060, 2130 KB Hoofddorp, www.stichting-pro.nl).

All rights reserved. No part of this publication may be reproduced, stored in a retrieval system, or transmitted, in any form or by any means, electronic, mechanical, photocopying, recording, or otherwise, without the prior written permission of the publisher.

ISBN 978-90-01-84176-8
NUR 163

Woord vooraf bij de zevende druk

Vanaf deze zevende druk wordt de titel van dit studie- en naslagboek weer *Strategisch management in het MKB*. Hiermee wordt bereikt dat bij deze herdruk opnieuw de nadruk is gelegd op de MKB-ondernemer en -onderneming, met zo nu en dan een uitstapje naar het grootbedrijf.

Belangrijke actualisaties zijn aangebracht over onderwerpen als marketingstrategie, online marketing, informatie over fusies en overnames, het borgstellingskrediet, faillissement, stille curator en bewindvoering. Voor het eerst zijn in het boek de hoofdstukken 3 en 4 van de zesde druk samengevoegd tot één hoofdstuk. Voor een snelle en beknopte terugkoppeling naar de stof zijn na elk hoofdstuk de vijf meerkeuzevragen gebleven, terwijl op de website van Noordhoff Uitgevers voor dit boek twintig praktijkcasussen, extra multiplechoicevragen en opgaven per hoofdstuk te vinden zijn, vooral om kennis te toetsen.

Voor het zoekend lezen zijn de kantlijnnotities, de marginalia, in de vorige druk een verbetering gebleken en nu dus weer opgenomen. Als verantwoording van de gebruikte literatuur is de bronnenlijst ook geactualiseerd. In sommige gevallen kan het raadplegen van boek en auteur waaraan wordt gerefereerd verdieping geven van een behandeld onderwerp.

Voor studenten die strategisch management als module in het studieprogramma hebben, en voor (potentiële) ondernemers die zich voor de breedte en diepte van een casus interesseren, kunnen de praktijkcasussen op de website van het boek van groot nut zijn. Ook de uitwerkingen hiervan zijn op de website te vinden.

Jaarlijks vindt vele malen bedrijfsopvolging, bedrijfsovername en bedrijfsoverdracht (BOOO) plaats. Dit is voor degenen die hiermee te maken krijgen een lastig en vooral emotioneel gebeuren. In de praktijk is gebleken dat dit boek ook voor adviseurs een goede leidraad is en helder aangeeft wanneer specialisten moeten worden aangetrokken om BOOO tot een succes te maken.

Zwolle, voorjaar 2015

H.J. Dekker AA
Auteur en eindredacteur

Serie financieel economische adviespraktijk

- *Management accounting en management control van MKB tot grootbedrijf*
  978-90-01-78438-6
- *Financiering van MKB tot grootbedrijf*
  978-90-01-78437-9
- *Strategisch management in het MKB*
  978-90-01-84176-8

Inhoud

1 Over ondernemers 13
1.1 Wie is ondernemer? 14
1.2 Psychologische aspecten 15
1.3 Sociologische aspecten 16
1.4 Bedrijfskundige aspecten 17
1.4.1 Veel werkuren, weinig reflectie 17
1.4.2 Eenzame positie en ontbreken van een staf 18
1.4.3 Eenzijdigheid 18
1.4.4 Isolement 21
1.4.5 De ondernemende samenleving 23
1.5 Wat is een klein bedrijf? 25
1.5.1 Kwalitatieve betekenis 25
1.5.2 Kwantitatieve betekenis 26
1.6 Macro-economische betekenis 28
1.6.1 Werkgelegenheid 28
1.6.2 Arbeidsomstandigheden 34
1.6.3 Doorbreken van monopolies 34
1.6.4 Innovatie 35
1.6.5 Toeleveren en uitbesteden 35
1.6.6 Afzet 38
1.7 Ruggengraat van de economie 38
1.7.1 Schaalfactoren 38
1.7.2 Turbulente ontwikkelingen binnen markten 41
Samenvatting 42
Meerkeuzevragen 43

2 Management in kleine ondernemingen 45
2.1 Ontwikkeling van bedrijven 46
2.1.1 Drie fasen 46
2.1.2 Structuur van ondernemingen 47
2.2 Management in een klein bedrijf 48
2.2.1 Persoon van de ondernemer 50
2.2.2 Bekwaamheden en onbekwaamheden 51
2.3 Ondernemingsplanning 52
2.3.1 Gebrek aan strategische planning 53
2.3.2 De praktijk van planning 54
2.3.3 Het opstellen van een ondernemingsplan 56
2.3.4 De opbouw van een ondernemingsplan (geen starter) 58
2.4 Adviseren aan ondernemers 60
2.4.1 Adviseurs 60
2.4.2 De financieel adviseur 62
2.4.3 Drie schillen van adviseurs 65

2.5 Starten en groeien 70
2.5.1 Startende bedrijven 70
2.5.2 Groeiende bedrijven 73
2.6 Internationalisering van het MKB 79
2.7 Innovaties 82
2.7.1 Innovaties uit aanpassingen 83
2.7.2 Relatief grote bijdrage aan innovaties 84
2.7.3 Innoveren in Nederland 84
Samenvatting 86
Meerkeuzevragen 87

3 Strategievormingsproces 89

3.1 Het nut van strategievorming 91
3.2 Het begrip strategie 92
3.3 Vermijden van het strategievormingsproces 100
3.4 Stappenplan van het strategievormingsproces 100
3.5 Veranderingen in de marktomgeving 105
3.5.1 Macro-omgevingsfactoren 105
3.5.2 Meso-omgevingsfactoren per bedrijfstak 109
3.5.3 De concurrentieanalyse 111
3.5.4 De wijze waarop de onderneming met de omgevingsfactoren kan omgaan 115
3.6 Verrichten van een situatieanalyse 118
3.6.1 Externe analyse 118
3.6.2 Interne analyse 123
3.6.3 SWOT-analyse en de confrontatiematrix 130
3.7 De strategie-instrumenten 134
3.7.1 Porter: de basisstrategieën 134
3.7.1.1 Kostenleiderschapstrategie 135
3.7.1.2 Differentiatiestrategie 137
3.7.1.3 Focusstrategie 139
3.7.2 De hyperconcurrentiestrategie 142
3.7.3 Hamel en Prahalad 145
3.7.4 Treacy en Wiersema 146
3.7.5 Kim en Mauborgne 148
3.7.6 Portfoliomethode van de Boston Consultancy Group 154
3.7.7 Ansoff-model 158
3.8 De strategiekeus 161
3.8.1 De praktijk van de strategiekeus 162
3.8.2 Richtingsmogelijkheden van een strategiekeus 166
3.8.2.1 De basisrichting groei 166
3.8.2.2 De basisrichting versterken en verbeteren 167
3.8.2.3 De basisrichting consolideren en behouden 168
3.8.2.4 De basisrichting inkrimpen en saneren 169
3.8.3 Wijze waarop de strategieontwikkeling plaatsvindt 170
3.9 Implementatie 170
3.10 Balanced scorecard 172
3.10.1 Kernelementen in de balanced scorecard 172
3.10.2 De noodzakelijkheid van prestatiemetingen 174
3.10.3 De relatie tussen de BSC en financiële verslagen 176
3.10.4 Valkuilen en voordelen van de BSC 177
3.10.5 Implementatie van de BSC in de MKB-onderneming 178
Samenvatting 179
Meerkeuzevragen 181

4 Marketingbeleid 183

- 4.1 Drie mogelijkheden van marktbenadering 185
- 4.2 Aanbodsegmentatie, marktsegmentatie en strategische allianties 189
- 4.2.1 Aanbodsegmentatie 192
- 4.2.2 Marktsegmentatie 192
- 4.2.3 Strategische allianties 195
- 4.3 Industriële marketing: van acquirerende marketing naar relatiemarketing 197
- 4.3.1 Het product of de dienst als instrument van de marketingmix 199
- 4.3.2 De prijs als instrument van de marketingmix 206
- 4.3.3 De distributie en de vestigingsplaats als instrument van de marketingmix 210
- 4.3.4 Promotie en communicatie als instrument van de marketingmix 213
- 4.4 Consumentenmarketing of receptieve marketing 218
- 4.4.1 De vestigingsplaats 218
- 4.4.2 De (fysieke) distributie 224
- 4.4.3 Het assortiment 230
- 4.4.4 De promotie en de communicatiemix 232
- 4.4.5 De presentatiemix 234
- 4.4.6 De prijs 235
- 4.5 Verschillen tussen de consumentenmarkt en de industriële markt 237
- 4.6 Online marketing 239
- 4.6.1 Internetgebruik in Nederland 239
- 4.6.2 Online marketing 239
- 4.6.3 Waarom via internet kopen? 245
- 4.6.4 Functies internet in het koopproces 246
- 4.7 Verschillen tussen de offline marketing en de online marketing 248
  - Samenvatting 251
  - Meerkeuzevragen 252

5 Juridische vormen 255

- 5.1 Juridische ondernemingsvormen 256
- 5.1.1 Herziening van wetgeving 257
- 5.2 Eenmanszaak 257
- 5.2.1 Artikel BW I: 88 en 89 257
- 5.3 Maatschap 261
- 5.4 Vennootschap onder firma 262
- 5.5 Commanditaire vennootschap (cv) 263
- 5.6 Besloten vennootschap 263
- 5.6.1 Oprichten van een bv 265
- 5.6.2 De 'lege' bv, een alternatieve oprichting 266
- 5.6.3 Eenpersoons-bv 266
- 5.6.4 Holdingstructuur 267
- 5.6.5 Raad van commissarissen 268
- 5.6.6 Pandrecht op aandelen 270
- 5.6.7 Doeloverschrijding 270
- 5.6.8 Tegenstrijdig belang 271
- 5.6.9 Anti-misbruikwetgeving 272
- 5.6.10 Geruisloze terugkeer uit de bv 275
- 5.6.11 Ontbinding bv's door Kamer van Koophandel 276
- 5.7 Naamloze vennootschap 276
- 5.8 Stichting 277
- 5.9 Familiestatuut 279
- 5.9.1 Proces voor het maken van een familiestatuut 280
- 5.9.2 Familiesysteem versus bedrijfssysteem 280

5.9.3 Familiewaarden in het bedrijf 280
5.9.4 Checklist 281
5.10 Vereniging 283
5.11 Zelfstandige zonder personeel (zzp'er) 283
5.12 Europees Economisch Samenwerkingsverband 284
5.13 Joint ventures 286
5.14 Publiek-private samenwerking 288
5.15 Fusies 289
5.15.1 Oneigenlijke bedrijfsfusieregeling 292
5.15.2 Bedrijfsfusie 292
5.15.3 Aandelenfusie 293
5.15.4 Juridische fusie 293
5.15.5 Juridisch splitsen 294
5.15.6 Fusiegedragsregels 295
Samenvatting 296
Meerkeuzevragen 297

6 Investerings- en financieringsplan 299

6.1 Rol van de accountant bij investeren en financieren 300
6.2 Financieren en sectorbeleid van banken 302
6.3 Investeringsplan 305
6.3.1 Investeringen en de levenscyclus van een bedrijf 307
6.3.2 Overschrijding van de investeringsbegroting 307
6.3.3 Bestaande financiële verplichtingen 309
6.3.3.1 Borgstelling MKB-kredieten 310
6.3.3.2 GO-leningen 312
6.3.3.3 Groeifaciliteit 312
6.3.4 Goodwill en badwill 312
6.3.5 Werkkapitaal 313
6.3.6 Enkele balansposten bij de aan- en verkoop van een bv 314
6.3.7 Liquiditeitsprognose 314
6.4 Financieringsplan 315
6.4.1 Eigen vermogen 316
6.4.2 Vreemd vermogen/garantievermogen 316
6.5 Informal venture capital 319
6.5.1 Kennis van de bedrijfstak 319
6.5.2 Financieringsvormen 320
6.5.3 Procedure 321
6.6 Financieren van een aandelentransactie 321
6.7 Microkrediet 322
6.7.1 Qredits 323
6.7.2 De microfinanciering 323
6.8 Crowdfunding 324
6.8.1 Kredietunie 325
6.9 Regels bij bancaire kredietverlening 325
6.9.1 Hypotheek 327
6.9.2 Pandrecht 329
6.9.3 Borgtocht 332
6.9.4 Covenants 333
Samenvatting 335
Meerkeuzevragen 336

7	**Balans en resultatenrekening** 339	
7.1	Balansen 340	
7.1.1	Balans-debet 342	
7.1.2	Balans-credit 344	
7.2	Bancair aansprakelijk vermogen 346	
7.2.1	Aanpassingen van de activa voor het bancair aansprakelijk vermogen 346	
7.2.2	Aanpassingen van de passiva voor het bancair aansprakelijk vermogen 348	
7.3	Resultatenprognoses 348	
7.3.1	Historisch cijfermateriaal 350	
7.3.2	Opbrengsten 350	
7.3.3	Kosten 353	
7.4	Gebruik van ratio's en kengetallen 354	
7.5	Betalingscapaciteitsmarge 356	
7.5.1	Betalingscapaciteit 356	
7.5.2	Privéonttrekkingen 356	
7.5.3	Gewaardeerd ondernemersinkomen 357	
7.5.4	Betalingscapaciteitsmarge 359	
	Samenvatting 361	
	Meerkeuzevragen 362	
8	**Continuïteit en discontinuïteit** 365	
8.1	Informatie 366	
8.1.1	Managementinformatie 366	
8.1.2	Verzamelen van informatie 368	
8.1.3	Veelvoorkomende methoden van informatie verzamelen 368	
8.1.4	Kwaliteit van de informatie 370	
8.1.5	Geheimhouding van de informatie 371	
8.2	Benchmarking 372	
8.3	Signalen van discontinuïteit 374	
8.3.1	Omgevingsfactoren voor de MKB-onderneming 374	
8.3.2	Signalen van een tegenvallende gang van zaken 375	
8.3.3	Faalfactoren van persoonlijke aard 377	
8.4	Risicomanagement 379	
8.5	Verandermanagement 382	
8.6	Bijzondere saneringen 386	
8.6.1	Financiële sanering 386	
8.7	Beëindigen van een onderneming 387	
8.7.1	Wet schuldsanering natuurlijke personen 388	
8.7.2	Faillissement 391	
8.7.3	Herijking faillissementsrecht 395	
8.8	Doorstart na faillissement 396	
8.8.1	Pre-pack 398	
	Samenvatting 400	
	Meerkeuzevragen 401	
9	**Bedrijfsopvolging, bedrijfsovername en bedrijfsoverdracht** 403	
9.1	Opvolging in het familiebedrijf 404	
9.1.1	Fiscale voordelen bedrijfsopvolgingsregeling (BOR) 412	
9.2	Fasen van bedrijfsoverdracht 412	
9.3	Activa- of aandelentransactie? 418	
9.4	Waardebepaling van de aandelen 420	

9.5	Waardering van bedrijven	422
9.6	Management buy-out/buy-in	427
9.7	Due diligence-onderzoek	430
9.7.1	Onderzoek naar DDO-vormen	431
9.7.2	Accountantscontrole en DDO	432
9.8	Stichting Ondernemersklankbord	434
	Samenvatting	436
	Meerkeuzevragen	437

Antwoorden meerkeuzevragen 438

Literatuuropgave 439

Register 442

Over de auteurs 451

1 Over ondernemers

1.1 Wie is ondernemer?
1.2 Psychologische aspecten
1.3 Sociologische aspecten
1.4 Bedrijfskundige aspecten
1.4.1 Veel werkuren, weinig reflectie
1.4.2 Eenzame positie en ontbreken van een staf
1.4.3 Eenzijdigheid
1.4.4 Isolement
1.4.5 De ondernemende samenleving
1.5 Wat is een klein bedrijf?
1.5.1 Kwalitatieve betekenis
1.5.2 Kwantitatieve betekenis
1.6 Macro-economische betekenis
1.6.1 Werkgelegenheid
1.6.2 Arbeidsomstandigheden
1.6.3 Doorbreken van monopolies
1.6.4 Innovatie
1.6.5 Toeleveren en uitbesteden
1.6.6 Afzet
1.7 Ruggengraat van de economie
1.7.1 Schaalfactoren
1.7.2 Turbulente ontwikkelingen binnen markten
Samenvatting
Meerkeuzevragen

In dit hoofdstuk wordt kennisgemaakt met het midden- en kleinbedrijf. Niet alleen in cijfermatig opzicht – het aantal bedrijven, de bijdrage in de werkgelegenheid en de groei daarvan, de macro-economische betekenis van bijvoorbeeld de afzet van het midden- en kleinbedrijf – maar ook in kwalitatieve zin. Bij dit laatste moet vooral worden gedacht aan de centrale rol die de ondernemer in de onderneming speelt. Meer dan in het grootbedrijf is het kleine bedrijf afhankelijk van zijn ondernemer: diens visie, gezondheid, doorzettingsvermogen, en ga zo maar door, zijn bepalend voor het succes van de onderneming.

Er wordt vaak gesproken over 'het' midden- en kleinbedrijf. Dit hoofdstuk laat zien dat het midden- en kleinbedrijf echter een enorme verscheidenheid van ondernemingen omvat, die als groep cruciaal zijn voor de economie, in ons land en in alle landen. Eerst wordt ingegaan op de vraag wie ondernemer is (paragraaf 1.1). Vervolgens komen psychologische, sociologische en bedrijfskundige aspecten aan de orde en de consequenties die deze hebben voor het ondernemen in een klein bedrijf (paragraaf 1.2 tot en met 1.4). Daarna wordt beschreven wat een klein bedrijf is (paragraaf 1.5). Tot slot komt de betekenis van het midden- en kleinbedrijf voor de economie aan bod (de paragrafen 1.6 en 1.7).

1.1 Wie is ondernemer?

Allereerst is het van belang te weten dat er in ons land honderdduizenden ondernemingen zijn. Bovendien zijn er binnen een onderneming, of die nu groot of klein is, of het de overheid betreft of zelfs de non-profitsector, meerdere ondernemende mensen naast de ondernemer zelf. Daarnaast heeft iedereen wel eens een handeltje, ook mensen die in loondienst zijn. Het fenomeen van de parttimeondernemer (vandaar ook het grote aantal 'Zelfstandigen Zonder Personeel', zzp'ers) is in de laatste jaren snel opgekomen. Men zou kunnen stellen dat – rekening houdend met parttime, freelance, voormalige en toekomstige ondernemers – iedereen (wel eens) een (beetje) ondernemer is (geweest).

Ondernemer

Wat maakt een *ondernemer* desondanks uniek? Van belang is daarbij allereerst de vraag wat eigenlijk een ondernemer is. Er zijn vele pogingen gedaan om de ondernemer exact te omschrijven. De *Van Dale* zegt hierover:

> 'persoon die in een tak van handel of bedrijf zelfstandig, voor eigen rekening en risico, werkt, op grond van het bezit van productiemiddelen en met vreemde arbeidskracht: de ondernemer is in het kapitalistische stelsel organisator en leider van het productieproces'.

In deze omschrijving staat het voor eigen rekening en risico een activiteit ontplooien centraal. Dat heeft te maken met beslissingen nemen over schaarse bronnen. Het bedrijfseconomisch lexicon legt een ander accent:

> 'Een ondernemer is iemand, die mogelijkheden ziet om zich door vernieuwing een plaats in een markt te veroveren of te behouden.'

Niet het lopen van risico's staat in deze definitie centraal, maar het innovatief opereren op de markt, het voortdurend inspelen op behoeften van klanten. Deze definitie sluit aan op de beroemde uitspraak van Schumpeter die stelt dat het ondernemen primair het vinden van 'Neue Kombinationen' is. Ondernemen bestaat in alle continenten, in alle soorten economieën, in alle tijden. Het wordt vaak vereenzelvigd met het kapitalistische systeem, maar zelfs in centraal geleide economieën – bijvoorbeeld het voormalige Oostblok – herken je ondernemende individuen: tegen de verdrukking in hebben velen zich zeer ondernemend gedragen. Ook in ontwikkelingslanden speelt het stimuleren van ondernemerschap een belangrijke rol bij het verbeteren van de leefomstandigheden.

Veranderingen in de economie en technologie hebben grote invloed op de wijze waarop het bedrijfsleven is georganiseerd. In de huidige tijd beginnen veel mensen voor zichzelf, zonder personeel in dienst te hebben, de zzp'er. Deze tijd biedt veel mogelijkheden voor MKB'ers, anderzijds dagen de omstandigheden mensen niet alleen uit, maar ook kunnen zij hen dwingen om voor zichzelf te beginnen.

Misschien is de essentie van het ondernemen in al die jaren niet eens zó veel veranderd. In het bekende jongensboek *Dik Trom en zijn Dorpsgenoten*, dat in het begin van de vorige eeuw verscheen, staat het volgende:

> 'Trom nam de winkel waar, bij welke bezigheid zijne vrouw hem onvermoeid ter zijde stond, en Dik ging er dagelijks met paard en rijtuig op uit, om de klanten buiten het dorp te bedienen en er nieuwe bij te werven. En het scheen wel, of men gaarne van hem bediend wilde worden, want elke week werd zijn omzet groter en klommen zijn verdiensten.'

Een betere omschrijving van de praktijk van het ondernemen is bijna niet te bedenken. Veel is in de afgelopen eeuw veranderd, maar in de kern is ondernemen hetzelfde gebleven. Iemand begint een bedrijf, vrienden en familieleden werken aan de start mee en vanwege tevreden klanten en soepele leveranciers groeit de onderneming. De conclusie is duidelijk: ondernemen heeft in alle tijden bestaan, in alle soorten samenlevingen en economische systemen. Maar het is ook steeds een activiteit geweest die niet voor iedereen is weggelegd. Het is dan ook de vraag in welk opzicht ondernemers verschillen van niet-ondernemers.

1.2 Psychologische aspecten

In de Verenigde Staten heeft de psycholoog McClelland onderzoek gedaan naar het gedrag van ondernemers. Zijn stelling is dat ondernemers ooit ondernemer zijn geworden om aan een psychologische behoefte (*psychological needs*) te voldoen. In zijn onderzoek heeft hij een groep ondernemers vergeleken met een groep niet-ondernemers. Hij onderwierp de groepen aan verschillende testen, waaruit bleek dat ondernemers zich sterker dan anderen wilden bewijzen (*need for achievement*). Ook bleek dat ondernemers, in vergelijking met de andere groep, de overtuiging hadden dat zij de situatie beter in de hand konden houden (*locus of control*). Ten slotte bleken zij minder terughoudend te zijn in het nemen van risico's (*risk taking propensity*). Dit onderzoek sluit aan bij de meer algemene noties over ondernemers: het zijn mensen die een groot doorzettingsvermogen hebben, die bereid zijn risico's te nemen, die nieuwe ideeën weten te ontwikkelen, die goed met mensen kunnen omgaan, die over sterke leidinggevende kwaliteiten beschikken, die vaak een dominant karakter hebben en die maar moeilijk zelf een leidinggevende persoon boven zich kunnen verdragen. Recent onderzoek in Nederland heeft aan de onderbouwing van deze beeldvorming in positieve zin bijgedragen.

Dr. A. Kröller, een bekende Rotterdamse ondernemer uit het begin van de vorige eeuw (en samen met zijn vrouw grondlegger van het Nationale Park de Hoge Veluwe) heeft ondernemen als volgt omschreven:

> 'Een ondernemer heeft tegenwerking en strijd nodig, dat geeft fantasie, ondernemingsgeest en lust om risico te dragen.'

Psychological needs

Need for achievement

Locus of control

Risk taking propensity

Met het opmerken van dit soort algemene kenmerken – en de resultaten van psychologisch onderzoek – moet overigens voorzichtig worden omgesprongen. De mens zit nu eenmaal ingewikkelder in elkaar dan menig onderzoeker wil laten geloven.

De onderzoeken van McClelland zijn later door anderen herhaald en de uitkomsten bleken toen tussen de groepen (ondernemers en niet-ondernemers) maar weinig verschil aan te tonen.

En over die typische eigenschappen van ondernemers: er bestaan talloze niet-ondernemers met een enorme dadendrang, creativiteit, uithoudingsvermogen, enzovoort, misschien nog wel meer dan menig ondernemer in huis heeft.

1.3 Sociologische aspecten

Een andere Amerikaanse onderzoeker, Shapero, heeft de verklaring niet zozeer in de persoon van de ondernemer gezocht, maar veel meer in diens omgeving. Zijn stelling is dat er aan een aantal voorwaarden, omstandigheden, moet zijn voldaan, wil iemand ondernemer worden. Anders gezegd: de omstandigheden maken de ondernemer. Situaties en gebeurtenissen leiden de toekomstige ondernemer min of meer naar de start van zijn bedrijf.

Breuk in de levensloop

Allereerst spreekt Shapero van een incident (*breuk in de levensloop*) dat zich ooit in het leven van de ondernemer heeft voorgedaan. Dat incident heeft het denken over de mogelijkheid ondernemer te worden sterk geactiveerd. Zo'n breuk in de levensloop kan bijvoorbeeld het ontslag uit een loondienstbetrekking zijn en de onmogelijkheid snel een nieuwe baan te vinden. Mensen 'vluchten' dan als het ware in het ondernemerschap (de zogeheten

Pushstarter

pushstarter, zie hierover subparagraaf 2.5.1). Maar ook het verlies van een familielid of goede vriend, een echtscheiding, onenigheid met de werkgever of een verhuizing maken dat mensen hun persoonlijke situatie gaan heroverwegen. Latent ondernemerschap (wel ondernemer willen of kunnen worden, maar er nooit aan hebben gedacht, omdat een loondienstbetrekking meer voor de hand lag) komt dan naar boven. In dit verband is het opvallend dat vluchtelingen door de eeuwen heen bloeiende ondernemingen hebben opgezet in hun nieuwe omgeving. In het nieuwe land van vestiging voldeden oorspronkelijke diploma's en vaardigheden niet meer en voor hen stond niets anders open dan het starten van een bedrijf, vaak ook omdat ze uit loondienstbetrekkingen werden geweerd. Onze 'Gouden Eeuw' danken we in hoge mate aan immigranten en ook de economie van vandaag – en morgen – heeft de talenten van nieuwe Nederlanders hard nodig. Tegenwoordig is het niet anders. Net als in de zeventiende eeuw staat allochtoon ondernemerschap sterk in de belangstelling. De demografische ontwikkelingen laten zien dat onze economie zonder deze talenten – ook als werknemers in het MKB – niet kan draaien.

Een tweede belangrijke factor, althans volgens het onderzoek van Shapero, is het gegeven dat veel ondernemers het ondernemen aan den lijve hebben ervaren (*voorbeeld in de nabije omgeving*). Hiermee wordt bedoeld dat ondernemers vaak uit een familie komen waar het ondernemen gemeengoed is: het ondernemen is er als het ware met de paplepel ingegoten. Maar het kan ook zijn dat men op jonge leeftijd veel in de onderneming van bijvoorbeeld de buren heeft gewerkt. De parallel met het landbouwbedrijf is snel getrokken: er is bijna geen boer of boerin te vinden van wie de vader (of moeder) ook al niet agrarisch ondernemer was. Zij zijn er steeds mee bezig geweest, de *pullstarters*.

In de derde plaats constateert Shapero dat ondernemers een goed idee moeten hebben over een aan te bieden product of dienst, de benodigde financiën binnen handbereik moeten hebben en bijvoorbeeld over geschikt personeel en een goede locatie dienen te beschikken (*bezitten van adequate middelen*).

Ten slotte voelen ondernemers een duidelijke drang naar zelfstandigheid. Ook Shapero – evenals McClelland – constateerde dat ondernemers onafhankelijk willen zijn, ook al vraagt dat grote offers in de vorm van hard werken, een onzeker inkomen en minder tijd beschikbaar voor andere zaken. Kenmerkend is dat ondernemers de wens om een bedrijf op te starten in daden weten om te zetten (*neiging tot zelfstandigheid*).

Pullstarters

Neiging tot zelfstandigheid

1.4 Bedrijfskundige aspecten

De ondernemer is in een klein bedrijf de bepalende factor. Daarom wordt in deze paragraaf gekeken naar het verschil tussen leidinggeven binnen een klein bedrijf en het managen van een groot bedrijf.

1.4.1 Veel werkuren, weinig reflectie

Maken ondernemers in kleine bedrijven méér uren dan leidinggevenden in grote ondernemingen? Wellicht is dat niet het geval. Maar, wanneer bepaalde zaken in een kleine onderneming onvoldoende aandacht krijgen, wordt vaak gewezen op het gebrek aan tijd bij de ondernemer. Op het eerste gezicht is die verklaring juist: veel ondernemers kennen werkweken van zestig tot tachtig uur, zoals blijkt uit figuur 1.1.

FIGUUR 1.1 Werkuren van ondernemers

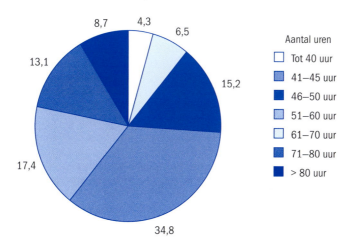

Vermoedelijk is niet het aantal gewerkte uren onderscheidend (werkweken van zestig tot tachtig uur komen ook bij CEO's van grote bedrijven voor), maar veeleer het gegeven dat ondernemers '24 uur, 7 dagen' met hun onderneming bezig zijn en weinig tijd hebben voor reflectie, afstand nemen van de 'waan van de dag'. In een klein bedrijf staat de ondernemer er alléén voor en kan hij de onderneming moeilijk loslaten, de verantwoordelijkheid aan anderen overdragen. In die aandacht voor de onderneming kan er altijd nog een schepje bovenop en dat maakt dat je nooit klaar bent, en nooit rust kunt nemen. Dat legt op ondernemers een enorme psychische druk, die pas vermindert wanneer de verantwoordelijkheid gedeeld kan worden. Maar het geeft ook weinig ruimte om over de toekomst van de onderneming na te denken. Door de persoonlijke betrokkenheid van de ondernemer bij de werkzaamheden van vandaag, en de vele uren die daaraan besteed worden, ontstaat het gevaar dat er geen tijd is voor de vraag hoe het bedrijf er morgen uitziet. Het ontbreken van (tijd voor) reflectie – 'de benen op tafel' – en een strategische blik, kan ertoe leiden dat de ondernemer en het bedrijf ingehaald worden door nieuwe ontwikkelingen. Dit aspect komt in de volgende hoofdstukken (met name hoofdstuk 2) nog uitgebreid aan de orde.

Starters maken relatief nog niet zoveel uren, vooral ook omdat er vaak part-time (dat wil zeggen naast een baan) met een bedrijf begonnen wordt. Wanneer het bedrijf succesvol is, worden er meer uren gewerkt. Het aantal part-timers neemt opvallend af en ondernemers die meer dan veertig uur per week in hun bedrijf werkzaam zijn, maken na twee jaar al meer dan de helft van het totaal uit.

1.4.2   Eenzame positie en ontbreken van een staf

Welke consequenties hebben de psychologische, sociologische en managementkenmerken nu voor het ondernemen in een klein bedrijf? Allereerst maakt zijn – of haar, het aantal vrouwen dat in ons land een onderneming begint is bijna gelijk aan het aantal mannen – psychologische geaardheid dat de ondernemer zaken op zijn eigen manier wil aanpakken, zonder al te veel te luisteren naar de mening of raadgevingen van anderen. Daardoor valt te constateren dat de ondernemer er in zijn onderneming in veel gevallen alléén voor staat. De ondernemer kan ook niet alles met familieleden bespreken. Alhoewel de familie dichtbij staat, zijn niet alle leden van de familie deskundig. Soms kan het bedrijfsbelang tegenstrijdig zijn met het belang van de familie of overweegt de ondernemer om de familie niet te willen belasten met ongunstig nieuws vanuit het bedrijf. Voor de ondernemer kan dit betekenen dat hij zijn positie als 'eenzaam' ervaart. Dit is overigens bijna per definitie zo, doordat de onderneming vanwege haar beperkte omvang eenvoudigweg niet beschikt over tal van interne specialisten die door de ondernemer in vertrouwen geraadpleegd kunnen worden. '*Stafmanco*', het ontbreken van een eigen ondersteunende staf, wordt door velen gezien als het meest kenmerkende verschil tussen grote en kleine ondernemingen.

Stafmanco

Het vorenstaande leidt tot twee belangrijke risico's van het ondernemen in een klein bedrijf: de eenzijdige oriëntatie én de geïsoleerde positie van de ondernemer.

1.4.3   Eenzijdigheid

In de praktijk heeft de ondernemer vaak voor één of twee aspecten van het management binnen zijn onderneming belangstelling, maar voor de andere terreinen niet. Een technisch handige ondernemer zal vooral belangstelling hebben voor het productieproces en daaraan in de regel meer aandacht en tijd besteden dan aan de markt of het personeelsbeleid.

Andere ondernemers zijn bijvoorbeeld goede verkopers, maar dan laat de aandacht die aan het product moet worden besteed vaak weer te wensen over.
Ondernemers zijn globaal te verdelen in twee ideaaltypen:
- de verkoper (of: koopman)
- de techneut (of: vakman)

De *ondernemer-koopman* let sterk op de markt, wil constant inspelen op de vraag van (nieuwe) cliënten. Of het product technisch te produceren is, en of dat voor een reële kostprijs kan geschieden, houdt de koopman minder bezig. In de primaire aandacht voor de markt overweegt de koopman wel eens te weinig of de nieuwe order past binnen de beschikbare capaciteit van de onderneming. Immers, soms gaat een extra order gepaard met (relatief duur) overwerk en verdrukt hij bestaande (winstgevende) orders. Samengevat beschikt de koopman over een sterke *externe oriëntatie*, waarbij de *interne* gang van zaken wel eens wat onderbelicht kan raken.

De *ondernemer-vakman* let echter vooral op het product en het interne proces. Soms maakt de vakman een kwalitatief hoogstaand product, maar is dat te duur voor wat cliënten wensen. In zijn streven naar kwaliteit dreigt hij de markt te vergeten. Bij de typische vakman komt het voor dat hij jarenlang hetzelfde, hoog aangeschreven product maakt, waarvoor de marktvraag al is verdwenen. Lange tijd kan hij zich nog staande houden, door méér uren te maken, de verkoopprijs te verlagen, kroonjuwelen te verkopen, maar plotsklaps is het afgelopen. Samengevat wordt de ondernemer-vakman gekenmerkt door een sterke *interne oriëntatie*, waardoor hij informatie vanuit de omgeving dreigt te negeren.

Ondernemers zijn maar zelden goed in – en hebben maar zelden belangstelling voor – beide vaardigheden: goed kunnen produceren en dan ook goed kunnen verkopen (of omgekeerd) komt weinig voor. In de praktijk blijkt dáár een belangrijke psychologische barrière te liggen. Dat ligt ook voor de hand: iemand met een interne oriëntatie probeert het proces zo veel mogelijk te beheersen en streeft ernaar het aantal verstoringen zo veel mogelijk te beperken. Iemand met een externe oriëntatie leeft als het ware van de verstoringen, een nieuwe opdracht, een nieuw product. Deze ondernemer moet met veel improviseren intern de zaak op de rails weten te houden.

De karakters van deze vaardigheden, van de koopman óf van de vakman, zijn dus zo verschillend, dat niemand over beide vaardigheden in gelijke mate kan beschikken. Ondernemers zijn óf (vooral) vakman óf (vooral) koopman en dat leidt tot een eenzijdige oriëntatie. Dit houdt in dat in een klein bedrijf (waar het management, zeker in het begin, door één persoon wordt uitgemaakt) sprake is van een eenzijdige oriëntatie: het is een onderneming met een sterke oriëntatie van de vakman, of juist een oriëntatie van de koopman.

Het onderscheid tussen koopman en vakman wordt ook theoretisch ondersteund. In de psychologie wordt verschil gemaakt tussen managers met een sterke 'linkerhersenhelft'- c.q. 'rechterhersenhelft'-oriëntatie. Rechterhersenhelftmensen zijn creatief, denken op de lange termijn én deduceren. Linkerhersenhelftmensen zijn goed in rekenen en streven naar zekerheid en rationaliteit. Uit onderzoek blijkt dat deze oriëntaties sterk te onderscheiden zijn én dat het moeilijk is de vaardigheden van de andere hersenhelft aan te leren. Juister gesteld: linkerhersenhelftmensen kunnen gemakkelijker naar de rechterhersenhelft opschuiven – het omgekeerde is veel moeizamer. Een accountant kan altijd nog ondernemer worden, maar het gebeurt zelden dat een ondernemer besluit om een tweede carrière als accountant te starten. Recent onderzoek heeft overigens laten zien dat rechterhersenhelftmensen niet per se ondernemender en creatiever zijn dan linkerhersenhelftmensen.

Wanneer het bedrijf groeit en er meer mensen in dienst komen, ontwikkelen zich staffuncties. De eenzijdige oriëntatie van de ondernemer – en daarmee van de onderneming – neemt dan af, doordat medewerkers met andere disciplines, ervaring en achtergrond het bedrijfsbeleid (mede) gaan bepalen.

Het idee rondom de vakman en de koopman, en de daarmee samenhangende eenzijdigheid, is het beste te illustreren met de figuur van de 'twee taartpunten' (figuur 1.2).

FIGUUR 1.2 Vakman of koopman

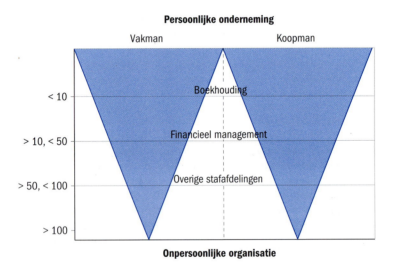

In figuur 1.2 is te zien dat wanneer de onderneming groeit, het relatieve belang van de koopman c.q. de vakman afneemt.

Persoonlijke onderneming

Is de onderneming klein, zeg minder dan tien werknemers in dienst, dan is de invloed van de ondernemer op het bedrijfsbeleid het grootst. Dit is de *persoonlijke onderneming*. De onderneming heeft het karakter van de ondernemer die het bedrijf opgericht heeft. In de beginfase van zo'n bedrijf zijn er dan veelal geen medewerkers in dienst die specifieke staffuncties vervullen. Omdat de ondernemer óf vakman óf koopman is – tussen beide oriëntaties bestaat als het ware een psychologische barrière – wil dat zeggen dat de totale onderneming óf primair op het product óf primair op de markt is gericht.

Span of control

Ieder mens kent een eigen *span of control*, het aantal mensen aan wie men zelf direct effectief leiding kan geven. In de praktijk blijkt dat bij groei van een onderneming, waarbij het aantal medewerkers bijvoorbeeld boven de twintig uitkomt, de ondernemer functies gaat delegeren. Dat laatste vaak tegen zijn eigen wil in. Op dit moment gaan anderen staffuncties vervullen, waardoor de eenzijdige oriëntatie van de onderneming komt te verwateren. Steeds meer worden gespecialiseerde mensen bij het beleid van de onderneming betrokken. Succesvolle ondernemingen zullen de organisatiestructuur sneller aanpassen: de ondernemer delegeert eerder verantwoordelijkheden, waardoor hij minder tijd aan operationele zaken hoeft te besteden. De onderneming wordt daardoor minder afhankelijk van de persoon van de ondernemer. Naast specialisten doen ook procedures en taakomschrijvingen hun intrede. Dit leidt tot de *onpersoonlijke organisatie*.

Onpersoonlijke organisatie

Uit onderzoek blijkt dat een groeiend bedrijf in veel gevallen allereerst een administrateur in dienst neemt. Ondernemers hechten aan een goede administratie wel veel belang, maar wensen er zelf geen tijd aan te besteden. Na enige tijd wordt er vaak een personeelsfunctionaris aangesteld – veelal een oude ploegbaas, of een secretaresse, met een lange staat van dienst, die niet langer op zijn of haar reguliere plek te handhaven is. Beide functionarissen vervullen vertrouwensfuncties binnen de onderneming. Daarom zijn deze functionarissen in de praktijk maar moeilijk te vervangen, zelfs ook wanneer hun functioneren bij voortgaande groei niet langer optimaal is. Er ontstaat een nieuwe vorm van eenzijdigheid in het bedrijf, die zeer bedreigend voor de toekomst van de onderneming kan zijn. In hoofdstuk 2 wordt dit probleem nog een keer aan de orde gesteld.

1.4.4 Isolement

Een belangrijk kenmerk van het ondernemen in kleine bedrijven is dus de eenzijdigheid. Een ander belangrijk kenmerk is de geïsoleerde positie van menig ondernemer. Gelet op de psychologische kenmerken is dat zeer goed te begrijpen. Vaak vinden ondernemers dat ze de marktsituatie beter beheersen dan – zelfs – deskundige adviseurs. Ook hebben ondernemers een groot zelfvertrouwen en nemen risico's die anderen niet aandurven. Het zijn mensen die soms tegen beter weten in het avontuur opzoeken, om maar weer nieuwe kansen op markten te ontdekken. In dat avontuur worden ondernemers door mensen die aan de zijlijn staan maar zelden begrepen. Logisch, want dat zijn geen ondernemers. Goede vrienden hebben maar zelden kennis van ondernemen en met familie bespreken ondernemers niet graag hun twijfels en onzekerheden. Dat alles leidt ertoe dat ondernemers in sommige situaties niet naar anderen luisteren, eigenwijs zijn. Die houding is zeer begrijpelijk en ook nodig, omdat er anders geen enkele (risicovolle) activiteit ondernomen zou worden.

Maar er bestaat ook een gevaar, namelijk dat ondernemers niet luisteren naar goede raadgevingen; ook niet wanneer er toevallig iemand is die wel een goed advies kan geven. Ondernemers ervaren zo'n raadgeving vaak als kritiek. Dat brengt ondernemers snel in een geïsoleerde positie: bij een kleine tegenvaller leidt de angst voor kritiek of mogelijke schampere opmerkingen bij voorbaat tot het niet vragen om advies.

Ondernemers informeren goede medewerkers lang niet altijd over belangrijke zaken. Ze beschouwen informatie – vaak ten onrechte – als vertrouwelijk. Het bekendmaken van die informatie zou de positie van de ondernemer kunnen bedreigen: goede medewerkers zouden de ondernemer 'naar de kroon kunnen steken'. Dit alles leidt ertoe dat van medewerkers en van informatie geen optimaal gebruik wordt gemaakt. Dit heeft tot gevolg dat ondernemers maar zelden indringend met anderen over hun bedrijf van gedachten wisselen. Gek genoeg worden collega-ondernemers, op het eerste gezicht bij uitstek deskundig, ook maar weinig geraadpleegd. Men laat zich niet graag kennen. En zo ontstaat een vicieuze cirkel. Uiteindelijk kan een suboptimale organisatie het gevolg zijn. Het isolement wordt nog versterkt door het gegeven dat ondernemers zich weinig tijd gunnen om bijvoorbeeld vakliteratuur te volgen, branchestudies te bestuderen en informatiebijeenkomsten bij te wonen.

Velen zullen dit wat negatieve beeld van ondernemers niet herkennen. Er is al voor gewaarschuwd: vaak is een nuance op zijn plaats. Met name jonge, dynamische bedrijven én ondernemers met een hoger opleidingsniveau richten hun bedrijf anders in. Zij maken deel uit van *informele netwerken* en maken intensief gebruik van nieuwe sociale media om zich van de nieuwste kennis te voorzien en contacten te onderhouden. Desondanks wordt hier verder geredeneerd in het wat stereotype, wat negatieve beeld van de ondernemer, om de rol van de ondernemer scherp neer te zetten.

Informele netwerken

Door eenzijdigheid en isolement raken veel ondernemers overbezet. Men doet te veel zaken zelf en laat onvoldoende aan anderen over. De ondernemer is meestal niet bereid verantwoordelijkheden met anderen te delen. Daardoor moet hij te veel zelf doen en is er al snel sprake van een overbezet tijdschema. Aan dit aspect is hiervoor al aandacht besteed. Na enige tijd gaat routine een belangrijke rol spelen: op de beproefde manier ging het goed, men heeft onvoldoende tijd voor het bedenken van een andere aanpak en suggesties van anderen worden weinig meegewogen. Er treedt stagnatie op en de onderneming past zich onvoldoende aan ontwikkelingen in de tijd aan.

Gebrek aan delegatie

Ondernemers delegeren te weinig, wat op de eerste plaats kan worden verklaard uit de psychologische kenmerken.
- Ondernemers zijn sterk van hun eigen kunnen overtuigd en menen al snel dat niemand het beter kan dan zij zelf. Mogelijk is dit waar, ook al doordat ondernemers ondergeschikten onvoldoende tijd gunnen om zaken onder de knie te krijgen, laat staan dat zij tolereren dat anderen in dat leerproces fouten maken.
- Daarnaast zien goede medewerkers na verloop van tijd binnen de onderneming onvoldoende carrièremogelijkheden en besluiten ze daarom het bedrijf te verlaten. De allerbeste mensen blijven niet lang op ondergeschikte posities zitten en daarom kan er een kwaliteitsprobleem in de samenstelling van het personeel ontstaan. Het gebrek aan gekwalificeerd personeel én het ontbreken van adequate opleidingen, op bijvoorbeeld hbo-niveau, dragen bij aan dit tweede knelpunt.
- Een derde verklaring voor het te veel zelf doen en onvoldoende aan anderen overlaten, ligt in het vertrouwen dat ondernemers aan naaste medewerkers durven te geven. Menig ondernemer is achterdochtig, bang dat medewerkers ooit voor zichzelf zullen beginnen, gebruikmakend van de 'geheimen' van het oorspronkelijke bedrijf.
- Ook kan het zijn dat ondernemers eigenlijk geen sterke medewerkers willen aannemen, omdat goede medewerkers na verloop van tijd de ondernemer 'naar de kroon zullen steken'. Zij vormen als het ware een bedreiging voor de ondernemer. Daardoor wordt van de capaciteiten van medewerkers in sommige gevallen onvoldoende gebruikgemaakt.
- Ondernemers informeren medewerkers ook maar gedeeltelijk: financiële gegevens worden in veel gevallen alléén met de (externe) boekhouder

besproken, omdat uit die gegevens immers meteen duidelijk wordt wat de privé-inkomenspositie van de ondernemer is. Maar ook marktontwikkelingen, de toekomst van de onderneming en mogelijk nieuwe producten of diensten worden nogal eens niet met de naaste medewerkers besproken. Knelpunt is dat een zeer belangrijke informatiebron – het personeel heeft in de regel zeer interessante contacten met cliënten en toeleveranciers – niet wordt gebruikt. Dit leidt er andermaal toe dat menig ondernemer vrij geïsoleerd opereert en dat de eenzijdigheid in zijn kennis wordt benadrukt.

Het te weinig delegeren aan anderen en geen vertrouwen aan medewerkers durven geven, kan ertoe leiden dat het managementsysteem van het kleine bedrijf 'degenereert'. Het bedrijf is dan niet sterker dan de ondernemer zélf. Indien de ondernemer zich niet verder ontwikkelt, of andere ambities krijgt, dan stagneert het bedrijf. In onderzoek wordt dit bevestigd. Maar weinig kleine bedrijven hebben (universitair of hbo) opgeleid bedrijfskundig personeel in dienst. Naarmate de bedrijven groter worden – zoals hiervoor gesteld, bij benadering vanaf het moment dat de onderneming meer dan twintig werknemers in dienst heeft – neemt het aantal medewerkers met een managementachtergrond duidelijk toe.
Een belangrijke succesfactor voor het midden- en kleinbedrijf is de mogelijkheid om in een moeilijke arbeidsmarkt voldoende gekwalificeerd personeel aan te trekken. Groei van de onderneming gaat gepaard met het op een lager niveau leggen van verantwoordelijkheden, met het geven van meer beslissingsbevoegdheden aan medewerkers en zelfs door aan teams van werknemers of afdelingen meer ruimte te geven om zelfsturend te kunnen handelen, ook wel 'empowerment' genoemd. De mens wordt niet langer gezien als productiefactor en dus een kostenpost, maar als een strategische investering die van vitaal belang is voor het succes van de onderneming. In hoofdstuk 2 komt dit aspect nog uitgebreid aan de orde.

1.4.5 De ondernemende samenleving

De intensiteit van veranderingen in de technologie en de markt vraagt om meer flexibiliteit en lenigheid van ondernemingen. In toenemende mate zullen ondernemingen in een onvoorspelbare, turbulente omgeving opereren. Er is sprake van een samenleving die steeds ondernemender wordt: de *ondernemende samenleving*. Het is in die samenleving – en dus ook in ondernemingen die daarbinnen functioneren – ook niet langer effectief om van bovenaf regels te blijven vaststellen en tegelijk onvoldoende aan anderen over te laten.

In figuur 1.3 worden de invloeden weergegeven die gezamenlijk de 'ondernemende samenleving' vormgeven. Een belangrijke rode draad is de 'autonomie' van de individuele werknemer, die gelijktijdig ook een autonome, zelfbewuste klant is. De samenleving ontwikkelt zich sterk in de richting van kleine eenheden, een proces dat gesteund wordt door technologische ontwikkelingen, verschuivingen in de cultuur (waarden en normen) en bijvoorbeeld internationalisatie.

Veel ondernemingen zullen, om in de ondernemende samenleving te kunnen voortbestaan, dan ook voor andere besturingsmodellen en productieconcepten moeten kiezen. Veelal betekent dit een kleinere, meer ondernemende schaal, die meer tegemoet kan komen aan de benodigde flexibiliteit om snel op marktvragen te kunnen reageren. (Zie ook de thema's flexibele managementvaardigheden en organisatiestructuren in paragraaf 2.1.2.)

FIGUUR 1.3 Invloeden die de 'ondernemende samenleving' vormgeven (Gibb, 1999)

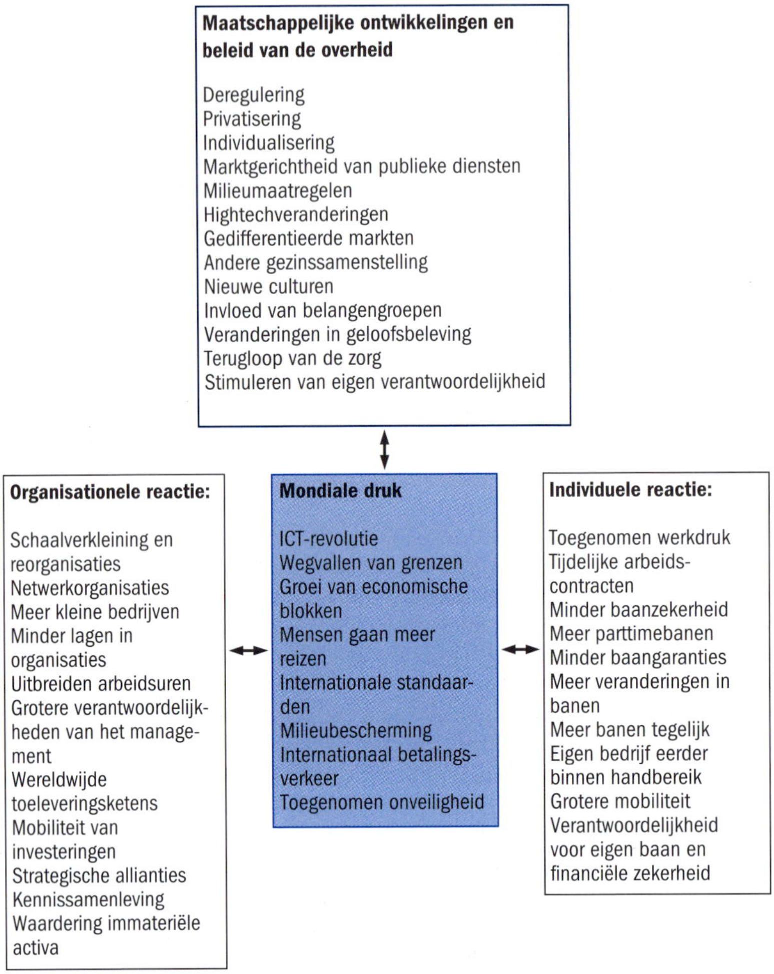

Maatschappelijke ontwikkelingen en beleid van de overheid

Deregulering
Privatisering
Individualisering
Marktgerichtheid van publieke diensten
Milieumaatregelen
Hightechveranderingen
Gedifferentieerde markten
Andere gezinssamenstelling
Nieuwe culturen
Invloed van belangengroepen
Veranderingen in geloofsbeleving
Terugloop van de zorg
Stimuleren van eigen verantwoordelijkheid

Organisationele reactie:

Schaalverkleining en reorganisaties
Netwerkorganisaties
Meer kleine bedrijven
Minder lagen in organisaties
Uitbreiden arbeidsuren
Grotere verantwoordelijkheden van het management
Wereldwijde toeleveringsketens
Mobiliteit van investeringen
Strategische allianties
Kennissamenleving
Waardering immateriële activa

Mondiale druk

ICT-revolutie
Wegvallen van grenzen
Groei van economische blokken
Mensen gaan meer reizen
Internationale standaarden
Milieubescherming
Internationaal betalingsverkeer
Toegenomen onveiligheid

Individuele reactie:

Toegenomen werkdruk
Tijdelijke arbeidscontracten
Minder baanzekerheid
Meer parttimebanen
Minder baangaranties
Meer veranderingen in banen
Meer banen tegelijk
Eigen bedrijf eerder binnen handbereik
Grotere mobiliteit
Verantwoordelijkheid voor eigen baan en financiële zekerheid

De sterke opkomst van de dienstensector, al dan niet in combinatie met de hiervoor genoemde ontwikkelingen, heeft ervoor gezorgd dat velen zich ontwikkelen in de richting van het zelfstandig ondernemerschap. De opkomst van de dienstensector impliceert voor veel medewerkers immers contact en omgang met klanten. Door dit steeds directer contact met de klant krijgen werknemers, ook al door het op een lager niveau leggen van verantwoordelijkheden in de onderneming, meer beslissingsmogelijkheden in hun handelen richting de klant. De factor mens en de kwaliteit van zijn handelen staan hierbij zeer centraal. Daarbij vraagt het handelen van medewerkers steeds meer het signaleren en benutten van kansen in de markt.

De ondernemende samenleving vraagt om flexibiliteit en aanpassingsvermogen van de ondernemer. Succesvolle ondernemers beschikken over specifieke competenties, zo blijkt uit onderzoek. Zo heeft het HRM-adviesbureau

GITP onderzoek gedaan naar zestien competenties, die enerzijds de persoonlijke kwaliteiten benadrukken en anderzijds de mogelijkheid om te gaan met verandering (zie hiervoor tabel 1.1).

TABEL 1.1 Zestien competenties in de GITP-ondernemerschapstest

Competentie	Omschrijving
1 Doorzettingsvermogen	Veerkracht tonen bij tegenslag en door blijven zetten tot het doel bereikt is.
2 Geloofwaardigheid	Vertrouwen wekken door zich open en eerlijk op te stellen.
3 Overtuigingskracht	Ideeën en standpunten zo overtuigend weten te brengen dat anderen daarmee instemmen en enthousiast worden.
4 Sociale vaardigheden	Vaardigheden hebben die het persoonlijk contact met anderen vergemakkelijken.
5 Marktoriëntatie	Denken en handelen vanuit de behoeften van de markt.
6 Probleemanalyse	De oorzaken van problemen herkennen en identificeren om vervolgens tot creatieve oplossingen te komen.
7 Netwerken	Zich gemakkelijk in netwerken begeven en deze benutten voor het opdoen van zakelijke contacten en waardevolle informatie.
8 Durf	Risico's aangaan om uiteindelijk een bepaald herkenbaar voordeel te halen.
9 Rendementsbesef	Zich bewust zijn van wat investeringen opleveren door bij nagenoeg iedere beslissing een kosten-batenanalyse te maken.
10 Lerende oriëntatie	Aandacht tonen voor nieuwe informatie, deze in zich opnemen en effectief toepassen.
11 Creativiteit	Met nieuwe ideeën en oplossingen komen en deze tot uitvoering brengen.
12 Beïnvloeden	Richting en sturing geven aan mensen om instemming en actie te krijgen in het kader van de taakvervulling.
13 Onafhankelijkheid	Acties ondernemen die gebaseerd zijn op eigen overtuigingen en zich daarbij onafhankelijk van de mening van anderen opstellen.
14 Plannen en organiseren	Het op systematische wijze afstemmen van acties, tijd en middelen.
15 Initiatief	Kansen zoeken en daarop actie ondernemen. Een voorsprong nemen door zelf initiatieven te nemen in plaats van ontwikkelingen af te wachten.
16 Wendbaarheid	Zich gemakkelijk voelen in onduidelijke omstandigheden en veranderende omgevingen. Voordeel halen uit deze situaties door zich wendbaar op te stellen.

Bron: GITP, 2004

De zestien competenties zijn verwerkt in de *ondernemerschaptest* en uitvoerig in de praktijk getest. Meer informatie is te vinden op: http://www.gitp-focus.com. Er zijn ook andere testen te vinden die inzicht geven in de vraag of iemand wel of geen ondernemer is. Die testen geven niet de ultieme waarheid, maar wel inzicht. Kijk ook eens naar een andere Nederlandse test (www.ondernemerstest.nl) en naar de GET (General Enterprising Tendency)-test, die beide gemakkelijk op het internet te vinden zijn. De laatste test sluit sterk aan op de theorie van dit hoofdstuk.

Ondernemerschaptest

1.5 Wat is een klein bedrijf?

Het wordt tijd om te omschrijven wat in dit boek onder een klein bedrijf wordt verstaan. Daarbij kunnen kwalitatieve en kwantitatieve omschrijvingen worden onderscheiden. In dit kader is het interessant om ook te weten hoeveel (grote en kleine) ondernemingen er in Nederland zijn.

1.5.1 Kwalitatieve betekenis

De definitie van Velu benadrukt de centrale rol van de ondernemer in een klein bedrijf:

MKB in kwalitatieve termen

> 'De kleinschalige onderneming is die onderneming die staat of valt met de visie en de vitaliteit van één man of vrouw en dus sterk bepaald wordt door diens ervaringen en persoonlijke ontwikkeling.'

In deze beschrijving van het management in een klein bedrijf komen de eenzijdigheid en de geïsoleerde positie aan de orde. De definitie van Berryman sluit hierop het beste aan:

> 'a business in which one or two persons are required to make all the critical management decisions (…), without the aid of internal specialists and with specific knowledge in one or two functional areas'.

Berryman geeft aan dat veel ondernemers samen met een collega een onderneming starten (zie verderop het hiermee samenhangende begrip 'duostarters'). Alhoewel 'twee meer weten dan één', dreigt ook hier eenzijdigheid te ontstaan (naast de specifieke kennis van de ondernemers wordt er te weinig van andere informatie gebruikgemaakt).

1.5.2 Kwantitatieve betekenis

In de praktijk is het heel gebruikelijk om bij de beschrijving van het midden- en kleinbedrijf kwantitatieve definities te gebruiken. Dat is vanzelfsprekend noodzakelijk wanneer er om statistische gegevens gevraagd wordt. De meest bekende is die van het ministerie van Economische Zaken:

MKB in kwantitatieve termen

> 'Tot het midden- en kleinbedrijf worden gerekend alle particuliere (niet-agrarische) ondernemingen, met minder dan honderd werkzame personen per onderneming.'

Vaak worden tot het kleinbedrijf gerekend de bedrijven met minder tien werknemers en tot het middenbedrijf de bedrijven met tien tot honderd werknemers.

In kwantitatieve zin wordt ook verwezen naar de Wet op de jaarrekening en het Burgerlijk Wetboek, waar drie criteria worden gebruikt: balanstotaal, jaaromzet en aantal werknemers. Een bedrijf is klein, middelgroot of groot wanneer aan minimaal twee van de drie voorwaarden is voldaan (zie tabel 1.2).

TABEL 1.2 Criteria voor ondernemingsgrootte

	Klein	Middelgroot	Groot
Balanstotaal (in euro's)	< 4,4 miljoen	4,4 – < 17,5 miljoen	≥ 17,5 miljoen
Netto-omzet (in euro's)	< 8,8 miljoen	8,8 – < 35 miljoen	≥ 35 miljoen
Aantal werknemers	< 50	50 – < 250	≥ 250

Bron: www.kvk.nl, 2014

Daarnaast is het gebruikelijk om sectorspecifieke definities te hanteren, bijvoorbeeld in de transportsector het aantal vrachtauto's, in de detailhandel het aantal vierkante meters verkoopvloeroppervlak en in de landbouw het aantal hectare bouwgrond, het aantal dieren of het melkquotum.

Het nadeel van kwantitatieve definities is dat op geen enkele wijze rekening wordt gehouden met de specifieke managementsituatie van een klein bedrijf. Hiervoor is besproken dat niet het aantal personeelsleden of het balanstotaal een klein bedrijf principieel van een groot bedrijf onderscheidt. Nee, het 'echte' onderscheid is gelegen in de stijl van leidinggeven, de (in meerdere of mindere mate) eenzame en geïsoleerde positie van het management en het feit dat ondernemers een sterk persoonlijke stempel op het ondernemingsbeleid drukken. In een klein bedrijf ontbreekt het aan een formele managementstructuur, er is geen eigen staf, er zijn geen functieomschrijvingen gemaakt en plannen voor de lange termijn zijn vaak niet beschikbaar, kortom 'stafmanco'. Echter, er bestaan bedrijven met twintig personeelsleden, bijvoorbeeld in biotechnologie- en informatietechnologiebedrijven, die over een zeer geavanceerde managementstructuur beschikken: alle vakspecialismen zijn vertegenwoordigd en de leiding is over meerdere personen verdeeld. Vakliteratuur wordt in dit type ondernemingen zeer regelmatig geraadpleegd. Men maakt gebruik van externe adviseurs en bezoekt regelmatig internationale congressen. Op geen enkele wijze lijkt deze onderneming op bijvoorbeeld een timmerfabriek – waar ook twintig mensen werkzaam zijn –, waar het management al generaties lang van vader op zoon is overgegaan, de baas alles zelf doet en regelmatig persoonlijk achter de draaibank staat. Er bestaan ook bedrijven met honderden, misschien wel duizenden werknemers, waar de directeur-eigenaar nog steeds op een relatief geïsoleerde manier, zonder gebruik te maken van specialisten, leiding geeft aan het bedrijf. Deze managementstructuur geeft dan aanleiding dit (in kwantitatieve termen grote) bedrijf toch een kleine onderneming te noemen. Zelfs bij grote ondernemingen is de invloed van de ondernemer soms groot. Zie casus 1.1.

CASUS 1.1 INVLOED VAN DE ONDERNEMER

De belangrijkste oorzaak van de dramatische ondergang van de DSB Bank was de incompetente leiding. Bestuursvoorzitter en grootaandeelhouder Dirk Scheringa miste de deskundigheid om als bankier op te treden, aldus de commissie-Scheltema.

Binnen de bank waren er geen mensen die hem konden corrigeren. 'Er was geen stelsel van checks & balances', aldus het rapport. Scheringa dacht puur commercieel en lette veel minder op het beheersen van risico's en financiële stabiliteit.

Volgens het rapport was Scheringa een 'ondernemer pur sang'. 'Hij had op eigen kracht een onderneming opgebouwd. Deze verdienste kan op gespannen voet staan met een behoedzame benadering en prudente instelling die voor het besturen van een bank gewenst is.'

'Scheringa had (…) vooral kwaliteiten als ondernemer, manager en verkoper.' Daarnaast kon Scheringa zijn rol als bestuursvoorzitter niet scheiden van die als aandeelhouder. Zo was de verhouding van de bank met zijn persoonlijke vennootschap DSB Beheer problematisch.

De belangen van aandeelhouder Scheringa prevaleerden volgens het rapport boven de langetermijnbelangen van de bank.

Ook de raad van commissarissen van DSB Bank vervulde de taak van toezicht niet naar behoren. 'De raad van commissarissen was slecht geïnformeerd, had geen gezag en stelde zich meer op als een raad van advies', aldus Scheltema.

Bron: de Volkskrant, 30 juni 2010

In de hiervoor genoemde kwantitatieve definities wordt nog onvoldoende rekening gehouden met de kapitaalscomponent: men spreekt nog wel over aantallen werknemers, maar in toenemende mate wordt arbeid door kapitaal vervangen. Ook dit gegeven op zich maakt het noodzakelijk wat meer afstand te nemen van het criterium 'aantal werknemers' om vast te stellen of het om een klein of groot bedrijf gaat.

Bovendien moet men rekening houden met de branche als invalshoek. DAF is in Nederland (nog steeds) een grote onderneming, maar in de sector automobielfabrieken is zij één van de allerkleinste ter wereld. De grafische industrie is over het algemeen kleinschalig georganiseerd: een bedrijf met meer dan twintig personeelsleden is daar een relatief groot bedrijf. In subparagraaf 1.7.1 over schaalfactoren komt dit onderwerp terug.

Hiervoor zijn de beperkingen van een kwantitatieve benadering van het MKB voldoende aangegeven. Toch is het interessant de cijfers die beschikbaar zijn, nader te bekijken. Tabel 1.3 geeft een voor iedereen herkenbaar, maar daardoor niet minder opzienbarend beeld. Van het totale bedrijfsleven wordt meer dan 99% gevormd door bedrijven met minder dan honderd werknemers. Van de beroepsbevolking in het particuliere bedrijfsleven werkt meer dan de tweederde in het MKB. Het binnenlands product wordt voor meer dan de helft vervaardigd in het MKB.

TABEL 1.3 Kerngegevens van het MKB in vergelijking met de totale marktsector in 2013

	MKB	Grootbedrijf	Totaal bedrijfsleven
Ondernemingen per 31-12-2013 (× 1.000)	1.296	2	1.298
Afzet (in mld €)	553	402	954
W.V. buitenland	137	167	304
binnenland	416	234	650
Bruto toegevoegde waarde (fk) (mid €)	247	150	397
Arbeidsvolume (× 1.000)	3.625	1.343	4.968
Aantal werkenden (× 1.000)	4.395	1.774	6.169
W.V. zelfstandigen	1.183	0	1.183
Arbeidsproductiviteit (in 1.000 €)	68	112	80
Winst na correctie beloning zelfstandigen (mld. €)	18	39	56
Investeringen (mld. €)	36	28	64

Bron: www.ondernemerschap.nl(2015)

1.6 Macro-economische betekenis

Naast het belang, gemeten in aantal ondernemingen, is het midden- en kleinbedrijf om een aantal andere redenen macro-economisch van grote betekenis. In de volgende subparagrafen worden ze één voor één behandeld. Het belang per sector kan wel sterk verschillen.

1.6.1 Werkgelegenheid

In deze subparagraaf wordt ingegaan op de werkgelegenheid, als eerste reden waarom het MKB van belang is. Achtereenvolgens komen de kwantiteit van de werkgelegenheid, de creatie van werk, het sectorale verschil met betrekking tot het binnenlands product en de werkgelegenheid in Europees verband aan de orde.

Kwantitatief belang

Van het totale bedrijfsleven behoort meer dan 99% tot het MKB. In het MKB werkt ongeveer 55% van de totale beroepsbevolking (werkzaam in het particulier bedrijfsleven), wat overeenkomt met bijna vier miljoen werkenden.

TABEL 1.4 Aantal werkenden (× 1.000) naar sector

Sectoren	MKB
Industrie	514,5
Bouw	389,5
Groothandel	426,8
Detailhandel	463,7
Autosector	121,7
Horeca	290,2
Transport en communicatie	402,9
Financiële en zakelijke diensten	1.025,3
Persoonlijke dienstverlening	321,3
Overige sectoren	207,0
Totaal MKB	4.162,9

Bron: *Prognose kerngegevens MKB, september 2013*

Bepaalde branches zijn kleinschalig van aard en daarom 'typisch' MKB. Dat blijkt uit figuur 1.4. Het gemiddeld aantal werknemers in de industrie is groot (17,7), omdat er een aantal zeer grote ondernemingen is, naast veel kleine bedrijven. Horeca en detailhandel zijn typische MKB-sectoren, naast bijvoorbeeld de persoonlijke dienstverlening.

Creatie van werk

Het is de Amerikaan David Birch geweest die voor het eerst heeft aangetoond dat kleine bedrijven voor de groei van de werkgelegenheid zorg dragen en dat de werkgelegenheid bij grote ondernemingen structureel alleen maar afneemt. Vooral startende en groeiende bedrijven creëren werk. Een specifiek probleem voor Nederland is dat het aantal snelgroeiende ondernemingen beperkt is en daarom zijn de effecten op de werkgelegenheid minder gunstig dan in andere landen.

De werkgelegenheid wordt naast structurele ontwikkelingen (in een ondernemende samenleving tref je veel kleine bedrijven aan) ook bepaald door conjuncturele factoren. Bepaalde sectoren worden door een crisis (zoals bij de kredietcrisis en economische recessie vanaf het jaar 2008) zwaarder getroffen en sommige sectoren herstellen zich sneller (zie figuur 1.5).

Per april 2014 telde het particuliere bedrijfsleven in Nederland 1.193.000 midden- en kleinbedrijven (zie tabel 1.3). De enorme groei van het MKB is vooral gebasseerd op een sterke stijging van het aantal zzp-ers, met name vanaf 2007, het begin van de economische crisis. Daarom heeft meer dan negentig procent van het midden- en kleinbedrijf geen of minder dan tien werknemers in dienst (zie figuur 1.6).

FIGUUR 1.4 Gemiddelde ondernemingsgrootte in het bedrijfsleven naar sector in 2008 (in arbeidsjaren)

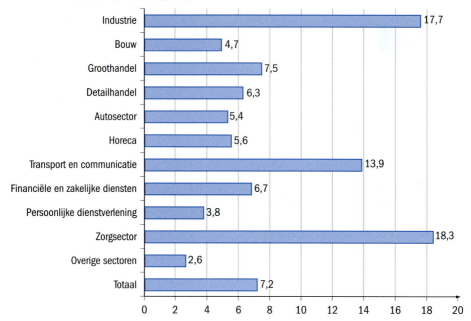

Bron: Prognose kerngegevens MKB

FIGUUR 1.5 Veranderingen in de werkgelegenheid (× 1.000) binnen grote en kleine bedrijven 2003–2010 (Europa)

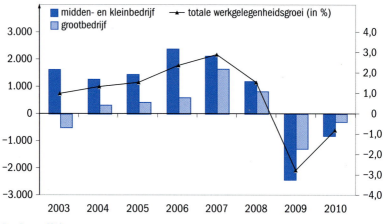

Bron: Bangma, 2014

Deze categorieën vormen samen het kleinbedrijf. Tot het middenbedrijf behoort ongeveer acht procent van de ondernemingen (van tien tot honderd werknemers). Minder dan één procent van de ondernemingen heeft ook nu meer dan honderd werknemers in dienst.

FIGUUR 1.6 Verdeling MKB-bedrijven naar het aantal werkzame personen

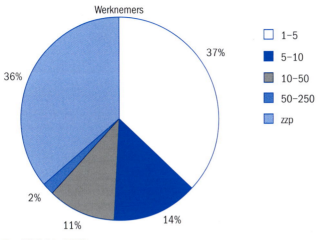

Bron: MKB-Nederland, 2005

Het voorgaande wil nog niet zeggen dat er in een sector met een relatief groot aantal kleine bedrijven ook veel mensen werkzaam zijn. Dat hangt – vanzelfsprekend – af van het aantal mensen dat in de ondernemingen werkzaam is. Anderzijds kunnen sectoren die niet typisch kleinschalig zijn, toch binnen het midden- en kleinbedrijf een belangrijke werkgever zijn.

Figuur 1.6 is duidelijk: er zijn veel kleine bedrijven, waar per bedrijf gemiddeld maar weinig mensen werkzaam zijn (een klein bedrijf heeft gemiddeld drie werknemers in dienst). Het beperkte aantal grote bedrijven kent een enorme hoeveelheid werknemers. Figuur 1.7 illustreert dit.

FIGUUR 1.7 Klein-, midden- en grootbedrijf: aantallen ondernemingen en werknemers

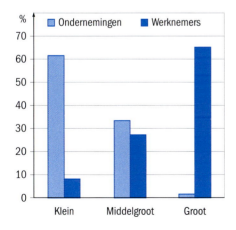

Binnenlands product

In tabel 1.3 werd al duidelijk dat 48% van de productie in het MKB tot stand komt. Ook hierin is een sectoraal verschil te herkennen. In de industrie domineert het grootbedrijf, voor sectoren waarin persoonlijke dienstverlening vooropstaat vallen de bouwnijverheid en de handel op. Opvallend hierin is de positie van de zakelijke dienstverlening (zie tabel 1.4).

Europees verband

Het is altijd interessant om de Nederlandse situatie te vergelijken met het buitenland. In Europa zijn 17,5 miljoen ondernemingen geregistreerd, waarin 97,6 miljoen mensen werkzaam zijn. Slechts 16.000 ondernemingen zijn groot (let op: de Europese definitie gaat uit van meer dan 500 werknemers) en die grote ondernemingen kennen 27,5 miljoen werknemers (zie tabel 1.5).

TABEL 1.5 Belangrijkste MKB-indicatoren (Europa) ingedeeld naar schaalgrootte

	0 – 9	10 – 99	100 – 499	MKB < 500	Groot	Totaal
Ondernemingen (× 1.000)	16.300	1.100	75	17.485	16	17.500
Werkzame personen (× 1.000)	30.800	24.600	14.700	70.100	27.500	97.600
Omzet per onderneming (× €1.000)	235	3.700	40.850	660	318.700	900
Toegevoegde waarde per onderneming (× €1.000)	35	40	60	40	55	40

Tabel 1.6 laat zien dat Nederland binnen twaalf Europese landen het laagste aantal bedrijven per 1.000 inwoners heeft. Opvallend is dat vooral de zeer kleine ondernemingen (0–9 werknemers) slecht vertegenwoordigd zijn.

TABEL 1.6 Aantal ondernemingen per 1.000 inwoners per grootteklasse

	Totaal	0 – 9	10 – 99	100 – 499	500+
Nederland	28	25,39	2,39	0,24	0,043
Duitsland	35	30,63	4,03	0,28	0,056
Frankrijk	36	33,60	2,21	0,17	0,037
U.K.	46	42,82	2,80	0,26	0,056
Italië	55	52,38	2,36	0,12	0,019
België	53	50,32	2,39	0,21	0,046
Eur. 12	45	41,91	2,84	0,21	0,040

Dit gegeven leidt ertoe dat het Nederlandse bedrijfsleven relatief grootschalig is (gemiddeld tien werknemers per bedrijf in Nederland, terwijl dit voor Europa als totaal op zes ligt). Tabel 1.7 illustreert dit. Opvallend is dat de grote ondernemingen in Nederland relatief weer klein zijn (zie ook nu weer figuur 1.3).

TABEL 1.7 Gemiddelde ondernemingsgrootte van enkele EU-landen per groottekasse

	Totaal	0 - 9	10 - 99	100 - 499	500+
Nederland	9,88	3,10	29,91	219,37	1.770,77
Duitsland	9,05	1,73	21,66	198,61	2.157,86
Frankrijk	6,62	2,02	26,61	200,35	2.118,97
U.K.	7,77	2,19	26,62	239,07	2.229,36
Italië	4,01	2,00	22,08	193,29	2.185,36
België	4,89	1,45	25,92	206,07	1.742,86
Eur. 12	6,06	1,93	24,16	208,30	2.008,46

Interessant is dat de schaalgrootte van ondernemingen in de loop van de jaren systematisch aan het afnemen is. Figuur 1.8 illustreert dit. In ons land is deze trend, die zich ook na 1990 heeft doorgezet, eveneens waarneembaar. Aan het slot van dit hoofdstuk wordt een macro-economische schets gegeven, waaruit blijkt dat deze ontwikkeling een structureel karakter heeft.

FIGUUR 1.8 Gemiddelde omvang van industriële bedrijven

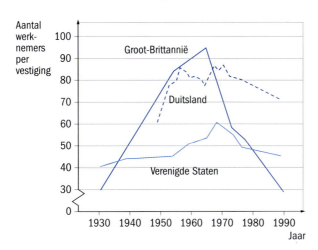

Terwijl sprake is van een relatieve daling bij grote ondernemingen, neemt de werkgelegenheid bij kleine bedrijven veelal toe. Zoals ook uit voorgaande tabellen is gebleken, zijn startende bedrijven dus van belang voor de creatie van werk.

Naast startende bedrijven zijn vooral de '*gazellen*' van belang. Dit zijn ondernemingen die over een langere periode voortdurend werkgelegenheid creëren. Geschat wordt dat dit voor slechts vijf à tien procent van de Nederlandse bedrijven geldt.

Gazellen

Vanzelfsprekend kan een tijdelijke recessie ook bij kleine bedrijven een verminderde creatie van banen tot gevolg hebben. Maar zo'n daling treedt bijna nooit op zonder een nog scherpere daling van de werkgelegenheid bij grote bedrijven. Het midden- en kleinbedrijf blijkt zijn arbeidsplaatsen langer vast te houden.

1.6.2 Arbeidsomstandigheden

Het midden- en kleinbedrijf is de 'grootste' werkgever en de belangrijkste schepper van banen. Daarnaast wordt aan het midden- en kleinbedrijf nog een aantal macro-economisch van belang geachte zaken toegedicht. Op personeelsgebied worden vaak de nauwe relaties tussen het personeel genoemd, waardoor de sfeer prettiger zou zijn dan in grote ondernemingen. De resultaten van werkzaamheden zijn meer zichtbaar, werknemers ontmoeten vaker de klant en aspecten als deze maken het werk aangenamer en uitdagender.

Er bestaan ook nadelen. Vanwege de beperkte omvang kan de sociale controle al snel als knellend worden ervaren. De beloning is over het algemeen lager dan in grote bedrijven. Veelal is er geen sprake van een cao en omdat de werknemers van kleine bedrijven een lage organisatiegraad kennen, is de invloed van werknemersorganisaties beperkt. Een ondernemingsraad ontbreekt vaak, zelfs wanneer deze wettelijk verplicht is. Secundaire arbeidsvoorwaarden, waaronder opleidingen en bijzonder verlof, zijn in het algemeen beperkter.

Arbeidsmobiliteit

Niet verbazend dat de *arbeidsmobiliteit* in het midden- en kleinbedrijf groot is: een individuele werknemer schat zijn toekomst al snel als minder veelbelovend in en het is dan ook niet verwonderlijk dat een perspectiefvolle medewerker zijn toekomst bij een ander (klein?) bedrijf zoekt. Door de ontwikkelingen in de informatie- en communicatietechnologie (ICT) zal de vaste werkplek ouderwets worden en zal de arbeidsmobiliteit nog verder toenemen. De toekomst van werk zal steeds meer via internet plaatsvinden. De intensiteit van veranderingen in technologie en in de markt zal meer flexibiliteit van ondernemingen en medewerkers vragen. In de dienstensector leidt ICT tot decentralisatie van informatie en tot nauwere relaties met klanten. Snelheid en een juiste 'timing' worden in deze sector belangrijke concurrentiefactoren. Er ontstaat in producerende ondernemingen een 'push' tot verkorting van innovatietijden en doorlooptijden van de productieprocessen. Bedrijven moeten procesgericht, flexibel en vernieuwingsgericht zijn om te kunnen voldoen aan de gevarieerde wensen van de moderne klant en om in de hedendaagse concurrentieverhoudingen overeind te blijven. De verantwoordelijkheid hiervoor wordt tegenwoordig steeds meer bij de werknemer neergelegd. De werknemer wordt zelf verantwoordelijk voor zijn eigen ontwikkeling; hij moet ondernemer van zijn eigen loopbaan worden. 'Oude' kernaspecten zoals zekerheid, continuïteit en loyaliteit maken plaats voor een zakelijke uitwisseling, een flexibele instelling en een gerichtheid op een toekomstige inzetbaarheid. Ondernemingen zullen bereid moeten zijn hiervoor flink te investeren in hun medewerkers en te accepteren dat een open cultuur en een open wijze van communiceren binnen de onderneming ontstaan. De vaste baan voor het leven staat op het punt om te worden vervangen door een flexibele baan.

Innovatieve kernaspecten

1.6.3 Doorbreken van monopolies

Het grote aantal kleine bedrijven doorbreekt een mogelijke monopoliepositie van grote ondernemingen. Wanneer er geen kleine bedrijven zouden bestaan, zou er ook geen concurrentie zijn. Een beperkt aantal grote bedrijven zou immers snel tot een kartel kunnen besluiten. In centraal geleide economieën is te zien wat er dan gebeurt. Kleine bedrijven zien altijd kansen en zullen zich ook altijd (onderling) competitief opstellen, waardoor de totaliteit van bedrijven de producten altijd voor de laagst mogelijke prijzen zal aanbieden. Op deze wijze ontstaat een uiterst efficiënte opbouw van de economie. Bij dit alles spelen vooral startende bedrijven een belangrijke rol.

1.6.4 Innovatie

Ondernemers zijn altijd op zoek naar nieuwe kansen in de markt. Daarom wordt verondersteld dat kleine bedrijven een belangrijke rol als innovator vervullen. Nieuwe producten worden door individuen bedacht en – althans zo luidt de redenering – die voelen zich beter thuis in het creatieve, minder bureaucratische milieu van de kleine onderneming.

In onderzoek wordt het grote innovatieve vermogen van kleine bedrijven ook wel bevestigd: ongeveer driekwart van het aantal nieuw ontwikkelde technologieën komt bij het midden- en kleinbedrijf vandaan (zie tabel 1.8). Het gaat dan overigens om meer toepassingsgerichte innovaties en veel minder vaak om basisinnovaties. De laatste vinden vooral plaats in de researchlaboratoria van grote ondernemingen en universiteiten. Vanwege dat laatste zie je tegenwoordig steeds meer starters met een academische opleiding en activiteiten voor startende academici (zoals Yes Delft). Bij toepassingsgerichte innovaties moet ook gedacht worden aan verbeteringen van bestaande producten of technologieën.

TABEL 1.8 Innovatie in het MKB (in %)

	Kleinbedrijf	Middenbedrijf	MKB
Percentage innovatieve bedrijven	60	84	64
Percentage bedrijven met nieuwe producten of diensten	32	48	34
Percentage bedrijven met verbeteringen in interne bedrijfsprocessen	51	80	56
Percentage bedrijven waar personeel vanuit zijn functie bij vernieuwingsplannen betrokken is	47	73	52

Bron: EIM, Bliss Innovatiemaatstaven 2005

Bewust wordt onder innovaties ook verstaan het introduceren van nieuwe technologieën en diensten, gericht op het (beter) bedienen van (nieuwe) product-marktcombinaties. In die zin ontwikkelen bedrijven ook markten. Zeer regelmatig komen ook kleine bedrijven met volkomen nieuwe producten op de markt. In hoofdstuk 2 wordt meer gedetailleerd op dit belangrijke fenomeen ingegaan.

1.6.5 Toeleveren en uitbesteden

Het zal inmiddels duidelijk zijn dat het er in dit boek zeer nadrukkelijk niet om gaat een tegenstelling tussen kleine en grote ondernemingen aan te brengen. Klein is ook niet beter dan groot (of omgekeerd), maar in bepaalde markten, onder bepaalde omstandigheden is het kleine of grote bedrijf beter in staat om adequaat te reageren. In die zin kunnen groot en klein elkaar ook uitstekend aanvullen. Een voorbeeld hiervan is het systeem van de zogenoemde *subcontracting*: grote ondernemingen kopen voor een belangrijk deel hun halffabricaat in bij middelgrote ondernemingen, die het op hun beurt weer aanschaffen bij kleine(re) ondernemingen. De economie is als het ware opgebouwd uit een 'kerstboom' van ondernemingen, waarbij ondernemingen onderling aan elkaar toeleveren. De economische crisis in 2009 zorgde bij Corus en bij DAF tot het tijdelijk stopleggen van de productie

Subcontracting

met grote, soms fatale gevolgen voor de toeleverende bedrijven in de omgeving van deze ondernemingen. Figuur 1.9 laat de toeleveringsstructuur van een vrachtwagen zien.

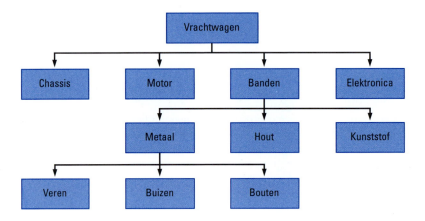

FIGUUR 1.9 Toeleveringsstructuur van een vrachtwagen

In feite is tussen groot en klein sprake van een positieve symbiose. Toeleveren en uitbesteden geeft aan kleine bedrijven enorme kansen. Productontwikkeling geschiedt soms op kosten van de uitbesteder, door afnamegaranties zijn investeringen minder riskant, enzovoort.

Vanzelfsprekend ontstaan er ook afhankelijkheden (zelfs aan de zijde van de afnemer!), maar door een goede spreiding van risico's hoeven deze afhankelijkheden bepaald niet bedreigend te zijn. De afgelopen jaren zijn toeleveren en uitbesteden enorm toegenomen. Naast subcontracting besteden grote bedrijven veel bedrijfsactiviteiten uit aan MKB-ondernemingen. Grote bedrijven blijken zich te concentreren op hun kernactiviteiten en besteden taken uit die oorspronkelijk binnen de eigen onderneming werden uitgevoerd. Dit wordt ook wel *outsourcing* genoemd.

Outsourcing

Bij outsourcing kunnen grote afhankelijkheden ontstaan. Zo kan de afnemer afhankelijk worden van de zeer gespecialiseerde kennis van de toeleverancier. Ook kan de toeleverancier de kennis en toegang tot marktkanalen van de afnemer overnemen en daarmee een rechtstreekse concurrent worden. Op zijn beurt kan de toeleverancier afhankelijk worden van de afnemer, wanneer een te groot deel van de afzet door één cliënt wordt afgenomen. Een eenvoudige stelregel – die ooit door inkopers van Albert Heijn werd gehanteerd – is dat een leverancier voor niet meer dan twintig procent van zijn omzet aan AH mocht leveren. Immers, wanneer AH gedurende korte tijd geen producten nodig had, zou een continuïteitsprobleem bij de toeleverancier kunnen ontstaan. En dat laatste is op de lange termijn niet in het belang van zowel de leverancier als de afnemer.

Voor een goed functionerend systeem van toeleveren en uitbesteden is het van belang dat onderlinge leveranties op tijd plaatsvinden en voldoen aan de juiste kwaliteit. Men spreekt over *kwaliteit* en *kwalitijd*. Hieruit wordt duidelijk dat kwaliteitscertificatie (ISO 9001-norm) en het verbeteren van de

Kwaliteit en kwalitijd

managementvaardigheden voor kleine bedrijven van groot belang zijn, indien men aan grote bedrijven wil toeleveren.

Opvallend is dat industriële ondernemingen in steeds toenemende mate hun ondersteunende diensten niet langer tot hun kernactiviteit rekenen, en besluiten deze uit te besteden. Ter illustratie is in figuur 1.10 een overzicht opgenomen van werkzaamheden die in Nederlandse ondernemingen worden uitbesteed.

FIGUUR 1.10 Typen uitbestede werkzaamheden

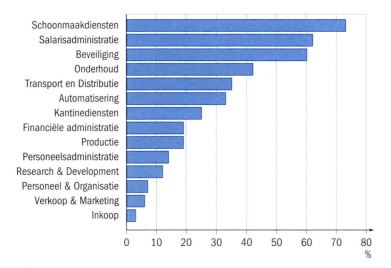

Door deze ontwikkeling ziet men een nog nadrukkelijker accent op de diensteneconomie ontstaan (zie figuur 1.11). In een diensteneconomie, waarbij een duidelijk accent op het persoonlijke karakter ligt, ontstaan veel kansen voor kleine ondernemingen.

FIGUUR 1.11 Werkgelegenheid als percentage van de totale beroepsbevolking in de Verenigde Staten

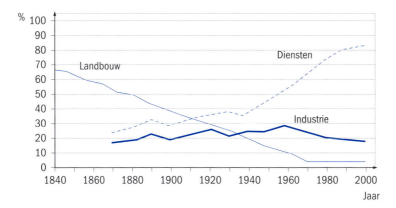

Ter toelichting nog het volgende. Vaak wordt beweerd dat de diensteneconomie van recente datum is. Uit figuur 1.11 blijkt dat de industrie – en daarvoor de landbouw – steeds terrein heeft verloren aan dienstverlenende ondernemingen. Door deze ontwikkeling zal het midden- en kleinbedrijf (dat qua kenmerken zo goed aansluit op dienstverlening) zijn positie weten te bestendigen.

1.6.6 Afzet

Uit de voorgaande beschouwingen zal duidelijk zijn geworden dat het kleinbedrijf macro-economisch van grote betekenis is. Dat blijkt ook nog eens uit tabel 1.9. Interessant is om te kijken naar de verschillende sectoren en naar de verhouding van de afzet van kleine bedrijven en van grote bedrijven. Andermaal wordt geïllustreerd welke sectoren typisch kleinschalig zijn en welke grootschalig.

TABEL 1.9 Afzet in 2008 naar sector en grootteklassen (× mln euro's)

	MKB	Grootbedrijf	totaal
Industrie	82,0	219,2	301,2
Bouw	58,3	27,4	85,7
Groothandel	50,1	32,9	83,0
Detailhandel	15,3	14,5	29,8
Autosector	11,8	5,1	16,9
Horeca	13,7	4,8	18,5
Transport en communicatie	27,9	50,1	78,1
Financiële en zakelijke diensten	125,1	135,4	260,5
Persoonlijke dienstverlening	26,4	11,0	37,4
Zorgsector	15,5	47,6	63,2
Overige sectoren	38,7	55,9	94,6
Totaal bedrijfsleven		603,9	1.068,9

Bron: *Prognose kerngegevens MKB*

1.7 Ruggengraat van de economie

Een groot aantal gezonde en flexibele kleine bedrijven is voor het functioneren van grote ondernemingen, en daarmee van de totale economie, absoluut noodzakelijk. Het midden- en kleinbedrijf wordt daarom wel eens de 'backbone' van de economie genoemd. Is dit een tijdelijk verschijnsel of is dit een ontwikkeling op de lange termijn? Om een antwoord op deze vraag te vinden, worden hierna de schaalfactoren en de turbulente ontwikkelingen binnen markten behandeld.

'Backbone' van de economie

1.7.1 Schaalfactoren

De economie is sterk aan het veranderen. Het is nog geen honderd jaar geleden dat Ford verklaarde dat iedereen zijn voorkeur voor een auto mocht uitspreken, als het maar een zwarte T-Ford was. Nu zijn er duizenden varianten in kleuren en modellen auto's. De markten zijn sterk veranderd; ze zijn veel kleiner en veel gespecialiseerder geworden, zowel aan de aanbodzijde (beschikbare technologie) als aan de vraagzijde (voorkeuren van consumenten). Enige tijd geleden kende ons land vijftien fietsmerken. Op dit moment zijn meer dan 180 merken verkrijgbaar. Bovendien is er sprake van turbulentie: snelle veranderingen op het gebied van zowel technologie als vraag. Er ontstaan *niche-markets*: kleine markten met zeer gespecialiseerde

Niche-markets

producten en diensten. De omvang van deze markten en de snelle veranderingen sluiten in beginsel goed aan bij de karakteristieken van kleine ondernemingen.
Figuur 1.12 illustreert de snelle veranderingen in de computerindustrie. In de jaren vijftig van de vorige eeuw had een product in de consumentenelektronica nog een levenscyclus van negen jaren; in de jaren negentig is deze teruggebracht tot negen maanden of korter.

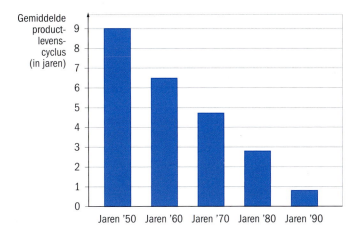

FIGUUR 1.12 Snelle veranderingen van de productlevenscyclus in de computerindustrie

Kleine bedrijven zijn door omvang en flexibiliteit beter dan grote ondernemingen in staat om met deze diversiteit en variabiliteit om te gaan. Dit alles heeft te maken met schaal. In de economie wordt het begrip *schaalvoordelen* gebruikt: naarmate de productie toeneemt, wordt – door automatisering, betere bezetting van de productiecapaciteit, specialisatie en arbeidsdeling en meer optimale inzet van ontwikkelafdelingen – het product steeds goedkoper. Maar er komt een moment dat schaalvoordelen omslaan in schaalnadelen, bijvoorbeeld doordat de organisatiestructuur zodanig complex wordt dat communicatie niet goed meer mogelijk is. In figuur 1.13 is dit schematisch weergegeven.

Schaalvoordelen leiden uiteindelijk tot verstarring; er moet immers zo veel mogelijk van hetzelfde worden gemaakt. Daarom zijn schaalvoordelen eigenlijk alleen te behalen wanneer er sprake is van relatief stabiele markten. Opvallend is dat ondernemers – door voortdurend te innoveren – deze stabiliteit constant aantasten.

Schaalvoordelen

Het is duidelijk dat de schaalvoordelen en schaalnadelen per branche volkomen verschillend liggen. Twee extremen: in de procesindustrie bestaan enorme schaalvoordelen, vanwege de kapitaalintensieve productie. Een oliekraker moet een minimale omvang hebben om goedkoop te produceren. Een timmerfabriek, zeker wanneer er sprake is van ambachtelijke en stukproductie, kent ook schaalvoordelen, zoals het directe klantencontact, de mogelijkheid om het product geheel af te stemmen op de gebruikssituatie van de opdrachtgever, de flexibiliteit, enzovoort.

FIGUUR 1.13 Schaalvoordelen en schaalnadelen verschuiven onder invloed van ontwikkelingen in de economie

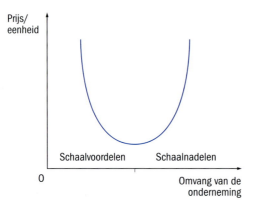

Tegenover schaalvoordelen staat echter een vermindering van de flexibiliteit. In het streven naar 'veel van hetzelfde' wordt productiecapaciteit geoptimaliseerd. Deze optimalisatie maakt het onmogelijk af te wijken van de standaard of snel in te spelen op veranderingen. In een tijd met steeds specifieker wordende consumentenvoorkeuren, die ook snel kunnen veranderen, is dit een nadeel voor grote ondernemingen. Immers, de omvang en de stabiliteit van markten worden steeds kleiner. Dat is overigens in lang niet alle markten een gegeven en bovendien is er binnen het gestandaardiseerde productieproces ook steeds meer variatie mogelijk. Het voorbeeld van de personenauto: het productieproces is erop ingericht om verschillende kleuren, typen bekleding en allerlei extra's op het gebied van technologie en styling op zeer efficiënte (en dus gestandaardiseerde) wijze aan te brengen. Technologie is dus in staat de schaalnadelen van een groot bedrijf op te heffen.

Concentratiegraad

Om te bepalen of een branche kleinschalig dan wel grootschalig is, hebben onderzoekers de indicator *concentratiegraad* ontwikkeld. Hiermee wordt bedoeld: het percentage van de totale werkgelegenheid dat in die branche door de vier grootste bedrijven wordt aangeboden. Tabel 1.10 laat zien dat bijvoorbeeld olieraffinage en vliegtuigbouw typisch activiteiten zijn die door grootschalige ondernemingen worden uitgevoerd. Maar er zijn bepaalde branches typisch kleinschalig. Uit tabel 1.10 blijkt dat dit onder andere de textiel-, bouw-, cement- en meubelindustrie zijn.

TABEL 1.10 Concentratiegraad van het Nederlandse bedrijfsleven

SBI-code	Bedrijfstak	Concentratiegraad
211	Zetmeelindustrie	100
377	Vliegtuigbouw	100
324	Cementindustrie	99
375	Wagon/spoorwerkplaats	97
332	Stalenbuizenindustrie	95
371	Auto-industrie	95
215	Bierbrouwerijen	89
281	Aardolieraffinage	85
293	Verfstoffenindustrie	70

TABEL 1.10 Concentratiegraad van het Nederlandse bedrijfsleven (vervolg)

SBI-code	Bedrijfstak	Concentratiegraad
352	Metaalbewerkingsindustrie	17
227	Textielindustrie (exclusief kleding)	16
313	Kunststofverwerkende industrie	15
253	Timmer- en parketindustrie	13
325	Bouwbedrijven	12
326	Natuursteenbewerking	11
208	Brood- en banketfabrieken	8
257	Meubelindustrie	4
349	Smederijen	4

1.7.2 Turbulente ontwikkelingen binnen markten

De groei van het midden- en kleinbedrijf in de afgelopen jaren heeft zeer zeker met schaalfactoren te maken. Door turbulente ontwikkelingen binnen markten is het relatieve schaalvoordeel verkleind, waardoor kleine bedrijven beter in staat zijn om met grote bedrijven te concurreren. Daarnaast is geavanceerde technologie voor kleine bedrijven beschikbaar gekomen: denk bijvoorbeeld aan computergestuurd produceren (CAM) of ontwerpen (CAD). Het kleinbedrijf heeft zijn relatieve concurrentiepositie weten te verbeteren. Deze verandering lijkt zonder terugkeer te zijn ingezet. Het succes van landen of gebieden met relatief veel kleine bedrijven (Japan, Baden Württemberg, Vlaanderen) wordt door deze schaalaspecten verklaard. Overigens wachten grote bedrijven niet af.

In een wereldberoemde analyse (*De strijd van de toekomst* van Hamel en Prahalad) wordt aangetoond dat het reageren op signalen uit de markt onvoldoende is, omdat grote bedrijven door de beperkte flexibiliteit dan altijd zullen achterlopen.

Willen grote organisaties overleven, dan moeten ze in het voortbrengingsproces de nodige flexibiliteit weten in te bouwen, vaardigheden ontwikkelen om de toekomst beter te voorspellen én deels invloed uitoefenen om de ontwikkelingen mede vorm te geven. Een voorbeeld zijn de grootwinkelbedrijven van Albert Heijn die door uitgekiende informatietechnologie beter dan menige kleine detaillist de voorkeuren van consumenten kunnen vaststellen. Het succes van Apple wordt verklaard door het gegeven dat het als klein bedrijf ooit 'de regels van het spel' binnen de bedrijfstak heeft veranderd. Dat laatste was mogelijk doordat het bedrijf veel beter luisterde naar de behoeften van cliënten én gebruik wist te maken van de meest moderne toepassingen.

Samenvatting

▶ De kracht van het midden- en kleinbedrijf, de ondernemer, is ook gelijk de zwakte van de sector. De gedrevenheid van de ondernemer, de mogelijkheid om snel beslissingen te nemen (want hij is ondernemer en eigenaar), de goede relaties met klanten en personeel, etc. zijn onderscheidende voordelen. Daar staan nadelen tegenover, die te maken hebben met de span of control en het risico van routinematig handelen na verloop van tijd. De ondernemer kan overbelast raken en er kan zich een tunnelvisie voordoen. Ondernemen kan daardoor na verloop van tijd eenzaam zijn en de ondernemer kan geïsoleerd raken. Een bedrijfskundige benadering maakt dat de ondernemer zich bewust is van de ontwikkeling van de onderneming en zijn persoonlijke ontwikkeling – en zich constant afvraagt of die ontwikkelingen nog steeds synchroon verlopen.

▶ In dit hoofdstuk gaat het er niet om dat klein beter is dan groot, het gaat om de symbiose van de twee. Kleine bedrijven reageren sneller, grote bedrijven produceren efficiënter en kunnen gemakkelijker actief in het buitenland worden. Grote bedrijven kennen onderzoeksafdelingen, binnen het MKB zie je dat men vondsten doet en die commercieel weet uit te buiten. Is dat altijd zo? Nee, er zijn kleine bedrijven die eigenlijk alleen maar aan research doen en er zijn grote bedrijven die nauwelijks innovatief te noemen zijn. Het gaat erom hoe bedrijven, groot en klein, hun sterke punten weten te benutten en die in een uitgebalanceerde samenwerking, van toeleveren en uitbesteden, vorm kunnen geven. Die samenwerking is sterk onderhevig aan omgevingsontwikkelingen: snel veranderende technologieën en consumentenvoorkeuren maken dat flexibiliteit, voor zowel kleine als grote bedrijven, cruciaal is om op de lange termijn te overleven.

Meerkeuzevragen

1.1 Wat hoort bij elkaar?
a Vakman (externe oriëntatie) en Koopman (interne oriëntatie).
b Koopman (lange termijn) en Vakman (korte termijn).
c Vakman (interne oriëntatie) en Koopman (externe oriëntatie).
d Vakman (interne oriëntatie) en Koopman (lange termijn).

1.2 De Wet op de Jaarrekening definieert het kleine en/of middelgrote bedrijf onder andere aan de hand van de volgende criteria:
a Meer dan 2 miljoen balanstotaal, omzet van 25 miljoen of meer, minder dan 250 werknemers.
b Minder dan 17,5 miljoen balanstotaal, omzet minder dan 35 miljoen, minder dan 250 werknemers.
c Minder dan 10,5 miljoen balanstotaal, omzet minder dan 15 miljoen, minder dan 250 werknemers.
d Minder dan 17,5 miljoen balanstotaal, omzet minder dan 35 miljoen, minder dan 100 werknemers.

1.3 Het aantal kleine bedrijven is in vergelijking met het midden van de vorige eeuw:
a sterk toegenomen.
b toegenomen.
c ongeveer gelijk gebleven.
d minder geworden.

1.4 In de afgelopen honderd jaar is er sprake van:
a toename van landbouw, afname van de dienstensector en een stabiele nijverheid.
b een sterk groeiende nijverheid, maar afname van landbouw en groeiende diensten.
c een vrijwel stabiele nijverheid, afnemende landbouw en groeiende diensten.
d ongewijzigde verhoudingen tussen de sectoren.

1.5 De gemiddelde grootte van ondernemingen is per sector verschillend. Kies het antwoord waarin de sector met de grootste gemiddelde omvang vooropstaat en de kleinste als laatste wordt genoemd:
a Transport en communicatie, zorgsector, groothandel.
b Groothandel, bouw, persoonlijke dienstverlening.
c Industrie, persoonlijke dienstverlening, zorgsector.
d Industrie, persoonlijke dienstverlening, horeca.

44

2 Management in kleine ondernemingen

2.1 Ontwikkeling van bedrijven
2.1.1 Drie fasen
2.1.2 Structuur van ondernemingen
2.2 Management in een klein bedrijf
2.2.1 Persoon van de ondernemer
2.2.2 Bekwaamheden en onbekwaamheden
2.3 Ondernemingsplanning
2.3.1 Gebrek aan strategische planning
2.3.2 De praktijk van planning
2.3.3 Het opstellen van een ondernemingsplan
2.3.4 De opbouw van een ondernemingsplan (geen starter)
2.4 Adviseren aan ondernemers
2.4.1 Adviseurs
2.4.2 De financieel adviseur
2.4.3 Drie schillen van adviseurs
2.5 Starten en groeien
2.5.1 Startende bedrijven
2.5.2 Groeiende bedrijven
2.6 Internationalisering van het MKB
2.7 Innovaties
2.7.1 Innovaties uit aanpassingen
2.7.2 Relatief grote bijdrage aan innovaties
2.7.3 Innoveren in Nederland
Samenvatting
Meerkeuzevragen

Het management in een klein bedrijf onderscheidt zich het sterkst van grote ondernemingen door de centrale positie van de ondernemer. In het vorige hoofdstuk bleek dat er in het midden- en kleinbedrijf tussen ondernemer en bedrijf een grote onderlinge afhankelijkheid bestaat. Wanneer het de ondernemer aan visie ontbreekt en hij verkeerde beslissingen neemt, zijn er maar weinig mensen die hem kunnen corrigeren. Zodra de ondernemer onvoldoende aandacht voor het bedrijf heeft, of alleen op de korte termijn stuurt, gaat het niet goed met de onderneming. Maar de ondernemer is op zijn beurt ook afhankelijk van het bedrijf. Het bedrijf verschaft hem inkomen, status en een levensvervulling. Als het niet goed gaat met de onderneming, dan gaat het niet goed met de ondernemer. Immers, de ondernemer heeft jarenlang binnen hetzelfde bedrijf leiding gegeven en een vergelijkbare positie – met een vergelijkbaar inkomen – is niet eenvoudig elders te verkrijgen. Vanwege de positie van directeur-eigenaar zijn beide, onderneming en ondernemer, min of meer tot elkaar veroordeeld. Er is pas ander management mogelijk wanneer de eigenaar zijn bedrijf kán en wil verkopen.

Dit is in de regel niet eenvoudig: een directeur-eigenaar *kan* in veel gevallen zijn bedrijf niet verkopen, omdat het bedrijf zonder deze centrale figuur niets waard is (wel als er een vergelijkbare persoon gevonden kan worden). Een directeur-eigenaar *wil* zijn bedrijf vaak niet verkopen, bijvoorbeeld omdat hij (als hij jong is) geen betere alternatieven heeft en (als hij wat ouder is) vaak van mening is dat er geen capabele mensen te vinden zijn die hem goed kunnen opvolgen. Een complicerende factor daarbij is dat capabele en beschikbare mensen ook nog over voldoende financiën moeten beschikken om de directeur-eigenaar te kunnen uitkopen. Uiteindelijk moet de oorspronkelijke ondernemer zijn inspanningen kunnen verzilveren.

De genoemde aspecten zijn specifiek voor het ondernemen in kleine bedrijven. Ze worden in dit hoofdstuk verder uitgewerkt. Achtereenvolgens komen aan de orde: de ontwikkelingsfasen van bedrijven (paragraaf 2.1), het management in een klein bedrijf (paragraaf 2.2), de planning (paragraaf 2.3) en het adviseren aan ondernemers (paragraaf 2.4).
Dit alles is geen statisch gegeven. Daarom wordt de ontwikkeling van bedrijven nader belicht, waarbij specifiek wordt ingegaan op startende en groeiende ondernemingen (paragraaf 2.5).
Het hoofdstuk wordt afgesloten met de onderwerpen export (paragraaf 2.6) en innovatie (paragraaf 2.7), beide onderwerpen die nauw samenhangen met management en 'langetermijnbeleid'.

2.1 Ontwikkeling van bedrijven

Een klein bedrijf is bepaald geen statisch gegeven. In feite is er sprake van een dynamische ontwikkeling, te vergelijken met de levensstadia van de mens. Eén van de eerste wetenschappers die hierop al vele jaren geleden heeft gewezen, is *Lievegoed*, die de ontwikkeling van ondernemingen in drie fasen heeft onderscheiden, analoog aan de ontwikkeling van de mens.
In elke fase wordt het bedrijf anders (wat bepaald niet altijd wil zeggen: groter). Lievegoed spreekt van:
- pioniersfase
- differentiatiefase
- integratiefase

In de volgende subparagrafen wordt nader ingegaan op deze drie fasen en op de structuur van ondernemingen.

2.1.1 Drie fasen

Pioniersfase

In de beginfase van de onderneming, de *pioniersfase*, het woord zegt het al, probeert de ondernemer van alles uit en is hij ook bij alles betrokken. Het bedrijf kenmerkt zich door autocratisch leiderschap, directe communicatie,

improvisatie als kenmerkende stijl van werken, en de werknemers voelen zich als het ware 'één familie' met de ondernemer. Er is sprake van een sterke cliëntenbinding. Dit type bedrijf voldoet uitstekend aan de omschrijving die in het eerste hoofdstuk is gegeven. In het management staat de ondernemer alléén: het bedrijf kent een vlakke organisatiestructuur én een improviserend bedrijfsbeleid, maar nauwelijks langetermijnplanning.
In de *differentiatiefase* – er is vaak sprake van groei in bijvoorbeeld het personeelsbestand – wordt het bedrijfsproces logisch geordend. Taken worden gesplitst over verschillende personen (specialisatie) en onderling op elkaar afgestemd (coördinatie). Het arbeidsproces wordt meer uniform gemaakt, waardoor mensen bepaalde taken ook gemakkelijk van elkaar kunnen overnemen (standaardisatie). Hierbij moet gedacht worden aan functieomschrijvingen, administratieve procedures en personeelsbeoordelingssystemen. Deze fase wordt vooral aangetroffen bij bedrijven die in een relatief stabiele omgeving verkeren. In het taartpuntenmodel (figuur 1.2) is dit de onderneming waarbij de relatieve invloed van de ondernemer (koopman óf vakman) aan het verminderen is. De boekhouding wordt een financiële administratie, waar sprake is van professioneel financieel management.

Differentiatiefase

Wanneer er veel veranderingen op het bedrijf afkomen, en wanneer er vaak functieveranderingen voorkomen, is een betere afstemming tussen de verschillende bedrijfsonderdelen vereist, de integratiefase. Oorspronkelijk gescheiden taken worden weer *geïntegreerd*, maar dan op een lager niveau in de organisatie in de vorm van (bijvoorbeeld) *autonome groepen*. Het voert te ver, ook omdat dit vaak zeer grote ondernemingen betreft, op dit laatste gedetailleerd in te gaan.

Autonome groepen

Integratiefase

2.1.2 Structuur van ondernemingen

Mintzberg heeft de structuur van organisaties en de bijbehorende managementinstrumenten ingedeeld naar verschillende dynamieken in de omgeving van ondernemingen. In het licht van dit boek is de bespreking van twee modellen op zijn plaats, te weten de '*simple structure*' en de 'adhocracy'. De eerste organisatievorm kenmerkt zich door een gecentraliseerde vorm van leidinggeven door de ondernemer zelf. Dat is mogelijk doordat de omgevingsontwikkelingen en de gebruikte technologie relatief eenvoudig te begrijpen zijn én gemakkelijk door de directeur aan te sturen. Deze structuur past typisch bij jonge en kleine ondernemingen; Mintzberg beschouwt deze structuurvorm vrijwel synoniem met de 'entrepreneurial firm'. Omdat één iemand leiding geeft, is de organisatie flexibel en past ze zich snel aan. De 'simple structure' is typisch voor een klein bedrijf in een relatief stabiele omgeving; denk bijvoorbeeld aan een detailhandel en een garage.

Simple structure

Conform het model van Lievegoed ontwikkelen bedrijven zich daarna tot grote concerns. Interessant is dat Mintzberg zich realiseerde dat in omgevingen met snelle ontwikkelingen noch de 'simple structure' noch de meer complexe organisaties zich kunnen handhaven. De structuur die zich in sterk veranderende omgevingen kan handhaven, noemt hij de '*adhocracy*'. Deze structuur moet organisaties de nodige flexibiliteit geven om zich snel aan ontwikkelingen aan te passen. Dit betekent dat zowel in de productiecapaciteit (bijvoorbeeld machines) als in de werkwijze van de organisatie (bijvoorbeeld taakomschrijvingen) de nodige flexibiliteit is ingebouwd. Wanneer dit soort zaken te stug georganiseerd is, kan niet adequaat op veranderingen worden ingespeeld.

Adhocracy

Ter illustratie: in de consumentenelektronica is de levenscyclus van producten korter dan negentig dagen. Dit betekent dat in het productontwerp rekening wordt gehouden met de introductie van verbeterde modellen binnen drie à vier maanden. Om dit te kunnen bereiken, moeten machines en de werkwijzen van mensen snel kunnen worden aangepast. Mintzberg noemt dit 'wederzijdse aanpassing', dat wil zeggen: mensen onderling en mensmachine moeten snel op elkaar inspelen bij het introduceren van verbeterde producten en productieprocessen. Voor grote bedrijven is dit lang niet altijd mogelijk en daarom neemt in complexe en snel veranderende omgevingen de omvang van bedrijven af. Bedrijven concentreren zich op hun kernactiviteiten en splitsen daarom onderdelen af (bijvoorbeeld via een management buy-out); de oorspronkelijke ondernemingen gaan daarna als onafhankelijke bedrijven intensief samenwerken. We zien dan diverse 'adhocracies' in een groot netwerk van bedrijven samenwerken.

2.2 Management in een klein bedrijf

In een onderzoek van *Churchill en Lewis* wordt het succes van een onderneming afhankelijk gesteld van accenten die binnen het management worden gelegd. Deze accenten in het management verschillen per fase nadrukkelijk. Zo is in de startfase van een onderneming (de betrokkenheid van) de ondernemer van doorslaggevend belang; een belang dat bij volgroeide ondernemingen afneemt, omdat stafmedewerkers en procedures die rol voor een deel kunnen overnemen. Vandaar dat het hebben van goede medewerkers en het beschikken over een strategisch plan in volgroeide ondernemingen van belang is: de ondernemer kan niet meer alles zelf doen en moet taken delegeren (of in procedures vastgelegd hebben).

In het onderzoek van Churchill en Lewis wordt naar de volgende factoren gekeken:
1 financiële middelen
2 bekwaamheden personeel
3 planning en besturingssystemen
4 marktpositie
5 doelstellingen van de ondernemer zelf
6 bekwaamheden en vaardigheden van de ondernemer
7 delegeren door de ondernemer
8 strategische oriëntatie van de directeur ondernemer

Churchill en Lewis onderscheiden in de groei van een jonge onderneming naar de volgroeide onderneming een vijftal fasen. Deze fasen zijn:
I bestaansopbouw
II overleven
III succes
IV expansie
V optimale verhoudingen

In figuur 2.1 is aangegeven welke managementfactoren in een bepaalde fase van de ontwikkeling van de onderneming cruciaal zijn. Uit dit model blijkt dat de ondernemer in elke fase anders dient te acteren. In de eerste fase moet hij er als het ware 'bovenop zitten': alles verdient zijn persoonlijke aandacht en hij werkt gewoonlijk in het productieproces volop mee (in de figuur: lijn 5 en 6). De ondernemer springt bij en stuurt bij, steeds wanneer dit nodig is. Eigen geld of risicodragend vermogen (1) is noodzakelijk om tegenvallers op te vangen. Dit lijkt nog het meest op de pioniersfase, zoals Lievegoed die heeft beschreven. In een latere fase moet de ondernemer, wil hij succesvol zijn, veel terughoudender zijn en meer aan zijn personeel overlaten. De functie van de ondernemer wordt dan door anderen overgenomen en ondersteund met stafafdelingen, enzovoort. Er is dan sprake van het ontstaan van een brede managementstructuur binnen de onderneming. Voor de continuïteit van de onderneming is het van cruciaal belang dat de ondernemer zich meer met de toekomst, het langetermijnbeleid gaat bezighouden (in de figuur: lijn 8, en taken over te dragen (lijn 7)).

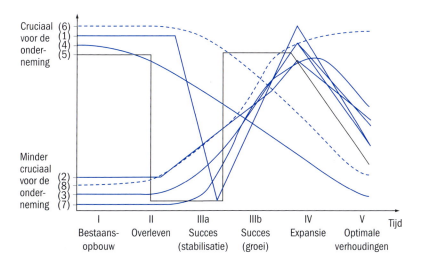

FIGUUR 2.1 De vijf levensfasen van de onderneming

Opvallend is het verschil tussen stabilisatie en groei in de derde fase ('succes'). Bij een continuering van bestaand beleid ('stabilisatie') is de rol van de ondernemer niet cruciaal voor het succes. Bij groei moet de ondernemer weer nadrukkelijk leidinggeven en ontstaat er als het ware weer een pioniersorganisatie.
Wil een bedrijf succesvol doorgroeien, dan is een *schaarbeweging* tussen enerzijds de persoonlijke kwaliteiten van de ondernemer en anderzijds de formele structuur van de onderneming noodzakelijk. In feite gebeurt bij succesvolle bedrijven wat in figuur 2.2 schematisch is weergegeven.

Schaarbeweging

Er ontstaat een organisatie waarin het relatieve gewicht van de ondernemer is verminderd. Ook in het model van Velu wordt deze wisseling (van persoonlijke onderneming naar onpersoonlijke organisatie) benadrukt (zie subparagraaf 1.4.3).
Een tweede (noodzakelijke) verandering in de ontwikkeling van een onderneming is dat de ondernemer minder tijd aan operationele zaken gaat besteden en meer tijd aan de besturing van zijn onderneming. Dit wordt geïllustreerd in figuur 2.3.

FIGUUR 2.2 Schaarbeweging in de groei van de onderneming

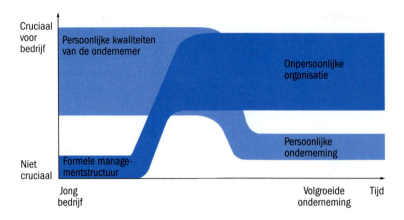

FIGUUR 2.3 Tijdsbesteding management in een groeiende onderneming

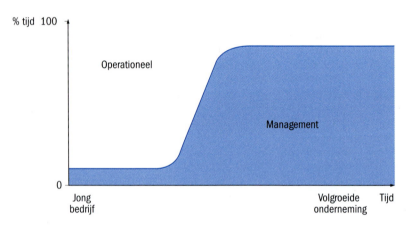

Wanneer de ondernemer relatief minder tijd aan operationele zaken gaat besteden (wat in de volgroeide onderneming ook mogelijk is), kan hij ook meer aandacht besteden aan ondernemingsplanning, het uitzetten van nieuwe paden én het effectief omgaan met adviseurs. Dit alles draagt bij aan de kwaliteit van het management.

Goed management in een klein bedrijf hangt natuurlijk ook sterk af van de persoon van de ondernemer (subparagraaf 2.2.1) en zijn bekwaamheden en onbekwaamheden (subparagraaf 2.2.2).

2.2.1 Persoon van de ondernemer

De benadering van Churchill en Lewis is van belang. Menig ondernemer start een bedrijf op met een idee, en heeft dan alle tijd nodig om het bedrijf draaiende te houden. Vaak ontbreekt het aan aandacht voor het goed bijhouden van ontwikkelingen en het bedenken van een nieuw product, laat staan dat de ondernemer nog de tijd kan vinden om zichzelf verder te ontwikkelen. Voor het voortgaande succes van het bedrijf is de ontwikkeling van de ondernemer echter van het grootste belang. Een ondernemer die de ontwikkeling van het eigen bedrijf niet meer kan bijhouden, wordt voor het bedrijf, en voor zichzelf, de grootste sta-in-de-weg.

Veel te weinig zien ondernemers in dat zij bepaalde sterke en bepaalde minder sterke kanten hebben (zoals zij die overigens wel bij personeelsleden weten aan te wijzen). Die sterke en zwakke kanten maken dat ondernemers in bepaalde fasen van de onderneming beter functioneren dan in andere (tenzij zij zich aan die fasen hebben weten aan te passen). Sommige ondernemers zijn goed in pionieren en blijven dat ook in een meer stabiele fase doen. Sommigen blijven bezig met de toekomst te organiseren, terwijl van hen in een bepaalde fase bijvoorbeeld alleen maar snelle reacties op onverwachte gebeurtenissen worden verwacht. Dat verklaart waarom bepaalde ondernemers zich meer als 'bouwer' dan als een manager beschouwen. Wanneer het bedrijf eenmaal op poten staat, verlaten zij de onderneming, op zoek naar een nieuwe uitdaging. Die uitdaging is vaak het starten van weer een nieuwe onderneming en daarmee wordt de ondernemer een 'serial starter'.

Serial starter

Ook in het eerste hoofdstuk is er al gewezen op het gegeven dat het kleine bedrijf zo sterk is als de ondernemer zelf. Daar waar de ondernemer niet functioneert, wordt de toekomst van de onderneming rechtstreeks bedreigd. Een onderneming die groeit, zal succesvol groeien wanneer de ondernemer weet mee te groeien. Daar waar de ondernemer in zijn persoonlijke groei blijft stilstaan, zal het bedrijf ook stagneren. In bepaalde gevallen is 'outplacement' van de directeur-eigenaar zelfs wenselijk, maar dat is niet eenvoudig: ondernemers zien hun bedrijf als hun 'kindje', menen dat niemand het beter kan. Objectief gezien bestaat het probleem dat het voor ondernemers niet eenvoudig is elders een baan te vinden, of de zeggenschap over de onderneming in klinkende munt verzilverd te krijgen. Als de ondernemer bijvoorbeeld zijn typische pioniersvaardigheden onderkent, zal hij sneller bereid zijn het bedrijf te verkopen (of een directeur in loondienst aan te stellen), zodat hij weer de gelegenheid krijgt een nieuw bedrijf op te starten. Wanneer systematisch naar dit doel wordt toegewerkt, kunnen veel problemen worden voorkomen, zowel voor de ondernemer als voor de onderneming.

2.2.2 Bekwaamheden en onbekwaamheden

Het sterk 'overtuigd zijn van eigen kunnen' maakt dat ondernemers zich soms onbewust zijn van zaken waarin ze minder goed zijn: hun onbekwaamheden. Men wil niet erkennen dat men een bepaalde vaardigheid niet bezit. Niet iedereen kan echter alles, men kan geen honderd procent koopman en honderd procent vakman tegelijk zijn. Er loert een gevaar wanneer een ondernemer niet wil of kan erkennen dat hij iets niet kan: hij is dan *onbewust onbekwaam* en voert mogelijk onbewust zaken verkeerd uit. *Bewust onbekwaam* is geen gevaar: een ondernemer volgt dan een cursus of haalt een adviseur binnen. Ten slotte zijn er ook nog natuurtalenten: ondernemers die onbewust over bepaalde vaardigheden beschikken: *onbewust bekwaam*. Ondernemers is niets menselijks vreemd. Onbewust en bewust is iedereen op bepaalde gebieden onbekwaam. Maar de verantwoordelijkheden van een ondernemer gaan verder en daarom is het risico hier groter. Hier ligt een uitdaging voor adviseurs.

Onbewust onbekwaam

2.3 Ondernemingsplanning

In de vorige paragraaf is duidelijk geworden dat het delegeren van cruciale functies voor ondernemers niet gemakkelijk is. Dit kan mogelijk verklaard worden uit het gedrag van ondernemers: vaak worden op een ad-hocbasis beslissingen genomen. Een dergelijk gedrag verhoudt zich moeilijk met duidelijk omschreven taken en een structuur in de organisatie. Driekwart van de ondernemers is dagelijks bezig met ervoor te zorgen dat anderen 'dingen doen' (zie figuur 2.4). Daarbij ligt een accent op het verrichten van uitvoerende taken (zie tabel 2.1). Aan planmatig werken komt de gemiddelde ondernemer blijkbaar niet toe.

FIGUUR 2.4 Taken van een manager

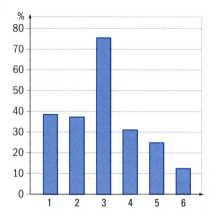

1 Doelstellingen en prioriteiten bepalen
2 Strategische planning
3 Zorgen dat anderen werkzaamheden uitvoeren
4 Conflicten oplossen
5 Omgaan met onzekerheden
6 Diversen

TABEL 2.1 Hoeveel uur per week bent u met de onderstaande activiteit bezig?

	Gemiddelde tijd besteed aan activiteit (n = 1.740)
Uitvoerende werkzaamheden, meehelpen bij productie, reparatie, verkopen, service	26,4
Nieuwe klanten werven en bezoeken, offertes schrijven	6,6
De boekhouding doen, loonadministratie, facturen schrijven	4,6
Woon-werkverkeer	3,5
Via internet informatie zoeken	2,5
Wettelijke administratieve verplichtingen, zoals formulieren bijhouden en invullen	2,5
Werkoverleg voorbereiden en houden, vergaderingen intern bijwonen	2,8
Personeelsbeleid, zoals leidinggeven, functionerings- of sollicitatiegesprekken voeren	3,8
Vakbladen lezen	1,4

Bron: *EIM*, 2005

In de volgende subparagrafen wordt nader ingegaan op het gebrek aan strategische planning en de praktijk van planning. Ook het opstellen van een ondernemingsplan en de opbouw ervan zullen aan de orde worden gesteld.

2.3.1 Gebrek aan strategische planning

Ondernemers maken (dus) geen ondernemingsplan en als er al een plan wordt gemaakt, dan is het geschreven voor de bankier – een opmerking die vaak wordt gehoord en ook wel door onderzoek wordt gestaafd. De verklaring hiervoor wordt, wanneer het aan ondernemers wordt gevraagd, altijd gevonden in het gebrek aan tijd. Het gevolg is dat ondernemers continu op de korte termijn aan het bijsturen zijn (*ad-hoc*beleid) en geen tijd vinden voor het ontwikkelen van een langetermijnbeleid. Zij zijn dan wel flexibel in operationele zin, maar niet in strategische zin. Hier is andermaal sprake van een vicieuze cirkel: omdat er niet planmatig wordt gewerkt, moet er voortdurend worden bijgestuurd, waardoor er geen tijd is om planmatig te werken. In het vorenstaande is al aangetoond dat objectief gezien het ontbreken van tijd geen argument kan zijn. De verklaring moet dan ook gevonden worden in de ondernemer zelf – die aan het langetermijnbeleid geen prioriteit wil toekennen – en aan het ontbreken van de juiste hulpmiddelen.

Ad-hoc

Veel modellen voor ondernemingsplanning zijn geschreven vanuit de werkwijze die ooit voor grote ondernemingen is ontwikkeld. Procedures bij grote ondernemingen gaan uit van een zekere systematiek, met een periodieke herhaling, stafdiensten die de benodigde informatie kunnen aanleveren en deskundigen die zich op het ontwikkelen van de strategie voor een belangrijk deel van hun tijd kunnen toeleggen. Dit alles ontbreekt in een klein bedrijf. Voor het opstellen van ondernemingsplannen bij kleine bedrijven moet allereerst een hulpmiddel beschikbaar zijn dat geheel zelfstandig door de ondernemer zelf kan worden aangewend. Voorts is het van belang dat de benodigde informatie op een voldoende gedetailleerd niveau beschikbaar is. Ondernemers van kleine bedrijven kunnen geen uitgebreid marktonderzoek laten verrichten en moeten daarom terugvallen op bestaand brancheonderzoek. Opvallend is figuur 2.5: 34% van de zogeheten 'innovatieve ondernemers' heeft geen *ondernemingsplan*, terwijl bij niet-innovatieve ondernemers 54% niet over een plan beschikt. Verondersteld kan worden dat niet-innovatieve ondernemers zich in minder dynamische markten bevinden. Die ondernemers hoeven zich minder op verandering in te stellen en de noodzaak voor planning is ook geringer.

Ondernemingsplan

FIGUUR 2.5 Het ontbreken van een ondernemingsplan

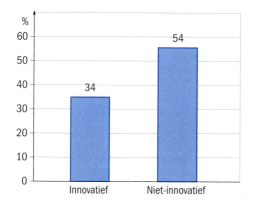

Daar waar veel verandering is (innovatieve bedrijven) zal veel onzekerheid bestaan, bijvoorbeeld over toekomstige ontwikkelingen. In deze situatie is de informatie, nodig voor de planning, eigenlijk niet beschikbaar. Dit leidt tot een interessante tegenstelling: daar waar planning *het meest gewenst* is, lijkt deze min of meer *onmogelijk* te zijn. Planning is dus eerder een leerproces dan dat het concrete plan het doel zou moeten zijn.

Ten slotte moet ook de beoordelaars van ondernemingsplannen van kleine bedrijven geleerd worden anders met plannen van ondernemers om te gaan: het gaat er niet om of het plan wel in elk detail volledig is uitgewerkt en of het er wat betreft de vormgeving uitstekend uitziet. Zoals gezegd: het gaat erom dat het opstellen van een ondernemingsplan een onderdeel is van een *leerproces*, gericht op het beter in kaart krijgen van de toekomst van de onderneming. Het feit dat kredietverschaffers nog steeds primair denken aan risico én zekerheden (en niet in kansen én potenties) maakt dat bankiers en ondernemers schijnbaar in verschillende werelden leven. Bankiers verlangen een ondernemingsplan niet omdat de ondernemer beter zicht op toekomstige ontwikkelingen krijgt (planmatigheid als *proces*), maar omdat het informatie geeft over zekerheden (planmatigheid als *eindresultaat*). Aangetekend wordt dat de materiële activa, op basis waarvan kredieten vaak ter beschikking worden gesteld, steeds minder zekerheden kunnen bieden (verouderde gebouwen, incourante voorraden, enzovoort), terwijl immateriële activa (kennis, cultuur, patenten) in bedrijfsomgevingen met snelle veranderingen vaak de enige vorm van zekerheid kunnen zijn.

2.3.2 De praktijk van planning

De traditie van *businessplanning* komt voort uit de Angelsaksische landen (Engeland, Verenigde Staten), waar het systematisch met de toekomst bezig zijn als een essentieel onderdeel van het ondernemen wordt beschouwd. Ook in Nederland streven ondernemers in toenemende mate actief naar het opstellen van een (ondernemings)plan. Het ondernemingsplan wordt dan beschouwd als een hulpmiddel om de toekomst van de onderneming beter in kaart te kunnen brengen.
In deze subparagraaf wordt antwoord gegeven op de vragen:
- Waarom ondernemingsplanning?
- Moet een plan op papier?

Waarom ondernemingsplanning?
Allereerst moet er een duidelijk onderscheid worden gemaakt tussen ondernemingsplanning als activiteit en het ondernemingsplan als eindresultaat. Zoals gezegd gaat het niet om het keurig op schrift stellen van een plan, het gaat veeleer om het denkproces dat nodig is om een plan te kunnen opstellen, of zoals Eisenhower het ooit uitdrukte: '*the plan is nothing, planning is everything*'. Wanneer een ondernemer actief met het ondernemingsplan aan de slag gaat, betekent dit dat hij afstand neemt van de dagelijkse gang van zaken, het kortetermijnbeleid, een beleid dat voor zoveel ondernemers uit het midden- en kleinbedrijf kenmerkend is. Bovendien kan het opstellen van een ondernemingsplan ondernemers stimuleren om met medewerkers, toeleveranciers en afnemers over de toekomst van het bedrijf van gedachten te wisselen. Wanneer dat gebeurt, wordt het in hoofdstuk 1 beschreven isolement van de ondernemer doorbroken. Het is om deze twee redenen, het verminderen van het ad-hocbeleid en het doorbreken van het isolement, dat ondernemingsplanning door veel adviseurs van zo'n grote betekenis wordt geacht.

Moet een plan op papier?

Hiervoor is gesteld dat het niet om het plan gaat, maar om de planning. Toch is het van belang het plan schriftelijk vast te leggen. De praktijk wijst uit dat ondernemers een plan vaak in hun hoofd hebben, of slechts gedeeltelijk op papier hebben vastgelegd. Figuur 2.6 laat zien dat slechts 28% van de snelst groeiende ondernemingen in de Verenigde Staten beschikt over een volledig uitgewerkt ondernemingsplan. Er zijn geen aanwijzingen dat het in ons land beter is gesteld.

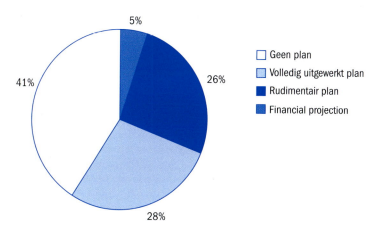

FIGUUR 2.6 Ondernemingsplanning in de VS

Er zijn ook andere redenen om ondernemers aan te moedigen een plan te maken en op te schrijven. De belangrijkste reden is dat planning een *leerproces* is, waarbij de evaluatie van het voorgenomen beleid en de vergelijking ervan met de bereikte resultaten centraal staan. Omdat tussen beleid en resultaat soms behoorlijk veel tijd kan liggen, is het verstandig een plan op papier vast te leggen. Anders is terugkijken en leren – vergelijking van plan en realiteit, van begroting en werkelijke resultaten – niet mogelijk. Daarnaast is het bij het opstellen van plannen van cruciaal belang dat de doelstellingen van de ondernemer zo duidelijk mogelijk worden geformuleerd. Het expliciet vastleggen van doelstellingen en deze aan het papier toevertrouwen, maakt dat er aan duidelijkheid wordt gewonnen; over een schriftelijk vastgelegd ondernemingsplan kan beter worden gecommuniceerd. Met de mening van anderen kan de ondernemer zijn voordeel doen. De ervaring heeft inmiddels uitgewezen dat het van tevoren toezenden van een concept-ondernemingsplan, waarvan adviseurs en andere nauw bij de onderneming betrokken personen tijdig kennis kunnen nemen, tot meer waardevolle opmerkingen leidt dan het aan een willekeurig persoon voorleggen van een ideetje tijdens de koffiepauze. Dit geldt ook vooral in het geval van een financieringsaanvraag, bijvoorbeeld bij een bank of een investeerder. Niet in de laatste plaats moet een *ondernemingsplan op papier*, omdat de toekomst van een onderneming buitengewoon ingewikkeld is: alles hangt met elkaar samen. Figuur 2.7 illustreert de complexiteit van de onderneming en haar omgeving. Deze complexiteit is alleen op te lossen wanneer alle onderdelen goed worden beschreven en de onderlinge samenhang nauwkeurig wordt bestudeerd.

Leerproces

Ondernemingsplan op papier

FIGUUR 2.7 Elkaar beïnvloedende factoren bij ondernemingsplanning

[Diagram met onderling verbonden elementen: Klanten, Concurrentie, Medewerkers, Ondernemer, Toeleveranciers, Overheidsbeleid, Technologie, Vestigingsplaats]

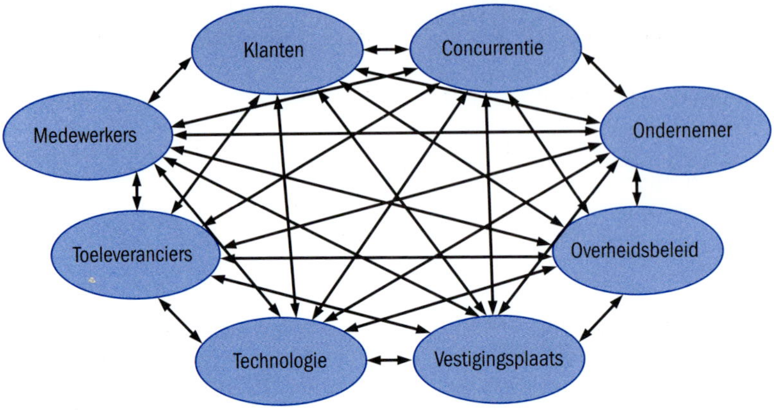

Ten slotte: uit onderzoek is gebleken dat ondernemers met een ondernemingsplan betere resultaten behalen dan ondernemers zonder een dergelijk plan. Een ondernemingsplan leidt ertoe dat ondernemers zich op de toekomst voorbereiden. Dat geeft in gesprekken met bijvoorbeeld een bankier een veel groter zelfvertrouwen op basis waarvan de bank veel sneller tot financiering zal besluiten. Daarnaast realiseren steeds meer ondernemers zich dat intuïtie alléén voor een moderne ondernemer onvoldoende is.

2.3.3 Het opstellen van een ondernemingsplan

Er bestaan veel modellen van een ondernemingsplan. In feite gaat het er niet om welk model de ondernemer kiest, het gaat er veeleer om dat hij het *proces van ondernemingsplanning* goed inricht. In de eerste plaats moet de vraag worden gesteld met *wie* het plan opgesteld wordt en in de tweede plaats *welke informatie* beschikbaar is. Om met het laatste te beginnen, een ondernemingsplan moet antwoord geven op de volgende vragen:

1 Wat is de *huidige positie* van de onderneming?
2 Wat wil de onderneming op termijn – zeg de komende drie jaar – bereiken, met andere woorden wat zijn de *doelstellingen* van de onderneming/ondernemer?
3 Op welke manier kan de onderneming dat doel bereiken, ofwel wat is de *strategie* van het bedrijf?
4 Welke interne en externe *ontwikkelingen* kunnen die strategie beïnvloeden?

Huidige positie
Bij het onderzoek naar de huidige positie wordt niet alleen gekeken naar de financiële positie en de positie op de markt, maar ook naar de opbouw van het personeelsbestand, de kwaliteit van de productiecapaciteit, enzovoort. Ook komt de kwaliteit van het management aan de orde: de mate van afhankelijkheid van de directeur-eigenaar, de mate van delegatie van verantwoordelijkheden, het langetermijnbeleid en het inschakelen van (externe) deskundigen.

Proces van ondernemingsplanning

Doelstellingen
Het is van het grootste belang dat ondernemers exact formuleren wat hun doelstellingen zijn. Hierbij moet niet alleen worden gedacht aan de bedrijfsdoelstellingen, maar ook aan persoonlijke doelstellingen. Doelstellingen moeten meetbaar zijn, om na verloop van tijd de mate van realisatie te kunnen vaststellen. Doelstellingen geven dus niet alleen een richting voor toekomstig handelen aan, maar zijn tevens een instrument om het beleid van de ondernemer te evalueren. Hoe nauwkeuriger de doelstellingen omschreven zijn, hoe beter ze kunnen dienen als richtsnoer voor het ondernemingsbeleid. De relatie tussen missie, doelstellingen en prestaties wordt besproken in paragraaf 3.6.

Strategie
In de strategie van de onderneming ligt besloten het traject dat moet worden afgelegd van de huidige positie naar de toekomst. De toekomst van de onderneming is verwoord in de *missie* en de *doelstellingen*; de strategie geeft aan hoe de doelstellingen kunnen worden gerealiseerd. De strategie ligt niet voor eens en voor altijd vast: ze moet voortdurend worden bijgesteld (zie de pijlen van het strategieschema (figuur 3.1) in paragraaf 3.2).

Missie
Doelstellingen

Meestal worden ook scenario's ontwikkeld, dat wil zeggen: afhankelijk van bepaalde gebeurtenissen wordt voor de ene of juist de andere strategie gekozen. Ondernemingsbeleid wordt daarom wel eens met zeilen vergeleken: het is varen van punt A naar punt B. Maar dat is geen rechte lijn, omdat rekening moet worden gehouden met wind en stroming.

Ontwikkelingen
Er zijn veel zaken die van invloed zijn op de strategie van de onderneming. Bij *externe invloeden* kan gedacht worden aan overheidsbeleid, het gedrag van concurrenten, veranderingen in het consumentenpatroon, technologie en bijvoorbeeld ook de vakbeweging. Bij *interne invloeden* kan gedacht worden aan bijvoorbeeld scholing van het personeel, de toestand van de productiecapaciteit en de sfeer in de onderneming.

Interne invloeden

Al deze invloeden zijn te vergelijken met wind en stroming, die het zeilschip van de oorspronkelijke koers dreigen af te brengen. Omdat deze invloeden niet van tevoren bekend zijn, moet de ondernemer steeds bijsturen, zowel op de korte als op de lange termijn. De korte termijn kent het operationele beleid, de lange termijn het strategische beleid. Wijzigingen in de strategie hebben vaak verstrekkende gevolgen. Daarom is het van belang niet te volstaan met één strategie, maar met meerdere scenario's (B1, B2, B3). In figuur 2.8 zijn de verschillende elementen van ondernemingsplanning nog eens weergegeven.

Door het ontbreken van ondernemingsplanning in het midden- en kleinbedrijf blijft de veelgeroemde flexibiliteit van kleine bedrijven beperkt tot de operationele flexibiliteit. De strategische flexibiliteit is veel geringer, ook al doordat hiervoor de mensen, de financiële middelen en de productiecapaciteit ontbreken.

FIGUUR 2.8 Ondernemingsplanning

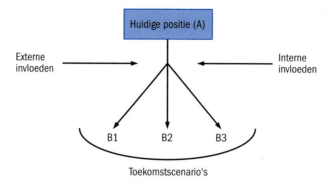

2.3.4 De opbouw van een ondernemingsplan (geen starter)

Het totale ondernemingsplan bestaat uit:
- de doelstellingen van de onderneming
- een aantal deelplannen
- de financiële onderbouwing

In het eerste onderdeel, de doelstellingen, geeft de ondernemer aan wat hij wil bereiken. Deze doelstellingen zijn gebaseerd op de missie van de ondernemer/onderneming, de historie van het bedrijf en een beschrijving van de persoonlijke kwaliteiten van de ondernemer. Aan de orde komen de sterke en zwakke kanten van de onderneming, de motivatie van de ondernemer en diens persoonlijke sterke en zwakke kenmerken. Op grond van deze beschrijving wordt een aantal *deelplannen* ontwikkeld. Figuur 2.9 geeft hiervan een *voorbeeld*.

Deelplannen

FIGUUR 2.9 Opbouw van het ondernemingsplan

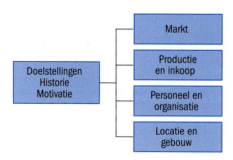

Marktplan

In het *marktplan* wordt de te verwachten omzet van de onderneming onderbouwd. In dit plan wordt aandacht besteed aan marktonderzoek en marktstrategie. Aan de hand van het onderzoek wordt aangegeven wat de omvang van de markt is: hoeveel klanten zijn er en hoeveel zijn zij bereid uit te geven? In het tweede deel, de strategie, wordt besproken op welke wijze een deel van de cliënten, de doelgroep, voor het eigen product geïnteresseerd kan worden, de product-marktcombinaties. In hoofdstuk 4 van dit boek wordt nader op deze materie ingegaan.

In het *productieplan* wordt aangegeven op welke wijze het product gemaakt gaat worden. Hierin staat beschreven welke capaciteit nodig is, en op welk moment welke hoeveelheid van een bepaald product gemaakt moet gaan worden. Hieruit blijkt al de onderlinge afhankelijkheid van de verschillende deelplannen: de inhoud van het productieplan wordt in hoge mate bepaald door schattingen die in het marktplan zijn gemaakt (zie de relatie tussen kritieke succesfactoren en kritieke bedrijfs(proces)factoren die op meerdere plaatsen in dit boek worden besproken). Overigens wordt in dit deelplan ook aangegeven wat zelf gemaakt gaat worden en welke onderdelen ingekocht gaan worden. In dit voorbeeld is uitgegaan van een producerende onderneming: zonder al te veel moeite kan een vergelijkbare redenering opgezet worden voor een handelsbedrijf of een dienstverlenende onderneming.

Productieplan

Op grond van de *capaciteitsplanning* moet een inschatting worden gemaakt van de benodigde hoeveelheid personeel en van hoe een en ander moet worden georganiseerd. In dit overzicht moet bijvoorbeeld ook een opgave worden gedaan van de opbouw van het personeelsbestand (leeftijden) en de kwaliteit van de medewerkers. Op basis van het laatste kunnen uitspraken worden gedaan over bijvoorbeeld hun opleidingsvereisten.

Capaciteitsplanning

Ten slotte moet worden aangegeven of de bestaande huisvesting nog wel voldoet en of een andere locatie (vestigingsplaats) meer voor de hand ligt. De beslissing om de productie geheel in eigen hand te houden en met eigen mensen te fabriceren, kan snel leiden tot de noodzaak een nieuw gebouw neer te zetten.

Al deze deelplannen (en het aantal kan gemakkelijk uitgebreid worden: denk bijvoorbeeld maar aan het informatiseringsplan of het onderzoeksplan) hangen ten nauwste met elkaar samen.

Alle deelplannen worden daarom vertaald in een investeringsplan, dat uitmondt in een financieringsplan. Dat maakt het ondernemingsplan compleet.

In het *financieringsplan* is, naast de behoefte aan middelen, ook de dekking opgenomen. Wat dekking betreft, is vanzelfsprekend de verhouding eigen/vreemd vermogen (de solvabiliteit) van belang (zie hoofdstuk 6). Wanneer de solvabiliteit onaanvaardbaar laag wordt, moet het plan – en dan met name de doelstellingen – worden bijgesteld. Gedacht kan worden aan het bedienen van een kleinere markt, het elders inkopen van een deel van de productie of het inhuren van parttimekrachten. Dan kunnen immers minder investeringen in machines en gebouwen worden gedaan. Naast een voldoende solvabiliteit is een aanvaardbare liquiditeit en rentabiliteit vereist. Ook dit kan ertoe leiden dat het plan moet worden bijgesteld, bijvoorbeeld door het kiezen van een markt waar minder voorraden kunnen worden aangehouden of waar cliënten sneller betalen.

Financieringsplan

Ondernemingsplanning is een soort 'draaimolen': beslissingen op het ene terrein hebben enorme gevolgen op andere gebieden. Ondernemingsplanning leidt dus tot constante bijstellingen, totdat een 'haalbaar optimum' is bereikt. Het is bijna een proces zonder einde, omdat nooit zeker is wat het beste plan is (zie figuur 2.10).

FIGUUR 2.10 Ondernemingsplanning als cyclisch proces

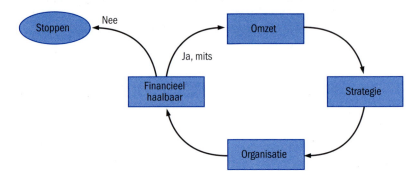

In de praktijk laten banken veel aan ondernemers over: zij kennen de branche en de onderneming. Daarom gaat het de bankier uiteindelijk ook niet alleen om het ondernemingsplan op papier, hoewel dit voor de financier wel enorm gemakkelijk is. Een bankier wil weten of de ondernemer er zelf voldoende geloof in heeft en dit ook goed over het voetlicht kan brengen. Dat zelfvertrouwen is gebaseerd op een goed doorlopen planningsproces, waarbij aandacht aan alle facetten is besteed.

2.4 Adviseren aan ondernemers

Men zou kunnen denken dat ondernemers, gegeven hun eenzijdige oriëntatie, wat sneller op externe deskundigen zouden terugvallen. Er is immers per definitie sprake van ondeskundigheid, omdat ondernemers globaal gesproken nu eenmaal óf vakman óf koopman zijn. Het knelpunt is dat ondernemers in de eerste plaats moeite hebben te erkennen dat die eenzijdigheid bestaat. Opgemerkt is al dat veel ondernemers 'onbewust onbekwaam' zijn. Daarnaast hebben ze (terecht of onterecht) de overtuiging dat niemand het eigenlijk beter kan dan zij zelf. Hoe kunnen adviseurs die niet zelf leiding aan een eigen onderneming hebben gegeven nu ooit een ondernemer adviseren? Ten slotte hebben de ondernemers die ooit een adviseur in de arm hebben genomen al snel de indruk dat de tarieven zich niet verhouden tot de resultaten van de dienstverlening. Dat dit mede komt doordat de resultaten van adviezen pas na verloop van tijd zichtbaar worden, neemt menig ondernemer in zijn oordeelsvorming niet mee.
In de volgende subparagrafen wordt nader ingegaan op de rol van adviseurs en die van accountants, in het bijzonder op hun rol als eerstelijnsadviseur.

2.4.1 Adviseurs
Aan de adviseurskant is overigens ook nog wel het een en ander te verbeteren. Bekend is dat de ondernemer zich in eerste instantie op de korte termijn oriënteert en dus is het van belang dat adviseurs voor problemen oplossingen presenteren die op de korte termijn ingevoerd kunnen worden en snel resultaten opleveren. Daarmee wordt de acceptatie van het advies vergroot. Daarnaast is het van belang dat adviseurs direct inzetbaar zijn: er komt een vraag bij een ondernemer op en die vraag moet direct worden

beantwoord. Ondernemers verwijten adviseurs dat zij de 'taal' van de ondernemer niet spreken en onvoldoende inlevingsvaardigheid in hun onderneming hebben. Deze kritiek verwijst in eerste instantie naar het ontbreken van ervaring in de praktijk. De adviseur kan daardoor niet snel genoeg 'schakelen' tussen zijn kennis en de problematiek van de cliënt. Vaak zijn de modellen waarmee adviseurs werken nogal theoretisch én gebaseerd op werkwijzen in grote ondernemingen.
Het is verstandig de cliënt op de kortst mogelijke termijn te bedienen: de 'directe beschikbaarheid'. Dit alles staat haaks op de werkwijze van sommige adviseurs, die gewend zijn langdurige trajecten in te gaan. Voor een adequate bediening van een ondernemer is het echter noodzakelijk dat de adviseur voldoende flexibiliteit weet op te brengen. Die flexibiliteit is ook in de tarieven gewenst: spreek in de dienstverlening fasen af, die afzonderlijk kunnen worden gedeclareerd.

Taal van de ondernemer spreken

Adviseurs doen er daarnaast goed aan zo veel mogelijk inzicht in de resultaten van de dienstverlening te bieden (en in de nota). Daarnaast wordt het zeer op prijs gesteld als adviseurs ook bereid zijn een deel van het risico te dragen; met andere woorden, de prijs van de advisering zou (voor een deel) afhankelijk moeten zijn van de resultaten. Resultaatafhankelijke advisering is volgens de regels van de meeste beroepsorganisaties van adviseurs (nog) niet toegestaan. Toegegeven: het is ook niet eenvoudig om het resultaat van de diensten inzichtelijk te maken en daaraan een prijs te koppelen. Toch gebeurt het volop. Een bekend voorbeeld is de makelaardij, waar pas bij de aan- of verkoop van een pand de courtage wordt betaald. In de venture-capital-industrie is de beloning van de adviseur rechtstreeks afhankelijk van de hoeveelheid binnengebracht risicokapitaal. Ook bij wervings- en selectiebureaus én bij verkoop van de onderneming is het werken met een '*succes-fee*' méér dan gebruikelijk. Waarom dan ook niet, bijvoorbeeld, in de accountancy? Veel adviseurs overwegen resultaatafhankelijke advisering niet, omdat men de huidige situatie prefereert. Adviseurs ontvangen in de meeste gevallen een vaste beloning (veelal gekoppeld aan het aantal gewerkte uren), wat het risico in hoge mate bij de cliënt legt, tegen een lager risico bij de adviseur. Gezien de huidige ontwikkelingen – waarin de ondernemer ook van zijn adviseur een 'ondernemende houding' verwacht – schuilt hier het risico dat adviseurs zich in toenemende mate van de ondernemer gaan vervreemden.

Succes-fee

De adviesproblematiek kan samengevat worden in de stelling dat het verwachtingspatroon van adviesinstelling en ondernemer onvoldoende overeenkomen. De ondernemer vraagt advies op het moment dat de adviseur niet beschikbaar is (ondernemers hebben ná de normale werkuren tijd om over het bedrijf na te denken en dan is de adviseur naar huis); de adviseur denkt in honoraria én beproefde adviesmethodieken; de ondernemer wil snel en duidelijk een route aangereikt krijgen, terwijl adviseurs denken aan een leerproces.
Het is overigens interessant te constateren dat de *prijs voor de diensten van adviseurs* voor ondernemers niet het belangrijkste element is bij het selecteren van een bepaalde adviseur. Van doorslaggevende invloed is de kennis van de sector, direct gevolgd door positieve ervaringen (van bijvoorbeeld collega-ondernemers) en de nabijheid van de adviseur. Dit gaat overigens niet op voor turnaround managers. Ondernemers zijn voldoende

Prijs voor de diensten van adviseurs

ondernemend om zich te realiseren dat een advies met toegevoegde waarde geld kost (en geld oplevert). Daarom klagen ondernemers ook nooit over de fiscaal adviseur; ondanks het gegeven dat hun tarieven het hoogst zijn, slagen fiscaal adviseurs erin ondernemers op korte termijn rendement te laten zien. Deze ervaring zou andere adviseurs als voorbeeld kunnen dienen.

2.4.2 De financieel adviseur

Enkele jaren geleden heeft de secretaris-generaal van de Europese organisatie voor het midden- en kleinbedrijf UEAPME zijn visie op het accountantsberoep gegeven. Hij gaf aan dat het midden- en kleinbedrijf een brede adviseur en vertrouwenspersoon nodig heeft en dat de controlerol van de accountant voor de gemiddelde ondernemer in het midden- en kleinbedrijf van veel minder belang is. Uit zijn woorden bleek dat accountants bepaalde werkzaamheden niet goed uitvoeren. Zo vond hij dat zij aan de ondernemer te weinig vragen stellen en daardoor onvoldoende maatwerk leveren. Ook adviseerde hij dat deze adviseur zich meer zou moeten toeleggen op bedrijfseconomische en juridische aspecten. Aan helderheid in de adviezen ontbrak het ook en de inventiviteit mocht ook groter zijn (minder standaardoplossingen). De veelgehoorde klacht dat accountants geen of onvoldoende *branchekennis* bezitten vond hij een bewijs dat de adviseurs zich te weinig inleven en inlezen in de achtergrond van de klant. Helaas, helaas, terwijl er zo ontzaglijk veel informatie beschikbaar is. Via internet, abonnementen op vaktijdschriften en telefoontjes met brancheorganisaties is dit probleem bijna altijd op te lossen. Accountants zullen meer en meer ervaren dat veel banken juist wél goed zijn geïnformeerd en op een hoog niveau met de klant willen communiceren. Banken vragen in afnemende mate aan de ondernemer of de accountant ook bij een financieringsgesprek aanwezig kan zijn. Het gesprek met de ondernemer in het midden- en kleinbedrijf is – veel sterker dan in het verleden – van materiële aard en heeft minder vaak een financieringstechnische insteek. Dit komt het maatwerk en de verstandhouding met de klant ten goede.

Branchekennis

Ook blijkt de accountant, en niet de accountmanager van een bank, een prima persoon voor een mediationtaak binnen de onderneming te zijn. *Mediation* is hét alternatief om geschillen op te lossen. Bij mediation wordt niet alleen aandacht geschonken aan de inhoud van het conflict, maar ook aan de emotie, de relatie en de procedure waarlangs het probleem wordt opgelost. Het bedrijfsleven ziet inmiddels ook de voordelen in van deze wijze van conflictoplossing. Inspelen op deze dienstverlening betekent voor zowel de klant als de accountant winst. Begrijpelijk, want de openbare accountant is beroepshalve gewend onpartijdig en onafhankelijk te zijn, eigenschappen die voor een mediator belangrijk zijn. In een moeilijke fase van het bestaan van een onderneming, waarin vaak conflicten ontstaan met afnemers en financiers, kan de accountant zijn diensten als mediator aanbieden. Dit is in het belang van elke betrokkene.

Mediation

Wanneer aan *ondernemers* wordt gevraagd wie door hen het meest als adviseur wordt geraadpleegd, ontstaat een duidelijk beeld. Dit beeld wordt in een groot aantal onderzoeken, en door de jaren heen, steeds opnieuw bevestigd; zie tabel 2.2.

Ondernemers

TABEL 2.2 Wie is uw belangrijkste adviseur?

Accountant	7,0
Belastingadviseur	5,8
Commissaris	5,7
Echtgeno(o)t(e)	5,5
Bankier	4,8
Advocaat	4,0
Organisatieadviseur	3,7
Overige	8,9

(0 = helemaal niet belangrijk; 10 = zeer belangrijk)

Opvallend is dat de financiële adviseurs van ondernemers de hoogste prioriteit krijgen. Dat komt doordat ondernemers erkennen dat zij op dit terrein ondeskundig zijn. Wel vinden ondernemers het een belangrijk onderwerp, omdat deze informatie rechtstreeks te maken heeft met de rentabiliteit van de onderneming (en hun eigen inkomen). In het overleg met de accountant zit ook een zekere periodiciteit, waardoor ondernemer en adviseur aan elkaar gewend raken. De combinatie van relatieve ondeskundigheid, die openlijk kunnen erkennen en het belang er wel van onderkennen, maakt dat er op dit vlak sprake is van een duidelijk aanwezige adviesbehoefte. Hoewel hierover nog geen onderzoeksgegevens bekend zijn, bestaat de indruk dat de positie van de bank en in mindere mate die van de accountant, onder druk staan. De afstand tot de ondernemers is groter geworden. Niet alleen hebben (sommige) banken besloten het aantal vestigingen te reduceren, ook heeft een wat 'afstandelijke' cliëntbediening haar intrede gedaan. Bepaalde cliënten weten dat wel te waarderen maar anderen niet, en het is nog maar de vraag hoe de balans uitpakt. Met het ontstaan van de financiële en de bancaire crisis (vanaf ongeveer 2007) is ook het functioneren van banken breed ter discussie gesteld. De vraag is gesteld of men wel in het belang van klanten heeft gehandeld en of men vanuit de zorgplicht – die men met name voor ondernemers in het midden- en kleinbedrijf heeft – wel juist heeft gehandeld. Een onmiddellijk gevolg van deze discussie is geweest een sterk toegenomen regelgeving en toezicht. Speelde vroeger bij de beoordeling het subjectieve 'fingerspitzengefühl' de boventoon, nu zijn daar *objectieve ratio's* voor in de plaats gekomen. Deze ratio's doen vaak tekort aan cruciale, maar meer indicatieve informatie, zoals de achtergronden van de ondernemer en een inschatting van de toekomstige ontwikkelingen binnen een markt. De bankwereld wordt steeds meer afgerekend op transparantie en 'governance' en dit heeft grote gevolgen voor het gedrag van de individuele bankmedewerker. De cultuur van steeds meer verantwoording moeten afleggen kan ertoe leiden dat hij verleid wordt om eerder niets te doen dan te overwegen bij te dragen in de financiering van een risicovolle investering. Immers, het laatste kan mis gaan, is nadrukkelijk zichtbaar en kan de medewerker worden verweten. Nietsdoen is vaak niet zichtbaar en leidt op de korte termijn niet tot negatieve consequenties. Uiteindelijk gaat het om de vraag of het voor de medewerkers, en daarmee voor het geheel, beter is 'de dingen goed te doen' dan 'de goede dingen te doen'.

Onder invloed van de financiële crisis hebben banken hun eigen vermogenspositie moeten verbeteren en dat heeft – zeker in de beleving van klanten – een rem gezet op de kredietverlening. Inderdaad zien we dat

Zorgplicht

Objectieve ratio's

Onafhankelijk adviseur

vanaf 2013 de kredietverlening in het MKB voor het eerst niet meer groeit. Bankiers geven aan dat dit vooral te maken heeft met vraaguitval door de recessie (ondernemers zien weinig perspectief en doen geen investeringen). Deze informatie wordt in publicaties van de Nederlandsche Bank bevestigd.

FIGUUR 2.11 Groei van de kredietverlening aan het midden- en kleinbedrijf 2004–2014 (jaar-op-jaarontwikkeling)

Bron: Rabobank, 2014

De rol van banken zal in de toekomst veranderen, ook onder invloed van het internet, waardoor veel dienstverlening op afstand mogelijk is. Deze technologische ontwikkelingen hebben voor-, maar ook nadelen voor de klant. De terugtredende rol van de bank kan ook nog verklaard worden door de belangen die een bankier in de onderneming heeft, waardoor hij onvoldoende als onafhankelijk adviseur kan optreden. Ook ontbreekt het medewerkers van banken (én accountantskantoren) vaak aan het vermogen om werkelijk met de cliënt 'mee te denken', en met specifieke financieringsinstrumenten inhoud aan die advieshouding te geven. Per saldo, zo redeneren ondernemers, is de bank leverancier van een productiemiddel en die kan men zakelijk tegemoet treden. Het gaat dan eerder om de 'procenten' dan om diens advies. Opgemerkt wordt dat de bankier soms ook van rol moet wisselen. Is hij bij de start en groei van de onderneming toch vaak de vertrouwenspersoon, dat kan veranderen wanneer de onderneming in slecht weer terechtkomt. De onderneming belandt in de ziekenboeg, **Bijzonder Beheer**, en er kunnen tegengestelde belangen ontstaan. De bankier zal de schade willen beperken, in eerste instantie voor de onderneming, maar ook voor de bank (een eventueel faillissement gaat in tegen het belang van de bank, die zorgvuldig moet omgaan met het door spaarders aan de bank toevertrouwde geld). De opstelling van de bank kan uiteindelijk in het voordeel van de onderneming zijn, maar ondernemers kunnen die op de korte termijn vaak maar moeilijk accepteren. In die situatie komt de positie als vertrouwenspersoon en onafhankelijk adviseur sterk onder druk te staan.

Ook aan de positie van de accountant wordt geknaagd. Er is veel discussie ontstaan over de kwaliteit van de dienstverlening en de klantgerichtheid.

Cruciaal voor het maatschappelijk verkeer is dat de account zijn onafhankelijke positie weet te behouden. Maar veel van zijn traditionele werkzaamheden, beginnend met de boekhouding, zijn inmiddels overgenomen door technologie. Het is te verwachten dat een belangrijk deel van zijn huidige werkzaamheden, met voldoende toegevoegde waarde, ook door expertsystemen overgenomen kan worden. De verklaring van de accountant bij de jaarrekening is nu al voor een belangrijk deel gebaseerd op de grotendeels geautomatiseerde administratie van de klant. Dit betekent dat accountants op zoek zijn naar nieuwe vormen van dienstverlening, met een voor de cliënt zichtbare hoge toegevoegde waarde. Enerzijds betekent dit een verbreding van de dienstverlening, anderzijds ook het verdiepen van zijn adviesrol, praatpaal, voor de ondernemer. De verandering die bij accountants optreedt, is een verschuiven van 'zekerheid bieden over het verleden' naar 'perspectieven schetsen van de toekomst'. Wat de bank betreft gaat het niet langer om het financieren van plannen met voldoende zckerheden, het zal veeleer gaan om het financieren van kansrijke plannen. Zowel voor de accountant als de bankier betekent dit dat adviseurs zich veel meer moeten verdiepen in het gedrag van de ondernemer.

Het verminderen van het aantal kantoren (zoals ook een aantal accountants de afgelopen jaren heeft gedaan) zal ongetwijfeld negatieve gevolgen hebben voor de positie van deze kantoren op dit deel van de markt.

In dit licht zal het velen niet verbazen dat de groep 'overige' adviseurs door ondernemers als de belangrijkste adviseurs wordt beschouwd. In deze groep zit vanzelfsprekend een grote variatie van adviseurs. Vermoed kan worden dat bijvoorbeeld de vrij gevestigde financieel adviseur en de informele investeerder de rol van accountant en bankier overnemen wanneer zij onvoldoende toekomstgerichte diensten kunnen aanbieden.

Een andere belangrijke informatiebron van ondernemers – maar er wordt niet veelvuldig gebruik van gemaakt – vormen collega-ondernemers. Er wordt wel gezegd dat ondernemers collega-ondernemers als hun beste adviseurs beschouwen. Dit wordt vooral beweerd door ondernemers die hebben deelgenomen aan ondernemerscursussen, lid zijn van lokale ondernemersverenigingen, van brancheorganisaties of van exportclubs. Op bijeenkomsten van dergelijke organisaties worden vaak op informele wijze uiterst vitale informatie en zeer persoonlijke ervaringen uitgewisseld. Toch maken maar weinig ondernemers actief gebruik van deze informatiebron. Dat komt mede doordat het aanbod van informele bijeenkomsten niet op de behoefte van ondernemers is toegesneden. In tegenstelling tot Angelsaksische landen is de deelname aan bijvoorbeeld ondernemerscursussen in ons land nog beperkt te noemen. Andere dienstverleners, waarbij dan gedacht kan worden aan Kamers van Koophandel, regionale ontwikkelingsmaatschappijen, lokale initiatieven en gemeentelijke adviesdiensten, worden veel minder vaak geraadpleegd.

Collega-ondernemers als informatiebron

2.4.3 Drie schillen van adviseurs

De accountant wordt veelvuldig geraadpleegd omdat de ondernemer én zijn eigen relatieve ondeskundigheid op financieel terrein gemakkelijk erkent én omdat hij de financiën (c.q. financiële resultaten) een belangrijk onderwerp vindt. De accountant, en in iets mindere mate de bank, zijn daarmee zijn meest natuurlijke gesprekspartners. Zij vormen de *eerste schil* van adviseurs en omdat de ondernemer deze adviseurs minimaal een aantal keren per jaar ziet, ligt het voor de hand dat hij deze adviseurs ook voor niet-financiële onderwerpen raadpleegt.

Menig ondernemer ziet in zijn bankier niet altijd de persoon die objectief kan adviseren. Immers, de bankier is toch de 'verkoper' van een product en in bepaalde omstandigheden (wanneer het minder goed gaat) slaat de rol van bankier als adviseur om in die van de partij die zo snel mogelijk zijn zekerheden zou willen uitwinnen. Vandaar dat de accountant door velen gezien wordt als dé vertrouwenspersoon van de ondernemer. Deze vertrouwenspersoon fungeert dan als de 'eerstelijns'adviseur, dit wil zeggen de persoon die problemen óf zelf oplost, óf doorverwijst naar meer gespecialiseerde personen.

Hierna wordt eerst nader ingegaan op de functie van eerstelijnsadviseur, vervolgens op de tweede en derde schil van adviseurs. De subparagraaf wordt afgesloten met de knelpunten in advisering.

Eerstelijnsadviseurs

Eerstelijnsadviseur

Het 'geweten' van de ondernemer

De *eerstelijnsadviseur* werpt zich op als degene die de ondernemer gevraagd en ongevraagd op kansen en bedreigingen binnen het bedrijf opmerkzaam maakt. Deze adviseur gedraagt zich als de bedrijfsadviseur van de ondernemer in de meest brede betekenis, als het ware *het 'geweten' van de ondernemer*. Om deze functie inhoud te kunnen geven, moet de adviseur een vertrouwensband met de ondernemer opbouwen, welke op een jarenlange relatie is gebaseerd, waarin de adviseur steeds opnieuw zijn meerwaarde heeft weten te bewijzen. Bij dit laatste moet worden gedacht aan het eerdergenoemde tijdig adviseren, direct toepasbare adviezen en resultaatafhankelijke beloning. In bepaalde omstandigheden moet de adviseur op de stoel van de ondernemer durven te gaan zitten; want met alleen het aandragen van alternatieven bewijst de adviseur zijn waarde niet: op bepaalde momenten gaat het om het onderbouwen van een aantal alternatieven, en soms zelfs het nemen van de beslissing. De ondernemer heeft niet altijd voldoende tijd voor het afwegen van de alternatieven, laat staan dat hij de informatie of methoden beschikbaar heeft. De accountant kan de beslissingen van ondernemers ondersteunen, maar de uiteindelijke verantwoordelijkheid voor de keuze blijft vanzelfsprekend bij de ondernemer liggen. Voor een accountant betekent dit dat hij de onderneming en de ondernemer door en door moet kennen, en dat hij ook regelmatig de onderneming bezoekt. Dat laatste om op de hoogte te zijn van nieuwe ontwikkelingen, maar ook om tijdig te kunnen inspelen op incidenten. Om de vertrouwensrelatie met de ondernemer te kunnen onderhouden moet de accountant niet voor elk bezoek een nota sturen. Zoals ook in andere branches gebruikelijk is, moeten deze bezoeken onderdeel zijn van een totaalpakket van diensten. Het is aan te raden hier van tevoren een bepaald bedrag voor af te spreken. Als dat namelijk niet het geval is, wordt het onderhouden van contacten met cliënten moeilijk: de ondernemer heeft het gevoel dat de 'taximeter' constant loopt.

Vertrouwenspositie

Het vorenstaande betekent dat de accountant ook niet kan volstaan met uitsluitend financiële dienstverlening. Bekend is dat ondernemers de grootste belangstelling hebben voor adviezen op fiscaal terrein. Vandaar ook dat de fiscale deskundigheid van de accountant vergroot moet worden. Wil de accountant in het midden- en kleinbedrijf zijn *vertrouwenspositie* kunnen waarmaken, dan is het kunnen geven van eerstelijnsadviezen op fiscaal terrein een absolute voorwaarde. Dat geldt overigens in beginsel voor alle onderwerpen: ontwikkelingen binnen de branche, het opstellen van een ondernemingsplan, marketingmethoden, enzovoort. De accountant moet bij al deze onderwerpen fungeren als het eerste aanspreekpunt en vervolgens moet hij weten wie hij (en wanneer) als specialist verder moet inschakelen.

Onderzoek heeft geleerd wat de criteria voor de keuze van een adviseur zijn. Opvallend is dat niet de kosten van het advies voorop staan, en dat de ondernemer ook bereid is om te reizen. Zie tabel 2.3. Primaire overwegingen zijn eerdere positieve ervaringen en branchekennis. Brede dienstverlening en het kunnen waarmaken van de vertrouwenspositie zijn dus het belangrijkste.

TABEL 2.3 Criteria voor de keuze van een adviseur

Criteria	Belangrijk	Geen van beide	Onbelangrijk	Weet niet
Kosten	64	18	14	4
Nabijheid	40	19	38	3
Kennis van de branche	89	4	5	1
Voorafgaande positieve ervaring	76	6	10	7
Ervaringen van collega's	70	9	16	6

Als de accountant niet regelmatig bij cliënten op bezoek gaat, kunnen eventuele knelpunten in het management mogelijk op een te laat moment worden onderkend. Knelpunten in het debiteuren- of voorraadbeheer, een dalende afzet en/of motivatieproblemen bij het personeel vertalen zich uiteindelijk altijd in de resultaten van de onderneming. Soms zijn deze problemen niet manifest: wanneer er bevredigende resultaten worden behaald, is de ondernemer zich vaak niet bewust van een structureel probleem. Pas wanneer zich iets in de omgeving van de ondernemer voordoet, wat hij ook niet kan beïnvloeden, worden de problemen zichtbaar. Een voorbeeld (zie figuur 2.12): een ondernemer houdt structureel te hoge voorraden aan, deels gefinancierd met geleend kapitaal (A). Wanneer de rentestand plotseling stijgt (B), wordt de ondernemer met hoge kosten geconfronteerd door

Accountant als huisadviseur

FIGUUR 2.12 Te late inschakeling adviseur

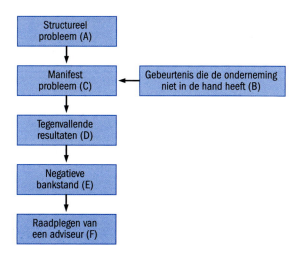

zijn relatief hoge voorraadkosten (C). Wanneer deze situatie enige tijd voortduurt, vertaalt het probleem zich in de resultaten van de onderneming (D) en wordt een latent probleem zichtbaar (E). Vaak wordt de adviseur pas op dit moment ingeschakeld, een moment waarop er niet veel meer te redden is (F).

Wanneer de adviseur eerder bij het probleem betrokken was, dan had het bedrijf mogelijk voor veel ellende behoed kunnen worden, omdat er dan naar de structurele problemen gekeken was. Bovendien was er dan tijd geweest voor het onderzoeken van alternatieven. In een noodsituatie is er vaak maar één alternatief en dat is saneren. De bank heeft de geldkraan dichtgedraaid, omdat de aflossingsverplichtingen niet meer kunnen worden nagekomen. De accountant heeft dan onvoldoende inhoud weten te geven aan zijn functie als 'huisadviseur': als vertrouwenspersoon tijdig de structurele knelpunten kunnen onderkennen.

De bank, die haar lening met zekerheden heeft afgedekt, zal dan vaak het zekere voor het onzekere nemen en tot het uitwinnen van de in de kredietovereenkomst gegeven zekerheden overgaan. In incidentele gevallen lukt het dan om het bedrijf in afgeslankte vorm voort te zetten, maar dan in principe wel met een andere bank.
Overigens kan geconstateerd worden dat de hiervoor geschetste rol als huisadviseur niet exclusief voor kleine bedrijven geldt: ook bij grote ondernemingen opereren accountants in toenemende mate als brede bedrijfsadviseur. Het afgeven van de accountantsverklaring (hoe belangrijk ook) lijkt in verhouding tot de algemene adviezen steeds meer aan belang in te boeten. Ook daar is een *verbreding van de dienstverlening* waarneembaar en moet inhoud worden gegeven aan de vertrouwenspositie van de accountant/bedrijfsadviseur.

Verbreding van de dienstverlening

De tweede en derde schil

De accountant, en in iets mindere mate de bank, bevinden zich in de eerste schil van adviseurs rondom de ondernemer. Zij worden – als categorie van adviseurs – het meest door ondernemers geraadpleegd. Verder kunnen een tweede en een derde schil worden onderscheiden. In de tweede schil is sprake van een beperkt gebruik en in de derde schil van een marginaal gebruik.
Van de *tweede schil* maken familieleden en collega-ondernemers deel uit. Collega-ondernemers zijn zo mogelijk de beste adviseurs, maar dan moet wel aan een aantal voorwaarden zijn voldaan. Hierbij moet vooral worden gedacht aan de mate van onderling vertrouwen. Familieleden vormen een voor de hand liggende groep adviseurs, omdat ze dicht bij de ondernemer staan en er toch al regelmatig met hen over het bedrijf van gedachten wordt gewisseld. Hierbij moet echter worden aangetekend dat familieleden slechts in uitzonderingsgevallen beschikken over voldoende kennis van zaken om als adviseur te kunnen optreden. Bovendien is de positie van menig familielid bepaald niet objectief te noemen.
Er is reden om aan te nemen dat in de tweede schil ook *brancheorganisaties* zitten. Bepaalde brancheorganisaties hebben voor hun leden grote betekenis. Overigens geven de brancheorganisaties aan hun taak totaal verschillende invullingen. Er zijn brancheorganisaties die aan de individuele begeleiding van leden veel aandacht besteden, terwijl andere organisaties exclusief de belangenbehartiging richting overheid tot hun taak rekenen.

Brancheorganisaties

In de *derde schil* bevindt zich een grote diversiteit van adviseurs. Gedacht kan worden aan Kamers van Koophandel, ondernemersverenigingen, verenigingen van exporteurs, onderzoeksinstellingen en organisatieadviseurs. Onderzoek heeft duidelijk gemaakt dat ondernemers hier minder vaak advies vragen, en dat de intensiteit van de contacten ook geringer is. Tabel 2.4 toont dit aan.

TABEL 2.4 Adviseurs van ondernemers

	Contact met (in %)	Frequent contact (in %)
Accountants	63	89
Bankiers	53	86
Adviesbureaus	10	60
Diverse brancheorganisaties/ondernemersverenigingen	9	50

Rondom de ondernemer bevindt zich een netwerk van een groot aantal adviseurs. Het adviesnetwerk wordt in figuur 2.13 schematisch weergegeven.

FIGUUR 2.13 Schematische weergave van het adviesnetwerk

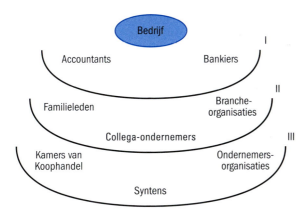

Knelpunten in advisering bij de cliënt

Helaas blijkt een adviesrelatie van ondernemer en adviseur niet altijd tot het gewenste resultaat te leiden. Daarvoor zijn oorzaken aan te wijzen:
- De ondernemer bereidt zich niet altijd goed voor op het advies. Vooral de probleemanalyse is vaak slecht voorbereid. Daardoor wordt niet zelden de verkeerde adviseur geraadpleegd en levert het advies niets op.
- De ondernemer en de adviseur begrijpen elkaar niet. De verschillen in kennisniveau tussen de adviseur en de ondernemer blijken te groot en er is een verschil in inlevingspatroon tussen beiden.
- Er is een te geringe betrokkenheid binnen de onderneming bij de mensen die moeten meewerken aan de uitvoering van het advies.
- Soms ontbreekt in de onderneming een actieplan hoe een advies moet worden uitgevoerd. En als het wel wordt uitgevoerd, kunnen problemen ontstaan met de implementatie.

Knelpunten in advisering

- Wantrouwen bestaat er over de prijs-kwaliteitverhouding van het advies, over de ondoorzichtige kostenstructuur en over de budgetoverschrijdingen van adviesbureaus.
- Het probleem in de praktijk is dat het bureau niet altijd de juiste adviseur in de juiste fase heeft ingeschakeld. Het type advies en het type adviseur kunnen doorslaggevend zijn voor de kwaliteit van de advisering.
- Ondernemers willen echter vaak maar één adviespersoon. Deze moet dan wel heel veelzijdig zijn en allerlei soorten adviesbekwaamheden in huis hebben, terwijl men tijdens de implementatie van het advies meer gebaat is met een procesbegeleider dan met de adviespersoon zelf.

Een advies van de onderzoeker: 'de adviseur moet zich, als hij zijn werk goed wil doen, opstellen als een duizendpoot. Hij moet zowel over sociale vaardigheden beschikken als specialistische kennis. Maar hij moet ook generalist zijn, analist en procesbegeleider.' Hier ligt een uitdaging voor de accountant-adviseur.

2.5 Starten en groeien

Een bedrijf starten is een belangrijke stap. Het aantal startende bedrijven in Nederland is niet gering, terwijl ook de overlevingspercentages stijgen. Ondernemers moeten echter ook voorbereid zijn op groei. In de volgende subparagrafen komen de start en de groei van ondernemingen en de risico's die daarbij horen aan de orde.

2.5.1 Startende bedrijven

In hoofdstuk 1 staat dat het aantal ondernemers in ons land systematisch toeneemt. Dit komt doordat bestaande ondernemingen dochterbedrijven oprichten, en vooral doordat steeds meer mensen een eigen onderneming beginnen. Er is al gewezen op het fenomeen van de zzp'er. De groei van het aantal MKB'ers past daarnaast in de ontwikkeling naar een *ondernemende samenleving*.

Ondernemende samenleving

TABEL 2.5 Aantal oprichtingen als percentage van de werkgelegenheid (2008–2011)

	2008	2009	2010	2011
België	1,5	1,4	1,5	1,6
Denemarken	1,7	1,3	1,7	n.a.
Duitsland	1,1	1,1	1,1	1,1
Finland	1,7	1,6	1,7	1,7
Frankrijk	1,9	1,4	2,0	1,6
Ierland	1,8	1,4	1,6	1,5
Italië	1,7	1,7	1,7	1,5
Nederland	1,6	1,6	1,7	1,8
Verenigd Koninkrijk	0,9	0,8	1,0	0,7
Verenigde Staten	2,0	2,0	2,1	2,1

Bron: Internationale Benchmark, EIM 2013.

Ons land kent weliswaar niet het grootste aantal startende ondernemingen. Maar behoort wel tot het hoogste van Europa, en bijna op een vergelijkbaar niveau als in de Verenigde Staten van Amerika, het land dat bekendstaat om zijn ondernemende cultuur! Opvallend is dat Nederland in alle opzichten

een betere score kent dan het Verenigd Koninkrijk, een land waar wij vaak een voorbeeld aan nemen als het gaat om het bevorderen van ondernemerschap.
Wellicht nog belangrijker is dat het sterftecijfer in ons land al vele jaren beduidend lager is. Daarmee is het netto-effect van startende ondernemers in ons land veel gunstiger dan in andere landen.

TABEL 2.6 Nettogroei van het aantal ondernemingen als percentage van het totale aantal ondernemingen (2008–2011)

	2008	2009	2010	2011
België	2,2	1,0	1,9	2,6
Denemarken	−0,9	−1,9	−1,5	n.a.
Duitsland	−0,8	0,3	0,8	0,4
Finland	1,8	0,9	3,0	1,9
Frankrijk	3,9	1,3	2,9	1,8
Ierland	1,0	−2,7	−1,7	−2,9
Italië	−0,5	−0,4	−0,3	−1,0
Nederland	5,9	4,8	4,7	4,8
Verenigd Koninkrijk	1,9	−1,6	−0,7	1,2
Verenigde Staten	−0,6	−1,0	0,2	1,1

Bron: Internationale Benchmark, EIM 2013.

Onderzoek heeft aangetoond dat in tijden van economische terugval, een crisis, het aantal nieuwe ondernemingen stijgt. Het lijkt niet onverantwoord om – in navolging van de theorie van Shapero (paragraaf 1.3) – een relatie te leggen tussen (dreigende) werkloosheid en het starten van een bedrijf. In dat geval wordt vaak gesproken van een gedwongen start door een breuk in het levenspatroon; dit zijn de *pushstarters* (zoals in hoofdstuk 1 besproken). Er is sprake van een conflict met de werkgever, dreigend ontslag of niet elders een baan kunnen krijgen. De andere groep noemt men de *pullstarters*. Deze categorie omvat ondernemers die altijd zelfstandig hebben willen zijn, het ondernemen als lang gekoesterde wens.

Pushstarters

Pullstarters

Het aantal 'gedwongen' starters is – mede onder invloed van de economische crisis – beduidend gestegen. Ons land kent in vergelijking met andere landen het grootste aantal pullstarters en een gemiddeld aantal pushstarters.

TABEL 2.7 Percentage van de totale bevolking tussen de 18 en 65 jaar dat ondernemer is geworden uit noodzaak of uit het zien van kansen

Land	Ondernemer uit noodzaak (%)	Ondernemer uit het zien van kansen (%)
België	0,59	4,67
Denemarken	0,33	4,25
Duitsland	1,04	4,15
Finland	1,14	4,31
Frankrijk	0,85	4,83
Griekenland	2,02	5,87
Ierland	2,14	4,86
Japan	1,30	3,85
Nederland	0,75	6,98

Bron: Internationale Benchmark, EIM 2013.

In tabel 2.8 zijn de mogelijke motieven van startende ondernemers nog eens wat gedetailleerder op een rij gezet.

TABEL 2.8 Motieven van startende ondernemers

Speelt motief een rol?	Sterk[1]	Enigszins	Niet	Belangrijkste
Werkloosheid/geen baan kunnen vinden	18	14	68	8
Ontevreden over baan in loondienst	25	27	48	8
Dreigende werkloosheid	13	13	74	5
Vertrekkans bij oude baas met vertrekpremie/meenemen van klanten	5	5	90	2
Beschikbaarheid eigen financiële middelen	13	32	55	1
Bij herintreding zou looninkomen te laag zijn	4	7	89	0
Vanzelf ingegroeid	25	33	42	5
Ontdekking van gat in de markt	17	29	54	4
Kan meer verdienen dan in loondienst	23	37	40	6
Combineren van zorg voor gezin en arbeid	20	23	57	7
Wens om eigen baas te zijn	60	28	12	28
Specifieke werkzaamheden kunnen verrichten	33	34	33	5
Uitdaging	61	28	11	15
Uit nood, door privéomstandigheden	9	14	77	5
Toepassing technologisch nieuw product/proces	6	9	85	1

[1] Het percentage van de ondervraagde starters dat het desbetreffende motief het meest belangrijk vond
Bron: European Observatory

De tabellen 2.7 en 2.8 verklaren de in het eerste hoofdstuk vermelde sociologische en psychologische aspecten die leiden tot de start van een onderneming.

De duidelijke stijging van het aantal startende ondernemers in de jaren negentig moet daarnaast verklaard worden door een gewijzigde economische structuur (decentralisatie, gespecialiseerde markten, subcontracting, enzovoort) en het feit dat ondernemerschap momenteel een veel positiever gewaardeerd fenomeen is, 'de ondernemende samenleving'.
Aan starters is ook gevraagd wat de belangrijkste problemen waren bij de start van hun onderneming. Het grootste probleem is volgens hen de financiering van de onderneming. Waarschijnlijk moet dit echter anders worden geïnterpreteerd. Voor starters is het moeilijk anderen van de haalbaarheid van het plan te overtuigen. Dat komt deels door de (zeer) geringe voorbereiding van de aspirant-ondernemer. Minder dan de helft van de nieuwe bedrijven heeft financiering van de bank nodig en alleen zij komen de bank tegen als beoordelaar van hun plannen.

Goede voorbereiding

Jarenlang leeft het idee dat maar een zeer gering aantal van de startende bedrijven het zou overleven. Het volgende plaatje in figuur 2.14 – uit de jaren zeventig – leeft overigens nog steeds niet in de hoofden van menig kredietadviseur.

Aangetekend moet worden dat een aantal bedrijven relatief kort na de start wordt verkocht. Het staken van de onderneming heeft dus niet alleen betrekking op failliete ondernemingen; succesvolle ondernemingen met sterke groeimogelijkheden gaan vaak snel in andere handen over.

FIGUUR 2.14 Voortbestaan startende bedrijven

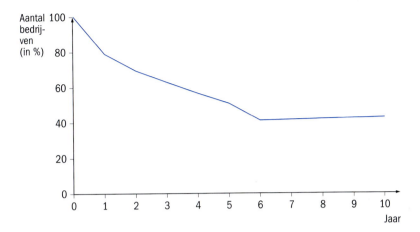

Dit percentage is in de afgelopen tien jaar aanmerkelijk verbeterd, waarschijnlijk ten gevolge van een veel betere voorbereiding van nieuwe ondernemers. Toch zegt 67% van de nieuwe ondernemers dat zij zich in het geheel niet hebben voorbereid.

De conclusie is dat in ons land relatief véél meer mensen een onderneming starten, dat de overlevingspercentages zijn gestegen en dat een en ander gunstig afsteekt bij de ons omringende landen (zie figuur 2.15 en tabel 1.8).

FIGUUR 2.15 Overlevingspercentage van nieuwe ondernemingen na vijf jaar

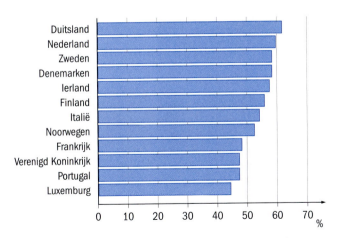

2.5.2 Groeiende bedrijven

Van de 14.000 nieuwe ondernemingen die in een bepaald jaar zijn gestart, blijken (zeven jaar later) zeshonderd ondernemingen doorgegroeid te zijn tot een middelgroot bedrijf, terwijl tachtig daarvan méér dan honderd werknemers in dienst hebben. Op zich geen verbazend aantal (het percentage komt overeen met de bekende verhouding tussen grote en kleine bedrijven), maar het toont wel aan dat groei moeilijk is.

Groeiperspectief startende ondernemer

Groei is overigens belangrijk: Birch toonde al aan dat een toename in de werkgelegenheid niet door kleine en niet door grote, maar door groeiende ondernemingen wordt veroorzaakt. Een geslaagde nieuwe onderneming heeft na vijf à zes jaar gemiddeld vier à vijf personen in dienst en creëert daarnaast nog één à twee indirecte arbeidsplaatsen.

Figuur 2.16 illustreert het *groeiperspectief* voor startende ondernemingen.

FIGUUR 2.16 Groeiperspectief startende ondernemingen

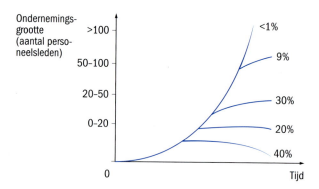

In het voorgaande zijn de organisatiekundige aspecten van groei reeds aan de orde geweest. Kenmerkend voor groei is dat deze voor organisaties niet gelijkmatig, maar veelal sprongsgewijs verloopt. Er worden investeringen gedaan, machines gekocht, mensen aangenomen, die niet meteen volbezet zijn. Groei leidt er dan ook vaak toe dat delen van de organisatie eerst overbezet raken en, nadat een uitbreidingsinvestering is gedaan, enige tijd onderbezet zijn.

Groei van een onderneming is daarom een zeer dynamisch, onzeker en riskant gebeuren. Groei leidt ertoe dat de systemen tot het nét haalbare bezet raken. Hierbij moet niet alleen aan machines, de personeelsbezetting en het verkoopapparaat worden gedacht, maar met name ook aan de managementcapaciteiten van de ondernemer. Was hij gewend tot in hoge mate zelf leiding aan de onderneming te geven, in een situatie van groei moet de ondernemer taken aan derden overdragen. Zijn natuurlijke weerstand kan erin resulteren dat de ondernemer – vaak tegen beter weten in – alles zelf blijft doen en geen functies delegeert. In feite leidt dit ertoe dat er geen tweede managementniveau in de organisatie ontstaat, c.q. dat hij de capaciteiten van het tweede niveau onvoldoende weet te benutten. Het ontbreken van een (goedfunctionerende) staf – het zogenoemde *stafmanco* (zie paragraaf 1.4) – wordt als kenmerkend voor kleine, groeiende ondernemingen beschouwd. Zelfs als de ondernemer de onderneming wel goed op de groei heeft ingericht, kunnen er serieuze problemen ontstaan. Groei gaat gepaard met het toenemen van het werkkapitaal, van bijvoorbeeld voorraden en debiteuren. Daarnaast moeten investeringen worden gedaan in de vorm van bijvoorbeeld gebouwen en scholing, selectie en werving van personen. Bij groeiende ondernemingen wordt na verloop van tijd ook de communicatie met de medewerkers een belangrijk knelpunt.

FIGUUR 2.17 Het ideale groeipad van een groeiend bedrijf

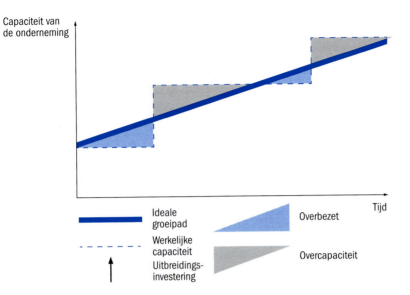

In groeiende ondernemingen staat tegenover een groeiende *kapitaalsbehoefte* geen toename van de bancaire zekerheden. Financiering van de groei is hierom, naast de hiervoor genoemde managementfactoren, voor banken een probleem. Als oplossing wordt soms gekozen voor financiering door een investeerder, omdat hier sprake is van risicodragend kapitaal, veelal in combinatie met managementondersteuning. Deze vorm van financiering wordt in hoofdstuk 6 nader uitgewerkt.

Kapitaalsbehoefte

Uit recent onderzoek is gebleken dat sterk groeiende ondernemingen intensiever met collega-ondernemers samenwerken. Eén op de drie sterke groeiers werkt samen (32%), terwijl dit bij sterke en incidentele groeiers 24% en 22% is. De conclusie zou kunnen zijn dat groeien niet geheel op eigen kracht kan, omdat het te veel beslag legt op (externe) financiële middelen en (interne) capaciteiten. Bovendien kan door samen te werken de beschikking worden verkregen over de 'kernvaardigheden' van andere ondernemingen, die vaak op een hoger niveau liggen dan de eigen vaardigheden. Een en ander blijkt uit tabel 2.9.

TABEL 2.9 Terrein waarop groeiers samenwerken, als percentage van ondernemers die samenwerken

Terrein waarop wordt samengewerkt	Groeitype			
	Alle groeiers	Zeer sterke groei	Sterke groei	Incidentele groei
Inkoop	46	29	46	54
Productie	36	28	36	40
Productontwikkeling	28	28	37	22
Afzet/verkoop	35	37	48	25

Percentage telt verticaal op tot meer dan 100, omdat ondernemers op meer dan één terrein samenwerken

Zeer sterke groeiers werken vaker samen op het gebied van de productontwikkeling en van de afzet/verkoop dan de incidentele groeiers. Uit de tabel blijkt echter ook dat op deze beide terreinen relatief het meest wordt samengewerkt door de sterke groeiers. Hiermee lijken de (zeer) sterke groeiers meer op een offensieve, marktgerichte wijze samen te werken dan de incidentele groeiers. Overigens moet de tabel met de nodige voorzichtigheid geïnterpreteerd worden, omdat in het segment 'snelle groeiers', de zogenoemde '*antilopen*', relatief veel dienstverlenende bedrijven voorkomen.

Antilopen

Groei van een onderneming is mogelijk op basis van twee voorwaarden. Allereerst moet het management van de onderneming een ontwikkeling doormaken, waardoor de ondernemer en zijn managers zelf aan de uitdagingen van de groei een antwoord kunnen bieden. Capabel management weet tijdig taken te delegeren, kader tot ontwikkeling te laten komen en een meer formele uitwisseling van informatie binnen de onderneming te organiseren. Ook moet binnen de structuur van de onderneming voldoende plaats ingeruimd zijn voor een adequaat financieel management, waarbij kosten in de hand worden gehouden en kan worden voorzien in de behoefte aan (eigen) vermogen. Daarnaast moet groei planmatig worden aangepakt, waarbij op mogelijke ontwikkelingen vooruitgelopen kan worden. Groei in de vorm van de pioniersorganisatie is gedoemd te mislukken, omdat veel energie en geld wordt verspild. Er blijft dan sprake van een *ad-hocbeleid* en het constant bijsturen van de onderneming. Wanneer aan de groei een goed uitgewerkt ondernemingsplan ten grondslag ligt, is aan één van de voorwaarden voor een succesvolle groei voldaan.

Ad-hocbeleid

In figuur 2.18 zijn de belangrijkste knelpunten bij groei nog eens op een rij gezet. Ondernemers beschouwen concurrentie en de interne organisatie als het grootste probleem. Daarna volgen het personeel, de overheidsregelgeving en de technologie. Opvallend is dat – evenals bij startende ondernemingen – de financiering niet als het belangrijkste probleem wordt gezien.

FIGUUR 2.18 Belangrijkste knelpunten bij groei (1 = nauwelijks; 5 = zeer grote problemen)

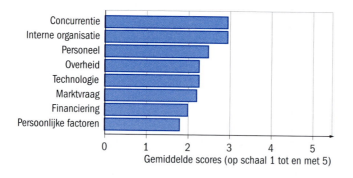

Samengevat: het succes van een onderneming, of het nu de start of de doorgroei betreft, wordt door veel factoren bepaald. Gedacht kan worden aan de kenmerken van de onderneming, ontwikkelingen in de omgeving en de vaardigheden/persoonlijke eigenschappen van de ondernemer. Bij de bespreking van de faalfactoren van persoonlijke aard in hoofdstuk 8 komen deze aan de orde. Uit het voorgaande is duidelijk geworden dat de beslissingen die de ondernemer neemt en de interpretatie die hij aan ontwikkelingen geeft, cruciaal zijn voor het succes van de onderneming. Het gedrag van de ondernemer is dus van doorslaggevende betekenis voor het succes van de onderneming. Figuur 2.19 illustreert dit.

FIGUUR 2.19 De relatie tussen kenmerken, gedrag en succes

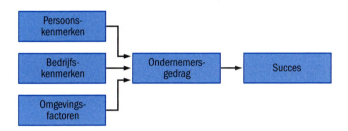

Er worden over het algemeen twee soorten snelgroeiende ondernemingen genoemd:
- De eerste soort zijn ondernemingen die snel groeien in een snelgroeiende markt. Denk aan de tijd waarin softwareproducenten snel in omzet groeiden, zonder dat zij echt beter hoefden te zijn dan hun concurrenten.
- De tweede soort zijn ondernemingen die opereren in een stabiele of licht groeiende markt.

De groeiers uit de eerste groep behoren tot de meest risicovolle. Om te groeien hoeven zij niet per se beter te zijn dan hun concurrenten, maar tegelijkertijd ontlenen zij aan hun stijgende omzet wel het daarbij behorende succesgevoel. Deze omstandigheden kunnen het *kritisch vermogen* en de bereidheid tot de acceptatie van kritiek sterk verminderen. De onderneming heeft zichzelf als succesvol bestempeld en is blind voor tekenen die het tegendeel aangeven.

Kritisch vermogen

Pas als de cijfers duidelijk een teruggang vertonen, komt de leiding van het bedrijf met een schok terug tot de realiteit. En dan mag men nog hopen dat de managementinformatie tijdig wordt ontvangen. Want waarom zou het niet goed gaan als iedereen ogenschijnlijk nog voldoende werk heeft? Bij snelle groeiers duurt het vaak enige tijd voordat de zwakke plekken van de onderneming zich wreken. Juist in een tijd van groei en succes moeten ondernemers werken aan de zwakke kanten in de onderneming.

De accountant moet voor stagnatie/groei minimaal jaarlijks een analyse maken, maar het liefst per kwartaal. Bij tussentijdse signalering moet hij tijdig en schriftelijk zijn bevindingen aan de leiding van de onderneming melden.

> Banken hebben in het relatiebeheer bij negatieve signalen ook een belangrijke taak. Zij mogen niet schromen om de vinger op de zere plek te leggen. Bij herhaling zal de relatiebeheerder van de bank vragen moeten stellen over de bestrijding van negatieve zaken in de bedrijfsvoering. Door de bancaire hulpmiddelen kan snel worden vastgesteld dat er problemen in de geldstroom van het bedrijf zijn. Bijfinanciering van liquiditeitsspanningen kan het gevolg zijn van snelle groei, maar ook van verliesfinanciering.

Weerstands-vermogen

Voor het financieel beleid liggen de grootste valkuilen voor groeiers op het gebied van het balansmanagement en het cashflowbeheer. Bij de start is veelal een zwakke solvabiliteit aanwezig waardoor het *weerstandsvermogen* bij een kleine tegenvaller al kan slinken tot onder het gewenste niveau. Hoe het solvabiliteitscriterium bij een (snelle) groeier moet worden bezien, kan niet in het algemeen worden aangegeven. Per geval moet de *betalingscapaciteitsmarge* (zie hoofdstuk 7) worden beoordeeld, waarbij zeker moet worden gekeken naar de historische marge.

De neiging bij snelle groeiers om zelfstandig te blijven, is hardnekkig. Vooral de jonge ondernemers trekken geen garantievermogen aan en financieren met te veel kort vreemd vermogen. Het negatieve werkkapitaal geeft dan soms geweldige spanningen in de bedrijfsvoering. Als de spanning te groot wordt, duurt het soms lang voor een normale situatie is weergekeerd en volgt een lange periode van afhankelijkheid van de bank. Lastig voor de ondernemer en onplezierig voor de bank.

Human capital

Informatie-voorziening

Een fout van een snelle groeier kan ook zijn dat roofbouw wordt gepleegd op de medewerkers in het midden- en hoger kader. Zij moeten vaak te lang en te hard werken en op een niveau dat hun capaciteiten soms te boven gaat. Tijd voor bezinning, opleiding en bijscholing voor het management is er meestal niet. Terwijl het doen van investeringen in vaste activa voor snelle groeiers vaak een normale zaak is, wordt verzuimd te investeren in *human capital*. Veel jonge ondernemers sturen te veel op hun intuïtie in plaats van op informatie. Juist de snelheid van de groei is er de oorzaak van dat men niet toekomt aan de noodzakelijke gegevensopbouw. Een tijdige en juiste *informatievoorziening* is essentieel. Dus een goede automatisering van de gegevensbronnen is onontbeerlijk. Voor veel branches is software beschikbaar waarmee wekelijks informatie kan worden verkregen over het eigen bedrijf die als sturingsinformatie kan dienen. Het als een 'sluitpost' hanteren van de boekhouding kan funest zijn. Te late signalering betekent veelal geen mogelijkheid om bij te sturen. De bank vindt dan de ondernemerskwaliteiten niet conform de eisen die zij stelt. De schuld ligt namelijk niet bij derden maar bij het eigen functioneren van de ondernemer. Uitbreiden van de kredietfaciliteit wordt in een dergelijke situatie doorgaans niet toegestaan. Gevolg: grotere afhankelijkheid van leveranciers en spanningen in de bedrijfsvoering.

Sprong-investeringen

Eén van de grootste fouten die een snelle groeier kan maken, is de te hoge investering. Het gevaar schuilt in het geval van een volledige mislukking. Wanneer dit namelijk gebeurt, zal al het geld dat bij elkaar geleend kan worden nog niet voldoende zijn om de financieringskloof te dichten. Natuurlijk kan iedere ondernemer een dergelijke fout maken, maar snelle groeiers lopen meer kans dan normaal om in deze val te lopen. Zij kunnen in een roes van succes leven. De fouten worden versluierd door de fraaie resultaten en men overschat zichzelf. *Sproginvesteringen* dienen zeer weloverwogen te worden gedaan. Bij voorkeur in overleg met accountant en bank. Dit geeft de adviseurs vertrouwen in de ondernemer en betekent absoluut geen gebrek aan bepaalde kwaliteiten. Het duidt eerder op een zorgvuldige, gezonde afweging en het voorkomen van een onrendabele top in de investeringen.

Bij groei denkt men aan omzetgroei, meer medewerkers en grotere gebouwen, maar het tegenovergestelde kan in de verwachte groeiperiode ook gebeuren. De signalen van een slechtere gang van zaken in de bedrijfsvoering worden behandeld in hoofdstuk 8.

2.6 Internationalisering van het MKB

Het midden- en kleinbedrijf staat op het punt van internationaal zakendoen zijn mannetje. Gemiddeld is 38% van het MKB internationaal actief. Zeker wanneer rekening wordt gehouden met sectoren die internationaal maar beperkt actief kunnen zijn (bouw: 18%; horeca: 12%; verhuur onroerend goed: 17%). Industrie (60% van de bedrijven), groothandel (75%) autosector (64%) en transport en communicatie (44%) zijn sectoren die eruit springen. 34% van de bedrijven uit de sector visserij en landbouw is internationaal actief.

Onderzoek toont aan dat de vestigingsplaats van de onderneming medebepalend is voor de eventuele exportbelangstelling, zie figuur 2.20. Terwijl de belangstellingsscores voor de ondernemingen in de provincies Groningen, Friesland en Drenthe ver onder het landelijke gemiddelde liggen, scoort bijvoorbeeld de provincie Noord-Brabant circa 25% hoger dan dit landelijke gemiddelde.

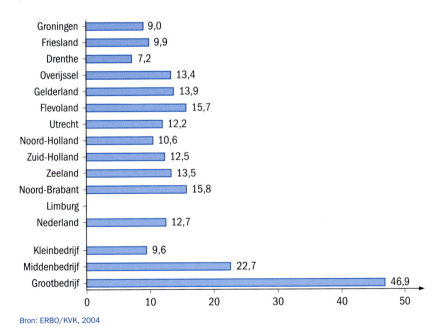

FIGUUR 2.20 Aandeel exporterende bedrijven binnen het particuliere bedrijfsleven per provincie in 2004

Bron: ERBO/KVK, 2004

Ongeveer 65% van de Nederlandse exporterende ondernemingen blijkt bij hun export naar hoogontwikkelde landen een voorkeur te hebben voor concurrentie met een lagekostenstrategie.

Bedrijfscultuur

Soms wordt in vakbladen gesteld dat innovativiteit (waarover in de volgende paragraaf meer) de enige weg naar succes in het buitenland is. Maar dan moeten er binnen de onderneming duidelijke exportambities en -aspiraties aanwezig zijn. Ook zal er binnen de onderneming veel aandacht voor innovatie moeten bestaan. Innovatie is in dit kader geen operationeel doel, maar een instrument om op de buitenlandse markt te concurreren. Bij innovatieve ondernemingen is innovatie dan ook structureel een element van de *bedrijfscultuur*. Benchmarking met directe concurrenten en andere marktpartijen is ook in dit verband een regelmatig terugkerende bedrijfsactiviteit, zolang er maar van geleerd kan worden hoe een product/dienst dan wel (een deel van) het bedrijfsproces verbeterd kan worden. Het geloof in innovatie moet hiervoor tot alle niveaus binnen de onderneming zijn doorgedrongen. Men dient zich er terdege bewust van te zijn dat de klant het begin- en eindpunt van het bedrijfsproces is en niet het product/dienst en/of het bedrijfsproces. De 'held' binnen de onderneming is dan ook het team.

Onderzoek heeft tevens aangetoond dat het midden- en kleinbedrijf in ons land voor vele miljarden euro's exportkansen laat liggen. De belangrijkste oorzaak van het niet benutten van deze kansen is gelegen in het ontbreken van een strategische oriëntatie bij ondernemers. Ondernemers zijn zo druk bezig met de dag van vandaag, dat het nadenken over de toekomst onvoldoende aandacht krijgt: geen aandacht voor bestaande markten, onvoldoende aandacht voor nieuwe markten, laat staan aandacht voor buitenlandse markten. Slechts 25% van de bedrijven blijkt te exporteren. Overigens, hoe kleiner het bedrijf, hoe minder men exporteert. Daarnaast blijkt export ook met de branche samen te hangen: de detailhandel richt zich per definitie op de lokale markt en zal daarom – bijvoorbeeld in vergelijking met het kleine industriële bedrijf – ook niet of nauwelijks exporteren.

Initiatief voor export

Ondernemers starten hun eerste exportactiviteit niet op basis van een vooropgezette strategie, maar louter op basis van toeval (zie tabel 2.10). Slechts twaalf procent van de ondernemers heeft van tevoren een exportplan opgesteld. De meeste ondernemers komen een buitenlandse afnemer toevallig tegen, of een buitenlandse afnemer zoekt de ondernemer op. Het *initiatief voor export* ligt in het midden- en kleinbedrijf maar in zeer beperkte mate bij de ondernemer zelf.

TABEL 2.10 De wijze waarop de eerste exportorder werd verkregen

	%
Toevallig en informeel contact	22
Buitenlandse afnemer nam zelf contact op	16
Zakenreis naar het buitenland	15
Gerichte promotie in het buitenland	9
Deelname aan beurs in buitenland	6
Via collega-bedrijven	6
Anders	29
Weet niet	8
Totaal	100

Vanzelfsprekend gedragen ondernemingen zich anders wanneer men al *exportervaring* achter de rug heeft. Dan blijken de bestaande handelsrelaties de voornaamste bron voor nieuwe opdrachten te zijn (zie tabel 2.11).

Exportervaring

TABEL 2.11 De wijze waarop de vervolgorders werden verkregen

	%
Rechtstreeks van afnemer	35
Zelf in het buitenland op pad	9
Via agenten/vertegenwoordigers	9
Via collega's	6
Via deelname aan beurs in het buitenland	6
Gerichte promotie in het buitenland	6
Via bestaande buitenlandse afnemer	6
Anders	22
Weet niet	1
Totaal	100

Het ligt voor de hand dat exporterende kleine bedrijven hun markt dicht bij huis zoeken. Tabel 2.12 geeft hierin inzicht.

TABEL 2.12 Voornaamste landen waarnaar kleine bedrijven exporteren[1]

Landen	%
België/Duitsland	92
Andere EU-landen	56
Overig West-Europa	39
Oost-Europa	14
VS/Canada/Australië/Nieuw-Zeeland	20
Overige landen	28

[1] Percentage van de bedrijven, meerdere antwoorden mogelijk

Naarmate het bedrijf groter is, blijkt men ook verder dan de meest nabije buurlanden te exporteren.
Er bestaat goed inzicht in de knelpunten van het management als het gaat om export. Ook hier moet onderscheid gemaakt worden naar ondernemingen die voor het eerst exporteren en bedrijven die al enige ervaring hebben opgedaan. De volgende knelpunten worden genoemd:
- voldoende managementtijd
- het vinden van agenten
- personeel met voldoende exportkennis
- betalingsrisico
- kennis van de buitenlandse markt
- ervaring
- handelsgebruiken en -wetten
- het vinden van adviseurs
- geen export(marketing)plan

Stapsgewijze aanpak

Ondernemers moeten zich dan ook de tijd gunnen voor een *stapsgewijze aanpak*. Belangrijke vragen in dit verband zijn:
- Is de onderneming aan planmatige export toe?
- Is het bedrijf geschikt voor planmatige export en welke organisatorische, juridische en financiële aanpassingen zijn daarvoor eventueel nodig?
- Welke landen hebben bij planmatige export de voorkeur?
- Hoe ziet het marketingplan voor deze planmatige export eruit?
- Op welke wijze vindt de implementatie plaats?

Export- (marketing)plan

De inhoud van het *export(marketing)plan* is afhankelijk van de fase van internationalisering waarin de onderneming zich bevindt. Elementen van het export(marketing)plan zijn minimaal:
1. het zichtbaar maken van de externe omgevingsfactoren door middel van marktonderzoek, gerelateerd aan de voor de export in de onderneming aanwezige competenties;
2. het formuleren van operationele exportdoelen, zoals de marktpositie, resultaat/omzet, enzovoort, binnen het kader van de strategiekeuze;
3. de gemotiveerde landenkeuze inclusief de hierbij te gebruiken entree- en distributiestrategie;
4. het marketingplan inclusief leverings- en betalingscondities;
5. de implementatie met afspraken over de verantwoordelijkheid, de timing waarbinnen het exporteren gerealiseerd moet worden, de te hanteren meetpunten en bijsturingsafspraken, enzovoort.

Export door kleine bedrijven illustreert bij uitstek het managementprobleem. Voor export wordt nogal eens gekozen wanneer er knelpunten op de binnenlandse afzetmarkt bestaan. Er wordt dan niet planmatig naar oplossingen gezocht, maar als het ware in export 'gevlucht'. Veel ondernemers vergeten daarbij dat export een bijzonder complexe activiteit is. Exportactiviteiten die op deze manier opgestart zijn, versnellen de teloorgang van de onderneming alleen maar. In het geval van een nieuwe exportactiviteit moet een ondernemer zich realiseren dat hij daaraan zélf ook leiding moet geven. Met andere woorden: wanneer de ondernemer niet voldoende tijd vrijmaakt voor de handel in het buitenland, dan is de nieuwe activiteit gedoemd tot mislukken. Bovendien moet de ondernemer zijn eigen beperkingen kennen en tijdig andere deskundigen weten in te schakelen. De ondernemer moet een brede belangstelling hebben, onder andere voor de cultuur van het ondernemen in andere landen. Export is eigenlijk alleen weggelegd voor de ondernemer die het strategisch management in zijn onderneming inhoud heeft weten te geven.

2.7 Innovaties

Vernieuwing van producten, productieprocessen en diensten (vanaf hier wordt kortheidshalve van 'producten' gesproken) vraagt om zicht op de toekomst en planmatig handelen. Het midden- en kleinbedrijf wordt op het gebied van innovatief handelen een grote rol toegedicht; een rol die door de praktijk ook wordt ondersteund.
In de volgende subparagrafen wordt nader ingegaan op de wijze waarop kleine bedrijven innoveren en de problemen die ze daarbij tegenkomen. In subparagraaf 2.7.2 zal blijken dat kleine bedrijven relatief veel bijdragen aan innovaties. Ten slotte wordt de situatie in Nederland besproken.

2.7.1 Innovaties uit aanpassingen

Kenmerkend is dat kleine bedrijven *incrementeel innoveren*, dat wil zeggen het innovatieproces verloopt stapje voor stapje en is veelal geen aparte activiteit, maar onderdeel van het normale bedrijfsproces. Het wordt er als het ware 'naast gedaan'. Bij het succesvol doorvoeren van innovaties zijn kleine bedrijven – meer dan grote ondernemingen – afhankelijk van hulpbronnen uit hun directe omgeving. Voor kleine bedrijven is het daarnaast onmogelijk het gehele spectrum (ontwikkelingen in de technologie, overheidsbeleid, relaties met grote ondernemingen, enzovoort) te overzien. Het is niet verbazend dat het innovatieproces in kleine bedrijven minder planmatig verloopt en dat er met gespecialiseerde kennisinstituten slechts zelden intensieve relaties worden onderhouden.

Incrementeel innoveren

In het voorgaande is al aan de orde geweest dat ondernemers niet altijd even optimale relaties met die omgeving onderhouden. Ondernemers kunnen echter niet over één kam worden geschoren. In een onderzoek is onderscheid gemaakt tussen drie soorten ondernemers: de koplopers, de kansrijken en de volgers (first to the market, follow the leader en me-too ondernemers). In het industriële midden- en kleinbedrijf worden zo'n 2.000 ondernemingen tot de koplopers gerekend, ongeveer 6.000 tot de kansrijken en het resterende aantal (32.000) tot de volgers. Deze drie categorieën sluiten aan op de indeling die in het begin van dit boek is gemaakt: veel ondernemingen in het MKB zijn operationeel flexibel: zij weten zich snel aan te passen aan omgevingsontwikkelingen. De groep ondernemingen die zich laat kenschetsen als '*strategisch flexibel*', zijn ondernemingen die het voortouw nemen. Om in termen van Hamel en Prahalad te spreken: zij willen 'de besten ter wereld zijn' en 'bedenken de regels van het spel'. De vorenstaande indelingen komen ook overeen met het onderzoek waaruit blijkt dat het overgrote deel van nieuwe ideeën in ondernemingen voortkomt uit aanpassingen en niet uit bewust en planmatig zoeken naar nieuwe mogelijkheden (zie figuur 2.21).

First to the market

Strategisch flexibel

FIGUUR 2.21 Waar komen ideeën van ondernemers vandaan?

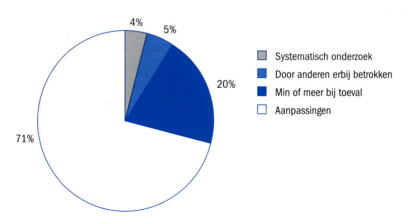

Kleine bedrijven hebben in de regel moeite om het aanvankelijke succes van bijvoorbeeld een spin-off te continueren door het ontwikkelen van een nieuwe innovatie of tweedegeneratieproduct. Dit komt doordat er in kleine bedrijven snel sprake is van *kennisslijtage*: er wordt vaak te weinig aandacht besteed aan het op voldoende hoog niveau houden van kennis en de bestaande kennis blijkt snel te verouderen. Strategisch flexibele bedrijven kunnen daardoor snel vervallen in aanpassingsgedrag, dat wil zeggen zich beperken tot een vorm van operationele flexibiliteit.

Kennisslijtage

2.7.2 Relatief grote bijdrage aan innovaties

Eigenlijk zijn er niet veel innoverende bedrijven. Toch draagt dat beperkte aantal relatief veel bij aan innovaties. Onderzoek suggereert dat per geïnvesteerde euro er bij kleine bedrijven méér resultaat (in de vorm van innovaties) behaald wordt dan bij grote bedrijven. Dit is overigens begrijpelijk: bij grote bedrijven heeft het onderzoek veel meer het karakter van fundamenteel-wetenschappelijk onderzoek, terwijl bij kleine bedrijven het vaak gaat om toepassingsgericht onderzoek. Daarnaast moet aangetekend worden dat er bij kleine bedrijven vaak sprake is van spin-off van grote ondernemingen (bijvoorbeeld een ex-medewerker van een groot bedrijf of een onderzoeker van een universiteit gaat bij een klein bedrijf werken en zijn kennis wordt relatief goedkoop in het kleine bedrijf aangewend).

Ondanks de gesignaleerde knelpunten kunnen bepaalde kleine bedrijven goed innoveren. Daarvoor bestaan verschillende redenen. Allereerst zitten kleine bedrijven dicht bij de markt en signaleren zij vaak eerder dan grote ondernemingen veranderingen in het consumentengedrag. Omdat zij dicht bij hun afnemers zitten, kunnen zij ervaring en kennis van afnemers ook gebruiken in het (nieuwe of verbeterde) product. Het risico bestaat dat de cliëntenbasis te smal is, waardoor het gezichtsveld voor innovaties ook beperkt wordt. In kleine bedrijven moeten vernieuwingen vanuit de bestaande cashflow worden gefinancierd. Dit betekent dat niet al te grote projecten kunnen worden opgestart, en dat elke tussenfase op zich ook op haalbaarheid moet worden getoetst (*incrementele plannen*). Innovaties in het MKB zijn daarmee veel minder riskant. Daar staat tegenover dat kleine bedrijven veel ondernemender zijn en sneller een risico durven te nemen.

Incrementele plannen

Iets aandurven en uitproberen is voor innovatief gedrag een belangrijke voorwaarde. De interne bureaucratie van grote ondernemingen ('een boekhoudersmentaliteit') kan dit verhinderen.

2.7.3 Innoveren in Nederland

Nederland wordt in internationaal opzicht niet beschouwd als een innoverend land. Wanneer het aandeel van de vijf grote multinationale ondernemingen en de landbouw even buiten beschouwing wordt gelaten, dan vinden in de (MKB-)ondernemingen in ons land relatief weinig innovaties plaats. Dit komt enerzijds door het ontbreken van strategische flexibiliteit in het MKB, anderzijds door een omgeving die ondernemers maar weinig tot innovaties weet te stimuleren. In een recent onderzoek is een indeling naar 'adviesschillen' gebruikt, die vergelijkbaar is met de indeling in figuur 2.13. In de eerste schil staat (opnieuw) de accountant. Voor het bevorderen van innovaties zijn daarnaast afnemers, adviseurs bij banken en collega-ondernemingen van grote betekenis. In de tweede schil treffen we onder andere de brancheorganisaties en de regionale overheid aan. Opvallend is dat zich in de derde schil, dat wil zeggen relatief ver van de ondernemer af, de gespecialiseerde adviesinstellingen bevinden, die zich in het bijzonder op ondernemers in het MKB richten. Ondernemers blijken echter maar weinig van dit type adviesinstellingen gebruik te maken. Financiering van innovaties door banken is problematisch: er wordt nog te veel vanuit zekerheden en borgstellingen gedacht en niet vanuit toekomstige rendementen. Bovendien kunnen kredietverleners zich vaak onvoldoende inleven in de belevingswereld van de ondernemer: er wordt nog te veel met ratio's gewerkt in plaats van met – meer subjectieve – criteria. Dit denken staat haaks op het innovatief gedrag.

Samenvatting

▶ In dit hoofdstuk kijken we enerzijds naar de ontwikkeling van de onderneming en de ondernemer – en de rol die adviseurs daarbij kunnen spelen – en anderzijds naar twee bijzondere aandachtspunten: hoe zorgen we voor méér internationalisering in het MKB en hoe vergroten we de bijdrage van het MKB aan innovaties. De rode draad door dit hoofdstuk is de verandering – de schaarbeweging – van ondernemer naar manager. Wanneer de onderneming groter wordt, wordt de aansturing complexer en moet de ondernemer andere talenten aanspreken. Dat laatste wordt samengevat met het begrip manager, maar natuurlijk gaan we ervan uit dat de ondernemer in de persoon van de manager niet zal verdwijnen. Die toenemende complexiteit heeft niet alleen te maken met de groei van de onderneming, maar ook met de omgeving van het bedrijf. Dat kan te maken hebben met het opstarten van internationale activiteiten, maar ook voor het zorg dragen voor een nieuwe generatie producten of diensten binnen de onderneming. Die complexiteit kan gereduceerd worden door een meer planmatige benadering van de taken binnen de onderneming (vandaar relatief veel aandacht voor het ondernemingsplan) en door het inschakelen van externe deskundigen. Maar juist het inschakelen van experts van buiten (door menig ondernemer beschouwd als 'pottenkijker') ligt niet voor de hand. Ook omdat de traditionele adviseurs van de ondernemer (de accountant en bankier – de ondernemer vindt financiën wel belangrijk, maar heeft er vaak geen grote belangstelling voor of vaardigheid in) de laatste jaren hun rol als vertrouwenspersoon hebben zien verminderen.

Meerkeuzevragen

2.1 De juiste volgorde (ontwikkeling van een onderneming volgens Churchill en Lewis) is:
a Bestaansopbouw, succes, expansie, overleven, optimale verhoudingen.
b Optimale verhoudingen, succes, bestaansopbouw, expansie, overleven.
c Bestaansopbouw, overleven, succes, expansie, optimale verhoudingen.
d Bestaansopbouw, overleven, succes, optimale verhoudingen, expansie.

2.2 In de expansiefase zijn de volgende managementaspecten cruciaal voor het voortbestaan van de onderneming:
a Doelstellingen ondernemer, marktpositie, delegeren, bekwaamheden personeel.
b Bekwaamheden personeel, strategische oriëntatie, planning en besturing, vaardigheden ondernemer.
c Financiële middelen, bekwaamheden personeel, strategische oriëntatie, planning en besturing.
d Financiële middelen, marktpositie, strategische oriëntatie, planning en besturing.

2.3 Wat is voor een ondernemer van belang om een langdurige relatie met een adviseur aan te gaan?
a Vertrouwen.
b Expertkennis.
c Ondernemerservaring.
d Fysieke nabijheid.

2.4 Kredietverlening aan ondernemers wordt ingewikkelder, doordat:
a bankiers steeds moeilijker kredietrisico's kunnen inschatten.
b door de kredietcrisis het garantievermogen van ondernemingen is afgenomen.
c ondernemingsplannen door externe adviseurs worden geschreven.
d de banken steeds minder kantoren hebben in de nabijheid van de klanten.

2.5 Accountants worden minder de vanzelfsprekende adviseur van ondernemers, omdat:
a accountants zich sterker richten op controle en goedkeuring van jaarrekeningen en minder op de advisering van ondernemers.
b accountants steeds meer wettelijke taken moeten vervullen en daardoor gezien worden als een 'verlengstuk' van de belastingdienst.
c accountants te hoog zijn opgeleid en zich niet kunnen verplaatsen in de dagelijkse problematiek van ondernemers.
d ondernemers en accountants in verschillende werelden leven en daarom langs elkaar heen praten.

3
Strategievormingsproces

3.1 Het nut van strategievorming
3.2 Het begrip strategie
3.3 Vermijden van het strategievormingsproces
3.4 Stappenplan van het strategievormingsproces
3.5 Veranderingen in de marktomgeving
3.5.1 Macro-omgevingsfactoren
3.5.2 Meso-omgevingsfactoren per bedrijfstak
3.5.3 De concurrentieanalyse
3.5.4 De wijze waarop de onderneming met de omgevingsfactoren kan omgaan
3.6 Verrichten van een situatieanalyse
3.6.1 Externe analyse
3.6.2 Interne analyse
3.6.3 SWOT-analyse en de confrontatiematrix
3.7 De strategie-instrumenten
3.7.1 Porter: de basisstrategieën
3.7.1.1 Kostenleiderschapstrategie
3.7.1.2 Differentiatiestrategie
3.7.1.3 Focusstrategie
3.7.2 De hyperconcurrentiestrategie
3.7.3 Hamel en Prahalad
3.7.4 Treacy en Wiersema
3.7.5 Kim en Mauborgne
3.7.6 Portfoliomethode van de Boston Consultancy Group
3.7.7 Ansoff-model
3.8 De strategiekeus
3.8.1 De praktijk van de strategiekeus
3.8.2 Richtingsmogelijkheden van een strategiekeus
3.8.2.1 De basisrichting groei
3.8.2.2 De basisrichting versterken en verbeteren
3.8.2.3 De basisrichting consolideren en behouden
3.8.2.4 De basisrichting inkrimpen en saneren
3.8.3 Wijze waarop de strategieontwikkeling plaatsvindt
3.9 Implementatie
3.10 Balanced scorecard

3.10.1 Kernelementen in de balanced scorecard
3.10.2 De noodzakelijkheid van prestatiemetingen
3.10.3 De relatie tussen de BSC en financiële verslagen
3.10.4 Valkuilen en voordelen van de BSC
3.10.5 Implementatie van de BSC in de MKB-onderneming
Samenvatting
Meerkeuzevragen

In het kader van het strategievormingsproces voor de onderneming in het midden- en kleinbedrijf is het ook voor deze ondernemer noodzakelijk de veranderingsprocessen in de marktomgeving zorgvuldig te volgen. Als gevolg van mutaties in deze marktomgeving zullen de omvang, de wensen en de samenstelling van de afnemersvraag ook aan verandering onderhevig zijn. Ook het strategievormingsproces – uitgewerkt in tactische en operationele besluiten – moet aan deze veranderingen in de marktomgeving worden aangepast en zodanig worden geformuleerd dat de onderneming operationeel in staat blijft die prestaties te leveren die aansluiten bij de wensen, de belevingswereld en de afnemerswaarde van de klant. Het risico bestaat dat bestaande duurzame concurrentievoordelen van de onderneming door deze veranderingen in de marktomgeving voor de afnemers verdwijnen.

De Vries Jr. en Van Helsdingen stellen in dit verband:
De afnemer is de belangrijkste bezoeker van ons huis,
hij is niet van ons afhankelijk,
wij zijn van hem afhankelijk,
hij is niet een onderbreking van ons werk,
hij is ons doel.
Hij is geen buitenstaander in onze onderneming,
hij is een deel daarvan.
Wij doen hem geen gunst als wij hem bedienen,
hij doet ons een dienst als wij hem mogen bedienen.

De 'rode draad' in het strategievormingsproces ligt ofwel in de positionering van de onderneming in haar sociale, culturele en economische marktomgeving, ofwel in haar zoektocht naar nieuwe en niet-bestaande concurrentieruimte. De kracht van de onderneming ligt dan ook in de wijze waarop de ondernemer met behulp van de haar beschikbare bronnen en bekwaamheden in staat is op deze veranderingen in de marktomgeving in te spelen en te voldoen aan de afnemerswaarde van de klanten.

Het kiezen van een unieke marktpositie door een ondernemer is niet meer voldoende om een duurzaam concurrentievoordeel te realiseren. Door technologische ontwikkelingen, het toepassen van benchmarking in het bedrijfsleven en het onvoldoende op elkaar afstemmen van de operationele bedrijfsactiviteiten worden concurrentievoordelen steeds sneller geïmiteerd of verbeterd. De ondernemingen gaan steeds meer op elkaar lijken en uiteindelijk verbetert niemand zijn relatieve marktpositie.
De essentie van elke strategiekeus moet liggen bij het bewust anders dan de directe concurrenten verrichten van de operationele bedrijfsactiviteiten en zich hierbij blijvend baseren op de belevingswereld en het verwachtingspatroon van het door de onderneming geselecteerde afnemerssegment.

Strategische posities binnen de onderneming, gebaseerd op consistente, harmonisch bij elkaar passende en elkaar onderling beïnvloedende en versterkende operationele bedrijfsactiviteiten, veroorzaken voor concurrentiekrachten enorme toetredingsbarrières. Maar deze strategische positie van de onderneming is even sterk als de zwakste schakel in dit geheel.

In dit hoofdstuk staat het strategievormingsproces centraal. In paragraaf 3.1 wordt het nut van strategievorming aangegeven. In paragraaf 3.2 wordt het begrip 'strategie' omschreven. In paragraaf 3.3 wordt zeer beknopt beschreven waarom sommige ondernemers nog steeds geen belangstelling voor het strategievormingsproces hebben. Het stappenplan van het strategievormingsproces wordt beschreven in paragraaf 3.4. Het identificeren van de relevante kansen en bedreigingen, van de sterke en zwakke punten binnen de onderneming en het beschrijven van mogelijke concurrenten staat centraal in paragraaf 3.5.
Het verrichten van een situatieanalyse wordt beschreven in paragraaf 3.6. Vervolgens wordt in paragraaf 3.7 stilgestaan bij mogelijke strategie-instrumenten waaruit de ondernemer bij zijn strategiekeus kan kiezen. De strategiekeus staat in paragraaf 3.8 centraal. De implementatie van de strategiekeus wordt in paragraaf 3.9 behandeld. Op welke wijze de meting van de resultaten van de implementatie via de balanced scorecard plaatsvindt, wordt besproken in paragraaf 3.10.

3.1 Het nut van strategievorming

Het beschikken over unieke kernvaardigheden is een belangrijke randvoorwaarde voor de strategiekeus. De opdracht aan elk management is het blijven zoeken naar unieke kerncompetenties in zijn onderneming om er vervolgens duurzame concurrentievoordelen mee op te bouwen.
Het strategievormingsproces zorgt uiteindelijk voor een juiste afstemming tussen zowel het uitgestippelde strategische beleid en de daarmee samenhangende bedrijfsactiviteiten als tussen het strategische beleid en de aanwezige kerncompetenties in de vorm van sterke en zwakke punten en gekoppeld aan de kansen en bedreigingen vanuit de niet-beheersbare macro- en meso-omgevingsfactoren.
Het *proces van strategievorming* moet gezien worden als:

Proces van strategievorming

- een strategisch plan om een algemeen bedrijfsdoel te bereiken;
- een aantal stappen die doorlopen moeten worden om tot een strategiekeus te komen;
- de positionering van de onderneming in haar markt inclusief de hiervoor noodzakelijke middelen en langs welke wegen het algemeen bedrijfsdoel bereikt kan worden;
- de invalshoek van waaruit de marktomgeving wordt waargenomen;
- het domein van het bevredigen van de behoeften, het oplossen van problemen, de te bereiken segmenten van de doelgroep en de te hanteren techniek;
- het instrument om in de markt concurrentievoordeel te kunnen realiseren en behouden;
- het kader waarbinnen de bedrijfsactiviteiten zullen plaatsvinden ('structure follows strategy');
- het resultaat van een debat binnen de onderneming.

Strategisch ondernemen

Strategisch ondernemen houdt ook in: vooruitzien, plannen maken en implementatie.

- *Vooruitzien* is het doen van voorspellingen over ontwikkelingen die zich buiten het bedrijf voordoen. Voor vooruitzien is creatief denken nodig op basis van de waargenomen kansen en bedreigingen.
- Bij het *maken van plannen* gaat het vooral om het kiezen van een positie voor de onderneming, uitgaande van de beschikbare competentie. Mintzberg kiest niet voor een planmatige aanpak, maar hij kiest voor een meer incrementele en flexibele benadering onder het motto 'al doende leert men'.
- Implementatie betekent het vertalen van de strategiekeus in operationele procesactiviteiten.

3.2 Het begrip strategie

Bij elke strategiekeus is het voor het management naast de visie, de missie en de in de onderneming aanwezige drijfveer relevant te weten wat de koopmotieven, de afnemerswaarde en de problemen van de afnemers zijn, wie de belangrijkste concurrenten gelet op de prijs- en kwaliteitsverhoudingen in de markt zijn, hoe groot de invloed van het distributieapparaat in de bedrijfskolom is, wat de betekenis van toeleveranciers en afnemers in de ontwikkeling van producten en diensten is en welke machtspositie deze toeleveranciers en afnemers in de bedrijfskolom uitoefenen.

Strategie

Het EIM zegt in zijn boekje *Strategie: een zaak van grote en kleine winkels*:

> 'Strategie is een overkoepelend plan dat de hoofdlijnen voor beslissingen en activiteiten van een bedrijf aangeeft en erop gericht is om de middelen die een bedrijf ter beschikking staan zo aan te wenden dat de activiteiten een toegevoegde waarde voor de omgeving betekenen, zodat het bedrijf de eigen doelen kan halen.'

Figuur 3.1 geeft het *strategieschema* weer.

FIGUUR 3.1 Strategieschema

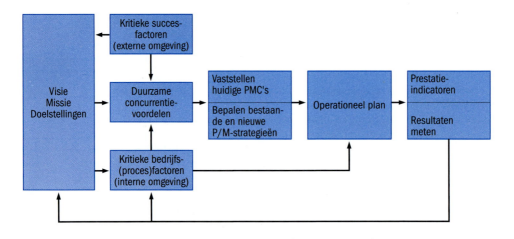

De meeste middelgrote en kleine bedrijven hebben nog steeds geen strategie. Vraag je deze ondernemers naar hun strategie, dan krijg je antwoorden over hun planning, hun operationele processen en hun kortetermijnresultaten. Wat ze doen, is kijken naar de concurrentiekrachten. Voortdurend zijn ze aan het benchmarken en vragen zich hierbij af, waarom onderneming A beter presteert dan zij. Meestal worden deze betere resultaten aan een betere operationele aanpak toegeschreven.

In een Small Business Research Memorandum van (onder anderen) prof. P.S. Zwart te Groningen onder de titel *Het strategisch besluitvormingsproces in het MKB in Noord-Nederland,* werden naar aanleiding van een representatieve steekproef de volgende clusters samengesteld:

- *Nauwelijks strategische beslissers.* Kenmerken: kleine familiebedrijven; geen raad van commissarissen; geen beeld van de toekomst op schrift gesteld; bestrijken van een beperkt afzetgebied; de directeuren hebben een lagere beroepsopleiding gevolgd en beschikken niet over leidinggevende ervaring; de houding ten opzichte van cursussen en adviseurs is positief; het delegeren van bevoegdheden naar medewerkers vinden zij niet gemakkelijk. Gebrek aan tijd, afhankelijkheid van de omgeving en gebrek aan gegevens worden als belangrijkste belemmeringen genoemd voor strategische besluitvorming.

  Nauwelijks strategische beslissers

- *Strategisch bewuste ondernemers.* Kenmerken: vaak familiebedrijven van verschillende omvang en met een ruim afzetgebied; geen raad van commissarissen; de directeuren zijn middelbaar tot hoog opgeleid en beschikken over leidinggevende ervaring, die ze in andere bedrijven hebben opgedaan; deze ondernemer staat gematigd positief tegenover cursussen, zeer positief tegenover externe adviseurs en is voorstander van participatie van werknemers bij de besluitvorming. Afhankelijkheid van de omgeving en een gebrek aan tijd en gegevens worden ook door hen genoemd als belangrijkste belemmeringen voor strategische besluitvorming.

  Strategisch bewuste ondernemers

- *Formele strategische beslissers.* Kenmerken: in deze bedrijven werken meer dan vijftig personen en in de meeste gevallen is er een raad van commissarissen; het afzetgebied strekt zich uit tot over de landsgrenzen; de directeuren hebben ongeveer een gelijke opleiding genoten en hebben ongeveer evenveel ervaring als de strategisch bewuste ondernemers; het volgen van cursussen vinden zij positief en de participatie van werknemers bij de besluitvorming staat zeer hoog in het vaandel. Veel belemmeringen voor strategische besluitvorming kennen deze ondernemers niet, hooguit dat men het niet gewend is om te doen.

  Formele strategische beslissers

Een conclusie uit het onderzoek is dat formele strategische beslissers meer medewerkers, grotere afzetgebieden en hoger opgeleide directeuren hebben. Maar ook kan worden geconcludeerd dat strategisch bewustzijn niet iets is wat slechts aan grote bedrijven is voorbehouden, maar ook in de middelgrote en kleine bedrijven aanwezig is.

Hoogleraar Strategisch management van de Rotterdam School of Management, H. Volberda, stelt in zijn boek *De Flexibele Onderneming*:

> 'Slechts een beperkt aantal ondernemingen is in staat of heeft het lef om het kuddegedrag te doorbreken en voor zichzelf een unieke keuze te maken. Een unieke keuze maken, dat is strategisch gedrag. De meeste ondernemingen zijn kuddedieren. De flexibele onderneming met een unieke strategie die elk moment aan

de veranderende wensen kan worden aangepast, heeft toekomst. Een bedrijf kan niet meer op zichzelf staan, maar het is een onderdeel van een flexibel netwerk met toeleveranciers en klanten. Exploratie van nieuwe markten, innovatie, toegevoegde afnemerswaarde en meer kennis is de strategie voor de toekomst.'

Reeds tijdens het schrijven van het ondernemingsplan wordt de MKB-ondernemer met strategie geconfronteerd.

'Voordelen' van het strategievormingsproces

'Voordelen' van het strategievormingsproces voor de ondernemer zijn:
1. Het in staat zijn tijdig te reageren op veranderingen in de omgevingsfactoren.
2. Het zorgen voor een overzichtelijke presentatie van de verschillende categorieën bedrijfsactiviteiten, waardoor beter gecoördineerd de markt met product-marktcombinaties (PMC's) kan worden bewerkt.
3. Het durven te investeren in 'projecten' die pas een aantal jaren later hun bijdrage in de winst en in de cashflow tonen.
4. Het bedrijf in een dusdanige positionering manoeuvreren dat zijn beschikbare en noodzakelijke competentie (de kritische bedrijfsprocesfactoren, de KBF's) de beste verdediging tegen concurrentiekrachten is ofwel de onderneming de mogelijkheid biedt voor het scheppen van een nieuwe, niet-bestaande concurrentieruimte. Door radicaal te innoveren wordt gezocht naar nieuwe afzetmarkten. Het innoveren (= *waarde-innovatie*) wordt dan afgestemd op de afnemerswaarde, de prijs en de kostenstructuur van de onderneming.

De strategietheorie en -praktijk laten een grote verscheidenheid aan opvattingen zien. Indien deze theorieën al onderling en de toepassing ervan in de praktijk grote verschillen vertonen, mag geconcludeerd worden dat niet één enkele theorie 'juist' en 'waar' te noemen is. Steeds zullen de ondernemer en zijn topmanagement moeten zoeken naar manieren om met deze verscheidenheid aan opvattingen om te gaan. In paragraaf 3.8.1 wordt hiertoe een poging gedaan. Strategisch management in een onderneming wordt dan zichtbaar in de wijze waarop de ondernemer en/of het management hiermee omgaan.

De grote verschillen tussen de strategietheorieën en tussen de toepassingen in de praktijk hangen nauw samen met tegenstellingen tussen de diverse gedachten. Kerntegenstellingen hierin kunnen zijn:

Hoe creëren en ontwikkelen managers hun strategie?
Is het strategievormingsproces een proces van plannen of een proces van leren? Ansoff vindt dat het verzamelen van informatie over feiten hierin een belangrijke rol heeft en er uitvoerige en gedetailleerde beschrijvingen van het planningproces en van de te maken analyses noodzakelijk zijn. Voor Ansoff geldt:

> 'Strategy formation is a planning process, designed or supported by planners, to plan in order to produce plans'.

Mintzberg pleit voor de aanpak van de grote leider die met zijn visie de gehele onderneming weet te inspireren. De onderneming moet zich minder toeleggen op het maken van analyses van de concurrenten en van de toekomst, maar het management moet de onderneming zo veel mogelijk laten inspelen op de omstandigheden die men in zijn bedrijfstak tegenkomt.

'We cross that bridge when we come to it.'

Mintzberg stelt vervolgens dat zijn opvatting van 'strategie als leren' vooral toepasbaar is in situaties van aanzienlijke onzekerheid en onvoorspelbaarheid of indien er binnen de onderneming grote invloed op strategische beslissingen op lager niveau in de onderneming ligt.

Is het concurrentievoordeel duurzaam of niet?
Porter beschrijft op welke wijze de onderneming een concurrentievoordeel kan opbouwen en behouden. Hamel en Prahalad stellen dat het duurzame concurrentievoordeel slechts te vinden is in de capabilities van de onderneming. D'Aveni stelt dat door het voortdurend verstoren van de bestaande situatie het de onderneming moet lukken de concurrentie een stap voor te blijven. Thomas (en D'Aveni) beweren later echter dat het concurrentievoordeel nooit houdbaar is, omdat elk voordeel op de concurrent als sneeuw voor de zon verdwijnt. Zij spreken dan ook van het ontstaan van situaties van *hypercompetition*. Kim en Mauborgne hebben een strategische benadering die de concurrenten irrelevant maakt. Barney stelt dat het duurzaam behalen van significant concurrentievoordeel beter mogelijk is naarmate er binnen de onderneming meer sprake is van *resources* (dit zijn de middelen die de onderneming bezit zoals merken, octrooien, activa etc.) en *capabilities* (dit zijn de kernvaardigheden van de onderneming) die waardevol, zeldzaam en moeilijk te imiteren zijn. Succesvolle ondernemingen koppelen snelle en flexibele innovaties aan het vermogen om interne en externe competenties goed te coördineren en in nieuwe PMC's om te zetten. Denk hierbij onder andere aan de musical Soldaat van Oranje en de muziekuitvoeringen van André Rieu.

Hypercompetition

Resources Capabilities

Verklaart de bedrijfstak of de ondernemingsstrategie de winst?
Schmalensee en Rumult hebben onderzoeken verricht voor het beantwoorden van deze vraag. Schmalensee stelt dat de variantie in winstgevendheid voor 19,6% toe te schrijven is aan het bedrijfstakeffect, slechts 0,6% aan het ondernemingseffect en laat 80% van de variantie in winstgevendheid onverklaarbaar. Rumult ontdekte dat slechts 4% van de variantie in winstgevendheid veroorzaakt wordt door het effect van de bedrijfstak en 45,8% door het handelen van de onderneming zelf. Tussen beide studie-uitkomsten is duidelijk een verschil over de conclusie welke van de twee factoren het meest relevant is. In de studie van McGahan en Porter in 1997 komen er resultaten naar voren die tussen beide uitersten liggen. Het bedrijfstakeffect in de winst is 18,7% en het ondernemingseffect 35%, terwijl ruim 45% van de variantie in de winst niet verklaard wordt. Indien de resultaten van Schmalensee omgezet worden in een probleemaanpak, kiest men voor het concurrentiekrachtenmodel van Porter, omdat het effect van de bedrijfstak op de winstgevendheid ongeveer dertig maal groter is dan het effect van het handelen van de onderneming zelf. Bij Rumult is het effect van het handelen van de onderneming zelf op de winstgevendheid ruim elf maal groter dan het bedrijfstakeffect.

S. Douma stelt in zijn boek Ondernemingsstrategie dat de prestaties van een onderneming ten nauwste samenhangen met de prestaties van de bedrijfstak waartoe de onderneming behoort. Om dit te verduidelijken gebruikt hij de formule:

$$R = Rw + (R - Rw)$$

R is hierin de rentabiliteit van de onderneming en Rw de gemiddelde rentabiliteit van alle ondernemingen in de bedrijfstak. De formule laat zien dat de rentabiliteit van de onderneming afhankelijk is van de gemiddelde rentabiliteit van de bedrijfstak waartoe de onderneming behoort en van de vraag in hoeverre de onderneming het beter of slechter doet dan het bedrijfstakgemiddelde.

De vraag naar de structurele winstgevendheid van een bedrijfstak is vooral van belang bij strategische beslissingen, zoals het toetreden tot een voor haar nieuwe bedrijfstak of tot het zich juist hieruit willen terugtrekken.

Factoren die de winstgevendheid van een bedrijfstak bepalen, zijn onder andere:
- de concentratiegraad (zie paragraaf 1.7.1 en 3.5.3). In bedrijfstakken met veel kleine en middelgrote ondernemingen is de concentratiegraad zeer laag en is er door de situatie van hyperconcurrentie sprake van een grote kans op een scherpe prijsconcurrentie.
- de mate van productdifferentiatie in het kader van een (on)gedifferentieerde marktbenadering (zie de paragrafen 3.5.3 en 4.2.1). Wanneer de verschillen tussen de producten en diensten van verschillende leveranciers gering zijn, ontstaat de situatie van *hyperconcurrentie*. De mate van productdifferentiatie wordt door het toevoegen van een merk aan het product of de dienst versterkt. Het merk gaf reeds reputatie, beeld, emotie en zekerheid. De sterke opkomst van het web en verwante digitale technieken heeft gezorgd voor een aardverschuiving in de wijze waarop de bedrijven binnen de bedrijfskolom elkaar benaderen en hoe ze met elkaar omgaan. Het merk wordt tegenwoordig vooral bij de online bedrijfsactiviteiten als één van de belangrijkste *kritieke succesfactoren* gezien.
- de sterkte van de aanwezige concurrentiekrachten (zie paragraaf 3.5.3).
- de kans op groei van de vraag. Bijna elke onderneming streeft ernaar zijn marktaandeel te vergroten. In een niet-groeiende markt betekent dit streven een verkleining van de marktaandelen van één of meer andere ondernemingen. In een markt met een groeiende vraag zal dit streven leiden tot verschillende afzetgroeicijfers bij deze ondernemingen.
- de mate van overcapaciteit, zoals in de grafische sector, de markt van de personenauto's, de markt van de autorijscholen en in de tuinbouw.
- de ontwikkelingen in macro-omgevingsfactoren en overige meso-omgevingsfactoren per bedrijfstak (zie de paragrafen 3.5.1 en 3.5.2).

Hyperconcurrentie

Voor J.G. Wissema moet de strategiekeus ontwikkeld worden vanuit de kernelementen van de visie- en missieomschrijving. Hij stelt in zijn boek *De kunst van strategisch management*:

> 'De visie beschrijft meestal het werkterrein van het bedrijf in termen van de producten- en/of dienstenrange, de te bedienen afnemers en ambities in de zin van de gewenste concurrentiekracht en de na te streven winst.'

Elke ondernemer neemt zijn marktomgeving waar en probeert zich vervolgens een beeld van de toekomst van zijn bedrijfstak te vormen. Met zijn visie laat de ondernemer zien hoe de toekomst van de bedrijfstak door zijn bedrijfsactiviteiten eruit gaat zien. De visie geeft vaak enkele samenbindende kenmerken van de onderneming en verklaart bijvoorbeeld waarom een onderneming de nadruk legt op de hoge kwaliteit, de omvang van de serviceverlening of juist op de lage prijs van haar producten. Deze visie wordt vervolgens kwalitatief uitgewerkt in de missie, de bedrijfsdoelstelling (corporate doelstelling) en de hiervoor noodzakelijke drijfveer in de onderneming.

In hetzelfde boek van Wissema staat:

> 'Waar het hier op aan komt, is het feit dat ondernemers een visie hebben op wat rond het bedrijf gaat gebeuren en hoe het bedrijf daar het beste op kan inspelen. Maar, ondernemers zijn vaak optimisten die de kansen te licht inschatten. Bovendien hebben ze vaak meer ideeën dan ze kunnen realiseren, zodat er een selectie moet plaatsvinden. Wij zien het strategievormingsproces als de (rationele) filter die de visie van de ondernemer omzet in beslissingen over de toekomstige activiteiten en doelstellingen van het bedrijf.'

Iemand besluit te opteren voor het ondernemerschap omdat hij een visie heeft op een bepaald maatschappelijk gebeuren. Deze visie vindt haar neerslag in zijn onderneming.

Het strategievormingsproces vangt dus aan met het definiëren van de visie, missie, en het strategisch bedrijfsdoel (corporate en operationele doelen). De *visie* omschrijft in een voor iedereen begrijpelijke taal wat de onderneming doet, waarom de onderneming in een bepaalde bedrijfstak actief is, dan wel wat de onderneming wenst te bereiken. Het blijft voor velen vrij lastig om de visie waarvoor een onderneming is opgestart, zeer beknopt weer te geven. Als het eenmaal gelukt is, zal deze visie sturing en kracht geven aan alle bedrijfsactiviteiten en duidelijk richtinggevend zijn, en dat geldt ook richting alle belangstellenden in de onderneming. Deze visie is noodzakelijk om gericht een koers uit te zetten. De ondernemer gelooft in zijn visie en deze staat niet ter discussie. Wel de hieruit voortvloeiende missie, het strategisch bedrijfsdoel en de hiervoor noodzakelijke drijfveer (zie hierna in deze paragraaf). *Visie*

De *missie* is de omschrijving van de wijze waarop de inhoud van de visie bereikt wordt. Zij omschrijft de rol die het bedrijf voor zichzelf ziet weggelegd en wordt vertaald in concrete doelen. *Missie*

Campbell c.s. geven in hun boek *A Sense of mission* elementen aan die in een missieverklaring beschreven worden, zoals:

> '• het doel, het waarom van het bestaan van het bedrijf;
> • de strategie;
> • de concurrentiepositie;
> • de kenmerkende competenties van het bedrijf;
> • de waarden waarin het bedrijf gelooft;
> • de standaarden en gedragsregels, het beleid en de gedragspatronen die de basis vormen van de kenmerkende competenties en het waardensysteem.'

LTO-Nederland heeft de volgende missie voor de land- en tuinbouw, en dus ook voor de veehouders:

'Ondernemende veehouders:
- zorgen enerzijds voor een constante productie en aanvoer van hoogwaardige en gevarieerde producten en groene producten en diensten. Respect voor bodem, lucht en water maken deel uit van de diervriendelijke en duurzame productiewijze, en
- zijn anderzijds de dragers van leefbaar, goed onderhouden en mooi (cultuur)landschap. Bovendien produceren veehouders collectieve goederen, zoals natuur en landschap, cultuurhistorie, biodiversiteit, natuurlijke voorraden, rust en ruimte, zodat mens, dier en plant optimaal in de groene ruimte kunnen gedijen.'

A.C.J.M. Olsthoorn en J.H. van der Velden geven in hun boek *Elementaire Communicatie* het volgende voorbeeld van een mission statement van de Bekaert Groep:

'Wij, de Bekaert Groep,
1. Wij geloven dat het tevredenstellen van onze klanten de kern moet zijn van onze zakenfilosofie.
2. Wij geloven dat, door kwaliteit en efficiëntie, wij de meest succesvolle ondernemers moeten zijn in alle industriële activiteiten die wij wereldwijd wensen te ontplooien.
3. Wij geloven dat mensen het belangrijkst zijn. Daarom plaatsen wij de mens centraal in ons waardensysteem. Wij geloven in zijn vaste wil om zijn verantwoordelijkheden op te nemen, om zijn opdrachten uit te voeren, en om met iedereen in de onderneming eerlijk samen te werken, tot het bereiken van onze doelstellingen. Zijn waardigheid en rechten in onze organisatie worden hierbij erkend en geëerbiedigd.
4. Wij geloven dat onze doelstellingen het best te bereiken zijn in een stelsel van vrije markteconomie.
5. Wij geloven dat, om aan de uitdagingen van een snel evoluerende wereld te kunnen beantwoorden, wij bereid moeten zijn alles in en rondom ons voortdurend in vraag te stellen.
6. Wij geloven dat het onze plicht is, als onderneming, onze volle maatschappelijke verantwoordelijkheid op te nemen, overal waar wij activiteiten ontplooien.

Doelstellingen

Doelstellingen
Het is ons doel:
1. De noodzakelijke winst te maken en te behouden om de toekomst van de onderneming te kunnen vrijwaren, om een verantwoorde vergoeding te kunnen bezorgen aan onze aandeelhouders, en een faire en competitieve renumeratie aan onze personeelsleden.
2. Op internationaal niveau een plaats te verwerven.
3. Leider te worden en te blijven door:
   - kwaliteitsproducten te vervaardigen en te verkopen in geselecteerde marktsegmenten;
   - de meest doelmatige dienstverlening aan onze klanten te verschaffen;
   - onze producten en diensten voortdurend te verbeteren en te innoveren;
   - het niveau van onze technologie te verhogen;
   - nieuwe activiteitsdomeinen te ontwikkelen.
4. De motivering, de persoonlijke groei en de ontwikkeling van al onze mensen te bevorderen in een klimaat van gelijke kansen.'

Op verschillende niveaus binnen de onderneming worden doelstellingen vastgesteld.

Om de bedrijfsdoelstelling, het *corporate doel*, te realiseren, zal het noodzakelijk zijn dat ook de hieraan ondergeschikte operationele doelstellingen per PMC, per afdeling en per instrument van de marketingmix bereikt worden.

Corporate doel

Operationele doelstellingen kunnen betrekking hebben op efficiencydoelstellingen, humanresourcesdoelstellingen en koersaangevende doelstellingen, zoals de distributie-intensiteit, het marktleiderschap en het terugdringen van het milieuafval.

Operationele doelstellingen

Zowel het corporate als het operationele doel moet aan de volgende voorwaarden voldoen:
- Het doel moet consistent, reëel, haalbaar en flexibel zijn.
- Het doel moet voor een bepaalde periode gelden.
- Het doel moet bekend zijn (helder en duidelijk geformuleerd) bij alle belanghebbenden in het bedrijf. In elke onderneming is het van groot belang dat de werknemer niet alleen het corporate doel van de organisatie kent, maar hierin ook gelooft en zich vervolgens steeds hiernaar gedraagt. Werknemers moeten zich bij hun slecht functioneren realiseren dat dit grote gevolgen voor de effectiviteit van het totale bedrijfsproces en voor het bereiken van het corporate doel kan hebben.
- Het doel moet Simpel, Meetbaar, Acceptabel, Realistisch en Tijdgebonden (*SMART*) zijn (zie paragraaf 3.10.1).
- Het doel moet gebaseerd zijn op de resultaten van de SWOT-analyse (zie paragraaf 3.6.3).

SMART

Naast de visie en missie blijkt de drijfveer ook essentieel te zijn bij de implementatie van de strategiekeus.

De *drijfveer* is die positieve attitude bij de werknemers van een bedrijf waarbij elke werknemer weet en voelt hoe de onderneming ervoor staat en ervoor gaat. Het geeft iets wat veel leidinggevenden vandaag de dag 'passie' en 'zingeving' noemen. Een bewust en actief beleefde drijfveer bij de werknemers geeft meer richting, meer motivatie en in de markt meer herkenning. Wanneer de gehele bedrijfsleiding de drijfveer actief deelt, zullen strategische besluiten bij een bottom-upbenadering (zie paragraaf 3.8.1) voor elke belangstellende begrijpelijker worden en meer bijdragen aan een herkenbaar en integer leiderschap. Door het toenemende gebruik van sociale media zijn de medewerkers meer dan vroeger bepalend voor de bedrijfsreputatie. Van werknemers wordt dan ook een vermogen verwacht om zelfbewust invulling te geven aan het eigen handelen, het vermogen om zelf de regels te stellen waar de situatie om vraagt. Ontwikkelingen die een vertaling hebben gekregen in de term *empowerment*. McGregor noemt de werknemer met deze positieve drijfveer de *Y-groep-werknemers*. Bij hen is de arbeidsethos even natuurlijk als de vrijetijdsgenoegens. Zij accepteren en zij zoeken voortdurend naar verantwoordelijkheid.

Drijfveer

Empowerment
Y-groep-werknemers

Het samenbrengen van visie, missie, bedrijfsdoel en drijfveer resulteert uiteindelijk in een grote betrokkenheid. Bedrijven die de strategiekeuzen mede vanuit hun drijfveer maken, zijn bedrijven die na een succesvolle beginperiode een vaste plek in de markt hebben veroverd en deze onder alle omstandigheden weten vast te houden. Bij mondiale crises of bij andere plotseling veranderende marktomstandigheden worden deze bedrijven vaak minder geraakt en komen ze sneller weer op gang. Simpelweg doordat iedereen binnen het bedrijf de noodzaak tot handelen voelt en weet wat er gedaan moet worden.

Ontbreekt de drijfveer bij de medewerkers, dan bestaat de kans dat bij velen van hen, woorden als 'passie', 'betrokkenheid' en 'ondernemerschap' in alle lagen van het bedrijf verdwijnen. Medewerkers krijgen een hekel aan werken, ze wensen geen verantwoordelijkheid en missen de vaardigheid om te denken. De *X-groep-werknemers* van McGregor ontstaan en tegelijk gaat het verlangen naar kostenbeheersing en efficiëntie het bedrijfsproces sturen. Personele wijzigingen moeten binnen het budget passen en kosten gaan boven kwaliteit. Steeds moeilijker wordt het om een gekozen strategiekeus te volbrengen.

X-groep-werknemers

Een bewust en actief gedeelde drijfveer echter geeft de onderneming meer richting, inspireert medewerkers tot een grotere betrokkenheid en een hoge graad van creativiteit in het zoeken naar op korte termijn toepasbare oplossingen en bewerkstelligt in de markt nog meer vertrouwen bij afnemers en leveranciers. In casus 3.5 wordt deze met passie beleefde visie beschreven.

3.3 Vermijden van het strategievormingsproces

Er blijven managers die het proces van strategievorming voor hun onderneming vermijden. Door hun wens om operationeel te groeien, kunnen deze ondernemers geen tijd vrijmaken om zich hierop te concentreren. Zij voelen zich door een strategiekeus te gebonden en ze wensen te blijven voldoen aan het zeer sterke punt van hun onderneming om flexibel te willen blijven. Het management beperkt zich slechts tot het regisseren van operationele procesverbeteringen in het interne bedrijfsperspectief. Dergelijke ondernemers missen soms de discipline om te besluiten op welke veranderingen in de bedrijfskolom en in het afnemersperspectief de onderneming zich gaat richten. Ze realiseren zich niet dat de strategiekeus om iets te doen even belangrijk is als de strategiekeus om iets niet te doen.

3.4 Stappenplan van het strategievormingsproces

Bedrijfsdoel
Corporate doel
Operationele doelen
Strategiekeus

Om het *bedrijfsdoel*, (*corporate doel*) en de hieruit voortvloeiende *operationele doelen* te kunnen bereiken, zal er een strategiekeus moeten worden ontwikkeld. Zelfs in ondernemingsplannen worden pogingen ondernomen om de *strategiekeus* te omschrijven. In veel gevallen beperkt men zich hierbij tot het vermelden van een wijze waarop vooraf vastgestelde doelen worden nagestreefd om dit vervolgens in een plan van aanpak (actieplan) vast te leggen. Er zijn auteurs die vinden dat strategie niet een item, een 'ding' is, maar veel meer iets van het hebben van inzicht in de omstandigheden die leiden tot een strategiekeus.

Strategievorming is een proces van leren in de tijd. Het begint bij het schrijven van een ondernemingsplan. De strategiekeus kan hierin een geformuleerd perspectief zijn dat de wijze, inclusief de gevolgen, beschrijft waarop een onderneming, uitgaande van de in de onderneming aanwezige competenties (KBF's), tegen haar marktomgeving aankijkt. Nieuwe ervaringen en ontwikkelingen in deze marktomgeving zullen voortdurend van invloed zijn op het realiseren van het bedrijfsdoel en op het eventueel aanpassen van de strategiekeus.

Doelgericht leerervaringen opdoen maakt de marktomgeving voor de ondernemer transparanter en zal kunnen leiden tot een aangepast perspectief van de strategiekeus.

Het *proces van strategievorming* is dan ook geen intuïtief proces. Een strategiekeus is een bewuste keus en gebaseerd op een stappenplan.

Proces van strategievorming

Argumenten voor dit stappenplan zijn:
1 Bepaalde strategische besluiten kennen voorlopig geen weg terug. Het is daarom van groot belang vooraf de besluiten en de mogelijke gevolgen hiervan goed te overwegen. Een hieruit voortvloeiende vestigingsplaatskeuze is op korte termijn niet meer terug te draaien.
2 Strategische besluiten ontlokken reacties bij de concurrentiekrachten. Door stapsgewijs het strategische besluit op te bouwen kan het management vooraf reeds bepaalde reacties vanuit de concurrentiekrachten fixeren.
3 Er moet informatie worden verzameld voor het nemen van de strategische besluiten. De verzamelde informatie moet voor deze onderneming relevant, urgent en actueel zijn. Vaak is het verzamelen van de juiste informatie een groot knelpunt.
4 Activiteiten vanuit de onderneming naar aanleiding van strategische besluiten moeten in een ordelijke samenhang plaatsvinden. Dit vraagt om bewuste planning van de operationele activiteiten vooraf.
5 Strategische besluiten moeten in overeenstemming zijn met de visie, de missie en de drijfveer. Velen hebben vooral moeite hun visie en missie te omschrijven.

Het strategiemanagementproces, het proces van strategievorming moet minimaal het volgende omvatten (zie figuur 3.2).

FIGUUR 3.2 Proces van strategievorming

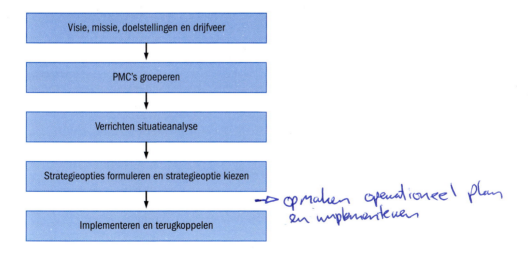

Stap 1: Visie, missie, doelstellingen en drijfveer

Het vastleggen van de visie, de missie, het strategische doel en de drijfveer vormt het fundament van het proces van strategievorming. In paragraaf 3.2 werden deze thema's reeds besproken en bij het strategische doel werd een onderscheid gemaakt tussen het corporate doel (het bedrijfsdoel) en de operationele doelstellingen van de onderneming. De visie omschrijft kernachtig, bondig, uitdagend en in een voor iedereen begrijpelijke taal wat de onderneming doet, dan wel wat de onderneming wenst te bereiken. De missie is de omschrijving van de wijze waarop de inhoud van de visie bereikt wordt. De drijfveer is de ziel van de onderneming waarin iedereen gelooft en die aangeeft waar de onderneming voor staat en voor gaat. Deze is onder andere bepalend voor de mate van betrokkenheid bij de werknemers.

Stap 2: Product-marktcombinaties (PMC's) groeperen

Het management van elke onderneming moet een duidelijk beeld hebben van de in haar onderneming aanwezige competenties. Zij moet hierbij vakmanschap tonen om haar werknemers zodanig te stimuleren dat ze in staat zijn specialiteiten van producten en diensten voor de afnemers te produceren of te komen met pasklare oplossingen voor de problemen in het bedrijfsleven, die aan de afnemerswaarde voldoen.

Product-marktcombinaties (PMC's)

Om de positionering van de onderneming overzichtelijker te maken, splitst men de bedrijfsactiviteiten of het assortiment in *product-marktcombinaties (PMC's)*.
Bij het groeperen van deze bedrijfsactiviteiten tot homogene clusters, de PMC's, is het verstandig uit te gaan van de volgende drie dimensies, die in de literatuur bekendstaan als de *gedachte van Abell*:

Gedachte van Abell

1. Wat wil de afnemer? In welk probleem/welke behoefte moet er worden voorzien? Wat is zijn afnemerswaarde?
2. Wie wordt door de onderneming bediend? Welk marktdeel of marktsegment moet door de onderneming worden bediend? De onderneming kan zich hierbij richten op:

Ongedifferentieerde marktbenadering

   - iedere potentiële afnemer, de situatie van een *ongedifferentieerde marktbenadering*;
   - één segment met specifieke homogene wensen, de situatie van de *geconcentreerde marktbenadering* (nichebenadering/focusbenadering);

Gedifferentieerde marktbenadering

   - meerdere segmenten met voor elk segment een afgestemde technische uitvoering van het product/de dienst, de situatie van de *gedifferentieerde marktbenadering*.
3. Op welke technische wijze wordt voorzien in de afnemersbehoefte, in het oplossen van het afnemersprobleem?

Uiteindelijk moet het resultaat zijn dat de PMC's op strategisch relevante punten van elkaar kunnen worden onderscheiden. Vandaar het gebruikmaken van deze drie dimensies van Abell. Dimensie 3 (waarin de *techniek* centraal staat) zorgt uiteindelijk voor de KSF's en de KBF's van elke onderneming.

Product-marktcombinatie (PMC's)

Een *product-marktcombinatie (PMC's)* is een min of meer homogene categorie producten (productgroep), diensten of bedrijfsactiviteiten voor een selectieve groep afnemers met herkenbare concurrenten (een functionele markt). Een productgroep bestaat uit producten van een onderneming die eenzelfde functie bij de afnemers vervullen.

De drie *kernelementen van een PMC* zijn:
- de te bevredigen behoeften of de op te lossen problemen bij de afnemers;
- de geselecteerde segmenten uit de doelgroep;
- de techniek die men als onderneming gebruikt om de noodzakelijke goederen en diensten te produceren om de behoeften te bevredigen of om de problemen op te lossen.

Kernelementen van een PMC

Zelfs de warme bakker heeft meerdere PMC's. Hij levert zijn broodassortiment niet alleen aan gezinnen, maar hij heeft ook leveringsovereenkomsten voor de dagelijkse levering van diverse broodjes aan bedrijfskantines, zorginstellingen, enzovoort. En in december bijvoorbeeld verzorgt hij onder andere kerstpakketten voor bedrijven.
Een horecaondernemer kan bijvoorbeeld de volgende klantengroepen onderscheiden: zakenmensen, terrasbezoekers en vrijetijdsbiljarters. Deze drie klantengroepen hebben verschillende behoeften (vergaderen, zonnen en biljarten). Om in deze drie verschillende behoeften te voorzien, zijn er verschillende 'technologieën' binnen het horecabedrijf aanwezig (een vergaderruimte met hulpmiddelen, een zonnig terras, een biljartzaal met voldoende biljarttafels).

Een PMC wordt soms ook een SBU (*strategische businessunit*) genoemd. Bij het groeperen van de producten/diensten/bedrijfsactiviteiten tot PMC's moet aan de volgende aspecten gedacht worden:

Strategische businessunit

1 Stel vast op welke strategische punten de producten/diensten/bedrijfsactiviteiten zich het meest van elkaar onderscheiden.
2 Stel vervolgens vast of deze overeenkomen met problemen of behoeften van het gekozen afnemerssegment.
3 Houd er rekening mee dat de uitsplitsing van de bedrijfsactiviteiten in PMC's wordt bepaald door de afnemerswaarde (de customerfunctie die men via de PMC aanbiedt, de belevingswereld en de wensen van het gekozen afnemerssegment).
4 Groepeer de bedrijfsactiviteiten tot betrekkelijk homogene PMC's.
5 Zorg ervoor dat het indelen in PMC's het resultaat is van overleg binnen het bedrijf en beoordeel regelmatig of de indeling in PMC's moet worden bijgesteld.
6 Voorkom een te groot aantal PMC's.
7 Let erop of de gekozen afnemerssegmenten te benaderen zijn met de bestaande distributiekanalen.
8 Denk eraan dat elke PMC een eigen marketingbeleid kent dat moet aansluiten bij de strategiekeus.
9 Houd rekening met de beschikbare in het bedrijf aanwezige core competence, het beschikbare vermogen en de infrastructuur van de productiemiddelen.

'Door 'emotie' en 'beleving' aan het marmoleum toe te voegen, hoopt linoleumfabrikant Forbo met name de Nederlandse huiskamer te veroveren. 'Wij willen dat ons product óók gezien wordt als consumentvriendelijke vloer' vertelt marketingmanager Wilma Wisse. De nieuwe collectie met haar tweed- en kroko-uitstraling is daar een mooi voorbeeld van. Daarmee wil Forbo inspelen op een nieuwe stroomlijning, waarbij glitter, glamour, echt en kitsch, overdrijving en decoratie de hoofdtoon voeren. Status, luxe en comfort, daar gaat het om. Doelgroep is de 'flexgeneratie', een koopkrachtige groep mensen van 25 tot 40 jaar, die zelf wel uitmaakt wat ze mooi vindt en zelf wel bepaalt hoe ze uitdrukking geeft aan haar identiteit. De 'retrochique trendcollectie' voor zelfbewuste estheten is echter maar één van de vele denkbare product-marktcombinaties waarop Forbo mikt. 'Je kunt aan marmoleum als product een veelheid van uitstraling geven,' zegt Wisse. En die identiteit is te koppelen aan diverse doelgroepen. Met verschillende dessins, motieven en kleuren kun je steeds weer een andere sfeer en emotie oproepen. Het product heeft veel identiteiten.'

Het splitsen van de bedrijfsactiviteiten in PMC's is bijzonder zinvol, omdat elke PMC haar eigen kasstroom heeft.
Voor de onderneming wordt het hierdoor mogelijk een antwoord te geven op de vragen:
a Welke PMC's zijn kasgenererend?
b Welke PMC's lenen zich voor het realiseren van winsten of voor desinvestering?
c Welke PMC's vormen een stabiliteit in de ingaande kasstroom, om fluctuaties elders in de portfolio op te vangen?
d Welke PMC's bieden de meeste groeimogelijkheden om er vervolgens in te investeren en er een marktpositie in op te bouwen?

Dank zij deze uitsplitsing kunnen begrote en gerealiseerde resultaten van de PMC's vooruit worden berekend en eventuele verschillen achteraf worden geëvalueerd.

Stap 3: Verrichten van een situatieanalyse

Veranderingen in de marktomgeving

Met *veranderingen in de marktomgeving* hebben alle ondernemingen te maken. Deze door de meeste ondernemingen niet te beïnvloeden veranderingen in hun marktomgeving zijn te rangschikken in drie niveaus, te weten:
- de macro-omgevingsfactoren
- de meso-omgevingsfactoren
- de concurrentiekrachten

Het management van elke onderneming moet zich terdege bewust zijn van mogelijke veranderingen in deze drie niveaus van omgevingsfactoren. Het zijn kansen en bedreigingen die aanleiding kunnen geven tot aanpassingen van de strategiekeus. Door het lezen van vakbladen, de (plaatselijke) dagbladen, door het bezoeken van beurzen en ondernemersseminars, maar vooral door de dagelijkse contacten met leveranciers en afnemers wordt de ondernemer zich bewust van de laatste actuele ontwikkelingen in deze omgevingsfactoren. Zeer belangrijk bij deze veranderingen is dan ook de vaardigheid van de ondernemer en zijn medewerkers tot het inschatten van mogelijke gevolgen voor de onderneming. In paragraaf 3.5 staan deze veranderingen centraal.

Stap 4: Vaststellen welke strategieoptie-instrumenten er zijn, en de strategiekeus

In de meeste ondernemingen is het *strategisch keuzebesluit* een mix van de beschikbare strategieoptie-instrumenten. Beschikbaar hiervoor zijn de instrumenten van de portfoliomatrix, de groeistrategieën van Ansoff, de generieke strategieën van Porter, de gedachte van Abell, de strategieën van

Hamel & Prahalad, de strategische gedachte van Treacy & Wiersema en de 'oceanstrategy' van Kim & Mauborgne (zie hiervoor paragraaf 3.7 en zie paragraaf 3.8 voor de strategiekeus).

Stap 5: Implementeren en terugkoppelen
In stap 5 wordt de strategiekeus vertaald in een operationeel plan van bedrijfsactiviteiten inclusief operationele doelstellingen, deelplannen (waaronder het marketingplan), begrotingen, meetpunten, enzovoort (zie paragraaf 3.8). Voor het succesvol implementeren heeft de ondernemer na x maanden de plicht het werkelijk resultaat te vergelijken met het vooraf gestelde bedrijfsdoel inclusief de operationele doeleinden voor die periode. Eventuele afwijkingen tussen begrote en werkelijke cijfers moeten worden vastgesteld, worden geanalyseerd en eventueel gecorrigeerd. Bij ongewenste ontwikkelingen in deze verschillenanalyse heeft de ondernemer de mogelijkheid van bijsturen. Wellicht kan de balanced scorecard (zie paragraaf 3.10) hierbij ook een rol spelen.

3.5 Veranderingen in de marktomgeving

In deze paragraaf staat de vraag centraal wat de ondernemer onder niet te beïnvloeden omgevingsfactoren moet verstaan. Het is bij het maken van een omgevingsanalyse nuttig om onderscheid te maken tussen de macro-omgevingsfactoren (subparagraaf 3.5.1), de meso-omgevingsfactoren (subparagraaf 3.5.2) en de concurrentieanalyse (subparagraaf 3.5.3). Daarna wordt in paragraaf 3.5.4 een mogelijke wijze besproken hoe de onderneming met deze omgevingsfactoren kan omgaan. In paragraaf 3.6 staat centraal hoe ondernemingen de omgevingsanalyse kunnen uitvoeren.

3.5.1 Macro-omgevingsfactoren
Alle bedrijven hebben te maken met *macro-omgevingsfactoren*. Vijf onbeïnvloedbare macro-omgevingsfactoren zijn de te verwachten veranderingen in

- de demografische ontwikkeling
- de regulerende factoren
- de economische omstandigheden
- de technologische ontwikkeling
- de maatschappelijke trends (de sociale factoren)

Inzicht in deze onbeïnvloedbare macro-omgevingsfactoren is nuttig, omdat ook deze factoren van belang zijn voor de ontwikkelingen in de bedrijfstak waartoe de onderneming behoort. Zie tevens de bespreking van de *DESTEP-factoren* in paragraaf 3.6.1. Achtereenvolgens worden voorbeelden van deze vijf onbeïnvloedbare factoren uit de macro-omgeving besproken.

Veranderingen in de demografische ontwikkeling
Ondernemingen in de papier- en kartonindustrie hebben te maken met het Convenant Verpakkingen III, dat in een beperking van het materiaalverbruik voorziet. Voor de branche zijn er maar beperkte effecten te verwachten, doordat de demografische ontwikkeling van het stijgende aandeel van de eenpersoonsgezinnen voor meer vraag naar kleinere verpakkingen zal

zorgen, waardoor voor deze ondernemingen een bedreiging wordt omgezet in een kans.

De toenemende vergrijzing van de bevolking, doordat de bevolkingsgroep van 65 jaar en ouder een steeds groter deel van de totale bevolking uitmaakt, zal voor het bedrijfsleven tot kansen (meer korte binnenlandse en buitenlandse vakantiereizen, meer afzet van e-bikes, meer afzet van outdoorschoenen, meer afzet van woningliften), maar ook tot bedreigingen (minder bedrijvigheid bij restaurants door verschuivingen naar alternatieven thuis en buitenshuis, minder langdurige verre vakantiereizen) leiden.

Veranderingen in de regulerende factoren

Harmonisatie

EU-richtlijnen in het kader van het streven naar een (technische) *harmonisatie* van de elektrische en elektromagnetische veiligheid, van de arbeidsomstandigheden en van het milieu drukken hun stempel op de omvang en verscheidenheid van de bedrijfsactiviteiten. Zo zal regelgeving op het gebied van arbeidsomstandigheden en milieu zorgen voor forse administratieve lasten en dus tot een bedreiging leiden. Ook de in het kader van een Europese richtlijn van kracht zijnde wettelijke regeling voor verwijdering van afgedankte elektr(on)ische consumentenapparatuur, aangevuld met een systeem van verplichte verwijdering voor professionele apparatuur, kan een kans, maar ook een bedreiging zijn.

Regulering

Een ander voorbeeld van *regulering* is de certificering waarmee de onderneming aantoont dat haar prestaties voldoen aan bepaalde normen. Extra vertrouwen ontstaat (en dus kansen) zodra een productieonderneming de door de opdrachtgever gewenste ISO-kwaliteitsborgingscertificaten 9000 tot en met 9002 bij het afsluiten van nieuwe productieorders kan overleggen.

Veranderingen in de economische omstandigheden

Economische crisis

Een ernstige bedreiging voor ondernemingen is een *economische crisis*. Zo bleek uit het Sectierapport 2009 van ABN-AMRO het volume van de Nederlandse goederenuitvoer in januari 2009 met 14% te zijn gedaald ten opzichte van begin 2008. En ook de industriële productie liet in de eerste maanden van 2009 met -/- 12% een enorme daling zien. De dramatische ontwikkelingen sinds eind 2008 waren terug te zien bij de bezettingsgraad van het machinepark van de industrie van 83% in oktober 2008 naar 77% in januari 2009.

Uit onderzoek van de consultantsfirma Bain & Company in maart 2009 onder 83 aan de beurs van Amsterdam genoteerde bedrijven bleek dat het beleid in een periode van economische crisis bepalend is voor prestaties in hoogconjunctuur. Juist bedrijven die tijdens een dip doorgingen met investeren waren achteraf in staat meer marktwaarde voor de onderneming te creëren dan ondernemingen die midden in de crisis hard op de rem gingen staan met personeelsinkrimpingen en halvering van hun investeringen. Sterke bedrijven maakten in de periode van economische crisis goed gebruik van de zwakten van de concurrenten. Door de prijzen agressief omlaag te brengen, door de marketinguitgaven fors te verhogen of door meer service aan de afnemers te verlenen omdat ze wisten dat hun concurrenten dat niet konden volgen. Een andere aanpak was om talenten op de arbeidsmarkt juist tijdens de crisis binnen te halen. Voor de sterke bedrijven is (was) de economische crisis een kans, voor de zwakke ondernemingen een bedreiging.

Ook de ontwikkeling van de omzet van ondernemingen is direct en/of indirect (relatief sterk) afhankelijk van de mutaties in de consumentenbestedingen en deze zijn weer verbonden aan onder andere de te verwachten economische ontwikkelingen. Stagneren deze, dan betekent dit voor ondernemingen minder rooskleurige vooruitzichten. Maar luxe koffie blijkt ongevoelig voor de recessie te zijn, omdat het vrij besteedbaar inkomen van de consumenten wereldwijd flink toeneemt. Zelfs in deze tijden van crisis introduceerde Nespresso drie nieuwe smaken koffie. Bang voor concurrenten zijn ze bij Nespresso niet. Ze helpen Nespresso alleen. Dankzij Senseo hebben Nederlanders geleerd dat je thuis goede koffie uit portieverpakkingen kunt zetten.

Veranderingen in de technologische ontwikkeling
Doordat bijna iedereen en elke onderneming toegang tot internet heeft, zijn internet en World Wide Web (www) thans in de internationale handel onmisbare instrumenten. Het gebruiken van e-commerce schept dan ook extra kansen maar ook nieuwe bedreigingen. Interacties tussen de afnemer en de leverancier verlopen nu niet meer via de medewerkers, maar via ICT en 24 uur per dag. Persoonlijke beïnvloeding is hierbij niet mogelijk.
E-commerce heeft zich zelfs ontwikkeld van informatiekanaal naar distributiekanaal (voor het kopen van de tickets van internationale lijnvluchten, voor hotelreserveringen, voor aankopen bij webshops, etc.).

Door de *technologische ontwikkelingen* en het hoge kennisniveau bij werknemers worden de ontwikkeltijden voor nieuwe producten en diensten steeds korter. Het belang van machineflexibiliteit neemt daardoor steeds verder toe en betekent hogere eisen om snel te kunnen schakelen van het ene product of dessin naar het andere. Ook aan de ketenregie in de bedrijfskolom zullen hierdoor meer eisen worden gesteld. Ondernemingen zullen ervoor moeten zorgen dat de opeenvolgende activiteiten goed op elkaar worden afgestemd, en dat de onderlinge leveringen bijtijds en volgens de overeengekomen specificaties plaatsvinden. Deze ontwikkeling kan uiteindelijk zelfs zorgen voor de terugkeer van de productie van onderdelen van sommige producten vanuit de lagelonenlanden naar Nederland.

Veranderingen in de maatschappelijke trends (de sociale factoren)
De huidige wens van buitensporters om bij voorkeur te willen sporten op kunstgras heeft er onder andere toe geleid dat negentig procent van de Nederlandse hoofdklasse-hockeyteams op kunstgrasvelden speelt en vele gezinnen in de hogere inkomensklasse het natuurlijk gras door kunstgras vervangen. Zeer lovend blijken sportcommentatoren ook over de kwaliteit van de kunstgrasvelden van grote Europese voetbalclubs te zijn. Voor het Nederlandse bedrijf Desso de kans om zich vanuit zijn eigen competenties te specialiseren in de aanleg en ontwikkeling van kunstgrasvelden.
Nog steeds zijn er weinig bedrijven die inspelen op de *allochtone markt* in het algemeen en de islamitische in het bijzonder. Te veel bedrijven missen kansen, doordat ze hun promotieboodschap hiervoor niet willen gebruiken. Een enkel bedrijf durft in te spelen op het eind van de ramadan – het Suikerfeest – de feestelijke afsluiting van de vastenperiode, waarna het de gewoonte is voor de kinderen nieuwe kleding te kopen.

Allochtone markt

Negatieve publiciteit over voedselschandalen heeft bij de consument een hoge attentiewaarde en kan voor ondernemingen in de voedingsindustrie zelfs strengere regelgeving van overheden en kopersstakingen tot gevolg hebben. Maar door in deze sector flink in radicale innovaties te investeren, staat de Nederlandse agrarische sector internationaal hoog aangeschreven. Het jaar 2013 werd internationaal zelfs met een exportopbrengst van €83 miljard zelfs een topjaar. De hieruit voortvloeiende bedreiging voor de land- bouw- en tuinbouwsector werd door deze innovatie-investeringen een kans.

Door het hoge kennisniveau in de voedings- en genotmiddelenindustrie is de toegevoegde waarde van deze Nederlandse sector sneller gegroeid dan bij de buitenlandse concurrenten. Voor het management van deze onder- nemingen ook een reden voor een mogelijke effectieve switch naar produc- ten met deze hogere toegevoegde waarde. Een dergelijke switch zal investe- ringen in nieuwe product-marktcombinaties, in nieuwe en gewijzigde activiteiten met bijbehorende veranderingen in de te gebruiken bewer- kingstechniek en in het marketingbeleid tot gevolg hebben. Dat dit nodig is heeft de politieke crisis medio 2014 wel bewezen. Rusland nam maatregelen tegen onder meer Nederland op het terrein van de invoer van agrarische producten. De gevolgen voor de producenten van appels en peren waren enorm groot.

Ook de vraag naar gezonde producten en diensten is een kans, mede met het oog op het toenemende aantal Nederlanders met overgewicht. Deze kans betekent een groeimarkt voor voedingsmiddelen met een positieve claim inzake gezondheid en tegelijk het tegengaan van overgewicht. De hiermee samenhangende verschuiving van de vraag naar meer kwalitatief hoogwaardige voedingsmiddelen zal hogere eisen stellen aan medewerkers. Een ander gevolg hiervan is de grotere vraag naar technisch hoger opge- leiden.

Casus 3.1 beschrijft wat tijdens een recessie IT-investeringen voor de sector en voor de samenleving betekenen.

CASUS 3.1 BIJNA ALLES LOOPT NU VIA HET WEB, DUS PAS OP MET KORTEN
Wat is tijdens deze economische recessie nu een goede strategie voor IT-investeringen? Wetenschappelijk onderzoek onderscheidt drie soorten be- drijfsbeslissingen die aan informatietechnologie gerelateerd zijn:
- beslissingen die een reactie vormen op of de oorzaak zijn van een trans- formatie in een sector, waarbij bedrijfsmodellen onder invloed van IT-ont- wikkelingen fundamenteel veranderen;
- beslissingen die de operationele efficiëntie of productiviteit verbeteren door gebruik te maken van IT-infrastructuren, enterprisesystemen of transactiesystemen die schaalvoordelen of complexiteit mogelijk maken;
- beslissingen die leiden tot de verwerving en benutting van verschillende soorten 'customer intelligence', mogelijk gemaakt door technologische systemen, die afnemers beter aan producten en bedrijven koppelen.

Wie investeringsstrategieën op het gebied van informatietechnologie door de bovenbeschreven bril beziet, moet zijn reactie in deze periode van reces- sie afstemmen op het type IT-gerelateerde beslissing dat overwogen wordt. IT-investeringen die samenhangen met een aanstaande of in gang zijnde bedrijfsmodelverandering, moeten worden voortgezet of opgeschroefd. Informatietechnologie heeft in de loop van de tijd in talloze sectoren het fundamentele bedrijfsmodel veranderd en zal dat de komende jaren blijven doen. Transformatieprocessen duren zowel in goede als in slechte tijden voort. De digitale transformatie van de muziekindustrie in de afgelopen jaren is echter ingrijpend beïnvloed door beslissingen die kort na het uiteenspatten van de internetzeepbel in 2000 genomen zijn. Hoewel de opkomst van MP-3 en *peer-to-peernetwerken* voor bestandsuitwisseling de verandering al aankondigde, zijn platenmaatschappijen niet tot intelligente beslissingen over hun IT-strategie overgegaan. Ze hebben hun leidende marktpositie daardoor verspeeld aan nieuwkomers in de branche als Apple, dat tot 's werelds grootste muziekhandelaar is uitgegroeid door handig in te spelen op opkomende technologieplatforms en verschuivende consumentenvoorkeuren.

Vooral in sectoren die tijdens recessies vaker van bedrijfsmodel zijn veranderd, moet niet te veel nadruk worden gelegd op beheersing van de IT-kosten op de korte termijn. Recessies kunnen het tempo van bedrijfsmodeltransformaties versnellen, waardoor het extra belangrijk wordt om na te denken over de kansen en bedreigingen die met de combinatie van verschuivende voorkeuren en technologische veranderingen gepaard kunnen gaan.

De bezuinigingsdruk versnelt de overgang van eigen naar gedeelde infrastructuren waarin cloudcomputingplatforms en software diensten zijn. Deze nieuwe IT-modellen zullen waarschijnlijk de plaats gaan innemen van eigen IT-systemen voor niet-kritische processen en toepassingen. De huidige recessie zou in organisaties de aanzet kunnen geven tot investeringen in de beoordelings- en planningsprocessen die voor een succesvolle migratie naar deze goedkopere IT-infrastructuren noodzakelijk zijn.

Beslissingen over het gebruik van informatietechnologieën om *customer intelligence* te benutten, zullen op meerdere manieren invloed van de recessie ondervinden. Behoud van klanten is in een neergaande economie immers cruciaal om als bedrijf te overleven. Tegelijkertijd is de toegang tot elektronische gegevens door internet geëxplodeerd. Het wordt steeds belangrijker om consumenten via hun elektronische gedragssporen goed te kunnen 'lezen'. De zogeheten user-generated content neemt hand over hand toe. Het aantal mensen met een internetaansluiting groeit gestaag en er wordt door de gebruikers over allerlei onderwerpen informatie verspreid. Bedrijven kunnen tegen relatief lage kosten toegang krijgen tot deze informatie. Dit opent mogelijkheden voor IT-investeringen die de customer intelligence vergroten en de intimiteit van klantcontacten verbeteren.

Bron: Het Financieele Dagblad, 7 april 2009

3.5.2 Meso-omgevingsfactoren per bedrijfstak

Een belangrijk onderdeel van de omgevingsanalyse is de bedrijfstakanalyse. Onder de *bedrijfstakanalyse* verstaan wij het voor de bedrijfstak vaststellen van niet-beheersbare meso-omgevingsfactoren, maar ook de analyse van de concurrentie in de bedrijfstak. Ook hier worden achtereenvolgens voorbeel-

Bedrijfstak-analyse

den van deze onbeïnvloedbare factoren vanuit de meso-omgeving besproken. De marktanalyse naar aanleiding van deze niet- beheersbare meso-omgevingsfactoren vindt plaats in paragraaf 3.6.

Niet-beheersbare meso-omgevingsfactoren

Voorbeelden van externe, *niet-beheersbare meso-omgevingsfactoren* per bedrijfstak zijn:
- de houding van de toeleveranciers en de tussenhandel;
- de houding van de afnemers vanuit de vier concurrentieniveaus waarmee ook de MKB-onderneming moet concurreren; het betreft de behoefteconcurrentie, de generieke concurrentie, de productvormconcurrentie en de merkenconcurrentie (zie subparagraaf 3.5.3);
- de concurrentiekrachten van Porter (zie subparagraaf 3.5.3);
- de in de samenleving aanwezige technieken voor het oplossen van problemen en voor het produceren van goederen en diensten voor de bevrediging van de behoeften;
- de invloed van de massamedia;
- de regulerende functie van de overheid;
- de betekenis van internet;
- de maatschappelijke overtuigingen;
- de marktvorm waarbinnen de onderneming werkzaam is;
- de mate van elasticiteit van de vraag en van het aanbod.

Ook deze meso-omgevingsfactoren per bedrijfstak zijn voor het management van elke onderneming een datum. Ze veroorzaken kansen en bedreigingen en ze zijn bepalend voor de strategiekeus.
Ter illustratie hiervan de volgende praktijkvoorbeelden.

De top van de Nederlandse hotels en restaurants had het in de crisisjaren zwaar met omzetdalingen van vele tientallen procenten. Zakelijke gasten bleven door de economische crisis thuis of mochten alleen goedkoop boeken. Door invoering van allerlei arrangementen en door flinke prijsverlagingen bleven de particulieren in de huidige recessie nog komen. De website 'Weekendjeweg' zag het aantal boekingen bij hotels die met scherpe aanbiedingen adverteren, stijgen. In de branche waren kortingacties op kamerprijzen dan ook zeer controversieel, omdat juist in economische mindere tijden de consument eerder koos voor een kort uitstapje in eigen land dan voor een buitenlandse reis.

De bouw is een sector die altijd zeer conjunctuurgevoelig blijkt te zijn en zal dus als eerste de effecten van de recessie als bedreiging moeten merken. Maar wegens de hoge uitbestedingsgraad worden bij tegenvallende bedrijfsactiviteiten eerst de kleine zelfstandigen zonder personeel (zzp'ers) uitgeschakeld. Anderzijds zijn zij ook weer de eersten die profiteren van de opbloeiende bouwmarkt. In de bouw- en installatiesector zijn de afgelopen jaren vakbekwame werknemers voor zichzelf begonnen. Vaak leverden ze hoge kwaliteit en hadden ze veel passie voor het werk. Door de hoge uitbestedingsgraad zijn bouw- en installatiebedrijven met een tamelijk vast personeelsbestand minder kwetsbaar voor de economische teruggang. Er worden door hen alleen nieuwe werknemers en zzp'ers ingehuurd als hiervoor bouwopdrachten zijn.

Varkenscyclus

In de Nederlandse economie is het begrip *varkenscyclus* een ingeburgerd begrip. De varkensvleesmarkt was één van de weinige agrarische markten die niet door kunstmatige instrumenten (zoals subsidies) werden gereguleerd, maar door de vrije markt. De prijs werd beïnvloed op basis van vraag en aanbod. Door deze cyclus fluctueerde uiteraard het inkomen van de varkenshouders. Uiteindelijk bleven de sterkere bedrijven met vakmanschap over. Niet alleen voor het varkensvlees geldt de varkenscyclus, maar ook voor de andere agrarische producten. Tegenwoordig komt de prijs niet meer tot stand door een werkelijke weergave van vraag en aanbod, maar steeds meer door een geregisseerde vraag van een steeds kleinere groep inkopers van steeds grotere supermarktketens. Niet alleen de opbrengstprijzen worden door hen geregisseerd. Ook proberen de supermarktketens steeds meer invloed uit te oefenen op de productieomstandigheden in het boerenbedrijf. De varkenshouders worden nu met de bedreiging geconfronteerd dat steeds grotere marktpartijen aan hen hun eisen opleggen, maar daar het liefst zo weinig mogelijk voor betalen. Via eigen keurmerken proberen de supermarktketens vervolgens de consument te overtuigen dat dit keurmerk garant staat voor kwaliteit, zelfs als het varkensvlees afkomstig is van een land met geheel andere en veelal lagere wettelijke eisen voor de productie van dit agrarische product. Door het Russische importverbod voor landbouwproducten en de gelijktijdige kortingacties van supermarkten op Nederlandse groente, is de economische macht van de Nederlandse agrarische telers sinds 2014 verder verslechterd.

Een aantal ondernemingen in de Nederlandse kleding- en schoenenindustrie vervult thans slechts de functie van *ketenregisseur*. Daarbij hebben deze bedrijven de regie in handen van wat er gemaakt wordt, waar dat gebeurt, en onder welke voorwaarden. Deze trend gaat gepaard met concentraties van werkzaamheden in Nederland op hoogwaardige werkgelegenheid op het gebied van ontwerp, marktverkenning en marketing, verkoop, logistiek en toezicht op partners van de productievestigingen in de lagelonenlanden, zoals China.

Ketenregisseur

3.5.3 De concurrentieanalyse

Het management van elke onderneming wordt voortdurend geconfronteerd met *concurrentiekrachten*, zowel vanuit de aanbodzijde als vanuit de vraagzijde. De gezamenlijke sterkte van deze krachten kan de ondernemer als pijnlijk ervaren. Ook het management moet voor zijn markt inzicht hebben in het bestaan van deze krachten. De ondernemer die zijn onderneming in zijn markt optimaal wil laten functioneren, moet weten wat deze concurrentiekrachten drijft.

Concurrentiekrachten

Zo is er door een verordening van de Europese Commissie een eind gekomen aan de bestaande exclusieve contracten tussen autoproducenten/ -importeurs en de merkgebonden dealers. Exclusiviteit en selectiviteit in de autosector is daarmee verleden tijd. Naast elkaar zien we in één showroom meerdere automerken. Tegelijk is er de concentratie van bedrijven met gelijksoortige assortimenten in onder andere auto-, keuken- en meubelboulevards.

Uit onderzoek van Schutjens bleek dat te veel concurrentie voor 46% van de starters het motief was om te stoppen met hun bedrijf. Zijn onderzoek toont ook aan dat tijdens de voorbereiding van de start 45% van de onderzochte starters over potentiële concurrentie had nagedacht en slechts 39% hiervoor om extern advies had gevraagd. Nadenken over de potentiële concurrentie geeft dan ook inzicht in de offensieve en defensieve vermogens van de concurrenten. Deze concurrentieanalyse is noodzakelijk om alert op acties en reacties door concurrenten te kunnen reageren. Ook zal de ondernemer voortdurend zijn ondernemerskernvaardigheden, de hieruit voortvloeiende kritieke bedrijfsprocesfactoren (KBF's) en de kritieke succesfactoren (KSF's) ten opzichte van die van zijn concurrenten moeten beoordelen en eventueel bijsturen.

Het is dan ook jammer dat in sommige ondernemingen weinig aandacht wordt besteed aan *competitive intelligence* (onder andere via benchmarking). Soms is het moeilijk om de juiste gegevens hiervoor van soortgelijke bedrijven te verzamelen. Voor de adviseur met meerdere gelijksoortige middelgrote en kleine bedrijven in zijn bestand kan hiervoor een belangrijke taak zijn weggelegd.

Concurrentie-analyse

Ook andere aspecten maken de *concurrentieanalyse* extra noodzakelijk. Hierbij moet gedacht worden aan:
1 De overcapaciteit. Door overcapaciteit in veel bedrijfstakken (bijvoorbeeld de markt van personenauto's en autorijscholen) ontstaat er een 'verdringingsmarketing'. Aanbieders in een markt verdringen zich met een veelheid van acties om de gunst van de afnemer.
2 De verzadigde markt. Veel aangeboden producten en diensten bevinden zich in de verzadigingsfase van de productlevencyclus.
3 De economische integratie in de EU. Steeds komen er nieuwe toetreders.
4 De toenemende import van producten en diensten uit de 'newly industrializing countries'.
5 De grote belangstelling van managers voor de concurrentiestrategieën van Porter en voor de groeistrategieën van Ansoff.
6 De relatieve beperktheid van concurrentievoordelen en het ontstaan van de situatie van hyperconcurrentie.
7 Politieke maatregelen, bijvoorbeeld het importverbod van Rusland in 2014 voor Nederlandse landbouwproducten.
8 De politieke onzekerheden in de wereld, waaraan in de media veel aandacht wordt geschonken en die consumenten onzeker maken.

Positioneringsprincipe

Michael Porter schrijft in zijn boek *Concurrentiestrategie* dat het doel van een strategie voor elk bedrijf en in elke bedrijfstak is: het verkrijgen van een positionering, van waaruit het bedrijf zich het beste kan verdedigen tegen de aanwezige concurrentiekrachten, om ze vervolgens ten gunste van het bedrijf te laten werken. Uitgangspunt in dit *positioneringsprincipe* is de marktstructuur van de bedrijfstakken (zie paragraaf 3.2) inclusief de in elke bedrijfstak aanwezige concurrentiekrachten.
Kennis van deze concurrentiekrachten (vanuit de aanbodzijde van de markt) maakt de KSF's en de kritieke sterke en zwakke punten van het bedrijf (KBF's) duidelijk en dwingt de onderneming tot het innemen van een bepaalde positionering in haar markt en bedrijfstak.

Concurrentie

In het boek *Concurrentiestrategie en concernstrategie* omschrijven Daems en Douma *concurrentie* als het proces van onderlinge afhankelijkheid tussen ondernemingen, dat de langetermijnrentabiliteit van een gemiddelde

onderneming beïnvloedt. Daems en Douma stellen dat de intensiteit van de concurrentie in een bedrijfstak afhankelijk is van:
- *de mate van concentratie*: een bedrijfstak is geconcentreerd zodra er een beperkt aantal ondernemingen in de bedrijfstak opereert of zodra de marktaandelen op een ongelijke manier over de aanbieders verdeeld zijn;
- *de toetredingsmogelijkheid tot de bedrijfstak*, ofwel de mate waarin andere ondernemingen tot de bedrijfstak kunnen toetreden: het blijkt dat hoe moeilijker het is een bedrijfstak binnen te dringen, des te zwakker de concurrentie is;
- *de samenwerkingsbereidheid*: door samenwerking neemt de feitelijke concentratie toe en wordt de bedrijfstak meer afgesloten voor mogelijke toetreders;
- *de strategische onzekerheid*: hoe minder de ondernemingen geïnformeerd zijn over de actuele en potentiële concurrenten en over de evolutie van de markt, hoe feller de concurrentie wordt;
- *de mate van differentiatie* in het product- of dienstenaanbod en het tegelijk zoeken naar nieuwe markten.

Vijfkrachtenmodel van Porter
Porter vindt dat de 'intensiteit van de concurrentie' afhangt van 'zijn' *vijf concurrentiekrachten*, te weten:

- De kans op meer felle concurrentie en op meer rivaliteit van de *directe concurrenten* in de markt. Concurrentieactiviteiten hebben effect op de marktaandelen van de concurrenten en zullen tot reacties leiden. De kans op felle concurrentie vanuit de directe concurrenten is afhankelijk van factoren zoals de marktvorm waarin de onderneming werkzaam is (volkomen mededinging, monopolistische concurrentie, monopolie en oligopolie), de relatieve grootte van de directe concurrenten in deze marktvorm, het relatief aandeel van de vaste kosten in de totale bedrijfskosten bij de ondernemingen in de bedrijfstak, en de mate van groei van de vraag in de bedrijfstak. In bedrijfstakken zonder vraaggroei zal de prijsconcurrentie scherper zijn dan in bedrijfstakken met nog voldoende groei.
- De kans op het ontstaan van meer onderhandelingsmacht van *de afnemers*. De afnemers kunnen machtig zijn zodra ze voor hun inkopen als een geconcentreerde eenheid optreden. Andere factoren die bepalend zijn voor de economische macht van de afnemers zijn de mate van product- en dienstendifferentiatie, het aandeel van de inkoopprijs in de totale kostprijs van de producten, de afhankelijkheid van de kwaliteit van het 'ingekochte' voor het kwaliteitsniveau van de door de afnemer te produceren producten en diensten, de betekenis van het merkproduct op het schap van de supermarkt, de hoogte van de 'switching costs' door over te stappen op een andere leverancier en de kans op achterwaartse verticale integratie bij bijvoorbeeld transportbedrijven.
- De kans op het ontstaan van meer onderhandelingsmacht van *leveranciers*. Leveranciers hebben economische macht zodra het door hen te leveren product of dienst uniek en tegelijk zeer gedifferentieerd is, ze de mogelijkheid van voorwaartse verticale integratie hebben, er hoge switchingkosten voor de afnemer zijn en de kopende onderneming een onbelangrijke afnemer is.
- De kans op bedreiging door de komst van *substituut-producten* en *-diensten* in de bedrijfstak en in de markt. Deze ontstaan doordat buiten de

bedrijfskolom om alternatieven worden ontwikkeld om in deze behoefte of in de oplossing van het probleem te voorzien.
- De kans op bedreiging door de komst van *nieuwe toetreders* in de markt. De omvang van de benodigde investeringen en kennis kunnen hierbij drempels zijn.

De kans op een mogelijke bedreiging vanuit toetreders en substituten in de markt is afhankelijk van het al of niet bestaan van toetredingsbarrières, zoals het overheidsvestigingsbeleid, de toegang tot de bestaande distributiekanalen, het vermogen tot voorwaartse en achterwaartse verticale integratie, de merkenvoorkeur, de klantenbinding, de aanwezigheid van overcapaciteit, de marktvorm waarbinnen de ondernemingsactiviteiten plaatsvinden, het benodigde vermogen, de omvang van de vermogensbehoefte, de bestaande ervaring en schaalvoordelen in de bedrijfstak, de benodigde kennis, het kwaliteitsniveau van de producten en diensten en de eventueel in de sector gevoerde *tactiek van stay-out pricing* (een concurrentiegeoriënteerde prijsstelling, waarbij de prijs zo laag wordt vastgesteld dat potentiële concurrenten niet op de markt willen komen).

Toetreders in de bedrijfstak en in de markt lopen ook risico's. Een toetreder kan in verband met de te realiseren schaalvoordelen gedwongen worden tot een keuze tussen een toetreding op grote schaal met hoge investeringen of een toetreding op kleine schaal met relatief hoge kosten.

Voor een toetreder betekenen de al in een markt aanwezige ondernemingen een barrière, omdat deze ondernemingen door hun promotiemix, hun merkenbekendheid en hun productdifferentiaties al bekendheid, ervaring en loyaliteit bij hun vaste afnemers hebben. Moet de toetreding in deze markt voor de toetreder toch succesvol zijn, dan vereist deze toetreding extra hoge investeringen. In het begin van de economische en financiële crisis, waren het de zzp'ers in de bouw en de dienstverlening (notarissen en makelaars bijvoorbeeld), die de eerste klappen van de economische teruggang opvingen. Aan de andere kant zijn zij ook weer de eersten die profiteren als de economie weer aantrekt.

De hoogte van de switchingkosten, waarvoor de afnemer bij leverancierswisseling komt te staan, kan voor een toetreder ook een hoge toetredingsdrempel zijn. Dat geldt eveneens voor het in de bedrijfskolom aanwezige (fysieke) distributiesysteem, namelijk indien de nieuwkomer voor de afzet van zijn producten en diensten ook van deze wederverkopers afhankelijk is. Reeds in de markt gevestigde ondernemingen kunnen door gunstige vestigingslocaties, door meer productie-ervaring en door het in eigendom hebben van bepaalde vormen van 'knowhow' een grote voorsprong op nieuwe toetreders hebben.

Porter beschrijft de *concurrentiekrachten vanuit het aanbodperspectief*. Bunt beschrijft in zijn boek *Commercieel Management I* de *concurrentiekrachten vanuit het afnemersperspectief* en hij onderscheidt:
- *behoefteconcurrentie*: de concurrentie om de consumenten-euro;
- *generieke concurrentie*: de concurrentie tussen alternatieven die in eenzelfde behoefte kunnen voorzien of eenzelfde probleem kunnen oplossen;
- *product(type)concurrentie*: de concurrentie tussen producttypen binnen een bepaalde productgroep of dienstencategorie;
- *merkenconcurrentie*: de concurrentie tussen merken binnen eenzelfde producttype of diensttype.

VOORBEELD 3.1 CONCURRENTIEKRACHTEN VANUIT HET GEZICHTSPUNT VAN DE AFNEMER

Ook de horeca is een dominant onderdeel van de vrijetijdssector met een groot maatschappelijk en economisch belang. Door het bieden van ontspanning en inspiratie dragen de recreatieparken, theaters, bioscopen en horeca bij aan de kwaliteit van het leven. De onderlinge concurrentie tussen deze aanbieders van (ont)spanning is dan ook groot. Een oorzaak hiervan is dat het aanbod in recreatiemogelijkheden door radicale innovaties is gestegen. Voor de vrijetijdsbesteder voldoende keuzemogelijkheden. In de zomer van 2014 zien dan ook ondernemers van natuurzwembaden, de strandpaviljoens, de openluchtrecreatieoorden en de campings in een periode van aanhoudend slecht weer hun bezoekers massaal vertrekken naar musea, bioscopen, theaters en overdekte recreatieoorden. Onderscheidende combinaties van vrijetijdsbesteding, imago, beleving en bevinding worden hierbij steeds belangrijker. Ook neemt bij het zoeken en boeken van lange en korte vakanties, eet- en uitgaansmogelijkheden, het gebruik van internet toe en wil de consument zijn schaarser wordende vrije tijd optimaal benutten. Tegelijk vraagt de welvarende, (vergrijzende) samenleving veel aandacht voor gezondheid en vitaliteit. De vraag naar goede voeding en gezonde ontspanning neemt daardoor toe. Het is van essentieel belang voor elke onderneming om voortdurend in te spelen op deze snel veranderende wijze van behoeftebevrediging van de consument. De hedendaagse consument is individualistisch, veranderlijk en tijdbewust. Trends zijn daardoor minder eenduidig en volgen elkaar steeds sneller op.

De sterkte van de concurrentiekrachten bepaalt mede de winstgevendheid van de onderneming in haar markt en in de bedrijfstak. Kennis en inzicht hierin maakt ook duidelijk wat (mogelijke) kansen en (mogelijke) bedreigingen zijn voor de ondernemer.
Een omgevingsanalyse zonder aandacht voor de negen concurrentiekrachten is dan ook niet compleet.

3.5.4 De wijze waarop de onderneming met de omgevingsfactoren kan omgaan

De wijze waarop een onderneming met deze macro- en meso-omgevingsfactoren inclusief de resultaten van de concurrentieanalyse omgaat, is afhankelijk van drie *indicatoren binnen de bedrijfsbesturing van de onderneming*. De indicatoren zijn:

1 De *cultuur* in de onderneming. Hierbij staan centraal de normen en waarden binnen de (familie)onderneming. Zo worden bij een *bottom-up-benadering* ook de lagere managers betrokken bij de strategiekeus. Lagere managers met een meer directe kennis van de competenties van hun eigen afdeling en van de eigen marktomgeving hebben nu het recht tot het indienen van voorstellen voor een mogelijke strategiekeus.

2 De *'re-invent the business'-activiteiten* binnen de onderneming. Ondernemingen met duurzame kernvaardigheden zijn steeds bezig de bedrijfsactiviteiten te innoveren, zodat ze de afnemers hiermee steeds verbazen. Ofwel ze zijn goedkoper dan de (nieuwe) concurrenten, of de geleverde prestaties zijn zo specialistisch en hebben daardoor nog meer toegevoegde waarde voor de afnemers.

Marginalia: Indicatoren binnen de bedrijfsbesturing van de onderneming; Bottom-up-benadering; 'Re-invent the business'-activiteiten

3 De flexibilisering van het managementsysteem en de organisatiestructuur. Veranderende macro- en meso-omgevingsfactoren verplichten elke onderneming haar organisatiestructuur en managementsysteem kritisch te bekijken. Ondernemingen hebben het vermogen zich stapsgewijs of sprongsgewijs aan te passen aan wisselende omstandigheden, ook wel *adaptieparadigma* genoemd. Verplatting van organisatiestructuren, het uitbesteden van niet-kernactiviteiten, empowerde medewerkers, decentrale besluitvorming, etc. zijn recente voorbeelden van aanpassingen.

Adaptieparadigma

De dynamische samenleving vraagt flexibele managementvaardigheden en organisatiestructuren voor het effectief benutten van kansen. Managers moeten de vaardigheid hebben om de veranderingen in de macro- en meso-omgevingsfactoren in de organisatiestructuur door te voeren. *Productieflexibiliteit* en *innovatieve flexibiliteit* worden voor elke onderneming bestaansvoorwaarden. Volgens Volberda moet het management dynamische vaardigheden ontwikkelen die de flexibiliteit in de onderneming vergroten, maar het bedrijf moet ook beschikken over een organisatiestructuur die het benutten van de aanwezige vaardigheden mogelijk maakt.

Vier organisatiestructuren voor ondernemingen

Vier mogelijke *organisatiestructuren voor ondernemingen* zijn:
a de rigide organisatiestructuur
b de planmatige organisatiestructuur
c de flexibele organisatiestructuur
d de chaotische organisatiestructuur

Ad a De rigide organisatiestructuur

Rigide organisatiestructuur

Een *rigide organisatiestructuur* kenmerkt zich door een functionele en gecentraliseerde structuur met een groot aantal managementlagen en een conservatieve bedrijfscultuur. In een statische en niet-concurrerende onderneming is vaak een rigide organisatiestructuur. Het management heeft in deze organisatiestructuur beperkte flexibiliteitsmogelijkheden en aanpassen van de organisatiestructuur aan de veranderingen in de macro- en meso-omgevingsfactoren is bijna niet mogelijk. Improviseren in deze organisatievorm is niet toegelaten en er wordt van een situatie van '*steady-state-flexibiliteit*' gesproken. De organisatiestructuur van de vroegere PTT en van ziekenhuizen vóór de invoering van het nieuwe ziektekostensysteem waren voorbeelden van rigide organisatiestructuren.

Steady-state-flexibiliteit

Ad b De planmatige organisatiestructuur

Planmatige organisatiestructuur

De *planmatige organisatiestructuur* kenmerkt zich door een structuur met uitgebreide plannings- en controlesystemen en met beperkte flexibiliteitsmogelijkheden voor het management.
Door standaardisatie, formalisatie en specialisatie is er in deze organisatiestructuur een strakke bedrijfsprocessturing. Ook de in de onderneming geldende waarden en normen geven weinig ruimte voor afwijkende interpretaties van de marktomgeving. Zolang er geen onverwachte veranderingen in de marktomgeving plaatsvinden, is de bestuurbaarheid van de onderneming groot. Immers, de hierdoor eventuele reeds geplande veranderingen in de organisatie lopen parallel met deze te verwachten veranderingen in de macro- en meso-omgevingsfactoren. De al geplande veranderingen in de organisatie betekenen een nog verdere perfectionering van het bestaande plannings- en controlesysteem en van de geldende waarden en normen. In

deze planmatige organisatiestructuur moet het management beschikken over een uitgebreid informatieverwerkingssysteem en er wordt gesproken van een '*operationele flexibiliteit*'.

Operationele flexibiliteit

Ad c De flexibele organisatiestructuur
De *flexibele organisatiestructuur* wordt gekenmerkt door een flexibiliteit in de organisatiestructuur van de onderneming waarbij deze steeds aangepast wordt aan veranderingen in de macro- en meso-omgevingsfactoren, zonder dat de onderneming haar imago en identiteit verliest. De innovatieve cultuur in de organisatie van deze ondernemingen stimuleert het in praktijk brengen van nieuwe ideeën. De rol van de manager in deze flexibele organisatiestructuur kenmerkt zich in het verzamelen en verwerken van informatie waardoor de onderneming nog ontvankelijker wordt voor veranderingen in de marktomgeving en in het lerend vermogen van het management. De '*structurele flexibiliteit*' stelt dan ook dat het management over vaardigheden beschikt om de organisatiestructuur, de wijze van besluitvorming en het interne en externe communicatieproces aan de veranderingen in de macro- en meso-omgevingsfactoren aan te passen. Met de '*strategische flexibiliteit*' wordt bedoeld het steeds bijsturen van de strategiekeus, het toepassen van nieuwe technologieën en het fundamenteel innoveren van producten en diensten.

Flexibele organisatiestructuur

Structurele flexibiliteit

Strategische flexibiliteit

Ad d De chaotische organisatiestructuur
In een onderneming met een *chaotische organisatiestructuur* ontbreken duidelijke strategische keuzes en overzichtelijke organisatiestructuren. Niets ligt vast in de onderneming met deze organisatiestructuur en de onderneming is bovendien slecht bestuurbaar tot onbestuurbaar. Besluiten worden uitgesteld, terwijl de veranderingen in de macro- en meso-omgevingsfactoren om directe besluiten vragen. De onderneming wordt als het ware bestuurd door haar marktomgeving en verliest uiteindelijk haar onderscheidend vermogen. De situatie van '*red ocean*' ontstaat voor deze onderneming.

Chaotische organisatiestructuur

Binnen een middelgroot bedrijf ziet men vaak naast de planmatige organisatiestructuur voor de kernactiviteiten een chaotische organisatiestructuur voor bedrijfsactiviteiten in een zeer dynamische marktomgeving. Een duale benadering in de keuze van de gewenste organisatiestructuur en de flexibiliteit is daardoor niet uit te sluiten. Vaak wordt deze duale benadering binnen dit bedrijf opgelost door het aanbrengen van een ruimtelijke scheiding tussen de twee verschillende organisatiestructuren.

Alle *veranderingen in de marktomgeving* moet het management overzichtelijk in zijn *situatieanalyse* weergeven, omdat deze analyse voor het inschatten van mogelijke gevolgen voor de onderneming onmisbaar is. Centraal in deze diagnose van de onderneming staan de *externe analyse* (paragraaf 3.6.1), de *interne analyse* (paragraaf 3.6.2), de *SWOT-analyse* inclusief de *confrontatiematrix* (paragraaf 3.6.3) en het *definiëren van 'probleemgebieden/opties/issues'* hieruit.

Veranderingen in de marktomgeving

Situatieanalyse

Aan de hand van de *situatieanalyse* kan ook gestructureerd worden bepaald of de bedrijfsresultaten niet beter hadden kunnen zijn, en of er wel of geen sprake is van een *strategische kloof*. Hiermee wordt bedoeld dat, als het huidige strategische beleid onveranderd wordt voortgezet, de uitgesproken

Strategische kloof

bedrijfsdoelstelling (inclusief de operationele doelstellingen) niet gehaald wordt. De strategische kloof is dus het ontstane verschil tussen het werkelijke resultaat na x maanden en het vooraf gestelde bedrijfsdoel voor dat moment.

Veel ondernemers in het kleinbedrijf hebben door hun operationele bedrijfsactiviteiten geen tijd om zich met het strategievormingsproces bezig te houden. Vallen de bedrijfsresultaten op den duur tegen, dan hebben ze de neiging om nog meer operationele werkzaamheden te verrichten, terwijl ze eigenlijk het beleid aan de veranderende marktomstandigheden hadden moeten aanpassen. Hier is dan sprake van een strategische kloof. Het bepalen van de kwantitatieve grootte van het verschil wordt getypeerd als de *Gap-analyse*. Onbewust of bewust, elke ondernemer houdt zich hiermee bezig. Het is ook een gespreksthema van ondernemers onder elkaar.

3.6 Verrichten van een situatieanalyse

Aan de hand van de situatieanalyse kan elke ondernemer tot een juiste strategiekeus komen. Bij de externe analyse wordt besproken op welke wijze een omgevingsanalyse van macro- en meso-omgevingsfactoren met zijn kansen en bedreigingen door de ondernemer uitgevoerd kan worden. Bij de interne analyse staan de sterke en zwakke punten, de resources en capabilities (KBF's) centraal. Zij bepalen voor elke onderneming haar concurrentievermogen. Unieke bezittingen (resources) en vaardigheden (capabilities) stellen elke onderneming in staat een hoog kwaliteitsniveau of een laag kostenniveau of een nieuwe niet-bestaande concurrentieruimte te scheppen. Voor de concurrentievoordelen van een onderneming betekent dit dat deze berusten op de beschikbare resources en capabilities. In de confrontatiematrix vinden we ten slotte de relevante resultaten van de externe en de interne analyse terug.

3.6.1 Externe analyse

Externe analyse

De *externe analyse* heeft tot doel de ondernemingsomgeving te bestuderen, teneinde hieruit de kansen en de bedreigingen van de onderneming voor dit moment en voor de nabije toekomst af te leiden.

Kansen
Bedreigingen

Kansen zijn die trends en gebeurtenissen in de markt die tot een betere concurrentiekracht kunnen leiden. Anderzijds wijzen *bedreigingen* op trends en gebeurtenissen in de lokale markt die de concurrentiekracht van de ondernemer kunnen aantasten.

Dankzij de resultaten van de externe analyse kan de ondernemer zich op kansen en bedreigingen voorbereiden.
De externe analyse moet zich wel beperken tot de essentiële zaken die voor de onderneming in haar markt en in haar bedrijfstak van belang zijn. Uiteindelijk blijven er drie tot vijf gebeurtenissen en trends over voor de confrontatiematrix, die relevant zijn voor de afnemers.
In een dynamische en ingewikkelde samenleving zal het management voortdurend geïnformeerd moeten zijn over de richting waarin de voor haar belangrijke omgevingsfactoren – zoals de veranderende wensen bij afnemers, de houding van de toeleveranciers, de kans op potentiële toetreders en de kans op potentiële aanbieders van substituut-artikelen of -diensten –

zich in de nabije toekomst zullen ontwikkelen. Belangrijke veranderingen in deze niet-beheersbare macro- en meso-omgevingsfactoren in zijn marktgebied kunnen gevolgen voor de strategiekeus hebben.

Een veelgebruikt model voor de externe analyse is het door Porter ontwikkelde concurrentiekrachtenmodel (zie paragraaf 3.5.3). Als hierin bekend is welke relevante eigenschappen het concurrentievermogen bepalen, dan kunnen op basis van deze factoren in een positioneringsgrafiek voor een bepaald marktgebied de belangrijkste concurrerende ondernemingen in het marktgebied, maar ook de eigen positie worden weergegeven. Voorbeelden van mogelijke hiervoor te gebruiken eigenschappen: sportief versus comfort, stad versus platteland, mobiel versus thuisgebruik, eenvoudig versus ingewikkeld, jongeren versus ouderen, educatief gebruik versus zakelijk gebruik, kwaliteit versus lage prijs, etc.

Leeflang heeft de concurrentiegedachte van Porter door het toevoegen van macro- en meso-omgevingsfactoren uitgebreid tot zijn *Core Marketing Systeem* (zie figuur 3.3). Dit systeem kan een zeer behulpzaam instrument bij het uitvoeren van de externe analyse zijn.

Core Marketing Systeem

FIGUUR 3.3 Core Marketing Systeem

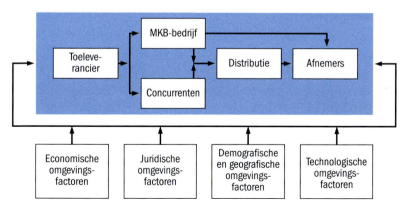

Bron: Leeflang, *Core Marketing Systeem*

Met dit Core Marketing Systeem van Leeflang wordt de noodzaak aangetoond dat elke ondernemer attent moet blijven in het waarnemen van die niet-beheersbare macro- en meso-omgevingsfactoren die voor zijn bedrijf in zijn bedrijfstak en in zijn markt en uitgaande van de voor zijn bedrijf geldende interne competenties, relevant zijn. Ze geven inzicht in mogelijke bestaande of te verwachten kansen, en in de bedreigingen en de problemen die hieruit zouden kunnen komen.

Het verzamelen van gegevens over deze omgevingsfactoren moet zich hierbij beperken tot die gebeurtenissen en ontwikkelingen die voor de onderneming urgent en relevant zijn. Na deze selectie op basis van de criteria 'urgent' en 'relevant' moeten deze gebeurtenissen en ontwikkelingen permanent worden gevolgd en geregistreerd.

De aanpak hierbij kan het beste in enkele stappen worden uitgevoerd:
1 Probeer de informatiebehoefte over de ontwikkelingen in de marktomgeving vast te stellen.
2 Selecteer hiervoor literatuur en andere bronnen.
3 Relateer eventuele beschikbare gegevens aan deze informatiebehoefte en breng slechts die trends in kaart die voor de onderneming relevant en urgent zijn.
4 Van belang is dat deze veranderingen van de externe omgeving worden benoemd. Met de hieruit voortvloeiende gevolgen en veranderingen in onder andere de resources, de interne organisatiestructuur en de vaardigheden, bepalen ze samen de kracht en de duurzame concurrentievoordelen van de onderneming.

DESTEP-methode

Via de *DESTEP-methode* kan ook een goede externe analyse worden gemaakt van de positie waarin de onderneming zich in het licht van de maatschappelijke ontwikkelingen en de concurrentiekrachten bevindt.

DESTEP

DESTEP staat voor:
D(emografische factoren)
E(conomische factoren)
S(ociaal/maatschappelijk factoren)
T(echnische factoren)
E(cologische factoren)
P(olitieke factoren)

FIGUUR 3.4 DESTEP-diagram

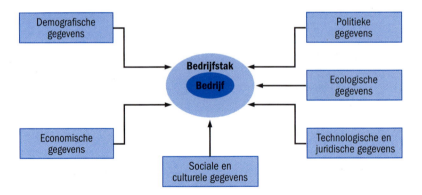

Sommigen noemen het DESTEP-model het DEPEST-model. Terwijl het door Porter ontwikkelde concurrentiekrachtenmodel binnen de bedrijfstak (op mesoniveau) plaatsvindt, worden het Leeflang- en het DESTEP-model op macroniveau (de economie in zijn geheel) uitgevoerd.

In voorbeeld 3.2 wordt het DESTEP-*model* voor een fietsenfabrikant gepresenteerd.
Hierin kan elke DESTEP-factor tot kansen en/of bedreigingen leiden.

VOORBEELD 3.2 HET DESTEP-MODEL VOOR EEN FIETSENFABRIKANT

Factoren	Kans	Bedreiging
Demografische		
vitale ouderen	X	
groot aantal geboorten	X	
Economische		
toenemende koopkracht	X	
inflatie 5%		X
langere werktijden		X
meer drang naar vrijetijdsbesteding		X
Sociale en culturele		
product wordt trendy product	X	
meer aandacht voor gezondheid	X	
diefstalgevoeligheid		X
Technische		
nieuwe modellen	X	X
...		
... enz.		
Ecologische		
milieu	X	
...		
... enz.		
Politieke		
terugdringing autoverkeer	X	
...		
... enz.		

Voorbeeld 3.3 geeft van het DESTEP-model nadere informatie over mogelijke bronnen.

VOORBEELD 3.3 INFORMATIEBRONNEN

Demografische ontwikkelingen

Veel van de demografische gegevens zijn te verkrijgen bij (of in publicaties van) instanties zoals het CBS (Centraal Bureau voor de Statistiek), KvK's (Kamers van Koophandel), EIM en de verschillende brancheverenigingen. Elke onderneming kan vragen hebben zoals:
– Op welke markten moeten we een bepaald product wel of niet introduceren?
– Welke producten kunnen ontwikkeld worden?

Voorbeelden

Bevolkingsomvang,
leeftijdsopbouw bevolking,
gemiddelde grootte gezinshuishoudingen,
mobiliteit, urbanisatiegraad, etc.

Economische ontwikkelingen

Voorbeelden van economische ontwikkelingen hebben betrekking op de kapitaalmarkt, de inflatie, de rentetarieven, de beschikbaarheid van belangrijke grondstoffen en energiebronnen (denk aan windenergie en zonnepanelen) en de kosten van technologische ontwikkeling. Deze ontwikkelingen beïnvloeden direct de koopkracht van de klant maar ook de winstgevendheid van de onderneming

Voorbeelden

Het gemiddeld besteedbaar inkomen,
de mutaties van de aandelenkoersen,
het consumentenvertrouwen,
de ontwikkelingen in werkloosheidscijfers,
etc.

Sociaal-culturele ontwikkelingen

Gegevens over sociale en culturele ontwikkelingen kunnen voor een onderneming ook van groot belang zijn. Stel dat er een trend is van minder trouwen en meer samenwonen. Banken en verzekeringsmaatschappijen moeten/kunnen hierop inspelen door het ontwikkelen van nieuwe financiële producten.

Voorbeelden

Het opleidingsniveau,
de acceptatie van nieuwe technologie,
de houding tegenover werken en vrije tijd,
het aantal huwelijken per jaar, etc.

Technologische ontwikkelingen

Omtrent technologische ontwikkelingen zijn er veel trends die van belang kunnen zijn voor de bedrijven. De ontwikkeling in uitgaven van ondernemingen op R&D-gebied, nieuwe ontdekkingen en nieuwe toepassingen, kortere levensduur van nieuwe technologieën, het gebruiksgemak van nieuwe producten en diensten in het dagelijks leven. Stel dat een onderneming ook gaat werken met e-business. Belangrijk hiervoor zijn dan de te verzamelen gegevens over het gebruik van het internet in de te bewerken doelgroep

Voorbeelden

Afzet van pc's in een bepaalde periode,
het gebruiken van het internet door particulieren en bedrijven,
het groeipercentage van het aantal breedbandinternetverbindingen, etc.

Ecologische ontwikkelingen

Natuurbescherming en bewaking van de natuurlijke bronnen die ook een volgende generatie moet kunnen gebruiken, krijgt ook politiek veel aandacht. Wetten worden gemaakt of aangepast en ondernemingen investeren duurzaam, mede met het oog op het voortbestaan van mensen en werkgelegenheid.

Voorbeelden

Plattelandbewoners die megastallen goed in de gaten houden en uitbreiding daarvan tegengaan,
de macht van pressiegroepen voor de leefbaarheid van dieren, het voorkomen van dierenleed,
het opraken van fossiele brandstoffen waardoor ookgrondstoffen voor de industrie verdwijnen.

Politiek/juridische ontwikkelingen

De overheid heeft via haar wetgeving grote invloed op het bedrijfsproces in vele ondernemingen.

Voorbeelden

De Europese mededingingswetgeving,
de milieuwetgeving,
de buiten de EU bestaande handelswetten;
de wetgeving op digitaal gebied, etc.

Bron: H. Vink.

Samenvattend moet de externe analyse voor de ondernemer minimaal omvatten:
a het beschrijven van de huidige positionering in het economische en maatschappelijke krachtenveld in zijn lokale en regionale markt;
b het identificeren van trends en gebeurtenissen in zijn marktomgeving tot relevante kansen en bedreigingen;
c het maken van 'wat als'-statements naar aanleiding van de verzamelde gegevens bij de onderdelen a en b.

De externe analyse stelt vast welke hedendaagse en toekomstige kansen en bedreigingen bepalend zijn voor zijn huidige en toekomstige strategiekeus. Het gaat hierbij ook om de beantwoording van vragen als:
1 Welke toekomstige ontwikkelingen zijn er van de concurrenten in de branche in zijn markt te verwachten?
2 Welke wettelijke veranderingen zijn er in de toekomst voor de ondernemers te verwachten?
3 Hoe ontwikkelt zich de nationale en de internationale economie en wat betekenen deze veranderingen voor de rentabiliteit van de ondernemingen?

4 Welke veranderingen in de sociale en politieke overtuigingen zijn er te verwachten en welke directe en/of indirecte gevolgen hebben ze voor de ondernemingen in hun markt?
5 Welke technologische ontwikkelingen zijn er te verwachten?
6 Welke demografische veranderingen in de lokale markt zijn er voor de komende jaren te verwachten?

Soms wordt de externe analyse beperkt tot het 'doortrekken' van trends naar de toekomst. Let hierbij wel op het volgende:
1 Stelselmatig worden kortetermijneffecten overschat, terwijl de langetermijneffecten hiervan onderschat worden.
2 Kijk over de grenzen van de eigen afzetmarkt heen en let op trends in het buitenland en bij andere disciplines.
3 Vraag je steeds af wat de onderneming met de huidige kennis, vaardigheid, infrastructuur, creativiteit en relaties zou kunnen doen.
4 Probeer vast te stellen wat de meest wezenlijke functie van een product of dienst vanuit het perspectief van de afnemerswaarde is.
5 Onverwachte demografische, sociale, technologische, economische en politieke ontwikkelingen zullen de meeste langetermijnverwachtingen tenietdoen.
6 Het uitvoeren van een externe analyse mag nooit ontaarden in het opsommen van wereldwijde trends die onder andere in managementtijdschriften worden beschreven, maar die niet relevant voor de onderneming zijn.

3.6.2 Interne analyse

De *interne analyse* heeft tot doel het verkrijgen van inzicht in het vermogen van de onderneming om met de ter beschikking staande *resources* en *capabilities* bedrijfsactiviteiten te exploiteren die de problemen bij de afnemers oplossen, respectievelijk de behoeften van de consumenten bevredigen. Voorbeelden van *resources* zijn duurzame productiemiddelen zoals de gebouwen en machines maar ook de beschikbare financiële middelen, octrooien, merknamen, de vestigingsplaats en langetermijncontracten met onder anderen vaste leveranciers, afnemers en vermogensverschaffers. Het zijn data waarover de onderneming beschikt. Voorbeelden van *capabilities* zijn de in de onderneming aanwezige kernvaardigheden voor het bedienen van de in het bedrijfsproces gebruikte technieken, het innovatievermogen, de innovatieflexibiliteit, de productieflexibiliteit, het opleidingsniveau van de medewerkers, de ervaring van de onderneming in de bedrijfstak en in de bedrijfskolom, maar ook de aanwezige organisatiestructuur die het mogelijk maakt de aanwezige kernvaardigheden te benutten.

Interne analyse
Resources
Capabilities

De interne analyse inventariseert niet alleen de in de onderneming aanwezige competenties ter identificatie van haar kritieke bedrijfsprocesfactoren, maar ook om de te verwachten kansen en bedreigingen in de onderneming te kunnen opvangen.

De interne analyse kan zich beperken tot het beschrijven van de functies van de onderneming in haar markt. In dit verband worden onderscheiden:
- De *frontline-functies* (KSF's): dat zijn de functies die in de ogen van de afnemer het verschil in concurrentiekracht met de directe en de indirecte concurrenten bepalen. Voorbeelden van frontline-functies (kern- en onderscheidende competenties) of kritieke succesfactoren zijn:

Frontline-functies

- de snelle levering van producten en diensten;
- de uitstekende kwaliteit van de verleende dienst (bijvoorbeeld door een loodgieter);
- de diepte van het assortiment, inclusief het aanbod van unieke producten en diensten;
- de deskundigheid van het personeel;
- de juiste up-to-date informatie (bijvoorbeeld door een groothandelsbedrijf aan zijn afnemers);
- de (24-uurs)bereikbaarheid.

De uitgevoerde frontline-functies zijn het gevolg van de in de onderneming aanwezige kerncompetenties/de capabilities. Het zijn KBF's van de onderneming die ook terug te vinden zijn in de ondersteunende en voorwaardenscheppende functies.

Ondersteunende functies

- De *ondersteunende functies*: dit zijn functies/vaardigheden die voor de afnemer werken, en door de afnemer worden herkend als onderdeel van de concurrentiekracht van de onderneming met de directe en de indirecte concurrenten.
  Voorbeelden van deze ondersteunende functies zijn de capabilities zoals:
  - het inkoopbeleid;
  - het magazijnbeheer;
  - het onderhoudsbeheer van het eigen autopark;
  - bijscholing van werknemers.

Voorwaardenscheppende functies

- De *voorwaardenscheppende functies*: dit zijn functies die de ondernemer voor het eigen functioneren moet uitvoeren, maar waaraan de afnemer geen boodschap heeft. Voorbeelden van voorwaardenscheppende functies zijn de capabilities zoals:
  - de administratie;
  - het personeelsbeleid;
  - de platte organisatiestructuur van de ondernemer in het midden- en kleinbedrijf.

Deze beschrijving van de functies van de onderneming in haar markt kan worden uitgebreid met alle in figuur 3.1 vermelde aspecten. Deze uitbreiding is zeker nodig als de lezer voor de eerste keer kennismaakt met de onderneming en een goed beeld wil hebben van het soort bedrijf, de wijze waarop het in de markt wil acteren, hoe de afnemers tegen het bedrijf en de producten aankijken en of het bedrijf wel kan voldoen aan de gestelde doelen. De wijze waarop hiermee openheid wordt gegeven door het management, kan van levensbelang zijn voor het bedrijf. Denk daarbij aan de financiers die met de onderneming moeten 'meegaan', de vakbonden die vertrouwen moeten hebben in de leiding en de continuïteit van het bedrijf en de (staf)medewerkers die beter inzicht krijgen in de strategieën van het eigen bedrijf. Ook de manier van het omgaan met veranderingen in de marktomgeving is in deze beschrijving terug te vinden in de aanpassingen van de KBF's en de resultaten daarvan in het inventariseren van de KSF's.

Zowel de Katholieke Universiteit Brabant (M. Wijn) als de Rijks Universiteit Groningen (P.S. Zwart) gaat ervan uit dat er meerdere kritieke succesfactoren in een bedrijfsorganisatie zijn te benoemen. Het beschrijven van deze duurzame concurrentievoordelen van de onderneming is geen eenmalige zaak, maar kan in een jaar net zo vaak herhaald worden als nodig is. Dit is ook het geval als de product-marktcombinaties (PMC's) worden herzien.

Figuur 3.5 laat de uiteindelijke gevolgen voor de onderneming zien.

FIGUUR 3.5 Van kritieke succesfactor tot prestatie-indicator

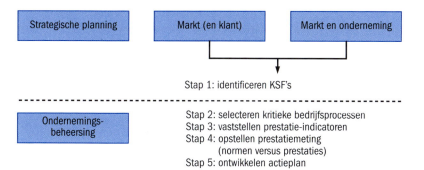

Voorbeeld

Kritieke succes-factor	Kritiek bedrijfs-proces	Aandachtsveld (doel)	Prestatie-indicator
Service	Verhelpen van storingen	Verlaag de doorloop-tijd van melding tot oplossing	Tijd die verstrijkt tussen de storings-melding en de reparatie
		Verhoog het relatieve aandeel reparaties dat in één keer de storing verhelpt	Aantal reparaties dat in één keer slaagt: het totaal aantal reparaties

In casus 3.2 wordt een voorbeeld gegeven van de KSF's en de KBF's van een transportbedrijf.

CASUS 3.2 KRITIEKE FACTOREN VAN EEN TRANSPORTONDERNEMING
Een transportonderneming met faciliteiten voor opslag en warehousing wordt geleid door enkele broers. De taken hebben zij onderling goed verdeeld, waardoor met behulp van een goed geautomatiseerde administratie dagelijks inzicht wordt verkregen in de prestaties van de chauffeurs met hun vrachtwagens en de activiteiten in de loodsen. Door internationalisering kan men de prijzen concurrerend houden en toch een goede dienstverlening verzorgen. De ondernemers zouden zich liever nog wat meer specialiseren, maar dat durven zij nog niet aan omdat dan een deel van de omzet zou wegvallen en daarmee de vaste lasten niet meer volledig worden gedekt. Het is moeilijk om goede medewerkers te vinden, die ook nog betaalbaar zijn. Als er een groter aantal chauffeurs zou zijn dan zou het bedrijf minder kwetsbaar zijn en meer klanten kunnen werven, zodat de indirecte kosten nog beter kunnen worden gedekt. Het wagenpark is gemiddeld

vrij jong. De ondernemers zien allerlei kansen, mede door de interne kracht die er van de DGA's (directeur-grootaandeelhouders) uitgaat door hun vaardigheden en hun elders verworven kennis.

De accountant van het transportbedrijf heeft aan de hand van de verkregen informatie een opzet gemaakt om snel in beeld te krijgen welke sterkten en zwakten het bedrijf kent. Daarmee gaat hij met de directie in gesprek in het kader van de geplande investeringen.

Voor een goede advisering heeft de accountant nog behoefte aan het vaststellen van de prestatie-indicatoren. Samen met zijn klant wil hij dan aan de hand van de prestatiemetingen een goede onderbouwing geven aan het investeringsplan, waarvan hij de opdracht heeft gekregen dit te controleren als onderdeel van zijn toetsing van het gehele ondernemingsplan.

In de volgende tabel is de analyse van de accountant te zien.

Analyse van de accountant

Kritieke succesfactoren – extern	Sterk	Zwak
Specialisatie		X
Investeringsniveau info/communicatietechnologie	X	
Prijs/kwaliteit	X	
Ouderdom van de vervoermiddelen	X	
Deskundigheid van de chauffeurs	X	
Servicegraad	X	
Innovatief vermogen en kennisontwikkeling	X	
Schaalgrootte		X
Vestigingsplaats	X	
Kritieke bedrijfsprocessen (Kritieke succesfactoren – intern)		
Kostprijscalculaties (voor- en nacalculatie)	X	
Planning	X	
Wagenonderhoud	X	
Contracten (vaste verladers)		X
HRM	X	
Kritieke prestatie-indicatoren		
Vaststellen		
Prestatiemetingen		

Interne analyse van de waardeketen

Value chain analysis

Porter

De interne analyse voor het vaststellen van de competenties van de onderneming kan ook worden uitgevoerd met de *interne analyse van de waardeketen* van Porter, het model van de *value chain analysis* van Porter. Porter ziet in zijn model van de value chain analysis de onderneming als een reeks van opeenvolgende bedrijfsactiviteiten, waarin elke activiteit waarde aan het product of de dienst toevoegt maar ook extra kosten creëert. Per activiteit wordt zorgvuldig onderzocht wat de kosten en differentiatiemogelijkheden zijn.

Supply chain-modellen

De evolutie in deze *supply chain-modellen* gaat terug tot de jaren tachtig. Aanvankelijk zagen bedrijven dit als afzonderlijke entiteiten van toelevering, productie en distributie. De auto-industrie forceerde hierin een doorbraak door de relatie met de toeleveranciers strak aan te halen en de just-in-time levering was geboren. In de praktijk kwam dat erop neer dat aan de toeleveranciers de pijn werd doorgegeven en kostenreducties konden worden bereikt. Een volgende stap werd gezet door de retail in de jaren negentig, die samenhang wist te brengen tussen toeleveranciers, productie én distributie. Dat kon door gebruikmaking van ECR: Efficient Consumer Response, waarbij producenten en supermarkten nauw samenwerken. De volgende stap bij het supply chain management wordt in dit decennium gezet. Dankzij gebruikmaking van informatietechnologie – met de afnemer als koning – wordt de waardeketen zowel binnen als buiten de onderneming geperfectioneerd. De consument wordt als het ware in de keten geïntegreerd. De beste ondernemingen op het terrein van supply chain management zijn volgens onderzoek dan ook bedrijven die 'harder lopen dan de concurrentie' en dichter bij de belevingswereld van de afnemer staan. Door ontwikkelingen in de informatietechnologie wordt het supply chain management voor bedrijven van vitaal belang.

Porter maakt in zijn *value chain-model* binnen de onderneming slechts onderscheid tussen de *primaire (kern)activiteiten* en de *secundaire ondersteunende activiteiten*.

Value chain-model

Primaire (kern)activiteiten (kerncompetenties) zijn voor Porter die primaire activiteiten in de onderneming die direct verbonden zijn met het logistieke gebeuren in het 'productieproces' van de producten en diensten en medebepalend zijn voor de succesfactoren, de KSF's. Het omvat de bedrijfsactiviteiten binnen de aanwezige organisatiestructuur vanaf de ontvangst van de ingekochte productiemiddelen via productie en verkoop tot en met de dienstverlening in de vorm van installatie, reparatie en scholing van de afnemers. Het zijn de in de onderneming aanwezige die bij de primaire (kern) activiteiten (kerncompetenties) het verschil in concurrentiekracht met de directe en indirecte concurrenten bepalen.

Primaire (kern)-activiteiten

Capabilities

Ook bij de secundaire ondersteunende competenties zijn voorbeelden van *capabilities* zoals:
1 het inkoopmanagement: belangrijke aspecten hiervoor zijn de systemen van co-makership naar leveranciers, de leveranciersselectie en de make-or-buy-overwegingen, evenals het goed verzorgd relatiebeheer en de strategische allianties (zie verder subparagraaf 4.2.3);
2 de beschikbare technologische kennis en het aanwezige opleidingsplan: elke waardeactiviteit werkt met specifieke technische kennis;
3 de mogelijkheden van het humanresourcesmanagement;
4 de infrastructuur van de organisatie: hieronder vallen onder andere de activiteiten van het algemeen management, planning, procedureafspraken, vergunningen en financieel beheer.

Secundaire ondersteunende competenties

Capabilities

Het model van het 'analyse van de waardeketen'-concept is ook bruikbaar voor het onderhouden van contacten tussen verschillende niveaus in de bedrijfskolom. Distributie, productie, inkoop, business development en innovatiebeheer zijn nu onderling online verbonden, waardoor het bedrijfskolomgebeuren ook versmolten is tot één keten.

Sommige accountantskantoren bepalen de relatieve sterkte of zwakte van een onderneming door een vergelijking te maken met enkele geselecteerde aandachtsgebieden bij directe concurrenten. Hierbij kan gedacht worden aan een *benchmarking* op het gebied van inkoop, productie, verkoop en

Benchmarking

marketing, administratie, organisatie en personeel, financiën, kosten, omzetten en management. De eventuele noodzakelijke gegevens hiervoor worden verzameld door het bestuderen van rapporten die onder andere door het EIM zijn samengesteld. Accountants kunnen zich bij dit bedrijfsvergelijkend *benchmarkingonderzoek* ook nog baseren op eigen ervaring bij cliënten.

Benchmarkingonderzoek

De interne analyse kan zich ook richten op het beschrijven van de onderneming op basis van het 7S-model van McKinsey. Het prettige van het *7S-model* is dat dit model de organisatiestructuur van een onderneming in zeer ruime zin weergeeft. De basisfilosofie is de in een onderneming aanwezige samenhang (causale relatie) tussen de diverse operationele procesactiviteiten (zie figuur 3.14). Iedere verandering in een bedrijfsonderdeel heeft consequenties voor de inzet van andere onderdelen. In het 7S-model is elk onderdeel even belangrijk. Het 7S-model streeft naar een evenwichtige samenhang tussen deze '7 S-en' (zie figuur 3.6).

FIGUUR 3.6 Balanced 7 S-en

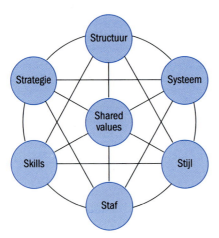

Bron: Drs. R. Hummel, *Integraal marketingbeleid*

7S-model

Het *7S-model* bestaat uit de volgende onderdelen:
- *Strategiekeus*. Het is voor elke onderneming belangrijk dat er in het bedrijf een duidelijke strategie bestaat, die bij iedereen bekend en door iedereen aanvaard is, zodat alle neuzen in dezelfde richting staan.
- *Structuur*. Het is belangrijk vast te stellen of de in de onderneming aanwezige organisatiestructuur aansluit bij de strategie van dat moment. Voor elke onderneming geldt: 'structure follows strategy'. Veranderingen in de bedrijfsomgeving en in de interne kernvaardigheden leiden tot aanpassingen in de strategie. Indien deze strategieaanpassing niet gevolgd wordt door organisatorische aanpassingen, leidt dit tot ineffectiviteit binnen de onderneming.
- *Systeem*. Voor het realiseren van een soepel en efficiënt orderdoorloopsysteem binnen de onderneming vanaf het inkopen van productiemiddelen tot en met het verkopen van de producten en diensten is het nood-

zakelijk het logistieke proces inclusief het informatiesysteem binnen het bedrijf te analyseren om hierin mogelijke knelpunten vast te stellen. In deze S worden dan ook beschreven de procedureafspraken binnen de onderneming, de inhoudelijke aspecten van de interne communicatie inclusief de vorm waarin de interne communicatie plaatsvindt en de in de onderneming geldende besturingssystemen. Deze laatste omvatten de informatie over werkopdrachten, werkinstructies en taak- en functieomschrijvingen.
- *Staf.* Onder deze S vallen specifieke kenmerken van de medewerkers zoals de leeftijdsopbouw, het opleidingsniveau, het personeelsverloop, de carrièremogelijkheden, het ziekteverzuim en de aandacht binnen de onderneming voor humanresourcesmanagement. Het marktgericht ondernemen vraagt veel van het personeel. De kwaliteit van het personeel blijft van fundamenteel belang voor het succes van de onderneming.
- *Skills.* Onder deze S wordt de kennis en expertise verstaan op het gebied van bijvoorbeeld innovatie, marketing, automatisering en logistiek.
- *Stijl.* In deze S wordt beschreven de stijl van leidinggeven en de waarden en normen die aan de stijl van leidinggeven ten grondslag liggen. Deze waarden en normen zijn medebepalend voor de ondernemingscultuur.
- *Shared values*, de uitstraling van de onderneming. Stijl en 'shared values' liggen in elkaars verlengde. Het hieruit voortvloeiende resultaat kan zijn het 'wijgevoel', waardoor alle neuzen dezelfde richting uitwijzen.

De resultaten van het 7S-model voor drie MKB-situaties zijn weergegeven in casus 3.3.

CASUS 3.3 RESULTATEN 7S-MODEL

Startende MKB-ondernemer
Strategie	– op basis van intuïtie, kortetermijnvisie, ad-hocbeleid
Structuur	– veelal centraal, plat en ad hoc geregeld
Systeem	– informeel in alle facetten, directe aansturing improviserend
Staf	– weinig, veelal ongeschoold maar wel loyaal, grote betrokkenheid
Skills	– pragmatisch en flexibel opereren, ad hoc
Stijl	– alleenheersend
Shared values	– de visie en de briljante ideeën van de MKB-onderneming

Succesvolle MKB-ondernemer
Strategie	– strategiekeus
Structuur	– hiërarchisch, specialistisch en functioneel
Systeem	– formeel en functieomschrijvingen
Staf	– routine, zowel ongeschoold als geschoold en opleidingsplan
Skills	– efficiënt operationeel proces en afnemersgericht
Stijl	– sterk hiërarchisch
Shared values	– nog niet echt aanwezig

Adhocracy-situatie
Strategie	– gericht op innovatie
Structuur	– organisch en gedecentraliseerd
Systeem	– afstemming tussen projectgroepen
Staf	– hoogopgeleide specialisten in projectgroepen
Skills	– innovatief probleemoplossend
Stijl	– taakgericht en zeer decentraal, macht ligt bij experts
Shared values	– grensverleggende innovatie

Het totale resultaat van de interne analyse is een overzicht van de sterke en zwakke punten van de onderneming. Of de vastgestelde kenmerken van de onderneming een sterk of een zwak punt zijn, is afhankelijk van haar relatie ten opzichte van deze kenmerken bij de concurrentie. Het aanbrengen van veranderingen in de huidige organisatiestructuur zonder de huidige en toekomstige sterke en zwakke punten van het bedrijf te kennen, zal in de nabije toekomst eerder leiden tot een verslechtering dan tot een verbetering van het bedrijfsresultaat. Ook in de interne analyse mogen alleen die sterke en zwakke punten naar voren komen die voor het specifieke bedrijf ter zake dienen, urgent en relevant zijn. Zonder een schifting is er een kans dat het overzicht verloren gaat en er geen verbanden herkend worden. De criteria om dit selectieproces te doorlopen gaan uit van het onderscheidend karakter met de concurrentie.

Als zwakke punten van de onderneming achteraf niet worden gecorrigeerd, zal het resultaat hiervan onder andere kunnen zijn, dat kostenbudgetten worden overschreden, er incourante voorraden ontstaan en haar lokale en regionale concurrenten strategieën ontwikkelen, waarin haar zwakke punten centraal staan.

Om succesvol op de markt te kunnen blijven opereren, moet de onderneming over die kernvaardigheden, *resources en capabilities* (blijven) beschikken die de onderneming in staat stellen een economische en commerciële positie in deze markt op te bouwen, te behouden of te vergroten. De (potentiële) afnemers moeten de door de onderneming geleverde prestaties positief waarderen en blijven waarderen, waaruit tevens kan worden geconcludeerd dat permanent aan de afnemerswaarde wordt voldaan.

Samenvattend is het nut van de interne analyse:
a het inventariseren van de huidige en toekomstige vaardigheden en het vastleggen van de eventuele bestaande relaties tussen deze beschikbare middelen;
b het aangeven wat goed en slecht functioneert binnen de organisatie (de infrastructuur) van de onderneming, gegeven haar situatie op de markt;
c het vaststellen of er sprake is van een consistente invulling van de beschikbare vaardigheden op de markt;
d het beschrijven op welke wijze de onderneming met behulp van de beschikbare vaardigheden afnemerswaarde in het marktgebied creëert. Waarde creëert een onderneming indien de voor de afnemers uitgevoerde fysieke en technologische prestaties worden uitgevoerd volgens de customer function (frontline-functies).

3.6.3 SWOT-analyse en de confrontatiematrix
Het eindresultaat van de externe en interne omgevingsanalyse is de SWOT-analyse. De *SWOT-analyse* vertaalt de resultaten van de interne analyse in sterke en zwakke punten van de onderneming en de ontwikkelingen in de externe marktomgeving in kansen en bedreigingen.
De SWOT-analyse mag zich niet beperken tot een opsomming van vele sterke en zwakke punten en van vele kansen en bedreigingen. Per gebied moet per element tevens in de toelichting een beschrijvende verdieping plaatsvinden, vervolgens moet de impact van elk vermeld element uitgewerkt worden in gevolgen voor de onderneming (bijvoorbeeld in termen van omzet-, kosten- en winstmutaties) en indien mogelijk voor de te ondernemen bedrijfsactiviteiten.

SWOT staat voor:
Strengths — sterke punten
Weaknesses — zwakke punten
Opportunities — kansen
Threats — bedreigingen

Een SWOT-analyse brengt de sterkten, zwakten, kansen en bedreigingen van een onderneming in beeld. Op basis van de gekozen issues kunnen strategische opties voor aanvallen, verdedigen, versterken en saneren geformuleerd worden.
In de SWOT-analyse en uitgewerkt in de confrontatiematrix vindt de identificatie van de belangrijkste aandachtsvelden en knelpunten van de onderneming – het vaststellen van het centrale probleem – plaats.

De *confrontatiematrix* is een methode waarin per markt de kansen/bedreigingen en de sterke/zwakke punten tegenover elkaar geplaatst worden (zie figuur 3.7).

Confrontatiematrix

FIGUUR 3.7 Confrontatiematrix

	Kansen	**Bedreigingen**
Sterkten	Nieuwe kansen sluiten op de sterke punten van de onderneming aan, dus benutten. De opties die u hiervoor heeft, d.w.z. de combinaties van kansen en sterkten, de *issues*, vormen de zogenoemde K/S-strategieën van groeien.	Het succes (geboekt vanuit de sterkten) wordt desondanks bedreigd, dus: plannen maken. De opties die u hiervoor heeft, d.w.z. de combinaties van bedreigingen en sterkten, vormen de zogenoemde B/S-strategieën van verdedigen/verbeteren.
Zwakten	Kansen kunnen niet worden benut, de onderneming is er te zwak voor; tijd om de kernvaardigheden te verbeteren dus. De opties die u hiervoor heeft, heten K/Z-strategieën van versterken/verbeteren.	De organisatie wordt bedreigd waar deze zwak is, dus: crisis! Er zijn problemen. De mogelijkheden die u heeft om deze problemen te bestrijden, heten B/Z-strategieën van terugtrekken/ombuigen/turnaround.

Door het opstellen van de confrontatiematrix kunnen potentiële mogelijkheden in een markt met specifieke kenmerken zichtbaar worden gemaakt. *Issues* ontstaan uit *opties* en *problemen*. Zie figuur 3.7 en tabel 3.1. *In de confrontatiematrix wordt per markt beoordeeld of een in de onderneming aanwezig sterk punt past bij een bepaalde kans per markt, etcetera.* In het gunstigste geval wordt dit in de tabel met '++/++' aangegeven en in het ongunstigste geval met '--/--'.

Issues

De 'rechthoek' S1, S2, S3 enz. en K1, K2, K3 enz. omvat de *positieve issues*. Dat wil zeggen: de sterke punten S1, S2, S3 enz. sluiten goed aan bij de waargenomen kansen K1, K2, K3 enz. Ze zijn met elkaar te matchen. Een strategiekeus op basis hiervan zal de marktpositie van de onderneming laten groeien.

Positieve issues

Negatieve issues

De 'rechthoek' Z1, Z2, Z3 enz. en B1, B2, B3 enz. omvat de *negatieve issues*. Dat wil zeggen: de waargenomen bedreigingen leggen de zwakke punten Z1, Z2, Z3 enz. van de onderneming bloot. Een 'probleem' is ontstaan en zal tot een saneringsstrategie kunnen leiden.

TABEL 3.1 Confrontatie-/issuematrix

Extern							
			Kansen			Bedreigingen	
Intern			K1	K2	K3	B1	B2	B3
	Sterkten	S1	Optie					?
		S2			Optie		?	
		S3		Optie		?		
	Zwakten	Z1			?			Probleem
		Z2		?			Probleem	
		Z3	?			Probleem		

In de 'rechthoek' S1, S2, S3 enz. en B1, B2, B3 enz. worden de waargenomen bedreigingen door de sterke punten van de onderneming opgevangen. Een strategievorming met meer nadruk op de sterke punten kan het door B1, B2, B3 enz. veroorzaakte grotere ondernemingsrisico uitschakelen.

In de 'rechthoek' Z1, Z2, Z3 enz. en K1, K2, K3 enz. kunnen de waargenomen kansen door de in de onderneming aanwezige zwakke punten niet volledig worden benut. In deze situatie zullen de kernvaardigheden verbeterd moeten worden, waardoor de aanwezige kansen beter benut kunnen worden.

Via de confrontatiemix van sterke en zwakke punten en kansen en bedreigingen kunnen uiteindelijk 'probleemgebieden' en 'opties' in beeld gebracht worden (zie tabel 3.1). Daarna volgt er uit de belangrijkste combinaties van sterke punten ↔ kansen, sterke punten ↔ bedreigingen, zwakke punten ↔ kansen, zwakke punten ↔ bedreigingen een keuze uit de issues/opties/problemen. Bij '*probleemgebieden*' blijken bepaalde 'zwakke punten' met bepaalde 'bedreigingen' verenigbaar te zijn en met elkaar gematcht te kunnen worden (de *negatieve issue*). Bij '*opties*' blijken bepaalde 'sterke punten' gematcht te kunnen worden met bepaalde 'kansen' vanuit de marktomgeving (de *positieve issue*). Op basis van deze gekozen issues kunnen strategische keuzes voor aanvallen, verdedigen, versterken en saneren geformuleerd worden. Een goed uitgevoerde confrontatiemix geeft zodoende aanknopingspunten voor het voorkomen van een strategische kloof (zie paragraaf 3.5.4) en tegelijk geeft de mix een handreiking voor het kiezen van een (combinatie van) strategische optie(s). Zowel winstgevende situaties als situaties in de gevarenzone worden zichtbaar.

Probleem-gebieden
Negatieve issue
Opties
Positieve issue

Definiëren van het centrale probleem

Met het *definiëren van het centrale probleem* vanuit de kwalitatieve confrontatiemix wordt de situatieanalyse afgesloten. Een zorgvuldig gedefinieerd centraal probleem, gebaseerd op de vastgestelde positieve en negatieve issues, is het startpunt van stap 4. Vaak hebben ondernemers slapeloze nachten van het door hen zelf en op een eigen wijze vastgestelde centrale probleem. Het is niet nieuw voor hen. Uiteindelijk leidt de confrontatie-/issuematrix tot het resultaat in figuur 3.8.

FIGUUR 3.8 Confrontatiematrix, algemene strategieën

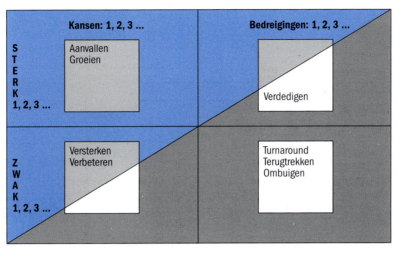

Bron: ©Target Vision Consultants, 2005

Alle situaties boven de diagonale streep worden als prima situaties getypeerd, terwijl de situaties eronder zich in de gevarenzone bevinden.

In voorbeeld 3.4 zijn de SWOT-resultaten van een onderneming te zien na een interne en externe analyse.

VOORBEELD 3.4 AFLEIDING CONFRONTATIEMATRIX

Van een onderneming zijn de volgende SWOT-resultaten naar aanleiding van een interne en externe analyse gegeven:

Sterk:
- veel ervaring in handel en export (a)
- klant betaalt graag meer voor full-service
- bekend om kwalitatief goede transport
- vaste klanten zijn tevreden over de productkwaliteit

Zwak:
- door de concentratie van de bedrijven in de Randstad is het lastig om goed personeel te werven (b)
- te klein voor de grote super- en bouwmarkten
- soms worden niet afgedekte inkoopposities ingenomen
- geringe automatiseringsgraad is een knelpunt
- geen ISO-kwalificatie

Kans:
- snelgroeiende consumptiecentra in het buitenland (c)
- meer rechtstreeks inkopen; hierdoor lagere inkoopprijzen
- informatievoorziening verbeteren
- sterke vraag vanuit de grootwinkelbedrijven
- collectieve promotie

Bedreiging:
- verkoop in Nederland daalt (d)
- productielanden als Kenia, Colombia, Israël en Duitsland zijn sterker geworden
- aantal exporterende landen met gunstige productiefactoren neemt toe
- te geringe productie kan slechts deels door import worden opgevangen
- koopgedrag jongeren negatief

Een mogelijke 2 × 2-issuematrix is:

	Kans	Bedreiging
Sterk	c + a	d + a
Zwak	c + b	d + b

Toch gaat het in de praktijk bij het toepassen van de SWOT-analyse wel eens mis.

Mogelijke verklaringen hiervoor kunnen zijn:
- het door elkaar halen van interne factoren en omgevingsfactoren. De sterke en zwakke punten zijn elementen die door het management en de medewerkers te beïnvloeden zijn. Ontbreekt deze mogelijkheid, dan zijn het voorbeelden van (externe) omgevingsfactoren.
- geen zorgvuldig uitgevoerde SWOT-analyse.
- binnen de onderneming werken medewerkers met verschillende competenties en perceptie. Ook hebben managers, maar ook afdelingen binnen de onderneming, elk hun eigen stokpaardjes. Bij zorgvuldig uitgevoerde externe en interne analyses worden beide tekortkomingen uitgeschakeld.
- het verwarren van beleidsvoornemens met elementen van de externe en interne analyse.
- het beperken van de externe analyse tot het weergeven van trends en gebeurtenissen in algemene termen en niet specifiek voor de onderneming.

3.7 De strategie-instrumenten

Strategisch besluit

In de meeste ondernemingen is het *strategisch besluit* de resultante van de toepassing van een een mix van de beschikbare strategie-instrumenten. Beschikbaar hiervoor zijn: de generieke strategieën van Porter, de hyperconcurrentiestrategie, de strategieën van Hamel en Prahalad, de strategische gedachte van Treacy en Wiersema, de 'oceanstrategie' van Kim en Mauborgne, de portfoliomatrix en de groeistrategieën van Ansoff. In de volgende subparagrafen staan deze strategie-instrumenten centraal.

3.7.1 Porter: de basisstrategieën

Voortbouwend op het economische krachtenveld in de bedrijfstak ontwikkelde Porter voor het verkrijgen van een marktpositionering en voor de hieruit voortvloeiende concurrentievoordelen zijn *drie generieke concurrentiestrategieën*. Velen dachten na de publicatie ervan dat elke ondernemer tussen deze drie concurrentiestrategieën moet kiezen. De praktijk wijst helaas uit dat de bedrijven ze vaak tegelijk toepassen.

Drie generieke concurrentiestrategieën

De drie generieke concurrentiestrategieën, de drie basisstrategieopties van Porter zijn:
1 de strategie van kostenleiderschap;
2 de strategie van differentiatie van producten en diensten;
3 de focusstrategie ofwel de strategie voor een 'niche-markt'.

Deze strategieën worden in deze subparagraaf stuk voor stuk besproken.

3.7.1.1 Kostenleiderschapstrategie

Bij de strategische keuze van *kostenleiderschap* streeft de onderneming naar het duurzame concurrentievoordeel van de laagste kosten per eenheid product, per verleende dienst. Het zijn ondernemingen die zich geheel (moeten) richten op het voortdurend verlagen van de kosten per eenheid. Dit is alleen te bereiken als er binnen de onderneming sprake kan zijn van schaalvoordelen en van ervaringsvoordelen. *Schaalvoordelen* kunnen onder andere in productie, fysieke distributie, marketing en administratie plaatsvinden. Het zijn meestal ondernemingen met een groot marktaandeel, die beschikken over de mogelijkheid om het accent te leggen op het steeds verder verlagen van de kosten per eenheid. Zo bestaat het productieproces van veel duurzame consumentenproducten (zoals koelkasten, diepvriezers, personenauto's) uit de productie van onderdelen en vervolgens uit de transformatie van deze onderdelen in eindproducten. Bij de productie van deze onderdelen is er vaak sprake van grote productievolumes en deze moeten steeds meer tegen lagere kosten geproduceerd worden. Het eindproduct moet vervolgens voldoen aan het door de afnemers en het door de gebruikers gepercipieerde kwaliteitsbeeld.

Schaalvoordelen

Ervaringsvoordelen kunnen zich voordoen zodra de kosten per eenheid dalen doordat de onderneming meer ervaring krijgt in onder andere de productie, administratie, distributie en verkoop. Als de ervaring van de werknemers met het produceren van het product toeneemt, dalen door het leereffect de directe arbeidsuren per eenheid product, de afval- en uitvalpercentages in grondstoffen en halffabricaten en verbetert voortdurend het productontwerp en de hierbij behorende productiemethode. *Value engineering* is in dit kader een methode waarbij het maken van bestaande producten kritisch gevolgd wordt met de vraag of deze productie door kleine ontwerpaanpassingen tegen lagere kosten per eenheid geproduceerd zou kunnen worden en tegelijk beter voldoen aan het door de afnemers en gebruikers gepercipieerde kwaliteitsbeeld.

Ervaringsvoordelen

Value engineering

Voor de meeste MKB-ondernemingen is de kostenleiderschapstrategie niet bruikbaar, omdat de meeste MKB-bedrijven niet aan de volgende functionele basisvoorwaarden en aan de daarbij behorende kenmerken voor het kostenleiderschap kunnen voldoen. Uitzonderingen blijven er bestaan. Denk hierbij aan de kostenleiderschapstrategie van zeer lage consumentenprijzen bij Action, de zeer lage consumentenprijzen van bepaalde restaurants en van marktverkopers.

Deze strategie van kostenleiderschap eist een voortdurend streven naar kostenverlaging, het vermijden van kleinschalige afnemers, het produceren van eenvoudige producten en diensten, een agressieve prijspolitiek, een gemakkelijke onderhandelingspositie met de leveranciers van grondstoffen en andere productiemiddelen, hoge investeringen in productiemiddelen, permanente technologische procesvernieuwingen en/of lage arbeidskosten.

Een groot nadeel van een kostenleiderschapstrategie is dat de onderneming het risico loopt haar aandacht geheel te richten op kostenverlagingen en niet op innovatie. Ook een op ervaring gebaseerd kostenvoordeel is meestal tijdelijk. Werknemers kunnen door directe concurrenten weggekocht worden. Zo heeft de productie van uniformen voor de landmacht, de NS en brandweer de onderneming TKI zo weinig rendement opgeleverd, dat het bedrijf met dertig werknemers failliet is gegaan. Het probleem van TKI was dat de winstmarge bij deze grote productieorders veel te laag was. Om een order uit zo'n Europese aanbesteding van deze opdrachtgevers te verkrijgen, werd er dermate scherp ingeschreven dat er nauwelijks lonend kon worden geproduceerd.

Kenmerken van de kostenleiderschapstrategie zijn zodoende:
- Het betreft meestal de productie van eenvoudige producten en diensten met zeer weinig ruimte voor toegevoegde waarde.
- Men streeft voortdurend naar minimalisering van de kosten.
- De productie van de goederen en diensten moet zeer doelmatig plaatsvinden, en dat vraagt zeer hoge investeringen.
- Bij de marktintroductie en bij een verdere marktpenetratie wordt met relatief lage verkoopprijzen gewerkt.
- De lage integrale kostprijs is gebaseerd op grote productiehoeveelheden.
- De onderneming moet gemakkelijk toegang hebben tot de grondstoffenmarkt.
- Door de voortdurende technische ontwikkeling is de kans groot dat een ander bedrijf goedkoper gaat produceren. Deze kostenvoorsprong kan alleen gecontinueerd worden, indien de onderneming bereid is permanent te investeren in de modernste technologische bedrijfsprocesvernieuwing.

'In 2009 kreeg de notariële beroepsorganisatie KNB een brief in de bus. Met als boodschap: overtuig de politiek dat er op korte termijn minimumtarieven in de onroerendgoedpraktijk moeten komen, anders doen wij het. 'Wij', dat zijn tien grote notariskantoren, belangenvereniging de Nieuwe Stempel, zeven (oud-)hoogleraren en franchiseorganisaties Netwerk en Formaat. Een ware revolutie binnen de gelederen van de ooit zo gesloten broederschap.
De brief verwoordde het groeiende besef onder notarissen dat de marktwerking en de lage tarieven eigenlijk niet deugen en dat een beroepsorganisatie die dat niet inziet ook niet deugt. Een besef dat in de voorafgaande maanden gevoed werd door ieder nieuw initiatief van 'afvallige' collega's die budgettarieven introduceerden of die de cliënt zelf zijn akte lieten opstellen (de doe-het-zelfnotaris). Verschillende notarissen drongen aan op actie, maar de KNB deed weinig. De discussie over de marktwerking was een gepasseerd station, zei voorzitter Erna Kortlang. Toen 400 notarissen uit heel Nederland zich aansloten bij de Friese vereniging de Nieuwe Stempel, die zich hard wil maken voor minimumtarieven, drong het tot de KNB door: dit probleem kan niet worden genegeerd. Er zouden gesprekken komen en die zouden worden geëvalueerd. Kortlang mikte op december.

Daar wilden de briefschrijvers echter niet op wachten. Zij deden onderzoek naar de stemming onder de andere leden: 72,5% van de notariskantoren was het eens met de inhoud van de brief. Van een kwart kwam geen antwoord en slechts 2,5% kon zich niet vinden in de strekking. Maar de toenmalige staatssecretaris van Justitie bleek helemaal niet onder de indruk van de klaagzang van de notarissen. 'Het notariaat heeft tien jaar lang geprofiteerd van de marktwerking', zei zij. 'In goede tijden was er niemand die klaagde, maar nu het slechter gaat blijken veel notarissen niets opzij te hebben gezet om de klappen op te vangen.' Dat is jammer, maar het risico van het vak, volgens de staatssecretaris. Notarissen moeten inderdaad accepteren dat er minder wordt verdiend dan een paar jaar geleden, maar dat is volgens de briefschrijvers niet waar het om gaat. Marktwerking past volgens hen niet bij de wettelijke taak van de notaris om transacties in goede banen te leiden en de rechtszekerheid te garanderen. 'We willen concurreren op kwaliteit, niet op prijs.' De strijd tegen de lage tarieven en de stevige concurrentie kwam dus niet voort uit frustratie over de dalende inkomsten, maar uit vrees voor de kwaliteit van de dienstverlening.'

3.7.1.2 Differentiatiestrategie

De *strategie van differentiatie* van producten en diensten is erop gericht het producten- en dienstenpakket van de onderneming zodanig te differentiëren, dat er voor de markt en in de ogen van de afnemers en gebruikers een uniek product of unieke dienst ontstaat. Het unieke van het product of de dienst – de kwaliteit – moet in de markt als zodanig erkend zijn en terug te vinden zijn in het advies, het ontwerp, de fabricagekwaliteit en de mate waarin de onderneming erin slaagt haar afnemers en gebruikers via haar communicatiemix hierover te informeren. Afnemers en gebruikers zullen daarbij het verkregen kwaliteitsbeeld van het producten- en dienstenpakket vergelijken met dat van de andere aanbieders. Het gaat hierbij steeds om het relatieve, door de afnemers gepercipieerde kwaliteitsbeeld. Bij vrijwel alle industriële en consumentenproducten zijn er vele mogelijkheden (denk hierbij aan het gebruiksgemak, de kleur, de verpakking, het merk, de reputatie) om te differentiëren. Het in de communicatiemix gebruikmaken van merknamen is van groot belang voor de perceptie van dit kwaliteitsbeeld bij de afnemers en gebruikers. Via de massa- en sociale media is het zelfs mogelijk bij de afnemers en gebruikers een bepaalde sfeer op te roepen.

Strategie van differentiatie

Differentiatie kan samenvallen met exclusiviteit. Deze exclusiviteit kan ook bereikt door de vestigingsplaatskeuze (bijvoorbeeld de vestiging van een winkel in de Stokstraat in Maastricht of in de Heuvelstraat in Tilburg) en door de distributiekeuze (werken met een keuze uit de intensieve, selectieve en exclusieve distributie).

De noodzakelijke bedrijfsactiviteiten voor het bereiken van differentiatie zijn zeer kostbaar, zodat differentiatie onverenigbaar is met een situatie van lage kosten. Toch blijven de bedrijven streven naar het voortdurend verlagen van hun bedrijfskosten. Niet alle afnemers in de markt zullen bereid zijn de prijs voor het unieke product of de unieke dienst te betalen. Door imitatie en door een veranderend modebeeld kan zelfs de grote product- en dienstloyaliteit bij afnemers en gebruikers verdwijnen.

Duurzame concurrentievoordelen

De strategie van differentiatie kan tot *duurzame concurrentievoordelen* leiden. Exclusiviteit van producten en diensten is het resultaat van een creatief proces met als basis een grondige en gedegen kennis van de markt, van een goede inlevingsvaardigheid in deze marktomgeving en van het op een juiste wijze inschatten van de in de onderneming aanwezige resources, capabilities en specifieke deskundigheden (huidige KBF's).

De duurzame concurrentievoordelen kunnen verder worden ontwikkeld zodra binnen de onderneming blijvend gewerkt wordt aan de hiervoor noodzakelijke resources, de juiste vaardigheden en aan een flexibele en ambitieuze drijfveer (toekomstige KBF's).

Voordelen van een strategie van differentiatie zijn:
- De onderneming heeft meer onderhandelingsruimte ten opzichte van haar toeleveranciers, meer 'macht' over haar afnemers en meer klantloyaliteit
- De onderneming levert haar afnemers meer waarde en kan voor haar producten- en dienstenpakket een hogere prijs vragen
- Een door de afnemer als exclusief ervaren strategie van differentiatie staat ten opzichte van haar directe concurrenten sterk, doordat afnemers en gebruikers een duidelijke voorkeur voor deze onderneming hebben. Naarmate deze voorkeur sterker is, heeft de onderneming meer speelruimte in het vaststellen van haar prijzen
- De positie van de onderneming met een strategie van differentiatie wordt versterkt als er bij haar afnemers sprake is van hoge switchkosten bij overstap naar een nieuwe leverancier (instelkosten machines en bijscholing werknemers)
- Voor een toetreder betekent deze al in een markt aanwezige onderneming met een strategie van differentiatie een barrière, omdat deze onderneming door haar ervaring, vaardigheden en merkenbekendheid al bekendheid, ervaring en loyaliteit bij haar vaste afnemers heeft. Voor een succesvolle toetreding in deze markt zal de toetreder gedwongen zijn hiervoor extra hoge investeringen te doen.

Voorbeelden van duurzame concurrentievoordelen zijn:
- een uitstekende reputatie in de markt (KSF);
- een door de afnemer als exclusief ervaren dienstverlening (KSF/KBF);
- een slagvaardige en effectief werkende organisatiestructuur (KBF);
- het beschikken over exclusief technologische kennis om de kwaliteitsproducten en -diensten te kunnen voortbrengen en te innoveren (KBF, denk hierbij aan de uitvoering van de musical Soldaat van Oranje).

Concurrentievoordelen worden duurzaam zodra er sprake is van:
- een duidelijk waarneembare differentiatie in de vorm van zeer goed verzorgde producten en diensten;
- een streven om in de markt steeds de eerste te willen zijn. Het binnen het bedrijf beschikbaar zijn van zowel een zeer hoog niveau van technische kennis als van voldoende 'human resources' geeft de onderneming een blijvende voorsprong in product- en dienstinnovatie. Een slagzin van een bakker, zoals 'Onze bakkers hebben weer iets nieuws gebakken', kan ook voor andere sectoren gelden;
- synergie;

- een geregistreerd merk, een prima reputatie in de markt, kennis en ervaring, een eigen bedrijfscultuur, goede relaties met afnemers en leveranciers, enzovoort;
- hoge toetredingsdrempels voor nieuwkomers. Zolang er voldoende groeimogelijkheden in de bedrijfstak aanwezig zijn, kunnen er zelfs meerdere ondernemingen zijn die naast elkaar economisch verantwoord deze differentiatiestrategie toepassen;
- het goed aansluiten van de geleverde prestaties bij het relatieve, door de afnemers gepercipieerde kwaliteitsbeeld.

Zo probeert een Brabantse onderneming (zie voorbeeld 3.5) door miljoenen te investeren in overdekte skihallen en windtunnels zich zodanig te differentiëren dat haar bedrijfsactiviteiten blijven aansluiten bij het relatieve, door haar twee groepen afnemers gepercipieerde kwaliteitsbeeld.

VOORBEELD 3.5 INVESTEREN IN SNEEUW EN WIND

Ondernemer Broos exploiteert in 2014 twee overdekte skihallen en een windtunnel voor parachutespringen. Achttien jaar geleden opende hij de eerste overdekte skihal van Nederland, Skidôme in Rucphen. Later bouwde hij zijn eigen windtunnelcentrum, Indoor Skydive in Roosendaal, voor het segment: 'Wie wil vliegen op de wind en de zwaartekracht wil tarten'. Tijd om achterover te leunen heeft Broos niet. Hij moet meer bezoekers trekken, moet hiervoor telkens op of rond de complexen voor nieuw vermaak zorgen. Broos: 'Onze bedrijfskosten stijgen elk jaar met gemiddeld zeven procent. Om alleen dat te kunnen opvangen, moet mijn omzet met eenzelfde percentage omhoog.' Maar er zijn ook ontwikkelingen in de branche die hem verontrusten. Marktleider Snowworld nam onlangs skihal Snowplanet over. Om verdere expansie te financieren, is Snowworld sinds kort op de beurs genoteerd. Maar die beursnotering van zijn directe rivaal heeft ook een keerzijde: 'Het zorgt voor verscherping van de concurrentieverhoudingen'. Ook het voornemen van Snowworld om één bestaande baan in de skihal van Zoetermeer te verlengen, heeft gevolgen voor Skidôme. 'Wie de baan met de langste afdaling exploiteert, trekt de meeste bezoekers.' Daarom zal zijn Skidôme opnieuw onder handen worden genomen. Een paar jaar geleden werd de skipiste uitgebreid en er werd een Ice Park aangelegd. Maar het blijkt niet genoeg te zijn. Een van de skibanen zal verlengd gaan worden tot 250 à 300 meter en er komt een Icekartbaan. Uitbreidingen die de bezoekersaantallen flink moeten opvoeren. Ook zijn tweede kernactiviteit (PMC) staat voor een grote verandering. In Nederland is Broos de enige aanbieder, maar buiten Nederland gebeurt van alles. Europa telt inmiddels al 44 commerciële windtunnels voor parachutespringen. Broos onderzoekt nu de mogelijkheid voor de bouw van een tweede windtunnel bij Amsterdam of Enschede.

Bron: Het Financieele Dagblad, 4 maart 2014

3.7.1.3 Focusstrategie

Elke onderneming moet ook een besluit nemen over de vraag op welke marktsegmenten het bedrijf zich wil concentreren. Dat kan zijn een geconcentreerde marktbenadering (kiezen voor slechts één segment) of een ongedifferentieerde marktbenadering (alle marktsegmenten benaderen met een standaarduitvoering van het product/dienst) of een gedifferentieerde marktbenadering (de ondernemer kiest ervoor zich te richten op meerdere marktsegmenten en voor elk segment is er – zoals in voorbeeld 3.5 is beschreven – een specifieke uitvoering van het product/dienst).

Strategie van focus

Nichemarketing

In vergelijking tot de beide vorige concurrentiestrategieën wordt bij deze focusstrategie niet gekozen voor de gehele markt, maar voor een geselecteerd segment uit de doelgroep. De *strategie van focus* of de *strategie van nichemarketing* is een strategie die erop gericht is uitvoeringen van producten en diensten voort te brengen die nog beter voorzien in de behoeften en de problemen van het geselecteerde segment (zie voorbeeld 3.6).
De sleutel van het eventuele succes van de onderneming in de focussituatie ligt bij de kritieke bedrijfsprocesfactoren. De vaardigheden van de medewerkers, de effectiviteit van de operationele bedrijfsprocessen en het innoverend, groeiend en lerend perspectief van de onderneming: alles wat de onderneming in huis heeft en waardoor de onderneming een duidelijk onderscheidend concurrentievoordeel ten opzichte van haar concurrentiekrachten heeft.
Ondernemingen die in een nichemarkt werken kunnen alleen structureel concurrentievoordeel blijven realiseren wanneer ze in staat zijn om voor de nichemarkt moeilijk imiteerbare uitvoeringen van producten of diensten te creëren. Een mooi voorbeeld hiervan is het bedrijf Aerialtronics, de bouwer van drones.

VOORBEELD 3.6 DRONE-BOUWER AERIALTRONICS

De Haagse drone-bouwer is in twee jaar tijd gegroeid van drie naar 33 werknemers in Spanje en Nederland. Twee jaar geleden ontmoette oprichter Van Oostrum zijn medeoprichter Van de Putte. Eerstgenoemde is meteen onder de indruk van de door Van de Putte zelfgebouwde minihelikopter waarmee door hem luchtfoto's gemaakt worden. Na de eerste ontmoeting praten de twee verder over de vraag of dit 'speelgoed' meer mogelijkheden biedt. Ze namen de proef op de som en gingen naar de RAI in Amsterdam, waar de film- en televisiewereld zich verzameld had op de International Broadcasting Conference en liepen op de beurs rond met hun helikopter. Het duo trok veel aandacht en kreeg veel opdrachten. Ze besloten zich te concentreren op de verkoop van drones, in eerste instantie samengesteld door een parttimer met bouwpakketten. Al snel kwam het duo voor de keuze te staan: 'Blijven we afhankelijk van partijen in het buitenland of gaan we alles wat we hebben investeren om een eigen systeem te ontwikkelen'. Ze kozen voor het laatste. 'Alleen zo kunnen we de techniek professionaliseren en aan de wensen van de steeds groter wordende klantenkring voldoen.' Om een serieus ontwikkelteam op te zetten, had het bedrijf een investering van €2 miljoen nodig. Gedurende hun zoektocht naar de financiering hiervan, kwamen ze in contact met een Spaanse luchtvaartingenieur. Hij stelde een team van elf ontwikkelaars samen, goed opgeleide technici die in Spanje op werk zaten te wachten. In Nederland werd het team van drie naar 22 uitgebreid. Het was zonder investeerders balanceren op een koord. Elke maand weer de vraag of ze hun medewerkers konden betalen. Uiteindelijk heeft een groep informele investeerders het bedrag op tafel gelegd. Het resultaat van de Spaans-Nederlandse samenwerking: 'Een drone die volledig uit eigen onderdelen bestaat'. 'Ik zit in een achtbaan', zegt Van

Oostrum. 'Op het ene moment wil je dat de ontwikkeling sneller gaat, op het andere moment sla je tien stappen over.' De verkoop van de huidige modellen gaat intussen door. Het team vliegt de hele wereld over. Zo'n 65% van de omzet komt uit het buitenland. Dat percentage zal alleen maar toenemen. Het bedrijf werkt met zeven verschillende distributeurs, maar bezint zich op een nieuwe strategie. De internationale verkoop en het onderhoud van de apparaten in het buitenland zijn de twee grootste uitdagingen. 'Je kunt nog zulke goede technologie hebben, als je niet kunt verkopen, heeft het geen zin.'

Bron: Het Financieele Dagblad, 14 oktober 2013

Vooral snelgroeiende jonge ondernemingen in de nichemarkt lopen het risico dat ze nieuwe toetreders en substituten aantrekken. Door imitatie en door toetreders raakt de nichemarkt vol en beconcurreren de ondernemingen elkaar in steeds kleinere marktsegmenten en met steeds kleinere marges. Steeds meer lijken de ondernemingen op elkaar waardoor de situatie van de strategische focusdifferentiatie verdwijnt en de situatie van de rode oceaan ontstaat (zie subparagraaf 3.7.4).
De meeste ondernemingen streven ook in de focussituatie naar een productdifferentiatie, maar ze hebben tegelijk veel aandacht voor het verlagen van de totale kosten.

> 'Volgens S. Douma zijn er maar weinig ondernemingen die een zo sterk kwaliteitsleiderschap hebben kunnen realiseren, dat ze weinig aandacht aan hun kostenniveau behoeven te besteden.'

Van *stuck in the middle* is sprake als de onderneming niet de mogelijkheid heeft om voor één van de drie generieke strategieën te kiezen. De stuck in the middle-situatie is een positie waarin de onderneming:
- te duur is voor een goedkope uitstraling;
- te weinig onderscheidend is ten opzichte van de concurrentie;
- te algemeen in de bedrijfsformule is om nichemarkten te kunnen bereiken.

Stuck in the middle

In het volgende worden de gevolgen van een situatie van stuck in the middle in een detailhandelssituatie beschreven.

> Een Belgische supermarktketen toonde jarenlang aan waar een gebrek aan visie toe leidt. Wie wilde weten waarom dit verkooppunt al jaren in een sukkelstraat zat, kon volstaan met een bezoekje aan deze hypermarkt. De vestiging stond op de sluitingslijst van het bestuur van deze supermarktketen. Dat was niet verwonderlijk. Een beeld van een concurrentiestrijd die er al lang geen meer was. We waren bij dit verkooppunt net een winkel van de prijskraker Aldi gepasseerd, de goedkope merkenspecialist Colruyt lag op wandelafstand en de kwaliteitsketen Delhaize had aan de overkant van deze kale, verouderde vestiging een smaakvolle nieuwe supermarkt staan. Onderscheidend vermogen van dit verkooppunt? Nul. Het gebrek aan identiteit werd binnen alleen maar erger, zeer tot frustratie van de mensen die er werkten. 'We hadden geen profiel', antwoordde een werkneemster als we naar haar verklaring voor de malaise bij deze supermarkt vroegen. 'Onder de vorige eigenaar was dat al een probleem. Na verkoop van deze supermarkt aan

de huidige eigenaar werd het alleen nog erger', zei ze tussen het helpen van de weinige klanten door. 'De hele tijd werd er van strategie veranderd en steeds moest alles anders worden. Net als de bedrijfsleiders/zaakvoerders hier, die veranderden ook om de haverklap. Het enige waarin de supermarkt wel verschilde van de andere supermarktketens was haar diverse aanbod. Dwalend langs de rudimentaire rekken kwamen we van alles tegen: voedingswaren, televisies, computers, fietsbanden en kleding. De kleren waren uit verouderde collecties, het aanbod van de hardware was niet erg groot. En wie koopt er vandaag een flatscreen van honderden euro's zonder dat een verkoper advies geeft?

Even verderop bleek dat ook de interne organisatie te wensen overliet. Een vertegenwoordiger van een brouwerij keek bedremmeld naar de rekken met zijn producten. Geen goede prijsaanduidingen, het kerstbier mocht er niet meer staan en vuile displays. Hij liet weten: 'Hoe wij dit filiaal zien? Als de organisatie waar altijd alles fout loopt. Acties waarvoor niet genoeg besteld werd, artikelen zonder prijzen ... Nu, niet alles was in ons nadeel hoor. Er stond hier al vier weken een hele rij Leffe-bakken aan de ingang. Dat was een plek waar je duizenden euro's voor moet betalen. Wij hadden een maand geleden geleverd, maar drie weken later stonden ze er nog. Mij hoor je dan natuurlijk niet klagen, maar het zegt iets over het commercieel instinct hier.'

In tabel 3.2 staan de drie generieke strategieën ter onderlinge vergelijking naast elkaar.

TABEL 3.2 Generieke strategieën

Generieke strategie	Vereiste vaardigheden en middelen	Organisatorische vereisten
Kostenleiderschap	• voortdurende kapitaalinvestering en toegang tot de vermogensmarkt • voortdurende nieuwe procestechnieken • nauwlettend toezicht op de productie • gemakkelijk te maken producten en diensten • goedkoop distributiesysteem.	• kostenbeheersing • frequente en gedetailleerde controles • gestructureerde organisatie en verantwoordelijkheden • stimulansen tot het bereiken van de kwantitatieve doelstellingen.
Differentiatie	• goede productietechniek • goede marketing • creativiteit • veel basisresearch • reputatie voor topkwaliteit en technologie • lange traditie in bedrijfstak in (lokale) markt • goede greep op distributie.	• goede interne coördinatie tussen research en ontwikkeling, productontwikkeling en marketing • kwaliteit in plaats van kwantiteit staat centraal • goed opgeleid en creatief personeel.
Focus	Combinatie van bovengenoemde beleidsmaatregelen, gericht op het bereiken van een specifiek strategisch doel.	

Bron: Porter, *Concurrentiestrategie* en Frambach/Nijsen, *Marketingstrategie*

3.7.2 De hyperconcurrentiestrategie

Als een onderneming moet constateren dat elke strategische actie snel en agressief door tegenacties van de concurrentiekrachten wordt gevolgd en er geen mogelijkheid is voor de ondernemer om nog een bestendig concurrentievoordeel te realiseren, dan komt hij in een situatie van *hyperconcurrentie*.

Hyperconcurrentie

Porter stelt dat de kern van dit probleem ligt in het onvermogen om onderscheid te maken tussen operationele doeltreffendheid en de strategiekeus. In situaties van hyperconcurrentie tonen afnemers weinig klantentrouw. Bij een lage klantentrouw zal het management meer aandacht moeten besteden aan de hoogte van de door hem vast te stellen verkoopprijzen, de kwaliteit en functionaliteit van zijn producten en diensten, de hoogte van de operationele kosten en de steeds veranderende eisen van de afnemers. Elke strategische actie vanuit de onderneming zorgt voor mogelijke acties en reacties van de concurrentiekrachten. De 'red ocean'-situatie ontstaat.

Oorzaken voor het ontstaan van een situatie van *hyperconcurrentie* en van de *rode oceaan* zijn:
1 Het is voor de onderneming ondanks haar flexibiliteit onmogelijk om de aanwezige incrementele en toepasbare kennis tegen imitatie te beschermen.
2 De landelijke overheden van de EU-lidstaten zijn steeds minder bereid en in staat om door middel van protectionistische maatregelen mogelijke bestendige concurrentievoordelen van ondernemingen veilig te stellen.
3 De EU-markt met haar vrij communautair goederen- en dienstenverkeer zal uitnodigend zijn voor nieuwe toetreders en substituten. Er ontstaan in bedrijfstakken situaties van overcapaciteit.
4 In het kader van het verkorten van de productlevenscyclus worden elkaar opvolgende innovaties al in het operationele proces vervangen, nog voordat de naaste concurrentiekracht dit kan realiseren.
5 De drang van ondernemers om de concurrentie, mededinging op te zoeken is ook een mogelijke oorzaak. De grenzen waarbinnen de onderneming dan concurreert, worden bepaald door zowel de inhoud van het afnemersperspectief als door de in de onderneming binnen het operationele bedrijfsproces beschikbare competenties. Het afnemersperspectief bepaalt hierbij de minimumgrenzen voor functionaliteit en kwaliteit, terwijl de competenties de maximumgrenzen hiervoor aangeven. Uitgaande van de functionaliteit en kwaliteit geeft het afnemersperspectief voor de 'prijs' de maximale te betalen prijs, terwijl de operationele proceseffectiviteit de minimale te vragen prijs aangeeft.
6 Wanneer de verschillen tussen de producten en diensten van verschillende leveranciers gering zijn, ontstaat een situatie van hyperconcurrentie. Wordt een bedrijfstak getypeerd door productdifferentiatie, dan worden producten en diensten vaak voorzien van een merknaam. Het toegevoegde merk leidt niet alleen tot merkenbekendheid, maar ook tot merkentrouw. Het opbouwen van deze merkenbekendheid is realiseerbaar bij extra investeringen in deze merknaam.
7 Ontbreekt de drijfveer (positieve attitude) bij de medewerkers, dan bestaat de kans dat bij veel medewerkers, van hoog tot laag, het gevoel ontstaat dat 'het allemaal nergens meer over gaat' of dat 'het alleen maar over geld gaat'. En zo gaat de fut eruit en wordt de moraal laag. Medewerkers gaan meer voor zichzelf zorgen dan dat ze zich om het bedrijf bekommeren. Medewerkers krijgen een hekel aan werken, ze wensen geen verantwoordelijkheid en missen de vaardigheid om te denken. Het verlangen naar kostenbeheersing en efficiëntie stuurt ook het bedrijfsproces. Het gevolg is dat het bedrijf steeds verder verstrikt raakt in een vicieuze cirkel van zich herhalende processen en terechtkomt in een situatie van hyperconcurrentie.

Bedrijfstakken met overcapaciteit en met een grote kans op een situatie van hyperconcurrentie zijn de grafische sector, de personenautobranche, de rijscholenbranche en de tuinbouwbedrijven.

'Als grafische bedrijven één specialiteit hebben naast het verzorgen van drukwerk, dan is het wel doorstarten na een faillissement. De branche zit daar behoorlijk mee in zijn maag. Want in een sector waarin ruim honderd procent overcapaciteit is en de concurrentie van goedkope spelers uit met name Oost-Europa steeds groter wordt, is sanering juist wenselijk.
Doorstarters keren niet alleen terug op de markt maar bieden ook nog eens aan tegen afbraakprijzen. Door het grote aantal faillissementen is de bedrijfstak daardoor in een negatieve spiraal gekomen. De apparaten van de gefailleerde bedrijven komen via de curator goedkoper op de markt. Dat is de beste tweedehands machinehandel. De doorstarters opereren dus niet met de gewone boekwaarde. Zo kunnen ze onder de kostprijs aanbieden. Maar als ze moeten investeren, komen ze opnieuw in de problemen. De '*plof-bv*' – de bijnaam van bedrijven die met opzet failliet gaan – is dan ook een vertrouwd verschijnsel in de sector. Leveranciers zijn vaak bereid na kwijting van schuld mee te helpen aan een doorstart, hetzij door financiering tegen gunstige voorwaarden, hetzij via materiaal. Zelfs banken zijn bereid in overcapaciteit te investeren, mits onder een andere leiding en onder ander toezicht. Banken hebben een investering de mist in zien gaan en hopen er zo nog wat uit te halen. Toeleveranciers doen mee omdat ze niet gebaat zijn bij een krimpende markt. Die willen hun marktaandeel vasthouden. En zo blijft de sector gevangen in zelfgecreëerde wetmatigheden en blijft echte sanering uit.'

C. Dickmann, directeur van de kennis- en adviesorganisatie voor de autobranche Dealer Support Net, stelt in het kader van het faillissement van Koops Furness in augustus 2014:

'Nederland telt nu vijftienhonderd dealers die personenauto's verkopen. Dat zijn minstens vijfhonderd te veel. Het is ongezond. We kunnen met een derde minder dealers toe. Dat de auto zijn glans verloren heeft, is duidelijk. Jongeren beschouwen een eigen auto vaak niet meer als een must, en bezit is onhandig en duur. Het aantal verkochte nieuwe auto's belandt in 2014 met 380.000 stuks op het laagste punt sinds 1969. Bedrijven die overblijven moeten zich specialiseren als bijvoorbeeld airco- of bandenspecialist of moeten zich toeleggen op goedkoop onderhoud. Als ze dat niet doen, gaan ze ten onder in de grote bloederige oceaan.'

Kenners van de voedselprijzen zeggen:

'De Nederlandse land- en tuinbouw heeft meer te vrezen van de structurele overcapaciteit dan van de economische sancties van Rusland. De productie in Nederland, Spanje en Polen is de afgelopen jaren zo sterk toegenomen dat de prijzen voor tomaten, komkommers en paprika's al lange tijd op of zelfs onder de kostprijs liggen. Tuinders uit met name Nederland en Spanje blijven ondertussen investeren in steeds groter wordende bedrijven. Maar door de versnippering van het aanbod hebben telers weinig macht. Het zijn de inkoopcombinaties van retailbedrijven die de dienst uitmaken en volop profiteren van de huidige periode van overproductie en lage prijzen. Een belangrijke trend is tegelijk dat de telers zich steeds meer toeleggen op één product: één soort groente of fruit. Dit levert schaalvoordelen op en biedt de mogelijkheid om onderscheidend te zijn op deze overvolle Europese markt. Grootschalige tuinbouwbedrijven met één product zijn daardoor kwetsbaarder als hun vaste afzetmarkten tijdelijk wegvallen. Maar er kleven nog andere nadelen aan deze trend. Als de prijzen van een gewas aantrekken, komen er het jaar erna meteen nieuwe toetreders. Het prijsvoordeel is daarmee van korte duur. Zo kelderden enkele jaren geleden de paprikaprijzen waardoor veel telers door de 'red ocean'-situatie failliet gingen. Het jaar erop stegen de prijzen weer, waarna zich prompt weer nieuwe telers meldden.'

Hamel en Prahalad, Treacy en Wiersema, Kim en Mauborgne proberen hiervoor oplossingen aan te dragen. In de volgende drie subparagrafen worden deze besproken.

3.7.3 Hamel en Prahalad

Hamel en Prahalad stellen in tegenstelling tot Porter dat het *duurzame concurrentievoordeel* niet te vinden is in de unieke marktpositionering, maar in de capabilities, de kritieke bedrijfsprocesfactoren van de onderneming. Het doel van de strategie is niet het vinden van een niche binnen de bedrijfstak, maar het scheppen van een nieuwe en niet-bestaande concurrentieruimte. Elke onderneming beschikt over basisvaardigheden en -kenmerken. Voor het verkrijgen van een duurzaam concurrentievoordeel zal de onderneming naast deze basisvaardigheden kernvaardigheden moeten ontwikkelen om nu en in de toekomst een duurzaam concurrentievoordeel in de bedrijfstak te verkrijgen. Een competence wordt 'core' indien deze belangrijk is voor het langetermijnsucces van de onderneming. De competence is alleen 'core' indien zij:
- een substantiële invloed heeft op het creëren van waarde in de ogen van de klant (afnemerswaarde) en voldoet aan het relatieve door de afnemers gepercipieerde kwaliteitsbeeld;
- uniek is ten opzichte van de concurrentie (*competitor differentiation*). Indien iedereen het kan, is het een basisvaardigheid die nodig is om te overleven;   **Competitor differentiation**
- toegepast kan worden buiten het huidige bereik van de onderneming (*extendability*). Dit betekent dat men met de competence nieuwe producten en diensten moet kunnen creëren. Het management moet dus door *radicaal innoveren* los kunnen komen van de huidige activiteiten van de onderneming.   **Extendability**

Radicaal innoveren

Ook bestaande kernvaardigheden zijn door de huidige directe concurrenten en mogelijke toetreders te imiteren en evolueren na imitatie *van kernvaardigheden naar basisvaardigheden*. De onderneming moet in deze situatie zorgen voor het blijvend ontwikkelen van die vaardigheden waarin de onderneming in de toekomst kan uitblinken. De strategie om de beste over x jaren op de bestaande markt te willen zijn. Een strategische positie die vooral is gebaseerd op wat de onderneming zelf kan en wil. Het management zal blijvend specifieke strategische initiatieven moeten ontwikkelen om geïdentificeerde core competences te ontwikkelen, te benutten en te behouden.

Van kernvaardigheden naar basisvaardigheden

Popster Prince was één van de eerste popsterren die het besluit nam zijn muziek voortaan via internet te verkopen en tegelijk hiermee de platenmaatschappijen en distributeurs uitschakelde. Prince' internetsite verkocht ook zijn kaartjes voor zijn reeksen concerten waarbij aan elke toeschouwer gratis een cd werd uitgereikt. Voor Prince was een cd niets anders dan direct marketing. Sinds 2009 heeft Prince weer een andere site. Anders dan de vorige site is deze niet gratis. Tegen betaling van 77 dollar is er toegang tot de site. *Variety*, het Amerikaanse tijdschrift over de amusementsindustrie, schat dat er nu een miljoen mensen lid zijn van de Prince-site.

Vanzelfsprekend is elke core competence een concurrentievoordeel, maar niet elk concurrentievoordeel is een core competence. Voor een Franse onderneming is 'het Frans zijn' op de Franse markt een concurrentievoordeel, maar geen core competence. Een alleenrecht op de distributie van bepaalde producten of diensten kan een concurrentievoordeel ten opzichte van de directe concurrenten opleveren, maar het is geen unieke waardecreërende combinatie van vaardigheden en technologie. De eigen core competences moet men bewust identificeren en vervolgens opkweken en aanleren.

De in figuur 3.9 gegeven matrix met vier mogelijkheden is een handig instrument bij het zoeken over welke toekomstige core competences de onderneming moet beschikken.

FIGUUR 3.9 Matrix voor strategiekeuze

	Bestaande markt	Nieuwe markt
Nieuwe kernvaardigheden	De strategie om *de beste over x jaren* op de bestaande markt te willen zijn.	De strategie van nieuwe kernvaardigheden voor mogelijke *superkans* op een nieuwe markt.
Bestaande kernvaardigheden	De strategie van het richten van bestaande kernvaardigheden op *de open plaatsen* in de bestaande markt.	De strategie van het richten van bestaande kernvaardigheden voor *witte plekken* op de nieuwe markt.

Het management zal een keuze moeten maken uit één van de vier mogelijkheden.

3.7.4 Treacy en Wiersema

Treacy en Wiersema ontwikkelen vanuit de kernvaardigheden van Hamel en Prahalad hun gedachte van waardepositiestrategieën.
Zij stellen dat elke afnemer naast de te betalen prijs voor het gekochte product ook nog extra verwervingsinspanningen moet leveren om het product of de dienst te verkrijgen. De prijs en deze inspanningen accepteert de afne-

mer omdat het door hem gekochte product ook afnemerswaarde heeft, bestaande uit het genoegen van bijvoorbeeld een bepaald type auto (status, sportiviteit maar ook uit het gebruiksgemak door het bezitten van deze auto zoals de inhoud bagageruimte, het brandstofverbruik of snelheid van informatieverwerking) of uit het genoegen van een smartphone te hebben (status, hoge communicatieve bereikbaarheid en de vele beschikbare app's).

In hun gedachte van de *waardepositiestrategieën* onderscheiden zij:
1 de situatie van het kostenleiderschap (de situatie van *operationeel excellence*);
2 de situatie van productleiderschap (de situatie van *product leadership*);
3 de situatie van afnemerspartnerschap (de situatie van *customer intimacy*).

Waardepositiestrategieën

In een situatie van kostenleiderschap zoekt het management naar combinaties van prijs, kwaliteit en koopgemak. Deze strategie dwingt (evenals bij Porter) het management van de onderneming tot standaardisatie in haar bedrijfsproces om de bedrijfskosten blijvend te verlagen. Het management zoekt in deze situatie van *operationeel excellence* naar een duurzaam concurrentievoordeel van de laagste kosten.

Operationeel excellence

Maar de praktijk is anders. Outsourcing, te weinig aandacht voor innovaties, veranderende marktomstandigheden, personeelsmutaties tussen de bedrijven en bedrijfsreorganisaties hebben ertoe geleid dat in bedrijfstakken de directe concurrenten steeds meer op elkaar zijn gaan lijken en er toch weer een situatie van hyperconcurrentie ontstaat.
Soms wordt door digitalisering van productieprocessen deze '*red-ocean*'-situatie voorkomen.

> Zo werkt een middelgroot bedrijf met gerobotiseerde machines die binnen dit bedrijf gekoppeld zijn met computers en via internet verbonden met een brede cluster van afnemers, toeleveranciers en eventuele branchegenoten. De onderliggende software is geraffineerd, zelflerend en stuurt zelf het productieproces aan. Het doel van deze 'slimme' productieprocessen met innovatieve technologieën is een optimalisatie van alle bedrijfsprocessen en het voortdurend verlagen van de kosten, vaak een steeds terugkerende wens van haar afnemers. Dit bedrijf slaagde erin om in deze situatie van operationeel excellence een duurzaam concurrentievoordeel van de laagste kosten te realiseren.

Bij *productleiderschap* (product leadership) beschikt de onderneming over die resources en capabilities die de onderneming in staat stellen de uitvoeringen van haar producten/diensten en haar bedrijfsproces voortdurend en soms radicaal te innoveren. Er wordt onophoudelijk gespeurd naar wat nog niet geprobeerd is en wat afnemers zal verbazen. Innovatie is: steeds afnemers, leveranciers en andere belangstellenden met iets nieuws verbazen. Het uiteindelijke doel van *productleiderschap* is het ontwerpen van creatieve modellen/uitvoeringen die vervolgens via een flexibele bedrijfscultuur gecommercialiseerd worden. Snel beslissen door het management en gedurfd ondernemerschap zijn hiervoor twee randvoorwaarden.

Productleiderschap

Bij *afnemerspartnerschap* wordt door de onderneming niet gelet op de gehele markt, maar op de specifieke wensen van de afnemer. Het uiteindelijke doel bij *customer intimacy* is het realiseren op de lange termijn van afnemersloyaliteit en afnemerstevredenheid. Tussen de afnemer en de onderneming is veel interactie. Deze vorm van afnemerspartnerschap vraagt om

Afnemerspartnerschap

Customer intimacy

accountmanagement en persoonlijke verkoop (voorbeeld 3.6). Daarnaast moeten het bedrijfsproces en het beschikbare personeel door de beschikbare capabilities zo flexibel en vaardig zijn dat de wensen en het relatieve, door de afnemers gepercipieerde kwaliteitsbeeld vertaald worden in maatwerk voor de afnemers en gebruikers.

> Topopticiens hebben steeds vaker apparatuur staan die in een gemiddeld ziekenhuis niet zou misstaan. Je ziet in dit segment het aantal optometristen ook toenemen. Ze werken nauw samen met oogartsen in ziekenhuizen en kunnen via die weg ook meehelpen aan het beheersbaar houden van de kosten in de zorg en het verlenen van maatwerk aan hun klanten, ook met het verkopen van 'belevingsmonturen'.

3.7.5 Kim en Mauborgne

Operationeel excellence

Ondernemingen proberen via de *strategie van operationeel excellence* te presteren tegen een gunstiger prijs-kwaliteitverhouding dan hun directe concurrenten. Maar steeds vaker moeten deze bedrijven vaststellen dat ze die extra toegevoegde waarde niet meer kunnen leveren. Al hun activiteiten worden direct door hun concurrenten geïmiteerd. Door dit eindeloos kopiëren door de concurrentie is het onderscheidende karakter tussen de ondernemingen in de bedrijfstakken verdwenen en ontstaan er markten met een scherpe prijsconcurrentie. In deze marktsituatie is de concurrentie moordend en het onderscheidende vermogen tussen de aanbieders beperkt zich tot de P van Prijs. Een bloedige *'red ocean'-situatie* kan ontstaan en uiteindelijk zullen enkele aanbieders deze 'red ocean'-situatie overleven en de anderen 'bloeden dood'. Voor alle bedrijven zijn er dalende marges, en voor vele zijn faillissementen en overnames het gevolg.

'Red ocean'-situatie

'Blue ocean'-strategie

Met een *'blue ocean'-strategie* van *Kim en Mauborgne* wordt deze concurrentieoorlog door waarde-innovatie uitgeschakeld. Centraal in dit denken staat dat men de concurrentie niet te lijf moet gaan, maar de concurrentie moet ontlopen. Van een *'blue ocean'-strategie* is sprake zodra de onderneming door continu in het bedrijfsproces en in het aangeboden assortiment sterk te innoveren, bereid is bewust te zoeken naar nieuwe markten. Via schrappen, gelijk houden, versterken en creëren van elementen in het product of de dienstverlening wordt totaal iets nieuws gecreëerd dat afnemers, leveranciers en andere belangstellenden zal verbazen en waarmee de concurrentie ontlopen wordt. *Radicaal innoveren* is dan ook het ontwikkelen van producten en diensten voor markten die op dat moment niet bestaan. Dan alleen ontstaat er waarde-innovatie. Van *waarde-innovatie* is sprake wanneer ondernemingen de innovatie-activiteiten afstemmen op de afnemerswaarde voor een nieuwe, op dat moment niet-bestaande markt, de te betalen prijs, de eigen vaardigheden, de faciliteiten en de kostenstructuur.

Radicaal innoveren

Waarde-innovatie

Een 'blue ocean'-strategie is gebaseerd op zes principes, te weten vier voorbereidende en twee uitvoerende principes.

Voorbereidende principes

De vier *voorbereidende principes* zijn:
1 Herdefinieer de marktgrenzen van de onderneming en kijk hierbij naar de huidige behoeften- c.q. klantwaardeninvulling versus de gewenste behoeften- c.q. klantwaardeninvulling.
  Ga hierbij weer uit van de in figuur 3.10 (bladzijde 149) gegeven matrix.

In deze herdefiniëring haalde de onderneming 'Cirque du Soleil' de dieren uit het circus weg en bespaarde door het wegvallen van de kosten voor de verzorging van deze dieren veel op haar bedrijfskosten. Het management creëerde vervolgens een nieuwe markt met een nieuwe theaterformule tussen het circus, het theater en de show. Bezoekers in deze succesvolle bedrijfsformule zijn nu volwassenen, afkomstig uit de traditionele circusbezoekers, de theater- en toneelbezoekers, de bioscoopbezoekers en de concertbezoekers.

2 Richt je op het grote geheel van (on)mogelijkheden in de markt (dus niet op zaken die in de bedrijfstak normaal zijn). Het te veel focussen op de concurrentie beperkt het beeld van het management over de klanten en de door hen verwachte waarde-innovatie. Er moet duidelijk sprake zijn radicaal innoveren van producten (denk hierbij aan innovaties binnen ICT) en diensten (denk hierbij aan nieuwe theateruitvoeringen zoals de musical Soldaat van Oranje) voor een op dat moment nieuwe en niet-bestaande markt. Vandaar het succes van brouwers van speciaalbieren die verder gaan met het introduceren van mooie speciaalbieren met klinkende namen zoals Witte Trappist, Isido'or, Tripel. Het vaststellen van deze waarde-innovatie is essentieel in de 'blauwe oceaan'-strategie. Terwijl in de biermarkt de consumptie van bier per persoon daalt, groeit de interesse voor speciaalbieren. Consumenten zijn verguld met deze eerlijke, regionale kwaliteitsbieren van lokale brouwerijen.

Met het *schrappen, gelijk houden, versterken en creëren* van elementen in het product en de dienstverlening wordt in de *waardematrix* de waarde-innovatie voor de eventueel niet-bestaande markt vastgesteld.
Passen we de *waardematrix* toe op Cirque du Soleil, dan geeft dit het volgende beeld in figuur 3.10:

FIGUUR 3.10 De waardematrix toegepast op Cirque du Soleil

Geschrapt:	Versterkt:
- temmers en dieren	- prijs
- dierenshows	- unieke locatie-shows
Gelijk of afgezwakt:	**Gecreëerd:**
- fun & humor	- meer ambiance toeschouwers
- spanning en gevaar	- meerdere producties

Om radicaal te kunnen innoveren moeten de vier kwadranten in de matrix ingevuld zijn.
Alles wat 'geschrapt' wordt, bevat elementen die geen of weinig toegevoegde waarde voor de afnemers hebben, zoals bij Cirque du Soleil de temmers en de dieren.

Alles wat 'gelijk of afgezwakt' is, bevat elementen die nog enige toegevoegde waarde voor de afnemers hebben.
Alles wat 'versterkt' is, bevat elementen met een hogere toegevoegde waarde voor de afnemers' (het gemak om de entreekaartjes te kopen).
Alles wat 'gecreëerd' is, zijn elementen die door de markt nog nooit zijn aangeboden en een hoge toegevoegde waarde hebben.

3 De onderneming moet zich focussen op potentiële nieuwe afnemers in plaats van zich te richten op de bestaande afnemers. De verkoop van speciaalbieren wordt vaak door de brouwer uitbesteed aan een biergroothandel of een lokale slijterij. Door deze speciaalbieren op te nemen in het premiumpakket van deze distributeurs, worden de bieren actief door hen aan horecaondernemers aanbevolen voor de bij hen aanwezige nieuwe niet-bestaande markt. Zij zorgen ervoor dat deze geselecteerde en gespecialiseerde cafés hun bieren in het assortiment hebben.

Het resultaat van een eventuele marktanalyse kan figuur 3.11 zijn:

FIGUUR 3.11 Resultaat Marktanalyse

Bestaande afnemers:	Niet/wel afnemers:	Geen afnemer:	Geen afnemer:
	Niet tevreden met het huidige aanbod	Het huidige aanbod spreekt niet aan c.q. te duur	Niet als afnemers gedefinieerd

Bij Cirque du Soleil zijn de afnemers nu de traditionele circusbezoekers, theater- en toneelbezoekers, bioscoopbezoekers en concertbezoekers.

4 De onderneming moet tot een invulling van de afnemerswaarde zien te komen. Kernvragen hierbij zullen zijn:
Wat spreekt de mogelijke afnemers aan? Voor welke behoeften- c.q. wensenwaarde-invulling en tegen welke prijs zijn deze afnemers te bereiken? (zie casus 3.4)
Voor het beantwoorden van dit soort vragen kan een afnemerswaarde-diagram (zie voorbeeld 3.7) worden gebruikt. Met een afnemerswaarde-diagram kunnen bij de potentiële afnemers eventuele obstakels – zoals beperkingen in tijd, afstand, prijs, complexiteit (lasten in ruime zin) – maar ook genoegens en gebruiksgemakken (baten in ruime zin) vastgesteld worden.

Over de afnemerswaarde schrijft het *NRC Handelsblad* van 29 juni 2008:

Een avondje Rieu is een avond meedeinen en -dromen met de elegant gerokte dames en mannen in white tie die elkaar al walsend of kunstschaatsend op grootscherm uitvergrote flirtblikken toewerpen.

Een mogelijk afnemersdiagram voor de concerten van André Rieu is voorbeeld 3.7.

VOORBEELD 3.7 AFNEMERSDIAGRAM

Afnemerswaarde	Klantervaringscyclus					
	Aankoop-mogelijk-heden	Dag en tijdstip concert	Concert-beleving	Kwaliteit stoel	Afstand tot podium	Hygiëne
Verkrijgbaarheid toegangskaarten						
Concertfrequentie						
Concertlocatie						
Bereikbaarheid van de concertlocatie						
Sfeer voorafgaande aan het concert						
Sfeer tijdens het concert						
Sfeer na afloop van het concert						

Casus 3.4 beschrijft voor de managers van het grootbedrijf de wispelturigheid van de consument voor het bepalen van de afnemerswaarde voor het 'blue ocean'-idee. Maar deze hierin beschreven wispelturigheid geldt ook voor het MKB en heeft voor haar nog grotere gevolgen.

CASUS 3.4 DE CONSUMENT HEEFT DE MACHT GEGREPEN

Fabrikanten overleven alleen als zij goed naar hun klanten luisteren. Voor fabrikanten is het ingewikkelder om te voorspellen wat de consument zal kopen. Grote innovaties die de markt grondig veranderen, zijn zeldzaam. Niet langer bepalen fabrikanten wat mensen kopen, maar de consument zelf is de baas. Op internet zijn gemeenschappen ontstaan, waarop mensen onderling productervaringen en prijsvergelijkingen uitwisselen. Consumenten kopen niet meer wat ze altijd kochten en ze gaan niet meer in op dezelfde aanbiedingen. Ze willen zelf bepalen hoe het artikel dat zij kopen eruitziet of smaakt.

Voor productontwikkelaars is het de afgelopen jaren een stuk ingewikkelder geworden te voorspellen wat de consument zal kopen, zeggen Madeleine de Bree en Reinier Heutink van marktonderzoeksbureau Synovate in Amsterdam, respectievelijk directeur kwalitatief onderzoek en commercieel directeur.

Heutink: 'Vroeger zat je als fabrikant goed met *middle of the road*, één onderzoek was voldoende om te bepalen wat de beste strategie was. Tegenwoordig werkt van alles een beetje niet meer zo goed, het is veel lastiger geworden. Onder consumenten is een versnippering opgetreden en de grijze middenmoot is steeds kleiner geworden.'

Niet langer is het de fabrikant die eenzijdig bepaalt welke nieuwe producten er komen, zegt De Bree.

'Tot voor kort kon een fabrikant bepalen wat hij in de hoofden van de consument wilde bereiken, maar dat is niet meer zo. Nu zit de consument aan het stuur. Bedrijven moeten nu op zoek naar wat mensen drijft. En dat is lastig want als je ze vraagt 'wat wil je?', krijg je meestal geen antwoord. Het gaat dan ook vaak om het onderbewustzijn van de consument. Als je dat goed in zicht hebt, kun je de juiste positionering van je onderneming bepalen.'

Heutink: 'Voorheen kochten mensen steevast één bepaald merk. Nu hebben consumenten vier of vijf alternatieven in hun hoofd die ze potentieel zouden kunnen kopen. Wij noemen dat de *evoked set*, een beperkte selectie waarbinnen mensen kiezen. De krachtsverschillen tussen die diverse producten zijn echter niet zo groot. Consumenten stappen heel makkelijk over. Als fabrikant moet je daarom zorgen dat je actief blijft, om de concurrentie voor te blijven.'

Dat heeft het tempo waarin innovaties elkaar opvolgen, enorm versneld. Als fabrikanten vroeger eens in de twee jaar met een vernieuwd product kwamen, konden ze daar een paar jaar mee vooruit. Het gaat om kleine innovaties, zegt Heutink, maar dat is al voldoende. Het zijn kleine innovaties die oplossingen bieden voor alledaagse ergernissen bij de consument. 'Als je ergens als eerste mee komt, profiteer je van een voorsprong. De eerste vier maanden kun je je voorsprong benutten, daarna doen anderen alweer hetzelfde. Maar je moet innoveren om te blijven meedoen.' 'Fabrikanten proberen daarbij net die snaar te treffen die de balans in hun voordeel doet doorslaan', zegt Heutink. Volgens Heutink is het 'immens lastig' om een productcategorie neer te zetten die voorheen niet bestond. 'Grote innovaties zijn daarom zeldzaam, maar ze hebben vaak gevolgen voor de hele markt, zoals bij de introductie van het Senseo koffiezetapparaat in 2001 door Douwe Egberts en Philips. Dat was echt een knappe prestatie, want het heeft een gedragsverandering bij de starre Nederlanders teweeg weten te brengen', zegt Heutink. 'Al snel kwamen ook huismerken met een koffiepad die in het apparaat pasten. Maar ook Nespresso liftte mee op het succes. Dat systeem met koffiecupjes was al sinds negen jaar op de markt, maar het werd pas echt een succes toen Senseo de markt had opengebroken.'

Ook een geslaagd voorbeeld van innovatie is Breaker van Friesche Vlag. Het is zuivel in een snackpositionering. Yoghurt is verantwoord voedsel en het bedrijf is er zo in geslaagd een gezonde snack te produceren. De innovatie sluit goed aan bij de consumentenbehoeften- c.q. wensenwaardeinvulling.

Inspelen op de veranderde consument vergt van bedrijven aanpassingen tot in de directiekamer, zegt De Bree. 'Ook als een bedrijf precies weet wat de consument wil, is het nog lastig de veranderingsslag te maken. Ze moeten niet alleen naar de kosten kijken, maar ook goed met de consument meedenken en dat vergt vaak een heel ander organisatiemodel.'

Er zijn nog wel uitzonderingen. In bijvoorbeeld de kledingbranche is het nog altijd de industrie die het voortouw neemt. De Bree: 'Zij bepalen: het worden drie knopen deze herfst. Hier volgt de consument nog enorm. Maar ook hier zie je het al veranderen. Schoenenfabrikant Nike heeft een website waar klanten virtueel hun eigen ideale schoen kunnen ontwerpen. Als dertig mensen kiezen voor groen met een roze bies, dan kan Nike overwegen om die in productie te nemen.' Een merk als Coca-Cola gooit het juist over een andere boeg en legt de nadruk op traditie. Hetzelfde recept sinds 1886, 'toen, nu, voor altijd' draagt het bedrijf uit in zijn spotjes. 'Dat klopt', zegt de Bree. 'Retro is ook een hele sterke stroming. Het appelleert aan het gevoel dat alles tegenwoordig zo gemanipuleerd is, zo ver van de oorsprong.

Er is behoefte aan het authentieke, de echte pure smaak van vroeger. Bedrijven spelen daar op in en gaan terug naar de oorsprong.' Overigens doet Coca-Cola dat niet over de volle breedte, vult Heutink aan. 'Ze hebben immers ook Zero, een heel moderne variant. Hun authenticiteit richt zich op het merk, niet op het product. Het is een hybride proces, en die combinatie is slim bedacht.' Voor bedrijven blijkt het overigens steeds lastiger de consument te bereiken, zegt Heutink. 'Als je vroeger een reclamespotje uitzond op Nederland 1 dan had je de helft van de Nederlanders bereikt. Maar tegenwoordig kun je alleen 60-plussers nog rond het *Journaal* aantreffen. 'De hele advertentiemarkt is nu verbrokkeld. Mensen moeten naar je op zoek. Vandaar dat leuke reclamefilmpjes zo goed werken. Daar hebben mensen het over en die worden op YouTube gezet.'

Merken hebben ook bedacht dat zij een relatie moeten aangaan met de consument. 'Google en Apple zijn daarvan goede voorbeelden', zegt Heutink, 'die overstijgen hun producten. Als je een consument zo aan je gebonden hebt, dan kan je op knoppen drukken om hem of haar verder aan je te binden.' Moderne consumenten laten zich niet indelen in hokjes, vertelde Ole Peter Nyhaug, 'trendgoeroe' bij Synovate onlangs op een conferentie in Amsterdam. Hun gedrag hangt af van hun humeur en de situatie waarin ze zich bevinden en kan soms heel tegenstrijdig zijn. Nyhaug probeert er desondanks structuur in te brengen en ziet de komende drie jaar vijf *'oertypen' consumenten*. Maar, zegt Nyhaug: 'Niemand valt in één categorie, maar het is nuttig om zo de trends te kunnen onderscheiden.'

- De risicomijdende consument. Let erop dat hij of zij gezond eet, niet om gezond te zijn, maar om langer te leven. Met een hang naar vroeger en gezelligheid.
- De exclusieve consument. Wil graag uniek en speciaal zijn. Kiest professionele merken om zich te onderscheiden.
- De inhoudelijke consument. Wil zijn of haar geld op ethisch verantwoorde wijze besteden. Zoekt simpele en natuurlijke producten.
- De interactieve consument. Neemt initiatieven om zich vooraf te informeren. Doet mee aan gezamenlijke inkoop via het internet.
- De overprikkelde consument. Vindt dat er te veel keuze is en dat hij of zij te weinig tijd heeft om het allemaal te doen. Het is een veeleisende consument.

Bron: NRC Handelsblad, 10 januari 2009

De twee *uitvoerende principes* zijn:

5 Het regelen van eventuele noodzakelijke vergunningen.
Men richt zich hierbij op de *'tipping point'-strategie*. Met andere woorden: richt je op de juiste gezag uitstralende personen in de marktomgeving en overtuig ook de werknemers in de onderneming van het nieuwe idee. Het ernstige drama met de monstertruck in Haaksbergen in 2014 toont het grote belang aan van een geldige vergunning bij radicale en grootschalige evenementen. De burgemeester van Haaksbergen gaf voor dit dramatisch verlopen evenement toe:

'Het was ambtenaren totaal niet duidelijk dat er iets gevaarlijks met een monstertruck ging gebeuren, met mogelijke grote risico's. Ook de brandweer en politie was niet om advies gevraagd. Dat was niet verplicht.'

Uitvoerende principes

'Tipping point'-strategie

Dit gebeuren werd beschouwd als een zogenaamd A-evenement waar maximaal 2.500 bezoekers op afkomen. De vergunning was helemaal ambtelijk afgehandeld en niet met het gemeentebestuur besproken.

6 De implementatie van de 'blue ocean'-strategie.
Naar aanleiding van de publicatie van de Landbouw-Economische Berichten 2014 zegt de voorzitter van LTO Nederland:

'Ondanks de publiciteit rond een aantal voedselschandalen kunnen de Nederlandse landbouw- en tuinbouwbedrijven terugkijken op een goed jaar. Melk, zuivelproducten, graan, bloemen, pootaardappelen en zetmeel, het werd allemaal tegen goede prijzen verkocht. Als partijen in de keten of in de coöperatie met elkaar rekening houden, is de kans op commercieel succes het grootst. Het huidige succes moet gedragen worden door innovaties.
Vanuit het buitenland dan ook de vraag om deze innovatiekennis en -expertise met hen te delen. Echte radicale innovaties ontstaan hier in de primaire sector. Je moet niet al je kennis verkopen. Met behulp van de specialisten van de WUR van Wageningen kunnen we nog veel winst boeken op het gebied van bijvoorbeeld veevoer, weerbaarheid van de koe en duurzaam produceren. Er is voldoende ruimte om (radicaal) te innoveren. Ik denk dat wij nog flinke stappen kunnen maken met mechanisatie, robotisering en precisielandbouw.'

3.7.6 Portfoliomethode van de Boston Consultancy Group

BCG-portfoliomethode

In de jaren zeventig van de vorige eeuw werd de *BCG-portfoliomethode* ontwikkeld. Met behulp van een matrix was het management in staat zijn portfolio van kasstromen vanuit de product-marktcombinaties (PMC's) en bedrijfsactiviteiten zichtbaar te maken. Het operationele doel van de BCG-portfoliomethode is het evenwichtig verdelen van de bedrijfsresultaten van de PMC's, etc. over de vier kwadranten van de matrix.
De dimensies van de matrix zijn:
- de *marktgroei* gekoppeld aan de fase van de levenscyclus van de PMC. Elke PMC worstelt zich door zijn levenscyclus, waarbij de PMC start als een question mark of – als er commercieel succes is – als een star. In de doorgroei-/verzadigde fase van de levenscyclus komt de PMC in het kwadrant van de cash cow, om aan het eind van zijn levenscyclus als dog al of niet gesaneerd te worden. De marktgroei is tevens een indicator voor de aantrekkelijkheid van de bedrijfstak.
- het *relatieve marktaandeel*. Het relatieve marktaandeel wordt berekend door het eigen marktaandeel te delen door het marktaandeel van de grootste concurrent. De gedachte hierbij is dat bij een groot marktaandeel ten opzichte van de sterkste concurrent een eventuele waardecreatie door de onderneming een grotere respons heeft dan bij een laag marktaandeel. Het relatief marktaandeel zegt ook iets over de concurrentiepositie van de onderneming.

Boston Consultancy Group

De portfoliomethode van de *Boston Consultancy Group* (BCG) plaatst alle PMC's van de onderneming in een zogenoemde *portfoliomatrix*. De matrix is weergegeven in figuur 3.12.

FIGUUR 3.12 De portfoliomatrix (BCG-matrix)

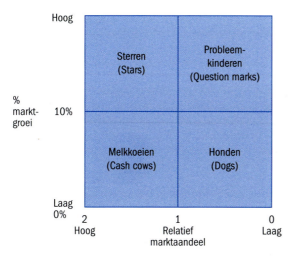

De matrix heeft vier kwadranten omdat de PMC's zich per kwadrant in een fundamenteel andere cashflowpositie bevinden en zodoende om een andere strategie vragen.
Is het relatief marktaandeel van een PMC van de onderneming kleiner dan 1 (een zwakke concurrentiepositie), dan is de marktpositie van de PMC in de totale omzet en in de markt ondergeschikt. Een relatief marktaandeel groter dan 1 geeft aan dat de onderneming met de PMC in de markt waarschijnlijk marktleider is en een sterke concurrentiepositie heeft.

Sterren zijn marktleiders in een sterk groeiende markt, die geld genereren, maar tegelijk – om met de markt mee te groeien – hoge investeringen van de ondernemer vereisen. Een ster bevindt zich in de doorgroeifase van de levenscyclus en komt na enige tijd vanzelf in de volwassenheidsfase. Dan verandert de ster in een koe mits de PMC zijn marktaandeel in de markt weet te behouden. Sterren moeten gekoesterd worden. Het zijn de melkkoeien van de toekomst.

Sterren

Melkkoeien zijn marktleiders in een nauwelijks groeiende markt die meer geld genereren dan voor de handhaving van de marktpositie nodig is. Een melkkoe bevindt zich in een niet of nauwelijks groeiende markt, zodat het geen nut heeft om extra ontvangen kasmiddelen in deze markt te investeren.

Melkkoeien

Probleemkinderen ofwel *question marks* ofwel *wilde katten* hebben in hun markt een onderschikte marktpositie en genereren te weinig geld om met de markt mee te groeien. Maar de wilde kat bevindt zich in een sterk groeiende markt aan het eind van de introductiefase of het begin van de doorgroeifase van de PMC. In deze fasen van de levenscyclus zijn de marktaandelen in de bedrijfstak zeer beweeglijk. Is de ondernemer bereid extra te investeren in deze wilde kat, dan is er een kans dat deze wilde kat nog een ster of later een melkkoe wordt.

Probleemkinderen

Bij de *honden* kunnen de kasontvangsten en de kasuitgaven in evenwicht zijn, maar door hun beperkte bijdrage in de winst en door hun zwakke concurrentiepositie kan de ondernemer overwegen om deze PMC's af te stoten.

Honden

In een ideale situatie worden de inkomsten van de 'melkkoeien' gebruikt om van de 'probleemkinderen' 'sterren' te maken. De cashflow van bestaande producten of diensten is nodig voor de financiering van de inspanningen van nieuwe producten of diensten (zie voorbeeld 3.8).

Als het portfolioanalyseresultaat in evenwicht is, moet de onderneming beschikken over:
- PMC's die als 'melkkoeien' voldoende cashflow genereren voor het verrichten van extra investeringen in 'probleemkinderen';
- PMC's die als 'probleemkinderen' bij extra investeringen de potentie hebben zich te ontwikkelen tot 'sterren';
- PMC's die als 'sterren' de huidige 'melkkoeien' als geldgenererend instrument kunnen opvolgen.

Op basis van de positionering van de PMC in een kwadrant moet de ondernemer besluiten tot een opbouwstrategie voor de 'probleemkinderen', een handhaafstrategie voor de 'sterren', een oogststrategie voor de 'melkkoeien' en een mogelijke desinvesteringsstrategie voor de 'honden'. Het beheren en het sturen van de cashflows per kwadrant is dus afhankelijk van de fase van de levenscyclus waarin de producten of diensten per PMC zich bevinden, van de concurrentiepositie en van het percentage marktgroei.

VOORBEELD 3.8 PORTFOLIOTOEPASSING
Van een campingbedrijf ergens in Nederland is het volgende gegeven:
Al jaren:
- vaste plaatsen: jaarplaatsen en seizoenplaatsen
- toeristische plaatsen: aangewezen op toiletgebouwen
- kantine
- levensmiddelenwinkel
- gasflessen en accessoires voor kamperen

Nieuw:
- toeristische plaatsen met eigen sanitair-unit (sinds 1 jaar)
- mobilhomes (stacaravans; sinds 2 jaren)

Marktaandeel in de regio:
- jaarplaatsen: veel aanbieders; afnemende vraag
- seizoenplaatsen: veel aanbieders; constante vraag
- toeristische plaatsen oud: wisselende vraag; weersafhankelijkheid
- toeristische plaatsen nieuw: toenemende vraag; enigszins weersafhankelijk
- mobilhomes: loopt goed; geen concurrentie

Gevraagd
Maak op basis van deze gegevens en voor dit campingbedrijf de BCG-matrix met vermelding op de y-as het percentage marktgroei en op de x-as de winstbijdrage. Bij het samenstellen van de matrix moet de winstbijdrage per product en per dienst naar eigen inzicht ingevuld worden.

BCG-matrix Een mogelijke oplossing voor deze **BCG-matrix** kan figuur 3.13 zijn.

FIGUUR 3.13 Invulling in BCG-matrix naar aanleiding van interactie

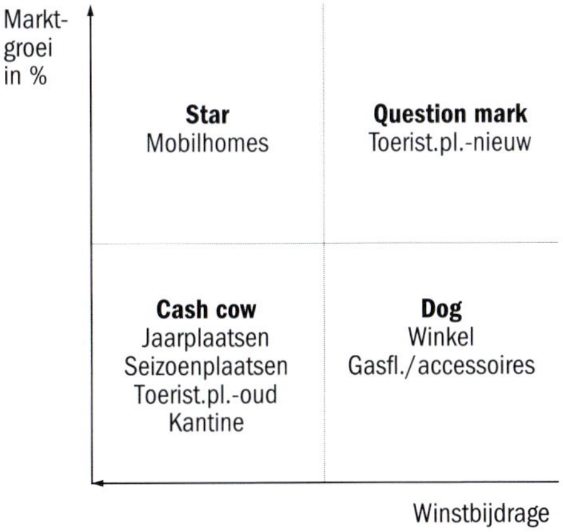

	Winstbijdrage →	
Marktgroei in % ↑	**Star** Mobilhomes	**Question mark** Toerist.pl.-nieuw
	Cash cow Jaarplaatsen Seizoenplaatsen Toerist.pl.-oud Kantine	**Dog** Winkel Gasfl./accessoires

Toelichting:
Dogs: serviceartikelen.
Question marks: vergen investeringen om een goed marktaandeel te verkrijgen en de marktgroei te volgen: promotie en concrete investeringen in activa.
Stars: door vrijkomen van vaste jaarplaatsen zullen investeringen plaatsvinden in mobilhomes; ook kan er meer reclame voor worden gemaakt, met name via advertenties.
Cash cows: defensief investeren; de vrijkomende middelen kunnen worden aangewend voor investeringen in question marks en stars; enkele cash cows blijven voor lange tijd cash cow en worden doorgaans geen dog.

Nu moet men niet denken dat het ondernemen al succesvol is bij het invullen van deze portfolio. Er wordt dan voorbijgegaan aan één van de belangrijkste zaken waarover de onderneming moet beschikken: 'Voor het verkrijgen van een duurzaam concurrentievoordeel zal de onderneming over kernvaardigheden (KBF's) moeten beschikken om nu en in de toekomst een positionering in het kwadrant van star of cash cow te verkrijgen.'

Beperkingen van de portfolioanalyse zijn:
1 Het is niet eenvoudig om de marktgroei en het relatief marktaandeel te bepalen.
2 Ze geeft inzicht in de marktpositionering van de huidige bedrijfsactiviteiten, maar geeft weinig concrete informatie over toekomstige bedrijfsactiviteiten.
3 De marktgroei is een prima indicator, maar de omvang van de winstbijdrage en van de cashflowbijdrage hangt van meer factoren af. Zo is de marktgroei per PMC afhankelijk van de fasen van de levenscyclus waarin de PMC zich bevindt. Indien mogelijk moet de onderneming erop toezien, dat de in het assortiment opgenomen producten of diensten zich in de verschillende fasen van de levenscyclus van het product of dienst bevinden.
4 Vaak is het relatieve marktaandeel geen goede afspiegeling van de concurrentiekracht.
5 De portfolioanalyse geeft mogelijke strategieopties slechts vaag aan.

De portfoliomethode kan ondanks beperking 5 voor de ondernemer een zeer nuttig instrument in het proces van strategiekeus zijn. Waakzaam moet men echter blijven voor de op de assen van de matrix vermelde economische en commerciële grootheden en voor de beperkingen. De afgelopen jaren zijn er vele uitvoeringen van het basisconcept ontwikkeld. Vanuit de portfolioanalyse kunnen strategiekeuzes geformuleerd worden die verder moeten worden beoordeeld op geschiktheid, haalbaarheid en aanvaardbaarheid.

Geschiktheid betekent ofwel dat met de strategiekeus de sterke competenties en kansen kunnen worden uitgebuit, ofwel dat met de strategiekeus de zwakke punten en bedreigingen kunnen worden uitgeschakeld.

Haalbaarheid betekent dat de strategiekeus gefinancierd kan worden en dat de onderneming voor de uitvoering van de strategiekeus beschikt over de juiste bekwaamheden, technologische kennis, productiemiddelen en verkooppunten.

Aanvaardbaarheid betekent dat de strategiekeus voldoende winstgevend is, weinig financiële risico's kent en past in de bedrijfscultuur van de onderneming.

3.7.7 Ansoff-model

De *groeistrategie van Ansoff* is het eerste strategische planmodel dat bij veel ondernemingen gebruikt wordt om de verschillende groeimogelijkheden met elkaar te vergelijken.

In deze paragraaf worden deze verschillende groeimogelijkheden met behulp van de Ansoff-matrix (zie figuur 3.3) verduidelijkt.

Ansoff-matrix

Twee belangrijke dimensies in deze *Ansoff-matrix* zijn:
- de bestaande markten of de nieuwe markten;
- de bestaande PMC's/homogene groepen van bedrijfsactiviteiten of de nieuwe PMC's/homogene groepen van bedrijfsactiviteiten.

Ansoff-model

Het *Ansoff-model* van bestaande en nieuwe producten of diensten (PMC's) en markten kan met behulp van de matrix in figuur 3.14 worden weergegeven. Ansoff onderscheidt vier groeistrategieën. Elk kwadrant in de matrix betekent voor Ansoff een groeistrategiekeus.

FIGUUR 3.14 Ansoff-matrix

	Producten, diensten	
	Bestaande	Nieuwe
Bestaande markten	1	2
Nieuwe markten	3	4

Marktpenetratie

In kwadrant 1 staat de groeistrategie van *marktpenetratie*. Met de in de onderneming aanwezige PMC's tracht de ondernemer in de bestaande markten dieper te integreren. Bij deze strategie probeert de onderneming door meer promotieactiviteiten haar marktaandeel te vergroten. Van de bestaande PMC's wordt gehoopt op de bestaande markten meer af te zetten. De vorm van de extra promotieactiviteiten is sterk afhankelijk van de groeimogelijkheden in de markt. In een sterk groeiende markt is het ook veel gemakkelijker een groter marktaandeel te verkrijgen, dan in een verzadigde markt.

Zeker als een markt niet meer groeit, kan de situatie ontstaan dat de onderlinge concurrentie tussen de aanbieders in de bedrijfstak moordend is en het onderscheidend vermogen van deze aanbieders zich beperkt tot de P van prijs inclusief veel actiereclames. Een bloedige 'red ocean'-situatie is het gevolg.

In kwadrant 2 staat de groeistrategie van *productontwikkeling*. Bij productontwikkeling (productinnovatie) moet voor de implementatie in de bestaande markt gedacht worden aan een verbeterde functionaliteit van de producten en diensten, aan een verbeterd product of een verbeterde dienst door het toepassen van nieuwe technologische kennis, het aanpassen aan de laatste modetrend en aan het herformuleren van bedrijfsformules.

Productontwikkeling

Veel ondernemingen passen de groeistrategie van productontwikkeling (= incrementeel innoveren) reeds toe. Door het aanpassen van uiterlijke aspecten van het product en de dienst, zoals het gebruiken van een andere kleur, een andere verpakking en een andere vormgeving, hopen deze ondernemingen de positionering van hun producten en diensten te verbeteren. Ook bij deze groeistrategie loopt de onderneming het risico dat de concurrentie alle vormen van productontwikkeling direct imiteert en dat ook hier de 'red ocean'-situatie ontstaat.

In kwadrant 3 wordt de groeistrategie van *marktontwikkeling* vermeld. Bij marktontwikkeling moet gedacht worden aan het zoeken van nieuwe markten voor de huidige in de onderneming aanwezige PMC's.

Marktontwikkeling

Marktontwikkeling is door de huidige omvang van de EU voor veel ondernemingen het instrument om groei te realiseren. Naast overcapaciteit, onderbezetting, seizoensinvloeden en omvang van de EU zijn er nog andere redenen voor het toepassen van de groeistrategie van marktontwikkeling, zoals:
1 Door haar focusstrategiekeus heeft de onderneming een zeer gespecialiseerd product en dienst, waarvan bekend is dat de omvang van de (Nederlandse) markt hiervoor te beperkt is en dat voor een winstgevende productie internationalisering noodzakelijk is.
2 De meeste ondernemingen krijgen ook op hun markt te maken met buitenlandse toetreders. Het bestrijden van deze concurrentiekracht kan plaatsvinden door ook in de thuismarkten van deze toetreders te penetreren.
3 Voor bepaalde ondernemingen blijken er interessante afzetmogelijkheden in andere EU-landen te zijn.

Het management van de onderneming moet zeer bedachtzaam zijn bij het toepassen van het instrument van marktontwikkeling. Ook hier zijn er beperkingen verbonden aan het toepassen van dit instrument. Soms zijn door andere cultuurpatronen en door andere nationale wetgevingen extra aanpassingen aan de producten en/of diensten noodzakelijk.
De implementatie van de groeistrategie van marktontwikkeling vraagt vooral extra aandacht voor het distributiebeleid op de buitenlandse markt. Elk importland vraagt een eigen entreestrategie, een eigen verkooppuntenlocatiestrategie en een specifiek inzicht in de leveringscondities en de buitenlandse betalingscondities. Erik Vermeulen, belastingadviseur van Luminous Taks Matters, stelt in *Het Financieele Dagblad* van 24 februari 2014:

> 'Het minst risicovolle scenario is de aanstelling van buitenlandse agenten die op commissiebasis worden betaald voor hun verkoopprestaties. Een lokale partner

is favoriet bij de meeste bedrijven die internationaal werken. Kiest de ondernemer voor eigen steunpunten, dan komt er meer op het spel te staan. Ook de overnames vergen veel geld, maar maken het mogelijk snel door te stoten.'

Voor menig (familie)bedrijf is het buitenland een brug te ver. De eigenaren willen zo veel mogelijk controle houden over de onderneming. Niets mag het corporate doel – behoud van continuïteit – in gevaar brengen. Wat is opgebouwd mag niet verloren gaan en moet aan de volgende generatie worden doorgegeven. C. Rigtering, verbonden aan Utrecht University School of Economics, zegt in hetzelfde artikel:

> 'Familiebedrijven hebben de neiging het risico van neergang te beperken. Omdat alles zelfstandig is opgebouwd, al dan niet door voorgaande generaties, hebben zij het gevoel dat ze ook veel meer kunnen verliezen dan beursgenoteerde ondernemingen die risico's kunnen familiebedrijven vanwege hun karakter bij uitstek geschikt zijn om te internationaliseren.
> Zij hoeven niet snel te scoren omdat winst op korte termijn minder zwaar telt dan de langetermijnontwikkeling. Ze hebben niet of in mindere mate te maken met externe geldschieters en aandeelhouders die rendement willen zien. De ondernemers kunnen stapje voor stapje de buitenlandse markt op, mits ze een buffer hebben om tegenslagen op te vangen.'

Marktdiversificatie

Kwadrant 4 geeft de groeistrategie van *marktdiversificatie* weer. Bij marktdiversificatie moet gedacht worden aan het opnemen van nieuwe PMC's in het assortiment of in de bedrijfsactiviteiten om hiermee in een aantrekkelijke groeimarkt te kunnen penetreren. Marktdiversificatie betekent voor elke onderneming door het opnemen van een nieuwe PMC voor een onbekende markt meer ondernemingsrisico. Marktdiversificatie kan een sprong in het duister zijn. Nieuwe PMC's door radicaal te innoveren en tegelijk een nieuwe onbekende markt.
Bij de marktdiversificatiestrategie wordt er ook gesproken van effectiviteitsstrategie en van innovatiestrategie.

Innovatiestrategie

Bij de *innovatiestrategie* zoekt de onderneming via incrementeel of radicaal te innoveren haar groei in nieuwe en gemodificeerde producten of in diensten voor een nieuwe en/of verwante markt.

Effectiviteitsstrategie

De *effectiviteitsstrategie* is een strategie van upgrading om de eigen producten of diensten in de markt beter te positioneren dan haar directe concurrenten in deze markt.

Aanpassing van de inhoud van de marktdiversificatie aan mogelijke verschillende categorieën afnemers kan leiden tot:

Horizontale diversificatie of parallellisatie

1 *Horizontale diversificatie of parallellisatie*: het aantal PMC's/de bedrijfsactiviteiten worden verbreed met PMC's/bedrijfsactiviteiten uit eenzelfde fase van het voortstuwingsproces, maar die afkomstig zijn uit een andere bedrijfskolom. De onderneming kan deze toegevoegde bedrijfsactiviteiten ook leveren aan haar groep vaste afnemers. De horizontale diversificatie kan dan ook beschouwd worden als een vorm van productontwikkeling en van innovatiestrategie.
2 *Concentrische diversificatie*: het aantal PMC's/de bedrijfsactiviteiten worden verbreed met PMC's/bedrijfsactiviteiten die in commercieel en in technisch opzicht verwant zijn met het bestaande assortiment PMC's/bedrijfsactiviteiten. De effectiviteitsstrategie is hiervan een voorbeeld.

3 *Conglomerate diversificatie*: het aantal PMC's/de bedrijfsactiviteiten worden verbreed met PMC's/bedrijfsactiviteiten die geen enkele verwantschap tonen met het bestaande assortiment PMC's/bedrijfsactiviteiten, de huidige bewerkte markten en de thans in de onderneming aanwezige technologische kennis.

   Deze strategie is voor de onderneming niet zonder gevaar. De onderneming moet hiervoor de noodzakelijke kennis en ervaring nog opdoen. Een voorbeeld van een mislukking in dit verband is het enkele jaren geleden door een interieuronderneming opkopen van een doe-het-zelfwinkel inclusief het hierbij werkzame personeel. Door onvoldoende kasstromen heeft de ondernemer moeten besluiten deze winkel te liquideren. Bij de aankoop in het verleden had de ondernemer onvoldoende aandacht besteed aan de noodzakelijke vaardigheden van het personeel, de omvang van de lokale markt en de wijze van marktbenadering.

4 *Verticale diversificatie of integratie*: de bedrijfsactiviteiten van de onderneming worden verbreed met bedrijfsactiviteiten van de opeenvolgende fasen in hetzelfde voortstuwingsproces. Door de verticale diversificatie wordt de ondernemer tevens zijn eigen leverancier en/of zijn eigen afnemer (*achterwaartse integratie* en/of *voorwaartse integratie*). Deze strategie is voor de meeste MKB-ondernemingen door hun beperkte bedrijfsomvang niet realiseerbaar. Een voorbeeld van een geslaagde achterwaartse integratie is de ambachtelijke slager die het voortstuwingsproces vanaf het fokken van runderen tot en met het aanbieden van vlees in zijn horecabedrijf geïntegreerd heeft.

Diversificatie

Integratie

De groeistrategie en de matrix van Ansoff zijn door hun eenvoud voor veel ondernemingen goed toepasbaar. In de toelichting van jaarverslagen van beursgenoteerde ondernemingen wordt regelmatig aan deze strategie gerefereerd.

In het boek *Diensten Marketing Management* beschrijven De Vries jr. en Van Helsdingen een stappenplan om met Ansoff-groei te kunnen werken. In dit plan onderscheiden ze:

Stap 1: Inventariseer per ultimo van een jaar de assortimentsopbouw in PMC's en wie de afnemers zijn.

Stap 2: Bepaal of de onderneming met deze PMC's en afnemers de gewenste groeidoelstelling nog realiseert.

Stap 3: Zo niet, stel dan aan de hand van de in de onderneming aanwezige competenties en vaardigheden (KBF's) vast welke nieuwe bedrijfsactiviteiten (en nieuwe markten) in de nabije toekomst mogelijk zullen zijn.

Stap 4: Stel vervolgens voor deze PMC's de groeimatrix voor deze nabije toekomst vast.

3.8 De strategiekeus

De *strategiekeus* is een langetermijnbesluit waarin aangegeven worden de functie van de onderneming in de samenleving, de te bereiken doelstellingen, de richtingsmogelijkheden, de organisatorische gevolgen van de strategiekeus, de voornemens over de wijze waarop de implementatie van de strategiekeus plaatsvindt en met welke resources en capabilities. In de literatuur wordt in dit verband ook onderscheid gemaakt tussen de begrippen 'strategisch plannen' en 'strategisch management'. Bij het begrip *strategische*

Strategiekeus

Strategische planning

Strategisch management

planning moet gedacht worden aan de eerste vier stappen van het proces van strategiekeus (zie paragraaf 3.4), terwijl het begrip *strategisch management* aandacht schenkt aan alle vijf stappen van het strategiekeuzeproces. De praktijk van de strategiekeus wordt in paragraaf 3.8.1 uitgewerkt. In paragraaf 3.8.2 staan de richtingsmogelijkheden van een strategiekeus centraal en in paragraaf 3.8.3 wordt ingegaan op de wijze waarop de implementatie van de strategiekeus plaatsvindt.

3.8.1 De praktijk van de strategiekeus

Lang werd het BCG-portfoliomodel gezien als de kern van de strategiekeus en van strategisch management. Op basis van de positionering van de PMC kon de ondernemer besluiten tot een opbouwstrategie voor de 'probleemkinderen', een handhaafstrategie voor de 'sterren', een oogststrategie voor de 'melkkoeien' en een mogelijke desinvesteringsstrategie voor de 'honden'. Vanaf de jaren tachtig van de vorige eeuw was de gedachte van Porter met zijn drie generieke concurrentiestrategieën van kostenleiderschap, differentiatie en focus bepalend voor de strategiekeus en voor het strategisch management. Voor Porter diende elke onderneming die concurrentiestrategie te kiezen waarmee haar langetermijndoelstellingen en haar marktpositionering inclusief de gewenste concurrentievoordelen bereikt werden. Hamel en Prahalad, Treacy en Wiersema, Kim en Mauborgne stellen na het millennium in tegenstelling tot Porter, dat het duurzame concurrentievoordeel niet te vinden is in de unieke marktpositionering, maar in de capabilities, de vaardigheden (de kritieke bedrijfsprocesfactoren van de onderneming). Het doel van de strategiekeus is niet het vinden van een niche binnen de bedrijfstak, maar het scheppen van een nieuwe en niet-bestaande concurrentieruimte. In de ondernemingspraktijk komen steeds meer bedrijven met een strategiekeus bestaande uit een mix van bovenstaande gedachten. Zo formuleert een onderneming haar strategiekeus als volgt:

> 'Er wordt naar een gezonde, autonome groei gezocht in de bestaande (kern)activiteiten door voortdurende productinnovaties en door acquisities in bestaande en nieuwe attractieve, aanverwante markten. Als activiteiten structureel niet renderen of niet langer binnen de strategie passen, zullen ze worden gedesinvesteerd.'

In deze strategiebeschrijving wordt duidelijk alleen verwezen naar een mix van de groeistrategieën van Ansoff (marktpenetratie, marktontwikkeling, productontwikkeling en marktdiversificatie).

Een succesvol industrieel bedrijf benoemt zijn strategie als volgt:

> 'Onze strategie is groeien door onze afnemers geïntegreerde probleemoplossingen met een combinatie van product en service aan te bieden en waarin een netwerk van flexibele relaties centraal staat.'

In deze beschrijving wordt verwezen naar de differentiatiestrategie van Porter, aangevuld met de drie dimensies van Abell, en naar Kim en Mauborgne.

Aan de hand van een aantal beoordelingscriteria zal elk mogelijk instrument van strategiekeus bewust of onbewust door de ondernemers worden gescreend. Voorbeelden van bewuste beoordelingscriteria zijn:
- Geeft de strategische keus de mogelijkheid om de eventuele strategische kloof te voorkomen? Men wil namelijk vermijden dat, als het huidige stra-

tegische beleid onveranderd wordt voortgezet, de gehoopte bedrijfsdoelstelling (inclusief de operationele doelstellingen) niet bereikt wordt. De strategische kloof is dus het ontstane verschil tussen het werkelijke resultaat na x maanden en het vooraf gestelde bedrijfsdoel voor dat moment.
- Houdt de strategische keus voldoende rekening met de in de onderneming aanwezige competenties?
- Is de strategische keus uitvoerbaar, tijdtechnisch en financieel haalbaar, verdedigbaar en in overeenstemming met de gebruikte distributiekanalen?
- Sluit de strategische keus aan bij de kernactiviteiten van de onderneming?
- Voldoet de strategische keus aan het model van de *'foetsie'-criteria*? FOETSIE staat voor:
  - *F*inancieel in de zin van voldoende rentabiliteit, liquiditeit en solvabiliteit;
  - *O*rganisatorisch in de zin van passend bij de organisatiestructuur;
  - *E*conomisch verantwoord gezien de te lopen risico's en de te verwachten ontwikkelingen;
  - *T*echnologisch in de zin van technisch haalbaar;
  - *S*ociaal in de zin van arbeidsomstandigheden, bijscholing, overtuiging, enzovoort;
  - *J*uridisch (afgeleid van Iustitia) in de zin van juridisch toelaatbaar;
  - *E*cologisch in de zin van de gevolgen voor het milieu.
- Voldoet de strategische keus aan de SMART-voorwaarden van meetbaar, acceptabel, uitvoerbaar, realistisch en tijdgebonden? (zie paragraaf 3.9).
- Is de strategische keus geen bedreiging voor de KSF's en KBF's?
- Welke risico's ontstaan door de strategische keus?

'Foetsie'-criteria

Het screenen moet plaatsvinden om per strategie-instrument inzicht te krijgen in mogelijke gevolgen voor onder andere de omvang van investeringen, het eventueel verdiepen van de aanwezige kernvaardigheden, het afnemersgedrag, de inzet van de gebruikte distributiekanalen en mogelijke reactie(s) vanuit de concurrentiekrachten.
Bij elke strategiekeus moet sprake zijn van een reëel strategisch plan, gebaseerd op gespecialiseerde kennis en informatie van de bedrijfstak waarbinnen het bedrijf opereert, niet te rigide vastgesteld en tot stand gekomen via een bottom-upbenadering.

Vaak zijn strategieën het resultaat van een top-downbenadering. Bij deze *top-downbenadering* is het ontwerpen van de strategie een voorrecht voor de ondernemer of zijn topmanagers. Grote nadelen van deze benadering zijn dat de lagere managers in de onderneming een strategiekeus moeten implementeren waarin ze niet betrokken zijn en dat deze niet op de juiste informatie gebaseerd is. Het is ondenkbaar dat het topmanagement alle benodigde informatie voor de SWOT-analyse persoonlijk verzamelt. Zij bevinden zich niet in de positie dat zij een eigen oordeel kunnen geven over de ontvangen informatie voor de SWOT-analyse. Hiervoor staan zij te ver van de praktijk af. De kans bestaat dan ook dat hun strategiekeus op irreële informatie gebaseerd is. In de praktijk moeten zij voor reële informatie een beroep op de lagere managers doen. Maar het risico bestaat dat deze lagere managers zeer gevoelig zijn voor de mogelijkheid om eventuele zwakke punten op hun afdeling en marktbedreigingen te verdoezelen en de betekenis van eventuele sterke punten en marktkansen hierin te vergroten.

Top-downbenadering

Ook bestaat de kans dat de strategiekeus niet aansluit op de realiteit waarmee deze lagere managers te maken hebben. De strikte scheiding tussen denken en doen bij deze top-downbenadering zorgt er ook voor dat de mogelijkheden om te leren van fouten in het verleden beperkt zijn. Vaak zullen deze fouten met grote tijdsvertraging het topmanagement bereiken.

Bottom-up-benadering

Bij een *bottom-upbenadering* worden lagere managers betrokken bij de strategiekeus. Het ontwerpen van een strategie is nu een voorrecht voor de ondernemer, zijn topmanagers en lagere managers. Lagere managers met een meer directe kennis van de competenties van hun eigen afdeling en van de eigen marktomgeving hebben het recht tot het indienen van voorstellen voor een mogelijke strategiekeus. Deze voorstellen zullen dan ook op de juiste informatie gebaseerd zijn. De strategiekeus zal daardoor beter aansluiten bij de praktijk waarmee de lagere managers geconfronteerd worden. Ook bestaat nu de mogelijkheid om te leren van fouten in het verleden. De lagere managers die de strategiekeus implementeren krijgen vervolgens snel en uit de eerste hand de resultaten hiervan. Zonder vertraging zal deze informatie direct naar het topmanagement worden doorgestuurd. Casus 3.5 beschrijft drie gemeenschappelijke kenmerken, waardoor het bedrijven lukt om onderscheidende klantwaarde te creëren en zo veel andere bedrijven niet.

CASUS 3.5 STUUR ONDERNEMING OP KLANTWAARDE VANUIT EEN MET PASSIE BELEEFDE VISIE

Zonder de x-factor lukt het bedrijven niet om recept voor creëren van klantwaarde toe te passen

Maikel Batelaan

Waardecreatie is de essentie van het kapitalistische systeem. Nu de storm van de financiële crisis is geluwd, worden de contouren zichtbaar van een nieuw model, waarbij het creëren van onderscheidende waarde voor de klant centraal staat. Exponenten van dit model vindt men terug in bewonderde ondernemingen als Apple, BMW, Amazon, LVMH, Inditex (Zara) en Southwest Airlines. Waarom lukt het deze bedrijven zo goed om onderscheidende klantwaarde te creëren en zo vele andere niet? Op het eerste gezicht lijkt het niet moeilijk om drie gemeenschappelijke kenmerken te benoemen. Het eerste kenmerk is een sterke visie op hoe de onderneming waarde voor de klant creëert en zich onderscheidt van de concurrentie. Bovengemiddelde omzetgroei, marktleiderschap en aandeelhouderswaarde, het zijn op lange termijn de revenuen van een focus op klantwaarde, ze vormen niet het kortetermijndoel op zichzelf.

Een tweede kenmerk is een team aan de top dat uit zeer capabele mensen bestaat en ook als geheel meer is dan de som der delen. De 'topaap op de rots' maakt meer en meer plaats voor een leider die de nadruk legt op teamactiviteit. Honderd jaar geleden zei Andrew Carnegie: een excellent team werkt als een brein van een hogere orde. Dat team is breder dan een ceo-cfo-tandem. De samenwerking in het leiderschapsteam staat altijd in dienst van het gemeenschappelijke hogere doel.

Ten derde gaat het erom het maximale uit het aanwezige waardecreatiepotentieel in de organisatie te halen. Vraag je in een willekeurige organisatie aan mensen welk deel van hun potentieel benut wordt, dan is het antwoord vaak dichter bij de 50% dan bij de 100%. In de sport is het verschil tussen winnen of verliezen vaak maar enkele procenten. Wanneer iedereen het beste uit zichzelf kan halen ten dienste van de onderneming, komt er een enorm vermogen los.

Wat je het 'klantwaardemodel' zou kunnen noemen is wellicht erg voor de hand liggend. De hamvraag is dus waarom het zo weinig ondernemingen lukt dit recept toe te passen. Is er misschien nog een geheim ingrediënt, een x-factor, dat we over het hoofd zien?

Aan het einde van menige productpresentatie van Apple richtte Steve Jobs het woord tot zijn personeel en hun thuisfront: 'We hebben hard gewerkt om dit geweldige product te ontwikkelen. We hebben heel lange dagen gemaakt. Dank aan onze families, die ons laten doen waar we van houden.' Ook een buschauffeur die werkelijk van zijn werk houdt is vriendelijker voor de passagiers, rijdt met meer compassie voor zijn medeweggebruikers en is zuiniger op de bus.

Zoals hebzucht bij het management de x-factor vormde van het aandeelhouderswaardemodel, zo vormt passie tot op de werkvloer de onmisbare sleutel van succes voor het klantwaardemodel.

Wanneer een onderneming handelt vanuit een met passie beleefde visie op klantwaarde, stuurt dat de beslissingen. De focus zal sterker op de omzet dan op de kosten- en financieringskant liggen. Eigenzinnige keuzes worden niet uit de weg gegaan. Er wordt flink geïnvesteerd in productontwikkeling en marketing, met aanzienlijk risico.

Wanneer het management de passie bij alle medewerkers aanboort, bereikt het een veel dieper niveau van motivatie dan bij de wortel-en-stokbenadering. Als deze passie goed wordt georkestreerd met de unieke en onderscheidende visie als leidraad, dan springt de passie ook over op de klant, zoals de muziek op de luisteraar als de artiest de x-factor heeft. De klant wordt fan. Observeer het gedrag van een Apple-gebruiker, een BMW-rijder of een Southwest-reiziger. De gepassioneerde klant gaat desnoods in de rij staan, droomt over zijn favoriete merk en is blind voor de onvermijdelijke foutjes. Dat is onbetaalbaar.

Als passie zo belangrijk is, waarom sturen bedrijven en organisaties er dan zo weinig op? Hoe vaak stellen we eigenlijk de essentiële vraag: 'Hou je van wat je doet?' Misschien zijn we bang voor het antwoord. Er zijn verschillende redenen waarom we de passie vaak missen in de onderneming. Veel 'professionele' managers vinden het makkelijker te sturen op cijfers en feiten dan op zachte factoren als passie. Wat dat betreft zijn oprichters in het voordeel.

Ook kampt menige organisatie met de vervreemdende effecten van de vele splitsingen en fusies, privatiseringen of zelfs nationalisaties, fundamentele herstructureringen en schandalen van de afgelopen twintig jaar. Daar wordt de vraag 'waartoe zijn wij op aarde?' slechts beantwoord met een nieuw logo, een zouteloos 'mission statement' en een op zichzelf staand communicatiemoment. Heb in dit opzicht mededogen met de telecom, de energiesector, banken en verzekeringen en ga zo maar door. Er is nog veel werk te verzetten.

Het creëren van waarde vereist het orkestreren van passie. Dat dit uitermate lucratief kan zijn, ook voor de aandeelhouders, is evident.

> Maikel Batelaan is strategieconsultant en partner van De Transformatie Groep en ondernemer in Pharmafilter.
>
> **HEBZUCHT WAS X-FACTOR VAN AANDEELHOUDERSMODEL; PASSIE IS NU DE SLEUTEL VAN HET KLANTWAARDEMODEL**
>
> Bron: Het Financieele Dagblad, 1 maart 2014

3.8.2 Richtingsmogelijkheden van een strategiekeus

Figuur 3.8 liet zien dat de *confrontatiematrix* tot vier richtingsmogelijkheden leidt.
Deze vier basisrichtingen voor strategieën zijn:
- groeien en aanvallen;
- versterken en verbeteren;
- consolideren en behouden;
- saneren en inkrimpen.

In deze subparagraaf komen deze achtereenvolgens aan de orde.

3.8.2.1 De basisrichting groei

De groeirichtingsmogelijkheid in het kader van de strategiekeus is te realiseren door de toepassing van een explosiestrategie, van één van de groeistrategieën van Ansoff, door een expansiestrategie, door een selectieve groeistrategie, door een speerpuntvernieuwingsstrategie en door een opbouwstrategie voor 'probleemkinderen' en 'sterren' (portfoliostrategie).

Explosiestrategie

Bij de *explosiestrategie* wordt ernaar gestreefd de concurrentiekracht op zeer korte termijn te vergroten. Een prachtig voorbeeld van het toepassen van deze strategie is het luxe koffiemerk Nespresso. Binnen Nestlé is Nespresso het snelst groeiende merk. Sinds 2000 groeide de omzet van Nespresso jaarlijks gemiddeld met dertig procent. Voor 2009 werd voor Nespresso ten opzichte van 2008 zelfs een omzetstijging van honderd procent verwacht.

Shop-in-the-shops

Beperkte het aantal verkooppunten zich in het verleden vooral tot de 'shop-in-the-shops' in warenhuizen, sinds enkele jaren wordt vooral gewerkt met Nespresso-winkels in eigen beheer, die evenals de eigen koffiezetapparaten exclusiviteit uitstralen. De 'shop-in-the-shops' hadden bijvoorbeeld in Nederland slechts een springplankfunctie om via De Bijenkorf meer Nederlanders te bereiken. Exclusiviteit is de belangrijkste drijver van het succes van Nespresso. Niet voor niets noemde het bedrijf zijn koffiemixen Grand Cru.

Ansoff's groeistrategieën vergroten ook de concurrentiekracht op lange termijn. Tijdens de groeifasen van de productlevenscyclus kan het operationeel doel zijn: het aantrekken van nieuwe (potentiële) afnemers in de bestaande lokale markt. Na de groeifase betekent groeien het weghalen van afnemers bij concurrenten.

Redenen om te kiezen voor de *expansiestrategie van groeien* kunnen zijn:
- Streven naar meer status in de marktomgeving.
- Het is de enige weg tot verbetering van de rentabiliteit van de onderneming.
- Het benutten van de sterke positionering in de markt.

- Het willen profiteren van synergie-effecten op de lange termijn.
- Het willen handhaven van een consistente verwantschap met de bestaande PMC's.

3.8.2.2 De basisrichting versterken en verbeteren

Bij de *selectieve groeistrategie* stelt men vast welke activiteiten kernactiviteiten van het bedrijf zijn, om daarna de positionering van deze kernactiviteiten te versterken en te verbeteren. Bij een herstructurering van een onderneming zal dit selectief strategisch groeibesluit bij de implementatie vaak samenvallen met een strategisch inkrimpingsbesluit om te stoppen met een bepaalde PMC-activiteit. Tot de inkrimpingsstrategie zal besloten kunnen worden indien de bedrijfsresultaten van de PMC-activiteit ongunstig zijn en/of de SWOT-analyse via mogelijke bedreigingen heeft aangetoond dat er in de nabije toekomst geen verbetering in de bedrijfsresultaten te verwachten is en/of de PMC-activiteit niet in overeenstemming is met de kernactiviteiten.

Selectieve groeistrategie

Een praktijkvoorbeeld van een onderneming in het midden- en kleinbedrijf die deze selectieve groeistrategie toepaste, is een containerbouw- en reparatieonderneming. Aanvankelijk besloot het management van dit bedrijf zijn bedrijfsstrategie te herpositioneren in onderhoud en reparatie van vriescontainers en tankcontainers omdat de bouw van drogeladingcontainers door de grote concurrentie niet meer interessant was. Achteraf bleek toch een herpositionering noodzakelijk, omdat werknemers in het bedrijf vaststelden dat de reparatiewerkzaamheden in de containerbranche complementair verbonden waren aan de nieuwbouw van technisch ingewikkelde containers. Door de reparatiewerkzaamheden was de onderneming in staat vast te stellen wat de zwakke en de sterke punten van een containerontwerp waren.

Bij de hiernavolgende nieuwbouwproducties van mobiele laboratoria, keukens en living quarters voor platforms in de offshore-industrie werd met de tijdens de reparatiewerkzaamheden aangeleerde ervaring rekening gehouden. Maar door het inzakken van de offshoremarkt bleek een nieuwe herpositionering wederom noodzakelijk.

Redenen voor de selectieve groeistrategie kunnen zijn:
- Andere bedrijfsactiviteiten, geclusterd in PMC's, zijn in de markt nog voldoende winstgevend.
- De houding van de bank is positief over een mogelijke herstructurering.
- Werknemers en het management geloven in de specialisatie van slechts enkele producten en diensten.
- De in het bedrijf aanwezige ervaring en deskundigheid geven daar aanleiding toe.

Regelmatig wordt in de vakbladen geschreven over de *speerpuntvernieuwingsstrategie*. Bij deze strategie wordt een nieuwe PMC aan het bestaande assortiment toegevoegd.

Voordelen van de speerpuntvernieuwingsstrategie kunnen zijn:
- een beter rendement op het geïnvesteerd vermogen;
- verkleining van het ondernemersrisico door een betere spreiding van de ondernemersactiviteiten;
- een nieuwe stimulans voor de werknemers;
- versterking van de merkenbekendheid.

Wel moet de speerpuntvernieuwingsstrategie voldoen aan de volgende voorwaarden:
- Op het desbetreffende gebied moet de onderneming voldoende vaardigheid en deskundigheid hebben.
- Men moet de economische en de commerciële macht voor de nieuwe PMC kennen.
- De nieuwe speerpuntactiviteit moet gunstige winstperspectieven hebben en vooral kasgenererend worden.
- Men moet beschikken over het hiervoor noodzakelijke distributiesysteem.

De speerpuntvernieuwingsstrategie valt binnen het kader van de groeistrategieën van Ansoff uiteraard samen met marktdiversificatie en marktontwikkeling.

De strategiekeus van *marktdiversificatie* is mogelijk een moeilijke strategiekeuze omdat soms de afstand tussen de bestaande en de nieuwe bedrijfsactiviteiten van de onderneming te groot is. Tevens vraagt marktdiversificatie in dit geval specifieke (management)vaardigheden voor het overwinnen van de toetredingsdrempels in de nieuwe markt. Zo begint een succesvol exportbeleid met bestaande en/of nieuwe bedrijfsactiviteiten bij het besef in de leiding van de onderneming dat humanresourcesmanagement de kurk is en blijft waarop dit exporterend bedrijf moet drijven. Dit besef is dikwijls in het MKB niet aanwezig.
Een tweede succesfactor is dat internationale personeelsdoelstellingen goed worden ingebed in de strategische doelstellingen van de onderneming. Ook dit is zelden het geval.
Een derde belangrijke succesfactor is het realiseren van voldoende vaardigheden, kennis en ervaring binnen en buiten het bedrijf om exportuitdagingen tot een goed einde te kunnen brengen. Exporterende ondernemingen met een goed humanresourcesmanagementbeleid realiseren 'economies of skills'-voordelen als er sprake is van interne kruisbestuiving tussen exportmedewerkers en managers uit verschillende landen. Dat is een behoorlijke uitdaging, want exportmanagers zijn juist dag in dag uit met de externe omgeving bezig – de klant, concurrentie – in plaats van met de interne omgeving, zoals andere exportcollega's. Zonder interne klantgerichtheid is externe klantgerichtheid echter een lege huls. In plaats van 'van binnen naar buiten kijken' luidt de opdracht voortaan 'van buiten naar binnen kijken'. Aan de hand van mondiale trends en duurzaamheid zal gezocht kunnen worden naar marktniches. Met de in het bedrijf aanwezige technologische kennis en andere bekwaamheden kunnen deze marktniches verder verdiept worden met producten en diensten die op de maat van de afnemer zijn toegesneden. Zoals bij de PMC's beschreven is, zijn hierbij product, markt en technologie een drie-eenheid.

3.8.2.3 De basisrichting consolideren en behouden

Deze richtingsmogelijkheid is te bereiken door een strategie van 'me-too-beleid', een 'doorgroeistrategie', een strategie van consolidatie, een oogststrategie voor de 'koeien' en een efficiencystrategie.

Me-too-bedrijf

Meestal is het kleine bedrijf een *me-too-bedrijf*, een onderneming met een bedrijfsformule die qua samenstelling zo veel mogelijk lijkt op de bedrijfsformule van de sterkste concurrent in zijn lokale markt. Me-too-bedrijven zijn ondernemingen met een relatief lage innovatiesnelheid, omdat ze niet beschikken over voldoende knowhow noch over het hiervoor benodigde vermogen. Het zijn marktvolgers. Ze blijven achter op de strategische inspanningen van de (lokale en regionale) marktleider en verdwijnen door de situatie van hyperconcurrentie met de 'red-ocean-gevolgen' langzaam uit beeld.

Bij de *doorgroeistrategie* wordt ernaar gestreefd de concurrentiekracht van de onderneming op lange en op korte termijn te behouden.
Belangrijke redenen voor de ondernemer om deze vorm van strategie toe te passen zijn onder andere:
- Het management is voorlopig tevreden met zijn positionering op de lokale markt.
- Na een periode van groeistrategie is het management thans voorstander van pas op de plaats.
- Het segment in de markt moet nog wennen aan zijn formule.
- Het management wil leren van zijn fouten en van die van zijn concurrenten in de markt.
- De mutaties in de omgevingsfactoren leiden niet tot kansen en bedreigingen in de nabije toekomst.
- Op korte termijn zijn er geen financiële middelen beschikbaar om de capaciteit van de onderneming te vergroten.

Doorgroeistrategie

Soms is een onderneming actief in een niet-groeiende of in een teruglopende, maar niet geheel verdwijnende markt. In deze situatie wordt vaak naar nulgroei gestreefd. Het gaat om het handhaven van de huidige positionering. Ook is deze strategie aan te bevelen, indien er in zijn marktgebied en in zijn bedrijfstak sprake is van een overheersende marktpositie door één van zijn directe concurrenten of indien de aanbieders in zijn bedrijfstak en in de markt zich nauwelijks ten opzichte van elkaar onderscheiden. In deze situatie van homogeen aanbod zijn afnemers niet al te trouw aan een bepaalde bedrijfsformule. Het management zal in zo'n situatie eerst streven naar het behoud en/of de verbetering van de doelmatigheid van zijn bedrijfsactiviteiten. Kostenbeheersing in het productieproces, het verkoopproces en het logistieke gebeuren kan een overlevingsvoorwaarde zijn, omdat door mogelijk dalende verkoopprijzen in deze niet-groeiende markt of in een teruglopende, maar niet geheel verdwijnende markt haar bedrijfsomzet afneemt. Om toch nog enige winst over te houden, zullen haar bedrijfskosten ook moeten dalen. Soms wordt de situatie nog verergerd als een bedrijf alles nog goedkoper aanbiedt dan zijn concurrenten. Hij wil overheersen en vreet gehele markten en concurrenten leeg. Leveranciers worden onder druk gezet om hun prijzen steeds verder te verlagen en meer marge af te staan. Zelfs een ver doorgevoerde efficiencystrategie bij de andere bedrijven is in deze situatie niet meer reëel. Situaties van 'red-ocean' ontstaan.

De *efficiencystrategie* zou rationalisering kunnen betekenen, dit is het meer economisch verantwoord inzetten van de beschikbare productiemiddelen en/of sanering (het terugkeren naar de oorspronkelijke kernactiviteiten).

Efficiencystrategie

3.8.2.4 De basisrichting inkrimpen en saneren
Saneren is te realiseren door de toepassing van onder andere een slipstrategie en door een terugtrekkingsstrategie voor 'honden' in de BCG-matrix.
Bij de *slipstrategie* beëindigt de onderneming haar bedrijfsactiviteiten voor een PMC. Het product of de dienst bevindt zich mogelijk in één van de

Slipstrategie

eindfasen van de levenscyclus. Ook kan er in de bedrijfstak sprake zijn van overcapaciteit.
Bij de slipstrategie handhaaft men een PMC zolang de marginale opbrengsten van de PMC de marginale kosten van de PMC overtreffen.
'Dogs' zijn door onvoldoende kasstroom niet meer te handhaven. Overleven doe je door te groeien. Daarbij hoort het saneren: het verkopen van bedrijfsonderdelen. Soms wordt desinvesteren een dagtaak, zodra niches om te groeien niet te vinden zijn. Totdat er een nieuwe strategie geformuleerd is, wordt er door het bedrijf verder niets medegedeeld.

3.8.3 Wijze waarop de strategieontwikkeling plaatsvindt

Voor het maken van een keuze uit de richtingsmogelijkheden van een strategie staan de volgende opties ter beschikking:
- groeien door eigen beheer of acquisitie;
- inkrimping door eigen beheer of afstoten;
- inkrimping door MBO of MBI (zie paragraaf 9.6);
- groeien, versterken, verbeteren en consolidatie door samenwerking.

Mogelijke motieven hiervoor zijn velerlei en kunnen verschillen per optie. Maar uiteindelijk zijn ze in twee groepen te klasseren, motieven van offensieve aard en motieven van defensieve aard.
In subparagraaf 4.2.3 staat het thema 'strategische allianties' centraal. Acquisitie, afstoten, MBO/MBI en samenwerking zijn voorbeelden van gevolgen van deze 'strategische allianties'.

Offensieve strategische alliantie

Een voorbeeld van een motief van een *offensieve strategische alliantie* is het betreden van een nieuwe markt met aangepaste PMC's via een minderheidsdeelneming in het eigen vermogen van een (bevriend) bedrijf op deze nieuwe markt.

Defensieve strategische allianties

Defensieve strategische allianties kunnen als motief hebben het beschermen/het behouden van het eigen marktaandeel door het organiseren met collega-ondernemers binnen een bedrijfstak van toetredingsdrempels voor nieuwe toetreders en voor substituut-producten en -diensten tot deze bedrijfstak.

Voor meer details over de thema's acquisitiestrategie, verticale en horizontale integratie, synergie-effecten, overnameprijs, beschermingsmaatregelen, fusies, joint ventures en participaties naar aanleiding van een uitgekozen strategie wordt verwezen naar de onderdelen recht en bedrijfseconomie van de administratieve opleidingen.
Voor meer informatie over aandelen- of activatransacties, over fusies, over ondernemingsvormen, over de holdingstructuur en over een MBO of MBI wordt verwezen naar hoofdstuk 9 van dit boek.

3.9 Implementatie

De strategiekeus inclusief de visie, de missie, de doelstellingen en de drijfveer vormen tezamen het beleid voor de onderneming op de lange termijn. Dit beleid moet vervolgens vertaald worden in strategische, tactische en operationele plannen, inclusief bevoegdheden, verantwoordelijkheden en een noodzakelijk organogram. Voor de ondernemer en eventuele managers de zeer moeilijke taak om een groot aantal concrete zaken te overzien en de kunst om uit deze verschillende plannen te kiezen. Een geslaagde implementatie hangt dan ook af van het vermogen van de ondernemer en zijn topmanagers om binnen zijn onderneming eventueel aanwezige weerstanden tegen de strategiekeus te ontdekken en van zijn vermogen om de strategiekeus uit te werken in tactische en operationele plannen. De kans op eventuele weerstanden tegen de strategiekeus wordt verkleind door erop toe te zien dat de strategiekeus tot stand is gekomen via een *bottom-upbenadering*. Het ontwerpen van een strategie is nu een voorrecht voor de ondernemer, zijn topmanagers en lagere managers. Voor het succesvol implementeren moet men de lagere managers bij de strategiekeus betrekken. Het stimuleert ook de grote betrokkenheid van het personeel bij deze implementatie. Ook vergroot het de kans dat de strategiekeus op realistische informatie gebaseerd is.

Bottom-upbenadering

Het uiteindelijke *implementatieplan* is een via een bottom-upbenadering vastgesteld en gedetailleerd value chain-actieplan dat het management en het personeel inzicht geeft in het kader waarbinnen de werkzaamheden moeten worden uitgevoerd, de volgorde waarin dat moet gebeuren en waarom. Het grote voordeel van dit value chain-actieplan is dat elke werknemer niet meer geïsoleerd werkt, maar in samenhang met allen. Iedereen krijgt door deze aanpak een steeds beter inzicht in de gevolgen van de strategiekeus. Vanuit een vage en abstracte bedrijfsdoelstelling wordt er binnen de onderneming gewerkt naar meer operationele doelstellingen. Het implementeren van het strategische besluit zorgt ook voor het schrijven van een jaarplan – inclusief een financieel plan –, bestaande uit: liquiditeits-, resultaten-, vermogensbegroting en een prestatiemetingsysteem van prestatiemeetpunten. Uiteindelijk wordt in deze implementatie vastgelegd wat, waar, aan wie en op welke wijze door de onderneming wordt aangeboden.

Implementatieplan

Het nut van deze value chain-actieplannen is het aansturen van de operationele bedrijfsprocessen, waarbij in het operationele bedrijfsproces activiteiten ontplooid moeten worden om uiteindelijk de bedrijfsdoelstelling van de onderneming te bereiken. Figuur 3.15 laat de onderlinge samenhang tussen de verschillende hiërarchische plannen, de implementatie in de verschillende operationele bedrijfsprocessen en eventuele metingen achteraf zien. De vertaling van het beleid beperkt zich dan ook niet tot de uitvoering van de operationele bedrijfsprocessen. Via een metingsysteem van prestatiemeetpunten wordt de implementatie beheerd, geëvalueerd en voortdurend bijgestuurd. (Zie hiervoor de BSC-methode in paragraaf 3.10.)

De financiële prestatienormen brengen in dit (BSC-)meetsysteem tot uitdrukking hoe goed de onderneming het vanuit het standpunt van de vermogensverschaffers doet. De afnemergerichte prestatienormen geven aan hoe de afnemer van de producten en/of diensten denkt over KSF's zoals de servicegraad, de leveringstermijn, de kredietduur en het kwaliteitsniveau. De interne operationele bedrijfsprocesnormen brengen tot uitdrukking welke bedrijfsactiviteiten – dankzij de kritieke bedrijfsprocesfactoren – de grootste impact hebben op de afnemerstevredenheid. In dit operationele proces moet het voor de werknemers ook duidelijk zijn welke bevoegdheden zij bij tegenvallende prestaties hebben om bij te sturen, eventueel gekoppeld aan een bepaald beoordelings- en beloningssysteem. De innovatie-, leer- en groeivermogenprestatienormen geven de motivatie tot leren en vernieuwen weer.

FIGUUR 3.15 Planning en implementatie

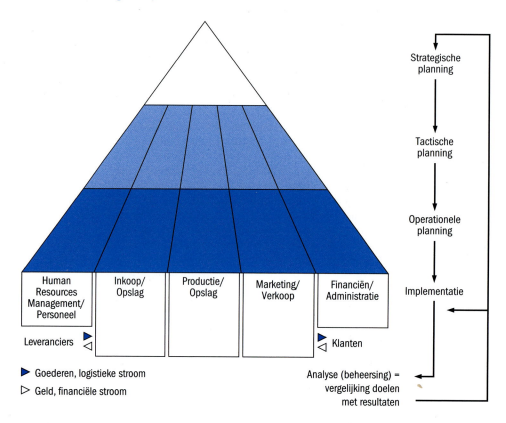

Bron: Drs. R. Hummel, *Integraal marketingbeleid*

Een goed functionerend informatiesysteem is hierbij een belangrijke voorwaarde om de implementatie op deze wijze te beheren, te evalueren en – indien nodig – bij te sturen.

3.10 Balanced scorecard

Ondernemen zonder goede prestatiemaatstaven is als varen zonder kompas. In de *balanced scorecard (BSC)* zijn vele aspecten van prestatiemeting samengebracht.
De volgende subparagrafen gaan in op de balanced scorecard van Robert S. Kaplan en David P. Norton als metingsysteem, de noodzaak van prestatiemetingen, de relatie tussen de balanced scorecard en de financiële verslaglegging, de valkuilen en de voordelen van de balanced scorecard en het gebruik ervan in de onderneming.

3.10.1 Kernelementen in de balanced scorecard
Het BSC-systeem werkt voor haar prestatiemetingen met vier aandachtsgebieden, de perspectieven: financieel perspectief, afnemersperspectief, interne bedrijfsprocesperspectief en het leer-, groei- en innovatieperspectief.

Voor deze vier aandachtsgebieden (*perspectieven*) kent het BSC-systeem een integraal evenwichtig en samenhangend metingsysteem dat via de geselecteerde prestatiemeetpunten en prestatie-indicatoren verband legt tussen de huidige prestaties ten aanzien van de afnemers, de interne operationele bedrijfsprocessen, de werknemers en de toeleveranciers, en het toekomstige financiële rendement op de lange termijn. De BSC stelt de leiding in staat de onderneming op de juiste koers te houden.

Ook bestaat tussen de vier perspectieven een sterke onderlinge samenhang. In het *leer-, groei- en innovatieperspectief* bepalen de medewerkers met hun vaardigheden, kennisuitwisseling, aanwezige infrastructuur (resources) en houding de oorzaken en de gevolgen van de effectiviteit en efficiency van de *interne bedrijfsprocessen*. Goed verzorgde bedrijfsprocessen zorgen vervolgens in het *afnemersperspectief* voor tevreden klanten, die uiteindelijk het gewenste financiële resultaat in het *financieel perspectief* bepalen.

Perspectieven

Door de gewenste streefcijfers (normen, doelen, targets) van de *prestatiemeetpunten* en *prestatie-indicatoren (PI's)* vooraf te formuleren en daarbij ook aandacht te besteden aan de achter de streefcijfers liggende strategische succesfactoren KSF's en KBF's en vervolgens alle medewerkers hierover via de bottom-upbenadering te informeren, ontstaat de mogelijkheid om de in de onderneming aanwezige competenties zodanig te bundelen dat de hoofddoelstelling van het financiële perspectief op de lange termijn wordt gerealiseerd.

Zeer groot kan de effectiviteit van de BSC worden als alle belanghebbenden inzien op welke wijze zij door hun individuele inspanningen aan de realisatie van de bedrijfsdoelstelling kunnen meewerken en ze tevens bereid zijn van de feedbackresultaten te leren. Met een eventueel noodzakelijk bijsturingsactieprogramma kan het management toch nog het einddoel bereiken.

Prestatie-indicatoren (PI's) en -meetpunten worden alleen in de balanced scorecard opgenomen als zij aan de zogenoemde *SMART-voorwaarden* voldoen:

SMART-voorwaarden

- *Specifiek*: eenduidig te interpreteren en betrekking hebbend op het strategische doel. De PI wordt zo specifiek gedefinieerd dat de target en de uitkomst van de PI het gedrag van medewerkers in de onderneming beïnvloeden. Een PI waarop de verantwoordelijke medewerker geen invloed kan uitoefenen, leidt niet tot een gewenste gedragsverandering en valt buiten het BSC-model.
- *Meetbaar*: voldoende objectief meetbaar. Een niet-meetbare PI leidt tot zinloze discussie. Afnemerstevredenheid als strategisch doel kan gemeten worden via de PI 'percentage klachten'.
- *Acceptabel*: uitdagend en aantrekkelijk en door iedereen aanvaard.
- *Realistisch*: de meting moet uitvoerbaar zijn en tegen aanvaardbare kosten. Het uitvoeren van een meting vraagt inspanning en tijd, en kost geld.
- *Tijdgebonden*: de meting moet op een bepaalde periode betrekking hebben.

Kaplan en Norton hebben een schematisch strategisch model ontwikkeld dat ondernemingen de mogelijkheid biedt de strategie uit te werken per perspectief. Door hierin prestatiemetingen te koppelen aan bedrijfsactiviteiten worden oorzaken en gevolgen bekend.

Een zeer belangrijk kenmerk van de BSC is het creëren van evenwicht tussen de vier perspectieven, tussen de corporate en de operationele doelstellingen, tussen de streefcijfers en de stuwende prestatie-indicatoren en tussen oorzaak en gevolg. Gemeten worden twee tot drie elementen per KSF en KBF. De BSC vereist 'focus houden' met de strategiekeus. De balanced scorecard (BSC) is een instrument voor het beschrijven, het implementeren en het beheersen van de strategiekeus op alle hiërarchische niveaus van de onderneming. Binnen de onderneming kan de strategiekeus, de implementatie ervan en het beheersen van de strategiekeus op alle hiërarchische niveaus van de onderneming door de bottom-upbenadering voor iedereen begrijpelijk zijn. Het management moet zijn personeel en adviseurs blijvend hiervan overtuigen.

Kaplan en Norton hanteren hiervoor de volgende vijf principes:
1. Vertaal de strategie in operationele termen.
2. Richt alle afdelingen van de onderneming op de strategie.
3. Maak strategie tot het dagelijks werk van iedereen.
4. Maak van strategie een doorlopend proces.
5. Mobiliseer tot verandering, uitgaande van de leiding.

Kaplan en Norton stelden in 1998 in hun boek *Op kop met de Balanced Scorecard*:

> 'De prestatiemotoren of resultaatindicatoren zijn in de regel uniek per bedrijfseenheid. Ze brengen het unieke karakter van de strategie van de bedrijfseenheid tot uiting. Resultaatmeting zonder prestatiemotoren maakt niet duidelijk op welke wijze de resultaten verbeterd moeten worden. Omgekeerd kunnen prestatiemotoren zonder een resultaatmeting weliswaar de bedrijfseenheid in staat stellen om verbeteringen op de korte termijn te realiseren, maar ze maken niet duidelijk of de operationele verbeteringen tot hogere omzetten bij bestaande en nieuwe afnemers hebben geleid en uiteindelijk hebben bijgedragen aan betere financiële prestaties. Uiteindelijk moeten de causale relatieketens van alle metingen verbonden zijn met financiële doelstellingen.'

3.10.2 De noodzakelijkheid van prestatiemetingen

De balanced scorecard (BSC) is een managementinformatie- en besturingssysteem dat de strategiekeus van een onderneming vertaalt naar operationele termen en naar de genoemde vier perspectieven. Voor deze perspectieven is gekozen omdat ze meestal de waardeketen (aandachtsgebieden) van een onderneming voor afnemers, leveranciers, werknemers en vermogensverschaffers weergeven. Met de in de onderneming aanwezige kennis, vaardigheid en het innoverend vermogen kan het bedrijfsproces ingericht worden om afnemers van dienst te zijn. Zo zal in een situatie van operationeel excellence de onderneming meer gefocust zijn op meer efficiëntie in het bedrijfsproces, zal zij in de situatie van customer intimacy meer nadruk leggen op de maatproductie en de commerciële processen en zal zij in de situatie van product leadership meer aandacht voor de innovatieve processen hebben. Tevens hebben de in het BSC-model gebruikte vier perspectieven een sterke onderlinge en wederkerige samenhang (zie figuur 3.16).

Per perspectief zijn er op basis van de kritieke succesfactoren (KSF's en KBF's) in onderling overleg prestatiemeetpunten en -indicatoren (PI's) gekozen. De metingen en indicatoren betreffen dus elementen van de strategische succesfactoren (KSF's/KBF's), waarmee de onderneming expliciet aan-

geeft onderscheidend te zijn ten opzichte van haar concurrenten.
Prestatiemeetpunten zijn generieke resultatenmetingen die door meerdere bedrijven te gebruiken zijn. Het zijn metingen die per definitie achteraf plaatsvinden ten aanzien van gewenste resultaten en iets zeggen over de doel-stellingen en beslissingen van gisteren. Ze omschrijven wel de uiteindelijke strategie en doelstellingen. Voorbeelden zijn het rendement op investeringen, het marktaandeel, de tevredenheidsscore, de productiviteit van de werknemer, de duurzaamheid arbeidsrelatie, de afnemerstrouw.

Prestatiemeetpunten

Prestatie-indicatoren (*leadindicators*) maken de onderneming duidelijk wat zij vandaag in het verbeteren van kernvaardigheden moet doen teneinde in de toekomst het gewenste resultaat te behalen.

Prestatieindicatoren

Deze prestatie-indicatoren hebben betrekking op de noodzakelijke organisatiestructuur inclusief de delegering van bevoegdheden en functieverantwoordelijkheden, infrastructuur binnen de onderneming, de productkenmerken, de relaties binnen de bedrijfskolom, het innovatieproces, de ervaringsgraad, de stafcompetenties, het beloningssysteem, etc. Door aan deze aspecten extra aandacht te besteden, vormen de prestatie-indicatoren de stuwende kracht achter toekomstige successen. Prestatiemeetpunten en prestatie-indicatoren hoeven niet altijd per definitie bij één van beide te worden ondergebracht. De productiviteit van de werknemer is voor de verkoopafdeling een prestatiemeting achteraf, maar voor het bestuur van de onderneming een stuwende kracht om in de toekomst meer omzet te genereren.

De kritieke succesfactoren (KBF's en KSF's) worden binnen de BSC strategische succesfactoren genoemd. Hiermee wordt aangegeven dat het om succesfactoren gaat die invulling aan de strategiekeus moeten geven. Ook op basis van deze succesfactoren kan worden beoordeeld of de onderneming op de juiste koers ligt. Tegelijk wordt aangegeven dat de strategische succesfactoren ook bepalend en onderscheidend voor de onderneming zijn ten opzichte van de concurrentie.

Zonder strategievorming kan een onderneming niet werken aan het efficiënt ontwikkelen van *prestatiemetingen* van prestatie-indicatoren en van de te realiseren normen (streefcijfers) per prestatie-indicator. Zelfs de MKB-onderneming moet proberen de implementatie van de strategiekeus te vertalen in een evenwichtig en samenhangend meetsysteem. In dit meetsysteem worden dan geselecteerde meetpunten opgenomen die verwant zijn aan de KSF's en KBF's en die een relevante schakel in de keten van causale relaties in de onderneming zijn (zie figuur 3.16). In veel ondernemingen, en zelfs ondernemingen met een methode van strategievorming, is er ook tegenwoordig nog sprake van een grote kloof tussen het ontwikkelen en het formuleren van een strategiekeus en de implementatie ervan.

Kaplan en Norton hebben een evenwichtig en samenhangend meetsysteem ontwikkeld met als doel het vertalen van de strategiekeus via prestatie-indicatoren en -meetpunten in een actieprogramma voor elke onderneming. Het door hen ontwikkelde balanced scorecardsysteem (BSC-)systeem legt via dit meetsysteem een 'link' tussen de visie, de missie en de strategie. Vandaar dat er voordat met het definiëren van de balanced scorecard begonnen wordt, er binnen de onderneming duidelijkheid moet bestaan over visie, missie en strategische doelen van de onderneming. De essentie van het systeem is het afzetten van de resultaten van prestatiemeetpunten tegen streefcijfers om achteraf bij constateringen van grote afwijkingen tussen de gestelde streefcijfers (normen) en de werkelijke cijfers een bijsturingsactieprogramma te ontwikkelen, zodat de doelstellingen van de strategiekeus toch nog kunnen worden gerealiseerd.

FIGUUR 3.16 Keten van causale relaties

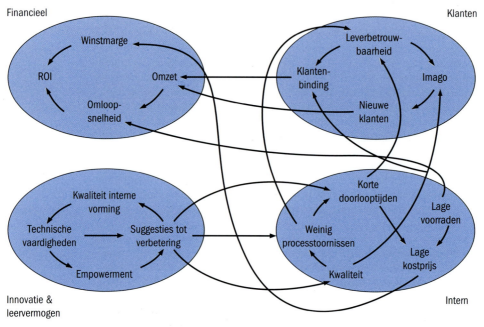

Bron: Prof. dr. Werner Bruggeman en Prof. dr. ir. Regine Slagmulder, A ¥ B, 1996/7

3.10.3 De relatie tussen de BSC en financiële verslagen

Financiële verslagen per periode herinneren de ondernemer eraan dat product- en diensteninnovaties, het verbeteren van de interne operationele proceseffectiviteit, het verbeteren van de aflevertijden, enzovoort instrumenten zijn tot realisatie van het corporate doel. Deze verbeteringen leveren de onderneming alleen rendement op, indien ze leiden tot hogere omzetten, tot lagere operationele proceskosten en tot een effectievere aanwending van de in de onderneming aanwezige competenties.

Het geïntegreerd evenwichtig en samenhangend meetsysteem moet leidraad zijn voor de interne operationele verbeteringen die tot betere financiële resultaten kunnen leiden. Ook de adviseur zal hiervoor zijn beheersmatige en adviserende rol moeten uitbreiden met denken en handelen vanuit de strategiekeus.

Wanneer managers en adviseurs blijven streven naar voortreffelijke financiële prestaties op de korte termijn, kan dit ten koste gaan van de bereidheid om op de lange termijn te investeren in bijvoorbeeld toekomstige groei via product- of diensteninnovatie, in operationele procesinnovatie en in informatietechnologie. Op korte termijn zijn de voortreffelijke financiële resultaten aardige inkomensverbeteringen voor de onderneming, maar op de lange duur kan dit ten koste gaan van de afnemerswaarde en de klantentrouw, waardoor de onderneming uiteindelijk wederom kwetsbaar voor haar concurrentiekrachten wordt en in een situatie van 'red ocean' verzeild raakt.

Het BSC-systeem voorkomt dat de managers zich weer laten verleiden tot investeringen op korte termijn en dit ten koste van investeringen op de lange termijn.
Een strategiekeus die gericht is op het realiseren van uitstekende financiële resultaten op de lange termijn, vereist forse investeringen in medewerkers, in het interne operationele bedrijfsproces en in het innoveren. Het op niveau houden van de kernvaardigheden is een must. Prioriteit zal er steeds moeten zijn voor onderzoeksprocessen en ontwikkelingsprocessen voor nog effectievere interne operationele bedrijfsprocessen en in nieuwe en verbeterde producten en diensten.

3.10.4 Valkuilen en voordelen van de BSC

Het BSC-systeem veroorzaakt door het verkeerd implementeren meer risico's. Mogelijke valkuilen zijn:

Valkuilen en voordelen BSC

1 het formuleren van KSF's en KBF's waarin niet de uniekheid van de onderneming naar voren komt en waarbij de hieruit voortvloeiende meetpunten en prestatie-indicatoren te beperkt actiegericht zijn;
2 het niet goed gestructureerd regelen van de verantwoordelijkheden en bevoegdheden binnen de onderneming; ook moet erop worden toegezien dat elke medewerker stuurt met die meetpunten en prestatie-indicatoren, waarvoor de werknemer verantwoordelijk is en bevoegd is om in te grijpen;
3 het vooraf niet toetsen van de gebruikte meetpunten en prestatie-indicatoren op hun toereikendheid, nadat de corporate doelstellingen, de strategiekeus en de organisatiestructuur van de onderneming bijgestuurd zijn;
4 het vaststellen van de prestatie-indicatoren en streefcijfers (normen) die niet het resultaat zijn van een gemeenschappelijk proces van discussie, overleg en decentrale verantwoordelijkheid en bevoegdheid;
5 elke medewerker heeft niet voldoende tijd gehad om zijn attitude, betrokkenheid en cultuur te veranderen, om bewust te worden van het nut tot bijsturing op basis van de resultaatmeting van de prestatiemeetpunten;
6 geen duidelijke afstemming van het prestatiemeetsysteem op de ondernemingsstrategie, omdat de ondernemingsdoelstellingen en de strategiekeus niet in detail uitgewerkt zijn;
7 een te groot aantal prestatie-indicatoren, beheersingsvariabelen en meetpunten;
8 het verzamelen en verwerken van verkeerde prestatie-informatie.

Als *voordelen van de BSC* mogen worden genoemd:

Voordelen van de BSC

1 Binnen de onderneming komt er meer structuur in de verzameling en verwerking van prestatie-informatie.
2 De corporate doelstellingen en strategiekeus worden op een systematische wijze in prestatiemeetpunten vertaald.
3 Door het invoeren van het perspectief van 'innovatie-, leer- en groeivermogen' wordt het management uitgenodigd steeds te rapporteren over verbeteringsprocessen.

4 De BSC kan gebruikt worden als planningsinstrument, omdat in elk jaar de prestatie-indicatoren, de prestatiemeetpunten (inclusief normen) en de actieprogramma's opnieuw worden gespecificeerd.
5 De ondernemer verkrijgt een beter toekomstig inzicht door het periodiek volgen van de resultaatmetingen per prestatiemeetpunt.

3.10.5 Implementatie van de BSC in de MKB-onderneming

Bruggeman en Slagmulder adviseren om bij het invoeren van de BSC gebruik te maken van een externe consultant en tevens hierbij te werken volgens een stappenplan.

Een mogelijk stappenplan voor de onderneming zou er als volgt kunnen uitzien:
1 Kies de relevante bedrijfsactiviteiten in de vorm van PMC's.
2 Formuleer na discussie en overleg met het personeel de visie, de missie, de strategiekeus, mogelijke prestatie-indicatoren en -meetpunten.
3 Neem besluiten over de organisatorische en intern operationele gevolgen, uitgaande van de in de onderneming aanwezige competentie en de strategiekeus.
4 Vertaal met hulp van een externe consultant de strategiekeus naar een eerste concept-BSC.
5 Bespreek met het personeel de eerste concept-BSC, inclusief de prestatie-indicatoren en -meetpunten en stuur eventueel bij.
6 Neem gezamenlijk met het personeel besluiten over correcties en uitvoering van de BSC.
7 Sla de streefcijfers en de normen van de prestatiemeetpunten op in een databestand.
8 Meet, bespreek en stel bij.

Het invoeren van het BSC-systeem in een onderneming kan tot drie invoeringsmoeilijkheden leiden:
1 de wijze waarop de strategiekeus in operationele doelstellingen wordt omgezet;
2 een te instrumentele aanpak van de BSC;
3 het achterwege blijven van de noodzakelijke cultuurverandering in de onderneming.

Samenvatting

▶ In dit hoofdstuk over het strategievormingsproces is het volledige proces van strategievorming behandeld. Het hoofdstuk begint met het omschrijven van het nut van strategievorming voor de bedrijven in het MKB en van het begrip 'strategie'. In de omschrijving van het begrip 'strategie' wordt gewezen op de grote verscheidenheid aan opvattingen hierover. Toch is geprobeerd een lijn uit te zetten op welke wijze de strategiekeus tot stand kan komen. Kernelementen hierin zijn de bottom-upbenadering, de in het bedrijf aanwezige vaardigheden en het steeds blijven creëren van 'blue ocean'-situaties. De opdracht aan elk management hiervoor is het blijven zoeken naar unieke kerncompetenties binnen het middelgrote en kleine bedrijf.

▶ Elke strategiekeus is gebaseerd op de niet te beïnvloeden macro- en meso- omgevingsfactoren. De hiervoor noodzakelijk situatieanalyse met kansen, bedreigingen, sterke en zwakke punten is vastgelegd in een SWOT-overzicht en vervolgens uitgewerkt in een confrontatiematrix. Een tiental strategische opties wordt beschreven om vanuit de confrontatiematrix een strategische weg voor het bedrijf te kiezen.

▶ Porter beschrijft hiervoor zijn drie generieke concurrentiestrategieën van kostenleiderschap, differentiatie en focus, en stelt dat het duurzame concurrentievoordeel van een bedrijf terug te vinden is in zijn unieke marktpositionering. Maar steeds vaker moeten bedrijven vaststellen dat ze die extra toegevoegde waarde niet meer kunnen leveren. Al hun activiteiten worden direct door hun concurrenten geïmiteerd. Het onderscheidende karakter tussen de ondernemingen in de bedrijfstak verdwijnt en er ontstaan markten met een scherpe prijsconcurrentie. Een bloedige 'red ocean'-situatie kan ontstaan en uiteindelijk zullen enkele aanbieders deze 'red ocean'-situatie overleven en de anderen 'bloeden dood'.

▶ Hamel en Prahalad, Treacy en Wiersema, Kim en Mauborgne hebben strategische oplossingen voor bedrijven om deze bloedige 'red ocean'-situatie te voorkomen. Hamel en Prahalad stellen dat bedrijven de directe concurrentie moeten vergeten en op zoek moeten gaan naar de kernvaardigheden van het bedrijf, voor het scheppen van een nieuwe niet-bestaande concurrentieruimte. Treacy en Wiersema vinden dat elk bedrijf zich met zijn kernvaardigheden moet focussen op één van de waardeposities: kostenleiderschap, of productleiderschap of afnemerspartnerschap. Wat de focuskeuze ook wordt, het bedrijf moet hierin uitblinken. Kim en Mauborgne stellen dat elk bedrijf de concurrentie niet te lijf moet gaan, maar de concurrentie moet ontlopen. Elk bedrijf moet bereid zijn continu in het bedrijfsproces en in het aangeboden assortiment radicaal te innoveren voor een nieuwe niet-bestaande markt. Het bedrijf bereikt zo de 'blue ocean'-situatie.

► De portfoliomethode van de Boston Consultancy Group berust in haar analyses op twee uitgangspunten: het relatieve marktaandeel als indicator voor het concurrentievermogen van het bedrijf en het groeipercentage als indicator voor de aantrekkelijkheid van de bedrijfstak. Het Ansoff-model beschrijft een instrument op welke wijze een bedrijf richting aan zijn toekomstige groei kan geven. Het Ansoff-model onderscheidt hiervoor vier groeistrategieën. Voor elke onderneming is het de kunst om vanuit deze strategische opties tot een strategiekeus te komen. De balanced scorecard behelst een methode om via een metingsysteem van prestatiemeetpunten meer grip te krijgen op de implementatie van de strategiekeus.

Meerkeuzevragen

3.1 Ongedifferentieerde marktbenadering is:
a de marktbenadering van niet aan elkaar gerelateerde PMC's.
b de benadering waarbij de onderneming bij haar afnemers geen differentieel voordeel heeft.
c de marktbenadering gericht op één segment in de markt.
d de marktbenadering waarbij de onderneming geen interesse in de segmenten van de markt heeft.

3.2 Bij de volgende groeistrategie blijft de onderneming het dichtst bij haar huidige bedrijfsactiviteiten:
a marktontwikkeling.
b marktdiversificatie.
c productontwikkeling.
d marktpenetratie.

3.3 Kritieke succesfactoren zijn:
a aankoopcriteria van afnemers.
b bonussen voor het management en de medewerkers.
c goede interne bedrijfsprocessen.
d de beschikbare vaardigheden in een onderneming.

3.4 Kritieke bedrijfsprocesfactoren zijn:
a knelpunten in de organisatie van een onderneming.
b niet-betalende afnemers.
c de ondersteunende en voorwaardenscheppende bedrijfsactiviteiten.
d goede samenwerkingen in de netwerken.

3.5 De confrontatiematrix:
a geeft de interne conflicten in een organisatie weer.
b zet de baten tegenover de lasten.
c is de schematische weergave van het DESTEP-model.
d geeft de resultaten van de interne en externe marktomgevingsanalyse weer.

4
Marketingbeleid

4.1 Drie mogelijkheden van marktbenadering
4.2 Aanbodsegmentatie, marktsegmentatie en strategische allianties
4.2.1 Aanbodsegmentatie
4.2.2 Marktsegmentatie
4.2.3 Strategische allianties
4.3 Industriële marketing: van acquirerende marketing naar relatiemarketing
4.3.1 Het product of de dienst als instrument van de marketingmix
4.3.2 De prijs als instrument van de marketingmix
4.3.3 De distributie en de vestigingsplaats als instrument van de marketingmix
4.3.4 Promotie en communicatie als instrument van de marketingmix
4.4 Consumentenmarketing of receptieve marketing
4.4.1 De vestigingsplaats
4.4.2 De (fysieke) distributie
4.4.3 Het assortiment
4.4.4 De promotie en de communicatiemix
4.4.5 De presentatiemix
4.4.6 De prijs
4.5 Verschillen tussen de consumentenmarkt en de industriële markt
4.6 Online marketing
4.6.1 Internetgebruik in Nederland
4.6.2 Online marketing
4.6.3 Waarom via internet kopen?
4.6.4 Functies internet in het koopproces
4.7 Verschillen tussen de offline marketing en de online marketing
Samenvatting
Meerkeuzevragen

Het te voeren marketingbeleid wordt afgeleid uit de gekozen strategiekeus. Het zal niet te ontkennen zijn dat dit afleiden voor veel ondernemers een moeilijke opgave zal blijven. Op strategisch niveau zijn er besluiten genomen over marketingthema's, zoals de opbouw van het assortiment in PMC's, de te bewerken marktsegmenten en de voor het te bereiken marketingdoel af te leggen weg. Belangrijk hierbij is, door de populariteit van internet, de vraag of deze bedrijfsactiviteiten online of offline of via inschakeling van beide plaatsvinden. Marketing is de denkwijze waarin de marktgerichtheid centraal staat. Het denken en handelen waarbij niet alleen rekening wordt gehouden met de wensen van de afnemers, maar ook met het doen en laten van leveranciers en concurrentiekrachten. Marketing is een proces waarmee bedrijven waarde creëren voor onder anderen afnemers, leveranciers, vermogensverschaffers en werknemers. Marketing is hierbij tevens een instrument om strategische allianties op te bouwen.

De oprichters van het Nederlandse bedrijf Effectieve Brands stellen in 2014 in *Harvard Business Review* en naar aanleiding van een marktonderzoek op basis van tienduizend internetenquêtes:

> 'Marketing is de discipline waar de afgelopen tien jaar, met uitzondering van informatietechnologie, het meest veranderd is. Succesvolle bedrijven blijken dan niet alleen hun data beter te gebruiken, maar weten ook hun aanbod persoonlijk te maken en op meer momenten relevant te zijn voor klanten. Ze weten bovendien de marketingactiviteiten in lijn te brengen met de bedrijfsstrategie en te verbinden met het hele bedrijf. Dat betekent dat marketing niet meer van één afdeling is, maar dat het hele bedrijf erbij betrokken moet zijn, van kantoorklerk tot ICT-specialist.'

Online marketing

E-business

Online marketing blijft ook via internet het proces van waarde creëren. Online betekent een verbinding tussen computers. Online marketing kan via computer, kabel, modem, netboek en een wifi-verbinding. Bij *e-business* moet niet alleen gedacht worden aan de online interactie van het bedrijf met zijn markten, maar ook aan het inrichten van alle bedrijfsprocessen die op het internet gebaseerd zijn. Denk hierbij aan het via internet boeken van vliegtickets, vakantiereizen, bestellen van boeken, speelgoed en huishoudelijke apparaten, en het vervolgens door deze bedrijven afleveren van de bestelde goederen. Deze leveranciers hebben hun bedrijfsprocessen hiervoor volledig aan het internetgebeuren aangepast. Digitalisering bij online bedrijven heeft grote effecten op de vestigingsplaatskeuze, de wijze van het aanbieden van het assortiment, het verkoopsysteem inclusief het hiervoor gebruikte distributiekanaal, de vrijheid in het vaststellen van de verkoopprijzen en het logistieke systeem binnen het bedrijf. Bovendien richting afnemer voor de wijze van communiceren binnen en buiten het bedrijf en voor de wijze waarop de debiteurenadministratie naar aanleiding van de ontvangen bestellingen moet worden georganiseerd.

Cybercriminaliteit

Maar digitalisering kent ook haar nadelen. Voor criminelen blijkt het zeer eenvoudig zich zonder problemen in een website van een bedrijf te nestelen en naar hartenlust informatie te veranderen of weg te sluizen. Ondernemingen hebben op dit moment te weinig technologische kennis en missen de strategische vaardigheid en vastberadenheid om zich tegen deze vorm van *cybercriminaliteit* te beschermen. Het lijkt erop dat we gewend raken aan het feit dat internetbankieren regelmatig onmogelijk is of dat sommige websites een tijdje uit de lucht zijn.

In deze uitwerking van de strategische besluiten voor de operationele inzet van de marketingmixinstrumenten blijft de interactie tussen de onderneming en de markten (afnemers-, leveranciers-, arbeids- en vermogensmarkt) centraal staan. Webwinkelketens openen in hoog tempo nieuwe webwinkels waar van alles te koop is. Hiervoor worden – zelfs zeven dagen per week – pakketjes met de online bestelling bezorgd en er wordt op het door de afnemer gewenste tijdstip van aflevering gelet.

In dit hoofdstuk wordt de marketing voor de consumentverzorgende en de niet-consumentverzorgende ondernemingen eerst als een offline gebeuren beschreven. Indien noodzakelijk wordt hierin ook naar de online situatie verwezen. In een aparte paragraaf wordt online marketing beschreven.
In paragraaf 4.1 staan de mogelijkheden van marktbenadering centraal, waarna in paragraaf 4.2 de thema's aanbodsegmentatie, marktsegmentatie en strategische allianties worden behandeld. De beschrijving van de marketing voor de niet-consumentverzorgende en de consumentverzorgende ondernemingen vindt in paragraaf 4.3 en 4.4 plaats, waarna in paragraaf 4.5 expliciet een aantal verschillen tussen de consumentenmarkt en de industriële markt wordt vermeld. Paragraaf 4.6 behandelt de online marketing. Verschillen tussen de offline marketing en de online marketing staan centraal in paragraaf 4.7.

4.1 Drie mogelijkheden van marktbenadering

Een zeer belangrijk begrip in de hedendaagse marketingtheorie is het begrip marktgerichtheid. Met *marktgerichtheid* wordt bedoeld het denken vanuit zowel het afnemers-, het leveranciers- als het concurrentieperspectief. Afnemers zoeken voortdurend naar een optimale oplossing voor hun probleem. Ze zijn hiervoor zeer gemotiveerd en tegelijk zeer goed – al of niet via de websites en sociale media – geïnformeerd. Er dient dus van een transparant aanbod sprake te zijn. Bij online marketing is de gewenste informatie hierover via onder andere de sociale media, e-mails en nieuwsbrieven niet alleen direct toegankelijk, maar ook snel verzameld.

Marktgerichtheid

Marktgerichter en tegelijk intern operationeel efficiënter opereren betekent:
- het opbouwen van een operationeel planningsproces via de bottom-upbenadering. Operationele marketingplannen kunnen alleen effectief uitgevoerd worden als er sprake is van een uitstekende interne communicatie en iedereen zich binnen de onderneming blijft realiseren dat de marketingplannen hierin slechts een dienstverlenende taak hebben. Het centraal stellen van de afnemers moet de focus van de gehele onderneming zijn;
- een meer naar buiten gerichte ondernemingscultuur;
- dat de bedrijfsdoelstelling wordt vertaald in operationele doelstellingen voor het marketinggebied, zoals het te realiseren marktaandeel of een hogere afnemerswaarde door de kritieke succesfactoren;
- een belangrijke rol bij online marketing voor de website, sociale media en het marketsensingproces bij online marketing.
Het *marketsensingproces* is het in het bedrijf toegepaste systeem om permanent op de hoogte te blijven van behoeften, afnemerswaarde, ontwikkelingen en trends in de markt. Steeds meer
bedrijven mengen zich hiervoor in de sociale media om snel antwoord of reactie op te vragen en opmerkingen te kunnen geven. Bedrijven met sterke merken zijn zich er zelfs van bewust dat ze het risico lopen dat al hun werk door toedoen van de sociale media en de webshops tenietgedaan wordt en gaan hiervoor in dialoog met afnemers, leveranciers en publieke opinie. Casus 4.1 beschrijft deze dialoog.

Marketsensingproces

CASUS 4.1 MERKEN RAKEN ZOEK IN SCHAPPEN VAN WEBSUPER

Richard Smit
Amsterdam

Wie ketchup zoekt bij websupers als Ocado.com of AH.nl ziet allerlei aanbieders kriskras door elkaar. Heinz, de onbetwiste topper in dit segment, staat bij AH.nl niet op dezelfde ooghoogte als in de winkel. Voor Gouda's Glorie moet de blik naar beneden en voor een merk als Hela moet de klant nog een stuk omlaag.

Zo gaat het bij boodschappen doen op een groot computerscherm. Op het kleine schermpje van een mobiele telefoon is een merk nog minder zichtbaar. Merken dreigen onvindbaar te worden in de virtuele schappen omdat internetklanten geen vertrouwd winkelloopje hebben, waarschuwde Rabobank vorige week in een rapport.

De markt voor boodschappen op internet mag met een aandeel van 1% nu nog klein zijn, maar zal zeker groeien. In sommige andere Europese landen is het marktaandeel al 5%. De verwachting is dat het aandeel in grote Europese markten zal doorgroeien tot 25% in 2030, zegt analist John David Roeg van Rabobank.

De zwakkere merken lopen het grootste risico. B-merken komen niet bovendrijven als klanten filteren op populariteit. Dat zijn A-merken, zoals Heinz. Maar ze komen ook niet op het scherm als geselecteerd wordt op prijs. Dan worden de huismerkartikelen zichtbaar.

'Het overgrote deel van levensmiddelenfabrikanten is daar nog helemaal niet mee bezig', zegt Roeg. Nu nog niet, beaamt marketingdirecteur Marcel Joosten van Ad van Geloven, producent van Mora-snacks. 'Het staat niet in de top 3-gespreksonderwerpen met Albert Heijn. We doen dezelfde aanbiedingen in de winkel ook in de onlineshop.'

Een andere fabrikant zegt met internetaanbieders vergelijkbare afspraken te maken als met winkelbedrijven. Maar nadenken over hoe zijn producten op internet beter zichtbaar worden gebeurt nog niet. Een grote aanbieder als Unilever, die het met sterke merken wat gemakkelijker heeft, zegt hier met retailers aan te werken. Sterke merken lopen online een ander risico. Winkeliers blijven deze nodig hebben als vergelijkingsmateriaal, maar als ze te weinig marge opleveren voor de winkelier kan deze ze een beetje wegmoffelen in de zoekresultaten.

Op Schiphol kunnen online bestelde boodschappen opgehaald worden.

'In landen als Engeland en Frankrijk gebeurt het al dat winkelketens merken naar voren schuiven waar ze meer aan verdienen', zegt Roeg. 'In Engeland zie je dat betaald wordt voor een betere positie op het scherm.' Het komt ook voor dat klanten die al bij de kassa staan, een alternatieve aanbieding krijgen. Leveranciers moeten hier meer aandacht aan geven, anders verliezen ze nog meer macht aan de winkelketens. Wat een fabrikant kan doen is speciale verpakkingen maken voor verschillende supermarktketens. Of de verpakking iets verkleinen om er in de prijsvergelijking van verschillende merken net iets beter uit te springen. Fabrikanten kunnen ook bij de ontwikkeling of beschrijving van producten meer rekening houden met zoektermen als zoutarm, biologisch of glutenvrij. 'De ene dag ben jij de slimste, de andere dag een ander', zegt Roeg. Het is ook zaak om te investeren in het merkimago in de hoop dat klanten gaan zoeken op de merknaam.

De andere kant van de medaille is dat internet fabrikanten ook minder afhankelijk kan maken van supermarktketens. In Duitsland experimenteert Nestlé met een eigen webwinkel (marktplatz-nestle.de). Grote fabrikanten proberen invloed uit te oefenen op beginnende websupers. Bovendien ontstaan nieuwe verkoopplekken op internet, die los staan van de grote supermarktketens. Daarmee experimenteert bijvoorbeeld Amazon.

'Er wordt al betaald voor een betere positie op het scherm'
Analist John David Roeg van Rabobank.

Bron: Het Financieele Dagblad, 1 april 2014

Het management moet er steeds op toezien dat ook zijn marketingdoelstelling niet te hoog en niet te laag is. In beide situaties kan dit bij het personeel leiden tot demotivatie, verslapping, minder alert zijn en minder flexibel zijn. Het vanuit de strategiekeus afgeleide marketingbeleid wordt teruggevonden in een marktbenaderingskeus en een keuzemix van marketingactiviteiten inclusief de hiermee samenhangende kosten. Zowel in de industriële, de consumenten- als de online marketing zijn de instrumenten van de marketingmix steeds afgestemd op de levenscyclus van het product of de dienst.

Tabel 4.1 is een voorbeeld van marketingtactieken per levenscyclusfase inclusief de na te streven operationele marketingdoelstellingen per fase.

TABEL 4.1 Marketingtactieken* bij de verschillende fasen van de levenscyclus van de PMC

Doelstelling	Introductie-fase	Doorgroei-fase	Volwassen-heidsfase	Verzadigde fase	Aftakelingsfase
Operationele doelstelling	Kennis, bekendheid	Marktaandeel	Marktconsolidatie	Marktconsolidatie	Klantenbinding
Aanwezigheid concurrentie	Geen of beperkt	Vroege toetreders	Uitschakelen concurrentie	Geen nieuwe concurrentie	Wegvallen concurrentie
Innovatiedoelstelling	Beperkt aantal varianten	Meer varianten	Verdere verbeteringen	Verlenging levenscyclus	Geen
Prijsdoelstelling	Skimming**, stay-out**	Lagere prijs, agressief	Defensief prijsbeleid	Defensief prijsbeleid	Dekking kosten
Promotiedoelstelling	Informatie en bevestiging	Bekendheid	Trouw	Gericht op loyaliteit	Geen
Distributiedoelstelling	Push**	Push**	Pull	Pull	Geen

* Buiten beschouwing zijn gebleven de instrumenten vestigingsplaats, de samenstelling van het assortiment in PMC's en de deskundigheid bij het personeel. Hierbij is verondersteld dat deze 'instrumenten' op de korte termijn voor elke onderneming een 'niet-beheersbare omgevingsfactor' zullen zijn.

** Korte karakteristiek:
Skimming pricing, een prijspolitiek waarbij een nieuw product, nieuwe dienst tegen een hoge prijs geïntroduceerd wordt en afhankelijk van de levenscyclusfase in prijs wordt verlaagd. **Skimming pricing**

Stay-outpricing, een prijsvaststellingsmethode waarbij voor een nieuw product of een nieuwe dienst een zodanig laag prijsniveau wordt gehanteerd dat toetreders worden afgeschrikt de markt te betreden. **Stay-outpricing**

Push, een gecombineerde distributie- en communicatieaanpak van de productieve onderneming waarbij de communicatieve inspanningen in eerste instantie op de distribuanten gericht zijn om deze zodanig te bewerken dat ze de producten en diensten in hun assortiment opnemen. (paragraaf 4.4.2) **Push**

Pull, een gecombineerde distributie- en communicatieaanpak van de productieve onderneming waarbij de communicatieve inspanningen in eerste instantie op de finale afnemers gericht zijn. (paragraaf 4.4.2) **Pull**

Bij het bespreken van de product-marktcombinaties (PMC's, zie hoofdstuk 3), zijn drie marktbenaderingsmogelijkheden genoemd:

Ongedifferentieerde marktbenadering

1 De situatie van *ongedifferentieerde marktbenadering*: de onderneming gaat bij haar strategiekeus voorbij aan het bestaan van segmenten. Deze marktbenaderingskeus is relevant voor die ondernemers in het midden- en kleinbedrijf die door de beperkte omvang van de lokale markt gedwongen zijn zich op deze gehele markt te richten.

Gedifferentieerde marktbenadering

2 De situatie van *gedifferentieerde marktbenadering*: de onderneming gaat bij haar strategiekeus uit van het bestaan van meer segmenten in haar markt en heeft hiervoor een marketingmix per segment. Een voorbeeld hiervan is het plaatselijke schildersbedrijf dat individuele bedrijven, woningbouwverenigingen en particulieren als afnemer (opdrachtgever) heeft en dat zich bovendien richt op zowel het schilderwerk voor de nieuwbouw als op het schilderwerk voor het onderhoudswerk. Per PMC is er een aparte invulling van de marketingmix.

Ook bij e-business kan sprake zijn van de gedifferentieerde marktbenaderingskeus. Voor marketeers bij deze bedrijven is het belangrijk te weten hoe hun afnemers tegenover het gebruik van internet staan.

Zo onderscheidden Swinyard en Smith in 2005 vier soorten internetshoppers:
- de ervaren computergebruikers die internetshoppen leuk en nieuw vinden;
- de enthousiaste computergebruikers die het internet voor van alles gebruiken en veel via internet uitgeven;
- de mensen die moeite hebben met internet en die internetshoppen verschrikkelijk vinden, de achterdochtigen;
- de zakelijke, vakkundige computergebruikers die online de beste kwaliteit voor de beste prijs inkopen.

Veronderstel dat een bedrijf ervoor kiest zich te richten op zowel de ervaren computergebruikers als de achterdochtigen, dan kan binnen één bedrijf de situatie ontstaan dat er voor de ervaren computergebruikers een e-business met het internet als distributiekanaal inclusief een eigen marketingmix is en voor de achterdochtigen een fysiek offline bedrijfsgebeuren met als verkoopkanaal de showroom of de fysieke winkel, ook inclusief een aparte marketingmix.

Geconcentreerde marktbenadering

3 De situatie van *geconcentreerde marktbenadering*: de onderneming gaat bij haar strategiekeus uit van één door de onderneming te bewerken *nichesegment* en heeft haar marketingmix geheel op de wensen van dit segment gericht. De situatie van geconcentreerde marktbenadering valt samen met de focusstrategie voor een nichemarkt of met de situatie dat de nichemarkt zich in een niet-bestaande concurrentieruimte bevindt. In de situatie van geconcentreerde marktbenadering kan de onderneming vooral gezien worden als een verzameling van kernvaardigheden die voortdurend door bijscholing ontwikkeld en gebruikt moeten worden om tot een superieure en unieke prestatie te komen. In de loop van het bestaan van een bedrijf bouwt men kennis en routine op die uniek is en die tegelijk moeilijk imiteerbaar is. Een mooi voorbeeld hiervan is het internetbedrijf Bencom met negen vergelijkingssites voor de sectoren telecom, energie en hotels en dat zich richt op een niet-bestaande markt. Een ander voorbeeld is een exclusief interieurbouwbedrijf in Zuid-Nederland dat zich alleen richt op kapitaalkrachtige huizenbezitters. Een derde voorbeeld van geconcentreerde marktbenadering is het bedrijf Aerialtronics, bouwer van drones en beschreven in voorbeeld 3.6.

In de toe te passen marketingmix moet erop toegezien worden dat:
- de gebruikte instrumenten van de marketingmix ten opzichte van elkaar consistent zijn;
- de instrumenten tezamen een harmonisch geïntegreerd geheel vormen;
- elk instrument van de marketingmix zo effectief mogelijk wordt gebruikt;
- de te bereiken marktsegmenten van de doelgroep (de marktbenaderingskeus) vooraf nauwkeurig in de strategiekeus omschreven zijn;
- de inhoud en de uitstraling van de marketingmix steeds voldoen aan de kenmerken van het afnemersperspectief;
- de inhoud van de marketingmix in overeenstemming is met de in de onderneming aanwezige sterke punten en met de kritieke succesfactoren;
- de marketingmix voor de onderneming via de KSF's een unieke persoonlijkheid op de markt creëert of een nieuwe niet-bestaande concurrentieruimte schept en tegelijk de onderneming beschermt tegen de voor haar aanwezige concurrentiekrachten;
- er binnen het bedrijf ook aandacht voor de online marketingactiviteiten is. Op verzoek van het vakblad *Mix-online* inventariseerde in het voorjaar van 2014 retailspecialist Arjen Bonsing de online activiteiten van de Nederlandse bouwmarkten en vergeleek deze met de prestaties van buitenlandse soortgenoten. Bonsing stelde in de presentatie van zijn resultaten:

'De webshops van de Nederlandse bouwmarkten bieden geen toegevoegde waarde boven sites als Bol.com, Coolblue en Wehkamp.nl, die ook klusspullen verkopen. Zoek je een accuboormachine op de website van een bouwmarkt, je krijgt er 32 te zien en je moet je spullen komen ophalen in de winkel. Bij Amazon 1100 soorten en vergezeld van betere informatie en vaak tegen betere prijs. Daarnaast leveren ze binnen een dag, terwijl deze optie bij veel bouwbedrijven niet bestaat. Coolblue met driehonderd webshops en zeven fysieke winkels waar alles te koop is van elektronica, telecom, witgoed, sportartikelen tot kookartikelen, bezorgt zeven dagen per week en op het door de koper gewenste tijdstip. Branchegenoten Leroy Merlin in Frankrijk en Lowe's uit de Verenigde Staten zorgen dat ze relevant voor hun doelgroep blijven door toegevoegde waarde te bieden. Zij bieden klanten online uitgebreide reviews van producten, video's met praktische klushulpen en bovenal: heel veel inspiratie om te klussen.'

4.2 Aanbodsegmentatie, marktsegmentatie en strategische allianties

De afzet van ondernemingen bestaat uit consumptiegoederen, diensten, investeringsgoederen, agrarische goederen en intermediaire leveringen. Gelet op de af te zetten goederen en diensten is een onderneming offline en/of online werkzaam op de consumentenmarkt en/of de industriële markt en/of de agrarische markt. Bij de meerderheid van de bedrijven in het midden- en kleinbedrijf staat het bevredigen van de behoefte van de consument centraal, maar ook het oplossen van problemen bij afnemers.

Een groot aantal ondernemingen is op de industriële markt werkzaam en heeft zich gespecialiseerd in het oplossen van problemen bij het bedrijfsleven. Agrarische ondernemingen zijn zowel op de consumentenmarkt als op de industriële markt te vinden. Voor een groot aantal van deze ondernemingen wordt de te ontvangen verkoopprijs op de markt van de volkomen mededinging bepaald door het spel van vraag en aanbod en is de te ontvangen verkoopprijs voor hen een niet-beheersbare meso-omgevingsfactor. Agrarische ondernemers kennen daardoor een zeer hoge prioriteit toe aan het operationele productieproces waarin gezonde kwaliteit en tegelijk relatief lage productiekosten centraal staan. Voor FloraHolland heeft dit streven bij zijn kwekers grote gevolgen.

> 'FloraHolland met bijna 4.000 coöperatieleden (kwekers) stelt voor 2014 vast dat steeds meer handel met de afnemer (groothandelaar, exporteur en winkelketen) buiten de veiling om plaatsvindt en via de computer wordt gedaan. Kopers zien de kwaliteit van verhandelde waar via de computer. Keurmeesters die steekproefsgewijs de kwaliteit van de aangeboden bloemen en andere waar controleerden, zijn nu overbodig. Het betekent dat FloraHolland steeds vaker weinig anders meer doet dan de financiële afwikkeling en het garanderen van de betaling. In kwekerskringen wordt dan ook druk gepraat over de in de nabije toekomst te volgen weg voor FloraHolland.'

Casus 4.2 beschrijft deze.

CASUS 4.2 FLORAHOLLAND HAALT HEILIGE HUISJES NEER

FloraHolland, de grootste bloemenveiling ter wereld, gaat de komende jaren op de schop. De agrarische coöperatie gaat het systeem van veilen wijzigen, stelt het lidmaatschap open voor meer partijen, trekt de promotie en marketing van de sierteeltsector helemaal naar zich toe en gaat de bedrijfskosten drastisch verlagen.

De ingrepen zijn nodig omdat bij ongewijzigd beleid de bloemenveiling structureel verlieslatend wordt. Bij het overleg over de plannen is met veel stakeholders gesproken, inclusief het bankenconsortium.

Jaarlijks wordt er voor €4,4 mrd aan bloemen en planten verhandeld op de veilingen van FloraHolland. Maar de vraag naar specifieke diensten zoals logistieke ondersteuning en klokveilen, neemt af. Het traditionele verdienmodel wankelt.

Daarom houdt de directie ook de immense vastgoedportefeuille van de coöperatie tegen het licht.

Dat blijkt uit de nieuwe strategie 2020, die FloraHolland de afgelopen maanden heeft geformuleerd. De komende tijd worden de plannen besproken op een groot aantal regiobijeenkomsten voor de leden. Begin december moet dan de nieuwe strategie zijn vastgelegd.

Een koerswijziging is onontkoombaar. De nieuwe topman Lucas Vos schuwt niet om tegen heilige huisjes aan te schoppen, zoals de bestaande regels rond het lidmaatschap van de coöperatie. Uit gesprekken met de leden, werknemers en klanten van de coöperatie blijkt dat er veel wantrouwen bestaat over de intenties en de koers van de bloemenveiling. 'Er heerst veel ontevredenheid en verwarring bij onze klanten, leden en medewerkers', zegt directievoorzitter Vos in een toelichting. 'De handelaren hebben het gevoel dat wij op hun stoel willen gaan zitten. Dat wij nieuwe diensten gaan ontwikkelen, waarmee wij de concurrentie aangaan met de handel. Dat gaan we niet doen.'

De analyse die de veiling heeft gemaakt van de verwachte marktontwikkelingen tot 2020, geeft de noodzaak van veranderingen aan. Het aantal telers dat gebruikt maakt van de veiling, nu nog circa 6800 ondernemers, zal krimpen naar een niveau van 4000. En minstens zo belangrijk is dat de consument in Nederland en daarbuiten minder geld uitgeeft aan bloemen en planten. De oude slogan 'bloemen houden van mensen' doet minder opgeld. De consumentenbestedingen voor bloemen en planten in Europa zijn gedaald van €30 mrd in 2009 naar €29 mrd vorig jaar.

Vos: 'De sierteeltsector vindt dat de vraag juist moet worden aangewakkerd en is bereid daarvoor te betalen. Daar willen wij graag een hoordrol in spelen.' De huidige promotie en marketing van Nederlandse bloemen is versnipperd. Er is weinig geld beschikbaar, mede door het wegvallen van de productschappen. FloraHolland wil het voortouw nemen in de promotie en met extra miljoenen van de leden en klanten de internationale verkoop stimuleren.

Een heikel punt in de plannen is nog het vastgoed van de coöperatie. Omdat de klokverkopen teruglopen en er door de teler steeds meer direct wordt verkocht aan de handel en supermarkten, zit de veiling veel te ruim in de jas. FloraHolland beschikt over een handvol vestigingen (Aalsmeer, Naaldwijk, Rijnsburg, Bleiswijk en Eelde), goed voor circa tweeënhalf miljoen m^2 aan vastgoed. Het kantoor in Bleiswijk staat al te koop, nu er niet meer wordt geveild op deze locatie. Zullen er meer locaties worden gesloten? Directievoorzitter Vos wil niet op die discussie vooruitlopen.

Ook het veilproces zelf gaat veranderen. 'Er wordt nu drie uur per dag geveild, in de vroege ochtend en op alle veilingen tegelijk. Dat willen we veranderen, bijvoorbeeld door landelijk te gaan veilen of eerst de bloemen en dan pas de planten. Of door ook vanaf de tuin van de kweker al te gaan veilen. Er moet wat gebeuren. Hoe gaan we marktplaats van de toekomst inrichten?' Door natuurlijk verloop verdwijnen jaarlijks al enkele honderden banen. Vos sluit gedwongen ontslagen niet uit. De toetredingsregels verruimd om het onderschap van de leden binnen de vereniging te stimuleren. Nu geldt dat alleen telers lid kunnen worden. 'Dat is niet meer van deze tijd', zegt Vos. 'Het onderscheid tussen kweker en klant is vervaagd.'

Straks wordt het lidmaatschap van de coöperatie opengesteld voor 'aanbieders van sierteeltproducten'. Dat houdt in dat telers die nu alles direct verkopen – dus buiten de veilingklok om – ook lid kunnen worden. Net als handelsbedrijven die een deel van hun assortiment aanbieden op de veiling. Bij FloraHolland hoopt men dat het ledental, nu 4500, dan weer gaat stijgen.

Bron: Het Financieele Dagblad, 29 september 2014

Ondernemingen die op meerdere markten (de consumentenmarkt, de industriële markt en de agrarische markt) werkzaam zijn, passen *duale marketing* toe. Duale marketing heeft als nadeel dat bij het ontbreken van een duidelijke marktafbakening de duale marketing tot verwarring en verkeerde

Duale marketing

interpretatie bij afnemers en leveranciers leidt. In de volgende subparagrafen wordt kort ingegaan op aanbodsegmentatie, marktsegmentatie en strategische allianties.

4.2.1 Aanbodsegmentatie

Aanbodsegmentatie

Soms kiezen bedrijven voor een ongedifferentieerde marktbenadering. Zij passen *aanbodsegmentatie* toe. Men brengt dan unieke producten en diensten op de markt die van elkaar verschillen in kwaliteit, uitvoering, grootte en prijs en men hoopt dat een groep afnemers een voorkeur voor hun assortiment ontwikkelt. Zo heeft het management van het luxe koffiemerk Nespresso zelfs de overtuiging dat niemand van de concurrentie dicht bij haar Nespresso-kwaliteit komt. Het unieke van dit product zit deels bij de gebruikte kwaliteit koffiebonen van vaste leveranciers, en het zit ook in zijn expertise om innovaties door te voeren, met nieuwere en betere smaken te komen, nieuwe productietechnologieën te ontwikkelen en dit alles ondersteund met goede marketingcampagnes. Het grote verschil met de directe concurrentie is het ontbreken van dit luxemerk op het overvolle winkelschap van de supermarkt en het hierdoor ontlopen van de concurrentie. Het bedrijf onderhoudt zijn relatie met klanten via eigen winkels (boutiques) en via internet. Ook André Rieu's Wiener Melange is een voorbeeld van aanbodsegmentatie en richt zich door radicaal te innoveren op een niet-bestaande markt. Deze vorm van differentiëren in beide voorbeelden is uitvoerbaar dankzij de beschikbare resources en capabilities.

Differentiëren is in een wereld waarin de merkentrouw afneemt en waarin de houdbaarheid van innovaties door het kopieervermogen van de concurrentiekrachten drastisch is teruggelopen, minder vanzelfsprekend. Ondernemingen die nog steeds geen marktgerichte bedrijfscultuur kennen, zijn in het verleden vaak vanuit een technische en agrarische achtergrond ontstaan. Ondanks dit niet-marktgericht werken streven vooral deze industriële bedrijven naar hechte en langdurige relaties met kopende en verkopende ondernemingen (zie paragraaf 4.2.3).

4.2.2 Marktsegmentatie

Marktsegmentatie

Het grootste deel van de bedrijven hanteert het marketingconcept. Hiervoor splitsen zij hun markt in een aantal deelmarkten of segmenten. *Marktsegmentatie* is het opdelen van de totale heterogene markt in kleine, homogene segmenten met als doel het verkrijgen van een specifiek gericht marketingbeleid per segment. Een *marktsegment* is een homogene groep afnemers met gemeenschappelijke behoeften, problemen, een gemeenschappelijk koopgedrag en andere gemeenschappelijke kenmerken. Gemeenschappelijke behoeften komen tot stand onder invloed van publicaties in massamedia, demografische omstandigheden, levensstijlkenmerken en gebruiksgedrag.

Segmentatiecriteria

Bij het toepassen van marktsegmentatie wordt gebruikgemaakt van de *segmentatiecriteria*, zoals de socio-economische en de demografische kenmerken, de levensstijlen, de behoeften, de besluitvormingsmodellen, de mate van merkentrouw, de mate van gevoeligheid voor de marketingmixinstrumenten prijs en service, de mate van het gebruik van internet, de conversiescore en de levenscyclusfase van de webshopbezoeker, de benefits, etc. Bij *benefietsegmentatie* segmenteert men de markt naar mogelijke voordelen (KSF's en de frontliniefuncties) die de afnemers van de producten en diensten ervaren en meer in het bijzonder de mate waarin de product- en dienstenkenmerken aan de behoeften, de afnemerswaarde en de levensstijl voldoen.

Benefietsegmentatie

Uit een onderzoek dat Research International deed, kwam naar voren dat het niet persoonskenmerken zijn zoals inkomen, sociale status, waarden, normen of levensovertuiging die gedrag sturen, maar juist productkenmerken en meer in het bijzonder de mate waarin die productkenmerken menselijke behoeften vervullen. Uiteindelijk kwamen de onderzoekers zo tot een vijftiental 'universele' behoeften. In volgorde van belangrijkheid: 1) je goed voelen; 2) veiligheid; 3) respect; 4) vrijheid; 5) individualiteit; 6) kennis; 7) liefde; 8) controle; 9) erbij horen; 10) plezier; 11) aantrekkelijk; 12) leiderschap; 13) jezelf verwennen; 14) harmonie; 15) traditie. Welke behoeften in het gedrag dominant zijn, hangt volgens het onderzoeksbureau af van de factoren plaats en tijdstip, respectievelijk gelegenheid. Voor ieder merk is het de kunst uit te zoeken op welke momenten en bij welke productkenmerken het scoort en vervolgens in welke behoeften het voorziet.

Segmentatiecriteria voor de marktsegmentatie van de *industriële markt* kunnen zijn: de demografische kenmerken van de bedrijven (zoals de bedrijfstak, het aantal bedrijven in de bedrijfstak, de splitsing van het aantal naar de grootte van de onderneming en het type vestigingsplaats), de interne bedrijfsproceskenmerken (zoals de gebruikte productietechnieken en materialen), de plaats van de onderneming in de bedrijfskolom, het niveau van automatiseren, percentages van de offline en online processen en de inkoopkenmerken (zoals de online verbinding met leveranciers, de ordergrootte, de leveringseisen, de functie van het ingekochte in het bedrijfsproces, de lengte van het inkoopproces, enzovoort).

Vooral voor de bedrijven in het midden- en kleinbedrijf en werkzaam op een kleine, lokale en regionale markt, is het noodzakelijk dat permanent en periodiek gecontroleerd wordt of marktsegmentatie nog economisch verantwoord is. Immers, elk segment moet aan de volgende *segmentatiecriteria* voldoen:

- Het segment is voldoende groot.
- De grootte van het segment is meetbaar.
- Het segment is 'technisch' bereikbaar.
- Binnen het segment is sprake van homogeniteit.
- Tussen de segmenten onderling is sprake van heterogeniteit.
- Het segment is bewerkbaar.

Segmentatiecriteria

Voldoet een lokale en regionale markt niet aan deze segmentatiecriteria, dan is de ondernemer gedwongen tot een strategie van *ongedifferentieerde marktbenadering*. De onderneming gaat in deze situatie bij haar strategiekeus voorbij aan het bestaan van segmenten.

Ongedifferentieerde marktbenadering

Bij de implementatie van de *marktsegmentatieaanpak* kan het volgende *stappenplan* gebruikt worden:
Stap 1: de afbakening van de markt;
Stap 2: het verkrijgen van inzicht in de verschillen in behoeften, afnemerswaarde en in de wensen van potentiële kopers in de consumentenmarkt en/of in de industriële markt;
Stap 3: het maken van een voorlopige segmentindeling op basis van deze verschillen;
Stap 4: het elimineren van gelijke kenmerken die in alle segmenten voorkomen;
Stap 5: het vaststellen van de definitieve segmenten;

Marktsegmentatieaanpak

Stap 6: het eventueel nog verzamelen van aanvullende gegevens;
Stap 7: het kwantificeren van de segmenten met cijfers over het aantal afnemers en over de beschikbare financiële middelen.

Voordelen van marktsegmentatie

Voor de onderneming zijn voordelen van marktsegmentatie:
- meer kennis in de marktomgeving, in de op te lossen problemen en de te bevredigen behoeften inclusief de hiervoor benodigde technieken;
- meer bewust van de eigen KSF's en KBF's;
- innovaties meer in overeenstemming met de voorkeuren van de afnemers per segment;
- het tijdig ontdekken van relevante trends en ontwikkelingen in de marktomgeving;
- het vinden van een juiste tijdsplanning voor het verzenden van externe communicatieboodschappen zowel offline via de massamedia als online via de sociale media, internet, e-mails, enzovoort.

Marktsegmentatie kan het management benaderen vanuit zijn totale markt, en deze totale markt vervolgens met de segmentatiecriteria verdelen in segmenten. Ook is het mogelijk om bij marktsegmentatie uit te gaan van de individuele afnemer en vervolgens met de segmentatiecriteria te zoeken naar mogelijke afnemers met gelijksoortige kenmerken in het marktgebied. *Marketingintelligence* kan hierbij een hulpmiddel zijn. Het omvat het verzamelen, vastleggen en analyseren van gegevens over de gehele bedrijfskolom om betere marketingbeslissingen mogelijk te maken.

Marketingintelligence

Customer Relationship Management

Via *Customer Relationship Management (CRM)* kan nog beter op het gedrag en de wensen van de afnemers worden ingespeeld. Het doel van CRM is het creëren van een centrale databaseafdeling in de onderneming die alle afnemersinformatie vastlegt, opslaat en vasthoudt. De medewerkers moeten hiervoor alle signalen die zij van afnemers vernemen, gestructureerd via de door de marketingafdeling vastgestelde regels aan de databaseafdeling melden. Vervolgens bewerkt de databaseafdeling de informatie, zodat deze uiteindelijk weer bij de medewerkers in een zodanige vorm terugkomt dat afnemers door de medewerker effectiever kunnen worden bediend. Het werken met CRM brengt belangrijke veranderingen binnen de onderneming met zich mee. Het systeem moet zodanig functioneren dat het personeel steeds die informatie kan krijgen, die noodzakelijk is om de afnemer later met toepasbare oplossingen van dienst te kunnen zijn. In dit verband besteedt CRM ook steeds meer aandacht aan de sociale media. Via deze sociale media wordt het mogelijk het online gedrag van kopers en gebruikers te volgen. Via *online communities* en met behulp van een platform van deelnemers wordt bijvoorbeeld onderling over bepaalde thema's – zoals de ervaringen met een bepaald merk – gecommuniceerd. Ook via Google, cookies van bezochte sites, sociale netwerken en apps op de smartphone laten gebruikers een breed spoor van informatie achter. Al deze gegevens op internet maken het voor bedrijven steeds gemakkelijker hun afnemers te vinden. Zoekopdrachten via Google geven aan waarin de gebruiker geïnteresseerd is en dat is kostbare informatie voor adverteerders. Banken willen graag adverteren op pagina's met resultaten voor de zoekterm 'hypotheek'. Adverteerders kopen die ruimte door te bieden op zoekwoorden. Soms wordt betaald per aantal 'bezichtigingen'. Zelfs als alleen op een website naar een bepaald product is gekeken maar dat niet gekocht wordt, wordt de zoeker voor dat product op andere internetpagina's achtervolgd. Cookies

Online communities

worden ingezet om het surfgedrag van een zoeker te volgen en daar advertenties aan te koppelen. Casus 4.3 beschrijft een methode om te voorkomen dat veel minder gegevens van een zoeker op internet gaan rondzwerven.

CASUS 4.3 'IEDERE CONSUMENT KRIJGT EEN EIGEN DIGITALE PLEK'
Persoonlijke data hebben zo veel waarde, dat is niet in geld uit te drukken.'
Marcel van Galen is een van de initiatiefnemers van Qiy, dat begin volgend jaar live gaat. Qiy wil elke consument een eigen digitale plek geven waar hij zelf de controle heeft over zijn persoonlijke gegevens. De ambities zijn groot, gelet op de grote bedrijven en instanties die bij Qiy zijn betrokken.
'Nu moet je bij veel partijen je persoonsgegevens inleveren. Banken, verzekeraars, overheid, webwinkels. Die krijgen jouw gegevens en bewaren ze, terwijl ze maar een fractie van die gegevens nodig hebben, meestal alleen maar om bevestigd te krijgen dat je ook echt bent wie je zegt te zijn. In de huidige situatie heb jij een abonnement bij een bedrijf. Dat draaien we om. Het bedrijf neemt een abonnement op jou. De consument bepaalt wie hij toelaat en welke gegevens ze mogen gebruiken.'
Qiy creëert voor de gebruiker een centraal knooppunt voor zijn persoonlijke data. Die data zijn gevalideerd. Bedrijven kunnen er dus op vertrouwen dat ze kloppen.
'Per keer dat een bedrijf informatie nodig heeft, bijvoorbeeld een adres, leeftijd of rekeningnummer, krijgt het toestemming van de gebruiker om die gegevens via zal Qiy te checken. De bedrijven krijgen jouw gegevens niet meer in eigendom. Ze gebruiken ze alleen, met jouw goedkeuring.'
Volgens Van Galen zal Qiy ervoor zorgen dat er veel minder persoonsgegevens op internet gaan rondzwerven. 'Nu moet je van de ene site naar de andere site om je gegevens in te vullen. En je laat overal sporen achter.' Hij verwacht dat de grotere bewustwording bij internetgebruikers van de waarde van hun eigen gegevens ook tot een andere benadering door adverteerders leidt. 'Als consument kan ik straks beslissen welke gegevens ik wel of niet deel. Het huidige commerciële model van internet is niet houdbaar. Vertrouwen wordt op internet een steeds groter issue. Bedrijven willen een relatie opbouwen met hun klant. Dat is iets anders dan hem bestoken met advertenties.'

Bron: Het Financieele Dagblad, 24 mei 2014

4.2.3 Strategische allianties

Met de keuze van één of meer segmenten kiest de onderneming haar afnemers, haar toeleveranciers, haar concurrenten, haar substituten, haar distributiestructuur en de kans op mogelijke toetreders in haar (lokale) markt. Deze vorm van marktbenadering bepaalt mede de bedrijfsomgeving van de onderneming.
Naast het marktsegmentatieconcept staat vooral bij de industriële ondernemingen, een aantal agrarische en dienstverlenende ondernemingen met aanbodsegmentatie, het streven naar een netwerk van persoonlijke relaties met toeleverende en afnemende ondernemingen centraal. Deze *strategische allianties* hebben de volgende voordelen:

- Tevreden afnemers zijn loyale afnemers en ze vertalen deze loyaliteit in meer aankopen, in meer cross-selling-aankopen en in positieve recommandatie bij collega-ondernemers.
- Tevreden afnemers motiveren het management en het personeel.

Strategische allianties

Voordelen strategische allianties

- Tevreden afnemers zorgen voor klantenbinding en sluiten de kans op mogelijke concurrenten uit.
- Tevreden afnemers stimuleren innoverend werk.
- Het brede netwerk van persoonlijke relaties zorgt voor het binnenhalen van nieuwe afnemers.

Uiteindelijk leidt dit netwerk van contacten tot:
- het uitwisselen van ervaring en informatie
- het oplossen van onverwachte problemen
- het vergroten van de eigen status
- het verkrijgen van gunstige innovatiereferenties
- het verkrijgen van extra afzet

Het opbouwen van een netwerk van persoonlijke relaties door de onderneming vraagt onder meer om het lidmaatschap van ondernemersorganisaties en beroepsverenigingen, het bezoeken van sportevenementen met informele lunches, en het bijwonen van congressen en vakbeurzen.

De strategische allianties zijn voor de niet-consumentverzorgende ondernemingen pure noodzaak. Door de groeiende concurrentie binnen de Europese Unie, de toenemende ingewikkeldheid van de techniek en de steeds kortere levenscyclus van producten en diensten moeten ondernemingsinvesteringen in innovaties in een kortere periode worden terugverdiend. Vandaar dat steeds meer industriële bedrijven de nadruk leggen op het aanbieden van geïntegreerde probleemoplossingen waarin een combinatie van product en hoogwaardig advies met een netwerk van flexibele relaties centraal staat. Als autonoom bedrijf in deze transparante en efficiënt denkende markt wordt het onmogelijk de beste oplossing te bieden. Altijd zijn er ondernemingen die delen van de probleemoplossing beter kunnen verzorgen. Strategische allianties met andere ondernemingen zijn hiervoor noodzakelijk. Zo geeft het streven naar meer operationele samenwerkingsvormen met enkele toeleveranciers de onderneming extra kerncompetenties om de beheersbaarheid van haar productieproces te verbeteren. De hiervoor geselecteerde leveranciers worden door de hechte en langdurige relaties strategische partners voor de onderneming. Het realiseren van meer toegevoegde waarde, meer kwaliteit in de productinnovatie en lagere logistieke kosten kunnen hiervan het gevolg zijn. Outsourcing in dit verband geeft daarentegen een andere technische invulling voor slechts een deel van de probleemoplossing. De uiteindelijke oplossing bij outsourcing is niet meer dan de som van de deeloplossingen. In een netwerkrelatie staat de beste oplossing centraal. Het netwerk is er één van wisselende spelers, zeker als de onderneming het beste wil aanbieden. Een beperking hierbij is dat elk netwerk de tijd moet krijgen voor onderlinge afstemming om optimaal te functioneren.

Het netwerk van persoonlijke contacten is pas realiseerbaar zodra:
- de ondernemingen het gemeenschappelijk belang van hechte en langdurige relaties en samenwerking inzien;
- er geen sprake is van tegenstrijdige belangen;
- de hechte en langdurige relaties de beide partijen voldoende voordelen geven.

Aan hechte en langdurige relaties zijn ook nadelen verbonden, zoals een te grote afhankelijkheid van de leverancier, het gevaar van (mentale) overheersing door één van de persoonlijke relaties, het gevaar van communicatieproblemen en verlies van bepaalde deskundigheid en vaardigheid bij outsourcing.

Uiteindelijk maken het marketingconcept en het netwerk van persoonlijke contacten het positioneren van de onderneming in het voortstuwingsproces tussen leveranciers en afnemers beter zichtbaar, met als uiteindelijk doel het leveren van extra afnemerswaarde. Het is de verantwoordelijkheid van het topmanagement en de marketingafdeling, die er vervolgens voor moet zorgen dat alle afdelingen van de onderneming marktgericht en klantengericht werken en tegelijk voortdurend geïnformeerd blijven over veranderende gebruikssituaties bij de afnemers.

4.3 Industriële marketing: van acquirerende marketing naar relatiemarketing

De industrie had altijd veel belangstelling voor de *acquisitiemarketing*. Het werven van nieuwe afnemers stond hierin centraal. De inkopen van de zakelijke gebruiker waren (en zijn nog steeds) in feite aankopen van productiemiddelen. Het inkoopproces was (is) dan ook een essentieel onderdeel van het bedrijfsproces. Het is zelfs bij ingewikkelde koopbeslissingen (bij de leverancier de verkoopbeslissing) onwenselijk dit besluit door één persoon te laten nemen. Vandaar de sleutelrollen van de *Decision Making Unit (DMU)* en de *Problem Solving Unit (PSU)* in dit industriële koop- en verkoopproces. Nog steeds zijn de industriële en dienstverlenende ondernemingen zich bewust van het belang van vaste afnemers en vaste toeleveranciers. Interne marketing, relatiemarketing, marktgerichtheid en marketingintelligence zijn kernbegrippen voor de industriële marketing.

Acquisitie-marketing

Problem Solving Unit

Marketingintelligence betekent voor de industriële onderneming:
1 het verzamelen van informatie over de gehele bedrijfskolom waardoor de machtsverhoudingen binnen de bedrijfskolom, de problemen, wensen en verwachtingen van de directe afnemers, maar ook de wensen en verwachtingen van de afnemers van achterliggende markten zichtbaar worden; deze informatie heeft het management nodig voor het *incrementeel of radicaal ontwikkelen* van specifieke afnemersgerichte uitvoeringen van producten, diensten en productiemiddelen;
2 het doorspelen van de via Customer Relations Management verzamelde informatie naar alle medewerkers binnen de onderneming. Het gehele bedrijf moet marktgericht werken.

Marketing-intelligence

Relatiemarketing heeft betrekking op het ontwikkelen, het behouden, het versterken en zelfs het afbouwen van zakelijke relaties. Strategische allianties zijn er een voorbeeld van. Twee andere begrippen die uit deze relatiemarketing voortvloeien zijn accountmanagement en relatiemanagement.
Accountmanagers zijn werknemers die de belangen van een leverancier of afnemer binnen het eigen bedrijf behartigen, maar bij die leverancier of afnemer opkomen voor de belangen van het eigen bedrijf. Accountmanagement wordt toegepast op leveranciers en afnemers waarbij een langdurige relatie wordt nagestreefd.
Relatiemanagers zijn werknemers die ervoor zorgen dat er met leveranciers, vermogenverschaffers, familieleden van de werknemers, afnemers, etc. goede

Relatiemarketing

Account-managers

Relatiemanagers

persoonlijke relaties worden opgebouwd of afgebouwd. 'Vrienden doen meer voor je dan onbekenden.'

De interne marketingaanpak naar het personeel is soms belangrijker dan de externe marketingbenadering naar de afnemer.

Interne marketing

Interne marketing is het proces van planning en uitvoering van marketingactiviteiten door de marketingafdeling, die er vervolgens voor moet zorgen dat alle afdelingen van de onderneming marktgericht en klantengericht werken en tegelijk voortdurend geïnformeerd blijven over veranderende gebruikssituaties bij de afnemers. HRM zorgt ervoor de bijdrage van de werknemers in het bedrijfsproces te versterken. Bij personeelswerving ziet HRM erop toe dat de nieuwe werknemer hieraan een positieve bijdrage levert en dat de juiste personen op de juiste plaatsen in dit bedrijfsproces komen.

De industriële, dienstverlenende en agrarische ondernemingen vertonen bij hun aankopen een totaal ander koopgedrag dan de consumenten. Aankoopbeslissingen door de bedrijven worden bepaald door rationeel gebonden *koopmotieven* zoals het prestatievermogen, de te ontvangen aanvullende diensten vóór, tijdens en na de koopbeslissing, de hoogte van de kosten gedurende de totale levenscyclus van het productiemiddel, de blijvende betrokkenheid van toeleveranciers en het bestaan van een Decision Making Unit en Problem Solving Unit. Daarnaast zijn ook persoonsgebonden redenen, zoals de behoefte aan status, vriendschap en het netwerk van persoonlijke relaties, koopmotieven.

Inkoopportfolio-analyse van Kraljic

Kraljic heeft voor een effectief zakelijk inkoopproces zijn *inkoopportfolio-analyse* ontwikkeld. In deze portfolio werkt hij met twee dimensies, de 'extra te verwachten winstbijdrage' en het 'leveringsrisico van de inkoop'. Hij onderscheidt vier categorieën producten en diensten:

Niet-kritieke producten en diensten
- de *niet-kritieke producten en diensten* met een lage extra te verwachten winstbijdrage en een laag leveringsrisico. Aan de inkoop van deze categorie wordt weinig tijd besteed.

Hefboomproducten, -diensten
- de *hefboomproducten, -diensten* met een hoge extra te verwachten winstbijdrage en een laag leveringsrisico. Aan deze inkoop wordt veel aandacht besteed en er zijn veel gelijksoortige leveranciers voor deze producten. De inkoopmacht voor de aankoop van deze producten en diensten ligt dan ook bij de kopende partij.

Knelpuntproducten, -diensten
- de *knelpuntproducten, -diensten* met een hoog leveringsrisico omdat de macht hier bij de verkopende partij ligt. Langdurige inkoopcontracten en het aanleggen van extra voorraden zullen noodzakelijk zijn.

Strategische producten
- de *strategische producten*. Voor beide partijen is het bij deze categorie gewenst goede strategische allianties met elkaar te hebben, opdat er voor zowel de kopende als verkopende partij een win-winrelatie ontstaat. De verkopende partij wenst een gegarandeerde omzet en de kopende partij wenst leveringszekerheid.

Het zakelijk inkoopproces bij de laatste drie categorieën producten en diensten van Kraljic bestaat uit de fasen probleemherkenning, informatie verzamelen over leveranciers, evaluatie van mogelijke inkoopalternatieven, de feitelijke inkoop en evaluatie na inkoop. De structuur en de lengte van het inkoopproces zijn afhankelijk van de inkoopsituaties van:

New task buying
- *new task buying* (*initiële vraag*), het *uitgebreid probleemoplossend aankoopgedrag (UPO)*, vaak ondersteund door een DMU en een PSU, bij knelpuntproducten en -diensten en strategische producten;

- *modified rebuy* (*economische vervangingsvraag*, het *beperkt probleemoplossend aankoopgedrag (BPO)* bij hefboomproducten en -diensten;
- *straight rebuy* (*routinematige vervangingsvraag*), het *routinematig aankoopgedrag (RAG)*, bij niet-kritieke producten en diensten.

Bij grote aankoopsommen (de knelpuntproducten, -diensten en de strategische producten) in een 'new task buying'-situatie moet het management van de kopende onderneming dringend geadviseerd worden te werken met de *Decision Making Unit (DMU)* en de bottom-upbenadering. De deelnemers in de DMU zijn werknemers van verschillende afdelingen van de kopende onderneming; zij vervullen hierin de functie van gebruiker, beïnvloeder, beslisser en koper. Van de vertegenwoordiger (de accountmanager) van de leverancier mag worden verwacht dat hij de vaardigheid heeft om vast te stellen welke personen deel gaan uitmaken van de DMU, wat hun rol in het koopproces zal zijn en welke voordelen zij van de aankoop mogen verwachten. In een kleine onderneming zullen deze rollen in één persoon (de ondernemer) samenvallen. Ook bij RAG-aankopen en soms bij BPO-aankopen zal één persoon al deze rollen in het koopproces vervullen. Vaak zal het bij zeer grote aankoopsommen in een 'new task buying'-situatie zelfs wenselijk zijn dat de leverancier met een vanuit zijn onderneming samengestelde *Problem Solving Unit (PSU)* het inkoopproces ondersteunt. Ook de leden van deze PSU zijn van verschillende afdelingen van de leverancier afkomstig. Afhankelijk van de hoogte van de aankoopsom en de complexiteit heeft de vertegenwoordiger de mogelijkheid een beroep te doen op specialisten. Het installeren van een DMU en een PSU betekent zodoende meer deskundigheid en meer professionalisering in het inkoop- en verkoopproces.

In de volgende subparagrafen komen de *vier instrumenten van de marketingmix (4 P's)* van ondernemingen in de industriële marketing aan orde, te weten 'Product en dienst', 'Prijs', 'Plaats van vestiging en distributie', en 'Promotie en communicatie'.

4.3.1 Het product of de dienst als instrument van de marketingmix

Voor de meeste ondernemingen in de industriële marketing is het product of de dienst het belangrijkste marketinginstrument. Het product of de dienst is het instrument om problemen bij afnemers op te lossen. In tegenstelling tot het product is de dienst vaak ontastbaar. Door dit overwegend ontastbare karakter van diensten is het voor de industriële en dienstverlenende onderneming onmogelijk de dienst als het 'product' te laten zien. Het voor aankoop van de dienst gewenste beeld van de waarde en van de kwaliteit van de dienst is zodoende vooraf niet weer te geven.

Diensten zijn vergankelijk. Ze zijn niet op voorraad te produceren. Als in een dienstverlenende onderneming de beschikbare uren om diensten te verlenen niet gebruikt worden, zijn deze beschikbare uren voor de onderneming voor altijd verloren.

Ondanks de gelijksoortigheid van de verleende diensten kan het resultaat ervan zeer heterogeen zijn. Dit komt doordat voor, tijdens en na het verlenen van diensten er vanuit de onderneming veel interacties tussen werknemers zijn en elke werknemer hierin zijn eigen professionele kwaliteit, integriteit en betrokkenheid inbrengt. Soms is er een zekere mate van medewerking vanuit de afnemer gewenst. Door aan de dienst tastbare componenten toe te voegen wordt de dienst voor de afnemer meer beheersbaar. Diensten worden meer vertrouwensaankopen wanneer tastbare elementen zoals het interieur en het exterieur van het hotelgebouw, de kleding van het personeel en het type personenauto een rol in het imago van de dienst vervullen, en op die manier de mate van niet-tastbaarheid van de dienst voor de afnemer enigszins verkleinen.

De groei van de vraag naar meer industriële dienstverlening als zelfstandig product is mede veroorzaakt door de concentratie bij de ondernemingen op hun kernactiviteiten, door de zeer snelle technische ontwikkelingen, door de zeer ingewikkelde regelgeving in de samenleving en in het internationale betalingsverkeer, door het ontbreken van bepaalde kennis, enzovoort.

De te leveren prestaties van de meeste industriële diensten worden doorgaans bij de afnemer en volgens zijn wensen geproduceerd. Door deze sterke overheersing van de persoonlijke inbreng bij de industriële dienstverlening, worden de vier P's bij de industriële dienstverlenende ondernemingen (de vier instrumenten van de marketingmix) vaak met enkele P's uitgebreid, te weten:
- de P van de kwaliteit van het Personeel;
- de P van Procesmanagement; ook de industriële dienstverlenende ondernemer moet ervoor zorgen dat de dienst continu en met een constante kwaliteit beschikbaar is;
- de P van Presentatie met behulp van fysieke middelen (zoals het uniform van het personeel).

De industriële dienstverlenende ondernemingen moeten zodoende opereren op basis van:
- praktische ondersteuning en gemak
- professionele kwaliteit en integriteit
- permanente ontwikkeling
- persoonlijke en emotionele ondersteuning
- passende psychische en lichamelijke belasting

Een matige levering van een dienstenprestatie kan voor industriële dienstverlenende ondernemingen 'dodelijk' zijn en tot klantenverlies leiden. Het selectief werven en het permanent scholen van het personeel van de dienstverlenende onderneming is dan ook de fundamentele basis voor een succesvolle afzet van diensten als zelfstandig 'product'.

In het kader van het product komen achtereenvolgens aan de orde: productniveaus, productontwikkeling en producteliminatie. Ten slotte wordt de paragraaf afgesloten met een behandeling van het merk en het merkmanagement.

Productniveaus
Evenals de producten van de consumentenmarkt kent ook het industriële product drie niveaus:
- het *fysieke product*;
- het *uitgebreide product*; dit omvat een aantal aan het fysieke product toegevoegde eigenschappen zoals imago, merk, levertijd, adviezen, garantie, technische ondersteuning voor, tijdens en na de levering en klachtenbehandeling;
- het *totaalproduct* in termen van de door de afnemer verwachte prestaties van het product en/of dienst, om zijn problemen op te lossen of zijn

behoeften te bevredigen (de afnemerswaarde, de verwachte frontliniefunctie van de afnemer, de KSF's).

Het aanbieden door de industriële en dienstverlenende onderneming van aanvullende diensten als onderdeel van het uitgebreide product wordt steeds belangrijker. Hierbij kan gedacht worden aan:
- de aanvullende diensten voorafgaande aan de koopbeslissing, zoals het deskundig advies van de PSU en het verstrekken van gedegen en leesbaar informatiemateriaal;
- de aanvullende diensten tijdens en direct na de koopbeslissing, zoals het scholen van het personeel van de afnemer, het installeren en de leverbetrouwbaarheid;
- de aanvullende diensten na de koopbeslissing, zoals het leveren van onderdelen, het snel verhelpen van storingen en onderhoud.

Ook het assortiment van de industriële en dienstverlenende onderneming wordt gekenmerkt door de dimensies breedte, diepte, consistentie en hoogte. Het relatiebeheer van dit type onderneming is vervolgens bepalend voor de omvang van de breedte van het assortiment.
Verbreding van het assortiment heeft meer verschillende productgroepen (PMC's) tot gevolg, terwijl *verdieping van het assortiment* tot meer keuzemogelijkheden per productgroep (PMC) leidt.

Verbreding van het assortiment

Verdieping van het assortiment

Productontwikkeling en adoptie nieuw product
In de hoofdstukken 1, 2 en 3 is reeds aandacht besteed aan innovatie. Het ontwikkelen van nieuwe producten en diensten is meestal het resultaat van goede relaties met innovatieve gebruikers, leveranciers en van toegepast incrementeel innoveren. Zeer succesvol zijn die bedrijven die over kernvaardigheden beschikken om radicaal te innoveren. *Radicaal innoveren* is het ontwikkelen van producten en diensten voor markten die op dat moment niet bestaan en waarmee de concurrentie ontlopen wordt. Intensieve samenwerking met afnemers en leveranciers tijdens het incrementeel en/of radicaal ontwikkelen van een nieuw product of nieuwe dienst heeft zowel voor de leverende (producerende) als voor de afnemende onderneming voordelen, zoals:

Radicaal innoveren

- het op tijd informeren over de behoefte aan het nieuwe product of de dienst, over tekortkomingen in de gebruikssituatie en over het waarom;
- het ontwikkelen van een product (of dienst) dat beter aansluit bij de specifieke situatie en wensen van de afnemer of dat voor een nieuwe nietbestaande markt bestemd is;
- het verkorten van de productontwikkelingsperiode;
- het beschikken over een referentieonderneming voor de afzet van het nieuwe product of de dienst;
- het bedingen van exclusiviteit door de afnemer;
- het erop toezien dat de productontwikkeling overeenkomstig de strategiekeus in het eigen bedrijf plaatsvindt.

Het *succes van productontwikkeling*, productinnovatie, is afhankelijk van factoren zoals:
- de mate waarin het nieuwe product of de dienst uniek is; (Is er sprake van volledig nieuwe producten of diensten voor markten die op dat moment nog niet bestaan, of zijn het slechts verbeteringen? Is er sprake van radicaal innoveren of slechts van incrementeel innoveren?)

Succes van productontwikkeling

- de marketinginspanningen om het nieuwe product of de dienst bekend te maken;
- de keuze van de te gebruiken distributiekanalen;
- de ondersteuning met aanvullende diensten tijdens de introductiefase;
- het toegewezen budget aan financiële middelen voor eventuele ondersteuning;
- de reactie van concurrenten en mogelijke reacties in massamedia en sociale media;
- het aantal zichtbare gebruikersvoordelen en het gebruiksgemak;
- de in het bedrijf aanwezige technische en commerciële kennis en vaardigheid;
- de houding van de overheid om het nieuwe product of de dienst te beschermen;
- de strategische alliantie met zowel de leveranciers als de gebruikers;
- de inlevingsvaardigheid;
- de adoptie en diffusie.

Adoptie en diffusie van het nieuwe product

Belangrijk voor het succes van incrementele en radicale productontwikkeling is de wijze van *adoptie en diffusie van het nieuwe product* of de nieuwe dienst door mogelijke afnemers. Zeer zorgvuldig geformuleerde en leesbare informatie over de gebruiksmogelijkheden, de wijze van aanpassing van het nieuwe product/dienst aan de specifieke situatie van de afnemer, de mogelijke bijscholing van het 'bedieningspersoneel' van de afnemer en de wijze van het voorkomen en het oplossen van opstartproblemen na aankoop zijn bepalend voor de adoptiesnelheid bij de afnemers.

Publicaties over nieuwe technologische ontwikkelingen in de massamedia, verwachtingen met betrekking tot mogelijke concurrentie van substituutproducten en -diensten en de complexiteit van het nieuwe product en de dienst kunnen de adoptiesnelheid bij mogelijke afnemers afremmen.

Adoptie

Adoptie betreft de vier fasen in het acceptatieproces die de afnemer doorloopt, voordat 'iets nieuws' een plaats in het behoefteschema van de afnemer heeft verkregen. De fasen van het adoptieproces zijn:
1 De afnemer wordt door publicitaire acties bewust gemaakt van het bestaan van het nieuwe product of de nieuwe dienst.
2 De afnemer overweegt bij een eventuele aankoop de voordelen en de nadelen.
3 De afnemer heeft al of niet de intentie tot aankoop.
4 De afnemer besluit tot herhalend gebruik of is teleurgesteld met de innovatie.

Diffusie

Diffusie geeft de snelheid aan waarmee 'iets nieuws' door de markt wordt afgenomen. Door het netwerk van persoonlijke relaties tussen ondernemingen in de bedrijfstak, door beursdeelname aan bedrijfstakvakbeurzen, door promoties en door een op de opinieleiders afgestemd communicatieplan (voor universiteiten, hogescholen en massa- en sociale media) kan elke industriële en dienstverlenende onderneming het diffusieproces positief bevorderen. Een voorbeeld: voor de uitvinding van efficiënte blauwlichtdiodes die energiebesparende witte verlichting maken, is in 2014 de Nobelprijs voor de natuurkunde toegekend. De door de markt zeer snel geaccepteerde nieuwe ledlamp maakt het technisch mogelijk dat licht gekoppeld wordt met digitaal dataverkeer. In een supermarkt kan het ledlampje de klant straks attent maken op de laatste aanbiedingen.

Producteliminatie

Producteliminatie bij de industriële en dienstverlenende onderneming, als resultaat van de positionering in het 'dog'-kwadrant van de portfolioanalyse, omvat het vaststellen in het assortiment van slecht verkopende producten en diensten, het onderzoek van mogelijke oorzaken en het uitvoeren van het producteliminatie ofwel saneringsbesluit. Een ander belangrijk eliminatiecriterium voor het te nemen saneringsbesluit is het reeds beschikken over een nieuw product of een nieuwe dienst voor een nieuwe niet-bestaande markt of een verbeterd product of een verbeterd dienst voor de bestaande markt. Het grote succes van de nieuwe ledlamp valt extra op, omdat het traditionele 'peertje' moest verdwijnen. Maar het 'peertje' is nog steeds voor vele MKB-bedrijven een belangrijke inkomensbron.

Producteliminatie

Merken en merkmanagement

Omdat met merken meer vertrouwen te creëren is, meer status aan het product of de dienst verleend kan worden, het product of de dienst zich hierdoor duidelijker onderscheidt van concurrenten, en merken tegelijk de afzet voor de producten en diensten op de markten stimuleren, maken ook de industriële en dienstverlenende ondernemingen gebruik van het merk. Merkenbekendheid is dan ook een belangrijk (immaterieel) activum. Een merk vervult zowel voor, tijdens als na het aankoopproces de functie van kwaliteitszekerheid en betrouwbaarheid. Een grote merkenbekendheid en een positieve houding ten opzichte van het merk maken het offline en online gemakkelijker om klanten te werven en te behouden. Het management van elk sterk merk weet dat geïnteresseerden in zijn merk ook zeer nieuwsgierig zijn in innovaties en zelfs bereid zijn erover te schrijven. Internet en de sociale media staan vol met dergelijke recensies en beoordelingen.
G. Franzen omschrijft het *merk* als volgt:

Merk

> 'Een netwerk van functionele en emotionele associaties tussen elementen in het geheugen van de consument.'

Voorbeelden van functionele associaties zijn het gebruiks- en kijk-gemak, verfrissend, sportief en van emotionele associaties, status, trendy, design, innovatief, plezier, verbondenheid en bevrijdend.

Met behulp van een *merknaam* inclusief logo heeft de onderneming in haar markt haar reputatie opgebouwd. Het gebruik van de naam van de onderneming als merknaam en als familiemerk is hiervoor een uitstekend instrument. In het eerste halfjaar van 2014 wist het merk Jumbo zijn omzetcijfers op te voeren mede door de WK-actie met sparen voor de 'juichpakken' van de tv-bekendheid Roy Donders, 'de stylist van het Zuiden'.
In veel landen is een eenmaal gekozen merknaam inclusief logo door de handelsnaam(merk)wetgeving beschermd. Zolang de onderneming haar operationele bedrijfsactiviteiten blijft ontplooien en verkopen, zorgt deze wetgeving voor een juridisch monopolie voor onbepaalde tijd en kan de onderneming ten opzichte van haar concurrentiekrachten spreken van een concurrentievoordeel op de lange duur. Concurrenten wordt het verboden het merk en/of het logo te voeren, als dit verwarring bij en misleiding van belanghebbenden van de onderneming (afnemers, leveranciers, financiële relaties, pressiegroepen, werknemers en andere zakenrelaties) kan veroorzaken.

Merknaam

Merken hebben het vermogen belanghebbenden te voorzien van prettige en niet-prettige ervaringen. Door de snelle informatie op internet hebben pressiegroepen zelfs de mogelijkheid veel negatieve informatie over de onderneming te verspreiden. Websites en sociale media stellen deze pressiegroepen in staat klachten over een merk en/of logo aan elke belanghebbende in de markt kenbaar te maken. Vrijwel alles wat de onderneming in haar markt doet of zegt, roept positieve of negatieve associaties op bij de belanghebbenden. De pressiegroepen krijgen hierdoor een commerciële macht om concurrentievoordelen van de ondernemingen in hun markt te breken, te maken of te bevestigen. Eén van de websites – de merksites – heeft zelfs als doel de bestaande merkfuncties van merkkennis, merkpositionering, merkpropositie en merkperceptie te vergroten. De propositie staat voor wat afnemers of gebruikers zien als de kern van het product of de dienst (de kwaliteitszekerheid, de reputatie). Bij de perceptie gaat het om de subjectieve waarneming en ervaring door het segment. Bij offline producten en diensten moet men hiervoor met de merken adverteren in massamedia en zorgen voor veel publiciteit.

Casus 4.4 beschrijft andere belangrijke functies van het merk voor bedrijven. Wat hierin beschreven wordt, geldt des te meer voor MKB-bedrijven. Ook deze bedrijven hebben in hun lokale markt in crisisjaren een merknaam te verdedigen. En in crisisjaren hebben MKB-ondernemers de neiging hierop te bezuinigen, terwijl goed merkmanagement dan juist vraagt om extra in het merk te investeren.

> **CASUS 4.4 CONCERNS MAKEN HUN MERKEN NU AL KLAAR OM TE PROFITEREN VAN TOEKOMSTIGE GROEI**
>
> Grote fabrikanten van verpakte consumentengoederen laten een goede crisis niet ongebruikt voorbijgaan. Ze tasten in hun diepe zakken om meer reclame en promotie te maken. Daarmee kapen ze marktaandeel weg van kleinere concurrenten. Andere zien zich genoodzaakt op die manier de autonome groei weer op gang te helpen of maken hun bedrijf klaar voor als de groei weer inzet.
>
> Uit een rondgang langs negen grote adverteerders blijkt dat zes daarvan in 2009 – tegen de stroom in – de marketingbestedingen hebben verhoogd. Eén van die negen, repenfabrikant Mars, wil het niet zeggen en twee andere hielden de bestedingen op peil. Dankzij lagere mediatarieven waren hun advertenties evenwel vaker op radio, televisie en internet en in kranten. Hun uitingen vielen bovendien meer op omdat veel van hun kleinere concurrenten minder geld hadden om hun geluid te laten horen.
>
> De meeste adverteerders investeren extra in marketing om marktaandeel te winnen. Procter & Gamble, dat zegt de bestedingen op peil te houden, laat weten nu misschien meer te hebben kunnen doen met beschikbaar geld. 'De historische analyse is dat merken die blijven investeren in hun marketing, gedurende de recessie de winnaars na de recessie zijn. Het gaat nu goed met de business, maar we verwachten dus nog meer opbrengst in de nabije toekomst.'
>
> Unilever ging een stapje verder en heeft de uitgaven voor reclame en promotie in 2009 wereldwijd met meer dan €300 mln verhoogd, bijna een procent. 'Het gaat om meer en betere campagnes achter betere producten. Dat zouden we niet doen als het niet zou resulteren in een hoger marktaandeel',

laat het bedrijf weten. 'Begin 2009 wonnen we marktaandeel in ongeveer een derde van onze omzet en op het einde van het jaar was dat al bijna twee derde.'

Nog wat luidruchtiger rammelt het rijke Nestlé, 's werelds grootste levensmiddelenconcern, met de beurs. Het afgelopen jaar stegen de investeringen in de merken over het algemeen meer dan 10%, laat woordvoerder Ferhat Soygenis weten. Dat is voor een deel boven op de lagere advertentiekosten waar ook Nestlé van heeft kunnen profiteren. Het Zwitserse bedrijf investeert om te voorkomen dat zijn merken verzwakken, maar ook omdat er meer innovaties waren en consumenten meer informatie willen over hun eten. Maar de succesvolste producent van verpakte consumentengoederen van de afgelopen zeven jaar is niet Unilever, Procter & Gamble of Nestlé. Het is het minder besproken Reckitt-Benckiser. De verkoper van schoonmaakhulpjes van Cillit Bang en van Airwickluchtverfrissers sluist de helft van de groei in brutomarge door naar de marketingpot.

En haalt daarmee al zeven jaar een betere groei in omzet en winst dan concurrenten. In het voor Reckitt uitstekende 2009 gingen de mediabestedingen met 6% omhoog naar 11,1% van de netto-omzet. De 13% groei van de omzet was grotendeels te danken aan de investeringen in de 17 grote merken en productintroducties, zei topman Becht daar vorige maand.

Fabrikanten van consumentenproducten kopen omzet, zegt Erik Nanninga, partner van Deloitte Consumer Business. Hun omzet is gemiddeld met 4,8% gestegen, terwijl de winstgevendheid meer dan een derde omlaag ging: van 7,6% naar 4,8%. Dat betekent dat fabrikanten en retailers het prijswapen inzetten. 'Het gaat er bij merkfabrikanten om of ze in de categorie ten minste de nummer een of twee zijn. Dan verdien je geld.'

Van elke euro omzet geven de fabrikanten volgens Deloitte een kwartje uit aan reclame en promoties.

In 2008, toen consumenten kostenbewuster werden, sluisden ze daarvan meer naar handelspromotie (17 cent). 'Je mag verwachten dat die trend in 2009 niet positiever is geworden', zegt Nanninga. 'Maar we zitten wel op een omslagpunt: er gaat weer meer geld naar merkondersteuning. Alle merkfabrikanten zorgen ervoor dat ze genoeg merkkracht hebben als de groei weer inzet.'

De grote jongens drukken daarbij de kleintjes weg. De honderd grootste adverteerders in Nederland verhoogden hun totale bestedingen in 2008 en 2009 met respectievelijk 2% en 3,4%, blijkt uit de bruto bestedingscijfers van onderzoeksbureau Nielsen. De totale bruto mediabestedingen daalden vorig jaar daarentegen €193 mln.

Hogere marketinguitgaven zijn soms noodzakelijk omdat de autonome groei weer omhoog moet. Bij Wessanen is sprake van een 'relevante verhoging', in de woorden van vice-president corporate communication Carl Hoyer. Die is nodig om een merk als Beckers verkoopklaar te maken. Het krokettenmerk past niet meer in de nieuwe focus op biologische voeding, maar moet nodig opgeknapt worden. Ook voor de biologische merken, zoals Zonnatura of Tartex in Duitsland, zijn reclame en promotie onmisbaar om de omzet in Europa te verdubbelen.

Unilever, Heineken en Procter & Gamble redeneren dat de consument juist in een recessie een zetje nodig heeft om hun producten te kopen. Heineken blijft investeren om het marktaandeel op peil te houden, Philips om er zeker van te zijn dat het niet uit beeld verdwijnt bij de consument, en C&A zegt meer te willen opvallen op tv en op straat. 'Dat is bedrijfsstrategie en heeft

niets te maken met de crisis', zegt Maiko Slegtenhorst. 'Maar het werkt wel door de crisis, want zendtijd is goedkoop.'
Het is altijd belangrijk om merkwaarde op te bouwen – recessie of niet – aldus het marketingteam van Unilever. 'Maar als de mediatarieven zo laag zijn als nu, krijgen we meer waar voor ons geld. Juist in tijden dat het economisch lastig is, moeten merken zichtbaar zijn en door reclame en promotie worden ondersteund. Mensen die minder te besteden hebben, denken wel twee keer na voor ze iets kopen. Het is nodig dat als we onze producten verbeteren, we ook de marketing verstevigen.'

Bron: Het Financieele Dagblad, 9 maart 2010

Het resultaat van de wijze van merkprofilering in de markt is een gezamenlijke aangelegenheid voor de gehele onderneming. Elke medewerker moet het nut van het merk kennen en dit affectief accepteren. In contracten met afnemers, leveranciers en andere zakenrelaties moet elke werknemer bereid zijn zich te gedragen op een wijze die consistent is aan de beeldvorming van het merk. Ook bij personeelswerving moet de ondernemer erop toezien dat de nieuwe werknemer hieraan een positieve bijdrage kan leveren. *Het menselijke gezicht van de onderneming* is medebepalend voor de beeldvorming van het merk bij belanghebbenden. Verwaarlozing van dit menselijke gezicht kan uiteindelijk voor elke strategiekeus fataal zijn. Merkmanagement moet dan ook impact hebben tot in de ziel van de onderneming en niet beperkt blijven tot de afdeling Marketing. Het merk wordt naast instrument van de producent voor merkprofilering ook gezien als een kapstok van alle positieve en negatieve indrukken bij de koper of de gebruiker.

Het menselijke gezicht van de onderneming

Voor het merkmanagement staan drie *merkstrategieën* ter beschikking:
1 het *corporate merk*, het *familie-* of *paraplumerk*;
2 het *unieke merk* per product of dienst of PMC;
3 de combinatie van het familiemerk met het unieke merk.

Corporate merk
'Familiemerk'
Paraplumerk
Uniek merk

Het gebruikmaken van een *familiemerk* bevordert de effectiviteit van promotie-inspanningen, maar het beperkt de mogelijkheden voor het aanbrengen van eventuele verschillen in kwaliteit, imago en prijs.
Voordelen van de strategie van een *uniek merk* is de mogelijkheid om bij gedifferentieerde marktbenadering met afzonderlijke merken per segment te werken en de mogelijkheid tot het afwentelen van risico's bij het op de markt brengen van nieuwe producten en diensten onder een nieuw uniek merk. Indien een onderneming kiest voor de merkenstrategie van unieke merken, zal het grote aantal unieke merken de overzichtelijkheid in het assortiment verminderen, zal het tot hogere promotiekosten per uniek merk leiden en zal het veel langer duren voordat de investering per uniek merk terugverdiend is. Grote bedrijven zoals Unilever en Philips werken daarom met combinaties van het familiemerk en het unieke merk. Het corporate merk vervult dan op de achtergrond een ondersteunende rol voor de unieke product- en dienstenmerken.

4.3.2 De prijs als instrument van de marketingmix
In vergelijking met de consumentenmarkt is het vaststellen van de prijs voor de producten en diensten op de industriële markt een zeer complex proces.

Voor de afnemer is de *prijs* het verschil tussen de door de afnemer ervaren en gewaardeerde voordelen minus de kosten gedurende de hele gebruiksduur van het nieuw aan te schaffen product of dienst of productiemiddel, de afnemerswaarde. Voor veel industriële producten en productiemiddelen bestaan deze kosten naast de aankoopprijs ook uit bedrijfskosten voor het gebruik en het onderhoud gedurende de hele gebruiksduur.

Prijs

Voor de leverancier is zijn verkoopprijs van groot belang voor zijn te realiseren omzet, voor zijn kostendekking en voor de te realiseren winst.

De relevantie van prijs op de industriële markt wordt medebepaald door:
1 de hoogte van de omschakelkosten bij verandering van toeleverancier (*switchingkosten*);
2 de geaardheid van het product en de dienst; bij *homogene producten en diensten* is de hoogte van de prijs vaak de doorslaggevende factor voor de aankoopbeslissing; bij *heterogene producten en diensten* is de hoogte van de prijs door de aan het product en de dienst toegevoegde specifieke eigenschappen voor de aankoopbeslissing minder relevant;
3 de prijsgevoeligheid van het product en de dienst;
4 de fase van de levenscyclus;
5 het type afnemer;
6 de bij de introductie van het nieuwe product gekozen prijstactiek van *skimming pricing* of van *penetratiepricing* (zie tabel 4.1);
7 de aanwezigheid van concurrentiekrachten;
8 het niveau van strategische allianties met de toeleverancier en met de afnemer;
9 de ingewikkeldheid van het bij de afnemer op te lossen probleem;
10 het doel dat met de prijsstelling nagestreefd wordt.

Switchingkosten

Homogene producten en diensten

Heterogene producten en diensten

Skimming pricing
Penetratiepricing

De technisch georiënteerde en dienstverlenende industriële ondernemingen gebruiken de kosten als basis voor het vaststellen van de prijshoogte, de *kostengeoriënteerde prijsvaststellingsmethode*. Zo leiden extra transportkosten door de geografische spreiding van de afnemers tot verschillende prijzen voor eenzelfde product of dienst. Zijn deze prijsverschillen het gevolg van kostprijsverschillen, dan is er sprake van *prijsdifferentiatie*. Zo is bij elke adviseur bijvoorbeeld het aantal voor de cliënt en voor een opdracht gewerkte uren de basis voor het te declareren factuurbedrag. Bij de kostengeoriënteerde prijsstellingsmethoden kan de prijs gebaseerd zijn op de integrale kostprijs vermeerderd met een winstopslag of de prijs wordt gefixeerd op de variabele kosten per eenheid (direct costing) vermeerderd met een brutomarge. Naast het kostenonderscheid in vaste en variabele kosten is het ook mogelijk de bedrijfskosten te splitsen in directe kosten en indirecte kosten. Een moderne kostengeoriënteerde prijsstellingsmethode is de *Activity-Based Costing*. De Activity-Based Costing, de *ABC-methode*, onderscheidt zich van bovenstaande twee methoden door de wijze waarop zij met de toerekening van de indirecte kosten omgaat. De ABC-methode let niet op de productie-, en afzetvolumes, maar rekent de indirecte kosten toe op basis van de mate waarin gebruik wordt gemaakt van bepaalde ondersteunende bedrijfsactiviteiten en afdelingen. Bij de ABC-methode worden alle werkzaamheden in een onderneming opgesplitst in een groot aantal activiteiten die als oorzaak voor het ontstaan van indirecte kosten worden gezien. Voor meer detailinformatie over de thema's integrale kostprijs, direct costing en de ABC-methode wordt verwezen naar het onderdeel bedrijfseconomie van de administratieve opleidingen.

Kostengeoriënteerde prijsvaststellingsmethode

Prijsdifferentiatie

Activity-Based Costing

ABC-methode

Vraaggeoriënteerde prijsvaststellingsmethode

Gesegmenteerd prijsbeleid

Bij de *vraaggeoriënteerde prijsvaststellingsmethode* is er per afnemer of per afnemerssegment een gesegmenteerd prijsbeleid. Bij dit *gesegmenteerde prijsbeleid* zijn vooraf alle segmenten, inclusief hun afnemerswaarde, goed gedefinieerd, maar ook duidelijk ten opzichte van elkaar onderscheidend. Zo hebben luchtvaartmaatschappijen verschillende ticketprijzen voor de businessclassreizigers en voor de economyclassreizigers, maar niet veroorzaakt door kostenverschillen. Beide reizigersgroepen kennen nu een verschillende afnemerswaarde en zijn daardoor als twee verschillende segmenten te identificeren. Zijn deze prijsverschillen voor het product of dienst niet op kostprijsverschillen gebaseerd, dan is er sprake van *prijsdiscriminatie*. Bij easyJet gaat het er zelfs niet om wat individuele klanten betalen, maar om de totale opbrengst (verdienmodel) voor een vlucht te maximaliseren.

Prijsdiscriminatie

Prijsdiscriminatie

J. Bateson onderscheidt in zijn boek *Managing Services Marketing* vijf voorwaarden waaraan *prijsdiscriminatie* moet voldoen:
- Er moeten verschillende afnemerswaarden per segment zijn.
- Elk segment moet voldoen aan de segmentatiecriteria: voldoende groot zijn, een meetbare omvang hebben, en 'technisch' bereikbaar zijn. Ook moet binnen het segment sprake zijn van homogeniteit, terwijl er tussen de segmenten onderling sprake is van heterogeniteit.
- Elk segment moet bewerkbaar zijn.
- De potentiële kopers/gebruikers mogen geen toegang tot lagere of hogere segmenten hebben.
- Voor potentiële kopers/gebruikers mag prijsdiscriminatie geen verwarring opleveren.

Gesegmenteerd prijsbeleid

De Vries Jr. en Van Helsdingen stellen in hun boek *Diensten Marketing Management* dat *gesegmenteerd prijsbeleid* gebaseerd moet zijn op:
- *kopersidentificatie per segment*. Goed marktonderzoek is hiervoor nodig om per segment informatie te verkrijgen over de mate van prijsgevoeligheid.
- *de locatie van aankoop*. Het switchen van online winkelen naar offline winkelen kan veroorzaakt zijn door de lagere prijs.
- *het tijdstip van aankoop*. Chinese restaurants hebben vaak 's middags goedkope lunches en diners.
- *de aankoophoeveelheid*. Om de aankoophoeveelheid te beïnvloeden bieden bedrijven progressieve kortingen aan.
- *lidmaatschap*.
- *complementaire aankopen*. Ondernemingen proberen hun omzet te verhogen door tegelijk verschillende complementaire producten aan potentiële kopers en tegen aantrekkelijke prijs aan te bieden.

Concurrentiegeoriënteerde prijsvaststellingsmethode

Bij de *concurrentiegeoriënteerde prijsvaststellingsmethode* wordt de hoogte van de prijs bepaald door de prijsstelling van directe concurrenten. Maar de betekenis van de aanwezigheid van concurrenten voor de hoogte van de prijsvaststelling is mede afhankelijk van de marktvorm waarbinnen de industriële en dienstverlenende onderneming zich bevindt. Ook de betekenis van toetredingsdrempels in de bedrijfstak voor toetreders en de perceptie bij afnemers waarin het product dan wel de dienst zich in de ogen van hen onderscheidt van de concurrerende producten en diensten, kunnen de betekenis van de aanwezigheid van concurrenten in de prijsvaststelling versterken of verzwakken. De *me-too-pricing-prijstactiek* en *de prijstactiek in het volgen van de prijsleider* zijn twee voorbeelden van concurrentiegeoriënteerde prijsstellingsmethoden.

De *me-too-pricing prijstactiek* is een prijszettingsmethode waarbij voor een bepaald product of dienst dezelfde prijs wordt gevraagd als de (belangrijkste) concurrent voor dat product vraagt. In situaties van een onbetwiste prijsleider worden de prijzen gerelateerd aan die van de prijsleider, waarbij rekening wordt gehouden met kwaliteitsverschillen en mogelijke verschillen in gebruikte distributiekanalen.

Me-too-pricing prijstactiek

Bij de *geïntegreerde prijsvaststellingsmethode* is de hoogte van de prijs meestal een mix van kosten, de vooraf gemaakte afspraken met de afnemer en de prijs bij directe concurrenten. Bepalen de exploitatiekosten van de industriële en dienstverlenende ondernemingen de ondergrens van de prijs van een geleverd product of dienst, de bovengrens van deze prijs wordt bepaald door de door de afnemer ervaren waarde van de voordelen van het product of de dienst in zijn gebruikssituatie. Tijdens inkooponderhandelingen voor een te leveren product of dienst is de prijs naast de aanvullende condities één van de relevantste onderhandelingsthema's. Door het toestaan van kortingen aan afnemers is de prijs in de industriële marketing tevens een zeer flexibel marketinginstrument.

Geïntegreerde prijsvaststellingsmethode

Verkopen aan overheidsinstellingen is voor de industriële en dienstverlenende onderneming bij aanbesteding alleen realiseerbaar door aan te besteden. Bij deze aanbestedingen worden geselecteerde leveranciers uitgenodigd een schriftelijke offerte uit te brengen en deze is zeker gebaseerd op de mix van kosten, mogelijke te verwachten aanbestedingsprijzen van directe concurrenten en het hiervoor beschikbare overheidsbudget.

Soms komen er voor agrarische producten prijzen buiten de prijsstellingsmethoden om tot stand. In de Nederlandse economie is in dit verband het begrip *varkenscyclus* een ingeburgerde term. De kern van het begrip is het fenomeen van vraag en aanbod dat bij schaarste een product duurder wordt en dat bij een overschot de prijs daalt. Dat is een volstrekt normaal verschijnsel en het was geen toeval dat hier de term 'varkenscyclus' voor werd gebruikt. De varkensvleesmarkt was één van de weinige agrarische markten die niet door kunstmatige instrumenten (subsidies) werden gereguleerd, maar bepaald door een echte vrije markt op basis van vraag en aanbod. Door deze cyclus fluctueerde uiteraard het inkomen van de varkenshouders behoorlijk, na elke prijsdaling gooiden sommigen er het bijltje bij neer. Hierdoor bleven uiteindelijk de sterkere bedrijven over, en dat resulteerde in een sterkere varkenssector: zowel qua resultaten als qua vakmanschap behoren de Nederlandse varkenshouders al jaren tot de wereldtop.
Maar de laatste paar jaren veranderde de manier waarop de opbrengstprijzen voor de varkensboeren tot stand komen. Dit geldt echter niet alleen voor varkensvlees, maar ook voor andere agrarische producten. De prijs komt niet meer tot stand door een werkelijke weergave van vraag en aanbod, maar steeds meer door een geregisseerde vraag van een steeds kleinere groep inkopers van steeds grotere supermarktketens (de economische macht aan afnemerszijde). De door de landbouw- en tuinbouwbedrijven te realiseren opbrengstprijzen worden door deze inkopers geregisseerd en opgelegd. Ook proberen zij steeds meer invloed uit te oefenen op de productieomstandigheden in het boeren- en tuinbouwbedrijf. Van een *vraaggeoriënteerde prijsvaststellingsmethode* is hier dan geen sprake.

4.3.3 De distributie en de vestigingsplaats als instrument van de marketingmix

De agrarische markt, de consumentenmarkt en de industriële markt hebben bij hun distributiebeleid hetzelfde doel. Het luidt als volgt:
- met een minimum aan kosten de juiste producten en/of de juiste diensten in de juiste hoeveelheden, op het juiste moment en op de juiste plaats van de juiste leverancier te ontvangen;
- met een minimum aan kosten de juiste producten en/of de juiste diensten op het juiste moment, in de juiste hoeveelheden en op de juiste plaats aan de juiste doelgroep aan te bieden.

Voor de industriële markt betekent deze doelstelling:
- streven naar een maximale afzetbeheersing;
- streven naar lage distributiekosten;
- streven naar een optimale service en ondersteuning aan de afnemers en leveranciers.

Directe overbrugger

Indirecte overbrugger

Elke onderneming is ofwel als *directe overbrugger* ofwel als *indirecte overbrugger* in de bedrijfskolom werkzaam. Bij directe overbrugger wordt slechts gesproken over twee partijen, de producent en de afnemer. Bij indirecte overbrugger wordt de tussenhandel (groothandel en detailhandel) tussen producent en afnemer ingeschakeld. In het verleden legde bijna elk product en/of elke dienst een vrij lange weg af naar de finale afnemer. Tussen de *oerproducent* en de *finale afnemer* bevonden zich vele geledingen. Besluiten van de toeleverende en de afnemende bedrijven over de lengte van het distributiekanaal, de intensiteit van de distributie, het gebruik van internet, het type distribuant, de benadering van de distribuant, de samenwerkingsvormen, integratie, differentiatie, specialisatie en parallellisatie zullen voortdurend grote gevolgen blijven hebben voor het functioneren van de ondernemingen in deze bedrijfskolom.

Ook het gebruik van internet heeft grote gevolgen voor de distributie van producten en diensten. Voor de afzet van agrarische, industriële en consumptiegoederen wordt steeds vaker internet als distributiekanaal gebruikt. Steeds meer handel in bloemen vindt vanuit de afnemers (groothandelaar, exporteur en winkelketen) direct via de computer met kwekers plaats en de kwaliteit zien deze kopers ook via de computer. De fysieke aanwezigheid van een bank bij telebankieren is verdwenen, terwijl de betrokkenheid in dit bankproces bij beide partijen zeer groot is. Vakantiereizen worden via internet geboekt en de noodzakelijke reisbescheiden worden vervolgens per e-mail ontvangen.

In zijn algemeenheid zijn de industriële producten en diensten, in tegenstelling tot de goederen en diensten van de consumentenmarkt, via minder verkooppunten (selectieve of exclusieve distributie) verkrijgbaar.
Bij het inschakelen van deze distributieondernemingen moet de industriële en dienstverlenende onderneming steeds vanuit zowel de positie van de afnemers als vanuit de positie van haar leveranciers denken.
Op sommige industriële markten is het dankzij een goed functionerende ketenregie en het gebruik van online verbindingen mogelijk verschillende onderdelen voor de productie van finale producten en afkomstig van verschillende leveranciers door één onderneming tot één eindproduct te laten groeperen of assembleren.

Welke *distributiestructuur* de industriële en dienstverlenende onderneming kiest, wordt bepaald door factoren zoals: **Distributiestructuur**
- de distributiedoelstellingen van de onderneming en van haar bedrijfstak;
- de beschikbare distributiealternatieven;
- de geografische spreiding van de afnemers;
- de diversiteit in toepassingen van het product;
- het gebruik van internet;
- het koopgedrag van de afnemers; een geografisch grote markt met relatief vele kleine afnemers leidt tot het inschakelen van veel distributiekanalen (de 'lange' weg van indirecte distributie);
- de noodzaak tot technische ondersteuning na de verkoop door de complexiteit van het product of de dienst;
- de aard van het productieproces;
- de distributierandvoorwaarden, zoals de door de concurrenten toegepaste distributiestructuur en de eisen die de afnemers aan de levering, de verkrijgbaarheid en de ondersteuning stellen.

Het door een onderneming gekozen distributiebeleid per bedrijfstak en in de bedrijfskolom kan grote gevolgen voor de groothandelsbedrijven hebben. De kans op in- en uitschakeling van deze groothandel in de bedrijfskolom is afhankelijk van zijn bedrijfsstructuur, de complexiteit van het distributieproces, de te vervullen functies door de groothandel in het voortstuwingsproces en de vaardigheid van de groothandel om van de geboden kansen gebruik te maken. Ontwikkelingen die de kansen voor de groothandel tot inschakeling in het voortstuwingsproces vergroten, zijn:
- het streven naar minimalisering van de fysieke distributiekosten;
- het toenemend belang van het aanhouden van randassortimenten voor de consumentverzorgende onderneming;
- de moeilijke inkooporiëntatie voor de consumentverzorgende onderneming;
- de complexiteit van het logistieke gebeuren;
- de omvang van de Europese markt;
- de toepassing van internet in de distributie en de technische innovaties hierin.

In de dranken- en voedsellogistiek in Nederland zit veel beweging. Kleinere logistieke dienstverleners worden door kapitaalkrachtige (buitenlandse) ondernemingen overgenomen. Antvelink, één van de directeuren van Van Uden Logistics, zegt in *Het Financieele Dagblad* van 18 augustus 2014:

> 'Wij moeten zelf ook mee met het proces van schaalvergroting, om goederenstromen zo efficiënt mogelijk te kunnen distribueren. En we moeten meer toegevoegde waarde leveren, dieper de keten in. Niet alleen goederen vervoeren, maar ook verpakken en bestickeren. Het voorraadbeheer doen voor de klanten, de hele facturering. Die kant moeten we op. Met dat soort processen hebben wij al een begin gemaakt. Voor een aantal drankenproducenten doen wij al de gehele afhandeling van accijnzen.'

KSF's van de groothandel zijn: **KSF's van de groothandel**
- het niveau van strategische allianties binnen de bedrijfskolom en bedrijfstak;
- de consistente opbouw van het assortiment;

- het verleende dienstbetoon in de vorm van snelle overdracht van informatie aan zowel afnemers als leveranciers dankzij de telefax, de datacommunicatie, de electronic mail en de toepassing van computernetwerken;
- het meedenken over de product- en productieontwikkeling voor zijn vaste ondernemers;
- de verrichte werkzaamheden binnen de bedrijfskolom;
- de leverbetrouwbaarheid qua tijd, kwaliteit en kwantiteit;
- het in staat zijn direct in te spelen op de snel veranderende wensen van zijn afnemers en bij de consumenten;
- partnership met zijn leveranciers en met zijn consumentverzorgende ondernemers;
- de vestigingsplaats en de bereikbaarheid van de vestiging.

Door te kiezen en te investeren in een bepaalde distributiestructuur bindt de industriële en dienstverlenende onderneming zich voor lange tijd aan deze structuur. Maar door innovaties bij internet moet de gekozen distributiestructuur voortdurend geëvalueerd en eventueel aangepast worden.

Distributiebeleid

Het *distributiebeleid* omvat naast het management van de distributiekanalen ook de fysieke distributie binnen het eigen bedrijf en het identificeren van de vestigingsplaatsbepalende factoren voor de industriële en dienstverlenende onderneming.

Fysieke distributie binnen het eigen bedrijf is voor elke onderneming zeer belangrijk. Storingen in het materials-managementproces zullen elk operationeel plan doorkruisen. Alle mooie (strategische) programma's verliezen hun waarde als door het ontbreken van grondstoffen geen goederen worden voortgebracht, of als door stakingen in de havens de finale goederen niet in de winkels komen. Deelactiviteiten in dit proces zijn:
- de bestelprocedures
- de ontvangst van de goederen van de leverancier
- het voorraadbeheer
- de opslag en materials handling
- het verzamelen voor verkooporders
- het externe transport

Binnen elke deelactiviteit moet het management zoeken naar het verhogen van het serviceniveau voor zijn afnemers en zijn leveranciers, en naar het verlagen van het kostenniveau van het logistieke proces. Zoals in het *value chain-model* van Porter beschreven is, mag een deelactiviteit nooit als een afzonderlijke bedrijfsactiviteit worden gezien. Elke deelactiviteit moet steeds in de onderlinge samenhang met de andere deelactiviteiten van het logistieke proces worden uitgevoerd. De omzetsnelheid, het bestelniveau, de gewenste servicegraad aan de afnemers, de gebruiksgraad, de beschikbare magazijnruimte, de beschikbare financiële middelen om in voorraden te investeren, de bestelkosten en de kosten die samenhangen met het aanhouden van voorraden zijn prestatiemeetpunten die elk management kan gebruiken om een optimaal voorraadbeheer te realiseren.

Ondernemingen waarvan de afzet grotendeels bestaat uit industriële goederen, intermediaire leveringen, webverkopen en het verlenen van diensten bij afnemers hebben meer vrijheid in het zoeken van een vestigingsplaats.

Vestigingsplaatsbepalende factoren zijn:
- de omvang van de locatie en de hoogte van de vestigingsplaatskosten;
- de bereikbaarheid van de vestigingsplaats voor de toeleverende en de afnemende bedrijven;
- de inhoud van het bestemmingsplan;
- de woonplaats van de directeur-grootaandeelhouder dan wel van diens (voor)ouders;
- de functies van de vestigingsplaatslocatie (voor onder meer of een showroom of de kantoorruimte van het bedrijf of de opslagruimte van het schildersbedrijf);
- de aanwezigheid van dienstverlenende bedrijven;
- de toekomstige te verwachten verkeersdrukte in de omgeving van de te kiezen vestigingsplaats;
- het procentuele omzetaandeel van de webverkopen;
- uitbreidingsmogelijkheden;
- de vestigingsplaats van de afnemers;
- de beschikbaarheid van voldoende arbeid;
- de gemeentelijke industriepolitiek;
- het milieubeleid per gemeente;
- het beschikbare vermogen om in de vestigingsplaats te investeren;
- de samenstelling van het assortiment.

Vestigingsplaatsbepalende factoren

Een in 2008 door het Economisch Instituut voor het Midden- en kleinbedrijf verricht onderzoek over de vestigingslocatie leidt in de rapportage tot de volgende passage:

> 'Grootbedrijven en snelle groeiers kijken vaker vanuit strategisch oogpunt naar huisvesting en de kleinere, de middelgrote en de niet-groeiers vaker vanuit kostenminimalisatie. Grootbedrijven en de snelle groeiers zien de vestigingslocatie vaker als hun 'visitekaartje'. Ook hebben de kleinere bedrijven en de niet-groeiers vaak niet de middelen om 'strategisch' met hun huisvesting om te gaan, maar moeten zij hierbij 'op de kleintjes letten'. Niet groeien kan ook bewust een keuze zijn. Het kopen of huren van een pand blijkt een afweging die van veel andere factoren afhangt. Eén ervan is het beslag op (eigen) kapitaal dat het kopen van een bedrijfspand met zich meebrengt. Onder snelle groeiers bleek wel dat er een iets sterkere voorkeur voor huren was. Andere belangrijke vestigingsplaatsknelpunten bleken te zijn de wet- en regelgeving en de ruimtebeperking (kavelgrootte). Ruimte is in Nederland nu eenmaal een schaars goed.'

Ook financiële instellingen kijken bij het aanvragen van financiering voor een vestigingsplaats naar het trackrecord en de (groei)verwachtingen van het krediet aanvragende bedrijf.

4.3.4 Promotie en communicatie als instrument van de marketingmix

Communiceren tussen mensen onderling en tussen mensen en bedrijven bestaat al oneindig lang, alleen de manier waarop is vooral de laatste jaren enorm veranderd. Internet en sociale media maken het eenvoudiger, maar tegelijk ook ingewikkelder.

Communicatie is een ander deelgenoot maken van bepaalde informatie. Wie die ander kan zijn, is aangegeven bij de strategiekeus. Op strategisch niveau zijn al besluiten over de te bewerken segmenten uit doelgroep genomen.

Het communicatieproces omvat vier stappen: de communicatiedoelstellingen, de kanaalkeuze van offline of online, de implementatie van de communicatiemix en de feedback.

Het einddoel van de communicatie is mensen en bedrijven informeren en geïnteresseerden omzetten in kopers. Marketeers wensen daarnaast de houding van geïnteresseerden tegenover het product of dienst – inclusief het merk – positief te beïnvloeden en een eventuele negatieve houding te voorkomen. Een grote merkenbekendheid en trouw maken het gemakkelijker om afnemers te werven en te binden. Bij online communicatie moet er extra voor gezorgd worden dat het voor belangstellenden interessant is om naar de website van de aanbieder te gaan. Vervolgens hen motieven te geven om de website aantrekkelijk te vinden voor volgende bezoeken, met als resultaat de aankoop. Vanzelfsprekend wordt het einddoel uitgewerkt in operationele communicatiedoelstellingen. Voorbeelden zijn in de industriële markt: het streven naar een bepaalde merkenbekendheid, merkenvoorkeur, merkentrouw en het verbeteren van de productkennis bij mogelijke afnemers.

Met de komst van internet is veel veranderd in de wijze waarop bedrijven hun producten of diensten inclusief het merk onder de aandacht brengen. Een groot voordeel van internet is dat de resultaten van online reclamecampagnes goed te meten zijn en daardoor een snelle bijsturing van de communicatiemix mogelijk maken. Ook is er voor het opbouwen van een groter begrip en voor betere relaties met afnemers bij internet een scala aan kanalen, zoals de sociale media, persoonlijke pagina's en e-mails.

Twee belangrijke ontwikkelingen in het communicatieproces zijn het samengaan of in elkaar overlopen van verschillende media-instrumenten en de wijze van interactie met de geïnteresseerden. Via online communities en met behulp van een platform van deelnemers wordt bijvoorbeeld onderling over bepaalde thema's – zoals de ervaringen met een bepaald merk – gecommuniceerd.

Communicatiemix

De combinatie van gebruikte of te gebruiken communicatie-instrumenten om het einddoel van de communicatie te bereiken heet de *communicatiemix*. Deze bestaat uit de volgende instrumenten:
1 reclame in vakbladen, dagbladen, enzovoort
2 merchandising/winkelcommunicatie
3 persoonlijke verkoop
4 publiciteit
5 marketing/public relations
6 vakbeurzen en tentoonstellingen
7 sponsorreclame
8 direct-mailreclame/direct-marketingcommunicatie
9 sales promotion
10 reclame via internet en sociale media

Veel van de hiervoor genoemde communicatie-instrumenten kunnen ook online worden ingezet. Via e-mails en de website wordt tegenwoordig gebruikgemaakt van de communicatie-instrumenten: direct-mailreclame, direct-marketingcommunicatie, marketing/public relations in de vorm van het verspreiden per e-mail van nieuws, en sales promotion.

Maar nog steeds zijn er industriële en dienstverlenende ondernemingen die te weinig aandacht voor het promotie- en communicatie-instrument hebben, terwijl er wel een grote belangstelling is voor het netwerk van persoonlijke contacten in de bedrijfskolom en in de bedrijfstak.

Functies voor de communicatiemix van industriële en dienstverlenende ondernemingen zijn:
- het verstrekken van informatie aan afnemers, inclusief de DMU-leden;
- het identificeren van prospects uit de doelgroep;
- het aankondigen van de introductie van een nieuw product of een nieuwe dienst;
- het ondersteunen van de persoonlijke verkoop;
- het ondersteunen van de distributietussenhandel in het kader van de *pushpromotiestrategie*; (paragraaf 4.4.2)
- het bevorderen van de vraag vanuit de achterliggende markten in het kader van de *pullpromotiestrategie*; (paragraaf 4.4.2)
- het ontmoedigen van de directe concurrenten en toetreders door verkeerde marktsignalen af te geven.

Functies voor de communicatiemix van industriële en dienstverlenende ondernemingen

Pushpromotiestrategie

Pullpromotiestrategie

Op de industriële markt betekent de optimale communicatiemix niet alleen zorgen voor een optimale inzet en onderlinge afstemming van de beschikbare communicatie-instrumenten, maar er ook op toezien dat de gebruikte communicatie-instrumenten het gekozen segment inclusief de leden van de DMU bereiken. Door de kleine omvang van de meeste industriële markten zijn massamedia, zoals de dagbladen, radio en televisie, voor het versturen van commerciële boodschappen voor het MKB niet bruikbaar.

Bij complexe industriële producten en diensten, die grote investeringsbedragen vergen (knelpuntproducten en strategische producten) en die specifiek op de gebruikssituatie van de afnemers moeten zijn afgestemd, is *persoonlijke verkoop* het belangrijkste communicatie-instrument. De vertegenwoordiger (de accountmanager) gaat naar de potentiële afnemer op acquisitie en overbrugt hiermee de voortstuwingsafstand tussen de industriële dienstverlenende onderneming en de afnemer.
In deze *acquisitieve persoonlijke verkoop* heeft de accountmanager de volgende taken:
- het signaleren van ontwikkelingen in de bedrijfsomgeving en in de gebruikssituatie;
- het vertalen van het probleem van de afnemer in een mogelijke bevredigende oplossing, het begeleiden van de aankoop en het vertegenwoordigen van de afnemer binnen zijn bedrijf;
- het verkopen van (zeer) complexe industriële producten en diensten inclusief de verkooporderbegeleiding en de klachtenbehandeling;
- het onderhouden van een netwerk van persoonlijke contacten met de leden van de DMU's en PSU's.

Acquisitieve persoonlijke verkoop

Door het tegelijk plaatsen van *reclameboodschappen* in vakbladen wordt het effect van de persoonlijke verkoop voor de vertegenwoordiger (en de accountmanager) vergroot. Door deze ondersteunende advertenties in vakbladen worden de meeste DMU-leden bereikt, wordt hun aandacht getrokken en ontstaat er bewustwording voor mogelijke oplossingen van het probleem bij de prospect.

Persoonlijke verkoop

Het communicatie-instrument *persoonlijke verkoop* bij de industriële marketing moet worden gebruikt:
- zodra de potentiële afnemer behoefte aan persoonlijk contact heeft;
- bij mogelijke aankooprisico's van het product of de dienst;
- zodra de potentiële afnemer behoefte heeft aan onderhandelingen;
- zodra er gestreefd wordt naar het leveren van maatwerk bij de potentiële afnemer;
- zodra er behoefte bestaat aan het opbouwen van netwerken met persoonlijke relaties;
- zodra er sprake is van een klein aantal afnemers.

Deelname aan vakbeurzen

Ook bij deelname van de industriële en dienstverlenende onderneming aan *vakbeurzen* zijn reclameboodschappen en persoonlijke verkoop onmisbaar. Mogelijke redenen van de *deelname aan vakbeurzen* zijn:
- het genereren van meer afzet;
- het signaleren van nieuwe ontwikkelingen in de markt van de bedrijfstak;
- het verkrijgen van meer inzicht in de door de concurrenten aangeboden producten en diensten;
- het beïnvloeden van de distributieondernemingen;
- het demonstreren van omvangrijke en tegelijk nieuwe en innoverende producten en diensten;
- het verzamelen van informatie over mogelijke problemen met bestaande producten en diensten;
- het registreren van nieuwe prospects;
- het verspreiden van informatie over bestaande producten en diensten.

Direct mail

Bij vakbeursdeelname is het noodzakelijk dat het management veel aandacht besteedt aan de presentatie van de stand en het tijdig informeren van de te verwachten bezoekers. Een zeer geschikt communicatie-instrument hiervoor is direct mail. *Direct mail* is een door de industriële en dienstverlenende onderneming geadresseerde en geschreven boodschap aan potentiële afnemers, leveranciers en andere belangstellenden. Dit kan offline maar ook online via e-mails plaatsvinden.

Het effect van het instrument direct mail wordt in sterke mate bepaald door het beschikken over een goed en up-to-date databestand met namen en adressen inclusief e-mailadressen.

Soms worden reclameboodschappen in vakbladen, e-mails en websites inclusief coupons verstuurd om via 'coupons' NAW-gegevens van potentiële prospects te verzamelen. Voor frequent gekochte producten en diensten met weinig differentiatiemogelijkheden, met een geringe waarde en met een klein aankooprisico gebruiken de industriële en dienstverlenende ondernemingen steeds meer de technieken van de e-commerce.

Sponsoring

Sponsoring is het leveren door een organisatie (een bedrijf of een overheidslichaam) van een financiële of praktische bijdrage aan een evenement (carnaval bijvoorbeeld) of een sportploeg in ruil voor het vertonen van haar merk. Zo ziet in 2014 de Duitse shampoo-producent Alpecin als co-sponsor van een Nederlandse wielerploeg kansen om via de wielersport bekendheid op de internationale markt te veroveren. Het curieuze is alleen dat het bedrijf bekend is om zijn slogan: 'doping voor het haar'.

Alles wordt bij het sportmerk Nike uit de kast gehaald om via sponsoring van sportevenementen haar inkomsten te maximaliseren. Zo is het wereldkampioenschap voetbal een belangrijk sportevenement voor Nike. De mar-

keting op voetbalgebied geschiedt via drie kanalen: landenteams, clubteams en individuele sporters. Daarvoor worden nieuwe tenues van diverse (nationale) elftallen gepresenteerd. De tijd dat deze shirtjes van katoen werden gemaakt, is allang voorbij. Steeds nieuwere vormen van volledig gerecycled polyester (plastic) zorgen voor steeds betere prestaties. Nike was een betrekkelijke nieuwkomer op voetbalgebied. Vanaf 1996 is het merk sponsor van het Braziliaanse elftal. Vervolgens was Nederland haar tweede grote deal. Voor Nike het individualistische mooie voetbal van de Brazilianen en het krachtige teamspel van de Nederlanders. Daar associeerde Nike zich graag mee. De kracht van marketing, gepaard gaand met enorme sponsorbedragen voor clubs en sporters, heeft ook zijn keerzijde. Nike accepteert de eigen tekortkomingen van de sporters. Voor Nike is en blijft het belangrijk dat het zich via sponsoring verbindt aan de beste sporters ter wereld. Daar gaat een enorme positieve energie op haar omzetcijfers van uit. Dat straalt dan ook op de omzetten van Nike af. In de maanden juni tot en met augustus (tijdens en na het wereldkampioenschap) zag Nike in 2014 zijn omzet in Europa met 25% toenemen. De omzet van haar grootste concurrent Adidas steeg in de eerste zes maanden van 2014 slechts met 6%.
(bron omzetcijfers: *Het Financieele Dagblad* van 6 oktober 2014).

Publiciteit als communicatie-instrument is voor de industriële en dienstverlenende onderneming een niet te beïnvloeden instrument. *Publiciteit* is informatie die door een onafhankelijke derde in persmassamedia en op de sociale media wordt verspreid. Op de inhoud en op de timing van deze boodschap in vooral persmassamedia heeft de onderneming geen grip. Bij de sociale media nemen de bedrijven wel deel aan de discussies over hun product of merk en hebben zij op dit platform zelfs de mogelijkheid te reageren op ongewenste kritiek. Door deze reacties worden geïnteresseerden beter geïnformeerd en bestaat de mogelijkheid dat een eventuele negatieve attitude bij de zender omgebogen wordt in een positieve attitude.

Publiciteit

Salespromotions zijn tijdelijke offline of online acties van een bedrijf met als doel op korte termijn haar omzet te bevorderen. Mooie voorbeelden hiervan zijn de (naar afnemers verstuurde) kortingsbonnen en de zeer gewilde spaaracties bij vooral de niet-kritieke producten. Velen maken gebruik van spaarsystemen zoals Airmiles en spaarpassen van brandstofproducenten.

Salespromotions

Het sales-promotion-instrument *catalogus* wordt door veel industriële en dienstverlenende ondernemingen ook gebruikt als ondersteuning van de persoonlijke verkoop en als instrument voor het tonen van het complete assortiment. Vooral groothandelsbedrijven en websitebedrijven gebruiken vaak catalogi, omdat deze ondernemingen door een tekort aan opslagruimte niet alle in het assortiment opgenomen producten en diensten in voorraad kunnen houden en tonen. Fysieke catalogi van industriële en dienstverlenende ondernemingen worden tevens vaak als naslagwerk gehanteerd. Via internet wordt veelvuldig gezocht naar de catalogi van bedrijven.

Catalogus

Voor elke onderneming is het van groot belang dat de mix van communicatie-instrumenten zorgvuldig wordt samengesteld. Een hulpmiddel hiervoor bij zowel offline als online is het volgende stappenplan:
Stap 1: het omschrijven en afbakenen van de eigenschappen van het marktsegment alvorens een boodschap op dit segment te richten;
Stap 2: het vaststellen van de communicatieve doelstellingen op zowel de korte termijn als de lange termijn;

Stap 3: het vaststellen van de communicatieboodschap;
Stap 4: de keuze tussen offline of online en vervolgens de keuze van het massamedium;
Stap 5: het bepalen van het communicatiebudget via taakstellende methoden of via automatismemethoden. Bij de *taakstellende methode* zijn bepalend de gewenste marketingactiviteiten voor het bereiken van de communicatieve doelstellingen en uitgedrukt in kostenbedragen. Bij de *automatismemethode* werkt men met een bepaald in de bedrijfstak gebruikt percentage van de begrote omzet in de komende periode;
Stap 6: de implementatie en de evaluatie achteraf.

Taakstellende methode

Automatismemethode

4.4 Consumentenmarketing of receptieve marketing

De consumentverzorgende ondernemingen hebben in hun marketingconcept de consument centraal staan. Consumentverzorgende ondernemingen zijn er vooral in de sectoren detailhandel, horeca, transport, bouw, ambacht en de persoonlijke dienstverlening. Deze ondernemingen hebben altijd veel inspanningen moeten leveren om te bereiken dat de consument bereid is hun onderneming te bezoeken of op een andere wijze hun onderneming te benaderen.

Omdat de potentiële consument zowel offline als online wordt benaderd, wordt de consumentenmarketing vaak gelijkgesteld aan de *receptieve marketing*. Ondernemingen met een receptieve marketing besteden zowel bij offline als online veel aandacht aan de uitstraling van de positioneringskeus. Deze positioneringskeus is ook weer de basis voor de inzet van de marketingmixinstrumenten. Mogelijke aanpassingen hierin moeten steeds voldoen aan de huidige en verwachte percepties van de afnemer. De opkomst van de webshop is er een gevolg van. Een webshop biedt een bezoeker de mogelijkheid om online producten of diensten, inclusief de prijs en kwaliteit te bekijken. De bezoeker kan vervolgens online één of meer producten of diensten in een virtueel mandje leggen en deze kopen. Via een beveiligde verbinding wordt – na afrekenen – de transactie afgerond. De afnemer kan zich ook beperken tot het zoeken naar informatie over het product of de dienst om het vervolgens offline in een winkel te kopen.

Receptieve marketing

In de volgende subparagrafen worden van de marketingmixinstrumenten eerst de vestigingsplaats, (fysieke) distributie, product en assortiment besproken. Daarna komen de promotie en de communicatiemix, de presentatiemix en de prijs aan de orde.

4.4.1 De vestigingsplaats

De *vestigingsplaatskeus* voor de consumentverzorgende bedrijven bepaalt de organisatiestructuur van het bedrijf en het fysiekedistributieproces naar de consument. Maar tegenwoordig zijn er steeds meer consumentverzorgende bedrijven die voor hun omzet van de webverkopen afhankelijk zijn. Het fysiekedistributieproces wordt bij deze webverkopen niet bepaald door de vestigingsplaatskeus, maar door het toegepaste verkoopsysteem en de distributiekanaalkeus.

Voor de meeste consumentverzorgende ondernemingen blijft de vestigingsplaats zowel bij offline als online het minst flexibele instrument van de zes marketingmixinstrumenten. Besluiten over deze locatie zijn vaak langeter-

mijnbesluiten en ze veroorzaken grote investeringen. Door de keuze van de locatie bindt de onderneming zich bij offline aan een bepaald verzorgingsgebied. Door rond deze vestigingslocatie concentrische cirkels te trekken, krijgt het management een eerste indruk van het aantal potentiële consumenten dat mogelijk op verschillende afstanden woont. Daarentegen is bij online het marktgebied van de onderneming vele malen groter en is de onderneming voor iedere mogelijke bezoeker op website bereikbaar. Volgens een CBS-onderzoek van 2011 groeit sinds het millennium het kopen via internet proportioneel. Het gemak, het hebben van toegang tot producten en diensten die in de directe omgeving niet te koop zijn en de flexibiliteit zijn drie redenen om online te winkelen. Maar online oriëntatie betekent niet altijd online kopen. Redenen om toch offline te kopen zijn:
- Bij online kopen kan men het product niet passen, betasten of ruiken.
- Het product kan direct worden meegenomen.
- Men loopt niet het financiële risico van creditcardfraude.
- Er hoeven geen extra verzendkosten te worden betaald.

Het zwaarwegende belang van de vestigingsplaats dwingt de consumentverzorgende onderneming tot een planmatige aanpak bij het kiezen van haar locatie. Een belangrijk hulpmiddel voor de locatiekeuze bij offline is het *vestigingsplaatsonderzoek*. Dit onderzoek geeft antwoord op de vraag waar de optimale vestigingsplaats is. Een vestigingsplaatsonderzoek mag niet eerder plaatsvinden dan nadat de actuele vestigingseisen van de consument zijn vastgesteld en beoordeeld. De consument blijkt bij offline een breed scala van criteria te hebben.

Vestigingsplaatsonderzoek

Vestigingseisen bij offline-aankopen van de consument zijn:
- de bereikbaarheid van het verkooppunt in minuten;
- de samenstelling en de omvang van het assortiment;
- de gewenste service tijdens en na de aankoop;
- de deskundigheid van het personeel;
- het prijsniveau;
- de aanwezigheid van klantentrekkers;
- de mogelijkheid tot *funshopping*: winkelen als een vorm van vermaak, inclusief het bezoek aan een restaurant, theater en andere vrijetijdsbestedingen;
- de mogelijkheid tot *runshopping*: boodschappen inladen en wegwezen;
- de aanwezigheid van directe en indirecte concurrenten.

Vestigingseisen bij offline-aankopen van de consument

Facetten die tijdens het vestigingsplaatsonderzoek moeten worden bestudeerd, zijn:
- Hoeveel consumenten en hoeveel gemiddelde consumentenbestedingen per persoon zijn er nu en in de toekomst te verwachten in het verzorgingsgebied van deze vestigingslocatie?
- Welk deel van de consumentenbestedingen in het marktgebied van de vestigingslocatie gaat vanuit het primaire en het secundaire marktgebied naar de concurrentie en naar een webshop?
- Wat zijn en worden actuele koopgewoonten van de consument?
- Hoe is de bereikbaarheid van de huidige en toekomstige vestigingslocatie? De bereikbaarheid omvat:
  - de infrastructuur, inclusief ov-vervoer en parkeervoorzieningen;
  - het vervoermiddel waarmee de consument naar de vestigingslocatie komt;
  - de natuurlijke barrières, zoals waterwegen.

Elk *vestigingsplaatsonderzoek* bestaat uit de volgende vier stappen:
1. *Consumentenanalyse*: in de consumentenanalyse worden gegevens verzameld over onder andere:
   - de grootte van het marktgebied in inwonersaantal en de spreiding van de bevolking over dit marktgebied;
   - het aantal woonhuizen en het type woonhuizen;
   - de gemiddelde gezinsgrootte;
   - de samenstelling van het bevolkingspotentieel naar leeftijd;
   - de koopkrachtbinding aan de vestigingslocatie;
   - het te realiseren omzetpotentieel;
   - de houding van de inwoners van het verzorgingsgebied tegenover het gebruik van internet en internet winkelen;
   - de gewenste afnemerswaarde, de frontliniefuncties;
   - de verwachte gemiddelde bestedingen per huishouding;
   - ontwikkelingen in belangrijke sociale, economische en demografische trends.
2. *Concurrentieanalyse*: de concurrentieanalyse omvat het verzamelen van gegevens over onder andere:
   - de positionering en het aantal directe en indirecte concurrenten binnen de verschillende concentrische cirkels in het (lokale) marktgebied;
   - de afstand (in minuten) van deze directe en indirecte concurrenten ten opzichte van de vestigingslocatie;
   - de schatting van de omzetten en de marktaandelen van de directe en indirecte concurrenten (concurrentiekrachten en -vormen);
   - de mogelijke kans van nieuwe toetreders tot de markt;
   - de positionering van de assortimentssamenstelling ten opzichte van substituten.
3. *Internetanalyse*: de internetanalyse omvat het verzamelen van gegevens over:
   - het internetgebruik in het verzorgingsgebied van de onderneming;
   - de samenstelling van het internetgebruik naar typen internetshoppers;
   - de redenen waarom er in het verzorgingsgebied via de webshop gekocht wordt;
   - in welke sector het aandeel van de online aankopen het grootst is;
   - de samenstelling van het internetgebruik naar leeftijd;
   - de te verwachten innovaties binnen internet.
4. *De beoordeling van de vestigingsplaats*: beoordelingscriteria zijn:
   - consistentie van de keuze van de vestigingsplaats met de wensen van de offline segmenten;
   - consistentie van de keuze van de vestigingslocatie met het niveau en de samenstelling van het assortiment;
   - de zichtbaarheid, de bevoorradingsfaciliteiten en de bouwtechnische aspecten van het pand;
   - de ligging inclusief eventuele uitbreidingsmogelijkheden, de bereikbaarheid en vooral tegenwoordig de omvang van de leegstand in de omgeving;
   - het internetgebruik in het verzorgingsgebied en de te verwachten innovaties binnen internet;
   - de aard van het consumentverzorgende bedrijf; in dit verband moet men blijven letten op:
     - Is het een klantenaantrekkend bedrijf?
     - Is het een klantenopvangend bedrijf?
   - de aard van omliggende bedrijven nu en in de toekomst;

- de aanwezigheid van directe en indirecte concurrenten, inclusief hun positionering;
- de minimaal vereiste omzet nu en in de toekomst;
- het blijven voldoen aan wettelijke bepalingen;
- de afnemerswaarde en de prijsbeleving van de afnemer;
- de beschikbare financiële middelen van de onderneming;
- het bestaan van toetredingsbarrières om nieuwe aanbieders en substituut-goederen en -diensten uit de lokale markt te houden.

Ook bij het consumentverzorgend bedrijf zijn de financiële beperkingen, de ruimtebeperkingen en de wet- en regelgeving knelpunten in de vestigingsproblematiek.

Het zwaarwegende belang van de vestigingsplaatskeuze voor een offline consumentverzorgend bedrijf vraagt zelfs een permanente kritische beoordeling van de effectiviteit van de huidige en toekomstige vestigingsplaats. Al met al een complex van factoren die voortdurend kritisch gevolgd moeten worden om de vestigingsplaats van de consumentverzorgende bedrijven up-to-date te houden. Ondanks dat bij webshops ook geldt dat de vestigingsplaats het minst flexibele instrument van de zes marketingmixinstrumenten is, is de webshop niet gebonden aan een lokaal verzorgingsgebied en heeft dit bedrijf veel meer vrijheid in het zoeken naar een vooral goedkope vestigingsplaats met voldoende uitbreidingsmogelijkheden.

De veranderingen in de macro- en mesotrends (zoals inkomensverschillen, vergrijzing, afschaffing vervroegde uittreding (VUT), werkloosheid, afnemende gezinsgrootte, de tweeverdiener, de aanwezigheid van openbaar vervoer, mutaties in de beschikbare parkeerruimte, de economische groei of de recessie) hebben direct grote invloed op de toekomstige winstgevendheid van de consumentverzorgende ondernemingen.

Vooral de consumentverzorgende bedrijven ondervinden hinder van het verschijnsel van *duo-trends*. Steeds meer Nederlanders hebben grote sommen geld bij een bank gestort en een persoonlijke accountmanager toegewezen gekregen om dit geld verstandig te beleggen. Anderzijds is er een steeds grotere groep Nederlanders met een zeer schraal inkomen en met een steeds slechtere gezondheid. Dit nieuwe verschijnsel van *duo-trends* vertaalt zich in:

Duo-trends

- de situatie van consumenten met veel vrije tijd en met weinig vrije tijd;
- de situatie van gezinnen met veel inkomen en met weinig inkomen;
- de consumentenwens tot efficiënt boodschappen doen en tot 'vrijetijds'-winkelen;
- de consumentenvoorkeur voor winkelen in de binnenstad en voor winkelen in de perifere winkelconcentraties;
- de consumentenwens tot een geparallelliseerd assortiment en tot een gespecialiseerd assortiment;
- de keuze tussen het ouderwetse offline winkelen of het huidige online winkelen.

Het inspelen op deze duo-trends biedt de consumentverzorgende bedrijven de mogelijkheid om op het juiste moment bij de juiste doelgroep met het juiste aanbod te verschijnen. De toekomstige mobiele consument zal minder letten op de af te leggen afstand, maar meer aandacht hebben voor de concentratie van winkels, de sfeer, de parkeersituatie, de veiligheid, de aanwezigheid van dienstverleners (banken, PostNL-balies, reisbureau, horeca, etc.) en het gemak. Design Outlet Centers met circa honderd consumentverzorgende bedrijven trekken jaarlijks miljoenen bezoekers. Maar er zijn ook vele consumentverzorgende bedrijven in een hyperconcurrentiesituatie beland die de hieruit voortvloeiende 'red ocean'-gevolgen niet overleven, met dramatische leegstand als gevolg. In casus 4.5 worden mogelijke oorzaken en eventuele oplossingen hiervoor besproken.

CASUS 4.5 RETAIL IS AAN GRONDIGE MAKE-OVER TOE

Het Nederlandse winkellandschap is ziek. Retaildeskundigen verwachten dat het aantal winkels de komende jaren afneemt dat de leegstand toeneemt. Winkeliers moeten volgens hen sneller met de tijd mee. Retailconsultant Hans Eysink Smeets stelt een nauwkeurige diagnose. 'Het is als met lepra. Eerst sterven de delen af die het verst van het hart vandaan zitten. Daarna de rest. Het hart zelf blijft het langst functioneren.' De metafoor die hij gebruikt voor de staat van het fysieke winkellandschap geldt op landelijk en lokaal niveau. Amsterdam, het hart, blijft voorlopig echt wel gezond, betoogt hij. Maar het aantal winkelkernen daarbuiten zal de komende jaren drastisch afnemen. 'Ga eens kijken wat er gebeurt in plaatsen als Raalte, Boxtel, Enkhuizen. De consument wordt steeds kieskeuriger. Als je al een dag gaat winkelen, wil je naar een gebied dat aantrekkelijk is en waar veel winkels zijn. Dan ga je dus naar een grote stad in de buurt. De kleine shopgebieden worden steeds minder gekozen.'

Ook op lokaal niveau wordt het hart pas het laatst geraakt; de centra van steden doen het nog relatief goed, maar hoe verder je van de stadscentra af gaat, hoe meer leegstand je ziet.

Retailconsultant Frank Quix put ter illustratie uit recentelijk verzameld cijferwerk. Hij neemt de modebranche als voorbeeld: 'Afgelopen tien jaar is de omzet daar 2% gegroeid. Het aantal vierkante meters winkeloppervlak is in dezelfde periode 22% gestegen.' Dat er winkeliers zijn die hun deuren moeten sluiten is geen wonder, wil hij maar zeggen. Alexander Heijkamp, sectormanager retail bij de Rabobank, schreef deze week in een rapport: 'Als op korte termijn geen adequate reactie komt op de leegstand in winkelgebieden, zal het aantal faillissementen in de detailhandel verder toenemen.'

De oorzaken van de malaise zijn talrijk. Veranderd consumentengedrag, consolidatie van de keten en de bijbehorende groei van grote winkelketens, de crisis, producenten die direct verkopen aan consumenten en natuurlijk de opkomst van onlinewinkels.

Het goede nieuws is dat volop word gewerkt aan behandelplannen. Het slechte nieuws dat het juiste medicijn tot op heden niet is gevonden. Om met de plannen te beginnen: het wemelt van de onderzoeken, initiatieven en programma's om winkeliers klaar te stomen voor de toekomst. Branchevereniging Inretail is zeer actief en betrokken bij veel van die, elkaar deels overlappende projecten: onderzoeksprogramma Shopping2020, het onderzoek Retail2020 en projecten met namen als Het Nieuwe Winkelen en De Nieuwe Winkelstraat.

Uit de ervaringen tot nu toe blijkt dat eenvoudige oplossingen niet bestaan. In onder meer Arnhem, Waalwijk, Alkmaar en Enschede hebben winkeliers hun deelname aan het programma Het Nieuwe Winkelen recentelijk alweer stopgezet. De meest genoemde reden luidt dat het project te veel gericht is op het in de winkel halen van allerhande technologische snufjes, terwijl de kassa er niet vaker door rinkelt.

De Rotterdamse hoogleraar e-commerce Cor Molenaar, die in 2009 al een boek publiceerde met de titel *Het Nieuwe Winkelen*, stelt dat het ook helemaal niet moet gaan over technologie. 'Dat is slechts een hulpmiddel. Het nieuwe winkelen gaat over klanten die nieuw gedrag laten zien, waar jij als winkelier op in moet spelen. Hoe verleid jij mensen die thuis op de bank zitten om naar jouw winkel te komen? Je wilt niet weten hoeveel ondernemers denken dat ze er wel zijn als ze een webshop hebben.'

Molenaar is tevens van mening dat ondernemers vaak te veel verwachten van de overheid en zelf te weinig initiatief tonen. 'De gemeente Arnhem heeft 220.000 euro in het project gestoken en voor dat geld is een gezamenlijke webshop gebouwd voor alle winkeliers. Nu dat nauwelijks vruchten afwerpt, roepen de winkeliers dat de gemeente met meer geld over de brug moet komen. Waarom moet de gemeente dat doen? Winkeliers zijn zelf verantwoordelijk.'

Eenvoudig is het niet om je aan te passen aan de nieuwe realiteit, zegt Eysink Smeets. 'Dat je moet meebewegen met de markt is van alle tijden, maar waar dat vroeger in looptempo kon, moet dat nu sprintend. De wereld verandert razendsnel.' Dat is niet alleen lastig voor kleine spelers, ook voor grote bedrijven.

'De boodschap moet in sommige gevallen luiden dat het hele businessmodel op zijn kop moet, dat er filialen dicht moeten en mensen weg moeten. Krijg je aandeelhouders eens mee in zo'n verhaal. Dat lukt vaak niet.' Dat het wel kan, bewijst bijvoorbeeld Netflix, zegt de consultant. Het Amerikaanse bedrijf transformeerde zich van postorderbedrijf voor dvd's tot aanbieder van streaming films en streaming tv-series.

Ook Frank Quix benadrukt hoe lastig de situatie is. 'De boodschap dat er nog veel winkels om zullen vallen, is hard. Ik vergelijk het met een rouwproces na de dood van een vriend. Eerst is er ontkenning, dan worden mensen boos en dan is er berusting en wordt er gekeken naar de vraag: hoe nu verder? Veel winkeliers zitten nog in de eerste of tweede fase.'

Hoe fase drie, de bestrijding van het veelkoppige monster, eruit moet zien is momenteel de één-miljoen-dollarvraag voor de branche. Molenaar, Quix en Eysink Smeets zij het over één ding eens: de oplossing ligt besloten in een samenwerking van alle betrokken partijen: winkeliers en hun branchverenigingen, overheden, vastgoedeigenaren, banken, iedereen. De vorige week gepresenteerde Retail-agenda wordt dan ook toegejuicht. Onder verantwoordelijkheid van het ministerie van Economische Zaken gaan alle betrokken partijen onder die noemer afspraken maken die 'de toekomst van de detailhandel, de verdienkracht van de sector en de leefbaarheid van onze steden moeten verbeteren.'

Wat de leefbaarheid van de binnensteden betreft en de rol die de overheid daarbij kan spelen, zegt Eysink Smeets: 'Er moet in ieder geval een eind komen aan het bijbouwen van nieuwe vierkante meters op plekken waar grote leegstand is. Kijk naar Den Helder, daar wil het gemeentebestuur duizenden vierkante meters bijbouwen, terwijl het stadscentrum voor de helft leegstaat. Waarin.' Molenaar wijst op het belang van aantrekkelijkheid van de winkelgebieden.

Gemeenten kunnen een belangrijke rol spelen bij het wegnemen van barrières. 'Als je weet dat veel mensen niet naar de stad komen omdat ze parkeergeld moeten betalen, waarom houd je als gemeente dan daaraan vast? Als je dat vraagt zeggen ze allemaal dat ze anders een gat in hun begroting hebben.' Gemeenten moeten in zijn ogen ook meewerken aan bestemmingswijzigingen. 'Waar nu winkels zitten zullen in veel gevallen huizen moeten komen, of culturele activiteiten ontplooid moeten worden.'

Om de winkelgebieden compacter en kleiner te maken en leegstand in die gebieden te voorkomen, heeft Frank Quix rigoureuzere plannen voor ogen. Hij ziet een oplossing in een verplichte ruilverkaveling, zoals de boeren voor hun kiezen kregen tussen 1950 en 1970. 'Het heeft ons een van de meest productieve landbouwsectoren in de wereld opgeleverd.'

Zoals een arts die zijn patiënt aan het eind van een slechtnieuwsgesprek nog een opbeurende opmerking meegeeft naar huis, wil ook Eysink Smeets bij alle malheur nog wel een kanttekening plaatsen. 'Het is natuurlijk niet alleen kommer en kwel.' Hij pakt de cijfers erbij die hij samen met retailonderzoeksbureau Locatus verzamelt. Ze geven inzicht in de groei en krimp per winkelsoort in de detailhandel. Daaruit blijkt dat ongeveer een derde van alle soorten krimpt, een derde stabiel blijft en een derde groeit. 'Groente- en fruitzaken, moeizaam', wijst hij aan. 'Net als snoepwinkels, leermodezaken en slagerijen.' Maar daartegenover staan groeiers. Afgelopen jaar groeide het aantal beautysalons met 1243%, bezorg- en afhaalbedrijven groeiden met 106% en autopoetsbedrijven met ruim 4500%. 'Deze bedrijven bieden natuurlijk niet dezelfde werkgelegenheid als de bedrijven die wegvallen en ze zullen ook niet allemaal in stadscentra neerstrijken, maar het is wel een belangrijk tegengeluid. Als je het slim aanpakt, is er ook in deze tijden heel veel mogelijk.'

Bron: Het Financieele Dagblad, 25 oktober 2014

4.4.2 De (fysieke) distributie

Distributiebeleid

In tegenstelling tot de industriële marketing is bij de consumentenmarketing het *distributiebeleid* een zelfstandig marketinginstrument. In het inkoop- en verkoopbeleid wordt het management voortdurend geconfronteerd met vragen als:
- Welke distributiekanalen zijn door de fabrikant en tussenhandel ingeschakeld? Vindt directe of indirecte distributie plaats? Vindt indirecte distributie plaats via het korte kanaal of via het lange kanaal?
- Welke vorm van distributie-intensiteit blijven fabrikant, tussenhandel en finale afnemer wensen: intensieve, selectieve of exclusieve distributie?
- Welke regelgeving is er te verwachten van de overheid met betrekking tot onder andere de stadsdistributie en de megawinkels?
- Hoe is de verhouding tussen de onderneming, de producenten en de toeleveranciers van de in zijn assortiment opgenomen goederen en diensten?
- Hoe ontwikkelen zich de machtsverhoudingen in de bedrijfskolom van de bedrijfstak van de ondernemer?
- Wat is de betekenis van de webverkopen in onze bedrijfstak?

Het *distributiebeleid* heeft invloed op de effectiviteit van het totale marketingplan en op de hoogte van de bedrijfskosten. Elke mix van marketinginstrumenten verliest haar effect als het product of de dienst voor de potentiële afnemer niet verkrijgbaar is. Voor afnemers zelfs een reden om niet offline te winkelen, maar online. Elke manager moet zich ook realiseren dat er op distributiegebied vaak belangrijke kostenbezuinigingen kunnen worden gerealiseerd. Het *doel van het distributiebeleid* is om bij een minimum aan kosten een maximale service aan afnemers en leveranciers te geven.

Factoren die van invloed zijn op de keuze van de in te schakelen distributiekanalen (groothandel en/of detailhandel) en op de gewenste distributie-intensiteit (het aantal ingeschakelde verkooppunten per verzorgingsgebied) zijn onder andere:
- het soort product en het type afnemer. Vooral reizen, hotelreserveringen, technische artikelen en computersoftware worden graag online gekocht. Voor een luxe product kiest de aanbieder exclusieve of selectieve distributie;
- de machtsverhoudingen in de bedrijfskolom;
- het pull- en pushbeleid. *Pullbeleid* is een gecombineerd distributie- en communicatiebeleid waarbij de producerende onderneming rechtstreeks met de finale afnemers communiceert en daarmee voorkeur voor het product of de dienst opbouwt. Hierdoor wordt selectieve vraag naar product of dienst bij de afnemers gestimuleerd, zodat de distribuanten gedwongen worden het in hun assortiment op te nemen. De finale afnemers trekken het product of de dienst door de bedrijfskolom. Bij het *pushbeleid* richt de producerende onderneming haar communicatieve inspanningen in de eerste plaats op distribuanten om deze zodanig te bewerken dat ze de producten en diensten in hun assortiment opnemen. Het product of de dienst wordt door de bedrijfskolom naar de finale afnemers geduwd. Het gevaar van een te lang pushbeleid is dat een onderneming alleen bezig is met het opdringen van producten en diensten aan afnemers en zich te weinig afvraagt wat de afnemer werkelijk wil. De klantenbinding met de afnemers kan daardoor dalen;

Pullbeleid

Pushbeleid

- de doelstellingen van het distributiebeleid van de producent in termen van marktaandeel, omzetaandeel en marktbereik. Het *marktaandeel* wordt gedefinieerd als de afzet of omzet van een bepaalde onderneming of een bepaald merk, uitgedrukt in een percentage van de totale afzet of omzet in de markt van alle aanbieders van dat product of die dienst. Het *omzetaandeel* is een distributiekengetal waarmee aangegeven wordt welk deel de verkopen (in geld) van het merk/product/dienst van een bepaald bedrijf uitmaken van de totale omzet in dit bedrijf. Het *marktbereik* geeft de relatieve positie van de ingeschakelde distribuanten voor een bepaald merk, product en dienst aan ten opzichte van alle aanwezige distribuanten in de product- en dienstenklasse;

Marktaandeel

Omzetaandeel

Marktbereik

- de kosten van het logistieke proces;
- de consistentie met de andere marketinginstrumenten;
- de waarde per eenheid product en/of dienst;
- de geografische spreiding van de afnemers en leveranciers;
- de omvang van de markt;
- de koopgewoonten van de markt;
- de informatietechnologie, de internetontwikkelingen en de aantrekkelijkheid van webverkopen;
- de bestelfrequentiegewoonte van de leverancier en van de afnemer;
- de betekenis van de persoonlijke relaties in het voortstuwingsproces;
- het kwalitatief en het kwantitatief beschikbaar zijn van distribuanten;
- de bereidheid van de ondernemer tot samenwerking met de verschillende geledingen in de bedrijfskolom;
- de strategische plannen van de concurrenten;
- de distributietechnologische ontwikkelingen;
- de milieuovertuiging in de samenleving;
- de wetgeving;
- de gewenste mate van afzetbeheersing en afzetspreiding.

Afzetspreiding en afzetbeheersing

Over de relatie tussen *afzetspreiding en afzetbeheersing* is bekend dat naarmate een fabrikant in een marktgebied het aantal distribuanten beperkt, hij op grote medewerking van de ingeschakelde tussenhandel kan rekenen. De ingeschakelde distributiepunten zijn bereid het product en/of de dienst extra te '*pushen*'. Deze inzet verschaft de fabrikant een aanzienlijke mate van afzetbeheersing en -spreiding. Hij heeft dan ook de keuze uit intensieve, selectieve en exclusieve distributie. De in een bedrijfskolom toegepaste *distributie-intensiteit* en het toegepaste *distributiesysteem* zijn voor elke fabrikant beheersbare variabelen. Deze variabelen kunnen bij een door een detaillist of horecaondernemer zorgvuldig uitgekiende bedrijfsformule gunstig worden beïnvloed.

Distributie-intensiteit

Distributiesysteem

Beperkte distributie

Beperkte distributie met selectieve distributie en exclusieve distributie heeft echter als nadeel dat er in het marktgebied distributiegaten vallen, waarvan de directe concurrenten, eventuele toetreders en de webshops zullen profiteren. Soms is het effectiever intensief te distribueren. Bij *intensieve distributie* met veel verkooppunten per verzorgingsgebied is het raadzaam de finale afnemers via pullactiviteiten zodanig te bewerken dat zij bij de offline detailhandel naar het product of de dienst vragen. De consumentenverzorgende onderneming wordt op haar beurt hierdoor gedwongen het product en/of de dienst in haar assortiment op te nemen. Of er wordt – bij het niet in het assortiment opnemen – online ingekocht.

Intensieve distributie

Meerdoelgroepen-benadering

De tegenwoordige *meerdoelgroepenbenadering* betekent dat de fabrikant zijn marketingbeleid moet afstemmen op de belangen van distribuanten én finale afnemers. Voor de distribuerende groothandel betekent de meerdoelgroepenbenadering dat hij zich bij het uitstippelen van zijn marketingbeleid steeds moet verplaatsen in de problemen van de toeleverende fabrikant, de detailhandel en de consument.

Duale distributie

Multipele distributie

De systemen van de *duale distributie* en van de *multipele distributie* (verschillende distributiekanalen naast elkaar) kunnen bij een grote verscheidenheid van marktsegmenten prettig of onprettig zijn. De hieruit ontstane kanaaloverlapping is meestal een nadeel voor de ondernemer. Zoals bekend werkt de industriële markt vaak met het systeem van de *directe distributie*. De consumentenmarkt heeft daarentegen meestal te maken met het systeem van de *indirecte distributie*. Afhankelijk van het niveau van samenwerking tussen de bedrijven in een bepaalde bedrijfstak kunnen binnen het systeem van de indirecte distributie onderscheiden worden het korte kanaal en het lange kanaal, *het kortere indirecte kanaal* en *het langere indirecte kanaal*. Voor de kleine groothandelsbedrijven kan een hoge graad van horizontale samenwerking in de afnemende schakel in het voortstuwingsproces (de detailhandel) er op de lange termijn toe leiden dat zij door de detaillisten worden uitgeschakeld. Immers, de samenwerkende detaillisten streven naar schaalvergroting waardoor het voor hen aantrekkelijk kan worden hun inkooporders direct bij de fabrikant te plaatsen.

Directe distributie

Indirecte distributie

Het kortere indirecte kanaal

Het langere indirecte kanaal

Franchising-systeem

Al lang is er samenhangend met het distributiebeleid een trend bij de consumentverzorgende ondernemingen om aansluiting te zoeken bij samenwerkingsvormen zoals het *franchisingsysteem*, de inkoopcombinatie of het vrijwillig filiaalbedrijf, of om te streven naar partnership. Voor meer detailinformatie over de inkoopcombinatie en het vrijwillig filiaalbedrijf wordt verwezen naar het vak economie in de administratieve opleidingen. Voor meer detailinformatie over het streven naar partnership zie paragraaf 5.12 tot en met paragraaf 5.14.

In het opzetten van een *franchiserelatie* tussen de onderneming en de franchisegever worden drie fasen onderscheiden:
1 de fase van de kennismakingsgesprekken, waarin de franchisegever de plicht heeft de kandidaat-franchisenemer te informeren en de kandidaat-franchisenemer een onderzoeksplicht naar zijn arbeidsverleden geeft;
2 de fase van het sluiten van een voorovereenkomst;
3 de fase van het ondertekenen van de franchisemantelovereenkomst volgens de Europese Erecode.

Om tot een goed draaiende franchiseformule te komen, zullen in de franchiseovereenkomst duidelijke afspraken tussen de franchisegever en -nemer gemaakt dienen te worden over zaken als:
- het gebruiken van de eigen naam van de franchisenemer in de naam van de franchiseformule;
- de eigen bijdrage van de franchisegever en de franchisenemer in de investeringsverplichtingen voor de verplichte huisstijl;
- de wijze van marktbenadering vanuit de franchiseformule;
- de afgesproken duur van de franchiseovereenkomst;
- het type franchiseovereenkomst. Hierbij moet onderscheiden worden de *harde franchiseformule* en de *zachte (soft) franchiseformule*. De harde franchiseformule wordt gekenmerkt door honderd procent binding, terwijl er bij de zachte (soft) franchiseformule nog enige ondernemingsvrijheid voor de franchisenemer is; **Harde en zachte franchiseformule**
- de wijze van het opzeggen van de franchiseovereenkomst door de franchisegever en de franchisenemer;
- de afspraken over het concurrentiebeding bij het beëindigen van de franchiseovereenkomst inclusief eventuele te betalen schadevergoedingen aan de benadeelde partij;
- de voorwaarden voor deelname aan de franchiseformule;
- de door de franchisegever gebruikte berekeningsformule(s) voor de berekening van de door de franchisenemer te betalen vergoedingen.

Casus 4.6 beschrijft dat franchisegevers zich ervan bewust moeten zijn dat te gunstige cijfers in een financieringsaanvraag door de franchisenemer als een boemerang kunnen terugkomen, maar dan in de vorm van een schadevergoeding wegens het afbreken van onderhandelingen.

CASUS 4.6 KIJK UIT MET SUCCESBELOFTES BIJ FRANCHISE

Rechter neemt cijfers in ondernemingsplan als uitgangspunt voor bepalen van schadevergoeding

Franchisegevers hebben er weer een reden bij om terughoudend te zijn met het verstrekken van omzetprognoses. Dat blijkt uit een recente uitspraak van de rechtbank in Amsterdam.
Er is al veel geruzied tussen franchisegevers en franchisenemers over verstrekte prognoses. Een vaak gehoord verwijt is dat een franchisegever onjuiste, onvolledige of te rooskleurig voorgespiegelde informatie heeft verstrekt aan een kandidaat-franchisenemer.
Als algemene regel geldt dat een franchisegever zeer zorgvuldig moet omgaan met succesbeloftes aan kandidaat-franchisenemers. Dit geldt zeker voor het verstrekken van prognoses, nu dat kan leiden tot aansprakelijkheid

van de franchisegever voor tegenvallende resultaten. De vermelding dat geen garanties worden afgegeven is onvoldoende. Zij brengt geen verandering in de zorgvuldigheidsverplichtingen van een franchisegever.

Extra voorzichtigheid lijkt gewenst. Het verstrekken van gunstige prognoses kan ook leiden tot een onnodig hoge schadevergoeding wegens het onaanvaardbaar afbreken van onderhandelingen.

ING Bank onderhandelde eind 2006-begin 2007 met een bankier van ABN-Amrobank over een tweetal ING-franchisevestigingen. Partijen komen (nagenoeg) tot overeenstemming. De bankier zegt zijn arbeidsovereenkomst met de ABN-Amro op, regelt de verzekeringen en financiering en richt een besloten vennootschap op. Op een veiligheidsonderzoek na, is alles gereed om te starten.

ING Bank besluit echter, vanwege een algemene strategische heroriëntatie van haar retailorganisatie, om haar franchiseformule niet langer voort te zetten. Uit coulance biedt ING Bank haar kandidaat-franchisenemer een uitkering c.q. compensatie voor de gemaakte kosten aan ter grootte van €71.000. De kandidaat-franchisenemer accepteert dit aanbod niet en vordert in rechte betaling van €2 miljoen.

De rechtbank te Amsterdam oordeelt dat in het midden kan blijven of partijen definitieve overeenstemming hebben bereikt over het starten van de franchisevestigingen. Vaststaat dat de onderhandelingen zover gevorderd waren, dat de kandidaat-franchisenemer erop mocht vertrouwen dat er een franchiseovereenkomst tot stand zou komen. Daarmee staat vast dat het *positief contractsbelang* van de kandidaat-franchisenemer voor vergoeding in aanmerking komt. Tot zover niets nieuws.

De uitgangspunten bij het bepalen van de omvang van het positief contractsbelang zijn echter wel interessant.

ING Bank had haar kandidaat-franchisenemer voorzien van cijfers voor het opstellen van een ondernemingsplan. Dit is gebruikelijk. Franchisegevers geven hun kandidaat-franchisenemers vaak informatie over te verwachten omzet, brutowinst of nettobedrijfsresultaat. Deze cijfers maken onderdeel uit van het informatiepakket dat gegeven wordt om een afgewogen investeringsbeslissing te kunnen nemen.

Soms worden de cijfers uitdrukkelijk verstrekt in het kader van een te verkrijgen financiering. Kandidaat-franchisenemers hechten daar uiteraard belang aan. Uitzonderingen daargelaten, zijn franchisegevers tot het geven van deze informatie in Nederland echter niet verplicht.

Het zijn juist deze cijfers, vastgelegd in het door de kandidaat-franchisenemer opgestelde ondernemingsplan, die door de rechter in Amsterdam als uitgangspunt worden genomen bij het bepalen van de hoogte van de schadevergoeding. Dit leidt tot vijf jaren bruto-ondernemersloon, operationele winst en groei van goodwill; volgens de kandidaat-franchisenemer in totaal een bedrag van €2 miljoen. De verdiencapaciteit van de kandidaat-franchisenemer moet hierop, aldus de rechtbank, in mindering worden gebracht.

Voorzichtigheid is gewenst bij het verstrekken van prognoses. Franchisegevers moeten zich ervan bewust zijn dat gunstige cijfers ten behoeve van een financieringsaanvraag als een boemerang kunnen terugkomen, maar dan in de vorm van een schadevergoeding wegens het afbreken van onderhandelingen.

Bron: Het Financieele Dagblad, 19 februari 2009

Algemene regel is dat de franchisegever zeer zorgvuldig moet omgaan met succesbeloften aan kandidaat-franchisenemers. Het geven van prognoses kan leiden tot aansprakelijkheid van de franchisegever voor tegenvallende resultaten. Het verstrekken van gunstige prognoses kan ook leiden tot een onnodig hoge schadevergoeding wegens het onaanvaardbaar afbreken van de onderhandelingen. Franchisegevers geven kandidaat-franchisenemers informatie over te verwachten omzet, brutowinst of nettobedrijfsresultaat. Kandidaat-franchisenemers hechten daar belang aan, maar het geven van deze informatie is niet verplicht. Rechters nemen juist deze verstrekte cijfers als uitgangspunt bij het bepalen van de schadevergoeding voor de kandidaat-franchisenemer na het niet doorgaan van een al bijna afgeronde franchiseovereenkomst.

Uit een enquête naar aanleiding van de internationale franchisebeurs in Parijs, blijkt dat een aantal aspecten het *succes van een franchiseformule* bepaalt. Deze aspecten zijn:

- Doordat de franchiseformule al een zeker marktaandeel heeft, kan de franchisenemer profiteren van de (landelijke) bekendheid en het door de franchiseformule gebruikte distributiesysteem.
- Bedrijven onder franchise gaan niet zo snel over de kop.
- Een franchisenemer heeft meer scholing en advies gekregen dan een niet-franchisenemer. Voor de winkelbedrijven en de dienstensector ligt het aantal scholingsdagen op gemiddeld 59 dagen (over een periode van vijf jaar per bedrijf), tegenover op zijn gunstigst 23 dagen voor de totale dienstensector en winkelbedrijven.
- Bij franchisenemers ligt de omzet hoger.
- De franchiseformule zorgt voor synergievoordelen voor de franchisegever en de franchisenemer.
- De franchisenemer kan zijn voordeel doen met het gevraagd en ongevraagd advies van de franchisegever.

Succes van een franchiseformule

Franchiseorganisaties komen voor in alle sectoren van de detailhandel en de technische, adviserende en medische dienstverlening.
Zo zag het slijterijbedrijf Mitra zich in 2014 gedwongen haar filiaalbedrijf met 120 eigen slijterijen om te zetten in een franchiseorganisatie met 120 franchisenemers. Directeur Wissink van Mitra zegt hierover:

> 'Van directe sluiting is geen sprake. Mitra heeft last van teruglopende omzetten, onder andere door de drankenverkoop in supermarkten, de internethandel en de verhoging van de accijns op alcohol. Door over te gaan op een franchisemodel wordt flink op de kosten (inclusief het hoofdkantoor) bespaard. Daarnaast boeken zelfstandige franchisenemers betere resultaten dan de eigen winkels. Naast de ombouw naar franchiseformule zal er ook meer aandacht komen voor internetverkoop.'

Aan franchising zijn ook nadelen voor beide partijen verbonden die tot conflicten aanleiding kunnen zijn.
Nadelen voor de *franchisegever* zijn de ontwikkelingskosten in de aanloopperiode en het opzetten van een goed functionerend management- en controlesysteem. Het verlies aan beslissingsbevoegdheid, het moeten bijdragen in de kosten van de franchiseorganisatie, de economische afhankelijkheid van de franchisegever, het verlies van de eigen identiteit als ondernemer en

het concurrentiebeding bij het beëindigen van de franchiseovereenkomst zijn nadelen voor de *franchisenemer*.

4.4.3 Het assortiment

Bij de industriële marketing is het instrument assortiment reeds bij 'Het product of de dienst als instrument van de marketingmix' (paragraaf 4.3.1) besproken. In deze paragraaf worden alleen die elementen besproken die specifiek voor de consumentverzorgende bedrijven zijn.

Het assortimentsbeleid is voor de consumentverzorgende onderneming een belangrijk marketingmixinstrument.

Assortiment

Product lines

Het *assortiment* is het totaal van producten en/of diensten dat door een onderneming wordt aangeboden. Het assortiment bestaat meestal uit een aantal productgroepen, ook wel *product lines* genoemd. Een *productgroep* is een verzameling van een homogene categorie producten of diensten die nauw met elkaar samenhangen. In hoofdstuk 3 wordt in dit kader gesproken van een product-marktcombinatie, een PMC.

Om tot een verantwoord assortimentsbeleid te komen, moet het management van de consumentverzorgende onderneming zich goed bewust zijn van wat zijn productgroepen/PMC's voor zijn segment(en) betekenen. Functies kunnen zijn:
- nutsdrager
- imagodrager
- benefits voor de afnemer

Elk product/elke dienst impliceert een aantal eigenschappen die het voor de afnemer aantrekkelijk maken het product/de dienst aan te schaffen. 'Behoeftebevredigingselementen' en 'probleemoplossingselementen' zijn hiervoor eigenschappen waaraan het product en de dienst voor de afnemer moeten voldoen.

Het management moet er voortdurend op toezien dat:
- zijn product/dienst met behulp van productmixtoevoegingen het imago krijgt dat door zijn segment(en) wordt verlangd;
- de afnemer aan zijn product/dienst eigen karaktereigenschappen toedicht, zoals duurzaamheid, gebruiksgemak en status (de zogenoemde benefits).

Wat de functie van een product en van een dienst voor de afnemer is, wordt bepaald door het perspectief dat de afnemer van een product/dienst krijgt en/of heeft, zijn afnemerswaarde.

De assortimentssamenstelling is optimaal zodra deze
- aansluit bij de uitgangspunten van het strategisch besluit;
- leidt tot de beste financiële resultaten;
- voldoet aan de belevingswereld van de afnemer.

Aanbod-segmentatie

Soms past de consumentverzorgende onderneming *aanbodsegmentatie* toe. Hierbij worden eventuele aangepaste uitvoeringen van het consumptieproduct gekoppeld aan de gebruiksmogelijkheden van de potentiële afnemer en hoopt men dat een groep 'afnemers' een voorkeur voor het assortiment ontwikkelt. Aanbodsegmentatie komt tot uiting in: trading up en trading down. *Trading up* is het toevoegen van duurdere uitvoeringen van het product of de dienst aan het assortiment, al of niet met verwijdering van goed-

Trading up

kopere uitvoeringen. Bij *trading down* is het omgekeerde het geval. De diepte en de hoogte van het assortiment veranderen hierdoor.

Trading down

De strategieën trading up en trading down mogen niet verward worden met de strategieën van upgrading en downgrading. Bij *upgrading* en *downgrading* wordt het kwaliteitsniveau van het gehele assortiment door het verbeteren of verslechteren van het imago door middel van de inzet van de zeven P's verhoogd dan wel verlaagd.

Upgrading
Downgrading

Binnen de assortimentsdimensies van breedte, diepte, lengte en hoogte moet elk management voortdurend met *assortimentssanering* en *assortimentsinnovatie* bezig zijn. Ook voor de consumentverzorgende ondernemingen geldt dat het assortiment evenwichtig over de stars, cash cows, dogs en question marks verdeeld moet zijn. Vandaar dat het management regelmatig de positie van zijn assortiment in de markt moet evalueren. Ook moet erop worden toegezien dat het assortiment evenwichtig over de vijf openvolgende *fasen van de levenscyclus* verdeeld is. In het kader van de levenscyclus wordt onderscheiden:
- de levenscyclus van de productklasse;
- de levenscyclus van de productvorm; door de modeontwikkeling, door de technische vooruitgang en door de toename van de welvaart wordt de levenscyclus van de productvorm steeds korter;
- de levenscyclus van een merk.

Extra aandacht moet er ook zijn voor de kans op verval van het merkrecht. Deze situatie doet zich voor als het merk gedurende een onafgebroken periode van vijf jaar niet gebruikt is/wordt. Zo is een stroopwafelfabrikant erin geslaagd het merk af te snoepen van een marktleider die, na deponering van het merk bij het Benelux Merkenregister, het vele jaren niet gebruikte.

Een belangrijke ontwikkeling in de consumentenmarketing is de slijtage aan merken, logo's en stijlen. Zo is er in de levensmiddelenbranche een keiharde verdringingsmarkt ontstaan. De Koninklijke Verkade zag zich zelfs genoodzaakt haar imago en bijbehorende A-merken op te poetsen door alle 112 producten onder een herkenbaar beeld van Verkade te brengen. Ook het logo van De Ruyter werd in een modern jasje gestoken. Marktonderzoek had aangetoond dat de impact van het merkteken bij de consument zeer klein was.

Maar wie heeft nu de macht binnen de bedrijfskolom?

> Ron Cijs van FCA retail: 'De macht ligt momenteel bij de retailer. Vroeger was de retailer een doorgeefluik van A-merken, nu is hij zelf een merk geworden. Hoe zwakker je kracht als A-merkfabrikant, hoe eerder je het aflegt. Retailers kennen lage marges. Maar het nettorendement van fabrikanten en winkeliers ontloopt elkaar niet veel.'
> Feit is wel dat de strijd om een plekje in de koelvitrine of op de plank steeds feller wordt. Een gemiddelde supermarkt in Nederland heeft 20.000 artikelen. 'Het schap is niet van elastiek', zegt René Roorda, adjunct-directeur van het Centraal Bureau Levensmiddelenhandel.
> Zolang een merk voldoende toegevoegde waarde heeft, wordt er ruimte voor gemaakt. Vandaar dat merkfabrikanten voortdurend zoeken naar innovaties. Bij iedere introductie van noviteiten als inlegkruisjes voor strings en wasmiddel voor zwarte kleren, kieperen doosjes en flacons van collega's van de plank. Jaarlijks

worden honderden nieuwe producten aangeboden', zegt Roorda. 'Aan een flink deel heeft de consument geen behoefte. We hebben eens uitgerekend dat twee jaar na de introductie ongeveer 25% nog op de plank staat. De winkelier denkt dus goed na voor hij een nieuw product opneemt.' De merkfabrikanten kijken er anders tegenaan. 'De Nederlandse consument is dol op nieuwe producten. Iedere vijf jaar is het assortiment in de supermarkt voor 50% vernieuwd, in tien jaar is dat voor 70% tot 80% het geval', zegt Maarten-Jan Dek, directeur van de Stichting Merkartikel (SMA). 'Beide partijen hebben gelijk', zegt adviseur Ron Cijs. 'In Duitsland wordt zó hard onderhandeld dat er geen geld meer is voor innovaties. Het assortiment in de supermarkt is er een stuk kleiner.'

Het omgekeerde is het geval in Groot-Brittannië, waar de marges voor de retailers hoger liggen dan in Nederland (de prijzen voor de consumenten overigens ook), en er volop ruimte is voor nieuwe koekjes en slimme zeepsoorten. Cijs: 'Daarom gaan retailspecialisten zo graag naar Engeland om te kijken wat daar mogelijk is. Nederland zit letterlijk en figuurlijk tussen Engeland en Duitsland, zowel qua rendement als wat betreft innovaties.'

'De echte verliezers', zegt Cijs, 'zijn de 'gewone' A-merken die zich amper onderscheiden.'

Ook de consumentverzorgende ondernemers hebben regelmatig te maken met wettelijke regels, zoals:
- de Benelux Merkenwet van 1 januari 1996. Belangrijke veranderingen van de Benelux Merkenwet voor de praktijk hebben betrekking op de rangorde van de merken, het verval van het merkrecht, het herstel van het verval van het merkrecht, de bevoegdheid van het Benelux Merkenbureau om bepaalde merken te weigeren, de beroepsmogelijkheid inzake de weigering en de uitputtingsregeling waardoor de merkhouder import van één van zijn producten van buiten de Europese Unie dat door de merkhouder aldaar in verkeer is gebracht, kan tegengaan; parallelimport is alleen toegestaan tussen de lidstaten van de Europese Unie;
- het Convenant Verpakkingen III en de Ministeriële regeling Verpakkingen voor het regelen van het terugwinnen van het verpakkingsafval met een terugwinningspercentage van 65;
- de Wet Productaansprakelijkheid;
- de Rijksoctrooiwet;
- de Milieuwet.

Voor meer juridische details hierover wordt verwezen naar het onderdeel 'recht' van de administratieve opleidingen.

4.4.4 De promotie en de communicatiemix

Bij de industriële marketing is het instrument promotie reeds bij 'Promotie en communicatie als instrument van de marketingmix' (paragraaf 4.3.4) besproken. In deze paragraaf worden alleen die elementen aangegeven die specifiek voor de consumentverzorgende bedrijven zijn.

Producten en diensten van de consumentverzorgende ondernemingen kunnen nog zo goed van kwaliteit zijn, maar als de consument ze niet kent of niet waardeert, zullen ze niet worden verkocht. Communicatie is ook voor de consumentverzorgende bedrijven van zeer groot belang.
De *mix van communicatie-instrumenten* dient om potentiële consumenten te informeren over de verkrijgbaarheid van goederen en diensten.

Mix van communicatie-instrumenten

De *communicatiemix* kent twee soorten communicatie, te weten:
- de *interpersoonlijke communicatie*: de communicatie tussen mensen waarbij interactieprocessen optreden (de persoonlijke verkoop);
- de *massacommunicatie*: de communicatie waarbij de zender gebruikmaakt van massamedia en 'sociale media' en zich met een bepaalde boodschap richt tot een groot aantal afnemers, gebruikers.

Communicatiemix

Interpersoonlijke communicatie

Massacommunicatie

Bezuinigen op de kosten van de communicatiemix kan zeker voor de consumentverzorgende ondernemer fataal zijn. Ook tijdens een crisis zal zelfs meer reclame en promotie gemaakt moeten worden. Daarmee kapen ze marktaandeel weg van die bedrijven die bezuinigen op de communicatiekosten.
Zoals reeds in paragraaf 4.3.4 besproken is, heeft elke soort communicatie zijn eigen rol binnen de communicatiemix en doorloopt ze een aantal stadia vanaf de zender van de boodschap tot en met de ontvangst van de boodschap. Onderscheiden kunnen worden: de doelstelling, de kanaalkeuze offline of online, soort medium per kanaalkeuze, de inhoud van de boodschap, het versturen van de boodschap, het ontvangen van de boodschap en het evalueren van de effectiviteit van de boodschap. Bij het beoordelen van de effectiviteit van de communicatiemix moet het management nagaan of de boodschap bestemd is voor de commerciële doelgroep of voor de communicatiedoelgroep van het uitgekozen segment.

De *commerciële doelgroep* wordt gevormd door die 'personen' die de uiteindelijke koopbeslissing nemen. Maar deze commerciële doelgroep wordt meestal beïnvloed door anderen, de zogenoemde communicatiedoelgroep. Deze *communicatiedoelgroep* (de gebruikers en andere familieleden) kan de 'personen' uit de commerciële doelgroep overhalen om tot aankoop van het product en/of de dienst over te gaan.
In het consumptieve koopproces zijn er echter ook voldoende situaties denkbaar, waarbij de commerciële doelgroep met de communicatiedoelgroep samenvalt.

Commerciële doelgroep

Communicatiedoelgroep

Bij het beoordelen van het nut van een communicatie-instrument moet niet alleen gelet worden op het karakter van het segment dat de boodschap ontvangt, maar vanzelfsprekend ook op de fase van de consumptiecyclus waarvoor de boodschap bestemd is en op de koopsituatie waarin de consument zich bevindt.
Ook elke vorm van consumptief koopgedrag – offline en online – doorloopt de *consumptiecyclus*. Deze bevat de fasen:
- de oriëntatie op het aanbod van producten en diensten;
- de aankoop van het product of de dienst;
- het gebruik van het product of de dienst;
- het eventuele hergebruik van het product.

Consumptiecyclus

Elke fase van de consumptiecyclus vraagt om een andere inhoud van de boodschap. Tijdens de oriëntatiefase zal de informatie over de producten of diensten in de communicatieboodschap centraal zal moeten staan. De juiste informatie over de producten en over de diensten – eventueel aangevuld met demonstraties – zal het beslissingsproces van de potentiële kopers zeker positief kunnen beïnvloeden. Tijdens de fase van het consumptief koopgedrag is er vaak het probleem van de cognitieve dissonantie, anders gezegd de situatie van perceived risk. In dat geval bestaat er een conflict tussen het kennisniveau en het aankoopgedragsniveau. Men is niet tevreden met de genomen aankoopbeslissing of men twijfelt achteraf over het nut van de aankoop. Omdat de aankoop niet ongedaan gemaakt kan worden, zal de consument geholpen moeten worden zijn 'denkinhoud' te veranderen. Communicatieboodschappen moeten in deze fase van de consumptiecyclus bevestigend zijn. De ontevreden consument moet via de communicatieboodschap argumenten aangereikt krijgen die hem in zijn aankoopbesluit achteraf ondersteunen.

Cognitieve dissonantie
Perceived risk

Cognitieve dissonantie (*perceived risk*) ontstaat dus als achteraf de aankoop voor de consument tegenvalt in vergelijking met de eerder door de communicatie gekweekte verwachtingen en in vergelijking met alternatieven.

Ook hier vraagt elke afzonderlijke koopsituatie een aangepaste communicatieboodschap.

Tijdens de derde fase van de consumptiecyclus – de fase van het gebruik van het product of van de dienst – is het thema van de communicatieboodschappen erop gericht de gebruiker de bevestiging te geven dat zijn koopdaad juist was en tegelijk de gebruiker te informeren over de laatste technische ontwikkelingen in de bedrijfstak.

Zeer positief zal het worden gewaardeerd als de leverancier in de vierde fase van de consumptiecyclus in het kader van het maatschappelijk ondernemen meedenkt over het hergebruik van het product en de consument hierover regelmatig door middel van communicatieboodschappen informeert.

Ook in het koopgedrag van de consument kunnen, net als bij de industriële marketing, de volgende koopsituaties onderscheiden worden:
- de situatie van *new task buying* (initiële vraag), UPO;
- de situatie van *modified rebuy* (economische vervangingsvraag), BPO;
- de situatie van *straight rebuy* (routinematige vervangingsvraag), RAG.

4.4.5 De presentatiemix

Vooral de consumentverzorgende ondernemingen moeten veel aandacht besteden aan de presentatie van de bedrijfsformule.

Presentatie

Presentatie omvat alle handelingen op de verkooplocatie die de bedrijfsformule, alsmede het product/dienst voor de potentiële afnemer zichtbaarder en tastbaarder maken. Elke consumentverzorgende onderneming moet streven naar een presentatie van haar bedrijf, die aansluit bij de sfeer en de imagodoelen van het (marketing)strategievormingsproces.

Elementen van de presentatiemix zijn:
- de uitvoering van de pui van de verkooplocatie, de entree van de verkooplocatie, het terras en uiteraard de etalage;
- het toegepaste verkoopsysteem, de overzichtelijke ruimtelijke indeling van de verkooplocatie en de sfeer die de verkooplocatie uitstraalt;
- de inzet, de uitstraling en de deskundigheid van het personeel.

Presentatiemix

Bij het beoordelen en ontwikkelen van de *presentatiemix* moet er steeds aandacht zijn voor:
- de functionele eigenschappen van de elementen van de presentatiemix ten behoeve van de afnemer en de ondernemer;

- de sfeerbepalende eigenschappen;
- de communicatie op de plaats van verkoop: is deze in overeenstemming met de sfeer en de inhoud van de communicatieboodschap?

Een mogelijk stappenplan voor de uitvoering van de presentatiemix kan zijn:

Stap 1 Zorg ervoor dat de presentatiemix van de verkooplocatie consistent is met de uitgangspunten van de marktbenaderingskeuze. Met andere woorden:
- Is de presentatiemix de visualisatie van het marketingconcept?
- Komen in de presentatiemix de kern- en onderscheidende competenties (KBF's en KSF's) van het bedrijf tot uitdrukking?
- Sluit de presentatiemix aan op het verwachte belevingsbeeld van de segmenten?
- Komt in de presentatiemix de positionering van het bedrijf tot uitdrukking?

Stap 2 Ga na of de uitvoering van de pui, de entree, het terras en uiteraard de etalage van de verkooplocatie in overeenstemming is met de door de onderneming gestelde positionering en met de belevingswereld van de afnemer.

Stap 3 Voer de interne presentatiemix van de verkooplocatie uit via:
- het toepassen van het juiste verkoopsysteem;
- een overzichtelijke ruimtelijke verdeling van de verkooplocatie.

Stap 4 Stel vast of de totale sfeer die de verkooplocatie uitstraalt in overeenstemming is met de sfeer en de imagodoelen van het (marketing)strategievormingsproces.

Consumentverzorgende ondernemingen hebben over het algemeen een receptieve taak. Een ondernemer moet zich blijvend realiseren dat de inzet en de deskundigheid van zijn personeel hierin van fundamenteel belang zijn. Goed personeel werven is tegenwoordig moeilijk. Personeel houden vraagt goed humanresourcesmanagement. Soms kan investeren in personeel relevanter zijn dan investeren in duurzame productiemiddelen. Investeren in personeel kan bijdragen tot een lager personeelsverloop, tot kwalitatief beter personeel, tot een betere arbeidsmotivatie en tot een betere presentatie.

4.4.6 De prijs

Voor veel consumentverzorgende bedrijven is de prijs het meest frequent gebruikte marketinginstrument. In het prijsniveau wordt het karakter van een onderneming teruggevonden. Voor de afnemer is de *prijs* het verschil tussen de door de afnemer ervaren en gewaardeerde voordelen minus de kosten gedurende de hele gebruiksduur van het nieuw aan te schaffen product of de dienst. De vraag van elke consumentverzorgende onderneming is welke prijsstelling voor haar assortiment de juiste is.

Prijs

Het instrument prijs heeft voor de consumentverzorgende ondernemingen verscheidene betekenissen, te weten:
- de prijs als flexibel marketinginstrument
- de prijs als inkomensbron
- de prijs als kwaliteitsaanduider
- de prijs als kostendekkend instrument
- de prijs als koopweerstand
- de prijs als belevingsinstrument

Vooral de invloed van de prijsbeleving op de prijshoogte is in deze tijd van individualisering een niet te verwaarlozen factor. Het aspect 'prijsbeleving' van de afnemer kan ertoe leiden dat de consument het product of de dienst als te duur of te goedkoop ervaart. Prijsbeleving door de consument kan een voordeelbeleving, een kwaliteitsbeleving, een drempelbeleving of een prestigebeleving betreffen. Een onderzoek naar de prijsbeleving kan aangeven hoe het prijsbeleid voor zijn assortiment bij zijn afnemer overkomt. Door distributieve ontwikkelingen, door het loslaten van de verticale prijsbinding, door de grote invloed van consumentenorganisaties en door het streven naar individualisering van de maatschappij is de betekenis van de prijsbeleving van de consument voor het prijsbeleid van elke ondernemer toegenomen.

Elk management beschikt over vier mogelijkheden om de prijs van zijn producten/dienstverleningen te bepalen. Dit zijn (zie subparagraaf 4.3.2):
- de kostengeoriënteerde prijsstellingmethoden
- de concurrentiegeoriënteerde prijsstellingmethoden
- de vraaggeoriënteerde prijsstellingmethoden
- de geïntegreerde prijsstellingmethoden

Ook bij de consumptieverzorgende bedrijven bepalen de kosten de prijsbodem en de prijsbeleving bij de consument het plafond van de prijsstelling.

Het type onderneming, de mate van prijsgevoeligheid van de producten/diensten, de aanwezigheid van substituten, de prijsbeleving van de consument, de kostenstructuur van de onderneming en het distributieconcept in de bedrijfstak zijn variabelen die bepalend zijn voor de prijsstellingmethodekeus.

Actief-prijsbeleidstrategieën
Skimming pricing
Penetratiepolitiek
Put-outpricing politiek
Prijsdifferentiatie
Prijsdiscriminatie

Soms heeft een onderneming op een markt een differentieel voordeel ten opzichte van de andere aanbieders in haar marktgebied. Dit differentiële voordeel kan de ondernemer in staat stellen een actief prijsbeleid te voeren. Voorbeelden van *actief-prijsbeleidstrategieën* zijn:
- de *skimming pricing (afroomprijspolitiek)* en de *penetratiepolitiek* bij het op de markt brengen van een nieuw product/nieuwe dienst (zie tabel 4.1);
- de *put-outpricing politiek*, een concurrentiegeoriënteerde prijsstellingmethode met een lage prijsstelling voor een bestaand product/bestaande dienst, zodat de concurrentie uit de markt wordt gewerkt; de put-outpricing moet afgeraden worden omdat het uiteindelijke resultaat een 'red ocean'-situatie in de markt kan zijn (zie tabel 4.1);
- de politiek van *prijsdifferentiatie* en van *prijsdiscriminatie* (zie subparagraaf 4.3.2).

Passief prijsbeleid

Me-too-pricing

Meestal beperkt de ondernemer van een consumentverzorgend bedrijf zich tot het zogenoemde passieve prijsbeleid. Bij een *passief prijsbeleid* wordt het initiatief tot het voeren van een actief prijsbeleid in de lokale en regionale markt aan de lokale concurrentie overgelaten. Voorbeelden van passief prijsbeleid zijn:
- het prijsbeleid van het volgen van het prijsbeleid van de prijsleider in de lokale markt;
- het prijsbeleid van *me-too-pricing* (zie subparagraaf 4.3.2);
- het vaststellen van de prijs per product, per dienst in de nabijheid van de gemiddelde prijs van de directe concurrenten in de lokale markt;

- het streven naar een voor de consument moreel aanvaardbaar prijsbeleid conform zijn afnemerswaarde.

Bij een passief prijsbeleid vindt de concurrentie tussen de aanbieders op de markt plaats door middel van de andere instrumenten uit de marketingmix. Bij de nieuwe 'city stores' van Spar Nederland zit het onderscheidend karakter in de A-locatie van de vestigingsplaats, de samenstelling van het assortiment en in de presentatiemix.

4.5 Verschillen tussen de consumentenmarkt en de industriële markt

Het ligt voor de hand dat de realisatie van de marketingstrategie in de consumentenmarkt belangrijke verschillen vertoont met de realisatie van de marketingstrategie in de industriële markt. Het onzorgvuldig hanteren van de marketingmix op de beide markten kan fatale gevolgen hebben voor de ondernemer in het midden- en kleinbedrijf.
Een overzicht van verschillen tussen beide typen markten staat in tabel 4.2.

TABEL 4.2 Verschillen consumentenmarkt en industriële markt

Thema	Consumentenmarkt	Industriële markt
Verloop vraagcurve	Meestal elastisch	Meestal inelastisch door afgeleide vraag
Prijsstelling	Psychologische prijsstelling	Economische prijsstelling
Prijsfluctuaties	Soms heftige prijsschommelingen	Soms heftige prijsmutaties
(Advies)prijs	Door MKB-ondernemer, importeur en producent bepaald	Tot stand na onderhandelen en aanbesteding
Betalingsconditie verkoop	Meestal contant bij offline en online	Financieringsmogelijkheid
Prijs als selectiecriterium	Vaak	Vaak ondergeschikt punt
Prijsopbouw	Aankoopprijs	Aankoopprijs vermeerderd met de kosten gedurende de gebruiksduur op basis van offerte
Prijszichtbaarheid, prijstransparantie	Beperkt	Groot
Voorkeur voor prijsstellingmethode	Vraag- en concurrentiegeoriënteerd	Kosten- en vraaggeoriënteerd
Prijs promotie-instrument	Vaak	Weinig
Aard product/dienst	Meestal eenvoudig	Technisch ingewikkeld
Formaat verpakking	Voor kleine hoeveelheden	Voor grote hoeveelheden
Functie verpakking	Vooral commerciële functie	Technische en commerciële functie
Vormgeving	Product gericht op fraaiheid	Voor efficiënt gebruik
Betekenis kleur in de vormgeving	Emotioneel gericht	Meestal onbelangrijk
Gebruik merk	Zeer belangrijk	Minder belangrijk
Mogelijkheid tot toegevoegde waarde	Meestal gestandaardiseerd	Volgens wensen afnemer
Kwaliteitseis	Stijl, design	Inpasbaar in gebruikssituatie afnemer
Verkoop afzonderlijk of in pakket	Meestal los, afzonderlijk	Regelmatig compleet pakket
Samenstelling voorraad	Finale eindproducten	Vooral grondstoffen en halffabricaten
Aanvullende diensten	Vaak bij shopping en specialty goods	Complementair met de verkoop

TABEL 4.2 Verschillen consumentenmarkt en industriële markt (vervolg)

Thema	Consumentenmarkt	Industriële markt
Productontwikkeling	Door mode en technische vooruitgang	Vaak na verzoek van gebruiker
Aantal afnemers	Nodig grote aantallen	Relatief weinig
Type vraag	Primaire vraag	Afgeleide vraag
Koopmotief	Bevrediging behoefte	Verbetering efficiency
Koopgedrag	Meestal emotioneel	Rationeel, onderhandelen
Verkoopsysteem	Receptieve verkoop	Vaak acquisitieve, relatieve verkoop
Duur beslissingsperiode	Meestal kort	Lang en kort
Betekenis persoonlijke contacten	Geen	Er is een netwerk van persoonlijke contacten
Betekenis interne marketing	Gering	Groot
Aankoopbesluit koopcentrum	Gezin	DMU na advies PSU
Karakter leverancier	Aanbieder	Strategische partner
Betekenis opinieleider	Soms groot	Zeer belangrijk bij technisch zeer ingewikkelde producten/diensten
Vestigingsplaats	Geconcentreerd en verspreid in marktgebied	Industriegebied, in nabijheid van grondstoffen, in nabijheid van afnemers, in nabijheid van transportmogelijkheden
Distributiesysteem	Indirecte distributie met sterke positie voor tussenhandel	Directe distributie
Opbouw distributiestructuur	Overzichtelijk	Soms zeer complex en ingewikkeld
Distributie-intensiteit	Meestal intensief en selectief	Meestal exclusief
Leveringsbetrouwbaarheid	Soms belangrijk	Zeer belangrijk
Productkennis distributietussenhandel	Weinig	Zeer veel
Communicatieboodschap	In voor de burger begrijpelijke taal	Rationele argumenten in vaktermen
Gebruikte media	Massamedia en sociale media	Gespecialiseerde media
Belangrijkste communicatie-instrument	Reclame	Persoonlijke verkoop
Karakter vertegenwoordiger	Verkoper	Adviseur
Betekenis telefonische verkoop	Minimaal	Veel gebruik
Doel reclame	Beïnvloeding koopbeslissing Uitnodigen voor bezoek website/webshop	Ondersteuning persoonlijke verkoop
Populatie marktonderzoek	Groot, alle gezinnen	Klein, afhankelijk van product of dienst
Bereikbaarheid respondent bij marktonderzoek	Vrij eenvoudig	Moeilijk
Medewerking respondent bij marktonderzoek	Prima bij sociale media Steeds moeilijker bij offline	Zeer slecht
Steekproefomvang	Goed, vooral door toedoen sociale media	Te klein
Betekenis internet	Groot, vooral door te werken met webshops	Groot door onlineverbinding met leveranciers en afnemers
Betekenis van internet voor het bedrijfsverdienmodel	Groot, vooral door te werken met webshops naast de bestaande winkels	Groot bij de bedrijfskosten, maar minimaal bij het binnenhalen van de verkooporders

4.6 Online marketing

4.6.1 Internetgebruik in Nederland

De komst van internet heeft het koopgedrag in zowel de industriële markt als in de consumentenmarkt grondig veranderd. Internet is een onmisbaar kernonderdeel in de bedrijfsprocessen van elke onderneming. Via de smartphone is elke gebruiker onbeperkt 24 uur per dag bereikbaar. De online communicatie met leveranciers, afnemers en gebruikers raakt bijna alle bedrijfsprocessen. Het online bestelproces van producten en diensten vraagt IT-aanpassingen in logistiek, voorraadbeheer, sales, etc. Deze IT-aanpassingen waren ook noodzakelijk bij Customer Service.

Ook het regelen van de online marketingactiviteiten vereist een andere aanpak. Steeds is er de vraag of er online extra geïnvesteerd moet worden in promotie-activiteiten om meer afnemers te bereiken, of moet het hiermee gepaard gaande bedrag geïnvesteerd worden in een nog betere uitstraling van de website. De internetomgeving is een dynamisch gegeven met snelle veranderingen. Technische ontwikkelingen hierin zijn een continu proces. Door deze inbreng van internet is de wijze waarop informatie over eventuele concurrenten verkregen wordt, ook veranderd. Alle directe concurrenten per bedrijfstak zijn verzameld op een website. Ook de afnemers- en gebruikersgegevens worden nu door bedrijven veel sneller verzameld, vooral door de opkomst van sociale media. Ondernemingen zetten sociale media steeds meer in voor het bereiken van merkbekendheid en het creëren van afnemersloyaliteit. Afnemers en gebruikers hebben de mogelijkheid om snel veel alternatieven te bekijken. Online bankieren en het opzoeken van informatie over producten en diensten zijn bij velen zeer belangrijke internetactiviteiten.

Volgens het CBS werkte in 2011 circa negentig procent van de Nederlandse bevolking met internet. Vooral mannen downloaden formulieren en software, en gebruiken internet voor het zoeken naar informatie. TNS hield in 2010 een mondiaal marktonderzoek naar het internetgebruik. Op basis van dit onderzoek werden zes groepen internetgebruikers vastgesteld waarvan de belangrijkste vier zijn: de beïnvloeders, de gebruikers die graag online communiceren, de informatiezoekers en de netwerkers voor het maken en onderhouden van relaties. Er zijn zelfs bedrijven in het MKB die minimaal vijftig procent van hun omzet via internet realiseren. Vooral in de hotel- en reisbedrijfstak worden boekingen massaal via internet gedaan. Voor deze bedrijven is het internet zelfs hét verkoop- en distributiekanaal. Daarentegen gebruikt de bouwbedrijfstak het internet slechts als informatiekanaal. Voor elk bedrijf de kunst om de juiste bedrijfsprocesaanpassingen te vinden.

4.6.2 Online marketing

Online marketing spitst zich ook toe op het binnenhalen en behouden van nieuwe afnemers om ze vervolgens uit te nodigen tot aankoop in de webshop. Bij online marketing staan centraal:
- het binnenhalen en behouden van nieuwe afnemers met behulp van offline- en online instrumenten van de communicatiemix;
- de conversiescore van de webshop, het percentage van de bezoekers van de webshop dat overgaat tot aankoop.

Ook bij online marketing is het verdelen van de doelgroep in (markt)segmenten noodzakelijk.

Belangrijke segmentatiecriteria zijn hiervoor:
- de demografische kenmerken;
- het type internetgebruiker;
- de conversiescore per bezoeker;
- de levenscyclusfase per bezoeker.

Voor elk bedrijf is het dus een kunst om de opkomst van internet te beantwoorden met unieke bedrijfsprocesaanpassingen. De rol van internet in het bedrijf kan zijn:
- als (merk)communicatiekanaal. Naast de traditionele offline media voor reclameboodschappen zijn er extra online ondersteunende campagnes via zoekmachine marketing, emailmarketing, affiliate marketing, sociale media, mobile en games.
- ter ondersteuning van offline service-activiteiten. Hierbij moet niet alleen gedacht worden aan het geven van informatie voor, tijdens en na de verkoop, het relatiebeheer, het binnenhalen van nieuwe potentiële afnemers, maar ook aan het aanbieden van bepaalde bedrijfsactiviteiten voor het oplossen van problemen.
- inzetten als corebusiness, zoals bij reisbureaus die al hun bedrijfsactiviteiten online uitvoeren. Alleen fysieke bedrijfsgebouwen zijn nodig voor callcenter, logistieke bedrijfsactiviteiten en administratief beheer, want het gehele assortiment producten, diensten en bedrijfsactiviteiten voor het oplossen van bedrijfsproblemen wordt alleen online (per catalogus) aangeboden en niet vanuit een showroom of fysieke winkel.

Afhankelijk van de rol van internet in het bedrijf kunnen de online marketingactiviteiten ondergebracht worden bij de bestaande marketingafdeling, bij een aparte online marketingafdeling of uitbesteed worden aan derden. Voor de online marketingactiviteiten is een tot in details uitgewerkt online marketingplan belangrijk voor de richting en de inzet ervan. Mogelijke voordelen hiervan zijn:
- zich bewuster worden van de afnemerswaarde van de online marktsegmenten;
- zich bewuster worden van het online aanbod ten opzichte van het offline aanbod;
- zich bewuster worden van de in te zetten online marketinginstrumenten;
- zich bewuster worden van de inzet en de verdeling van het online marketing budget over de diverse online marketinginstrumenten;
- het verbeteren van de effectiviteit van de ingezette communicatiemiddelen;
- het vergemakkelijken van het stellen van prioriteiten voor mogelijke IT-aanpassingen;
- het bewuster maken van de marketingafdeling van het vaststellen van prioriteiten bij de communicatiemix.

Zoals in subparagraaf 4.2.2 is beschreven, is de essentie van online CRM: het realiseren van meer winstgevende klanten door vooral te letten op afnemerstevredenheid en -loyaliteit. Afnemerstevredenheid is de mate waarin de online aanbieder met zijn assortiment voldoet aan de verwachtingen van de afnemer of aan de verwachtingen over de oplossing van problemen bij de afnemer. Afnemersloyaliteit is de mate waarin een afnemer een emotionele en psychologische band met de online aanbieder voelt en qua houding en/of gedrag trouw blijft aan een online aanbieder, ondanks goedkopere of kwalitatief betere alternatieven.

Bij online marketing speelt de website/webshop een zeer belangrijke rol. De webshop is de winkel op het internet. Achter elke website/webshop zit een softwarepakketsysteem waarmee elke MKB-ondernemer zijn eigen web kan opbouwen, mits hiervoor voldoende technische kennis aanwezig is. Streeft het management van de MKB-onderneming naar een website/webshop met alles erop en eraan, dan is het zeer verstandig hiervoor een professionele *webdesigner* in te huren. Maar er is vaak meer nodig dan alleen een webdesigner. Een webdesigner kijkt alleen naar de front-end, terwijl een webprogrammeur juist de expert is voor de techniek in de backend. Vaak mist de ondernemer de benodigde kennis. Een website met alles erop en eraan is een extra investering van tienduizenden euro's. Duidelijk zichtbaar op de website moeten zijn: de webshop met het assortiment producten en diensten, de prijs, het aflevermoment, de betaalmogelijkheden en niet te vergeten de kritieke succesfactoren (KSF's) van de MKB-onderneming. Vooral deze laatste moeten duidelijk opvallen op de website/webshop. Extra reclame-investeringen om potentiële afnemers over het bestaan van de eigen website te informeren zullen noodzakelijk zijn. De belangrijkste online communicatie instrumenten zijn de zoekmachines, linkbuilding, E-mailmarketing en via games.

Webdesigner

Het principe van de *zoekmachine* is de "pullmarketing"(paragraaf 4.4.2) waarbij de nieuwe afnemers door zijn zoekgedrag aangeeft interesse in een product of dienst te hebben. Hierna worden deze potentiële afnemers benaderd en gemotiveerd te kopen. De *AIDA-regel* is de basis voor de zoekmachineadvertentie. De afnemer start met zijn aandacht (= Awareness) voor een product of dienst, toont vervolgens interesse (= Interest), voelt een verlangen om te kopen (Desire) en gaat uiteindelijk over tot aankoop (Action).

Zoekmachine

AIDA-regel

Linkbuilding is het opbouwen van relaties tussen websites en webpagina's om hogere bezoekersaantallen, verbeterde posities in zoekmachines en een betere merkimago van de website te verkrijgen.

Linkbuilding

E-mailmarketing is de digitale uitvoering van direct marketing om nieuwe afnemers te werven, bestaande afnemers vaak te informeren over bijvoorbeeld nieuwe producten of diensten of over de status van de afleveringen of het websitebezoek te stimuleren. Door E-mailmarketing wordt enorm gespaard op portikosten en administratiekosten. Het is de meest directe methode van communicatie met de marktsegmenten.

E-mailmarketing

Games is een prima communicatie-instrument om nieuwe en bestaande afnemers tijdens het uit vrije wil gespeelde spel bewust te maken van een merk en hen te motiveren de relatie met het merk te verstevigen. Het spelen van een game vindt plaats voor vermaak en met 100% aandacht en zorgt er uiteindelijk ook voor dat de verstuurde boodschap goed wordt waargenomen.

Games

Een handig en goedkoop reclame-instrument is sluikreclame. *Sluikreclame* is een vorm van communicatie over een product of dienst en merk zonder dat daar een standaardhonorering in geld tegenover staat. Hiervoor gaat het management van het bedrijf via de sociale media op zoek naar en het gaat deelnemen aan forums, nieuwsgroepen en discussieplatforms. De hieraan deelnemende websitebezoekers zien van de MKB-onderneming de bedrijfsnaam, het webadres en zijn website, maar vooral de vaardigheden en de deskundigheid waarmee eventuele problemen van de websitebezoekers door medewerkers van het bedrijf opgelost worden. Dit laatste komt zeer vertrouwenwekkend bij deze websitebezoekers over. Belangrijk hierbij is ook dat de website uitnodigend is en er verzorgd uitziet, en dat de op de website verstrekte informatie up-to-date is en geen taalfouten bevat.

Sluikreclame

Een goede positionering van de website van de MKB-onderneming op de site van een zoekmachine (bijvoorbeeld Google) kan erg belangrijk zijn. 95% van het internetverkeer komt zelfs via een zoekmachine van een *webmaster* (de beheerder van een website) bij een site. Vraag aan deze webmaster om links met andere websites te regelen. Vaak moet hiervoor als tegenprestatie het e-mailadres van deze bedrijven op de website van de MKB-onderneming vermeld worden en omgekeerd. Het gebruiken door een MKB-onderneming van de websites van een webmaster wordt vaak aangeduid als affiliate marketing.

Webmaster

Bij affiliate marketing zijn steeds drie partijen betrokken: de MKB-onderneming (de aanbieder met zijn assortiment, de zogenaamde 'adverteerder') die de website van de webmaster (de zogenaamde 'affiliate') bezoekt. De webmaster verkoopt via zijn website het aanbod van de MKB-onderneming. Als vervolgens een potentiële afnemer via de webmasterwebsite een product koopt van de MKB-onderneming ('adverteerder'), krijgt de webmaster hiervoor een vergoeding van de aanbiedende onderneming. Het webmaster-netwerk brengt vraag en aanbod van 'affiliates' en aanbieders bij elkaar en fungeert als een tussenpersoon. Webmasters ('affiliates') zoeken op hun beurt naar de meest interessante aanbieders ('adverteerders') om het door hen aangeboden assortiment op de eigen websites te laten opnemen. Hierbij moet gedacht worden aan assortimenten van detailhandel (zoals kleding, witgoed, boeken, dvd's), van reisbureaus, financiële instellingen en telecombedrijven. Iedereen met een website kan een 'affiliate' zijn, mits de website voor aanbieders aantrekkelijk is en hun assortiment past bij de inhoud en uitstraling van de website van de webmaster ('affiliate'). Het afrekenen op basis van een daadwerkelijk resultaat is een wens van elke marketeer. Hierbij moet opgepast worden dat niet de macht bij de webmaster komt te liggen. Ook kunnen webmasters nog verschillende andere online marketinginstrumenten inzetten om daadwerkelijk resultaat voor de aanbieders ('adverteerders') te realiseren: meer websidebezoekers en uiteindelijk meer omzet.

Affiliate marketing op internet

Affiliate

Affiliate marketing op internet is dus een wijze van online marketing waarbij de eigenaar van de webwinkel, de aanbieder van het assortiment (de 'adverteerder') de a*ffiliate* (webmaster, de uitgever) betaalt voor elk nieuw bezoek, elke nieuwe potentiële afnemer, elk verkocht product of dienst, elk nieuw e-mailadres en elk nieuw NAW-gegeven die via de website van de webmaster verkregen zijn. Bij affiliate marketing draait het om het 'no cure, no pay'-principe. Bij advertisingacties via de webmaster voor beursbezoek, de aanvraag voor productinformatie en de verkoop van producten en diensten van 'adverteerders' betaalt de aanbieder de webmaster (de 'affiliate') alleen als er via zijn website(s), nieuwsbrieven of zoekmachinecampagne daadwerkelijk resultaat geboekt is. Een groot voordeel van affiliate marketing is dus dat de MKB-onderneming (de 'adverteerder') op deze manier geen enkel risico loopt met zijn marketingbudget; een groot verschil vergeleken met de door hem geplaatste advertenties in de offline massamedia. Vanwege dit beperkte risico en omdat er alleen bij daadwerkelijk resultaat betaald wordt, is affiliate marketing voor steeds meer bedrijven een prachtig online marketingkanaal.

Kritieke succesfactoren van affiliate marketing zijn dan ook: segmentbewust, bij uitstek geschikt voor het aanbieden van een compleet assortiment van de webshop, altijd bereikbaar via de eigen website en/of de website van de webmaster, en innovatief voor het steeds opnieuw verrassen van de consument met nieuwe producten en diensten.

Mobielmarketing op internet is een andere wijze van online marketing, waarbij op een interactieve en relevante manier gecommuniceerd en/of contact gelegd wordt met bepaalde voor een onderneming interessante marktsegmenten en dit via een mobiel apparaat, een mobiel netwerk of apps. Rond het millennium werd de mobiele telefoon voor het eerst door adverteerders ingezet voor het versturen van reclameboodschappen via sms. In 2014 wordt het sms'en nog steeds door bedrijven gebruikt voor het afnemersacquisitieproces en voor het market-sensingproces voor het meten van gebruikerservaring. Het bevestigen van transacties tijdens het online bankieren gebeurt ook per sms en horecaondernemers sms'en hun vaste klanten over lastminutemenu's tegen gereduceerd tarief en voor het uitwisselen van onderlinge horecaervaringen. Met smartphones is elke bezitter 24 uur per dag voor internetinformatie bereikbaar. Door de voortdurend groeiende belangstelling voor smartphones, met hun steeds uitgebreidere marketingmogelijkheden, kiezen veel bedrijven voor mobiele marketing via apps. Mobiele marketing wordt dan ook een steeds volwassener kanaal binnen het online marketinggebeuren.

Mobielmarketing op internet

Kritieke succesfactoren van mobielmarketing zijn dan ook: segmentbewust, bij uitstek geschikt voor online advertisingcampagnes met een activerende doelstelling voor een sterk merk en innovatief voor het steeds opnieuw verrassen van de consument. Mobiele telefoons ontwikkelen zich steeds verder tot multifunctionele apparaten voor het market-sensingproces, het klantenacquisitieproces, het orderafhandelingsproces en het Customer Relations Managementproces (CRM) voor een op afnemerswaarde gericht marketingbeleid.

Een zeer belangrijk kenmerk van een website is de conversie van de website/webshop.

De *conversie* van een website/webshop is het percentage van de bezoekers van (een pagina van) een website/webshop dat overgaat tot aankoop of een potentiële nieuwe afnemer wordt. De aantrekkelijkheid van een website/webshop kan vergroot worden door onder andere het toepassen van de juiste software, het beschikken over een catalogus met een overzichtelijke presentatie van het gehele assortiment, de designwijze waarop bezoekers van de website/webshop op de homepage kunnen navigeren, de mogelijkheid tot het aanmaken van een account bij een eerste bezoek, en het vergemakkelijken van het werken met de zoekfunctie. Een algemene regel bij het plaatsen van (advertising) informatie over een onderneming op websites en op sociale media is: bied korte teksten zolang de bezoeker nog zoekt en geef alleen leestekst als dat echt nodig is en de bezoeker zijn product of dienst gevonden heeft. Ook is de *levenscyclusfase* waarin een bezoeker van een website/webshop zich bevindt bepalend voor het conversiepercentage.

Conversie

Levenscyclusfase

De bezoeker kan zich bevinden in de pioniersfase, het voor het eerst op een website komen. Zodra bezoekers de website/webshop kennen, is er bij een tweede bezoek een bereidheid langer op de website/webshop te blijven, maar is men ook bereid meer pagina's tijdens het bezoek te bekijken. Dit is de fase van interesseren. Bezoekers in de beslissingsfase kunnen overwegen de website/webshop te gebruiken voor conversie. Deze bezoekers worden herkend aan het langdurig bezoeken van veel pagina's per bezoek. Gaat de bezoeker over tot aankoop, dan komt deze in de bestel- en vervolgens de betaalfase. Ook bij online verkoop bestaat de orderafhandeling uit de deelprocessen orderbevestiging, aflevering bestelling, facturering inclusief betaling, voorraadbeheer en aftersales inclusief retournering. Ook in de fase "orderbevestiging" kan de betaling plaatsvinden, als men vooruitbetaalt via bijvoorbeeld iDeal. Bij online bestellingen komen relatief veel retouren voor. Afnemers kunnen vooraf het product niet zien en niet uitproberen. Lukt het de marketeer de bezoeker per levenscyclusfase te identificeren en zijn evaluatiecriteria te achterhalen, dan is de marketeer ook in staat online in te spelen op mogelijke wensen en verwachtingen van deze bezoeker.

Een belangrijk element in de effectiviteit van online marketing is het plaatsen van (advertising) informatie over een onderneming op sociale media. *Sociale media* omvat websites en online toepassingen die interactie tussen gebruikers mogelijk maken. Sociale media hebben een grote rol in de communicatie met potentiële afnemers.

Sociale media

In het market-sensingproces informeren de sociale media de marketeer over wat de afnemer beweegt en motiveert. Ondernemingen zetten sociale media steeds meer in voor merkbekendheid en het creëren van afnemersloyaliteit. Ook online salespromoties vinden via de sociale media plaats. Motieven voor bedrijven voor het meer gebruiken van sociale media zijn:
- het geven van ondersteuning en advies in een koopproces;
- het gebruiken als segmentatiecriterium. Afnemers gebruiken het zakelijk netwerk LinkedIn om zich te identificeren met anderen;
- het creëren van merkgerelateerde informatie voor afnemers. Het doel is het vertrouwen bij afnemers en gebruikers in het merk te vergroten. Bedrijven adverteren veel op sociale media omdat ze een bijzonder hoog bereik hebben, waardoor de segmenten goed te bereiken zijn. Tevens is het adverteren via sociale media ook goedkoper dan adverteren via andere communicatie-instrumenten;
- het uitoefenen van invloed of macht op potentiële afnemers. Door actuele bedrijfsinformatie via de sociale media te verspreiden kan elke onderneming zelf discussies over haar bedrijfsactiviteiten stimuleren;
- vooral luisteren, participeren in discussies en reageren op vragen.
- voor online marktonderzoek. Met behulp van online marktonderzoek kan er gezocht worden naar antwoorden op vragen als:
  - Wat beweegt afnemers op sociale media?
  - Wat doen concurrenten op de sociale media?

Online marktonderzoek kan hiervoor plaatsvinden door:
- online enquêtes, die gekoppeld zijn aan de website die bezocht wordt;
- concurrentieanalyse naar de wijze waarop concurrenten de sociale media inzetten en welke inzet(ten) ook daadwerkelijk succesvol zijn (waren);
- het versturen van enquête-e-mails op basis van de eigen klantgegevens.

Ook bij online marktonderzoek zal een steekproef aan de minimale eisen van omvang, betrouwbaarheid en nauwkeurigheid moeten voldoen. Maar bij dit online marktonderzoek wordt steeds vaker gewerkt met panels met eigen websites, waarvan het aantal panelleden niet bekend is. Vandaar dat er in dit verband steeds meer aandacht aan de sociale media – Facebook, Twitter en LinkedIn – wordt besteed. Via deze sociale media wordt het mogelijk het online gedrag van kopers en gebruikers te volgen. Door de hoge penetratie van internet in Nederland zijn er voldoende online mogelijkheden voor onderzoek. In kort tijdsbestek kunnen daardoor velen bereikt worden. Zelfs is het nu mogelijk om zoekers, gebruikers en afnemers langer te volgen naar aanleiding van eerdere antwoorden. Antwoorden die online gegeven worden, worden vervolgens in databases vastgelegd.

Ook online marketing moet plaatsvinden binnen bepaalde wettelijke kaders. Hierbij moet zeker gedacht worden aan de privacywetgeving, artikel 11.7 van de Telecommunicatiewet, de code E-mail en de Cookiewetgeving. Het verwerken van persoonsgegevens is geregeld in de *Wet bescherming persoonsgegevens* (*Wbp*). Artikel 11.7 van de Telecommunicatiewet is er gekomen om spam tegen te gaan en te voorkomen dat adressen doorverkocht of verhuurd worden. De regels van de *code E-mail* gelden wanneer een onderneming e-mails stuurt naar consumenten en bedrijven. Bij E-mailmarketing is het noodzakelijk dat de ontvanger van de boodschap vooraf toestemming heeft verleend aan de verzender om zijn boodschap te mogen e-mailen.

Wet bescherming persoonsgegevens

Wbp

Code E-mail

Een *cookie* is een klein tekstbestand dat tijdens een bezoek aan een website op de computer wordt opgeslagen. Als een gebruiker later opnieuw diezelfde website bezoekt, wordt bijgehouden wat de gebruiker op internet doet. Bijvoorbeeld in welke taal iemand een website leest, of welke artikelen in webwinkels het meest worden bekeken. Een cookie zorgt er ook voor dat je ingelogd blijft, terwijl je de site gebruikt.

Cookie

De *Cookiewetgeving* regelt de bescherming van internetgebruikers in de gevallen waarin bedrijven toestemming vragen aan consumenten voor het plaatsen van cookies en het aanmaken van hun profielen.

Cookiewetgeving

4.6.3 Waarom via internet kopen?

Bedrijven kiezen vaak voor meerdere distributiekanalen naast elkaar. Bijvoorbeeld webshops met bezorging en fysieke winkels. De Multichannel Monitor 2011 merkt in dit verband op: 'Producten en diensten die kopers willen zien, ervaren, persoonsgebonden zijn, in het gebruik zeer ingewikkeld zijn en laag geprijsd, worden minder via internet gekocht. Internetverkopen vinden vaak plaats bij technische producten, tickets, reizen, hotels, verzekeringen, software en consumentenelektronica'.

Terwijl internet het meest gebruikte *informatiekanaal* voor kopers is, blijven de showroom en de winkel de *verkooplocatie* voor veel consumenten. Verklarende redenen hiervoor zijn:
- Bij online kopen kan men het product of de dienst niet ruiken, betasten en passen.
- Het product of de dienst wordt direct geconsumeerd (ijsco en drank).
- Er is persoonlijk contact in het offlineverkooppunt en er zijn geen bezorgkosten.
- Men loopt niet het financiële risico van creditcardmisbruik en het risico van geen aflevering van het bestelde.
- Men is bang dat online gekochte producten en diensten niet aan de afnemerswaarde voldoen (slechte ervaring in bepaalde bedrijfstakken).
- Er zijn geen wettelijke regels bij online aankopen en geen garanties voor leveringstermijnen. Voor kopen op afstand bestaat wel enige wetgeving die zelfs per 13 juni 2014 is aangescherpt. Van *koop op afstand* is sprake als je een product of dienst koopt via internet, een postorderbedrijf, de telefoon, een bestelbon uit een krant of tijdschrift of per fax. Het gaat hierbij om situaties waarbij de koper geen persoonlijk contact met de verkoper heeft. (voor meer informatie zie http://www.consumentenbond.nl/juridisch-advies/juridische-hulp/koop-via-internet-telefoon-huis/koop-op-afstand-vanaf-13-juni-2014/)
- Men staat nog steeds wantrouwend tegenover online aankopen.

Koop op afstand

Maar er zijn ook kopers die zich offline oriënteren, maar online kopen. Hun verklarende redenen volgens dezelfde Monitor van 2011 hiervoor zijn:
- De prijs is online lager.
- Men kan vanaf het kantoor of huis kopen op het moment dat men wenst.
- Het product is niet offline te koop of slechts in beperkte mate op voorraad met weinig keus.
- Men is niet gebonden aan wettelijke werktijden.

4.6.4 Functies internet in het koopproces

Zowel het zakelijk inkoopproces als het koopgedrag van de consument bestaat uit de fasen probleemherkenning, informatie verzamelen over leveranciers, evaluatie van mogelijke inkoopalternatieven, de feitelijke inkoop en evaluatie na inkoop. De structuur en de lengte van hun inkoopproces zijn weer afhankelijk van de inkoopsituaties van:
- new task buying (initiële vraag)
- modified rebuy (economische vervangingsvraag)
- straight rebuy (routinematige vervangingsvraag)

Bij online inkopen is er sprake van een duale beslissing: de keuze van het te kopen product of de dienst en de keuze van offline of online kopen. Vandaar de extra fase in dit inkoopproces: de fase van offline of online.

Het online koopproces bestaat uit vijf fasen:
1. de probleemherkenning
2. het verzamelen van informatie
3. de evaluatie van de koopalternatieven
4. de keuze van het verkoopkanaal
5. de feitelijke aankoop

Ad 1 De probleemherkenning
Het proces begint bij de herkenning van het ontstaan van een probleem of van een behoefte. Op het internet heeft de gebruiker een overzicht van meerdere soorten producten en diensten. Het blijkt dat de koper via internet zich bewuster wordt van zijn behoefte of het op te lossen probleem. Het is in deze fase belangrijk te weten hoeveel bezoekers er van de gebruikte websites zijn, via welke communicatiekanalen ze naar deze websites zijn gekomen en of ze tot het beoogde marktsegment behoren.

Ad 2 Het verzamelen van informatie
Voordat een koper informatie via internet gaat opzoeken, stelt hij eerst vast wat hij over zijn mogelijke aankoop reeds weet en om welke vorm van zijn drie mogelijke inkoopsituaties het gaat. Als een internetgebruiker twijfelt over zijn mogelijke aankoop, zal hij besluiten tot het overwegen van alternatieven en gaat verder met zoeken. In hoeverre een koper daadwerkelijk verder gaat met het zoeken naar extra informatie, is afhankelijk van zijn *involvement*, de betrokkenheid van de zoeker bij zijn koopbeslissing, zijn merkentrouw en zijn levenscyclusfase. In principe is het internetzoekproces efficiënter dan wanneer er offline gezocht wordt. Het internet bevat veel informatie en veel koopalternatieven voor het oplossen van zijn probleem. Maar de mogelijke koper moet wel uitgenodigd worden het online verkoopkanaal te bezoeken.

Involvement

Online kritieke succesfactoren

Online kritieke succesfactoren tijdens het zoeken en bezoeken van de site zijn de vindbaarheid van de website, de door de website uitgedragen verwachte afnemerswaarde, de eventuele merkenbekendheid van het te kopen product of dienst, de positionering van het bedrijf in de website, de publieke opinie, de mate van het geboeid raken door de boodschap op de website, de aanwezige instrumenten voor de zoek- en adviesmodule, het bestelgemak, de veiligheid, de mate van vindbaarheid van gezochte informatie, etc. Een hoge afnemerswaardering voor een website en/of de merkenbekendheid van het te kopen product of dienst leiden tot een inelastische prijselasticiteit en tot meer en duurdere aankopen. Een grote merkenbekendheid en -trouw stimuleren het zoeken naar meer informatie. Een uitnodigende website van een merk leidt tot een positieve attitude voor het merk en dus tot een grotere merkenbinding. Het management van een onderneming met een sterk merk weet dat kopers en gebruikers nieuwsgierig zijn naar nieuwe producten en dat zij zelfs bereid zijn hierover recensies te schrijven op de sociale media. Bij iedere innovatie staan het internet en de sociale media vol met beoordelingen en meningen. Ook ten behoeve van dit verzamelen van informatie door de bezoeker/koper kan de ondernemer extra zijn promotiemix via de massamedia als informatiebron (paragraaf 4.3.4) offline inzetten. Online direct-mailreclame voor extra informatie vindt plaats via e-mails en website. Online public relations komt terug in het verspreiden van nieuws en het genereren van publiciteit via blogs.

Ad 3 De evaluatie van de koopalternatieven
Online promoties zijn terug te vinden in zoekmachine advertenties, kortingwebsites en e-mails. Bij het afwegen van mogelijke inkoopalternatieven kan ondersteuning gezocht worden in hiervoor gespecialiseerde websites, de door de afnemer gebruikte evaluatiecriteria en de online kritieke succesfactoren van de website. Zeer belangrijk in deze derde fase is het achterhalen van informatie over eventueel door de potentiële koper gebruikte evaluatiecriteria. Websites en sociale media met beoordelingen van deskundigen (tv-programma's, marktanalisten, ontwerpers) zijn in deze fase ook belangrijk.

Ad 4 De keuze van het verkoopkanaal
In deze fase moet de keuze worden gemaakt tussen offline en online verkoopkanaal. Terwijl veel internetgebruikers informatie op het internet zoeken, kopen ze toch offline. Ook betrekken de kopers en de gebruikers *perceived value* in hun beslissing. Hierbij wegen zij de mogelijke *benefits* zoals voordelen van tijdsbesparing, ruimere keus en handige aflevering af tegen mogelijke nadelen van creditcardfraude en andere leveringsrisico's (zie subparagraaf 4.6.3).

Perceived value
Benefits

Ad 5 De feitelijke aankoop
De feitelijke aankoop omvat tevens de leverancierskeus. Een koopintentie wordt niet altijd online omgezet in een daadwerkelijke aankoop. Er kunnen te veel risico's zijn. Ook de bestelmodule, de te betalen prijs, de wijze van vooruit betalen en de online antwoorden op vragen zijn in deze fase doorslaggevend. Zodra de afnemer het voornemen heeft online te kopen, moet de klant nog de volgende stappen doorlopen:
- de afnemer legt het gewenste product in een 'winkelmandje' en gaat verder met zoeken totdat zijn bestelling compleet is;
- vervolgens geeft de afnemer zijn adresgegevens door en er wordt gevraagd naar de wijze van betalen;

Na betaling of na het opstarten van de betaalmethode via facturering wordt de klant bedankt voor zijn bestelling en vindt de orderafhandeling plaats.

Soms doet de koper na aankoop een beroep op de online service. Het is niet onverstandig om deze online customer service aan te passen aan de doelgroep en het geleverde product of dienst.

4.7 Verschillen tussen de offline marketing en de online marketing

Het ligt voor de hand dat de realisatie van de marketingstrategie in de offline marketing belangrijke verschillen vertoont met de realisatie van de marketingstrategie in de online marketing. Het zich niet zorgvuldig inleven in de beide situaties kan fatale gevolgen hebben voor de ondernemer. Een overzicht van de verschillen wordt vermeld in tabel 4.3.

TABEL 4.3 Verschillen offline marketing en online marketing

Thema	Offline marketing	Online marketing
Verloop vraagcurve	Elastisch of inelastisch	Meestal inelastisch door een hoge waardering voor de gebruikte websites
Prijsstelling	Psychologische prijsstelling	Economische prijsstelling
Prijsfluctuaties	Soms heftige prijsschommelingen	Soms heftige prijsmutaties
(Advies)prijs	Door MKB-ondernemer, importeur en producent bepaald, eventueel na onderhandelen en aanbesteding	Door de openheid op het internet en door het gebruikte verdienmodel is de prijsdruk groot. Een tussenhandelaar kan nauwgezet monitoren wie aanbiedt tegen de laagste prijs. Bij yieldmanagement varieert de prijsstelling op basis van vraag en aanbod.
Betalingsconditie	Contant, vooruit of na de levering betalen	Eerst betalen, daarna leveren. Steeds vaker bieden webshops de mogelijkheid achteraf te betalen.
Prijs als selectiecriterium	Vaak ondergeschikt. Ook de aangeboden kwaliteit kan bepalend zijn.	Vaak een belangrijk punt, maar afhankelijk van de complexiteit van de aankoop.
Prijsopbouw	Aankoopprijs eventueel vermeerderd met de kosten gedurende de gebruiksduur op basis van offerte	Aankoopprijs vermeerderd met de afleveringskosten en/of bepaald door het spel van vraag en aanbod
Prijszichtbaarheid, prijstransparantie	Beperkt	Soms geen en bij andere aankopen groot
Voorkeur voor prijsstellingmethode	Kosten-, vraag- en concurrentiegeoriënteerd	Kosten-, vraag- en concurrentiegeoriënteerd
Prijs promotie-instrument	Vaak	Weinig tot veel
Aard product/dienst	Eenvoudig tot technisch ingewikkeld	Niet ingewikkeld en er is geen tastbehoefte
Formaat verpakking	Voor kleine hoeveelheden	Voldoende groot voor het foutloos afleveren
Functie verpakking	Vooral commerciële functie	Een meer technische functie, al zie je wel steeds meer bedrijven die de verpakking (en ook de tape, sticker, het vloeipapier, etc.) ook gaan afstemmen op de huissttijl.
Vormgeving	Product gericht op fraaiheid en gebruiksgemak	Voor efficiënt gebruik
Betekenis kleur in de vormgeving	Emotioneel gericht bij consumptiegoederen	Bij het vormgeven van promoties wordt er zeker gekeken naar kleur.
Gebruik merk	Zeer belangrijk	Zeer belangrijk. De merkenbekendheid is één van de kritieke succesfactoren voor kopers met een koopintentie om het online verkoopkanaal te bezoeken.
Mogelijkheid tot toegevoegde waarde	Gestandaardiseerd en volgens wensen afnemer	Conform de afnemerswaarde
Kwaliteitseis	Stijl, design en inpasbaar in gebruikswaarde	Stijl, design en inpasbaar in gebruikssituatie afnemer
Verkoop afzonderlijk of in pakket	Los en regelmatig compleet pakket	Afzonderlijk pakket

TABEL 4.3 Verschillen offline marketing en online marketing (vervolg)

Thema	Offline marketing	Online marketing
Samenstelling voorraad	Onderdelen, grondstoffen, halffabricaten en finale eindproducten	Onderdelen, grondstoffen en halffabricaten, finale eindproducten en diensten.
Aanvullende diensten	Vaak bij shopping en specialty goods en bij halffabricaten	Snelle aflevering en eventueel voldoende extra informatie via zoekmodules
Productontwikkeling	Door mode en technische vooruitgang. Zowel incrementeel als radicaal innoveren	Door mode en technische vooruitgang. Binnen IT veel incrementeel innoveren.
Aantal afnemers	Weinig tot grote aantallen	Veel. Voor sommige producten en diensten bepaalt het aantal gebruikers het succes (Word bij Microsoft)
Type vraag	Primaire en afgeleide vraag	Primaire en afgeleide vraag
Koopmotief	Bevrediging behoefte en oplossen problemen, zoals het verbeteren van efficiency	Bevrediging behoefte en oplossen problemen, zoals het verbeteren van efficiency
Koopgedrag	Emotioneel tot rationeel en ruimte om te onderhandelen	Emotioneel tot rationeel
Verkoopsysteem	Receptieve verkoop, vaak acquisitieve, relatieve verkoop	Online verkoop
Duur beslissingsperiode	Lang en kort	Lang en kort
Betekenis persoonlijke contacten	Minimaal tot groot, want er is ook persoonlijke contact	Geen, maar je ziet steeds meer webshops die een online chatfunctionaliteit geïmplementeerd hebben die de bezoeker ook proactief kan benaderen als die aan het zoeken is op de webshop.
Betekenis interne marketing	Gering tot groot	Groot
Aankoopbesluit koopcentrum	Gebruiker. DMU na advies PSU	Niet van toepassing
Karakter leverancier	Aanbieder tot strategische partner	Strategische partner
Betekenis opinieleider	Soms groot	Zeer belangrijk bij technisch zeer ingewikkelde producten of diensten, maar ook via de sociale media.
Vestigingsplaats	Geconcentreerd en verspreid in marktgebied of in industriegebied	Industriegebied, in nabijheid van aan- en afvoermogelijkheden en goedkoop
Distributiesysteem	Directe en indirecte distributie met sterke positie voor detailhandel	Directe distributie, vaak zonder tussenhandel
Opbouw distributiestructuur	Overzichtelijk tot zeer complex	Overzichtelijk en bij producten en diensten waarvoor proeven, voelen en ruiken minder van belang zijn
Distributie-intensiteit	Meestal intensief, selectief en exclusief	Exclusief en selectief
Leveringsbetrouwbaarheid	Belangrijk tot zeer belangrijk	Zeer belangrijk
Productkennis	Weinig tot zeer veel	Weinig tot zeer veel
Communicatieboodschap	In voor de burger begrijpelijke taal tot rationele argumenten in vaktermen. De ondernemer koopt ruimte in massamedia in om zijn merk via tv, radio, vakbladen, etc. bekend te maken en te behouden	Merk is een belangrijk element hierin en er is via internet veel interactiviteit met de kopers en gebruikers. Deze bepalen mede wat het merk is en de marketeer onderzoekt steeds op welke wijze de koper of gebruiker het merk beleeft en ondersteunt hem hierin. De mix van communicatie-instrumenten bestaat uit de zoekmachineadvertentie, linkbuilding, display advertising (= bannering), e-mailmarketing, via games om merken onder de aandacht te brengen, de sociale media en affiliate marketing

TABEL 4.3 Verschillen offline marketing en online marketing (vervolg)

Thema	Offline marketing	Online marketing
Belangrijkste communicatie-instrument	Reclame en persoonlijke verkoop	Volgens de Stichting Internet Reclame (= STIR) is dit de zoekmachine. Volgens CBS gebruikt ca. 85% van de Nederlanders de zoekmachine van Google, Yahoo en Bing.
Karakter vertegenwoordiger	Verkoper	Adviseur
Betekenis telefonische verkoop	Minimaal tot veel gebruik	De smartphone wordt door de laatste technische ontwikkelingen hiervoor vaak gebruikt.
Doel reclame	Beïnvloeding koopbeslissing tot persoonlijke ondersteuning	Beïnvloeding van het zoekproces naar de website en het stimuleren van de online verkoop.
Populatie marktonderzoek	Alle gebruikers	Alle gebruikers
Bereikbaarheid respondent bij marktonderzoek	Vrij eenvoudig	Zeer eenvoudig
Medewerking respondent bij marktonderzoek	Steeds moeilijker	Zeer goed

Samenvatting

Het marketingbeleid is een afgeleide van de strategiekeus. Op strategisch niveau zijn er besluiten genomen over marketingthema's zoals de opbouw van het assortiment in PMC's, de te bewerken marktsegmenten en de voor het te bereiken marketingdoel af te leggen weg. Belangrijk hierbij is door de populariteit van internet de vraag of de verkoopbedrijfsactiviteiten online of offline of via inschakeling van beide plaatsvinden. Voor vele marketingafdelingen een zware opgave om een eigen marketingbeleid uit te voeren.

In dit hoofdstuk wordt de marketing voor de consumentverzorgende en de niet-consumentverzorgende ondernemingen eerst offline beschreven. Indien noodzakelijk wordt hierin ook naar de online situatie verwezen. Voor de volledigheid ontbreekt online marketing in dit hoofdstuk niet. Afnemers zoeken voortdurend naar een oplossing voor hun probleem. De wijze waarop een bedrijf met zijn marketingbeleid hierop reageert, is afhankelijk van de in de strategiekeus geselecteerde segmenten. Aanbodsegmentatie en vraagsegmentatie zijn de eerste thema's waaraan aandacht is besteed. Naast het marktsegmentatieconcept staat vooral bij de industriële ondernemingen, een aantal agrarische en dienstverlenende ondernemingen met aanbodsegmentatie, het streven naar een netwerk van persoonlijke relaties met toeleverende en afnemende ondernemingen centraal. Vandaar dat het thema strategische allianties uitvoerig besproken is. De invulling van de uit het marketingbeleid voortvloeiende mix van marketinginstrumenten voor een industrieel bedrijf is verschillend ten opzichte van een consumentverzorgend bedrijf.

In tegenstelling tot de meeste marketingboeken biedt dit hoofdstuk een aparte beschrijving van de mix van marketinginstrumenten voor de niet-consumentverzorgende bedrijven en van de mix van marketinginstrumenten voor de consumentverzorgende bedrijven. Alleen in deze laatste beschrijving wordt met regelmaat verwezen naar de aparte beschrijving van de mix van marketinginstrumenten voor de niet-consumentverzorgende bedrijven. De komst van internet heeft het koopgedrag in zowel de industriele marketing als in de consumentenmarketing grondig veranderd. Internet is een onmisbaar kernonderdeel in de bedrijfsprocessen van elke onderneming geworden. De online communicatie met leveranciers, afnemers en gebruikers raakt bijna alle bedrijfsprocessen. Het online bestelproces van producten of diensten vraagt IT-aanpassingen in logistiek, voorraadbeheer, sales, etc. Ook het regelen van de online marketingactiviteiten vereist een andere aanpak. Vandaar de extra aandacht voor online marketing. Om mogelijke verschillen tussen de industriële en consumentverzorgende marketing en tussen offline en online marketing overzichtelijk weer te geven, zijn hiervoor twee tabellen samengesteld.

Meerkeuzevragen

4.1 Marketing stelt dat:
a de onderneming de behoeften, de problemen en de belangen van de afnemers centraal stelt.
b de onderneming de afnemers moet leveren wat deze vragen.
c de uitgaven voor marketingactiviteiten vaste uitgaven zijn.
d de marketingafdeling binnen de onderneming boven de overige functionele afdelingen van de onderneming staat.

4.2 Een veeslachtbedrijf opent restaurants. Er is hier sprake van de volgende beweging:
a achterwaartse integratie.
b horizontale integratie.
c diversificatie.
d voorwaartse integratie.

4.3 De vraag naar de laatste uitvoering van een bepaald type machine wordt genoemd:
a selectieve vraag.
b initiële vraag.
c secundaire vraag.
d afgeleide vraag.

4.4 Een vervangingsmarkt bestaat uit:
a producten en diensten die als vervanging voor andere producten en diensten gebruikt kunnen worden.
b kopers van complementaire producten of diensten.
c gebruikers van duurzame producten, die – na het buiten gebruik stellen van het oude – weer tot aankoop van een nieuwe overgaan.
d gezinshuishoudingen die naast hun duurzame consumptiegoederen een tweede ervan additioneel aankopen.

4.5 Cognitieve dissonantie is:
a de mate waarin een koopalternatief niet aan een eis voldoet.
b de tegenvallende koopintentie naar aanleiding van een negatieve uitzending van het tv-programma Radar.
c het onbehagen als de verwachtingen van en de ervaring met een product of dienst niet in overeenstemming met elkaar zijn.
d het door verschillende personen op verschillende manieren waarnemen van een identieke reclameboodschap.

5
Juridische vormen

5.1 Juridische ondernemingsvormen
5.1.1 Herziening van wetgeving
5.2 Eenmanszaak
5.2.1 Artikel BW I: 88 en 89
5.3 Maatschap
5.4 Vennootschap onder firma
5.5 Commanditaire vennootschap (cv)
5.6 Besloten vennootschap
5.6.1 Oprichten van een bv
5.6.2 De 'lege' bv, een alternatieve oprichting
5.6.3 Eenpersoons-bv
5.6.4 Holdingstructuur
5.6.5 Raad van commissarissen
5.6.6 Pandrecht op aandelen
5.6.7 Doeloverschrijding
5.6.8 Tegenstrijdig belang
5.6.9 Anti-misbruikwetgeving
5.6.10 Geruisloze terugkeer uit de bv
5.6.11 Ontbinding bv's door Kamer van Koophandel
5.7 Naamloze vennootschap
5.8 Stichting
5.9 Familiestatuut
5.9.1 Proces voor het maken van een familiestatuut
5.9.2 Familiesysteem versus bedrijfssysteem
5.9.3 Familiewaarden in het bedrijf
5.9.4 Checklist
5.10 Vereniging
5.11 Zelfstandige zonder personeel (zzp'er)
5.12 Europees Economisch Samenwerkingsverband
5.13 Joint ventures
5.14 Publiek-private samenwerking
5.15 Fusies
5.15.1 Oneigenlijke bedrijfsfusieregeling
5.15.2 Bedrijfsfusie
5.15.3 Aandelenfusie

5.15.4   Juridische fusie
5.15.5   Juridisch splitsen
5.15.6   Fusiegedragsregels
         Samenvatting
         Meerkeuzevragen

In de beroepspraktijk van adviseurs in het midden- en kleinbedrijf worden de juridische samenwerkingsvormen in verschillende stadia van de levenscyclus van een onderneming aan de orde gesteld (paragraaf 5.1).
In veel gevallen is sprake van personenvennootschappen, zoals die in de paragrafen 5.2 tot en met 5.5 worden besproken.
Om meerdere redenen kan een ondernemer ook kiezen voor een kapitaalsvennootschap, meestal een bv. Daarover wordt in paragraaf 5.6 nuttige informatie gegeven die van toepassing is bij het beoordelen van een ondernemingsplan, en onderdeel uitmaakt van de analyses in onder andere een financieringsproces en een bedrijfsovernameproces. Als adviseurs, en met vooral toezicht houden als functie, kennen veel bv's een raad van commissarissen. Commissarissen zijn gebonden aan regels, die in deze paragraaf worden besproken.
De nv is voor het middenbedrijf ook geen onbekende meer. Van deze vennootschapsvorm worden in paragraaf 5.7 enkele voor- en nadelen gegeven. Stichtingen (paragraaf 5.8) komen veel voor, maar dan vooral als een juridische vorm van niet-commerciële organisaties. Soms wordt een stichting gebruikt als een aanvullende en niet onbelangrijke juridische entiteit in een holdingstructuur bij een familievennootschap.
Als een familievennootschap aan de orde is, kan men nauwelijks om een familiestatuut (paragraaf 5.9) heen. Omdat een familie een bijzondere invulling geeft aan een onderneming, moet de ondernemer wel iets regelen, zodat er geen ruzie ontstaat in de familie met als onvermijdelijk gevolg dat de onderneming daarvan de negatieve gevolgen zal ervaren.
De verenigingsvorm (paragraaf 5.10) speelt een ondergeschikte rol in het bedrijfsleven. Slechts voor specifieke gevallen is de vereniging een uitkomst.
Over zzp'ers wordt veel gesproken en geschreven. Zij maken een groot deel uit van het bestand van het Handelsregister van de KvK. Daarom wordt in paragraaf 5.11 aan deze niet onbelangrijke groep van ondernemers de nodige aandacht besteed.
Meerdere mogelijkheden voor ondernemers om een samenwerking aan te gaan met binnen- en buitenlandse bedrijven worden behandeld in de paragrafen 5.13 en 5.15, waarin het gaat over respectievelijk joint ventures en fusies.
In paragraaf 5.14 wordt een samenwerkingsvorm behandeld die nu ook in het midden- en kleinbedrijf zijn weg heeft gevonden: de publiek-private samenwerking, een mogelijkheid voor de overheid en het particuliere bedrijfsleven om samen een project van de grond te krijgen.

5.1 Juridische ondernemingsvormen

Iemand die voor het eerst een onderneming wil beginnen, wordt al snel geconfronteerd met de vraag welke ondernemingsvorm hij moet kiezen. Er zijn veel zaken die van invloed zijn op de keuze. Soms wijst een adviseur de weg naar de meest geëigende vorm, soms staat een starter onder sterke druk van zijn naaste omgeving om een bepaalde juridische vorm te kiezen.

De eerste gedachte die een potentiële ondernemer op dit punt heeft, is doorgaans die van 'geen risico's nemen' en 'laat ik maar een bv oprichten'. Na een gesprek met zijn adviseur kan hij er al snel achter komen dat de bv-vorm lang niet altijd een goede keus is, althans niet direct. Bestaande ondernemers hebben het wat dat betreft gemakkelijker. Zij kunnen de tijd nemen om de ondernemingsvorm aan te passen en pas een definitieve beslissing nemen als dit financieel het meest aantrekkelijk is of de omstandigheden dit vereisen.

De KvK heeft op haar website een overzicht geplaatst van de juridische vormen waarin een onderneming kan worden gevoerd, zie tabel 5.1.

5.1.1 Herziening van wetgeving

Er wordt al enkele jaren gesproken over het moderniseren van de regels voor vennootschappen onder firma (vof's), commanditaire vennootschappen en maatschappen via het *Wetsvoorstel Personenvennootschappen*. Het was de bedoeling dat deze juridische vormen, die er sinds 1838 zijn, worden vervangen door vijf typen *openbare vennootschappen* (ov's), waardoor onder andere de aansprakelijkheid beter wordt geregeld. Er zouden stille en openbare vennootschappen komen, maar het wetsvoorstel is in 2013 ingetrokken.

Wetsvoorstel Personenvennootschappen

Openbare vennootschappen

Wat is een personenvennootschap? Dit is een samenwerkingsverband waarbij twee of meer personen door middel van een overeenkomst met elkaar afspreken om op voet van gelijkheid gezamenlijk hun beroep of bedrijf uit te oefenen.

De deelnemers aan een personenvennootschap noemt men vennoten of maten, zoals bij een maatschap. Naast natuurlijke personen kunnen ook rechtspersonen als vennoot aan de personenvennootschap deelnemen. Ook kunnen zowel natuurlijke als rechtspersonen naast elkaar aan een personenvennootschap deelnemen.

5.2 Eenmanszaak

De *eenmanszaak* is de meest voorkomende ondernemingsvorm. Deze heeft een eigen civielrechtelijke status en is te vereenzelvigen met de persoon van de ondernemer. Deze is met zijn gehele vermogen voor alle schulden aansprakelijk. Is de ondernemer in gemeenschap van goederen gehuwd, dan kunnen in beginsel alle tot de gemeenschap behorende goederen worden uitgewonnen voor betaling van de schulden.

Eenmanszaak

In de volgende subparagraaf wordt nader ingegaan op twee wetsartikelen die verband houden met de mogelijke privébetrokkenheid van een partner, als de andere partner verplichtingen aangaat die 'het huishouden' bij calamiteiten kunnen treffen.

5.2.1 Artikel BW I: 88 en 89

Bij bepaalde transacties is het noodzakelijk dat voor de rechtshandelingen toestemming wordt verleend door de echtgenoot/geregistreerd partner. Waar hierna wordt gesproken over echtgenoot wordt ook de *geregistreerde partner* bedoeld.

Geregistreerde partner

In de wet is een aantal bepalingen opgenomen die beogen een echtgenoot een zekere bescherming te bieden tegen rechtshandelingen, verricht door de andere echtgenoot. Eén van deze zogenoemde gezinsbeschermende bepalingen, is art. 88 van Boek 1 BW.

TABEL 5.1 Schematisch overzicht rechtsvormen

	Eenmanszaak	Bv	Nv	Maatschap	Vof	Cv	Vereniging met volledige rechtsbevoegdheid	Vereniging met beperkte rechtsbevoegdheid	Coöperatie/ Onderlinge waarborg maatschappij	Stichting
Oprichting	Vormvrij	Notariële akte	Notariële akte	Vormvrij, voorkeur schriftelijk/notarieel contract	Vormvrij, voorkeur schriftelijk/notarieel contract	Vormvrij, voorkeur schriftelijk/notarieel contract	Notariële akte	Statuten	Notariële akte	Notariële akte
Kapitaalvereiste	Geen	Geen	€45.000	Geen	Geen	Geen	Geen	Geen	Geen	Geen
Bestuur	Eigenaar	Directie	Directie	Maten	Vennoten	Beherend vennoten	Bestuur	Bestuur	Bestuur	Bestuur
Andere organen	Geen	Aandeelhouders, evt. raad van commissarissen	Aandeelhouders, evt. raad van commissarissen	Geen	Geen	Commanditaire vennoten	Leden	Leden	Ledenraad, evt. raad van commissarissen	Geen
Aansprakelijkheid	Privé 100%	Bestuur (bij onbehoorlijk bestuur)	Bestuur (bij onbehoorlijk bestuur)	Privé voor gelijk deel als maatschap verplichtingen niet nakomt	Alle vennoten privé voor 100% als vof verplichtingen niet nakomt	Beherend vennoten privé 100%, commanditaire vennoten beperkt aansprakelijk	Bestuur (bij onbehoorlijk bestuur)	Bestuur (bij onbehoorlijk bestuur en indien niet ingeschreven in handelsregister)	Leden WA-geheel, BA-beperkt, UA-niet. Bestuur (bij onbehoorlijk bestuur)	Bestuur (bij onbehoorlijk bestuur)
Belastingen	Inkomstenbelasting, ondernemersaftrek en mkb-winstvrijstelling bij voldoen aan urencriterium	Vennootschapsbelasting, inkomstenbelasting over salaris directie en over dividend	Vennootschapsbelasting, inkomstenbelasting over salaris directie en over dividend	Inkomstenbelasting, ondernemersaftrek mkb-winstvrijstelling bij voldoen aan urencriterium	Inkomstenbelasting, ondernemersaftrek en mkb-winstvrijstelling bij voldoen aan urencriterium	Beherend vennoten: inkomstenbelasting, ondernemersaftrek en mkb-winstvrijstelling bij voldoen aan urencriterium	Eventueel vennootschapsbelasting	Eventueel vennootschapsbelasting,	Vennootschapsbelasting, inkomstenbelasting over winstuitkering	Eventueel vennootschapsbelasting
Sociale zekerheid	Geen werknemersverzekering	Geen werknemersverzekering, tenzij ontslag tegen de wil van directeur-aandeelhouder mogelijk is	Geen werknemersverzekering, tenzij ontslag tegen de wil van directeur-aandeelhouder mogelijk is	Geen werknemersverzekering	Geen werknemersverzekering	Geen werknemersverzekering	Bestuur niet in loondienst	Bestuur niet in loondienst	Alleen in bepaalde gevallen	Bestuur niet in loondienst

Bron: *Kamer van Koophandel*

Artikel 88 Toestemming andere echtgenoot voor rechtshandeling   Artikel 88
1. Een echtgenoot heeft de toestemming nodig van de andere echtgenoot voor de volgende rechtshandelingen:
   a. overeenkomsten strekkende tot vervreemding, bezwaring of ingebruikgeving en rechtshandelingen strekkende tot beëindiging van het gebruik van een door de echtgenoten tezamen of door de andere echtgenoot alleen bewoonde woning of van zaken die bij een zodanige woning of tot de inboedel daarvan behoren; (BW 3:5, 20v., 226, 227v., 236v., 260v.; 7:1 v., 7A:1623g 1777)
   b. giften, met uitzondering van de gebruikelijke, van de niet bovenmatige en van die waarvoor tijdens zijn leven niets aan zijn vermogen wordt onttrokken; (BW 1:146; 7A:1703v.; Successiewet 13)
   c. overeenkomsten die ertoe strekken dat hij, anders dan in de normale uitoefening van zijn beroep of bedrijf, zich als borg of hoofdelijk medeschuldenaar verbindt, zich voor een derde sterk maakt, of zich tot zekerheidsstelling voor een schuld van de derde verbindt; (BW 1: 972; 6: 6v.; 7:850v.)
   d. overeenkomsten van koop op afbetaling, behalve van zaken welke kennelijk uitsluitend of hoofdzakelijk voor de normale uitoefening van zijn beroep of bedrijf strekken. (BW 1: 972; 7A:1576)
2. De echtgenoot heeft de toestemming niet nodig indien hij tot het verrichten van de rechtshandeling is verplicht op grond van de wet of op grond van een voorafgaande rechtshandeling waarvoor die toestemming is verleend of niet was vereist.
3. De toestemming moet schriftelijk worden verleend, indien de wet voor het verrichten van de rechtshandeling een vorm voorschrijft. (BW 3:37, 39, 40)
4. Toestemming voor een rechtshandeling als bedoeld in lid 1 onder c, is niet vereist, indien zij wordt verricht door een bestuurder van een naamloze vennootschap of van een besloten vennootschap met beperkte aansprakelijkheid, die daarvan alleen of met zijn medebestuurders de meerderheid der aandelen houdt en mits zij geschiedt voor de normale uitoefening van het bedrijf van die vennootschap. (BW 2:85, 194)
5. Indien de andere echtgenoot door afwezigheid of een andere oorzaak in de onmogelijkheid verkeert zijn wil te verklaren of zijn toestemming niet verleent, kan de beslissing van de kantonrechter worden ingeroepen.

Toestemming van de echtgenoot is nodig, ongeacht onder welk goederenregime de echtelieden gehuwd zijn respectievelijk een partnerschap zijn aangegaan. Dus, ondanks het feit dat er *huwelijkse voorwaarden* of partnerschapsvoorwaarden zijn gemaakt, is er toch toestemming vereist.

Toestemming van de echtgenoot

Huwelijkse voorwaarden

In bijna elk ondernemingsplan wordt melding gemaakt van de gezinssituatie van de ondernemer. Onder andere wordt aangegeven of en zo ja, op welke wijze de ondernemer is gehuwd. De financier zal daar zeker op letten in het licht van de te ondertekenen overeenkomsten voor het verkrijgen van een lening of krediet. Op de betreffende akte is meestal artikel 88 al voorgedrukt, zodat de kredietverstrekker ervan uitgaat dat de echtgenoot mee-ondertekent, als zich omstandigheden voordoen waarbij de toestemming van de echtgenoot nodig is.

Die toestemming is onder meer nodig voor:
- overeenkomsten tot vervreemding, bezwaring, ingebruikgeving of beëindiging van het gebruik van de gemeenschappelijke woning of van de door de andere echtgenoot alleen bewoonde woning of van de boedel

van een dergelijke woning. Voor *hypotheekverlening op de echtelijke woning* is daarom altijd de toestemming nodig van de echtgenoot van de hypotheekgever. In de praktijk behoort de notaris ervoor zorg te dragen dat die toestemming in de akte blijkt. De toestemming is ook nodig bij een *positieve/negatieve hypotheekverklaring*;

- overeenkomsten, waarbij de echtgenoot
  - zich als *borg* verbindt;
  - zich als hoofdelijk medeschuldenaar verbindt;
  - zich voor een derde sterk maakt;
  - zekerheden stelt voor de schulden van derden.

De financier zal zich in die gevallen ervan overtuigen dat de toestemming daadwerkelijk is gegeven.

Als een financiering wordt verstrekt aan meer personen, en deze personen zijn allen *(hoofdelijk) aansprakelijk* voor de schuld aan de financier, dan moeten *alle* echtgenoten voor de overeenkomst toestemming verlenen. Dit is ook het geval als er sprake is van een samenwerkingsvorm als vennootschap onder firma of maatschap. Door het geven van de toestemming wordt de andere echtgenoot geen partij bij de overeenkomst. Ook wordt hij daardoor niet aansprakelijk.

> Een uitstapje naar de bv-vorm:
> Als een directeur-aandeelhouder zich borg stelt of zekerheden geeft voor de schulden van 'zijn' bv aan de bank, is altijd toestemming nodig van de echtgenoot. Als de echtgenoten van tafel en bed zijn gescheiden, is de toestemming niet vereist.

Aan het ontbreken van de toestemming zijn gevolgen verbonden. Als de toestemming van de andere echtgenoot ontbreekt – of de financier kan niet aantonen dat die toestemming is gegeven – kan de andere echtgenoot de *nietigheid inroepen van de rechtshandeling* waarvoor de toestemming nodig was (art. 89). Het inroepen van de nietigheid is niet aan een bepaalde vorm of procedure gebonden. De andere echtgenoot verliest de bevoegdheid om de nietigheid van een rechtshandeling in te roepen na verloop van een door een belanghebbende (bijvoorbeeld de bank) daartoe ingestelde redelijke termijn. Die termijn is in beginsel enkele weken. Dit is dus een verlies van de bevoegdheid om de nietigheid in te roepen als er sprake is van een concrete overeenkomst en de andere echtgenoot van deze overeenkomst op de hoogte is. De bevoegdheid tot vernietiging verjaart na drie jaren vanaf het moment dat de echtgenoot zijn rechtshandeling/verplichting is aangegaan. Deze periode is van belang als de andere echtgenoot er pas (veel) later achter is gekomen.

> Artikel 89 lid 1 Boek 1 BW luidt:
> Een rechtshandeling die een echtgenoot in strijd met het vorige artikel heeft verricht, is vernietigbaar; slechts de andere echtgenoot kan een beroep op de vernietigingsgrond doen.

Interessant in dezen is het op 19 november 1993 door de Hoge Raad gewezen arrest, waaruit blijkt dat een echtgenoot zich niet aan een door hem gesloten overeenkomst van geldlening kan onttrekken door zich erop te beroepen, dat die overeenkomst door de andere echtgenoot is vernietigd wegens het ontbreken van zijn toestemming:

Het geschil tussen de man en de bank spitste zich toe op de vraag of artikel 1:88 (oud) BW ook van toepassing is op een overeenkomst van geldlening. De Hoge Raad heeft de man in het ongelijk gesteld. Daarbij heeft de HR vooropgesteld dat artikel 1:88 strekt tot bescherming van de andere echtgenoot. In aansluiting daarop heeft de HR erkend dat ook andere rechtshandelingen, die in artikel 1:88 worden genoemd, de financiële positie van de andere echtgenoot kunnen bedreigen en dat dit onder omstandigheden ook voor een overeenkomst van geldlening kan gelden. Desondanks kan een overeenkomst van geldlening zonder de toestemming van de andere echtgenoot worden gesloten.

Volgens de HR zou het niet stroken met de vereiste zekerheid van rechtsverkeer, indien de toestemming van de andere echtgenoot ook vereist zou zijn voor rechtshandelingen die in artikel 1:88 niet worden genoemd.

Als banken verzuimen de echtgenoot mee te laten ondertekenen, kan daarop dus niet met succes een beroep worden gedaan tot vernietiging van de overeenkomst van geldlening. Een dergelijk mee-ondertekenen lijkt dus juridisch niet meer noodzakelijk. Wel is dat gewenst voor het laten kennisnemen van de overeenkomst door de andere echtgenoot.

Nog een voorbeeld waarbij het mee-ondertekenen een rol speelt:
Een ondernemer verkoopt zijn bedrijf en verplicht zich gedurende een bepaalde tijd geen acties te ondernemen die zijn gericht op de bestaande klantcontracten van de door hem verkochte onderneming. Mocht hij dit toch doen dan kan hem op grond van de *vaststellingsovereenkomst* met de koper een (forse) boete worden opgelegd. Die boete kan zo hoog zijn dat hij, als hij daadwerkelijk moet betalen, zijn privévermogen waarin zijn echtgenoot deelt moet aanspreken. Dan is het wel verstandig om al bij het ondertekenen van de overeenkomst de echtgenoot te laten mee-ondertekenen. Wil zij dit niet, dan kan zij de nietigheid van de overeenkomst inroepen, tenzij zij nadrukkelijk schriftelijk te kennen geeft dat zij niet mee-ondertekent maar ook de nietigheid niet zal inroepen waarop zij op grond van artikel 89 recht heeft. Dan pas kan de echtgenoot/ondernemer handelen zoals hij wil.

Vaststellings- overeenkomst

5.3 Maatschap

De samenwerkingsvorm *maatschap* wordt in het midden- en kleinbedrijf vaak gekozen door architecten, artsen, advocaten en accountants. Binnen de agrarische sector is vorming van een maatschap een veel toegepaste manier om de samenwerking tot uitdrukking te brengen tussen de agrarische ondernemer en zijn (toekomstige) opvolger. Om ook naar buiten toe te laten blijken dat er geen sprake meer is van een eenmanszaak maar van een samenwerkingsvorm, gebruikt men de term 'maatschap' vaak in de naam van de onderneming, bijvoorbeeld 'Veehouderijbedrijf Maatschap J. en P. Agrariër' of gewoon 'Maatschap Agrariër'.

Er zijn redenen om aan te nemen dat een agrarische maatschap die deelneemt aan het maatschappelijk verkeer, als een vennootschap onder firma kan worden beschouwd. Het gevolg laat zich raden: onder andere hoofdelijke aansprakelijkheid voor de aangegane verplichtingen. Ondernemers die dit niet willen, zullen moeten kiezen voor de *stille maatschap*.

Maatschap

Hoofdelijke aansprakelijkheid

Stille maatschap

Openbare maatschap

In tegenstelling tot een stille maatschap neemt een *openbare maatschap* deel aan het maatschappelijk verkeer onder de gemeenschappelijke naam.

Een schriftelijke overeenkomst voor het aangaan van een maatschap is niet nodig, maar wel wenselijk vanuit bewijsrechtelijk oogpunt. De maten kunnen op een verschillende manier met elkaar in zee gaan. Dit hoeft niet alleen met een kapitaaldeelname. De inbreng kan namelijk bestaan uit geld, goederen, genot van goederen en arbeid. De maatschap heeft geen eigen, van de vermogens van de maten afgescheiden vermogen. De maatschap is geen rechtspersoon.

Interne werking

Een maatschap heeft slechts *interne werking*, dat wil zeggen dat de regels die de maten onderling hebben opgesteld, alleen tussen henzelf werken en niet tegenover derden. Slechts een handelende maat is aansprakelijk voor zijn handelingen. Een derde (bijvoorbeeld handelscrediteur, bank of belastingdienst) heeft op de andere maten geen verhaal. Een derde kan uiteraard wel bedingen dat de maten zich voor hem hoofdelijk voor het geheel aansprakelijk stellen. Bij banken is die voorwaarde gebruikelijk.

Als er al een maatschapscontract is, zal men zeker gewag maken van het voortzettingsbeding, het verblijvingsbeding en het overnemingsbeding.

Voortzettingsbeding

- Het *voortzettingsbeding* geeft aan een door een maat aangewezen persoon of personen het recht om tot de maatschap toe te treden. Dit kan het geval zijn als een maat uit de maatschap stapt of, bij overlijden, aan de weduwe na het overlijden van één van de maten.

Verblijvingsbeding

- Het *verblijvingsbeding* is een beding waarin wordt geregeld dat bij overlijden of uittreden van één van de maten de goederen waarin alle maten gezamenlijk zijn gerechtigd, 'verblijven' aan de overblijvende maat of maten. Er bestaat dan de verplichting om de waarde van het aandeel van de overleden of uitgetreden maat te vergoeden.

Overnemingsbeding

- Als bij overlijden of uittreden van één van de maten de overblijvende maat of maten het recht hebben om diens goederen, waarvan het genot of de economische eigendom in de maatschap is ingebracht, over te nemen tegen een bepaalde prijs, spreekt men van een *overnemingsbeding*. Bij overlijden zullen de erfgenamen medewerking moeten verlenen aan de overdracht.

De maten mogen naar eigen goeddunken een verdeelsleutel maken voor de verdeling van de gemaakte winst of het geleden verlies. Als er niets is bepaald, dan geldt dat ieder in de winst en het verlies deelt naar evenredigheid van zijn inbreng. Arbeid wordt daarbij gelijkgesteld met de kleinste kapitaalsinbreng. Er mag worden bepaald dat één van de maten alle verliezen draagt, maar niet dat één van de maten van de winstverdeling is uitgesloten.

5.4 Vennootschap onder firma

Vennootschap onder firma

Authentieke akte

Een *vennootschap onder firma* (*vof*) is een maatschap waarin een bedrijf wordt uitgeoefend onder een gemeenschappelijke naam. De vof moet worden opgericht bij onderhandse of *authentieke akte*. Het gemis van een akte kan aan derden echter niet worden tegengeworpen. De akte is dus geen bestaansvoorwaarde maar slechts bewijsmiddel. De vof heeft wel externe werking. Iedere vennoot is op grond van de wet dus bevoegd de vof voor derden te binden. Op grond van de wet is iedere vennoot hoofdelijk aansprakelijk voor de schulden van de vof.

De accountant moet de *afgescheiden vermogens* afzonderlijk in de jaarrekening tot uitdrukking brengen. In het ondernemingsplan moet de splitsing ook worden aangegeven. De financier wil doorgaans weten welke vennoot het belangrijkste aandeel heeft in de vof. Dat wil niet zeggen dat deze als belangrijkste ondernemer wordt gezien, integendeel. De ondernemer die grotendeels verantwoordelijk is voor de bedrijfsvoering zal als ondernemer op zijn kwaliteiten worden beoordeeld.

Afgescheiden vermogens

De vof kan zelfstandig failliet worden verklaard, wat automatisch het faillissement van alle vennoten tot gevolg heeft. Het faillissement van een vennoot betekent niet het faillissement van de vof, wel eindigt dan die samenwerkingsvorm. Firmanten kunnen natuurlijke personen zijn, maar ook bv's.

Faillissement van een vennoot

5.5 Commanditaire vennootschap (cv)

Een cv is een vennootschap met één of meer geldschieters. Er zijn twee soorten vennoten, de *beherende vennoot* of vennoten en één of meer andere vennoten, die alleen geld inbrengen maar zich niet met het beheer bemoeien, de commanditaire vennoot of *stille vennoot*. De beherende vennoten onderling vormen een vof of, als er sprake is van één ondernemer, een eenmanszaak met één of meer geldschieters.

Beherende vennoot

Stille vennoot

De *commanditaire vennoot* is slechts aansprakelijk voor zijn inbreng als hij beheersdaden verricht. In geval van faillissement zal de curator kunnen eisen dat de commanditaire vennoot die zijn in het handelsregister opgegeven deelneming niet heeft volgestort, dit alsnog doet.

Commanditaire vennoot

5.6 Besloten vennootschap

De *besloten vennootschap* (*bv*) met beperkte aansprakelijkheid is een rechtspersoon met een in aandelen verdeeld maatschappelijk kapitaal. Om een aantal redenen kan de exploitatie in de bv-vorm aantrekkelijk zijn:
a fiscaal motief
b financieringsmotief
c opvolgingsmotief
d juridisch motief
e motief van risicobeperking
f motief van risicospreiding

Besloten vennootschap

Ad a Fiscaal motief
Het omslagpunt waarbij het voordelig is om voor de bv-vorm te kiezen is afhankelijk van de vorm waarin de onderneming wordt gevoerd, bijvoorbeeld een eenmanszaak of vof.
Er is een periode geweest waarin het aantrekkelijk was om de exploitatie in de bv-vorm te hebben uit fiscale overwegingen. De vennootschapsbelasting en eventueel te betalen inkomstenbelasting bij *winst uit aanmerkelijk belang* waren samen minder dan de verschuldigde inkomstenbelasting. Die voordelen zijn er onder de huidige fiscale wetgeving niet of nauwelijks meer. Wel heeft een ondernemer die onder de inkomstenbelasting valt recht

Winst uit aanmerkelijk belang

op verschillende ondernemersfaciliteiten, waardoor het minder interessant is om op grond van fiscale overwegingen te exploiteren in de bv-vorm. Er wordt thans van uitgegaan dat het pas interessant wordt om een bedrijf in de bv-vorm te voeren als er sprake is van een relatief hoge winst. De hoogte daarvan kan jaarlijks wisselen al naar gelang de fiscale wetgeving verandert. Daarom is het goed in voorkomende gevallen het omslagpunt te berekenen.

Ad b Financieringsmotief

Een bv kan soms gemakkelijker risicodragend vermogen aantrekken dan een onderneming die niet in de rechtspersoonvorm wordt uitgeoefend. Ook bestaat de mogelijkheid om pensioenreserves in eigen beheer te vormen. De geldmiddelen daarvoor mogen dan in het bedrijf worden gebruikt. Als de pensioenen bij een verzekeringsmaatschappij worden ondergebracht moeten de premies jaarlijks worden afgedragen. De pensioengerechtigden hebben dan wel meer zekerheid dat de pensioenopbouw gewaarborgd is. Bij een calamiteit in het bedrijf zouden de pensioenreserves kunnen verdwijnen, bij een pensioenmaatschappij in beginsel niet.

Pensioenreserves

Wanneer derden in het vermogen van een bv gaan participeren eisen zij vaak de bv als ondernemingsvorm.

Ad c Opvolgingsmotief

Het kan zijn dat een holdingstructuur de opvolging vergemakkelijkt. Denk ook aan certificering van de aandelen via een *Stichting Administratiekantoor* die de aandelen juridisch in bezit heeft en waarvan de aandeelhouders de certificaten hebben en daarop dividend kunnen ontvangen. Bij vererving van de certificaten van aandelen binnen de familie heeft de onderneming daarvan geen last. Het zou anders maar zo kunnen gebeuren dat een erfgenaam (een deel van) de certificaten van aandelen in handen krijgt, terwijl hij niet bekwaam genoeg is om het aandeelhouderschap uit te oefenen.

Stichting Administratiekantoor

Ad d Juridisch motief

Dit argument speelt vooral als de continuïteit van het bedrijf moet worden gewaarborgd. Bijvoorbeeld bij het overlijden van de ondernemer vindt dan geen bedrijfsliquidatie plaats. De onderneming blijft gewoon bestaan, wel kunnen er andere aandeelhouders komen.

Ad e Motief van risicobeperking

De aandeelhouders van een bv zijn niet persoonlijk aansprakelijk voor de schulden van de bv. Het risico is beperkt tot het bedrag dat op de aandelen moet worden gestort. Overigens is het gebruik dat een bank van een directeur-grootaandeelhouder (DGA) een borgstelling vraagt voor de financiering om de betrokkenheid van de DGA te waarborgen. Bij inpassing van staatsgarantie voor een banklening is dit zelfs verplicht tot minimaal 25% van de verstrekte lening onder garantie van de staat. Als een DGA denkt dat hij risicoloos kan ondernemen in de bv-vorm, komt hij bedrogen uit. Ooit was dat wel zo. Door de introductie van de zogenoemde *anti-misbruikwetgeving* (zie subparagraaf 5.6.9) is daar een stokje voor gestoken. Als bestuurdersaansprakelijkheid kan worden bewezen bij de rechtbank gaat de financiële aansprakelijkheid verder dan alleen maar het aandelenkapitaal in de bv.

Anti-misbruikwetgeving

Ad f Motief van risicospreiding
Bij een veelheid van activiteiten kunnen deze in verschillende bv's worden ondergebracht, zodat bij eventuele problemen van één activiteit niet alle bv's worden meegesleurd in een faillissement of liquidatie.

De overgang van een eenmanszaak of vof naar een bv kan fiscaal geruisloos of met geruis plaatsvinden. Voor de voor- en nadelen daarvan wordt verwezen naar het Belastingrecht.

> Adviseurs doen er goed aan een checklist te maken van handelingen die moeten worden verricht om een bv op te richten of een splitsing te regelen van een bv in een holding-bv en een werkmaatschappij-bv.

Ondernemers hebben vaak geen idee hoeveel administratieve en procedurele rompslomp er komt kijken bij een beslissing als: 'We richten even een bv op'. De bancaire relatie moet tijdig op de hoogte worden gesteld van de veranderingen. Zij loopt bepaalde risico's als de akten niet tijdig zijn aangepast (met name de kredietovereenkomst). Als de bank daar (te) laat achter komt, ontstaan wreveligheden, die voorkomen hadden kunnen worden door het goed afwerken van de checklist.

In de volgende subparagrafen wordt nader ingegaan op aspecten die belangrijk (kunnen) zijn bij de oprichting, het exploiteren, het overnemen en het (ver)kopen van een bv.

5.6.1 Oprichten van een bv

Zolang de inschrijving van de bv in het handelsregister niet is geschied en een authentiek afschrift van de akte van oprichting niet bij het handelsregister is gedeponeerd, is iedere bestuurder voor een rechtshandeling waardoor hij de vennootschap verbindt aansprakelijk, naast de vennootschap zelf.

Met de invoering van de Wet vereenvoudiging en flexibilisering BV-recht, de 'Flexwet', in oktober 2012, is een aantal zaken in het bv-recht gewijzigd. Enkele punten uit die wet:
- Het is niet meer noodzakelijk om een minimumkapitaal van €18.000 bij de oprichting te storten. Overigens wil dit niet zeggen dat er geen aanvangskapitaal moet zijn, omdat er altijd oprichtingskosten moeten worden gemaakt.
- Er is de mogelijkheid om aandelen uit te geven waarvan de nominale waarde in een andere valuta luidt dan in euro's.
- Voor handelingen tussen de aandeelhouders en de bv binnen twee jaar na oprichting is geen accountantsverklaring meer nodig.
- Bij inbreng in natura is eveneens geen accountantsverklaring meer nodig. **Inbreng in natura**
- Het is mogelijk om winstrechtloze of stemrechtloze aandelen te creëren. Maar stemrechtloze aandelen kunnen niet worden uitgesloten van deling in de winst of de reserves. Ook moeten deze houders worden uitgenodigd voor de algemene vergadering van aandeelhouders en mogen zij daar het woord voeren.
- Het wettelijke systeem van kapitaalbescherming, met name artikel 207c, is gewijzigd of afgeschaft.

- De 'uitkeringstest' is ingevoerd: het bestuur van de bv moet beoordelen of de vennootschap na het doen van een uitkering aan de aandeelhouders haar opeisbare schulden kan blijven betalen. De test geldt voor alle situaties waarin de vennootschap vermogen uitkeert; bij uitkering van winst of reserves, bij terugbetaling op aandelen in het kader van kapitaalvermindering en bij inkoop van aandelen anders dan 'om niet'.

Flexwet

De Flexwet is uitsluitend van toepassing op de bv, niet op de nv. De statuten van de bv moeten wel worden aangepast aan de Flexwet in de gevallen waarin de oude statuten bepaalde zaken verbieden die in 2012 wettelijk zijn geregeld.

'Wipaandeel'

Wipaandelen

Wanneer er in een bv een tweehoofdige leiding is die beiden aandeelhouder zijn voor vijftig procent, kan er een probleem ontstaan wanneer deze het niet meer met elkaar eens zijn op het gebied van het ondernemingsbeleid. Er zijn bv's die dit proberen te voorkomen door één of enkele aandelen bij een derde onder te brengen, de zogenoemde *wipaandelen*, zodat bij het staken van de stemmen een derde de doorslag kan geven en besluiten kunnen worden genomen. Met de invoering van de Flexwet is dit probleem echter opgelost met de mogelijkheid om stemrechtloze aandelen uit te geven, maar dan moet dit wel in de statuten worden vermeld.

5.6.2 De 'lege' bv, een alternatieve oprichting

Het oprichten van een bv vergt enige tijd. Een ondernemer kan ook overwegen om, in plaats van de reguliere oprichting, een bv te kopen. Men spreekt dan meestal over een '*lege bv*'. Door de aandelen van een bv te kopen, kan men zich de volledige zeggenschap over die bv verschaffen. Door vervolgens via statutenwijziging de naam, doelstelling en dergelijke aan te passen, kan de gewenste ondernemingsvorm versneld worden verkregen. Dit levert een besparing op in tijd en voorkomt een *antecedentenonderzoek*, dat voor bepaalde kandidaat-oprichters funest kan zijn door eerdere problemen met een bv, bijvoorbeeld bij faillissement.

Lege bv

Antecedentenonderzoek

Het kopen van een lege bv is niet geheel risicoloos. Achteraf kan blijken dat de bv niet leeg is, wanneer schuldeisers van de 'oude' bv zich melden nadat het 'nieuwe' bedrijf al in de bv is ingebracht. Geadviseerd wordt om de overdrager van de bv, dus degene die de aandelen verkoopt, ervoor te laten instaan dat de bv inderdaad leeg is en de koper te vrijwaren voor toekomstige claims van derden. Ook adviseurs en financiers zullen op hun hoede zijn als er sprake is van de aankoop van een lege bv, vanwege de mogelijke claims die alsnog en geheel onverwacht kunnen ontstaan. Denk daarbij aan de fiscus als geen afrondende eindcontroles hebben plaatsgevonden, en claims die te maken hebben met grondvervuiling waarvoor de eigenaar wordt aangesproken.

5.6.3 Eenpersoons-bv

Wanneer de DGA enig aandeelhouder is van een bv, moet hij dit bij het handelsregister opgeven en wordt zijn identiteit bij derden bekend. De reden hiervan is dat vennootschappen worden verplicht in toenemende mate in de openbaarheid te treden. Een *eenpersoonsvennootschap* is verplicht rechtshandelingen tussen de DGA en de bv vast te leggen indien de ven-

Eenpersoonsvennootschap

nootschap door de enig aandeelhouder wordt vertegenwoordigd, op straffe van vernietigbaarheid van de rechtshandelingen als die niet schriftelijk worden vastgelegd. Een uitzondering wordt gemaakt voor transacties die binnen de 'normale bedrijfsuitoefening' vallen.
De achtergrond van dit vormvoorschrift is de wens van de Europese Unie om controle mogelijk te maken op de door de enig aandeelhouder als algemene vergadering van aandeelhouders (AVA) genomen besluiten die tot zichzelf gericht zijn. Voorbeelden: toekenning van salaris en zichzelf als bestuurder dechargeren. Als bij de oprichting van een bv slechts één aandeel bij een derde wordt geplaatst, kan worden voorkomen dat er een eenpersoons-bv ontstaat.

5.6.4 Holdingstructuur

Om uiteenlopende redenen kan het wenselijk zijn om meer dan één bv te hebben. Enige jaren geleden werd veelal volstaan met het onderbrengen van activa en de exploitatie daarvan in één bv. Tegenwoordig vindt de oprichting vaak plaats van meerdere rechtspersonen tegelijk. Niet ongebruikelijk is dat behalve een werkmaatschappij (WM-bv) er een *houdstermaatschappij* of holding (H-bv) wordt opgericht. Soms kiest men dan ook nog voor het onderbrengen van onroerende zaken in een bv (O-bv) en zou men het liefst het directiepensioen onderbrengen in een afzonderlijke pensioen-bv (P-bv). Over dit laatste is veel commotie ontstaan omdat de fiscale wetgeving (Brede Herwaardering) de vrijheid van een P-bv aan banden legt en er zelfs toe kan overgaan om bepaalde voorzieningen niet meer belastingvrij te laten ontstaan.

Houdstermaatschappij

Voor de continuïteit van de onderneming zijn er ondernemers die de aandelen van de H-bv certificeren en de juridische macht neerleggen bij een *Stichting Administratiekantoor* (zie paragraaf 5.8). Men blijft dan wel economisch verbonden aan de aandelen, zodat dividend dan aan de aandeelhouders kan worden uitgekeerd.
Het komt voor dat een winstgevende onderneming een risicovolle activiteit wil starten of overnemen zonder dat de eigen bedrijfsvoering daardoor in gevaar mag komen. Men kiest dan voor het onderbrengen van de nieuwe activiteit in een aparte bv, waardoor risico's kunnen worden afgeschermd.

Stichting Administratiekantoor

> Of dit altijd geheel kan, is maar de vraag. Vooral in het midden- en kleinbedrijf, waar de gemiddelde solvabiliteit van een onderneming niet zo hoog is, zal de eventuele financier eisen stellen voor de financiële betrokkenheid van de H-bv of misschien ook wel de zuster-WM-bv, voor zover er geen sprake is van doeloverschrijding van de WM-bv als deze borg moet staan voor de verplichting van de zuster-bv jegens de bank.

Doeloverschrijding

Men ziet dikwijls dat de financier geen risico wil nemen, maar dat de leveranciers zich daar niet zozeer om bekommeren. Toch kunnen deze zeker een betaling van een leverantie veiligstellen of daar op zijn minst op letten. Deze vorm van *crediteurenbescherming* komt in Nederland nog (te) weinig voor. Banken vragen verpanding van activa van een bedrijf, terwijl de leverancier vaak niet verder gaat dan het maken van een eigendomsvoorbehoud als de geleverde goederen nog niet zijn betaald.
Er zijn juristen die de ondernemers oproepen om daar zorgvuldiger mee om te gaan en niet steeds te denken dat het veiligstellen van een vordering

Crediteurenbescherming

niet kan door de bestaande concurrentie. Overigens zijn er andere middelen om betalingsrisico's te dekken, bijvoorbeeld door gebruik te maken van een *kredietverzekering*, of de vordering en betaling door een *factormaatschappij* te laten verzorgen.

5.6.5 Raad van commissarissen

De *raad van commissarissen* (RvC) heeft tot taak toezicht te houden op het beleid van het bestuur en op de algemene gang van zaken in de vennootschap en de met haar verbonden onderneming. Hij staat het bestuur met raad ter zijde. Bij de vervulling van hun taak richten de commissarissen zich op het belang van de vennootschap en de met haar verbonden onderneming (art. 2:140 lid 2 BW).

TABEL 5.2 Taken en bevoegdheden van de RvC

Taak/verantwoordelijkheid	Betrokkenheid/bevoegdheid
Toetsen en adviseren m.b.t. algemeen beleid	• meedenken over ondernemingsplan • consensus ondernemingsplan en begroting • fiatteren ondernemingsplan en begroting
Voor goede directie zorgen	• advisering bij benoeming en ontslag (aan AVA) • benoeming voorstellen (aan AVA) • benoemings-/ontslagrecht bij RvC
Voor goed management zorgen	• regelmatige informatie over kwaliteit en potentie tweede echelon • betrokken bij benoemingen op vitale functies
Toetsen van bestuursbeslissingen	• investeringsvoorstellen goedkeuren op basis van de jaarbegroting • investeringsvoorstellen boven een bepaald bedrag goedkeuren

Bron: *Ondernemer en commissarissen, samen succesvol*

Er zijn ondernemers die een potentiële commissaris eerst als *adviseur* in dienst nemen. Dit heeft dan het karakter van een *permanent adviseurschap*. Als dan blijkt dat de verhoudingen goed zijn en de ondernemer tevreden is over de prestatie van deze adviseur, kan het adviseurschap overgaan in een commissariszetel. Dit is beter dan een commissariaatschap wegens mislukken te moeten beëindigen.

Enkele organisaties sluiten met 'beroepscommissarissen' overeenkomsten om hen vervolgens aan te bieden aan ondernemingen. Vaak wordt op basis van een opgegeven profiel een commissaris geplaatst. Het praktische daarvan is dat bij gebleken ongeschiktheid, om welke reden dan ook, de commissaris kan worden geruild voor een ander uit het bestand. Ook worden voor commissarissen contracten gesloten met een proeftijd, onder het motto 'de commissaris is ook maar een medewerker'.

De stichting 'De Commisseur' heeft enige jaren geleden het initiatief genomen om ondernemers in het midden- en kleinbedrijf in contact te brengen met een nieuw soort adviseur: de *commisseur*. Deze is een kruising tussen een vaste adviseur en een deskundige commissaris. De vorm beoogt een drempel weg te nemen voor ondernemers om een commissaris te benoemen. Rond de commisseur gelden geen wettelijke bepalingen, zoals die wel gelden voor een commissaris. De functie en inhoud van de commisseur worden door de ondernemer zelf bepaald. Zie voor meer informatie: www.commisseur.nl.

Mintzberg (1989) meent dat de RvC mogelijk niet zoveel toezicht op het management uitoefent, maar meestal wel sterk is in dienstverlening daaraan. Het lidmaatschap van de raad betekent volgens hem voor de commissaris ten minste vier functies:
1 invloedrijke personen aantrekken
2 netwerken
3 statusverhoging
4 adviseur

Ad 1 Invloedrijke personen aantrekken
Door middel van *coöptatie* worden invloedrijke buitenstaanders binnengehaald. De onderneming maakt gebruik van de status van het commissariaat om de steun te verwerven van voor haar belangrijke personen (geldschieters bijvoorbeeld).

Coöptatie

Ad 2 Netwerken
Het lidmaatschap van de raad kan worden gebruikt voor het leggen van contacten die voor de onderneming belangrijk zijn, bijvoorbeeld voor het binnenhalen van contracten.

Ad 3 Statusverhoging
Vervulling van zetels in de raad door personen van aanzien kan worden gebruikt om de *status* van de organisatie te verhogen.

Ad 4 Adviseur
De raad kan worden gebruikt als adviesorgaan voor de ondernemer. Mintzberg duidt vooral op het wat grotere bedrijf, hoewel er zeker ondernemingen in het midden- en kleinbedrijf op grond van één of meer van deze redenen zullen besluiten commissarissen aan te trekken. In het midden- en kleinbedrijf zal echter de profielschets belangrijk moeten zijn. Deze schets moet naast de commerciële aspecten van het commissariaat gericht zijn op de punten waarop de ondernemer aanvulling nodig heeft voor zijn managementtaken en waarover in de commissarissenvergadering het meest wordt gesproken.

Commissarissen hebben wel ervaren dat hun taken niet geheel risicoloos kunnen worden uitgevoerd. Zij kunnen naast de bestuurders tegenover derden hoofdelijk aansprakelijk worden gesteld voor de schade die dezen hebben geleden als door de jaarrekening een misleidende voorstelling van zaken wordt gegeven (art. 2:150 BW). De commissaris is nu meer op zijn hoede voor zijn *commissarissenaansprakelijkheid*, en in veel gevallen laat hij zich door de onderneming waarvoor hij werkt verzekeren tegen mogelijke claims.

Commissarissen-aansprakelijkheid

Vanaf januari 2013 is het commissarissen niet meer toegestaan om meer dan vier commissariaten te vervullen bij andere (grote) rechtspersonen. Het voorzitterschap van een raad van commissarissen telt hierbij dubbel. Ook de directeur van een vennootschap mag niet meer dan twee commissariaten nemen, omdat verondersteld wordt dat hij al druk genoeg is met zijn eigen bedrijf. Wel mogen commissariaten onbeperkt worden gecombineerd met lidmaatschappen van raden van advies. In tegenstelling tot de raad van commissarissen is voor een raad van advies weinig wettelijk geregeld. Wat de rol, de macht en de bevoegdheid van een raad van advies is, is onduidelijk.

Bron: *Het Financieele Dagblad*, van oktober en november 2013, gedeeltelijk.

One-tierboard

Met de invoering van de Wet Bestuur en Toezicht op 1 januari 2013 is er de mogelijkheid geschapen tot een one-tierboard.

One-tierboard In een one-tierboard bestaat er geen raad van commissarissen naast de raad van bestuur, maar nemen bestuurders samen met toezichthoudende bestuurders (commissarissen) zitting in één bestuur (het Angelsaksische model).

Two-tierboard In een two-tierboard (het huidige bestuursmodel in Nederland) bestaat er een bestuur dat bestuurt en een raad van commissarissen die toezicht houdt op het bestuur. De commissarissen vormen een separaat orgaan (het Rijnlands model).

Deze wet is voortgekomen uit de behoefte om, naast het dualistische of two-tierbestuursmodel, tevens het monistische of one-tierbestuursmodel mogelijk te maken. Dit om de concurrentiepositie van Nederland ten opzichte van rechtsvormen in het buitenland, waar – met name in Angelsaksische landen – het one-tiermodel gebruikelijk is, te vergroten.

5.6.6 Pandrecht op aandelen

Pandrecht Op aandelen in een bv kan een pandrecht worden gevestigd voor zover de statuten niet anders bepalen. De aandeelhouder behoudt het stemrecht op de verpande aandelen, tenzij bij de vestiging van het pandrecht anders is bepaald en:
- de pandhouder behoort tot de categorie van personen aan wie de aandelen vrij kunnen worden overgedragen;
- of, indien dit niet het geval is, de algemene vergadering van aandeelhouders, of een ander daartoe in de statuten aangewezen orgaan, de vestiging van het pandrecht heeft goedgekeurd.

De bevoegdheid tot toekenning van het stemrecht aan de pandhouder kan in de statuten worden uitgesloten. Wanneer een financier gebruik wil maken van het stemrecht op aan hem verpande aandelen, moet hij daarvoor toestemming vragen aan De Nederlandsche Bank NV, tenzij de verpande aandelen minder dan tien procent van alle aandelen in die vennootschap bedragen. Verpanding moet geschieden met een notariële akte. De financier beschouwt verpanding als een additionele zekerheid voor het moment **Stemrecht** waarop zijn *stemrecht* van belang kan zijn.

5.6.7 Doeloverschrijding

Een rechtspersoon kan vermogensrechtelijke rechtshandelingen verrichten (bijvoorbeeld de verkoop van een bepaald goed). Deze rechtshandelingen zullen moeten beantwoorden aan het doel van de rechtspersoon. Als dit niet het geval is, geeft het BW (art. II:7) een mogelijkheid de betreffende rechtshandelingen te vernietigen.

Een door een bv verrichte rechtshandeling is *vernietigbaar* indien daardoor het doel van de vennootschap werd overschreden en de wederpartij dit wist of zonder eigen onderzoek moest weten. Alleen de vennootschap, of de curator in het faillissement, kan op grond van de wet de nietigheid van de rechtshandeling inroepen.

Als leveranciers of financiers willen dat een bv zich als schuldenaar mee verbindt voor een verplichting, dienen de statuten dit toe te staan. Dan moet worden beoordeeld of er sprake is van een *economisch belang* voor de bv die zich verbindt. Als dat het geval is, en dit is soms moeilijk vast te stellen of aan te nemen, wordt aangenomen dat er geen sprake is van doeloverschrijding.

Economisch belang

Van *doeloverschrijding* kan onder andere sprake zijn als een bv zekerheid stelt voor de schulden van een derde zonder daarbij een economisch belang te hebben, bijvoorbeeld in het geval van een borgtocht voor een privéschuld van de directeur.

Doeloverschrijding

De kwestie van doeloverschrijding speelt onder meer bij *concernfinancieringen*. Denk bijvoorbeeld aan een werkmaatschappij-bv die hoofdelijk (mede)schuldenaar wordt voor de verplichtingen die een andere werkmaatschappij-bv in het concern aan een bank heeft.

Concernfinancieringen

In de praktijk is gebleken dat banken er bij hun financieringsbeleid naar streven zo veel mogelijk het gehele concern hoofdelijk mee te verbinden. Het belangrijkste motief daarvoor is dat er verhaalsmogelijkheden blijven bij alle concernrechtspersonen, óók als er vermogensverschuivingen plaatsvinden. Als er een beroep op doeloverschrijding wordt gedaan, zal de bank moeten aantonen dat de vennootschap die over het krediet kon beschikken of feitelijk een lening ontving, bij die verstrekking gebaat was of is.

5.6.8 Tegenstrijdig belang

Als een bv rechtshandelingen verricht die – mede – in het belang zijn van (één van) de directeuren, kan er sprake zijn van *tegenstrijdig belang*. Bij een overeenkomst van de bv en een derde, waarbij het belang van een bestuurder in het geding is, kan er sprake zijn van een zogenoemd *indirect tegenstrijdig belang*.

Tegenstrijdig belang

Indirect tegenstrijdig belang

Enkele voorbeelden van tegenstrijdig belang:
- De bank verstrekt een krediet aan de heer X, DGA van bv-A en bv-B gezamenlijk en beiden zijn hoofdelijk aansprakelijk voor de schuld.
- Bv-A geeft zekerheid voor een financiering die de bank aan de bestuurder van bv-A verstrekt.
- Bv-A vestigt zekerheid voor de bank voor verplichtingen van bv-B. De heer C is directeur van bv-A en ook DGA van bv-B.

Als er sprake is of kan zijn van een tegenstrijdig belang gelden niet de 'normale' regels voor vertegenwoordiging van de bv, maar de speciale regels van art. 2:256 BW. De tekst hiervan luidt:

> 'Tenzij bij de statuten anders is bepaald, wordt de vennootschap in alle gevallen waarin zij een tegenstrijdig belang heeft met een of meer bestuurders, vertegenwoordigd door commissarissen. De algemene vergadering is steeds bevoegd een of meer andere personen daartoe aan te wijzen.'

Bij een mogelijk *tegenstrijdig belang*, dat zal worden getoetst naast eventuele doeloverschrijding, zal een financier steeds aan de hand van actuele statuten van de bv beoordelen wie bevoegd is (of zijn) om de bv in dat geval te

Tegenstrijdig belang

vertegenwoordigen. Die persoon zal dan namens de bv de financieringsakte moeten ondertekenen. Als de bv wordt vertegenwoordigd door commissarissen, zullen deze naast de 'normale' vertegenwoordigers van de bv moeten ondertekenen. Als één van de commissarissen daartoe gerechtigd is, zal dit moeten blijken uit een machtiging van de andere commissarissen. Als er geen *raad van commissarissen* is, kan de algemene vergadering van aandeelhouders (AVA) in het geval van tegenstrijdig belang ook één of meer andere personen benoemen die bevoegd zijn de bv te vertegenwoordigen, naast degene die normaal daarvoor bevoegd is. Uit de statuten en het handelsregister zal moeten blijken wie de feitelijke bevoegdheden hebben. Als de AVA een besluit heeft genomen over vertegenwoordiging, zal van de betreffende statuten een afschrift moeten worden gegeven aan de financier.

Raad van commissarissen

Met de eventuele invoering van de Wet Bestuur en Toezicht (zie paragraaf 5.8), is de regelgeving rond het tegenstrijdig belang in nv's en bv's gewijzigd. Zo mag een bestuurder of commissaris zich bij zijn handelen niet laten leiden door een persoonlijk belang. Zij mogen niet meewerken aan het tot stand komen van een bestuursbesluit, noch bij de voorbereiding noch bij de besluitvorming.

Dividend-uitkering

Nog een risico voor een DGA: de dividenduitkering. Bij een eenpersoonsvennootschap moet er voor ieder goedkeuringsbesluit een schriftelijk aandeelhoudersbesluit zijn. Het gevolg hiervan is dat de algemene vergadering van aandeelhouders zowel het besluit tot vaststelling van het dividend neemt als het besluit tot goedkeuring. De notulen van deze vergadering dienen dan als bewijs.

5.6.9 Anti-misbruikwetgeving

Er zijn drie wetten in het leven geroepen die ervoor moeten zorgen dat ondernemers die in de rechtspersoonvorm ondernemen geen misbruik maken van de mogelijkheden die zij hebben. Voor het grootste deel slaat de wetgeving op de bestuurder die zodoende niet onbeperkt zijn positie kan misbruiken onder de vlag van de bv.
De drie wetten zijn:
- Wet Ketenaansprakelijkheid
- Wet Bestuursaansprakelijkheid
- Wet Bestuurdersaansprakelijkheid bij Faillissement

Wet Ketenaansprakelijkheid

De *Wet Ketenaansprakelijkheid* stelt de (hoofd)aannemer hoofdelijk aansprakelijk voor de socialeverzekeringspremies en de loonbelasting die verschuldigd zijn door de onderaannemers die door hem bij het werk werden betrokken, als deze laatsten deze schulden niet voldoen. Er wordt onderscheid gemaakt tussen de inlenersaansprakelijkheid (de inlener van arbeidskrachten is aansprakelijk voor de afdracht van loonbelasting en premies door de uitlener) en de *ketenaansprakelijkheid* (de hoofdaannemer is mede-aansprakelijk voor de afdracht van loonbelasting en premies van zijn onderaannemer). Bij de ketenaansprakelijkheid kan de aannemer de verschuldigde loonbelasting en premies op een zogenoemde *G-rekening* storten om aansprakelijkheid te vermijden.

Ketenaansprakelijkheid

G-rekening

Inlenersaansprakelijkheid

Bij de *inlenersaansprakelijkheid* bestaat die mogelijkheid niet. De aansprakelijkheid strekt zich niet uit tot boetes en een buitenlandse aannemer is niet aansprakelijk voor de afdracht van sociale premies door een in Nederland gevestigde onderaannemer (Europese Hof van Justitie). De ketenaansprakelijkheid geldt ook voor aannemers in de confectiesector. Casus 5.1 is een praktijkvoorbeeld van ketenaansprakelijkheid.

CASUS 5.1 KETENAANSPRAKELIJKHEID WEGENS GOKLUST ONDERAANNEMER

Een aannemer is niet aansprakelijk voor de premies van zijn onderaannemer, als de niet-betaling noch aan de aannemer, noch aan de onderaannemer te wijten is. Een aannemer die bedragen op de G-rekening had gestort van zijn onderaannemer, die het geld bleek te hebben vergokt, beriep zich op niet-verwijtbaarheid. De Rechtbank oordeelde echter dat het niet-betalen te wijten was aan de onderaannemer. De aansprakelijkheid bleef in stand.

De tweede anti-misbruikwet (*Wet Bestuurdersaansprakelijkheid*) bepaalt dat bestuurders en commissarissen van rechtspersonen aansprakelijk zijn voor belasting- en premieschulden van die rechtspersoon. De aansprakelijkheid bestaat zowel in het geval van faillissement van de vennootschap als daarbuiten. Het moet wel aannemelijk zijn dat het niet betalen van de belasting en premies aan genoemde personen te wijten is als gevolg van *onbehoorlijk bestuur*. Casus 5.2 is een praktijkvoorbeeld van onbehoorlijk bestuur.

Wet Bestuurdersaansprakelijkheid

Onbehoorlijk bestuur

CASUS 5.2 KENNELIJK ONBEHOORLIJK BESTUUR DOOR MANIPULATIE MET CIJFERS

Hof Den Bosch, 24 maart 2000
X was bestuurder van BV-Y, een Mercedes Benzdealer. Na het faillissement van BV-Y stelde de ontvanger X aansprakelijk voor de belastingschulden van BV-Y.
De Rechtbank Maastricht wees de vordering van de ontvanger toe. Hof den Bosch besliste dat X wist dat de cijfers van BV-Y onjuist waren opgesteld en dat daarmee de bank om de tuin was geleid. BV-Y had op die wijze een kredietverhoging van de bank ontvangen die zij op basis van de juiste cijfers nooit zou hebben ontvangen. Verder wist X dat BV-Y handelde in strijd met de zogenoemde showroomovereenkomst van Mercedes Benz. Het Hof besliste dat X zich als enige bestuurder van BV-Y had schuldig gemaakt aan kennelijk onbehoorlijk bestuur. In het kader van de kredietovereenkomst met de bank en de dealerovereenkomst met Mercedes Benz had X de betrokkenen op de hoogte moeten stellen van de sterk teleurstellende ontwikkelingen binnen het bedrijf. Ondertussen werden wel de onderhavige belastingschulden opgebouwd. Deze schulden zouden niet zijn ontstaan als BV-Y zich had onthouden van manipulaties of wanneer X zou hebben ingegrepen. In dat geval was BV-Y waarschijnlijk reeds vóór het ontstaan van die belastingschulden failliet verklaard. Indien surseance van betaling zou zijn verkregen, zou de betaling van de belastingschulden bij voortzetting van het bedrijf in ieder geval gewaarborgd zijn geweest.

Bron: Fiscaal up to date, april 2000

Wet Bestuurdersaansprakelijkheid bij Faillissement

De derde anti-misbruikwet (*Wet Bestuurdersaansprakelijkheid bij Faillissement*) is alleen van toepassing in geval van faillissement van de vennootschap en beoogt de positie van de curator te versterken. Iedere bestuurder kan hoofdelijk worden aangesproken voor het bedrag van de schulden van de vennootschap.

De bestuurders zijn aansprakelijk voor het tekort, indien het bestuur zijn taak kennelijk onbehoorlijk heeft vervuld en het aannemelijk is dat dit een belangrijke oorzaak is van het faillissement. Naast de bestuurders kunnen ook andere beleidsbepalers aansprakelijk worden gesteld (commissarissen bijvoorbeeld). Er is sprake van *onbehoorlijk bestuur* als dit te kwalificeren is als 'onbezonnen, roekeloos en onverantwoordelijk'.

Onbehoorlijk bestuur

Het gaat er dus om dat de bestuurder een verwijt kan worden gemaakt. Onder meer bij het ontbreken van een behoorlijke boekhouding of wanneer niet tijdig een jaarrekening is gepubliceerd, is sprake van kennelijk onbehoorlijk bestuur. Ook buitenlandse vennootschappen vallen onder de werkingssfeer van de wet. De aansprakelijkheid wordt beoordeeld op grond van kennelijk onbehoorlijke taakvervulling in de periode van drie jaren voorafgaand aan het faillissement.

De Hoge Raad heeft in juni 1996 uitgesproken dat van onbehoorlijk bestuur sprake is als geen redelijk denkend bestuurder onder dezelfde omstandigheden zo gehandeld zou hebben. Bovendien moeten bestuurders voor misbruik opzettelijk onachtzaam hebben gehandeld. Het betrof een uitspraak over de aansprakelijkheid van bestuurders voor de belastingschuld van een bv.

In januari 1997 deed de Hoge Raad nog een belangrijke uitspraak op dit gebied. Toen werd aangegeven welke maatstaf moet worden gehanteerd bij de beoordeling of het bestuur zijn taak behoorlijk heeft vervuld. Er werd gesteld dat voor aansprakelijkheidstelling vereist is, dat de bestuurder een ernstig verwijt kan worden gemaakt. Dit hangt dan af van alle omstandigheden in het onderhavige geval. Genoemde omstandigheden zijn onder meer:
- de door de rechtspersoon uitgeoefende activiteiten;
- de daaruit voortvloeiende risico's;
- de taakverdeling binnen het bestuur;
- het inzicht en de zorgvuldigheid die mogen worden verwacht van een bestuurder die voor zijn taak is berekend en deze nauwgezet vervult.

De beoordeling door een rechter zal dus moeilijk blijven, omdat hij zich moet verdiepen in de onderneming, de risico's en het gevoerde beleid.

Aan het bestuur wordt doorgaans decharge verleend bij het vaststellen of goedkeuren van de jaarrekening door de algemene vergadering van aandeelhouders. Decharge betekent de begrenzing van aansprakelijkheid.

Decharge

Met *decharge* wordt vastgesteld dat de bestuurder zijn werk naar behoren heeft gedaan, zodat voor het geval achteraf fouten aan het licht komen met schadelijke financiële gevolgen, die schade niet verhaalbaar is op de gedechargeerde bestuurder. Deze regel heeft een beperkte werking, omdat het uitsluitend de interne rechtsverhouding tussen de rechtspersoon en zijn bestuurder bepaalt. Met decharge geeft de rechtspersoon zijn recht op om later schadevergoeding te vorderen.

Een derde kan de bestuurder echter wel aansprakelijk stellen voor eventueel geleden schade, als hij meent dat de bestuurder onrechtmatig heeft gehandeld.

Op grond van de tweede en *derde anti-misbruikwet* wordt op bestuurders privé noch door de fiscus, noch door de bedrijfsverenigingen, noch door curatoren in faillissementen vaak verhaal gezocht. Dit kan komen omdat men vreest voor insolvabiliteit van die bestuurders, of omdat men niet op de hoogte is van het bestaan van voor verhaal vatbare vermogensbestanddelen. Deze twee wetten hebben niet geleid tot een verminderde belangstelling voor de bv-vorm. Dit mag men misschien ook niet verwachten, omdat adviseurs en notarissen ook niet zullen meewerken aan de oprichting van een bv voor personen die kwade bedoelingen hebben.

Derde anti-misbruikwet

Verder zijn de bestuurders nog aansprakelijk voor een *misleidende voorstelling van zaken* als het de 'toestand van de vennootschap' betreft. Dit wordt *bestuurdersaansprakelijkheid* genoemd op grond van de artikelen 2:139 en 249 van het BW. Bestuurders zijn dan tegenover derden hoofdelijk aansprakelijk voor de schade die door dezen zijn geleden, indien door de jaarrekening, tussentijdse cijfers of het jaarverslag een misleidende voorstelling van zaken wordt gegeven.
De jaarstukken zullen de toetsing aan de drie fundamentele beginselen van het jaarrekeningenrecht moeten kunnen doorstaan, te weten getrouwheid, duidelijkheid en stelselmatigheid. Zo niet, dan is er sprake van misleidende voorstelling van de toestand van de vennootschap. Gedupeerden kunnen bijvoorbeeld de crediteuren zijn of de aandeelhouders.

Misleidende voorstelling van zaken

Bestuurdersaansprakelijkheid

Bestuurders kunnen niet aan hun aansprakelijkheid ontkomen door zich te verschuilen achter het oordeel van deskundigen, bijvoorbeeld de eigen of externe accountant. Het opstellen van genoemde financiële stukken is een bestuurstaak. De bestuurder die zich van iedere aansprakelijkheid wil vrijpleiten, zal moeten aantonen dat hij de stukken geweigerd heeft te ondertekenen omdat zijn collega-bestuurders de door hem gedane terechte suggesties ter correctie van de in zijn ogen bestaande tekortkomingen daarin naast zich hebben neergelegd.

Een gevolg van de invoering van de Flexwet (zie paragraaf 5.6.1) is, dat indien de bv na de uitkering van dividend, etc. in ernstige betalingsproblemen is gekomen, de bestuurders die dit op het moment van uitkering wisten of redelijkerwijs behoorden te voorzien, tegenover de bv hoofdelijk aansprakelijk zijn voor het tekort dat door de uitkering is ontstaan. Ook de aandeelhouder die dit op het moment van uitkering wist of had kunnen voorzien, is aansprakelijk voor het tekort.
Er is echter een uitzondering op de aansprakelijkheid: als de bestuurder bewijst dat het niet aan hem is te wijten dat de uitkering is gedaan en dat hij voldoende maatregelen heeft getroffen om de gevolgen van de uitkering af te wenden.

5.6.10 Geruisloze terugkeer uit de bv
Een ondernemer kan in het verleden terecht voor de bv gekozen hebben, maar door gewijzigde omstandigheden nu de mogelijkheid van een andere ondernemingsvorm overwegen. Redenen hiervoor kunnen zijn:
- wijzigingen in de fiscale wetgeving (tarieven, verruiming van de mogelijkheden voor een man-vrouw-firma of een fictief ondernemersloon);
- wijzigingen in de pensioenwetgeving (Brede Herwaardering);
- positie in de sociale verzekeringen van de directeur-grootaandeelhouder;
- wijziging aansprakelijkheid van bestuurders (directeuren).

Door deze veranderingen is de bv voor een grote categorie bedrijven minder interessant, soms zelfs nadelig geworden. Naast de hiervoor genoemde wetswijzigingen kunnen ook persoonlijke of zakelijke omstandigheden, zoals een structureel lager winstniveau, redenen zijn om een andere ondernemingsvorm te overwegen.

Bij de overwegingen om terugkeer uit de bv te beoordelen, spelen fiscale zaken een belangrijke rol. Bij de wijziging van – bijvoorbeeld – een eenmanszaak of vennootschap onder firma (vof) in een bv zijn er mogelijkheden om dit fiscaal 'geruisloos' te doen.

5.6.11 Ontbinding bv's door Kamer van Koophandel

Ontbinding van een besloten vennootschap

Kamer van Koophandel

De wet geeft de Kamers van Koophandel de bevoegdheid over te gaan tot *ontbinding van een besloten vennootschap*. Het BW beperkt zich niet alleen tot bv's, maar geldt ook voor andere rechtspersonen. De *Kamer van Koophandel* is verplicht om bv's, nv's, coöperaties en onderlinge waarborgmaatschappijen te ontbinden, indien zij weet dat de rechtspersoon niet voldoet aan ten minste twee van de volgende vier vereisten:

1 De bijdrage handelsregister is een jaar nadat deze verschuldigd is geworden nog niet voldaan.
2 Gedurende ten minste een jaar zijn geen bestuurders ingeschreven, of zijn alle bestuurders overleden dan wel niet bereikbaar op het opgegeven adres en evenmin bereikbaar op het in de gemeentelijke basisadministratie ingeschreven adres, of in die administratie is ten minste een jaar geen adres vermeld.
3 De rechtspersoon is ten minste een jaar in gebreke met de deponering van de jaarrekening.
4 De rechtspersoon is, na daartoe gemaand te zijn, ten minste een jaar in gebreke met een aangifte vennootschapsbelasting.

Dit zijn criteria die op relatief eenvoudige wijze zijn vast te stellen. Het niet hebben van activa en het niet ontplooien van activiteiten behoren niet tot de genoemde criteria. In dat geval staat het de Kamer van Koophandel vrij een verzoek tot ontbinding aan het Openbaar Ministerie te richten. Het gebeurt in verhouding tot het aantal ingeschrevenen niet zo vaak. Eén van de redenen is dat de Kamer als doelstelling heeft het bevorderen van het midden- en kleinbedrijf, terwijl het laten ontbinden van een bv juist het tegenovergestelde effect sorteert. Er bestaat dus een natuurlijke tegenzin bij de Kamers om gevolg te geven aan hun bevoegdheid in dezen. Niettemin gebeurt dit per Kamer jaarlijks in enkele tientallen tot enkele honderden gevallen.
Ook verenigingen en stichtingen, waarvan geen onderneming is ingeschreven, kunnen worden ontbonden, indien de omstandigheden onder 1 en 2 genoemd zich voordoen, waarbij onder 1 voor het handelsregister het verenigingen- of stichtingenregister moet worden gelezen.

5.7 Naamloze vennootschap

Het gebeurt regelmatig dat ondernemers hun bedrijf 'naar de beurs brengen', waarmee wordt beoogd dat de aandelen verhandelbaar worden en een groter eigen vermogen kan worden gecreëerd. Dat daarmee de aandeelhouders soms buitensporig hoge bedragen toucheren voor de verkoop van hun aandelenpakket, is een verschijnsel dat door de gemiddelde Nederlander als niet-acceptabel wordt ervaren. De vermeende 'nieuwe economie' heeft ervoor gezorgd dat met name de ICT-fondsen negatief in het nieuws kwamen door een ongelukkige beursgang. Voor die beursgang is het nodig dat het bedrijf wordt uitgeoefend in de nv-vorm, de *naamloze vennootschap*.

Naamloze vennootschap

De nv is een samenwerkingsvorm met rechtspersoonlijkheid, waarbij het maatschappelijk kapitaal is verdeeld in *overdraagbare* aandelen. Voor de nv gelden bepalingen voor de instandhouding en wijziging van het vennootschapskapitaal.

De nv kent de volgende *voordelen:*
- De nv is heel geschikt om een groter vermogen bijeen te brengen.
- De aandeelhouder kan zijn aandeel, mits er sprake is van op de effectenbeurs genoteerde effecten, gemakkelijk verkopen, zodat er vervanging van de ene door de andere vermogensverschaffer plaatsvindt.
- De onderneming verwerft zich hierdoor een levensduur die onafhankelijk is van de deelname of het leven van de afzonderlijke vennoten.
- Door deze verbeterde continuïteitswaarborg wordt het aantrekken van extra vermogen vergemakkelijkt, omdat de geldgevers daardoor minder risico lopen.
- Het aantrekken van personeel is voor een *onpersoonlijke onderneming* vaak eenvoudiger, omdat de zekerheden voor het personeel groter worden naarmate de continuïteit beter is gewaarborgd. Bovendien zal hooggekwalificeerd personeel, dat (nog) niet in het bezit is van vermogen, door de scheiding tussen vermogensverschaffing en management eerder tot de onderneming toetreden en sneller de gewenste promotie kunnen maken, tot in de hogere geledingen van de onderneming.

Onpersoonlijke onderneming

De nv kent de volgende *nadelen:*
- De rechtsvorm nv kan worden misbruikt door de risico's van de onderneming of het project, door uitsluiting van persoonlijke aansprakelijkheid, af te wentelen op de verschaffers van niet-ondernemend vermogen, bijvoorbeeld leveranciers.
- De verplichte publicatie van jaarstukken (bij bv en nv) wordt door veel ondernemers als negatief ervaren (informatie aan concurrenten).
- Door het onpersoonlijke karakter van de samenwerkingsvorm bestaat het gevaar van overname buiten de wil van de onderneming. Dit overnamegevaar houdt vooral verband met de mogelijke verwerving door outsiders van een (meerderheids)pakket aandelen. Om zich te wapenen tegen een *vijandige overname* kan het management statutaire en buiten-statutaire maatregelen nemen (blokkeringsregels).

Vijandige overname

5.8 Stichting

De rechtspersoon stichting heeft 'vermogen in de dode hand', wat wil zeggen dat niemand (behalve de stichting zelf) eigenaar is van het vermogen. Civielrechtelijk kan een *stichting* best naar winst streven, en zelfs uitkeren, maar nooit mag het eigenlijke doel zijn uitkeringen te doen aan haar oprichters, bestuurders of anderen die deel uitmaken van haar organen.

Stichting

Wetsvoorstel Bestuur en toezicht rechtspersonen

Bij bv's en nv's is vroegtijdig ingrijpen mogelijk indien er verliezen dreigen. Dit is niet het geval bij stichtingen en verenigingen. Het ontbreekt nu nog aan een wettelijk instrumentarium om bestuurders en toezichthouders van verenigingen en stichtingen op de vingers te tikken of te corrigeren bij onbehoorlijke taakvervulling. Daarom wil de minister van Justitie de wet aanpassen en is er het wetsvoorstel Bestuur en toezicht rechtspersonen ingediend. Deze nieuwe wet moet de kwaliteit van het bestuur en het toezicht bij verenigingen en stichtingen verbeteren.

Bestuurders en toezichthouders moeten hun taak naar behoren vervullen. In het voorstel worden die taken beter geregeld, waarbij de belangen van de rechtspersoon centraal worden gesteld. Daarnaast regelt het voorstel de aansprakelijkheid voor schade bij onbehoorlijk bestuur.

De nieuwe regels gelden voor alle stichtingen en verenigingen, dus ook voor bijvoorbeeld stichtingen voor goede doelen, sportclubs, onderwijsinstellingen en kerken.

Als het voorstel ook een wet wordt, waarschijnlijk 1-1-2016, zullen bestuurders en toezichthouders tijdig moeten controleren of de statuten en reglementen moeten worden aangepast. Dit zal vooral nodig zijn als er sprake kan zijn van tegenstrijdig belang. Vaak vervullen bestuurders en toezichthouders die functies juist in hun eigen belang. Daarmee lopen zij in de toekomst (groot) risico.

Stichting Administratiekantoor

Het komt vrij veel voor, zeker bij een bv-structuur die al langer bestaat en waarvan de directeur-grootaandeelhouder wat ouder is, dat er een *Stichting Administratiekantoor* in het leven wordt geroepen. Men verkoopt dan de aandelen aan de stichting en ontvangt daarvoor in ruil certificaten van aandelen. De stichting oefent dan alle aandeelhoudersrechten uit, waaronder het stemrecht. Het economisch belang rust dan volledig bij de familieleden (nu certificaathouders), alleen bestaat de algemene vergadering van aandeelhouders nu uit het bestuur van de Stichting Administratiekantoor. Vaak is dit bestuur uit de in de vennootschap meewerkende familieleden samengesteld. Alleen de 'ondernemende' familieleden oefenen dan invloed uit op het beleid van de onderneming. Dat is ook wat men wil bereiken, evenals het feit dat de continuïteit is verzekerd omdat men dan de zeggenschap over de onderneming niet laat vererven.

Tevens kan men erop toezien dat de continuïteit van de onderneming beter wordt geregeld. In het bestuur van de stichting kunnen deskundigen worden aangetrokken die op de hoogte zijn van de geschiedenis van het bedrijf, het strategisch beleid kennen en daardoor de continuïteit van het bedrijf kunnen waarborgen. Deze deskundigen dienen – bij voorkeur – te worden aangetrokken op basis van een profielschets. De ondernemer zal bij het maken van de profielschetsen rekening moeten houden met zijn eigen zwakke kanten en die laten compenseren door een aan te trekken bestuurder. De situatie is vergelijkbaar met de samenstelling van een raad van commissarissen bij een bv.

Vooral wanneer familievennootschappen groter worden, ontstaat er een krachtenveld rondom de onderneming, omdat de zakelijke sfeer en de privésfeer vermengd kunnen raken. Dan worden tegenstellingen tussen deze twee sferen voelbaar. Het is een goede zaak als adviseurs van de ondernemer tijdig signaleren dat zich deze omstandigheid voordoet. Daarom moet er een goede structuur worden gekozen, waarin aspecten van bestuur, bezetting, bevoegdheden, besluitvorming en communicatie zijn opgenomen.

Familiestichting

Naarmate de onderneming, de familie en het familievermogen in omvang toenemen, zal ook de complexiteit toenemen. In dat geval kan een *familiestichting* een goede rol spelen in het handhaven van goede verhoudingen. Voordat een structuur in het kader van strategisch ondernemingsbestuur wordt opgezet, zal men binnen de familie moeten stilstaan bij uitgangspunten die voor de eigen situatie belangrijk zijn.

Familiestichting

Enkele uitgangspunten die daarbij een rol spelen:
- *de onderlinge relatie tussen familie en onderneming* (moet het bedrijf geheel in handen blijven van de familie, welke functie vervult het familievermogen voor het bedrijf, mogen familieleden die niet werkzaam zijn bij het bedrijf wel als eigenaar betrokken blijven, enzovoort);
- *waarden en normen die men in de onderneming wil vasthouden* (meestal gebaseerd op de familietraditie);
- *uitgangspunten voor ondernemingsbeleid* (visie van de familie en missie van de onderneming, omgang met extern aangetrokken management, beloningsstructuren en dividendbeleid, enzovoort).

Hoe beter deze uitgangspunten zijn geformuleerd, hoe beter het proces van het strategisch ondernemingsbestuur zal verlopen. Vastlegging van deze uitgangspunten kan worden gedaan in de vorm van een familieprotocol, ook wel *familiestatuut* genoemd, of welke benaming men daaraan ook wil geven (zie figuur 5.1 in subparagraaf 5.9.4).

Familieprotocol
Familiestatuut

Stichting, bv en vereniging kan men in één structuur aantreffen. Bijvoorbeeld bij, respectievelijk, de eigendom, het beheer en de betrokkenheid van een golfbaan. De begeleidende adviseur zal aan de initiatiefnemers van een golfbaan duidelijk (en schriftelijk) moeten aangeven welke overeenkomsten over en weer moeten worden gemaakt, welke fiscale gevolgen dit heeft en welke aansprakelijkheid er over en weer bestaat.

5.9 Familiestatuut

Onderstaande subparagrafen zijn in belangrijke mate ontleend aan het boekje *Het familiestatuut: regeling van de relatie tussen familie en bedrijf*, dat Walgemoed Accountants en Adviseurs indertijd publiceerde na de ontwikkeling van een familiestatuut.

Hiervoor is aangegeven dat bepaalde verhoudingen in de familie met een onderneming het beste kunnen worden neergelegd in een familiestatuut. Onderwerpen die onder meer in een familiestatuut aan de orde komen zijn:
- doelstellingen van de ondernemer voor zichzelf, het bedrijf en de familie;
- doelstellingen en opvattingen van de familie in relatie tot de onderneming;
- het omgaan met familieleden in het bedrijf wat betreft opleiding, ervaring, functie, arbeidsvoorwaarden, enzovoort;
- de taak en de plaats van de leiding in de onderneming;

Visie, missie en de doelstelling van de onderneming
- het beschrijven van de visie, missie en de doelstelling van de onderneming;
- de mening over de opvolging;
- de rol van de partners van de familieleden;
- de wijze van omgaan met niet-familieleden binnen de leiding van de onderneming;
- het formuleren van voorwaarden over eigendom en zeggenschap.

Familiestatuut Overall: een familiestatuut is een verzameling van afspraken tussen alle bij het bedrijf betrokken familieleden.

5.9.1 Proces voor het maken van een familiestatuut

Adviseurs in het MKB gebruiken een checklist om een familiestatuut te maken (zie subparagraaf 5.9.4). Communicatie binnen de familie is een belangrijk onderdeel van het proces om een goed statuut te maken. Doorgaans zijn de ondernemer en zijn vrouw de opdrachtgevers om een familiestatuut te maken. Zij immers staan voor een bedrijfsopvolging of willen de zaak goed geregeld hebben als zich een calamiteit zou voordoen. In ieder geval dwingt men zich om goed over de dingen na te denken, duidelijkheid te verschaffen aan elke betrokkene van de familie, onzekerheid weg te nemen en een grote openheid te betrachten.

Op het moment van het maken van een familiestatuut hoeft er niets of weinig aan de hand te zijn in de onderliggende verhoudingen. Maar de daadwerkelijke waarde ervan zal blijken als zich een crisissituatie voordoet. Het actueel houden van een familiestatuut is er dus echt voor om eventuele conflicten te voorkomen.

5.9.2 Familiesysteem versus bedrijfssysteem

Op één belangrijk punt is het familiebedrijf uniek: de directeuren, managers en werknemers werken in familieverband. De ethiek en gedragspatronen van dit familieverband vinden hun neerslag in de werkomgeving. Tabel 5.3 geeft een indruk van de verschillen tussen het familiesysteem en het bedrijfssysteem.

TABEL 5.3 Verschillen tussen het familiesysteem en het bedrijfssysteem

Familiesysteem	Bedrijfssysteem
Gebaseerd op emoties	Gebaseerd op taken
Onbewust gedrag	Bewust gedrag
Intern georiënteerd	Extern georiënteerd
Minimaliseren van veranderingen	Benutten van veranderingen

In niet-familiebedrijven opereren deze twee onverenigbare systemen onafhankelijk van elkaar, maar in het familiebedrijf overlappen ze elkaar niet alleen, ze zijn ook nog eens onderling afhankelijk. De verschillende doelstellingen en prioriteiten van de systemen veroorzaken specifieke spanningen binnen familiebedrijven. Toch staan naast deze bron van zwakte de vele voordelen die familierelaties kennen.

5.9.3 Familiewaarden in het bedrijf

De antwoorden op vragen als hoe moeten de bedrijfsprestaties van familieleden geëvalueerd worden, hoe moet de macht worden overgedragen en

hoe dienen de aandelen te worden verdeeld, kunnen zeer verschillend zijn, afhankelijk van het perspectief van waaruit de zaken bekeken worden. Dus, worden deze beoordeeld vanuit het bedrijfs- of vanuit het familieperspectief? Enkele voorbeelden waar de familie op de eerste plaats komt:
- Er wordt van volwassen kinderen verwacht dat ze toetreden tot het familiebedrijf en dat ze zich voor het bedrijf inzetten, ongeacht hun geschiktheid, capaciteiten of voorkeur.
- Nepotisme kan leiden tot een managementsysteem waarin familiepolitiek de voorkeur krijgt, ten koste van al het andere. Dit kan het bedrijf een concurrentienadeel bezorgen doordat het wordt belast met incompetente familieleden en doordat managers van buiten de familie gedemotiveerd raken.
- Sommige families eisen dat alle familieleden een gelijke beloning krijgen, ongeacht hun capaciteiten en de toegevoegde waarde die zij leveren.
- Rivaliteit in de kinderjaren kan zich ontwikkelen tot ernstige conflicten binnen het bedrijf en kan een destructieve uitwerking hebben op het voortbestaan van het familiebedrijf.
- Het familieprincipe dat kinderen gelijk moeten worden behandeld, heeft vaak tot gevolg dat eigenaren hun kinderen een gelijk deel geven in het bedrijf, ongeacht de bijdrage die de kinderen ieder leveren.

Nepotisme

5.9.4 Checklist

Ondernemers en hun adviseurs doen er goed aan een handleiding voor het maken van een checklist familiestatuut te gebruiken. De materie is namelijk nogal breed en een checklist voorkomt het maken van fouten en gaat omissies tegen.

Een checklist kan de volgende inhoud hebben:
1. Beschrijving van de doelstelling van het familiestatuut.
2. Aangeven wie heeft meegewerkt aan het tot stand komen van het statuut (waarom deze personen en wanneer vonden de besprekingen plaats?).
3. Visie, missie en doelstelling van de onderneming.
4. Ondernemingsplan (belangrijke punten hieruit overnemen).
5. Positie van de directie (ook een verhandeling over het terugtreden van de directeur die geen familie is en wordt opgevolgd door een familielid; welke gevolgen heeft dit voor het bedrijf?).
6. Familiecultuur (grote betrokkenheid; veel werken en lange werktijden maken; de wijze waarop beslissingen worden genomen).
7. Eigendom en zeggenschap (stemgerechtigdheid; winstverdeling; vermogensonttrekking; bevoegdheden van aandeelhouders en/of certificaathouders).
8. Familieleden op belangrijke posities in de onderneming (wat te doen als er geen lid is dat de functie goed kan bekleden?: geen werkervaring; ongeschiktheid; geen voorkeur; onvoldoende opleiding).
9. Inbreng van de familie (is dit wel/niet toegestaan?).
10. Parttime werken (is dit verantwoord of onwenselijk?).
11. Honorering (is deze marktconform en prestatiegerelateerd?).
12. Secundaire arbeidsvoorwaarden (conform de regeling die geldt voor het gehele bedrijf?).
13. Financiële verhoudingen in de onderneming.
14. Pensioenregeling (leeftijd en uitkering).
15. Opvolging (wie van de familie; ook partners van familieleden?).

16 Algemeen directeur (benoeming; kennis en vaardigheden; taakverdeling).
17 Risicomanagement (plotseling wegvallen van de directeur; opvolgingsprofiel; binnen of buiten de familie; overgangsfase).
18 Opvolging via aandelenoverdracht (waardering van de aandelen).
19 Communicatie (delen van – financiële – informatie; wettelijke verplichtingen; oplossen van meningsverschillen; vergaderingen).
20 Raad van commissarissen (of een adviesraad; taken volgens de statuten; deelnemers).
21 Aansprakelijkheid (directie, aandeelhouders, commissarissen).
22 Familieraad (bevoegdheden; samenstelling; verkiesbaarheid).
23 Procedure van wijziging van het familiestatuut.

FIGUUR 5.1 Ontwikkeling van een familiestatuut

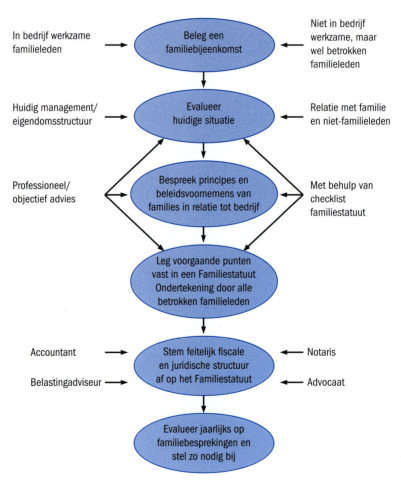

Bron: *Accountant-adviseur*, 1999

5.10 Vereniging

In uitzonderingsgevallen wordt een onderneming in de vorm van een *vereniging* uitgeoefend. Twee of meer leden streven dan een gemeenschappelijk *doel* na, maar dit mag niet zijn het onder elkaar verdelen van de winst. Ook de (coöperatieve) vereniging is een rechtspersoon. Een nadeel is dat als besluiten moeten worden genomen, de leden daarover kunnen meepraten. Soms wil men dit juist en is deze vorm een geschikt middel om de beoogde zeggenschap goed te regelen. De Kamer van Koophandel geeft op haar website meer informatie over wat een vereniging inhoudt. Aansprakelijkheid en continuïteit worden beschreven.

Een veelvoorkomende toepassing is die van een *vereniging van eigenaren* voor een pand met meerdere woningen onder één dak. Dit is het geval als een koper van, bijvoorbeeld, een appartement mede-eigenaar wordt van het gebouw. Hij krijgt dan het zogenoemde *appartementsrecht*. Ook bij campings en bungalowparken komen VvE's voor. Het besturen daarvan is over het algemeen niet gemakkelijk omdat ieder lid zijn eigen wensen en bezwaren heeft en het soms moeilijk is om iedereen achter een plan te krijgen.

Vereniging

Appartementsrecht

5.11 Zelfstandige zonder personeel (zzp'er)

Een zzp'er is een begrip dat onder andere wordt gebruikt door de Belastingdienst en de socialeverzekeringsinstellingen. Het EIM definieert de *zzp'er* als een ondernemer die werkt zonder personeel en medeondernemer en vooral zijn eigen arbeid verkoopt.

Zzp is geen echte ondernemingsvorm, maar geeft aan dat sprake is van een zelfstandige ondernemer die geen personeel in dienst wenst te hebben. Zodra dit wel het geval is vervalt voor hem het zzp'erschap.

Zzp'er

Van den Born heeft als zelfstandige organisatieadviseur een onderzoek gedaan naar zzp'ers (*FD*, 2009):

> 'In tegenstelling tot wat door deskundigen wordt gesuggereerd, zijn persoonlijkheidskenmerken, motivatie en marktstrategie voor het succes van de startende freelancer niet doorslaggevend. Veel belangrijker zijn de marktomstandigheden. Om het succes van de zzp'er te meten werd niet alleen gekeken naar het inkomen, maar ook naar diens carrièretevredenheid. Zo blijken flexibiliteit en autonomie de belangrijkste redenen te zijn om te gaan freelancen.'

Succesfactoren zijn vooral de vaardigheden van de ondernemer en zijn netwerk.
De invloed van de economische crisis lijkt deze bevindingen te bevestigen. De omzet van de zzp'ers wordt vooral bepaald door de marktomstandigheden. Geen werk bij de opdrachtgever, geen werk voor de zzp'er. Hem wordt als eerste werk onthouden, pas daarna de vaste medewerkers van de onderneming. Maar is er nieuw werk, dan zijn de zzp'ers ook weer als eersten aan bod: 'het fenomeen éénpitter lijkt dus een blijvertje.'

Ondernemers die werk uitbesteden aan zzp'ers lopen het risico dat de belastingdienst of de uitvoeringsinstantie voor de sociale verzekeringen concludeert dat er sprake was van dienstbetrekking in plaats van een verbintenis met een bedrijf. Vooral de uitvoeringsinstantie streeft ernaar een arbeidsverhouding achteraf te bezwaren met verschuldigde verzekeringspremies. De Hoge Raad heeft daarvan gezegd dat als die premieheffing juist is, deze alsnog verschuldigd is door de opdrachtgever. Deze mag die premies niet alsnog verhalen op de 'werknemer'.

Een probleem is dat er geen eenduidige regel bestaat van wat onder 'ondernemer' of 'zelfstandige' moet worden verstaan. Voor de fiscus is iemand ondernemer als hij/zij voor eigen rekening een onderneming drijft én die rechtstreeks wordt verbonden voor verbintenissen betreffende die onderneming. Dit criterium betekent dat de ondernemer rechtstreeks aansprakelijk moet zijn ten opzichte van zakelijke crediteuren.

Ondernemer

Het ondernemerschap betekent dus meer dan het alleen maar ter beschikking stellen van kapitaal aan een onderneming.

Het kan dus voorkomen dat een zzp'er volgens de civiele rechter géén arbeidsovereenkomst heeft gesloten, maar dat de administratieve rechter in de zin van de werknemersverzekeringen wel een dienstbetrekking aanwezig acht. Deze beoordeelt dan de feitelijke gang van zaken bij de uitvoering van de overeenkomst. Er wordt dan onder andere gekeken naar zaken als gezagsverhouding, loonbetaling en of de arbeid persoonlijk moest worden verricht. Als er sprake is van een zzp'er mag er in geen geval sprake zijn van een *gezagsverhouding*. Dit kan worden beklemtoond door een contract te sluiten waarin nadrukkelijk staat dat er geen sprake is van een arbeidsverhouding. Er zullen dan teksten in moeten worden opgenomen in de geest van 'overeenkomst van opdracht' of 'het verrichten van bepaalde diensten'. In plaats van salaris komt men dan een honorarium overeen of zal er een factuur worden gemaakt.

Gezagsverhouding

De zzp'er zal zich, om problemen te voorkomen, als zelfstandig ondernemer laten inschrijven in het Handelsregister en een btw-nummer aanvragen bij de fiscus. Verder zal hij ook aantonen dat er sprake is van bedrijfskapitaal, (jaarlijkse) investeringen, een eigen bedrijfsruimte en eigen bedrijfsmiddelen en opdrachten. En hij zal laten zien dat er sprake is van het nemen van ondernemersrisico, er geen vaste inkomsten zijn, er sprake is van concurrentie, speciale verzekeringen voor zijn ondernemerschap en dat hij een gescheiden boekhouding voert.

Verklaring Arbeidsrelatie

VAR-verklaring

Om onduidelijkheid te voorkomen over de vraag of de opdrachtgever loonbelasting en premies moet inhouden, dient een *Verklaring Arbeidsrelatie* te worden aangevraagd bij de Belastingdienst. Dit geeft zekerheid over de fiscale status van de inkomsten die voortvloeien uit de arbeidsrelatie. De *VAR-verklaring* is één kalenderjaar geldig en moet worden aangevraagd. Als dit enige jaren het geval is zal de Belastingdienst de VAR-verklaring uit eigen beweging zenden. Er wordt overwogen de VAR-verklaring af te schaffen en zowel de zzp'er als de opdrachtgever verantwoordelijk te stellen voor het afdragen van belasting en premieheffing. De Raad van State ziet overigens niets in dit plan van de staatssecretaris (herfst 2014).

5.12 Europees Economisch Samenwerkingsverband

Een onderneming die plannen heeft om met een buitenlandse partner te gaan samenwerken, zal de samenwerking op een bepaalde manier – juridisch – vorm moeten geven. Regelmatig gebeurt dit door oprichting van een joint venture (zie paragraaf 5.13).

De keuze voor een rechtsvorm gaat altijd gepaard met de keuze voor een land met het daar geldende rechtssysteem. Een andere mogelijkheid is de oprichting van een Europees Economisch Samenwerkingsverband (*EESV*), een soort Europese vof, waarin bedrijven hun samenwerking gestalte kunnen geven zonder hun zelfstandigheid te verliezen.

EESV

De samenwerkingsovereenkomst wordt geregistreerd bij de Kamer van Koophandel, waarna de oprichting van het EESV een feit is. Daarmee is één voorwaarde vervuld om een EESV tot stand te brengen (inschrijven in het register van het land waar het EESV wordt gevestigd). De tweede voorwaarde is dat de overeenkomst van samenwerking schriftelijk moet gebeuren.

Er is bij een EESV sprake van een grote mate van gedragsvrijheid van de participanten. Als een soort compensatie zijn de samenwerkende partners onbeperkt en hoofdelijk aansprakelijk voor de schulden van hun EESV. De activiteiten van het EESV mogen slechts een ondersteunend karakter hebben ten opzichte van de activiteiten van de samenwerkende partijen, dat wil zeggen samenwerken op deelgebieden. Het EESV mag niet als doel hebben het maken van winst voor zichzelf. Winst maken is niet verboden maar moet over de samenwerkende partijen worden verdeeld.
Ook mag het EESV niet als holding fungeren en is het aantal medewerkers gemaximaliseerd op vijfhonderd.

De *voordelen* van het EESV ten opzichte van andere rechtsvormen zijn:
- Het EESV is een rechtsvorm met een Europese basis en een Europees imago.
- Het EESV kan eenvoudig, snel en goedkoop worden opgericht.
- Het EESV kent geen verplichte inbreng van kapitaal.
- Het EESV heeft een haast onbeperkt aantal gebruiksmogelijkheden.
- Het EESV garandeert behoud van zelfstandigheid en eigen identiteit van de leden.
- Er worden geen eisen gesteld aan de rechtsvorm van de leden.
- De vorm is te gebruiken voor samenwerking van tijdelijke aard.

Het EESV is de enige supranationale rechtsvorm naar Europees recht, dat wil zeggen: het is in grote mate onafhankelijk van het individuele recht van de lidstaten. Een EESV moet minimaal uit twee leden uit verschillende lidstaten bestaan, terwijl voor natuurlijke personen geldt dat zij hun voornaamste werkzaamheden binnen de EU moeten uitoefenen.
De oprichting moet gepubliceerd worden in het Publicatieblad van de EU. Figuur 5.2 laat de indeling zien van Europese samenwerkingsverbanden.

Een aantal voorbeelden van *doelstellingen van EESV's* in verschillende sectoren is:
- gezamenlijk realiseren van inkoop, verkoop en marketing;
- behartigen van gemeenschappelijke belangen;
- opleiden van personeel;
- opzetten van databanken;
- uitwisselen van informatie;
- verkrijgen van communautaire financiering (maar er mag geen openbaar beroep worden gedaan op de kapitaalmarkt);
- financieren van infrastructurele werken;
- gezamenlijk onderzoeken en ontwikkelen (Research & Development), met name in het kader van communautaire programma's.

FIGUUR 5.2 Indeling van Europees economische samenwerkingsverbanden naar branche

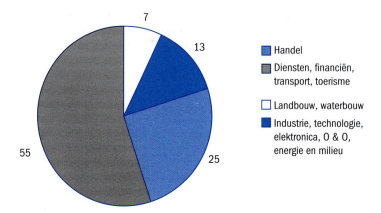

5.13 Joint ventures

Joint venture

Een *joint venture* is een partiële samenwerking tussen twee of meer ondernemingen die ten opzichte van elkaar juridisch en economisch zelfstandig blijven en als zodanig ook op andere terreinen werkzaam blijven.
In het grootbedrijf komen *joint ventures* veel voor; daarvan kunnen geregeld voorbeelden in publicaties worden gevonden. Verwarrend kan zijn dat een vorm van samenwerking soms een joint venture wordt genoemd, terwijl dit niet geval is. Vereist is dat er een nieuwe, afzonderlijke onderneming wordt opgericht door de samenwerkende partners.
Een joint venture wordt opgezet voor het bereiken van een gemeenschappelijk doel van de partners. Doelen kunnen verschillen, zoals het verkrijgen van toegang tot een markt waar men zelfstandig moeilijk of slechts met veel kosten een marktaandeel kan verwerven, het toegang krijgen tot kennis, bijvoorbeeld doordat wetgeving in een ander land anders is dan in het eigen land, of het reduceren van risico's doordat de partner veel ervaring heeft met bepaalde producten en afzet.
Tabel 5.4 geeft de hoofdmotieven aan van de samenwerking in de vorm van een joint venture.

TABEL 5.4 Hoofdmotieven van samenwerking

Kennisoverdracht	Schaalvoordelen	Marktontwikkelingen
• toegang tot nieuwe technologie • gezamenlijk R&D • overdracht van aanvullende resources	• rationalisatie van processen • gezamenlijke investeringen in nieuwe capaciteit • risicodeling	• combinatie van portfolio's • markttoegang • gezamenlijke marketing • ontwikkeling van nieuwe activiteiten • beperking concurrentie

Bron: *Dossier*, oktober 2000, Bell/Boersma

De strategische doelstellingen van bedrijven om samen te werken, variëren gedurende de *levenscyclus van een product*. In de *introductiefase* van een product worden joint ventures vooral gebruikt om risico's en investeringen te beperken. In de *expansiefase* wordt vaak geprobeerd versneld een marktaandeel te verwerven en in de *verzadigingsfase* zal worden geprobeerd om het bereikte marktaandeel te bewaken en overproductie tegen te gaan. In de *eindfase* van een product kunnen de partners de joint venture gebruiken om zich beheerst terug te trekken.

Levenscyclus van een product

Het opzetten van een samenwerking in de vorm van een joint venture vereist een zeer goede voorbereiding. Met een gekozen kandidaat zullen goede, schriftelijke afspraken moeten worden gemaakt over de samenwerking. Tijdens dit proces zal men bindende afspraken moeten maken, elkaar moeten houden aan geheimhouding en eventueel exclusiviteit garanderen in de onderhandelingen en de gebondenheid daarna.

Het afgeven van een *intentieverklaring* kan soms al betekenen dat er sprake is van een overeenkomst zonder dat men zich daarvan bewust is. Dit kan nadelige gevolgen hebben voor de beoogde partners als de samenwerking niet tot stand komt en kosten of schade verrekend zouden moeten worden.

In de procesgang om tot een joint venture te komen, spelen onder andere de volgende zaken een belangrijke rol:

- *De te kiezen samenwerkingsvorm*

In veel gevallen wordt voor een bv gekozen omdat een kapitaalsvennootschap meer zekerheid biedt op het punt van risico's. Een vof of een cv kan als voordeel hebben dat de fiscale transparantie ervoor zorgt dat de eventuele aanloopverliezen worden gecompenseerd met de winsten van de partners. Een bv/cv-constructie is een goede vorm van samenwerking (figuur 5.3), maar ook de bv/vof-constructie leent zich daarvoor prima door het creëren van een fiscale eenheid bij de onderscheiden partners (figuur 5.4). Door tussenschakeling van de dochter-bv's, die als vennoten van de vof hoofdelijk aansprakelijk zijn voor de verplichtingen van de vof, zijn de jointventurepartners niet aansprakelijk voor de verplichtingen die op naam van de vof worden aangegaan. Het fiscaal transparante karakter wordt ook in deze constructie bewerkstelligd. Een bv/maatschap-constructie is ook denkbaar.

- *De medewerkers*

De medewerkers die vanuit de partnerbedrijven meegaan naar de nieuw op te richten vennootschap zullen moeten weten hoe hun dienstverband wordt voortgezet als de samenwerking staakt.

- *De commerciële afbakening van gebieden of producten*

Het kan zijn dat de partners dezelfde producten produceren of dienstverlening verzorgen maar samen in een nieuw verzorgingsgebied willen opereren. Dan mag het niet zo zijn dat men de eigen joint venture gaat beconcurreren.

- *Het vermogen*

Wie zorgt voor de financiën in de beginfase en daarna als zich cashflowproblemen zouden voordoen? Of wie staat garant voor extra leningen van externe financiers?

FIGUUR 5.3 Bv/cv-constructie

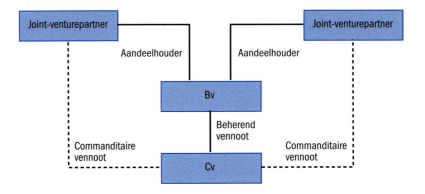

FIGUUR 5.4 Bv/vof-constructie

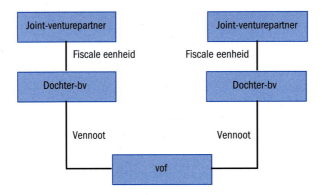

Het succesvol oprichten van een joint venture hangt voornamelijk af van het vertrouwen dat partners in elkaar hebben, omdat de gewenste samenwerking vaak faalt door de verschillende bedrijfsculturen, zwak commitment en wantrouwen over de uitvoering van de overeenkomst. Vertrouwen kan in dit kader worden gedefinieerd als:
- het nakomen van afspraken
- het competent verrichten van de taken
- welwillendheid

5.14 Publiek-private samenwerking

Publiek-private samenwerking

Regelmatig worden PPS-constructies (PPS = *publiek-private samenwerking*) gemaakt voor grootschalige infrastructurele werken, zoals de Betuweroute en de HSL-Zuid (HSL = hogesnelheidslijn). Toch zijn er ook PPS-samenwerkingen bekend van MKB-ondernemers die voor of samen met de lokale overheid de exploitatie verzorgen van ondernemingen. Bij een PPS werken overheid en bedrijfsleven samen op basis van duidelijke en contractueel vastgelegde afspraken, zoals:
- wie, waarvoor verantwoordelijk is;
- wie de kosten en risico's draagt;

- welke deskundigheid door wie wordt ingebracht;
- hoe de eigen identiteit kan worden gewaarborgd.

Een PPS kan uit veel vormen bestaan, zoals dienstverlening, managementcontracten, leases, of 'asset sale' waarbij verkoop van activa van een publieke partij aan een private partij plaatsvindt. *Concessies* zijn ook een vorm van PPS. Daarbij heeft de private partner de verantwoordelijkheid voor de exploitatie, het onderhoud en de investeringen. Het eigendom blijft echter in handen van de overheid. Een voorbeeld hiervan is de exploitatie van een overdekt gemeentelijk zwembad.

Concessies

Er kleven voor- en nadelen aan een PPS-constructie. Enkele daarvan zijn in tabel 5.5 weergegeven.

TABEL 5.5 Voor- en nadelen van een PPS

Voordelen	Nadelen
Verschuiving risico van publieke (belastingbetalers) naar private sector	Verzakelijking van ideologische verschillen over verschuivende grens tussen publiek en privaat
Minder publieke financiering nodig (eventueel beschikbaar voor andere projecten)	Soms puur financiële basis, waardoor geen additionele voordelen voor project ontstaan
Kosten blijven veelal binnen vastgestelde brandbreedte	Bij een hoog (privaat) risico zal project niet gefinancierd worden
Private sector komt met innovaties en efficiëntie	Hoge startkosten (door hoge biedings- en consultatiekosten)
Betere managementtechnieken	Slechte inschatting risico's en baten kan leiden tot welvaartsverlies
Transparantere besluitvorming omtrent (grote) projecten	Beperkte mogelijkheden tot bijsturing vanuit publieke sector
Opnieuw vormgeven van project leidt tot extra opbrengsten	Afzonderlijke projecten kunnen leiden tot een verlies aan schaalvoordelen

Bron: Rabobank Nederland

Een PPS komt veelal moeizaam tot stand omdat de politiek zich er vaak mee moet bemoeien. Er wordt dan in het openbaar gesproken over een eventuele samenwerking, wat tot gevolg heeft dat inkomens, kostendoorbelasting en andere afspraken publiek bekend worden. Dit kan ondernemers afstoten. Aan de andere kant hebben sommige ondernemers inmiddels vaak met het PPS-bijltje gehakt waardoor er veel ervaring is opgedaan. Dan zijn er – soms al jarenlang – op duurzaamheid geteste contracten, die bij herhaling kunnen worden gebruikt voor nieuwe projecten, bijvoorbeeld bij de exploitatie van gemeentelijke sportaccommodaties.

5.15 Fusies

Ondernemingen die een groeidoelstelling hebben, kunnen kiezen uit verschillende middelen om dit doel te bereiken, bijvoorbeeld via de geleidelijke weg van de interne groei, ook wel *autonome groei* genoemd, of via een overname van een bedrijf of fusie met een bedrijf. Interne groei is weinig risicovol, terwijl een overname of fusie een groot aantal onzekere factoren oplevert. Een goede voorbereiding en zorgvuldig onderzoek naar de kwaliteit van de partner waarmee men een fusie wil aangaan (due diligence-onderzoek, zie paragraaf 9.7) is een voorwaarde voor het welslagen van een fusie.

Autonome groei

Fusie en overname

Fusie en overname zijn twee begrippen die nauw aan elkaar verwant zijn. Bij *fusie* is de financieel-economische samensmelting tussen ondernemingen tot stand gekomen op basis van gelijkwaardigheid van partners. Bij *overname* (zie hoofdstuk 9) is er geen sprake van gelijkwaardigheid tussen de samenwerkende en samensmeltende ondernemingen, en de eventuele hieruit voortvloeiende synergievoordelen komen meestal terecht bij de onderneming met de sterkste onderhandelingspositie.

Als men ervan uit mag gaan dat er sprake is van midden- en kleinbedrijf zolang de persoonlijke invloed van de ondernemer in de onderneming dominant is, kan geconstateerd worden dat fusie in het midden- en kleinbedrijf zelden aan de orde is. Immers, dit kan alleen als de gecombineerde onderneming geleid zal worden door meerdere ondernemers, maar dit blijkt in de praktijk na de fusie grote problemen in de leiding van deze gecombineerde onderneming te veroorzaken. Meerhoofdige leiding door een fusie vindt in het midden- en kleinbedrijf wel plaats in de vorm van een maatschap, vof of cv. In het theoretische geval van fusie met inbreng vanuit twee of meer verschillende ondernemingen, is de dan ontstane financieringsproblematiek overzienbaar, omdat elke onderneming vooraf al in deze behoeften had voorzien en er geen extra eigen of vreemd vermogen noodzakelijk is. Scarborough en Zimmerer (2004) geven een aantal voor- en nadelen aan van het overnemen van kleine bedrijven in vergelijking met interne groei (zie tabel 5.6).

TABEL 5.6 Overnemen van bedrijven in vergelijking met interne groei

Voordelen	Nadelen
1 Een succesvol bedrijf dat overgenomen wordt, heeft een grotere kans om succesvol te blijven.	1 De winstgevendheid kan lager uitvallen door 'verborgen gebreken'.
2 Een succesvol bedrijf heeft veelal een goede vestigingsplaats.	2 'Ill-will' wordt ingekocht in plaats van 'goodwill'.
3 Werknemers en toeleveranciers zijn vertrouwd met het bedrijfsproces.	3 De werknemers kunnen niet of minder geschikt zijn of minder bereid tot integratie.
4 Een goede samenstelling van kapitaalgoederen en inventaris mag worden verwacht.	4 De vestigingsplaats kan bij nader inzien minder geschikt blijken.
5 Dit geldt eveneens voor het voorraadbeleid.	5 Kapitaalgoederen en inventaris kunnen verouderd blijken of van geringere kwaliteit.
6 Een succesvol bedrijf genereert onmiddellijk inkomsten en winsten.	6 Veranderingsgezindheid en innovatieve instelling kunnen tegenvallen.
7 De prijs kan aantrekkelijk zijn als de verkoper snel wil verkopen en de koper in 'cash' kan betalen.	7 Vorderingen kunnen overgewaardeerd blijken te zijn.
8 Financiering van de overname van florerende bedrijven verloopt doorgaans vlotter.	8 De overeengekomen prijs kan, als resultante van het voorgaande, te hoog zijn en een gevaar vormen voor de toekomstige winstgevendheid.

Bron: *Accountant Adviseur*, maart 2000; Prof. drs. J.G. Vianen

Fusies zijn erop gericht om de kracht van de betrokken bedrijven te vergroten, de grip op de markt te verstevigen en door schaalvergroting te komen tot lagere kosten. De vraag is of fusie altijd het gewenste effect bereikt. Voordat bepaald kan worden of een fusie positief uitwerkt, moet bezien worden welke soorten fusies er zijn. Men kan deze onderscheiden in een:

- *Horizontale fusie*
  Hierbij zijn ondernemingen betrokken die binnen eenzelfde bedrijfstak opereren.
- *Verticale fusie*
  Hierbij zijn ondernemingen betrokken binnen dezelfde productieketen (bedrijfskolom), zoals leveranciers of distributeurs.
- *Conglomeratieve fusie*
  Elke fusie die niet specifiek horizontaal of verticaal is, bijvoorbeeld een fusie tussen bedrijven uit geheel verschillende bedrijfstakken.

Fusies

Horizontale fusie

Verticale fusie

Conglomeratieve fusie

Deze soorten fusies kunnen de volgende effecten hebben:
- *Horizontale fusies* leiden tot een verhoging van het budget voor onderzoek en ontwikkeling en een centralisatie van marketing en financiering. Dit leidt op zijn beurt tot een verhoging van de productie en een verlaging van de kosten. Aan de andere kant werken horizontale fusies bureaucratie in de hand, wat deze positieve effecten kan verminderen of teniet kan doen.
- De voordelen bij een *verticale fusie* hoeven niet per se door een fusie bereikt te worden maar kunnen ook door vergaande samenwerking worden verkregen.
- Bij de derde soort fusie is het discutabel of er voldoende veranderingen door de fusie plaatsvinden om invloed te kunnen uitoefenen op de markt.

Over het algemeen kan gesteld worden dat onvoldoende bekend is over het effect van fusies. Wel is van grotere (aandelen)fusies bekend dat die gemiddeld een negatieve aandeelhouderswaarde opleveren. Daarvoor worden onder andere de volgende oorzaken genoemd:
- De potentiële synergie op het moment van de transactie wordt overschat.
- Het is moeilijk om een mogelijk reëel ingeschatte synergie ook met succes te realiseren.

In het MKB spelen deze zaken ongetwijfeld ook. Omdat er zoveel onzekerheden bij een fusie zijn, kan ook geen beleid worden vastgesteld om fusies tegen te gaan, wanneer dit uit strategisch oogpunt bezien toch gewenst zou zijn. Per geval moet nagegaan worden of, en zo ja, in hoeverre, er invloed op de markt kan worden uitgeoefend door de fusie en of efficiencyvoordelen kunnen worden bereikt. Uit strategische overwegingen kan de keus voor een fusie worden bepaald door de kansen die men ziet (*economies of scope*) of de voordelen van de omvang van een gefuseerde eenheid (*economies of scale*). Er bestaat helaas nog geen goede manier om te bepalen of door fusie verlies in efficiëntie verwacht kan worden doordat het management onvoldoende op zijn taak berekend is.

Economies of scope

Economies of scale

Met fusies (en overnames) tracht men schaalvoordelen te behalen. Grotere organisaties zouden beter presteren door meer synergie en lagere kosten. Maar onderzoek bewijst echter steeds opnieuw dat schaalvoordelen in de meeste gevallen niet bestaan. Groter is lang niet altijd beter.

Managementexecutive.nl (augustus 2014):

> 'Ten minste de helft van de concentraties mislukt, na een fusie blijven de prestaties meestal achter bij andere bedrijven. Waardoor ontbreken schaalvoordelen precies? Veel organisaties verschillen sterk in businessmodel, markt of bedrijfscultuur, waar vooraf niet goed bij wordt stilgestaan. Ook schatten organisaties de schaalvoordelen te positief in en houden zij geen rekening met tegenreacties van klanten, andere bedrijven en leveranciers.'

Fusies worden niet alleen aangegaan met het oog op een gewenste schaalvergroting, het wegdrukken van een concurrent, het streven naar meer winst door kostenbesparingen of het creëren van een betere organisatievorm (met bijvoorbeeld een raad van commissarissen), maar ook zijn er fiscale motieven om te fuseren. Dit is ook de reden om te kiezen uit de verschillende fusiemogelijkheden.

De volgende zaken worden nu beknopt toegelicht:
- oneigenlijke bedrijfsfusieregeling
- bedrijfsfusie
- aandelenfusie
- juridische fusie
- juridisch splitsen

5.15.1 Oneigenlijke bedrijfsfusieregeling

De oneigenlijke bedrijfsfusieregeling is een fiscale faciliteit bij bedrijfsoverdracht in het kader van bedrijfsopvolging, met name in de familiesfeer. Deze 'bedrijfsfusie' wordt oneigenlijk genoemd, omdat er geen sprake is van een duurzaam samenvoegen van twee of meer ondernemingen, maar van een bedrijfsovername.

Oneigenlijke bedrijfsfusie-regeling

Bij de *oneigenlijke bedrijfsfusieregeling* wordt het bedrijf (activa en passiva) aan een veelal nieuw opgerichte bv overgedragen. Aandelen in die bv worden zowel uitgegeven aan de bv waarvan het bedrijf wordt overgenomen – als tegenprestatie voor de overgenomen activa minus de passiva – als aan de bedrijfsopvolger. Door de oneigenlijke bedrijfsfusieregeling kan een gefaseerde bedrijfsoverdracht plaatsvinden aan een opvolger die over onvoldoende middelen beschikt om het bedrijf ineens te kopen. De fiscus stelt aan deze fusieregeling voorwaarden, onder andere dat de overdracht plaatsvindt in het kader van de bedrijfsopvolging.
Voor de overige voorwaarden wordt verwezen naar het betreffende artikel (14) in de Wet op de Vennootschapsbelasting.

5.15.2 Bedrijfsfusie

Bedrijfsfusie

Bij de *bedrijfsfusie* kan een nieuwe rechtspersoon opgericht worden die de activa en passiva van de bestaande vennootschappen overneemt in ruil voor aandelen in deze nieuwe rechtspersoon. De bestaande vennootschappen kunnen dan als (persoonlijke) holdings fungeren. Deze vorm van fusie wordt de *bedrijfsfusie* genoemd. Men spreekt dan meestal over een *activapassivatransactie*.

Bedrijfsfusie Activa-passivatransactie

Ook is het mogelijk dat de activa en passiva overgedragen worden aan één van de rechtspersonen tegen uitgifte van aandelen aan de overdrager of door het van privé naar privé overdragen van aandelen. De lege vennootschap kan eventueel worden verkocht, wat in de opbrengst van de transactie zal worden verdisconteerd.

Om meerdere redenen is de *bedrijfsfusie* een voor de hand liggende constructie, maar elk vermogensbestanddeel moet wel afzonderlijk op de daartoe door de wetgever bepaalde wijze overgedragen worden. Via deze constructie gaan de zeggenschap en het risico van een gehele onderneming of een onderdeel ervan over van de rechthebbende rechtsdrager aan een andere partij. De verkoper bij de bedrijfsfusie is de onderneming zelf en niet de aandeelhouders van de onderneming. Het bestuur van de onderneming is daartoe bevoegd, maar als het gaat om de gehele onderneming of een belangrijk gedeelte ervan, moet het bestuur wel de goedkeuring vragen aan de aandeelhouders op de AVA. Het is immers een besluit met een ingrijpende verandering van de identiteit van de onderneming. De koper krijgt de volledige zeggenschap over de onderneming en kan daaruit genieten van de inkomsten, maar hij krijgt ook het aan de onderneming verbonden ondernemingsrisico.

5.15.3   Aandelenfusie
Bij een aandelenfusie smelten aandelenpakketten samen. Er is dan één partij die formeel de andere koopt. De rechtspersoon blijft als zelfstandige entiteit bestaan, maar door de overname van de aandelen komt de zeggenschap over het bedrijf bij de koper van de aandelen terecht. Die partij doet dat door met eigen aandelen te betalen. De ander levert de eigen aandelen en krijgt daarvoor betaald in aandelen van de overnemende partij. Twee soorten fusies zijn denkbaar. Een *aandelenfusie* kan plaatsvinden doordat de ene partij nieuwe aandelen uitgeeft en deze uitreikt aan de andere bij de fusie betrokken rechtspersoon. Inbreng kan ook plaatsvinden doordat beide fusiepartners gezamenlijk een nieuwe rechtspersoon oprichten en deze de aandelen van de fusieondernemingen laten omwisselen in aandelen van de nieuwe rechtspersoon (zie figuur 5.5).

Aandelenfusie

5.15.4   Juridische fusie
De juridische fusie houdt in dat de juridische samensmelting van de fusie volledig is. Er ontstaat één rechtspersoon die alle activa en passiva onder 'algemene titel' verkrijgt, waardoor het vermogen van de bij de fusie betrokken ondernemingen als geheel op de verkrijgende rechtspersoon overgaat. Er is na de fusie slechts één enkele rechtspersoon, waarbij in tegenstelling tot de bedrijfs- en aandelenfusie de andere bij de fusie betrokken ondernemingen verdwijnen.

Juridische fusie

Essentieel bij een juridische fusie is dat de te fuseren rechtspersonen dezelfde juridische vorm hebben, de gehele vermogens overgedragen worden en de aandeelhouders van de verdwijnende rechtspersonen aandeelhouders in de verkrijgende rechtspersoon worden. De juridische fusie geldt voor alle aandeelhouders, mits het besluit hiervoor met een gekwalificeerde meerderheid is genomen. Bij een aandelenfusie kunnen dwarsliggende aandeelhouders hun medewerking aan de fusie onthouden, terwijl deze bij voldoende omwisselingsbereidheid wel doorgaat.

FIGUUR 5.5 Overname van aandelen

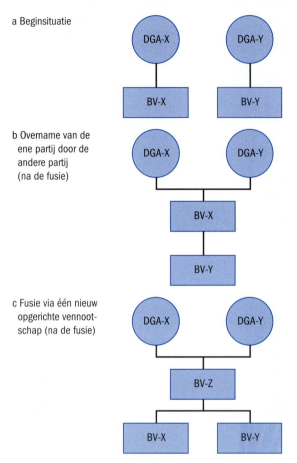

Ad b: Stel dat de aandelen van BV-X vier keer zoveel waard zijn als die van BV-Y, dan zal DGA-X bij een fusie vier aandelen BV-Y willen hebben tegen één aandeel BV-X. Zowel DGA-X als DGA-Y is nu aandeelhouder geworden van BV-X, die alle aandelen houdt van BV-Y. DGA-X zal alleen meer aandelen hebben dan DGA-Y.
Ad c: Nu is een situatie van gelijkwaardigheid ontstaan. BV-Z ruilt haar aandelen met zowel BV-X als BV-Y.

5.15.5 Juridisch splitsen

Het splitsen van rechtspersonen is ook mogelijk. Dit houdt in dat het vermogen van, bijvoorbeeld, een bv overgaat op een andere rechtspersoon. Alle zaken, rechten en verplichtingen gaan dan over. Overdracht van de afzonderlijke activa en passiva is niet nodig, omdat de overdracht plaatsvindt onder algemene titel. Als de oorspronkelijke bv ophoudt te bestaan, is er sprake van een zuivere splitsing. Bij een afsplitsing blijft de bv bestaan met een deel van het totale vermogen. Voorwaarde is dat de oorspronkelijke aandeelhouders middellijk of onmiddellijk aandeelhouder worden in de bv die het vermogen van de oude bv overneemt.

Verder bestaat de mogelijkheid om een bv met bijvoorbeeld twee 50%-aandeelhouders om te zetten in twee bv's waarvan ieder van deze personen 100%-aandeelhouder wordt. Deze oplossing kan ideaal zijn in situaties waarin de aandeelhouders besloten hebben om gescheiden op te trekken.

Als aan een aantal voorwaarden wordt voldaan, kan de *juridische splitsing* fiscaal geruisloos worden geregeld. De VPB-claim op de stille reserves gaat over op de nieuwe bv, de aanmerkelijkbelangclaim schuift door naar de nieuw opgerichte bv('s). De faciliteit wordt alleen gegeven als er sprake is van splitsing op grond van zakelijke overwegingen.

Juridische splitsing

5.15.6 Fusiegedragsregels

In de tweede helft van de vorige eeuw kwamen veel ondernemingen als gevolg van een fusie of bedrijfssanering in andere handen. Dat pakte niet altijd gunstig uit voor de werknemers. Personeel stond soms zomaar op straat. Daarom maakte de Sociaal-Economische Raad de Fusiegedragscode, waarin speciale regels staan ter bescherming van de belangen van werknemers.

De Fusiegedragscode geldt voor fuserende ondernemingen uit het bedrijfsleven met meer dan vijftig werknemers. Fusies in de sfeer van de non-profitsector, de vrije beroepen en de overheid vallen er niet onder.
De code verplicht de fuserende ondernemingen om aan de betrokken vakorganisaties en ondernemingsraden informatie te verstrekken over de achtergronden van de voorgenomen samenvoeging. Er moet duidelijk worden gemaakt wat de economische, juridische en sociale motieven zijn om tot een fusie te komen.

Fusiegedragscode

Het toezicht op de naleving van de gedragsregels berust bij het secretariaat van de SER. In geval van een conflict over de naleving kunnen de partijen zich wenden tot een geschillencommissie. Als de code is overtreden staat daarop geen sanctie, omdat de gedragsregels geen wettelijke grondslag hebben. Een negatief oordeel van de commissie is echter slecht voor de reputatie van de fuserende ondernemingen. Als de overtreding ernstig is kan de commissie de uitspraak namelijk openbaar maken. Bovendien kan de mening van de commissie gebruikt worden tijdens een juridische procedure tegen de voorgenomen fusie.

Bron: NOvAA, brochure *Juridische fusie en splitsing*

De laatste wijziging van de Fusiegedragsregels dateert van het jaar 2001. In de jaren daarna zijn er steeds vaker onduidelijkheden ontstaan over de toepassing hiervan. Zo is er steeds meer marktwerking in de sectoren die niet onder de regels vallen. Ook het toenemend aantal flexwerkers in organisaties leidt tot de noodzaak om de gedragsregels bij te stellen.
Begin 2015 zal de Commissie Herziening Fusiegedragsregels met een voorstel komen hoe de regels zouden moeten worden aangepast.
Om een indruk te geven over de hoeveelheid fusies die er jaarlijks zijn: in 2013 waren er 342 fusies die vielen onder de code, dus bij bedrijven van meer dan vijftig werknemers.

Samenvatting

- Als strategisch management het onderwerp is, wordt niet direct gedacht aan de juridische vormen die ondernemingen kunnen hebben. Desondanks wordt in het begin van besprekingen over – bijvoorbeeld – samenwerken of bedrijfsoverdracht, snel gevraagd in welke juridische vorm men werkt. Het is ook van groot belang of iemand een eenmanszaak heeft of een bv waarin hij zijn onderneming voert. De afspraken die worden gemaakt tussen de beide partijen moeten immers worden vastgelegd in overeenkomsten, waar vaak juristen worden bijgehaald.

- Elke rechtsvorm heeft zo zijn specifieke eigenschappen. Bij een eenmanszaak of firma zijn lang niet altijd adviseurs betrokken, en toezichthouders met aansprakelijkheid al helemaal niet. Maar bij de onpersoonlijke onderneming, dus waar de directeur-grootaandeelhouder het vooral voor het zeggen heeft en ook de risico's neemt, is wel dikwijls een adviseur of commissaris betrokken. Hoe die verantwoordelijkheid en aansprakelijkheid dan liggen, wordt in de paragrafen van dit hoofdstuk uitgelegd.

- Bij de invoering van de Flexwet zijn nieuwe regels gesteld voor onder andere de oprichting van een bv. Gelijktijdig is het 'beruchte' kapitaalbeschermingsartikel BW 207c vervallen. Niet iedereen is hiermee gelukkig, maar een lastig artikel is daarmee wel verdwenen, waardoor ook ontsnappingsroutes niet meer actueel zijn. In plaats daarvan worden sancties toegepast als blijkt dat de directie en de commissarissen kunnen worden beticht van 'onbehoorlijk bestuur' met als gevolg een financieel debacle van de onderneming.

- In 2013 zijn nieuwe regels van kracht geworden voor commissarissen. Die zijn ingrijpend, maar waren noodzakelijk door de ontstane wildgroei in commissariaten bij personen die dit meer deden voor de inkomsten en status dan dat zij daadwerkelijk toegevoegde waarde leverden en de zaken goed konden overzien.

- De theorie van de fusies is in dit hoofdstuk opgenomen. De Fusiegedragsregels zullen in 2015 waarschijnlijk worden aangepast, na een advies van een commissie die zich buigt over de rafels die de Fusiegedragscode in de loop van jaren heeft opgelopen.

- In dit hoofdstuk is tevens aandacht geschonken aan het verschil tussen een fusie en een bedrijfsoverdracht. In hoofdstuk 9 worden de gevolgen besproken van bedrijfsoverdracht of bedrijfsopvolging, c.q. bedrijfsovername.

Meerkeuzevragen

5.1 Een eenmanszaak:
a heeft geen personeel in dienst.
b is niet ingeschreven in het register van de Kamer van Koophandel.
c is een onderneming die wordt vereenzelvigd met de persoon van de ondernemer.
d kan ook met een partner worden gevoerd mits er sprake is van een huwelijk of een samenlevingscontract.

5.2 Bij een verblijvingsbeding van een maatschap met twee maten:
a wordt geregeld dat bij overlijden of uittreden van één van de maten goederen naar de overblijvende maat gaan.
b wordt geregeld dat bij werkzaamheden buiten de vestigingsplaats bepaalde kosten kunnen worden gedeclareerd.
c wordt voorzien in vervanging van een maat als de andere maat afhaakt, om welke reden dan ook.
d worden afspraken gemaakt over de overnameprijs van de activa en de goodwill als één van de maten uittreedt.

5.3 Een bv-vorm geniet de voorkeur boven andere juridische vormen als:
a de ondernemer ongehuwd is.
b er veel buitenlandse werknemers in dienst zijn.
c de marketingstrategie van de onderneming dit vereist.
d risico's moeten worden beperkt.

5.4 Een lichte bv:
a is een rechtspersoon met weinig personeel.
b heeft een gering eigen vermogen.
c heeft geen dochter-bv('s).
d wil de bedrijfsomvang beperkt houden.

5.5 Bij doeloverschrijding:
a wijken de handelingen van de medewerkers af van het ondernemingsbeleid.
b wordt veel meer bereikt dan eerder is begroot.
c wordt bewust afgeweken van de ondernemingsstrategie.
d moeten alle (rechts)handelingen beantwoorden aan het doel van de onderneming.

© Noordhoff Uitgevers bv

6
Investerings- en financieringsplan

6.1 Rol van de accountant bij investeren en financieren
6.2 Financieren en sectorbeleid van banken
6.3 Investeringsplan
6.3.1 Investeringen en de levenscyclus van een bedrijf
6.3.2 Overschrijding van de investeringsbegroting
6.3.3 Bestaande financiële verplichtingen
6.3.3.1 Borgstelling MKB-kredieten
6.3.3.2 GO-leningen
6.3.3.3 Groeifaciliteit
6.3.4 Goodwill en badwill
6.3.5 Werkkapitaal
6.3.6 Enkele balansposten bij de aan- en verkoop van een bv
6.3.7 Liquiditeitsprognose
6.4 Financieringsplan
6.4.1 Eigen vermogen
6.4.2 Vreemd vermogen/garantievermogen
6.5 Informal venture capital
6.5.1 Kennis van de bedrijfstak
6.5.2 Financieringsvormen
6.5.3 Procedure
6.6 Financieren van een aandelentransactie
6.7 Microkrediet
6.7.1 Qredits
6.7.2 De microfinanciering
6.8 Crowdfunding
6.8.1 Kredietunie
6.9 Regels bij bancaire kredietverlening
6.9.1 Hypotheek
6.9.2 Pandrecht
6.9.3 Borgtocht
6.9.4 Covenants
Samenvatting
Meerkeuzevragen

Dit hoofdstuk staat in het teken van het specificeren van een investeringsplan en een financieringsplan. In de paragrafen 6.1 en 6.2 komen de eerstelijnsadviseurs van de ondernemer nog in beeld omdat zij een belangrijke rol kunnen spelen bij het maken van een investerings- en financieringsplan. In paragraaf 6.3 worden de verschillende onderdelen van het investeringsplan voluit besproken. Een investeringsplan kan alleen worden uitgevoerd als daarvoor ook geld beschikbaar is. Welke problemen daarbij om de hoek komen kijken en welke oplossingen daarvoor zijn, worden grotendeels besproken in de paragrafen 6.4 en 6.5. Voor het financieren van aandelentransacties zijn meerdere oplossingen mogelijk. Enkele daarvan staan vermeld in paragraaf 6.6.

Een nieuw fenomeen is het people-to-people financieren: een sociale wijze van financiële hulp van particulieren aan ondernemers met investeringsplannen of een of andere vorm van dienstverlening, die de plannen moeilijk gefinancierd krijgen in de bankwereld. Deze financieringswijze, crowdfunding, wordt besproken in paragraaf 6.8.

Dat financiers geld uitlenen dat in feite geld is van spaarders en beleggers, is bekend. Ook dat zij proberen op alle mogelijke manieren het geld weer terug te krijgen. Ook al gebeurt dit in termijnen, de aflossingen. Dat er tussen uitlenen en terugontvangen van alles kan misgaan, komt regelmatig in de krant en daarmee houdt de bank ook rekening. Financieren is niet risicoloos, wel wil men risicobewust opereren. Welke middelen er zijn om te trachten een uitgezette lening toch terug te krijgen, wordt in paragraaf 6.9 besproken, waar verschillende zekerheidsvormen de revue passeren.

6.1 Rol van de accountant bij investeren en financieren

Accountant

Slechts ongeveer twintig procent van de ondernemers in het kleinbedrijf en veertig procent van de ondernemers in het middenbedrijf schakelt een *accountant* in als er kredietaanvragen worden voorbereid. Deze geringe percentages zijn er waarschijnlijk ook de oorzaak van waarom er nog te weinig ondernemingsplannen worden gemaakt. De accountant zou op z'n minst richting moeten kunnen geven aan de planvoorbereiding, zodat een goed onderbouwd plan op tafel komt. De praktijk wijst uit dat veel plannen een onnodig lang doorlooptraject kennen voordat definitief door de financier wordt besloten om wel of niet te verstrekken.

De beroepsgroep accountants zou zich in dezen sterker moeten profileren door meer nadrukkelijk haar diensten aan te bieden. Positieve ervaringen van ondernemers zullen zeker hun invloed hebben op de gewoonte om de accountant in te schakelen bij een financieringsaanvraag van enige omvang. Zeker als men verneemt dat een aanvraag meer succesvol is als in het proces een derde-deskundige ernaar heeft gekeken. Het zou niet zo moeten zijn dat de financiers moeten aandringen op inschakeling van de accountant. Dan is de aanvraag al min of meer voorzien van een negatief label.

Er is, volgens sommige adviseurs, bij de ondernemers *angst voor banken*. Dit zou dan vooral verband houden met de ondoorzichtigheid van het financieringsproces. Er wordt dan wel eens geopperd om als bedrijfsleven en accountantsorganisatie meer op centraal niveau een blok te vormen om de banken te dwingen grotere openheid te betrachten in het geven van een motivatie voor afgewezen kredieten. Het kredietbeleid van de banken is overigens wel bij veel accountants bekend, maar meestal uit ervaring. Er moet misschien ook niet worden gesproken over dé banken. Elke bank heeft zo haar eigen financieringsbeleid en -cultuur. Zo zal een grote handelsbank in sommige gevallen een andere kijk hebben op het financieren van bedrijfsrelaties dan een lokale of regionale coöperatieve bank, die primair het belang van leden nastreeft en mogelijk wat meer informatie geeft over bijvoorbeeld de reden waarom een financieringsaanvraag is afgewezen.

> Accountant: 'Het is niet moeilijk en niet ongepast om de bankier te vragen naar zijn financieringsbeleid, zijn organisatie en de procedures, en ook naar de reden van het wijzigen van een financieringsopzet of een afwijzing van de aanvraag. In veel gevallen streeft ook de bankier naar een open relatie met zijn cliënt, waardoor een gedeeltelijke goedkeuring gemakkelijker wordt aanvaard of een afwijzing van de financiering zelfs als een bevrijding wordt gezien en een bescherming tegen onaanvaardbare risico's. Dit kan alleen goed overkomen als er sprake is van grote openheid en de motivatie goed op een rij wordt gezet. Dat is de bank aan haar klant verplicht.'

> Accountmanager: 'Besef goed dat er voor een ondernemer veel afhangt van een goedkeuring of afwijzing van een financieringsaanvraag. Zijn leven kan drastisch veranderen als forse investeringsplannen kunnen worden gerealiseerd of een ander bedrijf kan worden overgenomen. Ook in een ogenschijnlijke situatie van discontinuïteit zijn ondernemers soms in staat het bedrijf toch weer in het gareel te krijgen. In alle gevallen geldt dat een open communicatie een eerste vereiste is voor goed relatiebeheer. De bank verwacht van de ondernemer het tijdig en volledig aanreiken van (cijfermatige) stukken. Zorg er dan ook voor dat de klant niet te lang moet wachten op antwoord. Laat precies weten hoe de procedures zijn en wie er beslist. Schroom niet te laten weten dat een aanvraag zwaar ligt en misschien op een andere wijze wel haalbaar zou zijn. Lever toegevoegde waarde voor de klant, de klantenbinder bij uitstek. Zorg ervoor dat elk contact met de klant voor hem waarde oplevert. Hij is niet gebaat met een herhaling van zetten of zomaar een praatje.'

Ondanks een goede motivatie kan dit niet altijd garanderen dat elke beslissing van een bank als positief wordt ervaren. Daarvoor heeft de bank een eigen verantwoordelijkheid die vaak is gebaseerd op *risicobewust financieren*. Ondernemers zouden soms willen dat banken minder risicomijdend optreden. Voor risicoparticipaties zijn echter afzonderlijke organisaties in het leven geroepen, die voor kredieten een (veel) hogere prijs vragen en vaak een commissaris een plaats willen geven in de onderneming voor het uitoefenen van toezicht.

Risicobewust financieren

Elke branche heeft zijn specifieke aandachtspunten, zeker bij het beoordelen van een financieringsaanvraag. Aan de hand van stellingen, afkomstig van enkele brancheorganisaties, werd door de NOvAA (nu NBA) tijdens de Week van de Ondernemer een discussie gevoerd. Een beknopt verslag hiervan werd opgenomen in de *Accountant Adviseur* (2010). Een stelling luidde: 'De MKB-ondernemer heeft bij te veel adviesaanvragen te veel vertrouwen in zijn accountant'. Hoewel de stelling als te algemeen werd bevonden, werd wel beaamd dat dit zo is. Op zichzelf is dit vertrouwen niet onlogisch. De accountant heeft gestudeerd voor controleur en adviseur, redenen waarom een ondernemer vertrouwen in zijn accountant/adviseur mag hebben. Dit vertrouwen mag deze adviseur niet beschamen. Daartoe moet hij zich behoorlijk intensief verdiepen in de branche van zijn cliënt om een goed advies te kunnen geven, niet algemeen maar specifiek.

Een andere stelling was dat accountants te weinig gebruikmaken van de kennis van brancheorganisaties. Daarover werd verschillend geoordeeld. Zeker is wel dat nauwere samenwerking tussen verschillende partijen, zoals ondernemers, accountants en brancheorganisaties, zal kunnen leiden tot een betere inzet van branchegegevens, die zowel kwantitatief als kwalitatief beschikbaar zijn.

Juist omdat ondernemers en hun adviseurs denken dat financiers over de onderscheiden branches verschillend denken, is het noodzakelijk om de sector of de branche dichter bij de financier te brengen. Hierover gaat het in de volgende paragraaf.

6.2 Financieren en sectorbeleid van banken

Portfoliobeleid

Veel ondernemers en accountants denken dat banken een branche- of sectorbeleid kennen. In bepaalde gevallen is dat zo, zeker als het gaat om grote bedrijven waarin een bank geen groter marktaandeel wil hebben door risicospreiding, ook wel *portfoliobeleid* genoemd. Meestal kent men echter geen sectorbeleid. In iedere sector zijn immers goede bedrijven en goede ondernemers, en slechte bedrijven en minder goede ondernemers.

Een voorbeeld van het gevoel dat banken in een bepaalde sector een specifiek beleid voeren, leeft in de sector toerisme (onder andere horeca en recreatie). Men heeft de ervaring dat banken niet zo gemakkelijk investeringen in toeristische projecten financieren. Dit zou niet alleen gelden voor nieuwe initiatieven maar ook voor aanpassingen van bestaande projecten of voorzieningen. Het Nederlands Research Instituut voor Toerisme (NRIT) te Breda is echter van mening dat het bij de ondernemer vaak schort aan een goede voorbereiding, met name door het maken van een te zwak ondernemingsplan. 'Er moet niet te veel worden geschreven op basis van normen, ervaringen of globale ramingen', aldus dit instituut. Het komt met voorbeelden waarom er in de toeristische sector redenen kunnen zijn voor enige terughoudendheid bij een financier. Genoemd worden:

- de hoge risico's van investeringen, omdat de inkomsten van de bedrijven in die sector afhankelijk zijn van de bestedingen van consumenten;
- de overschatting van de initiatiefnemers van de wervende kracht van hun idee en de marktpotentie;
- de beperkte mogelijkheden die er zijn om de bestemming van onroerende zaken te veranderen;
- de waardering van het bedrijf die valt of staat met het rendement van de bedrijfsvoering;
- de geringe rendementen die dit soort projecten opleveren in de eerste jaren van hun bestaan;
- een te geringe inbreng van eigen vermogen door de ondernemers.

In een tijd van welvaart zullen ondernemers merken dat financiers niet alleen de prognoses beoordelen maar ook de resultaten in het jongste verleden. Deze houding is gebaseerd op het beleid van *acyclisch financieren* en houdt in dat in economisch goede tijden de bank rekening houdt met een afnemende groei, maar daarentegen in een periode van een dip in de economische golf (of economische crisis) vooruit wordt gezien naar herstel. In casus 6.1 zijn tips geformuleerd die het verkrijgen van bankkrediet dichterbij kunnen brengen.

Acyclisch financieren

> **CASUS 6.1 TIPS VOOR HET VERKRIJGEN VAN BANKKREDIET**
> Jaarlijks is ongeveer één op de vier MKB-bedrijven op zoek naar (aanvullende) financiering. Het financieringsklimaat voor starters is minder gunstig dan dat voor gevestigde ondernemingen in het midden- en kleinbedrijf. Door de kredietcrisis ervaren overigens zeer veel ondernemers dat banken terughoudend zijn in het verstrekken van financieringen. Dit zal niet alleen te maken hebben met de hoge verliescijfers die de banken moeten incasseren op bedrijfsfinancieringen, maar ook met nieuwe regels die door de EU zijn gesteld voor het verbeteren van de bankbalans. Hoe het ook zij, het MKB vindt het zeer lastig om banken bereid te vinden te financieren. Dit wordt door de overheid eveneens ervaren, reden waarom Economische Zaken meer aandacht geeft aan het faciliteren van ondernemingen met ondersteuning via garanties voor bijvoorbeeld startup-financieringen.
>
> *Startupfinancieringen*
>
> > 'Ondernemers zien in de aantrekkende economie steeds meer kansen om te groeien. Helaas hebben ondernemers dikwijls een zwakke financiële positie, is het risico voor banken toegenomen en zijn er onvoldoende alternatieven voor financiering via de bank. Daarom neemt het kabinet maatregelen om het eigen vermogen van MKB'ers te versterken, het financieringsaanbod te verbreden en ondernemersvaardigheden te verbeteren', aldus minister Kamp van EZ in het zogeheten Actieplan MKB-financiering aan de Tweede Kamer in juli 2014.
>
> In het tijdschrift *Familiebedrijf* werden *tips* gegeven voor het verkrijgen van bankkrediet. Het is voor een ondernemer en zijn financieel adviseur een aardige opsomming van praktische feiten. Vaak weet men wel dat er veel voor komt kijken om een financieringsaanvraag goed over het voetlicht te krijgen, maar de redactie van het blad heeft op bekwame wijze een aantal belangrijke punten op een rijtje gezet:
>
> *Tips gegeven voor het verkrijgen van bankkrediet*
>
> 1 Kom overtuigend over, de bankier moet vertrouwen hebben in de kennis en betrokkenheid van de ondernemer (ken uw zwakke plekken, geef aan hoe u deze oplost).
> 2 Een goed ondernemersplan moet de interesse wekken, het unieke benadrukken en de relevante risico's aangeven.
> 3 Besteed ook aandacht aan de presentatie: de eerste indrukken zijn belangrijk.
> 4 Zorg voor consistentie in aannames, berekeningen, enzovoort.
> 5 Vermijd veelvoorkomende valkuilen zoals:
> - uitgaan van verkeerde marktgegevens en prognoses;
> - ten onrechte uitgaan van uniciteit van het eigen product;
> - onrealistisch optimisme over marktacceptatie van een nieuw product;

- onvoldoende inschatten van reactie van concurrenten;
- geen rekening houden met effecten van vertraging en uitloop van de investeringen.

6. Maak een break-evenanalyse (met what-if-scenario's).
7. Het beste bewijs van kunnen is de bank laten zien dat vorige projecten volgens plan gerealiseerd zijn, of dat men in staat was corrigerend op te treden bij tegenslag.
8. Bij starters zijn er geen historische financiële gegevens; een uitgebreid curriculum vitae van het management en de aandeelhouders en gedegen marktonderzoek zijn dan essentieel.
9. Hoe hoger het kredietbedrag, hoe hoger in de bankhiërarchie wordt beslist en hoe groter de afstand wordt met de aanvrager. Het gevolg is dat financiële gegevens zwaarder gaan wegen. Speel hierop in.
10. Zorg ervoor dat u de bank altijd een paar stappen voor bent in uw plannen en op hun vragen bent voorbereid.
11. Onderschat niet de tijd die nodig is tussen kredietaanvraag en toekenning (twee tot zes weken).
12. Regel de financiering tijdig (niet pas als de investeringsverplichting al is ingegaan).
13. Voer de onderhandelingen met een relatiebeheerder die u persoonlijk goed 'ligt' en die op voldoende hoog niveau in de bankhiërarchie zit.
14. Laat u begeleiden (en eventueel introduceren) door een goed bekend staande accountant die het vertrouwen van de bank al heeft.
15. Probeer zo veel mogelijk dezelfde taal te spreken als de bank; *bankmensen denken in getallen*. Neem uw accountant mee als u zelf niet zo cijfermatig bent ingesteld.
16. Is de kredietaanvraag zeer specifiek: ga naar een bank met kennis van uw branche.
17. Werk, indien mogelijk, altijd met twee banken (vermijd voorkeursposities of preferenties).
18. Maak duidelijk dat de aanvraag bij meer financiers is ingediend.
19. Zorg voor een goede relatie met minimaal twee banken (ruim voor het moment van kredietaanvraag).
20. Aanvaard geen andere voorwaarden dan de voorwaarden die behoren bij het realiseren van het financiële toekomstplaatje.
21. Stel de verwachtingen van krediet niet te hoog. Krediet is niet een paraplu, maar een parasol; goed voor mooi weer, maar niet bestand tegen een regenbui.
22. Regel bij voorkeur de financieringsbehoefte voor één of meer jaren integraal.
23. Met banken valt goed te onderhandelen tijdens een kredietaanvraag over voorwaarden en zekerheden (geef nooit te veel zekerheden).
24. Vraag niet te weinig krediet; onderbouw de kredietbehoefte goed: mutaties in het werkkapitaal worden wel eens over het hoofd gezien.
25. Laat financiers nimmer belangrijk nieuws uit de krant of van anderen vernemen.

En gaat het mis ... informeer dan tijdig de bank opdat het vertrouwen niet wordt geschaad en wellicht nog hulp mogelijk is. Commit de bank.

Bron: Familiebedrijf, april 1996

6.3 Investeringsplan

Strategie is het samenstel van keuzes die een bedrijf of een ondernemer maakt teneinde een bepaald doel te bereiken, volgens het EIM. En deze organisatie vervolgt in haar rapport:
'In de strategie wordt besloten over de essentie van het bedrijf, de match tussen bedrijf en omgeving en de inzet van mensen en middelen om de gekozen doelstellingen te bereiken (TNO). De strategie mondt uit in een bepaald gedrag. Investeringen spelen daarbij een belangrijke rol, zij zijn vaak een uiting of gevolg van de strategische keuzes die een ondernemer maakt. De investeringen die de ondernemer doet in het bedrijf zijn van invloed op de toekomstige ontwikkeling van het bedrijf en dus op het realiseren van de gestelde doelen. Ondernemers met een bedrijfsstrategie hebben vaak ook een specifieke investeringsstrategie.'

Bron: EIM, *Waarom investeren jonge bedrijven?*

Investeringsplan

Een ondernemer vindt het *invullen van zijn plannen* in het ondernemingsplan één van de belangrijkste onderdelen daarvan. Hiervan heeft hij dan ook het meeste verstand. Immers, hij wil investeren of een bedrijf overnemen, hij ziet grote mogelijkheden of een wens kan worden vervuld, als zijn bank nog maar even wil meewerken. Vaak niet beseffende dat de bank niet alleen wil weten *welk* pand hij zou willen kopen, maar dat ook informatie over de lopende financieringen (zie subparagraaf 6.3.3) of sanering van de creditzijde van de balans een belangrijke rol speelt, tracht de ondernemer in het midden- en kleinbedrijf vaak met een veelheid van woorden en een uitgebreide verbale toelichting zijn plan te onderbouwen. Op zichzelf natuurlijk niet fout, maar wordt daarmee voldoende vertrouwen bij de financier gewekt?

Bij het aangaan van verplichtingen in verband met de bouw van onroerende zaken of overname van een bedrijf is een eerste vereiste dat wordt gekocht of besteld onder *financieringsvoorbehoud*. Niet zelden gebeurt het dat de ondernemer onder grote druk komt te staan als de financieringsaanvraag niet tijdig wordt behandeld, of dat hij te weinig rekening houdt met de doorlooptijd van een financieringsaanvraag. Dan is 'Leiden in last' en verwijt hij doorgaans zijn accountant of de bank dat men er zo lang over doet om zijn aanvraag te behandelen. In de praktijk is het meestal zijn eigen schuld. Hij wil graag snel kopen of de makelaar zet hem onder druk want 'er is veel animo voor het pand'. Soms zegt de aannemer dat hij, als hij nu de opdracht krijgt, geen looncorrectie hoeft toe te passen, en ga zo maar door. De ondernemer moet in dezen standvastig blijven en eerst zijn financiering regelen voordat hij zijn investeringsopdrachten definitief regelt.

Financierings-voorbehoud

> Van de accountant wordt op dit punt verwacht dat hij remmend en vooral informatief te werk gaat om desillusies bij de ondernemer te voorkomen. De accountmanager van de bank moet tijdig aangeven welke mogelijkheden van financieren er zijn.

De bank zal een *balans na investeringen* maken die zo goed mogelijk aansluit bij de toekomstige jaarrekening. Want op die jaarrekening is haar zekerheidspositie geënt. Zorg er dus voor dat de onroerende zaken écht als onroerende activa worden geboekt, de installaties apart worden vermeld, de goodwill afzonderlijk tot uitdrukking wordt gebracht en de roerende zaken eveneens worden gespecificeerd naar inventaris, machines, gereedschappen, vervoermiddelen, enzovoort. Voor elk onderdeel heeft de bank haar *verstrekkingsnormen*, die per bank kunnen verschillen. Het geeft veel irritaties bij een kredietbeoordelaar als iets niet zorgvuldig wordt vermeld. In dit stadium van de behandeling van een aanvraag is de ondernemer afhankelijk van de financier, zodat hij alles moet doen om een goede beoordeling mogelijk te maken.

Verstrekkingsnormen

Als grond wordt gekocht, zal worden gevraagd naar een *schonegrondverklaring*. Financiers zijn allergisch voor verontreinigde grond, vooral omdat de jurisprudentie op dit punt nog niet met honderd procent zekerheid aangeeft of de eigenaar van de grond, die niet heeft vervuild, de kosten van het schoonmaken van de grond ook niet hoeft te betalen.

Schonegrondverklaring

> De accountant heeft daarmee ook veel van doen. Hij zal zich moeten afvragen of er voorzieningen voor het schoonmaken van de grond moeten worden gepassiveerd. Voorts zal hij zijn cliënt voorlichten als deze te gemakkelijk aan het milieuprobleem voorbij dreigt te gaan. Ondernemers in het midden- en kleinbedrijf wijzen hun collegae bij regelmaat op die problematiek. Het komt namelijk voor dat het reinigen van vervuilde grond vele tienduizenden euro's kost. Niet zelden bleek een milieuclaim tot de liquidatie van het beschuldigde bedrijf te leiden.

In casus 6.2 komt tot uiting dat milieueisen grote gevolgen voor een bedrijf kunnen hebben.

CASUS 6.2 GEVOLGEN MILIEUEISEN VOOR EEN KLEIN BEDRIJF
'Over een paar jaar kun je alleen nog aan de grote weg tanken'
Dure milieueisen dwingen kleine pomphouders tot stoppen. Het gaat hen niet eens om de pomp zelf, dat was vooral service aan de klant. Maar de grote tankstations krijgen nu wel hun klanten erbij.

Erfpacht

Een andere vorm van verwerving van grond is de aankoop op basis van *erfpacht*. De accountant moet tijdig de *erfpachtovereenkomst* beoordelen op onzekerheden voor zijn cliënt en eventueel al met de verkoper van gedachten wisselen over aanpassingen van het contract. Gelijk bij het indienen van een financieringsaanvraag dient de erfpachtovereenkomst aan de bank te worden overhandigd. Deze zal haar juridische dienst vragen om advies voor het vestigen van een aanvaardbaar hypotheekrecht. Ditzelfde gaat op als er sprake is van bijvoorbeeld een *recht van opstal*. Ook dan wordt geadviseerd om tijdig de betreffende akte aan de financier te overhandigen.

De ondernemer is sterk gefocust op zijn plan, de tekening van de architect en de mogelijkheden van zijn plan. Met enthousiasme zal hij een en ander brengen. Dat hij daarbij struikelblokken kan aantreffen, ervaart hij niet als zijn eerste zorg. Die zijn echter wel de medeverantwoordelijkheid van de begeleidende accountant. Deze zal hem moeten wijzen op de tijdige aanvraag van *bestemmingsplanwijziging* en *bouw- en milieuvergunningen*. Het is jammer als een financiering is toegezegd, onder voorbehoud van het afgeven van een vergunning, en het blijkt dat de plannen toch moeten worden aangepast. Dan kan men weer aan de slag gaan.

Het tegenovergestelde komt ook voor. Een plan lijkt prachtig, uitvoerbaar en financierbaar (volgens accountant en cliënt), terwijl de bank het niet ziet zitten om te financieren. Dan moet er vaak een *faseringsplan* worden opgesteld. Daarmee moet men soms terug naar de gemeente voor het laten aanpassen van de bouwvergunning. Opnieuw tijdverlies, wellicht door een slechte voorbereiding.

In de volgende subparagrafen komen veel onderdelen van een investeringsplan aan de orde, waarbij het met name gaat om de rol van de banken als financiers. Vooraf wordt in subparagraaf 6.3.1 ingegaan op de investeringen en financieringsbehoeften in de levenscyclus van een bedrijf.

6.3.1 Investeringen en de levenscyclus van een bedrijf

In de verschillende fasen van de *levenscyclus van een bedrijf* komen momenten voor van investerings- en financieringsbehoeften. Hierna is voor elke fase een aantal voorbeelden gegeven:

Levenscyclus van een bedrijf

- *Startfase*. Oprichtingskosten bv; plankosten; accountantskosten; reclamekosten; aanloopverliezen; aankoop van onroerende en van roerende zaken; kosten van de bank, de makelaar en de notaris; werkkapitaalbehoefte; onderzoekskosten.
- *Ontwikkelingsfase*. Meer werkkapitaal nodig vanwege de groei; meer debiteurenvorderingen, voorraden, onderhanden werk; ontwikkelingskosten; seizoenfinanciering.
- *Groeifase*. Meer aandacht voor de organisatie waardoor hogere kosten ontstaan voor opleiding en uitbreiding van personeel; investeringen in administratieve systemen; kosten van reorganisatie in verband met aanpassing van de routing binnen het bedrijf; nog meer kosten voor research en development; tevens herfinanciering van de verstrekte kredieten; betere afstemming naar balansfinanciering.
- *Expansiefase*. Uitbreiding van de automatisering; extra echelons in de organisatie, dus meer initiële kosten voor human resources; grote kapitaalsbehoefte door expansie, met name garantievermogen.
- *Rijpheidsfase*. Investeringen voor bedrijfsopvolging, bijvoorbeeld juridische herstructurering en herfinanciering in concernverband.

6.3.2 Overschrijding van de investeringsbegroting

In bepaalde branches worden *investeringsbegrotingen* vrijwel altijd overschreden, bijvoorbeeld in de horecasector. Dit is doorgaans funest. Men moet er onder andere op toezien dat in de begroting rekening wordt gehouden met een post voor *onvoorziene uitgaven*. In het geval van verbouwingen is dit zeker noodzakelijk. Percentages van tien of hoger voor de post Onvoorzien zijn in bepaalde sectoren usance. Er is een aantal mogelijkheden om negatieve verrassingen te voorkomen:

Overschrijding investeringsbegroting

- Zorg voor zo veel mogelijk *offertes*. Banken eisen vaak dat negentig procent of meer van de investeringen is afgedekt met goede offertes.
- Zorg voor ver doorgevoerde *specificaties* van de investeringsplannen. Daarmee wordt bereikt dat de ondernemer tijdens de bouw niet voor verrassingen komt te staan, men de nota's kan afchecken en de financier zijn kredietbeheer kan verzorgen.
- De bank zorgt voor *intensief beheer van de bouwrekening*. Daarmee wordt onder andere voorkomen dat niet door de bouwbegeleider geparafeerde facturen toch (per abuis) worden betaald.
- Vooraf wordt schriftelijk overeengekomen dat er *geen meerwerk* wordt betaald *zonder schriftelijke toestemming van de ondernemer én de bank.*

Meerwerk

Men stelt dat, als er meerwerk is, er een gelijk bedrag aan minderwerk moet zijn.

Bouwbegeleiding
- Geef opdracht voor *bouwbegeleiding* door een daarvoor uitgeruste organisatie. Er zijn in Nederland goede bouwcoördinatoren die ervoor kunnen en moeten zorgen dat binnen de begroting wordt geïnvesteerd. Met nadruk wordt gewezen op het *tijdig* inschakelen van de bouwbegeleider. Als deze na de opdrachtverstrekking wordt gevraagd te assisteren, kan hij veel minder bereiken.

Turn-key leveringen/dienstverlening
- Laat franchiseorganisaties en/of leveranciers van winkelinrichtingen *garanderen* dat er voor de afgesproken prijs wordt geleverd (turn-key leveringen/dienstverlening).

Dit hele traject van voorzorgsmaatregelen kan ervoor zorgen dat de ondernemer niet failliet gaat vóór zijn bedrijf is geopend.

Als er financiële problemen zijn, dan doet de ondernemer er buitengewoon verstandig aan hiervan direct zijn bank op de hoogte te stellen. Mocht tijdens een investeringstraject al bekend zijn dat er meer behoefte is aan vreemd vermogen, dan kan dit op dat moment wellicht nog worden geregeld. De bank kan wijzen op extra krediet met behulp van staatsgarantie, of aandringen op inbreng van meer risicodragend vermogen, de schuldige kan worden aangesproken op zijn verantwoordelijkheid, enzovoort.

Bouwrente
Voorfinanciering van de te verrekenen omzetbelasting

Het komt nog te vaak voor dat in het investeringsplan geen rekening wordt gehouden met *bouwrente*. Die post moet goed worden becijferd. Met de financier moeten tevens afspraken worden gemaakt over de *voorfinanciering van de te verrekenen omzetbelasting*. De bank is namelijk geneigd om de btw niet in het investeringsplan op te nemen omdat die btw doorgaans vrij snel terugkomt. Toch kunnen op dit punt liquiditeitsspanningen optreden van enkele weken of nog langer.

De accountant zal zich moeten beraden op de wijze waarop hij verstrekte subsidies boekt. Worden overheidspremies aan het eigen vermogen toegevoegd? Zijn deze fiscaal belastbaar? Hoe is het gesteld met de btw daarover? In de regel worden dergelijke subsidies in mindering gebracht op de betreffende activa. Daarmee wordt bereikt dat de subsidies geen overtrokken solvabiliteitsbeeld geven. De banken zullen die niet-verdiende subsidies niet beschouwen als *bancair aansprakelijk vermogen*.

Bancair aansprakelijk vermogen

Er is ook een vorm van subsidie die niet aan de ondernemer wordt verstrekt, maar aan de gemeentelijke overheid in verband met verbetering van de infrastructuur, ook al betreft die direct of indirect de investering van de ondernemer. Die subsidie wordt uiteraard niet in het investeringsplan meegenomen.

Een investeringsbeslissing kan ook worden beïnvloed door de prijs van de onroerende zaken. Vooral ondernemers in de detailhandel zullen zich steeds moeten afvragen wat beter is: 'Onroerende zaken kopen of huren?' De waarde van de panden in sommige winkelstraten is soms zo hoog opgelopen dat voor A-locaties tot meer dan €1.000 per vierkante meter huur moet worden betaald. Die huur wordt gekapitaliseerd en door de eigenaar als koopsom gevraagd. Dit kan leiden tot ondraaglijke kapitaalslasten, zeker als niet duidelijk is of de onderneming langdurig op deze locatie kan worden gevoerd. Een huurcontract is dan een flexibeler vorm van huisvestingskosten. Ter voorkoming van problemen achteraf verdient het aanbeveling om goede afspraken te maken, zeker nu na de economische crisis in veel (winkel)panden leegstand is ontstaan en daardoor een lagere huur kan worden bedongen.

6.3.3 Bestaande financiële verplichtingen

De ondernemer heeft meestal de door hem aangegane verplichtingen goed in beeld, maar verzuimt nog wel eens de (nieuwe) financier daarvan tijdig op de hoogte te stellen. Vooral als er in het betreffende jaar nieuwe verplichtingen zijn aangegaan, kunnen deze schulden gemakkelijk bewust of onbewust worden vergeten. Voor een deel zal de overnemende bank de noodzakelijke informatie zelfstandig verwerven (onder andere via het Bureau Kredietregistratie - BKR), voor een ander deel moet die van de ondernemer of van zijn accountant komen. Het is voor de bank van groot belang om de volledigheid van de verplichtingen te kennen. Aan de hand van een opstelling van aflossings- en renteverplichtingen kan zij namelijk vaststellen welke marge er kan worden berekend in de betalingscapaciteit. Via deze betalingscapaciteit berekent de bank namelijk de leencapaciteit van de ondernemer.

Marge in de betalingscapaciteit

In het ondernemingsplan zullen de bestaande leningen moeten worden vermeld, bij voorkeur met vermelding van de bankrekeningnummers. De bank kan dan gemakkelijker aansluiting vinden bij de laatste jaarrekening.

> De accountant doet er goed aan de toelichting op de balans te specificeren met vermelding van de bankrekeningnummers en de aflossingsverplichtingen van het komende jaar.

Als de schulden, bijvoorbeeld aan de crediteuren, de belastingdienst en de bedrijfsvereniging, te hoog zijn opgelopen, zal voor een gezonde bedrijfsvoering *sanering van schulden* moeten plaatsvinden. De ondernemer zal een berekening maken van de hoogte van de balansposten en aangeven op welk niveau deze kunnen worden aangehouden zonder invorderingsproblemen te krijgen. Het geven van dergelijke informatie blijft nogal eens achterwege. Voor de financier is dat bijzonder storend, zeker als deze daar te laat achter komt. Dit kan een goede relatie al in de beginfase verstoren. In dit stadium doet men er verstandig aan om de nieuwe financier ook op de hoogte te stellen van het jaar waarin de laatste *controles van de belastingdienst* hebben plaatsgevonden. Er kan dan rekening worden gehouden met mogelijke onvolkomenheden in de administratie, zeker als er sprake is geweest van verandering van accountant. In twijfelgevallen zal een bedrag moeten worden gereserveerd (voorziening) of zal de schuldenpost verder moeten worden verlaagd (gedeeltelijke sanering van schulden) om ruimte te scheppen voor een naheffingsaanslag of navorderingsaanslag van de fiscus c.q. de bedrijfsvereniging. Onder bepaalde omstandigheden kan het zinvol zijn om de ondernemer en zijn accountant samen een gesprek te laten voeren met de belastingdienst, waarna een schriftelijke bevestiging van de gemaakte afspraken duidelijkheid kan scheppen.

Sanering van schulden

Het vermelden van de *achterstanden in aflossingen* bij de bank en/of derden is noodzakelijk. Het geeft aanleiding om te spreken over de oorzaak daarvan. Zeker als er niet kan worden afgelost doordat de bedrijfsontwikkelingen tegenvielen, zou er sprake kunnen zijn van *verliesfinanciering*. Hiermee hebben banken grote moeite, ergo, dit doen zij niet. Openheid op dit punt is een

Verliesfinanciering

eerste vereiste. Daarmee kan worden bereikt dat het gesprek in verband met een financieringsuitbreiding of overname van een financiering van een andere bank indringend en toereikend plaatsvindt en dat vertrouwen kan worden gewekt voor de toekomst. De bank zou ook voorwaarden kunnen stellen inzake de verplichtingen aan derden, bijvoorbeeld de voorwaarde dat een familielid uitstel van aflossing geeft gedurende een bepaald aantal jaren.

Staatsgarantie

Het *herfinancieren van leningen die onder staatsgarantie zijn verstrekt*, is soms zinvol. Met name een Bijzondere Hypothecaire Geldlening en een Bedrijfskrediet die zijn verstrekt op basis van de oude regelingen kunnen hun waarde als zekerheid voor de bank al lang hebben verloren. Deze garanties zijn verstrekt op basis van de BMKB, de Borgstelling MKB-kredieten, zie subparagraaf 6.3.3.1. De accountant of zijn cliënt kan dan verzoeken om een herfinanciering. Daarmee wordt de weg geopend naar een ruimere inpassing van staatsgarantie op basis van de vigerende regelgeving. Dit geldt overigens uitsluitend voor overnamefinancieringen. Het herfinancieren van leningen en kredieten mét staatsgarantie die eerder ook onder staatsgarantie zijn verstrekt, is namelijk niet mogelijk bij dezelfde bank.

Besluit bijstandverlening zelfstandigen

Een lening die door de gemeente is verstrekt op basis van het *Besluit bijstandverlening zelfstandigen* zou kunnen worden afgelost om de weg vrij te maken voor het inpassen van een financiering met de staat als borg. Die twee vormen mogen namelijk niet samen worden toegepast conform de Borgstelling MKB-Kredieten.

Lease-verplichtingen

Leaseverplichtingen worden vrijwel nooit versneld afgelost. De ondernemer moet zijn verplichtingen voor deze vorm van geldlening nauwkeurig opgeven. De rente is vaak hoog en de looptijd kort, waardoor substantiële jaarlijkse verplichtingen kunnen zijn ontstaan. De bankier zal er tevens in geïnteresseerd zijn waardoor die verplichtingen zijn ontstaan. Over het algemeen probeert de ondernemer in het (klein)bedrijf dergelijke verplichtingen niet aan te gaan vanwege de hoge kosten. Waarschijnlijk is liquiditeitskrapte de oorzaak geweest van deze financieringsvorm, of een sterk aandringen van de leverancier van een bedrijfsmiddel.

Bankgaranties

Vaak wordt vergeten aan te geven dat er *bankgaranties* zijn afgegeven en moeten worden overgenomen. Het lijken nauwelijks benoembare grootheden voor een ondernemer, maar bankgaranties zijn voor de bank een vorm van financiering. In de meeste gevallen worden die garanties in mindering gebracht op de kredietlimiet, zodat de ondernemer er tegenaan kan lopen dat afgegeven bankgaranties zijn liquiditeitspositie aantasten.

6.3.3.1 Borgstelling MKB-kredieten

BMKB

Een korte introductie van de *BMKB*, die te vinden is op de website van MKB-servicedesk:

> **CASUS 6.3 BMKB IN HOOFDLIJNEN**
> Wat is BMKB?
> - Een instrument om de toegang tot bancair krediet te verbeteren voor MKB-bedrijven door middel van een overheidsgarantie aan banken op verstrekt krediet aan MKB-bedrijven.

- Momenteel zijn met nagenoeg alle Nederlandse handelsbanken garantieovereenkomsten gesloten.
- De BMKB beschikt naast het reguliere borgstellingskrediet over extra faciliteiten voor starters en innovatieve bedrijven.
- Het totaal te verlenen borgstellingskrediet mag niet hoger zijn dan het tekort aan zekerheden met een maximum van €1.500.000 per onderneming of groep van ondernemingen.

Doelgroep: MKB-bedrijven, die
- Voldoende toekomstperspectief hebben (levensvatbaar zijn), gelet op rentabiliteit, continuïteit en de te verwachten cashflow, welke voldoende moeten zijn om toekomstige rente- en aflossingsverplichtingen aan de bank te kunnen voldoen.
- Aan de bank onvoldoende zekerheden kunnen bieden.
- Niet meer dan 250 fte in dienst hebben.
- Niet behoren tot de volgende uitgesloten sectoren:
  - Gezondheidszorg.
  - Ondernemers voor wie toetreding van de markt wordt beheerst door overheid, zoals notarissen en gerechtsdeurwaarders, dierenartsen, en advocaten.
  - Ondernemingen die werkzaam zijn in de land- en tuinbouw, vee- of visteelt, visserij of teelt vee- en visvoerexploitatie of ontwikkeling onroerend goed (voor zover niet benodigd voor directe eigen bedrijfsuitoefening).
  - Uitoefening bank-, verzekerings- of beleggingsbedrijf.
  - Statuten van de kredietnemer mogen het behalen van winst niet uitsluiten.

Criteria:
- Het krediet is niet bedoeld ter vervanging van huidige verplichtingen bij huidige bank. Verplichtingen bij een andere instelling kunnen wel met borgstellingskrediet geherfinancierd worden.
- Bestedingsdoel van krediet is vrij, maar er mag niet mee belegd worden.
- De looptijd van de staatsgarantie is maximaal 6 jaar en financieringen voor verbouw of aanschaf van een onroerende zaak (gebouwen, schepen, etc.) is maximaal 12 jaar. De looptijd van het door de bank verstrekte krediet mag feitelijk langer zijn dan de garantietermijn (dit zal met name bij het financieren van onroerende zaken vaak het geval zijn).

Overig:
De bank betaalt een eenmalige provisie van 2,0% tot 3,6% afhankelijk van de looptijd van de garantie. In de praktijk berekent de bank deze provisie vaak door aan de ondernemer. Daar staat tegenover dat de te betalen jaarrente vaak iets lager zal zijn vanwege het feit dat de staat garant staat voor (een deel van) de kredietverplichtingen.

Hoe werkt het?
De ondernemer vraagt het krediet rechtstreeks aan bij de bank. De bank bepaalt of zij gebruikmaakt van de BMKB garantiefaciliteit. De ondernemer kan de bank zo nodig wel wijzen op het bestaan van het instrument.

De banken voeren de regeling van het BMKB zelf uit. Men kan eenzelfde aanvraag bij meerdere banken indienen, zeker als men denkt een goede uitgangspositie te hebben. Daarvan kan sprake zijn als de onderneming een goed eigen vermogen heeft en als men een exploitatieprognose kan laten zien die is gebaseerd op realiteit en een goede cashflowpositie toont. In ieder geval zodanig dat er na investering een ruime betalingscapaciteitsmarge resteert (paragraaf 7.5).

6.3.3.2 GO-leningen

Garantie Ondernemingsfinanciering

In 2009 is de GO-regeling, de *Garantie Ondernemingsfinanciering*, in het leven geroepen als een tijdelijke crisismaatregel. Hiermee is door de overheid antwoord gegeven op de acute problemen waar ondernemingen tegenaan liepen bij hun zoektocht naar extra financiële armslag. Het doel van de GO-regeling is banken te stimuleren tot het verstrekken van leningen met vijftig procent staatsgarantie tot maximaal €75 miljoen bij een ondergrens van €1,5 miljoen per onderneming (of groep).

6.3.3.3 Groeifaciliteit

Bij – bijvoorbeeld – een snelle groei van de onderneming, een reorganisatie of een bedrijfsovername, hebben ondernemers veelal risicodragend vermogen nodig. De overheid vindt dat goede plannen financierbaar zouden moeten zijn en wil daarom hulp bieden om financiers over de streep te trekken met een garantieregeling. De groeifaciliteit biedt vijftig procent garantie op door de bank of participatiemaatschappij verstrekt garantievermogen.

Groeifaciliteit

De Rijksdienst voor Ondernemend Nederland voert de Groeifaciliteit uit.

6.3.4 Goodwill en badwill

Goodwill

Goodwill maakt onderdeel uit van de waarde(bepaling) van een bedrijf. Helaas is het in bepaalde branches gebruikelijk om een bedrijf te verkopen en het vanzelfsprekend te vinden dat er goodwill door de koper wordt betaald. Vaak ligt aan dat gevoel geen berekening ten grondslag en wordt de ondernemer daarin niet gecorrigeerd door zijn omgeving. Er is nogal eens sprake van goodwill die *niet* door de opvolger zou moeten worden betaald, namelijk de *persoonlijke goodwill*, die dus sterk verbonden is met de huidige ondernemer. De opvolger zal zijn eigen inbreng hebben, waarvoor hij niet hoeft te betalen. Een uitzondering kan zijn als de overdrager nog enkele jaren aan het bedrijf blijft verbonden en op deze wijze waarde toevoegt aan de exploitatie.

Persoonlijke goodwill

Zakelijke goodwill

Geheel anders is de *zakelijke goodwill*. Deze houdt verband met de commerciële formule van het bedrijf, de vestigingsplaats, de klantenkring, enzovoort. Die waarde kan worden benaderd op basis van een inschatting van de kosten die moeten worden gemaakt om een dergelijke voorsprong te verkrijgen. Vaak wordt die cijfermatig bepaald door (de contante waarde van) de toekomstige overwinsten te berekenen.

Over goodwill treft men regelmatig uitspraken aan van de Inspecteur, het Hof of de Hoge Raad op het gebied van fiscale aangelegenheden. Vaak wordt dan onderscheid gemaakt tussen zakelijke en persoonlijke goodwill. Met name als sprake is van geruisloze inbreng van een onderneming in de bv-vorm, kan verschil van inzicht ontstaan over de hoogte van de goodwill of zelfs een discussie plaatsvinden of er wel van goodwill kan worden gesproken.

Bancair aansprakelijk vermogen

Goodwill is voor een financier een aftrekpost voor de berekening van het *bancair aansprakelijk vermogen*. Het bancair aansprakelijk vermogen is één van de beoordelingscriteria van een bank (zie paragraaf 7.2). Hoge goodwillsommen beïnvloeden het bancair aansprakelijk vermogen dus sterk negatief en leveren minpunten op bij de beoordeling van de aanvraag op het punt van het garantievermogen van de onderneming. Voor een financiering die moet worden verstrekt op basis van betaalde goodwill zal de bank in principe geen langere looptijd nemen dan de afschrijvingstermijn die wordt gehanteerd voor de fiscus. Dit houdt mede verband met de belastingtoename die ontstaat als de post Goodwill is afgeschreven. Daarmee kan de cashflow (sterk) onder druk komen te staan. Als de lening voor de betaalde goodwill is afgelost, staat de onderneming er op dit punt in ieder geval beter voor. Voor betaalde goodwill kan de bank een lening verstrekken onder staatsgarantie. De looptijd daarvoor is maximaal zes jaar. De 1:1-verhouding wordt nauwgezet gehanteerd. (Voor startende ondernemers kan die verhouding ruimer zijn, mits de '*starterslening*' niet groter is dan €266.667.)

Starterslening

Met *badwill* (het zou beter zijn dit negatieve goodwill te noemen) wordt in het midden- en kleinbedrijf te weinig rekening gehouden. De koper van een bedrijf moet heel vaak flinke investeringen doen om zijn gekozen marketingstrategie op een behoorlijke wijze te kunnen uitvoeren. Als dit te maken heeft met achterstand die door de verkoper is veroorzaakt, zou dit logischerwijze in mindering op de koopsom moeten worden gebracht. De berekening van de waarde van het bedrijf zal mede zijn gebaseerd op een toerekening van een *ondernemersinkomen,* zodat een negatieve waarde kan ontstaan, die in feite de badwill is die de *ver*koper voor zijn rekening zou moeten nemen.

Badwill

6.3.5 Werkkapitaal
Dit onderdeel van het investeringsplan komt vaak onvoldoende uit de verf. Men denkt al snel dat, als de onderneming eenmaal van start is gegaan, voldoende middelen worden gegenereerd om werkkapitaal te verschaffen. Dit is vaak niet het geval. De accountant moet de ondernemer zover krijgen dat deze zich serieus over dit onderdeel van het investeringsplan gaat buigen en gaat aangeven hoe het verloop van bepaalde balansposities zal zijn binnen één à twee jaar. In sommige branches speelt dit punt niet sterk, in andere wel, bijvoorbeeld bij handelsondernemingen en productiebedrijven (voorraden; onderhanden werk; debiteurenvorderingen en aan de creditzijde de crediteurenschulden). Een *liquiditeitsprognose* (zie subparagraaf 6.3.7) kan hulp bieden.

Werkkapitaal

Bij de financiering van *spronginvesteringen* zal rekening moeten worden gehouden met een tijdelijke teruggang in de winstgevendheid van het bedrijf. Er zullen dan wellicht afspraken moeten worden gemaakt met de leveranciers over verruiming van de betalingstermijnen, of de bank zal een tijdelijke (extra) kredietbehoefte ter beschikking kunnen stellen. Dit laatste dient bij voorkeur tegelijk met de financiering van de investeringen plaats te vinden, om niet voor extra werk te zorgen.

Spronginvesteringen

Bij exploitatie in de bv-vorm zal de ondernemer moeten toezien op een goede financiële verhouding tussen het bedrijf (de bv) en zichzelf als DGA. De *rekening-courant directeur-aandeelhouder* mag in beginsel niet duurzaam debet komen te staan, anders kan de fiscus (terecht) moeilijk doen over een te laag directiesalaris, of de toename in rekening-courant zelfs als een dividenduitdeling gaan beschouwen. Als het directiesalaris moet worden aan-

Rekening-courant directeur-aandeelhouder

gepast, heeft dit invloed op de rentabiliteit van de onderneming! Een probleem kan ook ontstaan als de DGA een lager inkomen uit de bv geniet dan de fiscus accepteert (*gebruikelijkloonregeling*). Er zal dan over een *fictief directiesalaris* worden nageheven, soms over meerdere jaren, wat van invloed is op de liquide middelen. Als deze er onvoldoende zijn, zal waarschijnlijk een beroep moeten worden gedaan op de bank.

Gebruikelijkloonregeling

Fictief directiesalaris

Sommige *franchiseformules* eisen van de franchisenemer een goede balansverhouding en het aanhouden van voldoende werkkapitaal. De bedrijfsvoering mag dan niet in gevaar komen door een tekort aan liquiditeiten waardoor de franchiseformule in diskrediet kan worden gebracht.

6.3.6 Enkele balansposten bij de aan- en verkoop van een bv

In paragraaf 9.3 wordt ingegaan op een aandelentransactie. De koper van een bedrijf dat wordt geëxploiteerd in de bv-vorm, kan daarbij worden geconfronteerd met de door de verkoper gewenste afrekening van bepaalde posten op de creditzijde van de balans van de over te nemen bv, bijvoorbeeld:
- de *rekening-courantverhouding met de directeur-aandeelhouder*: deze kan overigens ook debet staan;
- de *pensioenvoorziening in eigen beheer*: die is fiscaal onbelast gepassiveerd; de rechthebbende directeur zal dit bedrag willen overhevelen naar een verzekeringsmaatschappij;
- een *stamrechtverplichting*, die ook verband houdt met een intern fiscaalvrij gecrediteerde verplichting aan een bij het bedrijf betrokken (geweest zijnde) persoon.

Pensioenvoorziening in eigen beheer

Stamrechtverplichting

De vorderingen en schulden die slaan op de DGA of de familie van de verkopende partij worden vaak *bij de koop* van de onderneming afgerekend. Daarvoor moeten in het investeringsplan bedragen worden opgenomen. Het komt niet vaak voor dat de verkoper de bedragen 'laat zitten'. Hij zou daarmee namelijk het risico kunnen lopen dat derden zijn belang niet goed in het oog houden.

In bepaalde gevallen zal de verkoop van een bedrijf door middel van aandelenoverdracht ook gepaard kunnen gaan met *overdrachtsbelasting*. De fiscus zal het van de feiten laten afhangen of er concreet sprake is van een bedrijfsoverdracht of van overdracht van onroerende zaken. Als dit laatste het geval is, kan overdrachtsbelasting verschuldigd zijn, ook al wordt de bv verkocht (een zogenoemde *onroerende zaken-bv*).

Overdrachtsbelasting

Onroerende zaken-bv

6.3.7 Liquiditeitsprognose

De meeste ondernemers in het midden- en kleinbedrijf schijnen iets tegen een *liquiditeitsprognose* te hebben. Er worden er althans veel te weinig door hen gemaakt. Mogelijke oorzaken zijn de volgende:
- Het maken van een liquiditeitsprognose vindt men te ingewikkeld.
- Het laten maken van een liquiditeitsprognose vindt men een dure aangelegenheid, zeker als men er zelf geen belang bij denkt te hebben.
- In de liquiditeitsprognose komt nadrukkelijk het beleid van de ondernemer naar voren. Daaraan wil hij zich niet altijd binden.
- In de ondernemingspraktijk wordt er weinig mee gewerkt.

Liquiditeitsprognose

Helaas worden deze oorzaken meestal niet direct door de ondernemer verteld aan zijn accountant of bank. Zou hij daarin wel open zijn, dan kan men er als adviseur(s) over praten en wijzen op de wenselijkheid van een dergelijke prognose in het licht van een goede bewaking van de kasstroom. De financier is eveneens sterk gebaat bij een liquiditeitsprognose, zeker als sprake is van een financieringsuitbreiding of wanneer de kredietlimiet dreigt te worden overschreden (overstand in rekening-courant).

Het feit dat de liquiditeitsprognose soms wordt ervaren als een dwangmiddel in plaats van een stuurmiddel, heeft doorgaans te maken met de instelling van de ondernemer. Een goede ondernemer vindt de prognose wel een prima middel om de financiële ontwikkelingen van zijn bedrijf op de voet te volgen en past de prognose aan zodra dit gewenst is, bijvoorbeeld als nieuwe investeringen worden verricht of als sterke verschuivingen binnen de prognose optreden. Een dergelijke *flexibele liquiditeitsprognose* is voor veel ondernemingen een must voor goed cashmanagement.

Flexibele liquiditeitsprognose

Vooral voor bedrijven die te maken hebben met een seizoenmatig karakter in de bedrijfsvoering, is het gewenst dat de liquiditeitsprognose op maandbasis wordt gemaakt en op basis daarvan een *seizoenkrediet* wordt gevraagd aan de bank. Daarmee kan men voorkomen dat rekening-courantlimieten te star door de onderneming en de bank moeten worden gehanteerd. Bij sterk wisselende kredietbehoeften is het gewenst dat de bank een maandelijks kredietplafond binnen het seizoenkrediet in de bankadministratie invoert, op basis van de liquiditeitsprognose. Dit voorkomt spanningen in het bedrijf en met de relatiebeheerder van de bank. Noodzakelijke verschuivingen binnen de prognose zijn dan ook goed met de bankier te bespreken. Bovendien bespaart het de ondernemer bankkosten.

Seizoenkrediet

Als de liquiditeitsprognose, vooral door de schuld van de ondernemer, regelmatig afwijkt van de werkelijkheid, heeft het maken van een dergelijke prognose geen zin. Dan zal er eerst een attitudeverandering bij hem moeten plaatsvinden.

6.4 Financieringsplan

Een *financieringsplan* geeft de betrokken ondernemer inzicht in de wijze waarop hij zijn investeringsplan kan verwezenlijken en is een belangrijk onderdeel van het ondernemingsplan. Het financieringsplan is maatwerk en moet worden gebaseerd op het investeringsplan en de geconsolideerde positie van de onderneming na investeringen. Deze positie is dan vooral gericht op de balansverhoudingen en de wijze waarop de activa zijn gefinancierd met eigen vermogen of vreemd vermogen met een lange looptijd, met een kortere looptijd of in rekening-courant.

Financieringsplan

Dit streven naar een *evenwichtige balansstructuur* wordt voor een deel door de bankier bepaald, als deze de samenstelling van de offerte mede laat bepalen door de beschikbare zekerheden. Aan de hand van de zekerheidsopzet worden dan de looptijden van de leningen bepaald. Een tophypotheek bijvoorbeeld zal een kortere looptijd hebben dan een basishypotheek. Een lening onder staatsgarantie zal ook worden gerelateerd aan de investeringen, zodat daarvoor óf een looptijd van zes jaar óf van twaalf jaar zal worden aangehouden. De hoogte van het rekening-courantkrediet wordt beoordeeld in het licht van de omzet en de werkkapitaalbehoefte op basis van gezonde balansverhoudingen.

Evenwichtige balansstructuur

In de volgende subparagrafen worden het eigen vermogen en het vreemd vermogen besproken in het kader van de financiering van het investeringsplan.

6.4.1 Eigen vermogen

Eigen vermogen

De ondernemer zal voor de financiering van zijn investeringsplan voor een deel moeten terugvallen op eigen vermogen. De verhoudingen zouden anders scheef groeien en hem in een hoek drijven waar hij niet wil zijn: afhankelijkheid van vreemdvermogenverschaffers als banken en leveranciers. De ondernemer moet beoordelen of hij zijn beschikbare *liquide middelen* wil aanwenden, zijn *deposito's* of zijn *kredietruimte in rekening-courant*. In veel gevallen is het nuttig om die middelen geheel of voor een deel aan te wenden omdat dit vaak de goedkoopste vorm is van financieren. In sommige gevallen weigert de ondernemer die middelen te gebruiken, omdat hij redeneert dat de *financiële hefboomwerking* een beter resultaat geeft. Dit is een riskante veronderstelling als hij zijn onafhankelijkheid hoog in het vaandel heeft staan.

Financiële hefboomwerking

Een goede vorm van positieverbetering is de inbreng van privévermogen. Soms gebeurt dat door een financiering te nemen op privé-onroerende zaken of garantie van derden. De ondernemer moet dan wel oppassen dat zijn privéverplichtingen niet uit de hand lopen, zodat de onttrekkingen aan de onderneming in de vorm van een directiesalaris (bv) of kapitaalsonttrekking (persoonlijke ondernemingsvorm) de positie van het bedrijf niet structureel negatief beïnvloeden.

Subsidies

Aan het bedrijfsleven worden verschillende *subsidies* ter beschikking gesteld, zoals exportsubsidies, innovatiesubsidies, energiebesparingssubsidies en werkgelegenheidssubsidies (zie de site van de Rijksdienst voor Ondernemend Nederland). De subsidies hebben het karakter van eigen vermogen. In veel gevallen wordt de subsidie bij aankoop van het bedrijfsmiddel in mindering gebracht op het actief zodat dit niet als eigen vermogen zichtbaar wordt. Bij herwaardering van de vaste activa zal dit dan pas blijken. Subsidies die ten gunste van het resultaat worden geboekt, zouden fiscaal kunnen worden belast. Per subsidie moet worden beoordeeld of deze een 100%-toevoeging aan het eigen vermogen betreft of dat er belasting over moet worden betaald.

6.4.2 Vreemd vermogen/garantievermogen

Indien de ondernemer een verbeterde vermogenspositie wenst, bijvoorbeeld omdat hij dit zelf wil of omdat de financier dit eist, kan hij een beroep doen op verschillende vormen van garantievermogen, of zijn balanspositie op dit punt versterken door eigen handelingen als het in stand houden van een pensioenvoorziening. De onderneming kan aan leveranciers vragen om een bepaalde garantie(lening), zoals een *achtergestelde lening* of een lening waarvan de verstrekker vindt dat die een soortgelijke functie heeft, bijvoorbeeld een lening van een brouwerij aan zijn horeca-afnemer (die aflost via een bonus) of een meelfabrikant aan zijn afnemer. De leningen hebben zeer verschillende condities. Zo wordt wel de voorwaarde gesteld, dat in een aantal jaren moet worden afgelost, maar dat er geen rente verschuldigd is. Ook worden er leningen verstrekt, vaak door familieleden, waarvoor geen afspraken worden gemaakt over aflossingen en rentebetalingen. Alleen rentebetalingen komen ook voor. In bijna alle gevallen zal de bank vragen om duidelijkheid in dezen. Er moet namelijk een berekening worden gemaakt van de *leencapaciteit van de onderneming* en dat kan alleen als alle verplichtingen in beeld zijn gebracht en zijn gekwantificeerd.

Garantievermogen

Achtergestelde lening

Leencapaciteit van de onderneming

Wanneer de onderneming in de bv-vorm opereert, kan het zijn dat bij aanvang van die rechtsvorm verplichtingen zijn gepassiveerd als een *stamrechtvoorziening*. Er kan ook een *pensioenverplichting* zijn die in eigen beheer is genomen. In beginsel mag de financier daar geen beroep op doen (als wijziging in een achtergestelde lening) op straffe (voor de ondernemer) van afrekenen met de fiscus. In die gevallen volstaat de bank met het vragen van een *instandhoudingsverklaring*. Daarmee wordt bereikt dat deze voorzieningen vooralsnog in het bedrijf blijven en als garantievermogen door de bank aanvaard worden.

Veel ondernemers zijn vaak niet voldoende op de hoogte van de financieringsmogelijkheden (zie casus 6.4).

Stamrechtvoorziening

Pensioenverplichting

Instandhoudingsverklaring

> **CASUS 6.4 GEBREK AAN FINANCIERINGSKENNIS BIJ ONDERNEMERS IN HET MKB**
> Een groot deel van de ondernemers in het midden- en kleinbedrijf heeft onvoldoende kennis over financieringsmogelijkheden. Hierdoor raken veel bedrijven in financiële problemen. Dit blijkt uit een studie die het Rotterdams Instituut voor Bedrijfseconomische Studies (Ribes) heeft uitgevoerd in opdracht van de Raad voor het Midden- en Kleinbedrijf (RMK).
> De RMK vindt dat ondernemersopleidingen meer aandacht moeten schenken aan financieringszaken waar ondernemers in het MKB in de praktijk mee te maken krijgen. Ook moeten er onafhankelijke intermediairs komen die de ondernemer kunnen helpen. Uit het onderzoek blijkt dat ruim de helft van alle ondernemingen vindt dat financieringsproblemen de groei belemmeren. De groeimogelijkheden van de bedrijven worden niet geheel benut, omdat het ondernemers niet lukt de benodigde financiering aan te trekken.

Er kan garantievermogen worden verkregen van derden. Als geldmiddelen uit het buitenland worden verkregen, zal de ondernemer (en zijn accountant) er alert op moeten zijn dat dit geld aanvaardbaar is, in die zin dat het niet afkomstig is uit een crimineel circuit of dat via een omweg is getracht om belasting te ontduiken (*witwassen*). De accountant moet daar degelijk onderzoek naar doen, mede omdat de financier ook zal willen weten hoe een en ander in elkaar steekt.

Er zijn *participatiemaatschappijen* die er hun bedrijf van maken om risicodragend vermogen ter beschikking te stellen. Het kan zijn dat de ondernemer de invloed die de participatiemaatschappij wil hebben, beschouwt als bedreigend voor zijn zelfstandigheid. Beter is het om hem te vertellen dat zijn beleid nog eens wordt getoetst door een belanghebbende, die daarmee zijn eigen lening en risico wil bewaken.

Andere vormen van garantievermogen worden soms door banken ter beschikking gesteld aan kansrijke ondernemingen; één van die banken is NIB Capital (NIBC). De Rabobank, bijvoorbeeld, kan aan startende ondernemers of doorstarters en innovatieven een zogenoemde *stimuleringslening* verstrekken van, in beginsel, maximaal €500.000. Die verstrekking kan samengaan met een lening op basis van de *Borgstelling MKB-Kredieten*. De stimuleringslening heeft het karakter van een achtergestelde lening en is daarmee risicodragend kapitaal met een garantie van de bank van

Stimuleringslening

Borgstelling MKB-Kredieten

maximaal tachtig procent; een Borgstellingskrediet (BSK) is *geen* achtergestelde lening.

Leverancierskrediet

Eigendomsvoorbehoud

Naast bankkrediet kan een beroep worden gedaan op *leverancierskrediet*. Voor de ondernemer kleeft daaraan het bezwaar dat de leverancier bijna altijd het *eigendomsvoorbehoud* heeft van de geleverde goederen. De bank zal daarmee rekening houden door die voorraden niet te beschouwen als verpande goederen voor de bank.

Factormaatschappij

Een bijzondere vorm van financieren is het financieren door een derde van de door de onderneming zelf geleverde goederen en diensten. Dit gebeurt dan door een overeenkomst met een *factormaatschappij*. Deze neemt de incasso ter hand en bevoorschot de onderneming. Het bezwaar wordt wel gevoeld dat deze maatschappij rechtstreeks in contact treedt met de afnemer van de ondernemer, zonder dat laatstgenoemde daar bemoeienis mee heeft. Daarover kunnen echter goede afspraken worden gemaakt met de factormaatschappij, zodat toch het persoonlijke contact tussen ondernemer en klant niet geheel verloren gaat.

Objectfinanciering

Leasing

Objectfinanciering vindt vaak plaats in de vorm van *leasing*. Ook daarvan geldt dat de banken de betreffende activa niet zullen beschouwen als zaken die aan de bank kunnen worden verpand. Deze goederen zijn immers van de leasemaatschappij (de lessor) zolang de schuld niet is afgelost door de lessee.

Sale-lease-backconstructie

Onroerende zaken kunnen worden geleast via een zogenoemde *sale-lease-back-constructie*. Voor bepaalde ondernemingen is de sale-lease-back-constructie bedacht voor immateriële activa, de zogenoemde *technolease*, waarover politiek de nodige commotie is ontstaan. Uiteraard is hierbij de waardebepaling een stuk moeilijker. Sale-lease-back komt nog niet veel voor en dan nog vrijwel alleen in die gevallen waarin de onderneming geen balansverlenging wenst, dus *off-balance* wil investeren en *financieren*.

Off-balance

Financieren

Financiers kijken daar wel doorheen en zullen bepaalde huurverplichtingen gaan kapitaliseren en een gecorrigeerde solvabiliteitsberekening maken waardoor de financiële positie toch weer goed in beeld komt. De beste reden om te leasen is dus nog steeds dat de onderneming over eigen geld kan blijven beschikken voor de bedrijfsvoering zonder dat een te groot deel van het vermogen wordt gestoken in bedrijfsmiddelen.

Leaseproducten

Leaseproducten zijn onder meer:
- vastgoedlease (flexibele bedrijfsvestiging met eigen identiteit voor courante gebouwen zonder nadelen van koop of huur);
- equipmentlease (financial of operational lease met koopoptie tegen vooraf afgesproken prijs);
- vendorlease (geïntegreerde lease met volledige financiering en alle administratieve, juridische en fiscale aspecten, dus bij verkoop van de eigen producten);
- autolease (full-service contracten met als optie een brandstofkaart);
- bedrijfswagenlease;
- Financiële Service Lease (voor MKB alle serviceaspecten van bedrijfswagenlease maar met investeringsaftrek);
- mantellease (investeringsruimte op basis van de totale investeringsbehoefte);
- premielease (maximale investeringsaftrek voor MKB als gebruiker met operational lease zonder onderhoud en verzekering);

- seizoenlease (betalingstermijnen, afgestemd op schommelende jaarinkomsten).

In deze opsomming van financieringen kan ook het *mezzanine vermogen* worden genoemd. Deze vorm van vermogen heeft kenmerken van zowel eigen als vreemd vermogen. Een mezzanine financiering kan bijvoorbeeld de vorm hebben van een achtergestelde lening, een minderheidsparticipatie of een converteerbare lening.

6.5 Informal venture capital

Informal venture capital (*durfkapitaal*) is het vermogen dat door ondernemingen of particulieren aan ondernemingen of projecten met een meer dan gemiddeld financieringsrisico is verstrekt. In tegenstelling tot een participatiemaatschappij, die in bepaalde gevallen een verlies kan verhalen op de overheid, kan de venture capitalist geen beroep doen op een regeling waarbij de overheid een deel van de verliesrisico's voor haar rekening neemt.

Durfkapitaal

Venture capital

> Venture capital is risicodragend vermogen voor de financiering van de ontwikkeling van een product, de start van een onderneming, de expansie van een onderneming en het doorvoeren van een ingrijpende reorganisatie.

Venture capital is een vermogensvorm waarvoor geen zekerheden worden gesteld in de vorm van activa. Het risicovolle van de uitzetting komt mede door de aanwending van het kapitaal, dat veelal wordt gebruikt voor illiquide activa. Vaak moet de venture capitalist vijf tot tien jaar wachten voordat hij een redelijke vergoeding ontvangt voor het relatief grote risico dat hij loopt. De vergoeding bestaat dan meestal niet uit dividend, maar vooral uit vermogensgroei of koerswinst, indien met aandelen of converteerbare leningen wordt geparticipeerd.

Het aanbod van dit soort venture capital komt in Nederland voor een groot deel van zogenoemde *informal investors*. Informal investors zijn vermogende particulieren die aandelenkapitaal verschaffen aan bedrijven die niet de volledige kredietbehoefte bij een bank kunnen lenen. Ook participatiemaatschappijen, die oorspronkelijk als zodanig actief waren, hebben de aandacht als informal investors gericht op het verschaffen van vermogen voor de uitkoop van directeuren-eigenaren in verband met opvolging, de verzelfstandiging van ondernemingen uit een groter geheel en de overbrugging van de periode tot het moment waarop een beursgang mogelijk is. Ook expansiefinanciering behoort tot de aangeboden producten; startersfinanciering in mindere mate.

Informal investors

In de volgende subparagrafen wordt nader ingegaan op de kennis van de bedrijfstak, verschillende vormen van financiering en de procedure voor het verkrijgen van een venture capital.

6.5.1 Kennis van de bedrijfstak

In het algemeen worden startende ondernemingen als risicovol ervaren. Oorzaak hiervan is dat geen informatie beschikbaar is over het verleden – de onderneming heeft nog geen *track record* – en vaak grote onzekerheid bestaat over de toekomst. Toch kunnen zich onder starters kansrijke bedrijven bevinden. Om deze kansen te kunnen inschatten, moet de potentiële

Track record

koper over voldoende kennis beschikken om tot een correcte analyse te komen. Dit stelt hem in staat om in kansrijke, nog niet bewezen succesvolle ondernemingen te investeren.

Dat starters in aanmerking komen voor financiering heeft ook te maken met het investeringsmotief. Omdat informal investors voor eigen rekening en risico investeren, streven zij niet primair naar een financieel rendement op korte termijn. Andere motieven, zoals uitdaging en een gevoel voor maatschappelijke verantwoording om jonge bedrijven een kans te geven, kunnen in de plaats komen van een hoog financieel rendement. Als een kansrijke onderneming met behulp van begeleiding door de informal investor uiteindelijk succesvol wordt, heeft dit 'waarde' voor hem en ziet hij dit als een beloning voor de uitdaging die hij is aangegaan.

Als de verstrekker van 'durfkapitaal' van meet af aan wel een rendementseis heeft, is die niet gemakkelijk te bepalen en verschilt deze per onderneming of per project. De inschatting van risico's is een subjectieve zaak, waarbij natuurlijk zo veel mogelijk getracht zal worden om gebruik te maken van aanwezig cijfermateriaal over verstreken perioden of vergelijkbare projecten. Waar onzekerheid heerst over de winstmogelijkheid, zal onderzoek moeten plaatsvinden door (branchedeskundige) organisaties of adviseurs om de subjectieve invloeden zo veel mogelijk te beperken. Deelname van een venture capitalist gaat gepaard met nauwkeurige positiebepaling en vergt veel tijd. De kwaliteit van het ondernemerschap speelt als altijd een belangrijke rol bij de afweging.

6.5.2 Financieringsvormen

Risicokapitaal

Participatiemaatschappijen en sommige informal investors willen *risicokapitaal* ter beschikking stellen aan ondernemingen die in staat lijken om tien à twintig procent rendement te kunnen leveren boven vermogen dat risicoloos ter beschikking wordt gesteld. Zij verwachten dit extra rendement, mede afhankelijk van het soort financiering dat wordt verstrekt. Dit houdt weer verband met de aard van de onderneming en de fase waarin het bedrijf zich bevindt (*ondernemingscyclus*). Hierna worden enkele soorten financiering besproken die afhankelijk zijn van de levensfase:

Levensfasefinanciering

- *Seed financing*. Financiering van een startende onderneming om een idee uit te werken en de commerciële haalbaarheid aan te tonen via een ondernemingsplan. Het bedrag is veelal beperkt.
- *Start-up financing*. Financiering van het prototype en de eerste marketing van het product in de proeffase. Het bedrijf heeft de sleutelfuncties inmiddels bezet en het marktonderzoek is voltooid.
- *First stage financing*. Financiering van het productieapparaat, de verkoop en de marketing op commerciële basis.
- *Second stage financing*. Financiering van het werkkapitaal dat nodig is om voorraden en debiteurenvorderingen te financieren. Het productieproces is in volle gang, hoewel het bedrijf vaak nog niet winstgevend zal zijn.
- *Third stage financing*. Financiering van de uitbreiding van de productiecapaciteit. Het bedrijf staat op het punt winst te maken.
- *Bridge or fourth stage financing*. Financiering van de onderneming om de periode te overbruggen die nodig is om volledig op bancaire financiering over te gaan.
- *Buy-out financing*. Financiering van de overname van een bedrijf, vaak met medewerking van het management. Als de buy-out gepaard gaat met een lening van de bank, die daarvoor zekerheden verwerft, spreekt men van *leveraged buy-out*.

Leveraged buy-out

- *Turnaround financing.* Financiering van een ingrijpende reorganisatie van de onderneming om een faillissement te voorkomen. Het doel is om na de ingrijpende reorganisatie het bedrijf winstgevend voort te zetten.

Turnaround financing

6.5.3 Procedure

Het is niet gemakkelijk om een venture capitalist te vinden en te bewegen financieringen te verstrekken. Het zijn meestal gefortuneerde (ex-)ondernemers, die nauwelijks bekend zijn, ondanks het feit dat er in Nederland inmiddels zo'n duizend venture capitalists zijn. Niettemin zijn er jaarlijks nog veel ondernemers die met tevredenheid een beroep doen op particuliere maatschappijen of particulieren die toch bereid zijn, of zelfs als doelstelling hebben, ondernemers te helpen, zij het tegen een hoge prijs. Nederlandse ondernemers hebben nogal eens moeite met het prijskaartje. In het buitenland wordt daarover gemakkelijker gedacht. Als een derde risicovol participeert, vindt men dat die ook een royale premie mag ontvangen. Bij accountantskantoren en banken is meestal wel een gids aanwezig waarin de venture-capital-maatschappijen worden genoemd. Particulieren kunnen worden gezocht via bepaalde kanalen, bijvoorbeeld accountants, notarissen of banken. Er zijn ook adviseurs/bemiddelaars op deze markt actief.

Het komt voor dat een *venture capitalist* te sterk betrokken raakt bij een financiering. Uit onderzoek is naar voren gekomen dat dit veroorzaakt wordt door de volgende factoren:

Venture capitalist

- de gevoelde mate van verantwoordelijkheid;
- de relatieve omvang van het project;
- het zich persoonlijk aantrekken van het falen van een participatie;
- een intensief contact met de ondernemer.

Zowel de venture capitalist als de ondernemer kan met deze gevaren rekening houden en tijdig maatregelen nemen zodat het niet zover hoeft te komen.

6.6 Financieren van een aandelentransactie

De financiering van de *koopsom van aandelen* leidt niet zelden tot problemen voor de koper. Als de verkoper graag zijn bedrijf wil overdragen aan een bepaalde koper die de middelen daarvoor niet heeft (denk aan opvolging binnen de familie), dan heeft de verkoper eveneens een probleem, zeker als hij over het geld moet of wil beschikken. De belangrijkste oorzaak waarom de financiering als een probleem wordt ervaren is dat veel bedrijven in de loop van de tijd te snel zijn gegroeid, waardoor de waarde van de aandelen is verveelvoudigd. Opvolgers moeten dan een groot bedrag voor de aandelen op tafel leggen om het bedrijf over te nemen.

Aandelentransactie

Enkele financieringsmogelijkheden zijn:
- *De verkoper financiert.* (De koper blijft de koopsom schuldig.) Dit kan als de vertrekkende ondernemer over voldoende middelen beschikt om zelf goed te kunnen leven en geen behoefte heeft direct al zijn geld te besteden. Het kan zijn dat de verkoper met de fiscus de aanmerkelijkbelangheffing moet afrekenen. In dat geval wenst hij vaak het bedrag daarvoor van de koper te ontvangen om niet zelf te moeten lenen. Financieringstechnisch hoeft dat geen probleem te zijn, omdat het om relatief geringe bedragen gaat die de koper zelf kan betalen (of via zijn kopende holding-bv) of gefinancierd kan krijgen door de bank. De bank zal in nagenoeg

alle gevallen de financiering dan willen verstrekken aan de bv die daarvoor zekerheid kan geven. Op haar beurt leent die bv dan weer door aan de holding-bv van de koper.

- **Earn-out** — *Men past een earn-out toe.* Deze vorm kan worden gezien als een uitgestelde betaling. In een *earn-out* wordt een deel van de koopprijs direct betaald en een deel pas na verloop van tijd. Het niet direct betaalde deel wordt afhankelijk gesteld van de toekomstige winstontwikkeling van de onderneming. Voor de koper heeft een earn-out het voordeel dat de mogelijke onzekerheid over de winstprognose wordt beperkt. Als de onderneming slechte resultaten boekt, is de nabetaling lager. De verkoper heeft het voordeel dat als de winst zich beter ontwikkelt dan volgens de prognose het geval zou zijn, de uiteindelijke verkoopprijs hoger wordt. Men zal onderling goed moeten afspreken hoe de winst wordt bepaald, zodat die niet kunstmatig laag wordt gehouden. De verkoper kan per saldo ook een lagere prijs genereren dan aanvankelijk is overeengekomen. Hij zal de koper goed genoeg moeten kennen om deze financieringsvorm te willen accepteren.
- **Aandelen worden verhuurd** — *De aandelen worden verhuurd.* Deze vorm kan als overbrugging van een verkoop dienen. De verhuur kan geschieden met gelijktijdige afgifte van een algemene volmacht voor het stemrecht en is daardoor voor de eigenaar van de aandelen beter qua risico. De eigenaren genieten wel huur als opbrengst van vermogen, maar maken dan (nog) geen belaste vervreemdingswinst.
- *Tijdelijk wordt kapitaal aangetrokken van een participatiemaatschappij of venture capitalist.* Om de opvolging mogelijk te maken en de solvabiliteit en liquiditeit van het bedrijf niet aan te tasten, kan een participatiemaatschappij tijdelijk een bepaald minderheidsbelang in het bedrijf nemen. Hierdoor krijgen de eigenaren toch de waarde van hun bedrijf uitgekeerd en hoeven de opvolgers slechts een deel voor hun rekening te nemen. Nadien kan dan het aandelenpakket van de participatiemaatschappij door de opvolgers worden overgenomen.
- *De bank verstrekt een lening aan de overnemende partij.*

Het financieren van een aandelentransactie kan ingewikkeld zijn, in tegenstelling tot de financiering van een (klein)bedrijf. Dit zegt echter niets over hoe snel een krediet of lening wordt verkregen of hoe lastig het kan zijn om een financier te overtuigen tot het verstrekken van krediet. In de volgende paragraaf wordt het microkrediet besproken, een vrij recente toevoeging aan het scala van kredietmogelijkheden. Voor andere kredietvormen, zoals garantieregelingen, wordt verwezen naar het thema Financieren.

6.7 Microkrediet

Met behulp van de Financieringsmonitor MKB werd zichtbaar hoe moeilijk het soms voor starters en doorstarters is om aan een lening te komen voor de bedrijfsvoering (zie paragraaf 6.2, casus 6.1). Op wereldniveau is enige jaren geleden al begonnen met het ontwikkelen en ter beschikking stellen van microkredieten. De motivatie daarvan was kansarmen in de samenleving een mogelijkheid te bieden met bepaalde productiemiddelen, bijvoorbeeld een koe of een machine, een kleinschalige onderneming te beginnen. Met het geleende geld zou primair aan de eerste levensbehoeften van het gezin kunnen worden voldaan, secundair een positieve invloed kunnen uitgaan op de directe omgeving. In beginsel moet de lening worden terugbetaald, als het niet in geld kan, dan in natura, bijvoorbeeld met een kalf zodat anderen daarmee ook geholpen kunnen worden.

Deze gedachte van *microkrediet* heeft in Nederland een toegepaste vorm gekregen in een economisch veel betere omgeving, maar de basis is dezelfde: het geplande ondernemerschap kan niet van de grond komen zonder krediet. In Nederland ligt dit aan het feit dat er drempels moeten worden geslecht bij financiële instellingen. Deze vinden de hoogte van de financiering vaak te gering om er iets aan te verdienen of er is onvoldoende zicht op positieve resultaten omdat er nog geen aantoonbaar bewijs is dat de aanvrager goed kan ondernemen.

Microkrediet

Door de rijksoverheid is een landelijke regeling gecoördineerd waaraan de grootbanken in Nederland hun medewerking verlenen. De uitvoering daarvan en de regierol is in handen van de Stichting Microfinanciering en Ondernemerschap Nederland (www.microfinanciering.com). Via Microfinanciering (MF)-ondernemerspunten kan een ondernemer een financiering aanvragen. Samen met een adviseur van de organisatie wordt dan bepaald welke combinatie van kredietverstrekking, begeleiding en coaching optimaal is.

6.7.1 Qredits

Enkele ministeries en de vier grootbanken in Nederland hebben de kredietinstelling Qredits opgericht. *Qredits* is de handelsnaam van de Stichting, die zonder winstoogmerk het unieke samenwerkingsverband gestalte geeft. Het doel is de ontwikkeling van het kleinbedrijf te bevorderen door kredietverlening en coachingsfaciliteiten aan te bieden aan ondernemingen met minder dan vijf werknemers, ondernemers en zzp'ers.

Qredits

Kleine ondernemingen kunnen groeien, middelgroot worden of zelfs groot. Maar er moet een keer een begin zijn. Daarvoor is er een laagdrempelige mogelijkheid. Er hoeft niet meer alleen te worden aangeklopt bij vermogende ex-ondernemers (venture capitalists) of risicofondsen van banken, maar er is een goed georganiseerd netwerk van MF-ondernemerspunten dat al duizenden aanvragen heeft verwerkt. Een belangrijk aspect van de bij de MF-ondernemerspunten in dienst zijnde bedrijfsadviseurs is het doornemen van het door de aanvrager gemaakte ondernemingsplan. Accountants hebben hierin weer een taak door de potentiële ondernemer te helpen bij het maken van zijn ondernemingsplan. Accountantskantoren kunnen door Qredits worden aangewezen om als begeleider op het financiële terrein op te treden. Bij sommige leningen hanteert Qredits namelijk de voorwaarde dat de ondernemer zich op financieel gebied moet laten begeleiden door een specialist. Overigens kan de ondernemer zijn financiële coach zelf uitkiezen via het coachingsplein op de website van Qredits.
Niet in alle delen van Nederland is Qredits gevestigd. In vijf regio's werkt zij samen met andere organisaties, namelijk in Flevoland, Rotterdam, Twente, Leeuwarden e.o. en Tilburg.

6.7.2 De microfinanciering

De *microfinanciering* bestaat uit drie elementen:
- intake en advies vóór de start van de onderneming;
- een microkrediet tot €50.000 met een lening of borgstelling;
- coaching na de start van de onderneming.

Microfinanciering

Bestaande ondernemers kunnen eveneens gebruikmaken van de diensten van Qredits. De verhouding van de hulp is ongeveer twee derde starters en een derde bestaande ondernemers die problemen hebben gekregen bij de aanvullende vermogensbehoefte.

De lening of borgstelling loopt maximaal tien jaar en de rente is voor de gehele looptijd vast op basis van een marktconforme rente, die overigens wel rekening houdt met het startersrisico. Daarnaast zijn afsluitkosten verschuldigd.
Qredits is geen bank. Een bankrekening moet daarom worden aangevraagd bij een reguliere bankinstelling.

Qredits kan ook een MKB-krediet verstrekken tot een maximum van €250.000, per 1 januari 2015 (1 november 2013 €150.000). Zie de website van Qredits.

6.8 Crowdfunding

Na de kredietcrisis klagen ondernemers over de rol van banken in het financieringsproces. Vooral als het gaat om investeringen en exploitaties van geringe omvang, is het heel moeilijk om een bank te bewegen mee te gaan als externe financier. Daarnaast ontvangen mensen die (spaar)geld hebben erg weinig rente op hun tegoeden en zoeken zij naar een hogere renteopbrengst. Deze beide zaken gecombineerd heeft initiatiefrijke mensen bewogen om een andere vorm van financieren te bedenken, *crowdfunding*.

Crowdfunding

Bijvoorbeeld de organisatie 'geldvoorelkaar.nl' biedt bezitters van geld en ondernemers een platform om elkaar te ontmoeten. Soms gaat het om kleine bedragen, soms over een behoorlijke vraag om kapitaal. De leningen aan ondernemers zijn voor rekening en risico van de geldschieter zelf. De bemiddelaar beoogt particulieren warm te krijgen voor hen aansprekende initiatieven, waardoor de verstrekking een – sterk – sociaal karakter krijgt.

People-to-people markt

Vraag en aanbod worden via het internet bij elkaar gebracht, het is een P2P-methode, people-to-people markt, waarbij geld van mensen direct aan andere mensen of organisaties wordt toevertrouwd. In Nederland belopen de op deze wijze verstrekte leningen al vele miljoenen euro's: in het jaar 2013 werd €32 miljoen opgehaald, waarvan €28 miljoen door ondernemers. Gemiddeld haalden de bedrijven €75.000 binnen. In 2010 bestond deze vorm van funding nog niet of nauwelijks.
Ook particulieren tonen initiatieven op een crowdfundingwijze. Het gaat dan doorgaans om niet te grote bedragen, enige tienduizenden euro's per financieringsvraag, of nog lager.

Banken staan welwillend tegenover crowdfunding. Zij vinden het zelfs prettig, want met de leningen die particulieren verstrekken ontvangen de kredietvragers risicodragend kapitaal. Dit is voor de reguliere financiers, de banken, een prachtige kans om leningen te verstrekken aan veelbelovende initiatieven, met een veel geringer verliesrisico voor de bank. Soms proberen de banken daarbij investeerders aan te trekken, zodat het een financieringsvoertuig wordt in een combinatie van particulieren, overige investeerders en de bank.

6.8.1 Kredietunie

Een kredietunie is een coöperatieve vereniging die gelden en kennis ter beschikking stelt, als MKB-ondernemers die hiervan gebruikmaken lid zijn van de coöperatie. Het is dus een coöperatie van, voor en door ondernemers. Een voorbeeld hiervan is de Kredietunie Midden-Nederland, die sinds begin 2014 operationeel is. Deze organisatie richt zich op kredietverlening tot €250.000 in een bepaald gebied in de provincie Utrecht.

Er wordt van uitgegaan dat het feit dat de betrokkenen geen winstoogmerk hebben en de unie op democratische leest is geschoeid, bevorderend werkt voor de onderlinge solidariteit tussen kredietgevers en kredietnemers.

De kredietverstrekkende leden fungeren tevens als coach voor de kredietvragende collega's. Zij zetten zich in voor het succes van deze ondernemers en vergroten daarmee de kans op het welslagen van zijn of haar onderneming. Dit proces van 'community funding' vindt grotendeels plaats via een website.

Bron: www.accountant.nl; januari 2014

Kredietunie

6.9 Regels bij bancaire kredietverlening

Elke bank kent haar eigen regels voor het beoordelen van een financieringsaanvraag. In *standaardrapportagemodellen* worden analyses gemaakt van de financiële positie van een klant, wordt een beoordeling gegeven van de kwaliteit van de ondernemer en maakt men berekeningen van bancaire zekerheid. In de voorgaande paragrafen zijn belangrijke onderdelen van het ondernemingsplan, en de wijze waarop adviseurs als banken en accountants daarmee omgaan, aan de orde gesteld. Die zaken worden door deze eerstelijnsadviseurs ook vaak met de klant besproken.

Standaardrapportagemodellen

Minder frequent komen de bancaire zekerheden in die gesprekken aan de orde. Ook komen ze minder vaak in de publiciteit. In de financiële pers worden globaal aannames gemaakt van bijvoorbeeld *bevoorschottingsnormen*, dat zijn de percentages die banken hanteren als *verstrekkingsnorm* voor de financiering van een onderpand, en de te verkrijgen zekerheden voor de bank bepalen mede de aflossingsverplichtingen die een ondernemer in een financieringsofferte krijgt aangeboden. Op hun beurt bepalen deze aflossingen mede de betalingscapaciteitsmarge van een bedrijf.

Bevoorschottingsnormen

Verstrekkingsnorm

Hoe meer zekerheden van primaire aard een bank kan verkrijgen, hoe lager de aflossingen doorgaans zijn. Een ondernemer in een huurpand met uitsluitend inventaris en debiteurenvorderingen (secundaire zekerheden) die voor verpanding in aanmerking komen, zal ervaren dat het verkrijgen van een financiering voor hem moeilijker is dan voor een bedrijf dat tevens een pand kan verhypoteken en waarvoor een basishypotheek genoeg is om de financiering zeker te stellen voor de bank.

In een ondernemingsplan hoeft de ondernemer nauwelijks aandacht te schenken aan de zekerheden die de financier moeten worden aangeboden als tegenprestatie voor het verkrijgen van een financieringsfaciliteit. Wel zal de aanvrager rekening moeten houden met het verzoek van de financier om voor de ter beschikking gestelde geldmiddelen – zo mogelijk – een bepaalde zekerheid te geven. De bank verstrekt in beginsel *risicobewust*. Daarom zal zij, als er calamiteiten dreigen waardoor de verstrekte financiering mogelijk niet (geheel) terugbetaald kan worden, de verkregen zekerheden willen uitwinnen om uit de opbrengst daarvan de vordering op de debiteur te verhalen (de vangnetfunctie).

Risicobewust of risicomijdend?

Er wordt wel gezegd dat de banken *risicomijdend* verstrekken. Dat zouden ze ook graag willen, maar de praktijk leert dat er op de verstrekte financieringen regelmatig verliezen worden geleden. Dit ondanks het feit dat de financiering toch zorgvuldig is verstrekt door een juiste afweging van de terugbetalingsmogelijkheden van de cliënt. De Voorziening Algemene Risico's (VAR) van de banken wordt jaarlijks met vele honderden miljoenen aangezuiverd. Als men zich dan realiseert dat de rentemarges van de banken in Nederland tot de laagste van Europa behoren, is het duidelijk dat banken een weloverwogen *acceptatiebeleid* voeren.

Acceptatiebeleid

Acyclisch financieren

In een periode van economische groei zouden de banken er goed op moeten letten het risicoprofiel niet op te rekken. Beter is het om *acyclisch* te *financieren*. Daarmee wordt bereikt dat cliënten een tamelijk constant financieringsbeleid van de banken kunnen verwachten. Het is voor veel ondernemers erg vervelend, en nauwelijks te begrijpen en te accepteren, dat financiers in bepaalde tijden (denk aan een neergaande conjunctuur) aanvragen weigeren, die onder andere omstandigheden geen problemen zouden hebben opgeleverd. Ondernemers kunnen beter begrijpen dat banken in een economische crisis terughoudender zijn dan anders, maar ook dan zien zij niet altijd de ratio in van het weigeren van een krediet. Dit belemmert dan vaak de groeimogelijkheden van een bedrijf. Een bancaire voorzichtigheid die niet altijd correct is als op de juiste wijze de beoordeling van de ondernemer en de onderneming plaatsvindt. Ook in de jaren na de laatste kredietcrisis laten banken ondernemers in de kou staan. Het lijkt erop dat de banken zich soms meer bezighouden met de eigen balans om die te laten voldoen aan Europese regels, dan op te komen voor de eigen klanten of nieuwe klanten.

Als de ondernemer geen bezwaar heeft tegen het verstrekken van zekerheden, ook niet om hoofdelijk (in privé) medeschuldenaar te zijn voor de verplichtingen aan de bank (in een bv-situatie), dan moet de accountant hem daar onder normale omstandigheden ook niet van weerhouden.

> Er zijn accountants die toegevoegde waarde in een gesprek met de bank denken te hebben als de borgtocht wordt besproken en zij invloed uitoefenen op het door de bank accepteren van een lager bedrag van de borgtocht. Dan lijkt dit toegevoegde waarde voor de ondernemer te zijn, maar dat is het niet. De verhouding tussen bank en ondernemer kan daarmee worden verstoord. Zeker als het zichtbare eigen vermogen van de onderneming slecht of zwak is, zal de ondernemer privé maximaal moeten participeren om het vertrouwen van de bank te krijgen of te houden. De ondernemer moet risico's blijven lopen – daarvoor is hij ondernemer – en deze niet overhevelen naar de financier.

Beoordelingscriteria

Banken plaatsen zekerheid pas op de vijfde plaats van de *beoordelingscriteria*. Zekerheid komt na:
- ondernemerschap (1),
- rentabiliteit (2),
- solvabiliteit (3), en
- liquiditeit (4).

Zekerheid dient als vangnet voor het eventueel misgaan (niet kunnen of willen aflossen) van een verstrekte financiering.

6.9.1 Hypotheek

De hypotheekgever verleent aan de financier toestemming om op zijn onroerende zaken hypotheek te vestigen. Het betreffen *registergoederen*: onroerende zaken, maar ook in het scheepsregister ingeschreven vaartuigen, geregistreerde luchtvaartuigen en beperkte rechten op onroerende zaken. Ook een derde kan op zijn registergoed hypotheek geven tot zekerheid van een schuld van een ander. Men spreekt dan van derde hypotheekgever of *derde hypotheek*. Hypotheek is een afhankelijk (accessoir) recht. Het volgt de vordering waaraan het is verbonden. Als een hypotheek op meer goederen is gevestigd, is de hypotheekhouder in beginsel vrij in het bepalen van de volgorde van de executoriale verkoop, tenzij een goed van een ander dan de debiteur hypothecair is verbonden. Hypotheek geeft de hypotheekhouder de bevoegdheid om een financiële vordering bij voorrang te verhalen op de opbrengst bij *uitwinning* van het hypothecair verbonden goed.
De hypotheekregisters zijn openbaar, zodat iedereen kan nagaan of een bepaalde onroerende zaak, schip of luchtvaartuig of een beperkt gebruiksrecht is belast.

Registergoederen

Derde hypotheek

In de financieringspraktijk komt het voor dat partijen, om kosten te besparen, overeenkomen dat in plaats van hypotheek aan de bank *een volmacht tot hypotheekverlening* op een bepaald goed wordt verleend. Zo'n volmacht biedt echter geen afdoende zekerheid omdat die kan eindigen vóórdat hypotheek is gevestigd, bijvoorbeeld door de dood van de volmachtgever of herroeping.

Volmacht tot hypotheekverlening

Onder een hypotheek kunnen vallen:
- de eigendom van een onroerende zaak
- het recht van erfpacht
- het recht van opstal
- het appartementsrecht
- vruchtgebruik op één van deze rechten

Valt een registergoed in een huwelijksgemeenschap, dan is diegene bevoegd tot het verlenen van hypotheek, op wiens naam het registergoed is gesteld, ongeacht met wiens geld de aankoop heeft plaatsgevonden. De vestiging van hypotheek op een gemeenschappelijke echtelijke woning of de woning waarin de andere echtgenoot woont, kan alleen met toestemming van de andere echtgenoot, ook als de echtelieden in algehele gemeenschap van goederen zijn getrouwd of onder huwelijkse voorwaarden (zie paragraaf 5.2.1).

In de praktijk onderscheidt men twee soorten hypotheken.
De *vaste hypotheek* strekt tot zekerheid voor de terugbetaling van een bepaalde geldlening. Het hypotheekrecht gaat teniet, naarmate de schuld waarvoor de hypotheek is gevestigd, wordt afgelost. Als de totale geldlening is terugbetaald, vervalt het recht van hypotheek, ook al wordt de inschrijving niet doorgehaald.
Bij de *bankhypotheek* willen partijen regelen dat de zekerheid wordt gevestigd voor al wat de debiteur tot een in de hypotheekakte bepaald maximumbedrag aan zijn crediteur op een moment schuldig zal zijn of worden, zonder dat op het moment van vestiging van de hypotheek al een schuld behoeft te bestaan. De bankhypotheek blijft in stand, ook al heeft de bank op een zeker moment geen vordering (meer) op de debiteur.

Vaste hypotheek

Bankhypotheek

Hypothecaire inschrijving

De *hypothecaire inschrijving* wordt in veel gevallen hoger gesteld dan strikt noodzakelijk. Zeker voor een onderneming die groeit, ook qua vreemd (bank)vermogen, is dit gemakkelijk. Daarmee wordt bereikt dat bij financieringsuitbreiding geen nieuwe hypothecaire inschrijving hoeft te worden gevestigd, bijvoorbeeld een tweede hypotheek op hetzelfde kadastrale nummer. Als die tweede hypotheek door een andere bank zou moeten worden verstrekt, kan de (te?) hoge inschrijving wel een belemmering zijn. Voor nieuwe onroerende zaken moet wel een nieuwe inschrijving worden geregeld.

Erfpachtrecht

Het *erfpachtrecht* (een zakelijk recht dat de erfpachter de bevoegdheid geeft eens anders onroerende zaak te houden en te gebruiken – 5:85 BW) wordt bij voorkeur voor een lange tijd verleend aan de gebruiker. Hij heeft groot belang bij een lange termijn omdat de investeringen die hij in en op de grond doet alleen waarde hebben zolang de overeenkomst duurt, tenzij er een goede *vergoedingsregeling* is getroffen voor het geval de onroerende zaken door natrekking aan de verpachter zouden vervallen. Dit vergoedingsrecht is aan de hypotheekhouder verpand. De erfpachtakte zal steeds door de juridische afdeling van de bank worden getoetst op vatbaarheid voor het vestigen van een goed hypotheekrecht. Bij twijfels zullen aanpassingen van de overeenkomst moeten plaatsvinden. Daarmee heeft de verpachter doorgaans geen moeite.

Recht van erfpacht

Voor de beoordeling van de onderpandswaarde van een *recht van erfpacht* is het van belang dat de *canon* niet hoger is dan de rente die over een hypothecaire lening tot het bedrag van de geschatte grondprijs betaald zou moeten worden. Is de canon hoger, dan zal dat een negatief effect hebben op de opbrengst van het recht van erfpacht. Als het recht contractueel afloopt, heeft de eigenaar van de grond, de verpachter, het recht om de canon opnieuw vast te stellen. Niet zelden gebeurt het dat deze dan heel veel hoger wordt vastgesteld dan waarvoor het recht de aflopen jaren bestond.

> Een voorbeeld daarvan zijn de canons op het eiland Texel, waar onder andere de recreatiebungalows de dupe worden van dit beleid. Dit brengt de courantheid van de recreatiewoningen in gevaar omdat de koper van de woning op erfpachtgrond de jaarlasten dan sterk ziet stijgen.

Ook een beperking van de gebruiksmogelijkheden van de erfpacht zal in zijn algemeenheid de erfpacht minder aantrekkelijk maken als hypothecair onderpand.

Recht van opstal

Bij het beëindigen van het *recht van opstal* (zakelijk recht om in, op of boven een onroerende zaak van een ander gebouwen, werken of beplantingen in eigendom te hebben of te verkrijgen – 5:101 BW) verkrijgt de grondeigenaar de eigendom van deze gebouwen, werken en beplantingen. Hij is verplicht om de waarde daarvan aan de opstalhouder te vergoeden, tenzij anders is overeengekomen. De hypotheekhouder heeft een wettelijk pandrecht op de vordering tot vergoeding.

Appartementsrecht

Het *appartementsrecht* (aandeel in de goederen die in een splitsing zijn betrokken – 5:106 lid 3 BW) is een beperkt recht, omdat het de bevoegdheid omvat tot het uitsluitend gebruik van een bepaald deel van het gebouw of de grond. Als er sprake is van een vereniging van eigenaren, zal de hypotheekhouder die een dergelijke zaak wil executeren, eerst met de vereniging contact moeten opnemen. Dan pas kan een aanstaande koper van het gebruiksrecht zekerheid krijgen of hij het gebruiksrecht volledig kan verkrijgen.

Over het *vruchtgebruik* (3:201 BW) bepaalt de wet, dat het recht in ieder geval zal eindigen bij de dood van de vruchtgebruiker. Het eventueel gevestigde hypotheekrecht gaat dan tegelijkertijd teniet. Het recht van vruchtgebruik is alleen aanvaardbaar als hypothecair onderpand in combinatie met hypotheek op de blote eigendom van het registergoed waarop het vruchtgebruik rust.

Vruchtgebruik

De bank verstrekt zestig tot zeventig procent financiering op basis van de getaxeerde executiewaarde van de voor hypotheek vatbare zaken. Dit is dan de *basishypotheek*. Er wordt ook vaak een *tophypotheek* verstrekt van twintig tot dertig procent boven de bevoorschotting van de basishypotheek. Dit geldt voor bedrijfsfinancieringen. Voor particuliere leningen werd wel een hoger bedrag verstrekt dan honderd procent van de executiewaarde, bijvoorbeeld in het geval van een levensverzekeringshypotheek. In 2013 heeft de minister van Financiën bepaald dat de hoogte van de hypothecaire lening afhankelijk is van de (taxatie)waarde van de woning en daaraan een maximumverstrekking verbonden.

Basishypotheek
Tophypotheek

Als een lening onder staatsgarantie wordt ingepast (Borgstelling MKB-Kredieten) mag worden volstaan met een basishypotheek. De rest (blanco deel van de financiering) kan dan in principe met staatsgarantie worden verstrekt.

6.9.2 Pandrecht

Het *pandrecht* is het beperkte zekerheidsrecht op een niet-registergoed van een ander. De pandhouder krijgt de bevoegdheid om uit de opbrengst van de zaak bij voorrang een vordering te voldoen, boven andere crediteuren. Het is mogelijk dat een derde een vermogensbestanddeel in pand geeft voor de schuld van een ander. Voor verpanding komen in aanmerking: roerende zaken, schuldvorderingen aan toonder (bijvoorbeeld effecten), schuldvorderingen aan order en op naam (deposito's, polissen, spaartegoeden). Aandelen in nv of bv kunnen ook worden verpand. Dit moet notarieel gebeuren en brengt dus kosten met zich mee voor de onderneming.

Pandrecht

Niet alle vorderingen kunnen worden verpand. Een aantal vorderingen is bij de wet onttrokken aan verhaal door crediteuren. Dit zijn onder andere toegewezen alimentatiegelden en arbeidsloon. Ook zijn er fiscale belemmeringen om verpanding van rechten te regelen. Gebeurt dit wel dan kan sprake zijn van belastingheffing op – bijvoorbeeld – pensioenrechten, stamrechten en rechten op uitkeringen op basis van een arbeidsongeschiktheidsverzekering.

> De accountant moet erop toezien dat de bank geen verpanding eist van dit soort rechten. Denk ook aan de creditzijde van een bv-balans, waar die voorzieningen vaak staan vermeld.

Vuistpandrecht wordt gevestigd doordat de zaak in de macht van de crediteur wordt gebracht of in de macht van een derde, door partijen overeen te komen.

Vuistpandrecht

Pandrecht op een roerende zaak of op een recht aan toonder of order, kan ook worden gevestigd bij authentieke akte of een bij de Inspectie Registratie en Successie geregistreerde onderhandse akte, *zonder* dat de zaak of het toonderpapier in de macht van de pandhouder of van een derde wordt gebracht (*stil pandrecht*). Rusten op de zaak meer pandrechten, dan kan

Stil pandrecht

iedere pandhouder jegens wie de pandgever of de debiteur tekortschiet deze bevoegdheid uitoefenen, met dien verstande dat een andere dan de hoogst gerangschikte alleen afgifte kan vorderen aan een tussen de gezamenlijke pandhouders overeengekomen of door de rechter aan te wijzen pandhouder of derde.

Stille verpanding van roerende zaken en vorderingen is voor de bank of een andere pandhouder geen eersteklaszekerheid, omdat:
- de verpande zaak in handen blijft van de pandgever;
- derden sterkere rechten op de verpande zaak kunnen hebben (denk bijvoorbeeld aan de fiscus met zijn bodemrecht);
- de zaak of vordering al eerder aan een ander verpand kan zijn;
- de pandhouder geen zekerheid heeft dat de vordering (nog) bestaat;
- de debiteur de hoogte van een verpande vordering kan betwisten;
- de debiteur van een verpande vordering wellicht vorderingen op de pandgever kan verrekenen met de verpande vorderingen;
- de pandgever tot het tijdstip van mededeling de verpande vordering ten nadele van de pandhouder kan blijven innen (omdat de bank geen eigenaar van de roerende zaken is geworden, is zij ook niet bevoegd zonder toestemming van de ondernemer tot verkoop van de verpande zaken over te gaan);
- de zekerheidswaarde van de verpande vordering afhankelijk is van de gegoedheid van de debiteur;
- de debiteur van een verpande vordering, als hij tot betaling wordt aangesproken, de vordering kan gaan bestrijden.

Pandrecht op aandelen

Stemrecht op verpande aandelen

Een bank vraagt in bepaalde gevallen *pandrecht op aandelen* van een bv of een nv. De reden is dat de bank, zodra zij vindt dat dit nodig is, meer zeggenschap wil hebben over de bedrijfsvoering. Wanneer de bank stemrecht wil hebben op de aan haar verpande aandelen, moet zij op grond van de Wet Toezicht Kredietwezen daarvoor een verklaring hebben van De Nederlandsche Bank NV, indien het stemrecht meer dan tien procent van de aandelen betreft. De verpanding moet notarieel plaatsvinden.

Dit 'in bepaalde gevallen' is de laatste jaren haast te vertalen als 'in veel gevallen'. Vooral de ondernemingen die door de afdeling Bijzonder Beheer van de banken worden behandeld, eisen al snel deze verpanding om juridisch sterker te staan en de ondernemer onder druk te zetten.

Een *vordering, gesecureerd door hypotheek,* kan ook in pand worden gegeven. In dat geval kan een aantekening van de verpanding in de openbare registers worden gesteld, om belanghebbenden erop te attenderen dat de hypotheekhouder zijn rechten heeft verpand aan een derde. De pandhouder van de door hypotheek gedekte vordering is bevoegd tot uitoefening van alle rechten die aan die hypotheek zijn verbonden.

Verpanding van bedrijfsvorderingen

Akte tot verpanding

Verpanding van bedrijfsvorderingen is een vorm van zekerheid waarbij de pandgever periodiek zijn bedrijfsvorderingen verpandt aan een bank. Tussen de bank en de pandgever wordt een *mantelcontract* opgemaakt, waarin de pandgever zich verplicht om direct na facturering, periodiek of op verzoek een aantal of alle vorderingen aan de bank te verpanden. Deze vorderingen worden geadministreerd op een aparte lijst (pandlijst) of op een computeruitdraai, die aan de bank wordt overhandigd. De lijst (ter voldoening aan de in het mantelcontract gecreëerde verplichting tot verpanding) en het mantelcontract tezamen, worden beschouwd als de *akte tot verpanding*. De verpanding komt pas tot stand op het tijdstip waarop de door de pandgever getekende lijst met vorderingen wordt geregistreerd bij de Inspectie Registratie en Successie. Registratie van deze lijsten is verplicht voor het ontstaan van het pandrecht. De bank zal erop toezien dat de lijsten met vorderingen daadwerkelijk worden ingediend en geregistreerd. Ook is het van belang dat deze pandlijsten regelmatig worden ingediend. Als dat niet gebeurt, en de bank zou pas pandlijsten krijgen vlak voor een faillissement, is het niet ondenkbaar dat een andere crediteur of de curator in het faillissement zal trachten de verpanding te vernietigen op grond van de zogenoemde *Actio Pauliana*. De wet zegt hierover het volgende:

Actio Pauliana

> Artikel 3:45 lid 1 BW
> Indien een schuldenaar bij het verrichten van een onverplichte rechtshandeling wist of behoorde te weten dat daarvan benadeling van één of meer schuldeisers in hun verhaalsmogelijkheden het gevolg zou zijn, is de rechtshandeling vernietigbaar en kan de vernietigingsgrond worden ingeroepen door iedere door de rechtshandeling in zijn verhaalsmogelijkheden benadeelde schuldeiser, onverschillig of zijn vordering vóór of na de rechtshandeling is ontstaan.

Onverplichte rechtshandeling

> Artikel 3:46 lid 1 BW
> Indien de rechtshandeling waardoor één of meer schuldeisers zijn benadeeld is verricht binnen één jaar voor het inroepen van de vernietigingsgrond en de schuldenaar zich niet reeds voor de aanvang van die termijn tot die rechtshandeling had verplicht, wordt vermoed dat men aan beide zijden wist of behoorde te weten dat een zodanige benadeling het gevolg van de rechtshandeling zou zijn.

Verpanding van rechten, voortvloeiende uit overlijdensrisicoverzekeringen en levensverzekeringen, is een veelvoorkomende additionele zekerheid voor de bank. De verzekeringsmaatschappij moet op de hoogte worden gesteld van de verpanding. De polis is in de meeste gevallen bij de bank.

Bepaalde *immateriële activa* worden niet door de financier geaccepteerd als secundaire zekerheid. Dit is bijvoorbeeld het geval bij goodwill, licenties, octrooien en de geactiveerde waarde van software. Als er krediet wordt verstrekt op dit soort activa, is er altijd sprake van een bijzondere overeenkomst van geldlening. Technolease is wellicht een uitzondering op deze regel.

Banken verstrekken doorgaans tot vijftig procent financiering op de boekwaarde van roerende zaken als inventaris en machines. Installaties worden als onroerend beschouwd. Op betaalde *voorraden* verstrekt men ook tot vijftig procent van de (boek)waarde. Er zijn leveranciers die desgevraagd een *terugkoopverklaring* voor de door hen geleverde goederen willen afgeven. In dat geval kan de bank een hoger percentage verstrekken dan vijftig procent. Er zijn ook zogenoemde *versterkte terugkoopverklaringen*, die de bank nog meer zekerheid geven van een vergoeding, omdat de hoogte daarvan in de overeenkomst wordt genoemd. Dergelijke verklaringen worden ook afgegeven voor geleverde inventaris. Goederen onderweg, waarop de koper voldoende zekerheidsrechten kan doen gelden, worden per bank verschillend beoordeeld en daarop wordt ook verschillend verstrekt.
Op *debiteurenvorderingen* wordt doorgaans zestig procent financiering verstrekt. Als deze worden afgedekt met een kredietverzekeringspolis, wordt een hoger percentage gehanteerd, bijvoorbeeld zeventig procent.

Terugkoop-verklaring

Versterkte terug-koopverklaringen

Verpande *deposito's en effecten* worden, afhankelijk van de zekerheidswaarde, tot honderd procent bevoorschot.

Dekkingstekorten worden vaak door de bank opgeheven door een lening te verstrekken op basis van de regeling Borgstelling MKB-Kredieten. Op startersleningen kan voor honderd procent garantie worden verkregen. Andere leningen onder staatsgarantie worden verstrekt voor negentig procent en tien procent risico voor de bank.

Bankgarantie

Een vorm van zekerheid waarop de bank ook een lening c.q. krediet kan verstrekken, is een *bankgarantie*. Die wordt afgegeven door een derde bank ten laste van de zekerheden van haar cliënt. De bevoorschotting is honderd procent gedurende de looptijd van de (onvoorwaardelijke) bankgarantie.

6.9.3 Borgtocht

Borgtocht

Borgtocht is de overeenkomst waarbij de ene partij, de borg, zich tegenover de andere partij, de schuldeiser, verbindt tot nakoming van een verbintenis die een derde, de hoofdschuldenaar, tegenover de schuldeiser heeft of zal verkrijgen (7:850 BW). Indien een *borgtocht* wordt afgegeven, verkrijgt de crediteur als verhaalsobject voor zijn vordering naast het vermogen van zijn debiteur ook het vermogen van de borg.

Bij overlijden van de borg gaan diens verplichtingen over op zijn erfgenamen op grond van de algemene beginselen van erfrecht. Dit kan vergaande gevolgen hebben. De erfgenamen zijn namelijk niet alleen aansprakelijk voor de verplichtingen die op het moment van overlijden bestaan, maar ook voor de schulden die ontstaan na het overlijden van de borg, indien deze binnen het bereik van de borgtocht vallen. De bank moet als deskundige partij beoordelen of het in het concrete geval verantwoord is dat een borgtocht of een garantie wordt afgegeven, en behoort de particuliere borg over

Zorgplicht bank

de eventuele risico's vooraf te informeren. Deze *zorgplicht* weegt zwaarder als de borg een niet-deskundig geachte particulier is dan wanneer de borg handelt in de uitoefening van zijn beroep of bedrijf.

De borgtocht komt voor in verschillende vormen. Er kan sprake zijn van een *vaste borgtocht* (betreft een bepaalde lening of krediet), een *bankborgtocht*

Bankborgtocht

of een *saldoborgtocht*. Bij de *bankborgtocht* verbindt de borg zich tot betaling van al hetgeen de debiteur in de toekomst aan de bank schuldig zal zijn. Bij een bankborgtocht van een particulier moet het maximumbedrag in geld worden vermeld in de akte, dit op straffe van nietigheid van de borgtocht. Bij de *saldoborgtocht* verbindt de borg zich voor het saldo dat de cre-

Saldoborgtocht

diteur bij het afsluiten van diverse rekeningen met zijn debiteur van deze laatste heeft te vorderen. Deze borgtocht is een variant van de bankborgtocht.

> Accountant: 'In voorkomende gevallen kan het nuttig zijn de cliënt te wijzen op het feit dat de bank bij de tenuitvoerlegging van de borgtochtovereenkomst rekening moet houden met de eisen van 'redelijkheid en billijkheid.'

Securatie

Als de borgtocht wordt *gesecureerd* (met harde zekerheid) zal de bank dit als een primaire zekerheid beschouwen, zeker als de borg een onderneming is met een goede solvabiliteit. De waarde zal ook als bancair aansprakelijk vermogen worden beschouwd.

Borgtochtovereenkomsten worden onder andere gesloten:
- in familie- of vriendensfeer;
- in concernverhoudingen;
- in leveranciers-afnemersverhoudingen (brouwerij bijvoorbeeld);
- door de overheid (Borgstelling MKB-kredieten);
- in het kader van het Borgstellingsfonds voor de Landbouw;
- in het kader van de bevordering van het eigenwoningbezit;
- door banken (bankgarantie, bijvoorbeeld bij een koopovereenkomst van een registergoed, veelal als vervanging van de aanbetaling).

Een persoonlijke, *hoofdelijke borgtocht* is een borgtocht zoals hiervoor is gedefinieerd. Iemand stelt zich hierbij borg voor een ander. Als deze niet betaalt, kan de borg worden aangesproken. Als er meerdere borgen zijn, en iedereen is hoofdelijk borg, dan is er geen rangorde en kan de partij die een borg wil aanspreken kiezen wie hij als borg wil aanspreken. Hij mag dit doen voor het gehele bedrag. De schuldeiser zal dus die borg kiezen waarvan hij verwacht dat deze kan betalen.

Hoofdelijke borgtocht

De persoonlijke borg moet voor het afgeven van een borgtocht wel de toestemming hebben van zijn echtgenoot of geregistreerde partner (artikel 88 en 89 van het BW). Als de financier vergeet de echtgenoot of geregistreerde partner toestemming te laten verlenen, is de borgstelling in beginsel niet rechtsgeldig.

6.9.4 Covenants

In de vorige subparagrafen zijn verschillende vormen van additionele zekerheden genoemd. Er worden door de financier soms andere voorwaarden gesteld bij het verstrekken van de financiering, uiteraard alleen als de cliënt dit wil. Als deze weigert, zal de bank de offerte in heroverweging nemen en beoordelen of genoegen kan worden genomen met minder zware voorwaarden. Dit is uiteraard per geval verschillend en afhankelijk van de uitkomst van de andere beoordelingscriteria dan 'zekerheid'. In beginsel worden alle additionele zekerheden beschouwd als *moraliteitsverklaringen*.

Covenants

Moraliteitsverklaringen

Enkele andere additionele zekerheden zijn:
- *niet-investeringsverklaring*, waarin de onderneming zich verplicht om jaarlijks geen hogere investeringen te doen dan door de bankier als voorwaarde is gesteld;
- *positieve/negatieve hypotheekverklaring*, waarmee de cliënt aangeeft dat de bank, zonder hem of een derde daarin te kennen, naar eigen inzicht hypotheek mag vestigen, dan wel dat de ondernemer zich verbindt om geen hypotheek te vestigen zonder de bank daarin te kennen;
- *negatieve verklaring*, waarin de onderneming zich jegens de bank verplicht geen zekerheden aan derden te verschaffen, zonder voorafgaande toestemming van de bank;
- *positieve verklaring*, waarin de onderneming zich verplicht op eerste verzoek van de bank zekerheden te verschaffen;
- *pari-passu-verklaring*, waarin de onderneming zich jegens de bank verbindt om de bank in dezelfde mate zekerheden te verschaffen als andere kredietverleners;
- *letters of comfort*, waarbij de moedermaatschappij aan de bank – veelal in bewust vage bewoordingen – verklaringen doet over haar beleid jegens de dochtermaatschappij en het instaan voor de gegoedheid van de dochtermaatschappij. Deze verklaringen kunnen in talrijke variaties voorkomen;

- *cross-defaultclausule*, waarin staat dat de vorderingen van de bank uit hoofde van een kredietovereenkomst (onmiddellijk) opeisbaar worden wanneer de kredietnemer in gebreke is bij de nakoming van een verplichting uit enige andere overeenkomst met de bank.

Performance bond

Verstrekte bankgarantiesankgaranties worden door de bank in mindering gebracht op de kredietlimiet. Dat geldt bijvoorbeeld voor een *performance bond*, een uitvoeringsgarantie, waarbij de bank instaat voor haar klant dat een toegewezen opdracht zal worden uitgevoerd in overeenstemming met de afspraken die met de opdrachtgever zijn gemaakt. Aan deze bonds moeten dus wel bedragen zijn gekoppeld als maximum gegarandeerde sommen.

Samenvatting

▶ In dit hoofdstuk is veel aandacht geschonken aan twee onderdelen van het ondernemingsplan: het investeringsplan en het financieringsplan. Vanuit deze beide aspecten wordt vaak het businessplan opgebouwd. Niet verwonderlijk, want een bedrijfsvoering zonder concrete middelen is niet te doen. Als het geen materiële (geld)middelen zijn waarmee men moet opereren, dan zijn het wel de immateriële zaken die een rol spelen in het ondernemen. Beide vergen kapitaal, en als dit niet aanwezig is in de vorm van eigen vermogen, moet worden geleend.

▶ In deze tijd ervaren starters of ondernemers die al lang bestaan en willen investeren maar daarvoor niet de gehele financiering rond hebben, dat het moeilijk is om aan vreemd vermogen te komen. Als het meezit wil een bank nog wel financieren, maar dan moet er wel sprake zijn van een relatief goed eigen vermogen en een goed toekomstplaatje, voor zover je dit over het voetlicht kunt krijgen. Soms wordt dan zwaar geleund op overheidsgaranties, met name via de regeling Borgstelling MKB-kredieten. Geen wonder dat anderen in het gat springen en nieuwe financieringsvormen bedenken. Een goed voorbeeld daarvan is crowdfunding, dat sinds enige jaren succesvol in de markt is en wordt gezet. Soms door organisaties die dit professioneel en met inzet van internet doen, soms door initiatiefnemers die mooie sociale projecten weten te 'verkopen' aan particuliere investeerders. Mensen die voor hun spaargeld meer rendement ontvangen, maar ook weten dat tegenover die hogere rente op een verstrekte lening ook een hoger risico bestaat, omdat je als particulier geen dekking krijgt voor het geleende geld. Toch zijn er velen die 'meedoen' aan crowdfunding. Men spreidt dan het risico door met kleine leningen een aansprekend project te financieren.

▶ Als het over zekerheden gaat, dan weten banken hiervan mee te praten. Veelal hebben zij die dekkingsproducten zelf ontworpen, en door de jaren heen die methoden met succes gehanteerd. Uiteraard is verkregen zekerheid alleen maar nodig als het met de onderneming of met de geldlener slecht gaat en sprake is van insolventie. De verkregen primaire of secundaire zekerheden worden dan gebruikt om de klant te bewegen zorgvuldig te ondernemen en risico's goed onder ogen te zien, anderzijds om in geval van liquidatie van een onderneming of bij een doorstart de verkregen zekerheden uit te winnen. Immers, voor een bank is het geld onder de lening niet van de bank zelf maar van spaarders en beleggers die hun geld terug willen hebben.

Meerkeuzevragen

6.1 Een financieringsvoorbehoud:
   a zorgt ervoor dat een overeenkomst niet doorgaat als er geen financiering kan worden verkregen voor de transactie.
   b geeft de verkopende partij de zekerheid dat er sprake is van een serieuze koper.
   c is niet zinvol als de kopende onderneming voldoende eigen vermogen heeft.
   d is slim als mocht blijken dat de deal later een slecht gevoel geeft.

6.2 Overschrijding van een investeringsbegroting:
   a is nooit te voorkomen bij een substantiële investering.
   b is niet zo erg als er ook maar minderwerk is dat de overschrijding elimineert.
   c kan met bouwbegeleiding altijd worden voorkomen.
   d kan worden voorkomen met intensief beheer van een bouwrekening.

6.3 Het financieren van een negatief bedrijfsresultaat:
   a is geen probleem als de vooruitzichten maar positief zijn.
   b wordt door een reguliere bank vrijwel nooit gedaan.
   c geeft de onderneming de gelegenheid om de eigen geldmiddelen niet aan te wenden.
   d wordt als regel door venture capitalists gedaan.

6.4 Met een bankhypotheek regelt men dat:
   a alleen de bank een lening verstrekt aan de klant.
   b uitsluitend de bank een hypothecaire lening verstrekt, zonder tussenpersonen.
   c zekerheden worden gevestigd tot een in de hypotheekakte vermeld bedrag, waarbij die zekerheid ook blijft bestaan als de schuld is afgelost.
   d binnen de hypothecaire inschrijving steeds bedragen mogen worden opgenomen.

6.5 Vuistpandrecht is:
   a het recht dat een financier heeft om zonder overleg met de klant roerende goederen te verkopen.
   b een verkregen recht om roerende zaken bij opbod te verkopen.
   c de mogelijkheid voor de debiteur van een bank om elke keer als er nieuwe zaken in onderpand kunnen worden gegeven, dit schriftelijk te melden.
   d de mogelijkheid van een debiteur van een bank om over de goederen te beschikken die als pand zijn overgedragen.

7
Balans en resultatenrekening

7.1 Balansen
7.1.1 Balans-debet
7.1.2 Balans-credit
7.2 Bancair aansprakelijk vermogen
7.2.1 Aanpassingen van de activa voor het bancair aansprakelijk vermogen
7.2.2 Aanpassingen van de passiva voor het bancair aansprakelijk vermogen
7.3 Resultatenprognoses
7.3.1 Historisch cijfermateriaal
7.3.2 Opbrengsten
7.3.3 Kosten
7.4 Gebruik van ratio's en kengetallen
7.5 Betalingscapaciteitsmarge
7.5.1 Betalingscapaciteit
7.5.2 Privéonttrekkingen
7.5.3 Gewaardeerd ondernemersinkomen
7.5.4 Betalingscapaciteitsmarge
Samenvatting
Meerkeuzevragen

Jaarverslagen bevatten naast veel cijfermatige informatie ook niet-financiële gegevens. De omlijsting van de cijfers is nodig voor een beter begrip van het reilen en zeilen van de onderneming. Hoe moet iemand die geïnteresseerd is in een bepaalde onderneming anders aan zijn informatie over het bedrijf komen? De eventueel opgevraagde gegevens bij de Kamer van Koophandel zijn veelal beknopt, van cijfermatige aard en tamelijk gedateerd.
Een goed jaarverslag is het visitekaartje voor de belanghebbenden, dus voor de belangrijkste klanten, de leveranciers, de financier(s) en natuurlijk de eigen medewerkers. Bij grotere bedrijven met meer aandeelhouders, de *shareholders*, vinden ook zij een dergelijke presentatie van groot belang. **Shareholders**
Een goed jaarverslag moet relevante informatie bevatten die betrouwbaar is en begrijpelijk. Het moet op het verleden zijn gericht om de activiteiten te kunnen evalueren, maar de toekomst speelt ook een rol voor een goede

analyse van de positie van het bedrijf in de bedrijfskolom of onder zijn branchegenoten.

Stakeholders

Helaas wordt in het midden- en kleinbedrijf nog te weinig rekening gehouden met belanghebbenden in het maatschappelijk verkeer, de *stakeholders*. Daarom zijn de jaarverslagen van midden- en kleinbedrijfondernemers vooral cijfermatig ingericht. Dit is de reden dat in dit hoofdstuk onderwerpen worden behandeld die in de meeste jaarrekeningen voorkomen, zonder dat er echter een uitgebreide toelichting op wordt gegeven en verbanden worden gelegd. Die informatie is echter voor veel bedrijfsactiviteien onontbeerlijk en speelt een belangrijke rol bij het vaststellen van de financiële positie van een onderneming. Een ondernemingsplan kan nog zoveel tekst hebben, uiteindelijk moeten de cijfers de beweringen onderbouwen en daarmee het vertrouwen in de ondernemer en de onderneming bevestigen of juist onderuithalen.

Niet vaak weet een ondernemer, en zelfs zijn accountant, hoe de financier tegen bepaalde balansposten en exploitatieposten aankijkt en wat deze ermee doet. Dat wordt in dit hoofdstuk uit de doeken gedaan.

In paragraaf 7.1 komt de balans aan de orde. De onderwerpen zijn herkenbaar en de gegeven informatie over die onderwerpen is helemaal gericht op de ondernemingspraktijk. Hiermee kunnen ondernemers, controllers en eerstelijnsadviseurs hun voordeel doen, want als rekening wordt gehouden met de adviezen kunnen de ondernemingsplannen to the point worden opgesteld. Dit betreft dan vooral de niet-marketingonderdelen van het ondernemingsplan.

Het bancair aansprakelijk vermogen is voor niet-bankmensen een lastig onderwerp. In paragraaf 7.2 wordt aangegeven hoe een bank vanuit het solvabiliteitsbegrip een opzet maakt van het garantievermogen zoals dit voor haar beschikbaar is. In een gesprek tussen ondernemer, accountant en bankier kunnen de diverse begrippen aan de orde komen als de bank aangeeft waarom zij bijvoorbeeld een krachtiger garantievermogen wenst in een financieringsplan. De resultatenprognose wordt in paragraaf 7.3 op een bijzondere wijze besproken, namelijk gericht op de openheid die een ondernemer moet betrachten naar zijn adviseur en bank toe. Kengetallen kunnen een belangrijke rol spelen bij de beoordeling van de cijfermatige kant van een ondernemingsplan. In paragraaf 7.4 wordt met een voorbeeld aangegeven hoe daar praktisch mee kan worden gewerkt. Een ondernemer zou zelf kunnen berekenen hoeveel leencapaciteit zijn bedrijf heeft als hij daarvoor de informatie in paragraaf 7.5 gebruikt. Helaas maakt doorgaans alleen de kredietverstrekker die berekening, maar het zou beter zijn als ook de accountant bij de voorbereiding van een kredietgesprek een opzet maakt van de betalingscapaciteitsmarge. Daarmee kan hij zijn klant tijdig inseinen over de mogelijkheden die hij heeft om een (extra) financiering te verkrijgen van zijn bank of andere kredietverschaffers.

7.1 Balansen

De externe jaarrekening die de ondernemer jaarlijks ontvangt van zijn accountant en (hopelijk) ook leest en analyseert, is in het midden- en kleinbedrijf doorgaans van fiscale aard. De financier vindt dit een goed uitgangspunt voor zijn bancaire beoordeling omdat herwaarderingen dan niet zijn meegenomen en de vermogenspositie in de meeste gevallen de minimumpositie aangeeft. Naast de *fiscale balans* treft men de *commerciële balans* aan, ook wel de *bedrijfseconomische balans* genoemd. De bank zal voor haar analyse uitgaan van een *geconsolideerde balans* (in bv-situaties). Soms laten accountants consolidatie achterwege, hoewel daarvoor in het jaarrekeningrecht voorschriften zijn opgenomen:

Fiscale en commerciële balans

Geconsolideerde balans

> 'De rechtspersoon die, alleen of samen met een andere groepsmaatschappij, aan het hoofd staat van zijn groep, neemt in de toelichting van zijn jaarrekening een geconsolideerde jaarrekening op van de eigen financiële gegevens met die van zijn dochtermaatschappijen in de groep en andere groepsmaatschappijen' (2:406 lid 1).

Als er verschillende juridische vormen zijn bij de bedrijfsvoering van dezelfde ondernemer, is het gewenst om de balansen samen te voegen, om daarbij een poging te doen om enige vorm van consolidatie te verkrijgen. Als de accountant dat niet doet, zal de bank op eigen gelegenheid gaan samenvoegen. Dit kan als bezwaar hebben dat de deskundigheid daarvoor ontbreekt en er verkeerde conclusies worden getrokken, of dat er informatie ontbreekt waardoor de beoordelaar onzeker wordt in zijn bevindingen en mogelijk sneller geneigd zal zijn een negatief standpunt in te nemen over de financieringsaanvraag.

> De accountant heeft hierin dus een belangrijke rol te vervullen. Consolidatie dient niet op verzoek van de bank te geschieden. Het getuigt van een goed inschatten van de positie van de financier als de accountant hem een stap voor is en daardoor mogelijke argumenten uit handen neemt om de financiering af te wijzen op grond van 'onvoldoende informatie'.

De financier gaat voor de berekening van ratio's als solvabiliteit, liquiditeit en de bepaling van het garantievermogen uit van de laatstbekende balans. Als er tussentijdse informatie beschikbaar is, en deze voldoet aan de kwaliteitseisen van de bankier, dan zullen die cijfers zeker moeten worden ingediend. Daarmee bereikt men dat kan worden gecijferd met een recente balans als basis. In dit geval maakt het niet zoveel uit of er een (goede) interne balans is of één die door de externe persoon (accountant) is samengesteld. De accountantsverklaring ontbreekt dan weliswaar, maar is in veel gevallen niet noodzakelijk gezien de aard van de bedrijfsvoering. Dit is duidelijk anders als het bedrijf zich in de gevarenzone van de continuïteit bevindt. Dan is een oordeelsvorming van de accountant van groot belang voor de financier.

De *balans na investeringen* is uitgangspunt van de balansbeoordeling voor een financiering, een belegging (venture capitalist) of een risicoparticipatie (participatiemaatschappij). In veel gevallen denkt de accountant dat een *prognosebalans* voor de eerstvolgende jaren van belang is voor de financieringsaanvraag. Dat is maar zelden het geval en dan nog alleen om globaal aan te geven hoe de toekomstige vermogensvorming kan zijn. Veel werk kan daarom worden bespaard op het maken van die balansen, voor zover die niet automatisch worden aangemaakt met een computerprogramma van de samensteller! Dit geldt ook voor situaties waarin men dicht tegen het einde van het boekjaar van een onderneming aanzit en mogelijk (flinke) winsten heeft gegenereerd in dat jaar. Dan nog is het gebruikelijk om uit te gaan van de *laatstbekende balans,* waarmee mogelijk een lagere solvabiliteit wordt

Prognosebalans

becijferd. In een toelichting kan eventueel een *onderbouwde* gunstiger prognose worden vermeld.

In de volgende subparagrafen wordt nader ingegaan op de debetzijde van de balans en vervolgens de creditzijde.

7.1.1 Balans-debet

Persoonlijke ondernemingen kenmerken zich door een relatief hoog aandeel van vaste activa in het balanstotaal. In het grootbedrijf is dat circa zestig procent, in het midden- en kleinbedrijf circa veertig procent. Dit houdt in dat er in het midden- en kleinbedrijf relatief meer *vlottende middelen* zijn dan in het grootbedrijf. Dientengevolge is het kortetermijnvermogen in het midden- en kleinbedrijf groter dan in het grootbedrijf.

Stille reserves

Als de ondernemer per se de *stille reserves* in de onroerende zaken wil laten zien, zal hij moeten herwaarderen. Het is van belang dat dit niet 'met de natte vinger' wordt gedaan. De bank zal dan mogelijk de herwaardering niet accepteren. Als een aanvaardbare taxateur dit doet, wordt rekening gehouden met de hogere waarde en wordt de vermogenspositie van het bedrijf positiever benaderd.

Als een ondernemer, meestal uit zuinigheidsoverwegingen, alleen een taxatie van de *verzekerde* waarde overhandigt, legt de bank deze 'taxatie' terzijde als overtrokken hoog (vervangingswaarde of herbouwwaarde). Die problemen kunnen zich ook voordoen als een taxatierapport wordt getoond dat is gemaakt voor de verkoop van het bedrijf aan bijvoorbeeld de zoon (bedrijfsopvolging in familiekring). Maar dan wordt juist vaak een lage waardering aangehouden om het de zoon mogelijk te maken het bedrijf te continueren.

Taxatierapport

Accountant: 'Let op dat er niet kort na elkaar door dezelfde taxateur een taxatierapport wordt gemaakt (voor verschillende doeleinden) op basis van dezelfde waarderingsgrondslagen met geheel verschillende uitkomsten. Daarmee worden de taxateur en het taxatierapport ongeloofwaardig en mogelijk niet acceptabel voor de gebruiker van het rapport.'

Stille reserves in de *roerende activa* worden meestal niet door de bank gehonoreerd voor herwaardering of zekerheid (stille verpanding). Het heeft dan ook niet zoveel zin om die activa te laten taxeren. Een inschatting aan de hand van een redelijke verhouding tussen de onderscheiden activa is meer plausibel.

Goodwill

De post *Goodwill* speelt meestal een ondergeschikte rol in de beoordeling door een financier. In de fiscale opstelling wordt vrijwel altijd de *betaalde* goodwill vermeld, die doorgaans aanvaard wordt voor de solvabiliteitsberekening (niet voor het bancair aansprakelijk vermogen). Indien er sprake is van herwaardering van de activa, waaronder *goodwill*, is het vrijwel zeker dat de bank daaraan voorbijgaat en die waarde bestempelt als fictief vermogen. Men kan wel enige verandering bespeuren in de houding van banken over de waardering van de goede naam van een onderneming, het uitstekende product of de dienst, de locatie, enzovoort (zie casus 7.1). Er is een periode geweest dat financiers meer materieel en minder formeel beoordeelden. Helaas heeft de kredietcrisis ervoor gezorgd dat er weer meer op ratio's wordt beoordeeld in plaats van op de kwaliteit van de ondernemer en de onderneming. Als de banken hun vermogensposities weer op peil heb-

ben, kan het zijn dat het beoordelingssysteem 'materiële beoordeling' weer een prominente rol gaat spelen.
(Zie voor goodwill bij waardebepaling van een onderneming subparagraaf 6.3.4.)

> **CASUS 7.1 IMMATERIËLE PRODUCTIEMIDDELEN**
> Het ministerie van Economische Zaken laat in een brief aan accountantskantoren over een bepaald project weten:
> 'Onze maatschappij ontwikkelt zich in hoog tempo tot een kenniseconomie. De toegevoegde waarde die bedrijven weten te realiseren, valt in toenemende mate te herleiden tot zachte of immateriële productiemiddelen zoals kennis, creativiteit, technologie, kwaliteitsbeheer en marktrelaties. Door gebrek aan geaccepteerde definities en door waarderingsproblemen komen *immateriële productiemiddelen* onvoldoende tot uitdrukking in de jaarverslaggeving, waardoor het inzicht in de werkelijke economische potentie van een bedrijf onderbelicht blijft. Dit kan een negatief effect hebben op onder andere het verkrijgen van financiering op gunstige(r) voorwaarden. In internationaal verband (OESO, Europese Commissie) wordt daarom steeds vaker opgeroepen om de transparantie van immateriële productiemiddelen in de financiële verslaglegging te vergroten.'

Activa als *octrooien, licenties* en *softwareontwikkeling* (*immateriële activa*) worden kritisch op waarde beoordeeld. Ook de fiscale aspecten worden daarin betrokken. In het midden- en kleinbedrijf zullen de financiers alleen waarde toekennen aan deze vormen van activa als er een duidelijke invloed van uitgaat op de opbrengsten en winst van de onderneming.

Immateriële activa

Sterke aandacht krijgen de posten *Voorraden, Onderhanden werk* en *Dubieuze-debiteurenvorderingen*. De in de rapportage geplaatste opmerkingen van de accountant worden als waardevol beschouwd. In ieder geval zal de financier het gevoel moeten hebben dat die posten kritisch zijn nagelopen, zodat er geen verrassingen op korte termijn ontstaan die van invloed zijn op de liquiditeitspositie van de onderneming.
Als de eigen inspanningen voor het ontvangen van de vordering niet tot het gewenste resultaat leiden, is het uit handen geven van de incasso gewenst. De ondernemer doet er goed aan te onderzoeken in hoeverre het incassobureau toegevoegde waarde kan leveren en of de naam van de eigen onderneming dan niet in diskrediet wordt gebracht.

Een *rekening-courantverhouding met de directeur-grootaandeelhouder* zal door de bank worden beoordeeld op de mutaties daarin. Een oplopend *debet*saldo kan duiden op te lage salariëring of (incidenteel?) hoge opnamen. De fiscus kan daarover 'moeilijk' gaan doen wegens een te laag directeurssalaris of verkapte dividenduitkering. Een afnemend *credit*saldo kan duiden op een verbetering van de liquiditeitspositie van de DGA ten laste van de bv, of te hoge privéverplichtingen. In beide gevallen hebben de mutaties invloed op de *betalingscapaciteitsmarge* van het bedrijf. Blijkt er sprake te zijn van incidenten, dan zal de bank deze ook als zodanig boeken.

Directeur-grootaandeelhouder

Betalingscapaciteitsmarge

Liquiditeits-positie

De *liquiditeitspositie* van het bedrijf komt ook tot uitdrukking in de opstelling in de balans. Depositogelden of beleggingen kunnen duiden op een goede rentabiliteit. Er kan door de eerstelijnsadviseurs een overleg worden gearrangeerd over welke wijze van uitzetten van de (tijdelijk) beschikbare geldmiddelen het meest interessant is. Speculeren met middelen die nodig kunnen zijn voor de bedrijfsvoering is niet aanvaardbaar, omdat de positie van het bedrijf dan gevaar kan lopen.

7.1.2 Balans-credit

Eigenvermogens-positie

De gemiddelde *eigenvermogenspositie* van de onderneming in het midden- en kleinbedrijf is circa 32%, die van het grootbedrijf circa 37%. Dit ontloopt elkaar niet echt veel. Dat is ook het geval met het vreemd vermogen dat op lange termijn is aangetrokken (beide circa dertig procent).

De wijze van gezond financieren van een bedrijf wordt in verschillende decennia anders benaderd. Er zijn perioden geweest dat men vond dat de onderneming met zestig procent *eigen vermogen* moest worden gefinancierd. Direct na de Tweede Wereldoorlog was dit vijftig procent en tegenwoordig spreekt men over dertig à veertig procent eigen vermogen als een aanvaardbaar uitgangspunt, afhankelijk van de branche. In de adviespraktijk wordt

Solvabiliteit

wél met percentages *solvabiliteit* gewerkt. Vooral bij financieringen aan grote bedrijven wordt een flink aandeel eigen middelen noodzakelijk geacht. In het midden- en kleinbedrijf is die vereiste eigenvermogenspositie sterk verschillend naar branche en naar toekomstperspectief van de onderneming. Jarenlang gold als hoogste wijsheid dat de vaste activa en vaste kernen voorraden en debiteuren gefinancierd moesten worden met eigen of langdurig

Goudenbalans-regel

vreemd vermogen, de *goudenbalansregel*. Deze regel is zeker nog niet vergeten, maar wordt minder stringent toegepast. Sommigen vinden dat de eigenvermogenspositie zo hoog moet zijn, dat zij het 'hoogst denkbare verlies' moet kunnen opvangen. Die stelling is zeker heel mooi, maar moet wel kunnen worden gehanteerd op basis van een objectieve benadering.

Wettelijke reserve

Het *eigen vermogen* van een bv wordt verdeeld in aandelenkapitaal, *wettelijke reserve* (inclusief ongerealiseerde herwaardering) en vrije reserve. Bij een commerciële balans nog aangevuld met een gerealiseerde herwaarderingsreserve. De wettelijke, of gebonden, reserve moet nadrukkelijk door de accountant worden vermeld. Deze kan namelijk niet dienen voor een dividenduitdeling. Ontvangen *subsidies* kunnen worden gepassiveerd en daarmee het eigen vermogen positief beïnvloeden.

> De financier geeft voorkeur aan het in mindering brengen van de subsidie op de betreffende activa. Er wordt dan geoordeeld dat die inbreng geen wezenlijk resultaat is van door het bedrijf gemaakte nettowinst, maar een investeringsverlagende factor is (wegnemen van de onrendabele top).

Vermogens-verklaring

Banken nemen in de offerte voor een te verstrekken financiering vaak op dat het eigen vermogen moet blijven voldoen aan door de bank gestelde voorwaarden, vooral de hoogte daarvan in relatie tot het balanstotaal. Er wordt dan een *vermogensverklaring* gevraagd. Deze is, afhankelijk van de tekst, ruim of minder ruim voor de ondernemer met zijn (balans)verplichtingen, als het op de balans zichtbare vermogen daalt onder het percentage dat is gesteld in de vermogensverklaring. Hij kan dan worden verplicht vermogen bij te storten, voor het verschil persoonlijk aansprakelijk worden gesteld, of het is niet meer dan een moraliteitsverklaring om hem te bewegen niet onnodig middelen uit het bedrijf te halen, bijvoorbeeld voor dividenduitdeling of tantièmes. Als hij dit dan welbewust zou doen, kan het voor de financier een reden zijn om het vertrouwen in hem op te zeggen.

Als accountants tussentijdse cijfers produceren, wordt de winst vaak toegevoegd aan de reserves. Daarover kan de bank vragen stellen. Zij beschouwt die toevoeging meestal als *ongerealiseerde winst* of op z'n minst als een vermogenstoename waarop moet worden afgedongen, door bijvoorbeeld verschuldigde inkomstenbelasting of minder goede resultaten in de nog komende periode. Het komt beter over om de theoretische vermogenstoename te vermelden als ongerealiseerde winst.

Ongerealiseerde winst

Badwill op de bedrijfseconomische balans kan op twee manieren worden geboekt: door passivering of door aftrek bij (immateriële) activa. Passivering wordt beschouwd als de beste methode. Immers, de onderrentabiliteit kan meer verantwoord worden toegerekend aan de periode waarin die zich daadwerkelijk zal voordoen. Badwill is een tijdelijk verschijnsel, waardoor bij opneming (aftrek) van badwill aan de activakant in beginsel geen directe relatie ontstaat met de periode waarin zich de onderrentabiliteit voordoet.

Badwill

Het kan zijn dat de bankier voor *voorzieningen* als stamrechtverplichting en pensioenreserve een *instandhoudingsverklaring* verlangt. De ondernemer heeft daar over het algemeen geen bezwaar tegen omdat hij toch niet van plan is om onttrekkingen te plegen ten laste van die voorzieningen. Voorzieningen voor dubieuze vorderingen, incourante voorraden, vooruitbetalingen op onderhanden werk, enzovoort, zullen in mindering moeten worden gebracht op de betreffende activa. De financier zal voor de berekening van de zekerheid de gesaldeerde bedragen willen weten. Bovendien verkort dit de balans.

Voorzieningen
Instandhoudingsverklaring

Bij rechtspersonen zal, als de balans is gewaardeerd op basis van actuele waarde, een *VPB-latentie* moeten worden opgevoerd. Afhankelijk van de herwaardering op vaste activa, vlottende activa of immateriële activa, zal de latentie laag of hoog zijn. Doorgaans twintig tot vijfentwintig procent, mede afhankelijk van de gemiddelde winst van het bedrijf.

VPB-latentie

Op de creditzijde van de balans wordt door de accountant de werkelijke kortlopende schuld aan de bank (*rekening-courantkrediet*) opgevoerd. Hij doet er verstandig aan ook de hoogte van de kredietlimiet te vermelden, alsmede of er inperkingen zijn overeengekomen en andere voorwaarden zijn gesteld. De Hoge Raad heeft in een arrest van 3 april 1992 vastgesteld dat de ondernemer zijn beschikbare kredietfaciliteit moet aanwenden voor het nakomen van zijn verplichtingen. De Hoge Raad stelde onder andere:

Rekening-courantkrediet

> 'De betaling van een schuld behoeft niet noodzakelijk te geschieden met voor verhaal vatbare vermogensbestanddelen, maar kan ook plaatsvinden uit gelden die de vennootschap ter beschikking staan krachtens een bestaande of nog te verkrijgen kredietfaciliteit. Niet uitgesloten is dat degene die de volledige zeggenschap over de vennootschap heeft, onrechtmatig handelt door na te laten ervoor zorg te dragen, dat van zo'n kredietfaciliteit gebruik wordt gemaakt.'

In dit geval kwam het erop neer dat, wanneer iemand die de volledige zeggenschap over een vennootschap heeft, niet wil betalen, hij zelf moet aantonen dat de vennootschap niet in staat is om te betalen, en niet de crediteur.

Leveranciers-crediteuren

Investerings-crediteuren

Er dient in de jaarrekening een uitsplitsing te worden gemaakt naar *leverancierscrediteuren* en *investeringscrediteuren*. De financier zal willen weten of de saldi aanvaardbaar zijn in het licht van de ratio's en of de investeringen die zijn gedaan nog onbetaald zijn. Aan de hand van een goede uitsplitsing kan worden beoordeeld of sprake moet zijn van sanering van crediteurenschulden om discontinuïteit te voorkomen, bijvoorbeeld door beslaglegging van leveranciers. De specificatie is ook gewenst voor belastingschulden (gevaar van bodembeslag door de fiscus), schulden aan de bedrijfsvereniging of vooruitbetaalde bedragen.

7.2 Bancair aansprakelijk vermogen

Betalingscapaciteit

Liquidatiesolvabiliteit

De *solvabiliteit* van een onderneming is één van de beoordelingscriteria van de financier. De vraag is alleen of uit de balans wel kan worden afgeleid of de schulden op lange termijn kunnen worden terugbetaald. Met solvabiliteit op zichzelf kunnen de bank en de crediteuren niet worden terugbetaald. Om dit te kunnen beoordelen, zal inzicht moeten worden gegeven in het kasgenererend vermogen, de *betalingscapaciteit*. In de praktijk wordt de solvabiliteit vaak berekend op basis van de continuïteit van het bedrijf. Maar wordt dan wel rekening gehouden met bijvoorbeeld voorraden en debiteurenvorderingen, die bij uitwinning door een financier doorgaans veel minder opbrengen dan de boekwaarde?

Een betere benadering zou zijn als de *liquidatiesolvabiliteit* zou worden bepaald, dus de betaalcapaciteit van de onderneming bij liquidatie. Dat dit niet wordt gedaan, heeft als reden dat het beoordelen van de solvabiliteit doorgaans gebeurt als een belanghebbende een relatie aangaat of wil versterken met het bedrijf. Dit doet hij niet als hij uitgaat van liquidatie binnen de termijn waarop de geldmiddelen verwacht worden te zijn terugontvangen. De bank zal een weg zoeken tussen de solvabiliteitsberekening op basis van continuïteit en liquidatie. Zij neemt als uitgangspunt doorgaans de opstelling van de fiscale balans. Door – bijvoorbeeld – waardestijging van de vaste activa of door hoge fiscale afschrijvingen, zoals vervroegde afschrijvingen, kan een stille reserve zijn ontstaan in de onroerende zaken. Dat is ook een aspect van beoordeling waaraan zeker waarde wordt toegekend door de financier. Verder kunnen er meerdere zaken zijn die, buiten de balans van de onderneming, toch invloed hebben op een betere positie van de ondernemer en daarmee tevens van de financier, dan ogenschijnlijk uit de eigen vermogenspositie van het bedrijf blijkt. Door al deze dingen wordt de gegeven solvabiliteit in de jaarrekening herleid tot het *bancair aansprakelijk vermogen* (*BAV*), ook wel *bancaire solvabiliteit* genoemd.

Bancair aansprakelijk vermogen

Bancaire solvabiliteit

In de volgende subparagrafen worden de aanpassingen van de activa en de passiva voor het bancair aansprakelijk vermogen besproken.

7.2.1 Aanpassingen van de activa voor het bancair aansprakelijk vermogen

Actuele waarde

De onroerende zaken kunnen door allerlei oorzaken een lagere boekwaarde hebben dan de *actuele waarde*, ook wel de onderhandse verkoopwaarde, marktwaarde of going-concernwaarde genoemd. Er zal dan een inschatting moeten worden gemaakt van de *onderhandse verkoopwaarde*, bij voorkeur te bepalen door een in de branche deskundige taxateur.

Onderhandse verkoopwaarde

Er zijn taxateurs die uitgaan van de winstmogelijkheden van een bedrijf dat de exploitatie in het pand verzorgt. Ook andere uitgangspunten zijn mogelijk. Er zijn dan voor het pand voldoende alternatieve aanwendingsmogelijkheden, bijvoorbeeld in de sector detailhandel. Veel moeilijker zijn taxaties in – bijvoorbeeld – de horeca- en recreatiebranche. Dan is de te behalen bedrijfswinst van essentieel belang voor de waardebepaling (*rentabiliteitswaardemethode*, zie paragraaf 9.4). De alternatieve aanwending is dan namelijk zeer beperkt, vaak uitsluitend binnen de sector. De taxateur zal dan moeten inschatten of het type bedrijf een bepaald resultaat kan bereiken en mede aan de hand van die benadering de waarde moeten vaststellen. Waarderingsgrondslagen die dan ook een rol spelen zijn onder andere de *huurwaardemethode* en een waardebepaling op basis van *vervangingswaarde*. De synthese van de uitkomsten van deze grondslagen bepaalt de uiteindelijke waarde die de taxateur zal vaststellen.

Huurwaardemethode

Bij de *waardevaststelling* door de taxateur zal hij niet alleen zijn deskundigheid moeten laten blijken uit een inschatting van een mogelijke rentabiliteitswaarde als die van toepassing is, maar ook moet hij de technische staat van het pand en de commerciële waarde (bijvoorbeeld de uitstraling van het geheel) vermelden. Hij zal dan de kosten aangeven van het achterstallig onderhoud en de aanpassingskosten in verband met de *formuleachterstand*. De ondernemer en de accountant zullen mede aan de hand van de bevindingen van de taxateur een investeringsplan kunnen maken. Voor de berekening van het bancair aansprakelijk vermogen zal een kritische toets door de bank op volledigheid plaatsvinden.

Formuleachterstand

De *belasting over de stille reserves* (*belastinglatentie*) wordt doorgaans niet in mindering gebracht op de onderhandse verkoopwaarde. Die latentie wordt bancair vooralsnog als onverschuldigd beschouwd.

Belasting over de stille reserves

De geactiveerde *goodwill* wordt door veel banken geëlimineerd. Zij gaan ervan uit dat die in geval van een slechte gang van zaken waardeloos is. Sommige banken laten de *betaalde* goodwill staan zonder die te corrigeren in de berekening van het bancair aansprakelijk vermogen. Een belangrijk motief om de goodwill niet te elimineren, kan zijn dat de onderneming correct is gewaardeerd, in ieder geval niet is overgewaardeerd. Dit kan worden bepaald door op het moment van analyse, doorgaans wanneer een financieringsaanvraag speelt door investeren, via de gebruikelijke waarderingsmethoden vast te stellen welke waarde kan worden toegekend aan een onderneming, waarmee tevens de solvabiliteitspositie wordt getoetst.

Goodwill

Herwaardering van roerende zaken vindt doorgaans niet plaats. Slechts bij hoge uitzondering zal door een hogere waarde dan de boekwaarde een positieve correctie worden opgenomen. Het soort roerende zaken bepaalt die attitude dan. Als onvoldoende rekening is gehouden met afwaardering van voorraden, onderhanden werk of debiteuren, zal dat nu gebeuren ten laste van het bancair aansprakelijk vermogen.

Herwaardering van roerende zaken

Door een ondernemer kunnen tot meerdere zekerheid bepaalde bezittingen worden meeverbonden voor de financier. Gedacht moet worden aan onroerende zaken buiten de onderneming, meestal een eigen woning of andere bezittingen waarop hypotheek kan worden gevestigd. Deze vorm van extra bancair aansprakelijk vermogen komt dan voor de bank binnen bereik door het *secureren* van die onroerende zaken. Ook voor privé-onroerende zaken wordt de onderhandse verkoopwaarde aangehouden voor het berekenen van het extra BAV. De privéhypotheek zal daarop uiteraard wel in mindering moeten worden gebracht. Er kan ook gedacht worden aan het verpanden van roerende zaken als depositogelden of andere zaken van waarde (effecten). Dit zijn dan extra zekerheden die vaak via een *persoonlijke borgstelling* (bij bv's) binnen bereik komen van de kredietverstrekker.

Overige immateriële activa worden per post beoordeeld op waardering. Niet altijd vindt een negatieve correctie plaats. Sterk is dit actief echter niet in het geheel van beoordeling van het BAV. De rekening-courantverhouding van de bv met de directeur-aandeelhouder (debetpositie) wordt in mindering gebracht op het bancair aansprakelijk vermogen. Dit geldt ook voor eventuele leningen die de rechtspersoon te vorderen heeft van zijn DGA.

7.2.2 Aanpassingen van de passiva voor het bancair aansprakelijk vermogen

In beginsel wordt de eigenvermogenspositie van de ondernemingsbalans vermeld in de berekening van het bancair aansprakelijk vermogen.
De gepassiveerde *latente belastingschuld* kan worden toegevoegd. Doorgaans is dit de VPB-latentie bij rechtspersonen.
Als er een *instandhoudingsverklaring* door de ondernemer is ondertekend, waardoor een *stamrechtvoorziening, pensioenvoorziening* of *lijfrenteverplichting* die in eigen beheer zijn gehouden (bv), niet binnen afzienbare tijd zullen verminderen, kunnen die waarden eveneens aan het bancair aansprakelijk vermogen worden toegevoegd. *Achtergestelde leningen* worden bijgeteld, alsmede *rekening-courantbedragen* die de bv aan de ondernemer is verschuldigd. Dit laatste alleen als die aandeelhouder een *borgtocht* heeft afgegeven die minimaal gelijk is aan het rekening-courantsaldo. Andere verhaalsobjecten kunnen eveneens worden toegevoegd.
Duidelijk is dat het bancair aansprakelijk vermogen, uitgedrukt in een percentage van het gecorrigeerde balanstotaal, slechts een indicatie geeft van de waarde van het bedrijf en andere zekerheden die kunnen dienen voor het inschatten van het perspectief van de verstrekte kredieten. Het zal niet vaak voorkomen, maar in uitzonderingsgevallen zal de bank het bancair aansprakelijk vermogen bepalen op basis van liquidatie in plaats van op going-concernbasis. Dit zal wel gebeuren als het dossier verhuist naar de afdeling Bijzonder Beheer van de bank.

7.3 Resultatenprognoses

Van de totale afzet in Nederland neemt het midden- en kleinbedrijf ongeveer 30% voor zijn rekening, het grootbedrijf 36% en de overige sectoren 34%. De afzet van consumptiegoederen en diensten is een belangrijke afzetcategorie voor het midden- en kleinbedrijf, met ongeveer 25%, gevolgd door de categorie investeringsgoederen met 19%. Winnaar is de afzetcategorie *intermediaire leveringen*, waarmee wordt bedoeld de levering van grondstoffen en halffabricaten aan producerende bedrijven, toeleveringen, onderaannemingswerk en het verlenen van diensten aan bedrijven en overheid.

Het kunnen realiseren van afzet of omzet hangt af van de mogelijkheden die een ondernemer voor zichzelf creëert. Aan die opbrengsten is ook de werkgelegenheid gekoppeld, hoewel deze aangelegenheid voor de ondernemer slechts een middel is (productiefactor) om zijn omzet te verkrijgen. De omzet van een onderneming wordt meestal verkregen na het maken van een weloverwogen *marketing(beleids)plan*. Hoewel lang niet alle ondernemers zich realiseren dat de door hen geplande omzet is gebaseerd op het toepassen van marketingprincipes (de hoofdstukken 3 en 4), maakt dit vakgebied toch alleszins deel uit van het strategisch plan.

Een (potentiële) ondernemer zal zijn 'verhaal' over zijn ondernemingsdoel gemakkelijk verbaal kunnen bekendmaken. Dat is tevens een probleem voor zijn adviseurs, waaronder de accountant, omdat de denkwijze van de ondernemer moet worden gepreciseerd en dan worden gekwantificeerd om er enig houvast aan te hebben in het ondernemingsplan. De onderbouwing van een resultatenprognose is van groot belang om het welslagen van een onderneming te kunnen beoordelen. In veel gevallen kan een groot deel van het ondernemingsplan worden volgeschreven met allerlei zaken over het te leveren product, de huisvesting, de samenwerkingsvorm, enzovoort, terwijl de cijfermatige onderbouwing beperkt is. Juist het vertrouwen in de te behalen omzet en winst is voor een financier, na het vertrouwen in de kwaliteit van het ondernemerschap, het belangrijkste *beoordelingscriterium*. **Beoordelings-criterium**
Het verzamelen van gegevens voor het toelichten van de omzetprognose is een verplichting voor de ondernemer. Zijn accountant kan hem daarbij behulpzaam zijn, maar deze blijft steeds intermediair en slechts in uitzonderingsgevallen uitvoerder.

Wanneer sprake is van een startende ondernemer zal voor een goede onderbouwing gebruik moeten worden gemaakt van externe informatiebronnen. Die bestaan uit periodiek verschijnende gegevens van de onderscheiden bedrijfstakken, meestal via banken of werkgeversorganisaties. Helaas kan men dan niet volstaan met het hanteren van gemiddelden. Men zou hooguit het eigen cijferwerk kunnen toetsen aan de landelijke gemiddelden in de bedrijfstak. Hierin kan de accountant zich onderscheiden als vakbekwaam, doordat hij in een analyse laat zien waarom zijn cliënt een andere resultatenprognose op tafel legt dan zou mogen worden verwacht op grond van landelijke gemiddelden.

In bepaalde sectoren wordt de waarde van de onroerende zaken bepaald door de winst die kan worden behaald met die vaste activa, zie daarvoor ook subparagraaf 7.2.1. Dit houdt vooral verband met de bestemming die er rust op de grond. Alternatieve aanwendbaarheid is soms niet mogelijk. Van groot belang is dan een presentatie van de ondernemer waaruit blijkt welke rentabiliteit zijn bedrijfsvoering heeft. Ook taxateurs in die branches zullen voor de waardebepaling vooral uitgaan van de winstmogelijkheden. Een goede uitsplitsing en een grote mate van openheid richting de taxateur op het punt van de resultaten is dan gewenst.

Wanneer een onderneming wordt verkocht door middel van een aandelentransactie, zal de prijs van die aandelen (mede) worden bepaald door de rentabiliteit van de onderneming. Op basis van de *discounted cashflow-methode* kan dan de opbrengst van de activa worden bepaald, onder aftrek van de schulden van de onderneming. In de kern van de zaak bepaalt dan de (toekomstige) winst voor een aanzienlijk deel de waarde van de aandelen. In de volgende subparagrafen wordt nader ingegaan op het historisch cijfermateriaal, en op de opbrengsten en de kosten. **Discounted cashflow-methode**

7.3.1 Historisch cijfermateriaal

'De beste ondernemer is hij die zijn prognoses waarmaakt.' Natuurlijk is dat heel moeilijk. In een jaar kunnen zoveel gebeurtenissen plaatsvinden die niet door de ondernemer zijn te beïnvloeden, dat het haast niet te doen lijkt om een betrouwbare prognose te maken. Toch kan aan goed *prognosticeren* het nodige worden gedaan en kan tussentijds bijna altijd worden bijgestuurd. Een goede administratie levert periodiek, vaak maandelijks, betrouwbare cijfermatige (bestuurlijke) informatie. Zonder die informatie kan een ondernemer niet goed functioneren en leidinggeven aan zijn bedrijf. Prognoses moeten worden afgezet tegen de werkelijke cijfers. Verschillen zullen door de ondernemer worden geanalyseerd en zo nodig moet worden ingegrepen in bepaalde zaken. Tijdelijke scheefgroei kan dan worden opgevangen, zodat aan het eind van de rit de uitkomst toch verantwoord is in het licht van de prognoses.

Prognosticeren

In de praktijk stuit bij veel ondernemers het steeds weer (moeten) aanleveren van cijfermatige informatie op weerstanden. Ook als de ondernemer het niet nodig vindt om zelf geïnformeerd te zijn, dan zal toch de bank vragen om cijfers, zeker als er *liquiditeitsspanningen* zijn. Op dat moment wordt alsnog een tussentijds overzicht gevraagd van de resultaten en soms de balansposities of een deel daarvan met specificaties als debiteurenlijsten en crediteurenlijsten. Als de accountant daarover klachten signaleert van de ondernemer, dan zal hij die kunnen wegnemen door de cliënt ervan te overtuigen dat *tussentijdse cijfers* noodzakelijk zijn, zowel voor hemzelf alsook om het vertrouwen van de bank te behouden of om met die cijfers te bewijzen dat nieuwe investeringen verantwoord zijn. Een goed hulpmiddel om zowel de ondernemer als de bank tevreden te stellen, is de *dichtraming van resultatencijfers*. De tussentijdse, gerealiseerde cijfers plus de verwachting van de in dat jaar nog resterende maanden maakt van dichtraming in feite een *flexibele prognose*.

Liquiditeitsspanningen

Tussentijdse cijfers

Dichtraming

Flexibele prognose

Geprognosticeerde opbrengsten en kosten in het ondernemingsplan van startende ondernemers zijn moeilijk verifieerbaar. In het bijzonder als de aanvangsinvestering relatief groot is, waardoor ook de omzet al in het eerste jaar aanzienlijk moet zijn om break-even te kunnen exploiteren, is het moeilijk een goede onderbouwing te geven van de opbrengsten. Het beste kan dat worden gedaan door onder andere de reeds ontvangen opdrachten te kwantificeren, de nieuwe locatie te vergelijken met bestaande locaties en de door de vorige eigenaar gerealiseerde omzet te laten zien, enzovoort.

7.3.2 Opbrengsten

Bij het *prognosticeren* van de *opbrengsten* is het van groot belang dat de ondernemer een gespecificeerde berekening maakt met een grote diepgang. Per omzetsegment moet een becijfering worden gemaakt.

Voor een hotel-restaurantbedrijf zal bijvoorbeeld een opgave moeten komen van het aantal kamers, de kamertarieven, kamer- en bedbezettingspercentages en het ontbijtbedrag begrepen in de logiesprijs. Tevens hoeveel korting wordt gegeven op de *rack-rate* (brutokamerprijs), hoeveel arrangementen er zijn, enzovoort. Voor de opbrengst van het restaurant zal een animopercentage moeten worden aangegeven van deelname van de gasten aan het diner en aan de lunch, met de gemiddelde bestedingen per gast, alsmede het aantal couverts voor het à-la-cartegedeelte. Als er zalen zijn zal het aantal bruiloften en partijen moeten worden berekend met opgave van de gemiddelde opbrengst per partij. Voor food & beverage moeten per bedrijfssegment de

Rack-rate

opbrengsten worden bepaald omdat voor deze opbrengstgroepen een verschillend inslagpercentage geldt.

Een dergelijke berekening kan door de accountant en de bank worden nagerekend. Dit is nodig om vertrouwen te krijgen in de ondernemer, zijn kennis en zijn vaardigheden. Het opgeven van één totaal-omzetbedrag schrikt de financier af omdat hij niets kan toetsen. Daardoor zou hij bij bepaalde onzekerheden over de andere beoordelingscriteria sneller de begrote omzet kunnen aanwijzen als basis voor 'onvoldoende vertrouwen in de winstmogelijkheden en continuïteit van het bedrijf'. Voor een retailonderneming spelen weer andere specifieke zaken een rol, zoals productveroudering en daardoor kortingen op de prijs, omzet in seizoenen en opruiming. Een productiebedrijf zal een berekening maken van de orders in portefeuille, de opdrachten in bewerking, en een kansberekening van uitstaande offertes.

De *toelichting op de omzet* is een moeilijk, maar wezenlijk onderdeel van een opbrengstenprognose. Hoe zwakker de solvabiliteit, dus hoe zwakker de buffer om tegenvallende resultaten op te vangen, des te serieuzer moet het maken van de omzetprognose worden opgevat.
Waar de ondernemer niet in staat blijkt een redelijk goed onderbouwde omzetprognose te maken, is het niet gewenst dat de accountant zijn werk overneemt. Dat is niet zijn taak. Het verdient dan aanbeveling om een adviesbureau in te schakelen dat veel ervaring heeft in de betreffende branche. De opdracht die wordt gegeven moet worden afgestemd met de bank, zodat geen duur en overbodig werk wordt gedaan, maar ook geen oppervlakkig onderzoek wordt ingesteld naar zaken waaraan de financier behoefte heeft. De nadruk zal vooral moeten liggen op de trendmatige ontwikkelingen in de branche, de regio, de plaats, de formule, het product, enzovoort.

Het volgende stappenmodel is bruikbaar om trends te signaleren en te toetsen:
1. Sta open voor observaties en kijk om je heen. Gebruik kranten, vaktijdschriften, radio, tv en internet.
2. Herken een verandering. Niet elke afwijking is een verandering. Alleen ervaring kan leren wat de moeite waard is om nader te onderzoeken.
3. Interpreteer incidenten met behulp van gezond verstand, algemene ontwikkeling en kennis over klanten en concurrenten. Is er een maatschappelijke tendens te ontdekken?
4. Is de maatschappelijke tendens te verklaren uit een macro-ontwikkeling? Is de tendens verankerd in een mondiale ontwikkeling?
5. Voorspel uit de gevonden macro-ontwikkelingen en maatschappelijke tendensen incidentele gebeurtenissen.

Bron: tijdschrift *Recreatie en Toerisme*

De opbrengstenprognose moet worden gemaakt in het licht van de concurrentieanalyse, de marketingstrategie, de vestigingsplaats, enzovoort, zoals die in dit boek worden beschreven. Niet in de laatste plaats moeten ook de bekende SWOT-analyse (subparagraaf 3.6.3) en de kritieke succesfactoren (hoofdstuk 3) worden beschreven.
Wanneer de ondernemer in staat is de consument te overtuigen van de 'meerwaarde' van zijn product of dienst, kan hij daarmee zijn prijsstelling beschermen. Het vasthouden van de *prijs* is een belangrijk onderdeel van het ondernemersdenken en ondernemersgevoel. Kennis van de prijzen van

zijn naaste concurrenten moet aanwezig zijn, zeker als er sprake is van een homogeen product. Marketingaspecten als specialisatie, service, gastvrijheid en alle andere oorzaken van het creëren van een goede omzet bepalen de prijs, de brutowinst en uiteindelijk de nettowinst.

Yield-management

In sommige branches kan worden gesproken van *yieldmanagement*, ook wel opbrengstenmanagement genoemd. Dit houdt zoveel in als het door middel van flexibele prijzen inspelen op de vraag in de markt. Een voorbeeld daarvan is de NS die tijdens piekuren hogere tarieven hanteert dan in daluren. Telecombedrijven hebben eveneens tarieven die rekening houden met deze uitgangspunten. Ook de reisbranche en luchtvaartmaatschappijen werken met gedifferentieerde tarieven. Meerdere branches nemen deze wijze van tariefmanagement over. Ook in de horecabranche wordt er steeds meer mee gewerkt. De prijs van dezelfde hotelkamer kan doordeweeks (zakenmarkt) sterk verschillen met die in het weekeinde (toeristenmarkt). Hetzelfde geldt voor de prijs bij een reservering ver vooruit, en die welke om 22.00 uur 's avonds bij het zoeken van een kamer moet worden betaald. De laatkomer kan profiteren van de wens van de ondernemer om toch een zekere bezetting te hebben, al is het tegen kostprijs.

Vloereconomie

In de supermarkt kende men al veel langer het begrip *vloereconomie*, waar een artikel met een lage brutowinstmarge op een minder goede plaats in het schap staat dan een artikel waarop veel wordt verdiend en dat een impulsaankoop is.

Horizontale prijsafspraken

De ondernemers in Nederland hebben te maken met het Besluit horizontale prijsbinding; prijskartels zijn verboden. Het Besluit verbiedt alle afspraken die ondernemers beperken in hun vrijheid om zelf de prijs vast te stellen. Dit geldt ook voor vrijeberoepsbeoefenaren als accountants. *Horizontale prijsafspraken* zijn ook verboden, dus alle prijsafspraken die in dezelfde schakel van de bedrijfskolom worden gemaakt. Adviesprijzen zijn toegestaan als de ondernemer de volledige vrijheid heeft om de prijs uiteindelijk zelf met de klant overeen te komen.

Brutowinst

De *brutowinst*, en dan vooral de onderscheiden brutowinstpercentages, kan een belangrijke rol spelen in de beoordeling van de kwaliteit van het prijsbeleid en het inkoopbeleid van de ondernemer. Deze percentages kunnen door de accountant en de bank vaak goed worden vergeleken met ervaringscijfers van andere klanten en branchepublicaties, zodat daar een zeer reëel plaatje moet worden geschilderd, anders valt de ondernemer met zijn plan door de mand. Sterke afwijkingen van de gerealiseerde brutowinst ten opzichte van de geprognosticeerde brutowinst zullen diepgaand moeten worden onderzocht. De accountant denkt dan mogelijk aan fraude of organisatiefouten, de bank denkt wellicht aan zwartgeldcircuits of gebrek aan ondernemerskwaliteiten. Deze zaken zullen hun invloed hebben op de houding van de bank bij herfinanciering en uitbreidingsfinanciering.

Inkoopbeleid

De brutowinst wordt vaak bepaald door een goede werking van het *inkoopplan*. Dit plan vormt de concrete uitwerking van het *inkoopbeleid*, dat op zijn beurt weer deel uitmaakt van het ondernemingsbeleid. De ondernemer legt in het plan vast, het liefst jaarlijks en anders op basis van een meerjarenplan, welke doelstelling hij heeft en welke resultaten er moeten worden bereikt, hoe die doelstelling moet worden gerealiseerd en waarmee dit doel moet worden bereikt. Periodiek zal de uitkomst van de doelstellingen moeten worden geëvalueerd. De inkoopprestaties zullen het best naar voren kunnen komen via de (maandelijkse) interne verslaglegging. In de dienstverlenende sector, waar toch ook vaak een bepaalde mate van inkoop moet worden verzorgd, wordt dit aspect nogal eens verwaarloosd. Het kan uitmaken of er een ondernemersinkomen wordt behaald of niet.

7.3.3 Kosten

Voor het berekenen van de *personeelskosten* zijn verschillende hulpmiddelen voorhanden, waaronder bekende kengetallen als arbeidsproductiviteit, omzet per mensjaar (soms nog onderverdeeld per bedrijfssegment) en omzet per werkzaam persoon. De gemiddelde bezetting kan dan worden berekend en worden vermenigvuldigd met de gemiddelde beloning in de branche. Die uitkomst kan worden vergeleken met het daadwerkelijke, geprognosticeerde aantal personen dat in de onderneming werkzaam zal zijn en de beloning daarvan per persoon en in totaal per jaar. Ook van deze kostenposten geldt dat accountants en banken vaak vergelijkingsmateriaal hebben waardoor die post ook niet zo moeilijk te benaderen is. Ondernemers doen er goed aan die *branchegegevens* goed te analyseren. Vaak menen zij met minder mensen toe te kunnen dan de branchegemiddelden aangeven. In het begin van het ondernemerschap lukt dat wel eens (grote inzet van familieleden, vrienden en kennissen), maar naarmate het bedrijf ouder wordt en groeit, komen de cijfers steeds dichter in de buurt van de branchegemiddelden.

Personeelskosten

Branchegegevens

De *overige kosten* worden door kredietbeoordelaars vaak samengevoegd. Dit betreft dan alle kosten, minus de personeelskosten, huur, afschrijvingen en rente. Het voordeel daarvan is dat de totale kosten per jaar goed vergelijkbaar zijn. Verschuivingen onderling zijn minder belangrijk voor analyses. Dat is uiteraard wel een zaak voor de ondernemer en zijn accountant. Niettemin zullen ook zij eerst de grote lijn moeten beoordelen en dan pas de details. Ondernemers hebben de neiging om bij een begroting de kosten lager aan te houden dan deze in het verleden waren of dan de norm is. Niet zelden zijn de kosten via de *kaasschaafmethode* of de drastische methode al aangepast, zodat de rek eruit is en bezuinigingen niet meer mogelijk zijn zonder dat de omzet daaronder lijdt.

Overige kosten

Kaasschaafmethode

De post *Huur* moet steeds worden beoordeeld in het licht van een eigen pand. De afweging van huur wordt vaak gemaakt om de haalbaarheid van een ondernemingsplan te versterken. De behoefte aan vreemd vermogen is dan doorgaans veel minder. De risico's van het ondernemen daardoor ook. Niettemin is een frequente beoordeling of de huur moet worden omgezet in koop op zijn plaats. Dit geldt uiteraard alleen voor die zaken waar die optie reëel is. Soms is de gemiddelde huuropbrengst per vierkante meter zo hoog (A-locaties) dat de belegger geen afstand wil doen van zijn pand of grond.

Huur

Het berekenen van de *afschrijvingen* levert voor de ondernemer meestal geen problemen op. Bij twijfel over de afschrijvingsduur weet de accountant daar altijd wel raad op, gebaseerd op in het maatschappelijk verkeer aanvaardbare uitgangspunten. Het verdient de voorkeur afschrijvingen op goodwill en andere immateriële zaken gescheiden te vermelden. De financier wenst namelijk afschrijving op dit soort activa parallel te laten lopen met een lening met dezelfde looptijd als de afschrijvingsperiode van dit actief. Soms worden afschrijvingen in de presentaties berekend met te lange afschrijvingstermijnen om optisch een beter winstplaatje te tonen. Dit is zichzelf voor de gek houden en zal door de financier worden gecorrigeerd in

Afschrijvingen

Betalingscapaciteitsmarge

Vervangingsinvesteringen

Rentevoet

Geldmarkt

Kapitaalmarkt

de berekening van de *betalingscapaciteitsmarge* door daar de *vervangingsinvesteringen* te vermelden die zijn gerelateerd aan de activa.

De *rentevoet* voor financieringen wordt bepaald door de ontwikkelingen op de geld- en kapitaalmarkt. De *geldmarkt* is de markt voor geld dat slechts korte tijd beschikbaar is, korter dan twee jaar, en de *kapitaalmarkt* stelt geld ter beschikking voor een periode van twee jaar en langer. De *rente* voor krediet wordt afgestemd op de geldmarkt (denk aan promessedisconto plus opslag). De leningen worden gebaseerd op de kapitaalmarkt, althans de lening met een vaste rente. Voor een lening met een variabele rente wordt die rente vastgesteld door de rentepercentages van geld- en kapitaalmarkt te mixen. In het ondernemingsplan moet voor achtergestelde leningen worden aangegeven waaruit die achterstelling bestaat. Als geen rente is verschuldigd, of nog niet, dan moet dit worden vermeld. Soms staat de verstrekker rente (en aflossingen) toe, als de betalingscapaciteit dit toelaat.

Nettowinst

Het begrip *nettowinst* wordt niet altijd op dezelfde manier geïnterpreteerd. Sommigen verstaan daaronder het bedrijfsresultaat, anderen het bedrijfsresultaat na aftrek van rente. Gebruikelijk is om dit begrip te hanteren als winst, voordat privéonttrekkingen, investeringen, aflossingen, enzovoort (bij een persoonlijke onderneming) en winst na vennootschapsbelasting bij een bv worden geboekt.

7.4 Gebruik van ratio's en kengetallen

Kengetallen en ratio's

Ondernemers zullen niet snel naar het middel *kengetallen en ratio's* grijpen om daarmee aan te tonen dat een investering verantwoord is. Zeker startende ondernemers kunnen die zaken vaak nog niet goed hanteren of hebben geen idee waarvoor zij dat moeten doen en in welke mate die getallen tegen hen kunnen worden gebruikt, vooral door de bank. Maar accountants hebben de neiging om het tegenovergestelde te doen: juist wel met 'standards' werken. Als het gebruik blijft steken bij de bekende ratio's als quick en current ratio, rentabiliteit van het gemiddelde werkzame vermogen, de solvabiliteitsratio (en dan nog uitgedrukt in een verhouding van 1:1 of 1:3), de intrest-coverage-ratio, enzovoort, dan begrijpt de ondernemer er vaak niets meer van. De theorie spreekt dan bijvoorbeeld over bedrijfsrentabiliteit en ondernemingsrentabiliteit, de ondernemer over 'winst'.

Ratio's

In grote lijnen worden de *ratio's* in vier groepen ingedeeld:
1 liquiditeitsratio's
2 winstgevendheidsratio's
3 financiële hefboomratio's
4 activiteitsratio's

Als de accountant dan toch gaat werken met deze ratio's, moet hij zich ervan bewust zijn dat de financier daarop let bij zijn beoordeling van een ondernemingsplan en financieringsaanvraag. Alleen wanneer een kengetal een investeringsplan of een resultatenoverzicht verduidelijkt, kan daarvan worden gebruikgemaakt; anders voegt het niets toe aan een presentatie.

Jaarlijks verzorgt de Rabobank informatie van 75 branches in het midden- en kleinbedrijf, Cijfers en Trends. Men geeft hanteerbare kengetallen als omzet per arbeidskracht, omzet per vierkante meter, gemiddeld loon per betaalde arbeidskracht en debiteuren in dagen, maar deze uitgave geeft geen vermogensratio's of soortgelijke ratio's. Deze informatie is via het internet te verkrijgen. Ook ABN-Amro presenteert Visie op Sectoren op internet.

Aan cijfers, meestal uitgedrukt in een percentage van totalen, zoals balanstotaal en bruto-omzet, worden punten toegekend waarop financiers de risicoanalyse baseren, voor zover die cijfermatig wordt vastgesteld. Bij het afwegen van risico's spelen subjectieve factoren een grote rol. Vooral dan weer de kwaliteit van de ondernemer en het vertrouwen dat er is in het behalen van de omzet, het in de hand houden van de kosten en het maken van een winst die hoger is dan de privéonttrekkingen (bij onder andere eenmanszaak en firma). Ook niet-beïnvloedbare omgevingsfactoren en branchetrends worden in deze (materiële) beoordeling betrokken, waarbij veel begrippen van de marketingstrategie worden gebruikt, zoals deze in hoofdstuk 4 worden behandeld.

Een goed hulpmiddel voor het analyseren van de prestaties van een bedrijf is het begrip *gross operating profit* (GOP). Via deze methode, ook wel *operational cashflow* genoemd, worden de bedrijfsresultaten vastgesteld zonder de kapitaalslasten (huur, afschrijvingen en rente). De kapitaalslasten zijn voor ondernemingen zó verschillend dat bedrijfsvergelijkingen daardoor heel moeilijk worden. Zelfs de vergelijking van de cijfers van hetzelfde bedrijf in verschillende jaren kan worden bemoeilijkt door niet uit te gaan van de gross operating profit, maar van winstvergelijkingen.
Een voorbeeld van een restaurantbedrijf kan dit verduidelijken. (Zie tabel 7.1.)

Gross operating profit

Operational cashflow

TABEL 7.1 GOP-berekening (bedragen × €1.000)

	2011	2012	2013	Prognose
Winst vóór ondernemersinkomen	48	33	50	50
Gewaardeerd ondernemersinkomen (–/–)	40	43	45	45
Rente (+)	17	20	19	24
Afschrijvingen (+)	18	19	19	20
Huur (+)	5	1	–	–
Resultaat vóór kapitaalslasten en ná ondernemersinkomen	48	30	43	49
Gross operating profit in percentages van de omzet	20	12	16	17

Het branchegemiddelde van dit type bedrijf is een gross operating profit van 12%.

Conclusie: oppervlakkig gezien wordt er een slecht resultaat geboekt als rekening wordt gehouden met een gewaardeerd ondernemersinkomen. In werkelijkheid 'doet' deze ondernemer het beter dan zijn vergelijkbare collega's in de branche. Wáár hij beter exploiteert kan worden afgelezen uit de specificatie die bij de branchegemiddelden wordt verstrekt. Ook de eigen cijfers zijn nu van jaar tot jaar gemakkelijker te analyseren.
Ook in het midden- en kleinbedrijf wordt in jaarrekeningen al meer gebruikgemaakt van de internationaal gehanteerde ratio's zoals de *EBITDA* (earnings before interest, taxes, depreciations and amortizations). De hoogte

EBITDA

van de EBITDA wordt ook gebruikt voor het vaststellen van het financieringsplafond, bijvoorbeeld in een bepaalde branche: vier maal de EBITDA.

7.5 Betalingscapaciteitsmarge

In deze paragraaf wordt ingegaan op de betalingscapaciteit, de privéonttrekkingen en het gewaardeerd ondernemersinkomen. De paragraaf wordt afgesloten met drie voorbeelden van de betalingscapaciteitsmarge.

7.5.1 Betalingscapaciteit

Leen- of aflossingscapaciteit

De *betalingscapaciteit* wordt ook wel de *leencapaciteit* of de *aflossingscapaciteit* genoemd. Eigenlijk bepaalt niet de betalingscapaciteit de mogelijkheid van een onderneming om extra vreemd vermogen aan te trekken, maar de gekapitaliseerde betalingscapaciteits*marge*, nadat onder andere rekening is gehouden met een gewenste buffer voor tegenvallers in het resultaat van een onderneming.

Betalingscapaciteit

De basis van de berekening van de *betalingscapaciteit* is de nettowinst van een bedrijf. Voor een onderneming die in de persoonlijke ondernemingsvorm wordt gevoerd, is dit de winst, en voor rechtspersonen is dit de winst na aftrek van vennootschapsbelasting. Het is gebruikelijk dat de *te betalen* vennootschapsbelasting wordt berekend en in mindering wordt gebracht op de winst. Daarna ontstaat de betalingscapaciteit.

Men kan denken dat de winstbelasting voor een deel pas een jaar later wordt betaald en dat daarom rekening moet worden gehouden met de verschuldigde belasting over de winst van het voorgaande jaar. Toch zal die belasting gereserveerd moeten worden en onafhankelijk van de toekomstige cashflow moeten worden vastgesteld.

> Als er fiscale verliescompensatie mogelijk is, werkt dit door in de verschuldigde vennootschapsbelasting in het prognosejaar. De betalingscapaciteitsmarge wordt dan positief beïnvloed, waardoor een vertekend beeld ontstaat over de toekomstige marge. De beoordeling moet in feite gebeuren alsof de volledige vennootschapsbelasting verschuldigd is.

Voor het bepalen van de betalingscapaciteit moet de nettowinst worden verhoogd met de geboekte bedragen voor afschrijvingen en rente. Afschrijvingen zijn immers geen kosten die worden betaald. De rentebijtelling moet plaatsvinden omdat die post niet altijd *betaalde* rente is. Het kan zijn dat een deel van de als kosten geboekte rente in het bedrijf blijft, doordat die bijvoorbeeld wordt gecrediteerd op de rekening-courant directeur-aandeelhouder of stamrechtvoorziening.

Het kan ook zijn dat er jaarlijks opbrengsten ten gunste van het resultaat worden geboekt die geen werkelijke ontvangsten betreffen, bijvoorbeeld een ontvangen lening waarvan jaarlijks een bedrag vrijvalt als schenking. Die schenking moet in mindering worden gebracht. Na het boeken van de correctieposten is de betalingscapaciteit berekend.

7.5.2 Privéonttrekkingen

De betalingscapaciteitsmarge wordt eveneens beïnvloed door de privémutaties die via het bedrijf lopen. Als er jaarlijks privé*ontvangsten* zijn, bijvoor-

beeld huuropbrengsten, schenkingen, inkomsten uit dienstbetrekking en arbeidsongeschiktheidsuitkeringen, is dit gunstig voor de betalingscapaciteit. *Privé-uitgaven* houden *privéonttrekkingen* in en zijn in *vier hoofdgroepen* te onderscheiden:
1 privé voor levensonderhoud
2 privébelastingen
3 aflossingen en rente privéleningen
4 overige privé-uitgaven

Privé-uitgaven
Privé-onttrekkingen
Vier hoofdgroepen

Het is belangrijk om die opdeling te maken. Dit bevordert de zuiverheid van de berekeningen. Men wordt dan gedwongen om de werkelijke belastingdruk over de winst van dat jaar te berekenen en een goede benadering te maken van de uitgaven van de ondernemer voor zijn gezin. Als er een periode in het bestaan van de ondernemer is waarin hij zijn privéonttrekkingen moet terugdringen (denk aan een periode van winstval), dan heeft de ondernemer meestal desgevraagd wel de bereidheid om zijn privébestedingen te matigen. De accountant wordt echter aangeraden om zorgvuldig om te gaan met de verlaging van de post Privéonttrekkingen. In de praktijk blijkt vaak dat die vermindering niet, of niet in het gewenste tempo, kan plaatsvinden. Het blijkt voor ondernemers heel moeilijk te zijn om de tering naar de nering te zetten. Kortom, een opgebouwde status met het daaraan verbonden uitgavenpatroon is moeilijk te doorbreken.

7.5.3 Gewaardeerd ondernemersinkomen

Als het moeilijk is om de privé-uitgaven te schatten, kan men een benadering maken van een acceptabel *ondernemersinkomen* op basis van een gewaardeerd inkomen. In het midden- en kleinbedrijf wordt wel gebruikgemaakt van de volgende uitgangspunten:
- Het minimumbedrag van het gewaardeerde ondernemersinkomen wordt gelijkgesteld aan het loon van een filiaalhouder of bedrijfsleider. Zij nemen wél dezelfde beslissingen, maar lopen niet hetzelfde risico.
- Uitgegaan wordt van het vervangingswaardeprincipe. Men stelt de vraag: 'Wat zou een overeenkomstige vervangende kracht aan loon kosten?'
- In sommige gevallen gaat men uit van de behaalde brutowinst of de omzet.
- Als beloning voor een in het bedrijf meewerkende partner wordt het loon van een goede vakkracht genomen, bijvoorbeeld een eerste verkoper.

Gewaardeerd ondernemersinkomen

In de Wet Loonbelasting 1964 is de *gebruikelijkloonregeling* opgenomen. In verband hiermee is de arbeidsverhouding van een persoon die arbeid verricht voor de bv waarin hij een aanmerkelijk belang heeft, aangemerkt als *fictieve dienstbetrekking*.
Fictief loon komt aan de orde als aan elk van de volgende drie voorwaarden is voldaan:
- Hij bezit een aanmerkelijk belang in de vennootschap.
- Hij verricht arbeid voor die vennootschap.
- Hij geniet geen of een ongebruikelijk laag loon uit die vennootschap.

Gebruikelijkloonregeling

Fictief loon

Het verschil tussen het loon dat op grond hiervan in aanmerking wordt genomen en het werkelijk genoten loon, wordt geacht te zijn genoten bij het einde van het kalenderjaar of bij het einde van de dienstbetrekking. De gebruikelijkloonregeling is ingevoerd om te voorkomen dat werknemers met een aanmerkelijk belang door middel van het geheel of gedeeltelijk afzien van inkomen uit de bv de heffing van inkomsten- en vermogensbelasting ontgaan of onbedoelde voordelen behalen in de sfeer van de sociale zekerheid en andere inkomensafhankelijke voorzieningen. Zie casus 7.2 ter illustratie.

Als de ondernemer vindt dat zijn beloning lager moet zijn dan het normbedrag van €44.000 (2014) maar de fiscus vindt dit te laag, dan moet de Belastingdienst aannemelijk maken dat het opgegeven bedrag lager is dan zeventig procent van wat in de markt gebruikelijk is.

CASUS 7.2 GEBRUIKELIJK LOON EN HOLDING-BV

Als een directeur-eigenaar (DGA) een holding-bv en een werk-bv heeft en hij ontvangt een normaal salaris uit de werk-bv, hoeft hij ook niet nog eens rekening te houden met de gebruikelijkloonregeling bij zijn holding-bv. De regeling hoeft niet per dienstbetrekking te worden toegepast. De Hoge Raad heeft in 2005 een vonnis gewezen dat in concernverhoudingen de gebruikelijkloonregeling maar één keer hoeft te worden toegepast.

Het volgende speelde. Een holding-bv ontving jaarlijks een managementfee van de werk-bv. De DGA kreeg van de werk-bv een salaris. De Inspecteur was van mening dat er een afspraak was gemaakt dat de DGA een gebruikelijk loon van €3.000 bij de holding-bv zou hebben en legde een naheffingsaanslag en een boete op. Het enige wat de DGA voor de holding-bv deed was een paar handtekeningen zetten. De holding-bv vond dan ook dat het salaris van €3.000 niet gerechtvaardigd was.

De Hoge Raad besliste: als het salaris van de werk-bv mede strekt tot beloning van de werkzaamheden die zijn verricht voor de holding-bv, dan moet dit voor de toepassing van de gebruikelijkloonregeling worden meegenomen. Tevens besliste de HR dat de gebruikelijkloonregeling maar één keer voor het concern moet worden toegepast.

Bron: Salaris Rendement, november 2005

Gebruikelijk loon

Met gebruikelijk loon wordt bedoeld een loon dat, gelet op de opleiding van de werknemer, de aard en omvang van de werkzaamheden en andere voor de arbeidsmarkt relevante feiten en omstandigheden, in het economische verkeer tussen onafhankelijke partijen pleegt te worden overeengekomen. Onder het loonbegrip valt ook de bijtelling in verband met een auto van de zaak, maar niet de onbelaste vergoedingen. Het loonbegrip voor de heffing van de loonbelasting is bepalend.

Als bij de vennootschap of daarmee verbonden vennootschappen ook andere werknemers in dienst zijn, moet de bv eveneens uitgaan van het gebruikelijk loon, waarbij dat loon ten minste wordt gesteld op het loon van de meestverdienende werknemer. Van een lagere fictieve beloning kan sprake zijn als:

- de werknemer in deeltijd werkt;
- hij slechts gedurende een deel van het jaar voor de vennootschap werkt;
- de vennootschap een slechte financiële positie heeft;
- binnen de vennootschap slechts beperkte activiteiten plaatsvinden, bijvoorbeeld vermogensbeheer.

In de praktijk werkt de gebruikelijkloonregeling zodanig, dat veel DGA's het salaris op dit minimum fictieve loon hebben vastgesteld, daar waar zij voorheen een lager inkomen uit het bedrijf genereerden. Het berekenen van de betalingscapaciteit – bij een bv – is daardoor enigszins gemakkelijker geworden, omdat er minder discussie hoeft te zijn over de hoogte van het directiesalaris.

7.5.4 Betalingscapaciteitsmarge

Hierna worden drie voorbeelden van de *betalingscapaciteitsmarge* gegeven.

Betalingscapaciteitsmarge

VOORBEELD 7.1
Juridische vorm: bv (× €1.000)

Winst		40
Afschrijvingen		20
Rente		30[1] +
		90
Vennootschapsbelasting		12 −
Betalingscapaciteit		78
Betaalde rente	26	
Aflossingen	13	
Vervangingsinvesteringen	15	
		54 −
Betalingscapaciteitsmarge		24
[1] Betaald aan de bank	26	
Rekening-courant DGA	2	
Stamrecht	2	

VOORBEELD 7.2
Juridische vorm: eenmanszaak (× €1.000)

Winst		70
Afschrijvingen		20
Rente		25 +
		115
Privéonttrekkingen		55 −
Betalingscapaciteit		60
Betaalde rente	25	
Aflossingen	13	
Vervangingsinvesteringen	15	
		53 −
Betalingscapaciteitsmarge		7

De marge alleen bepaalt niet de *leencapaciteit* van een onderneming. Er moet ook rekening worden gehouden met een buffer voor tegenvallende

Leencapaciteit

resultaten en onverwachte uitgaven die niet via de winst- en verliesrekening lopen, bijvoorbeeld investeringen die tegenvallen.

Stel dat een eenmanszaak een betalingscapaciteitsmarge heeft van €60.000 en de adviseur of relatiebeheerder van een bank wenst rekening te houden met een buffer van €20.000, dan kan €40.000 worden gekapitaliseerd als basis voor de leencapaciteit. Stel in dit geval de rente op vijf procent per jaar (na correctie met inkomstenbelasting netto nog – stel – drie procent omdat de rente die extra wordt betaald voor de nieuw aan te trekken lening aftrekbaar is van het inkomen) en jaarlijks vijf procent af te lossen (lineair), dan is de leencapaciteit:

$$€40.000 \times 100\% / 8\% = €500.000$$

VOORBEELD 7.3

Ondernemer A. exploiteert een supermarkt die in 2013 een winst heeft gegenereerd van €140.000. A. heeft een eenmanszaak.
In de jaarrekening staan onder andere de volgende posten
(alle bedragen × €1.000):

- Betaalde rente aan de bank — 20
- Buitengewone baten, waaronder een eenmalige bonus — 15
- Afschrijvingen — 70
- Aflossingen per jaar voor de bestaande kredieten — 60
- Privéonttrekkingen — 90

Ondernemer A. denkt jaarlijks €15.000 te moeten besteden aan vervangingsinvesteringen.
Bij de berekening van zijn huidige leencapaciteit gaat hij uit van een rentevoet van vier procent, een inkomstenbelastingdruk van veertig procent en hij wil €20.000 achter de hand houden voor tegenvallers. De uitkomst van zijn berekening is (× €1.000):

Winst	140
Bij: Afschrijvingen	70
	210

Af:
- Buitengewone baten — 15
- Jaarlijkse privéonttrekkingen bij de gegeven winst — 90
- Bestaande aflossingsverplichtingen — 60

$$165\ -/-$$

$$45$$
Begrote vervangingsinvesteringen 15 -/-
Gewenste buffer 20 -/-

Te kapitaliseren marge 10

Leencapaciteit:

$$10.000 / 2{,}4\%^{1} + 10\%^{2} = €10.000 / 12{,}4\% \times 100\% = \text{circa } €80.000$$

[1] 4% rente minus 40% inkomstenbelasting die daarover wordt bespaard = 2,4%.
[2] Jaarlijks 10% lineair aflossen.

Samenvatting

- Hoort een verhandeling over de balans en de verlies- en winstrekening wel bij het onderwerp strategisch management? Deze geregeld gestelde vraag moet met 'ja' worden beantwoord. Immers, de financiële positie van een onderneming bepaalt mede hoe de leiding van het bedrijf, of de toezichthouders, omgaan met kansen en bedreigingen. Waar een bedrijf een stevige buffer heeft in de betalingscapaciteitsmarge, en dit jaar op jaar laat zien, hoeft men niet zo snel op de noodrem te trappen, om te zien naar overnamekandidaten of te denken aan liquidatie van de organisatie.

- Balanslezen is voor een ondernemer niet gemakkelijk. De accountant/adviseur zal hem bij de hand moeten nemen bij de bespreking van de jaarrekening en dan nog blijft het een technisch verhaal. Niettemin wordt het de ondernemer bij calamiteiten tegengeworpen als hij bepaalde dingen niet heeft doorzien of niet heeft begrepen. Een jaarlijkse 'opfriscursus' door middel van de balansbespreking is daarom nuttig, zelfs noodzakelijk, zeker als de positie vereist dat er voor het lopende of komende jaar moet worden ingegrepen in de strategische bedrijfsvoering.

- Wat voor de ondernemer en zijn financieel adviseur een mistig gebeuren is, is de wijze waarop de financier zijn risico bepaalt bij de bedrijfsfinanciering. Eén van die financiële ratio's is het bancair aansprakelijk vermogen, dus de vermogenspositie van de klant die een rol speelt in een beoordeling voor een financiering. Over welke middelen kan de bank dan beschikken als dekking voor de verstrekte kredieten, en wat kan zij vergeten omdat de waarde van balansposten niets kan opleveren? Blijkt dat er sprake is van discontinuïteit van de klant, dan worden de waarderingen van de balans nog weer anders, namelijk op basis van uitwinning van de bancaire zekerheden.
  In dit hoofdstuk wordt inzicht gegeven in de bancaire benadering van balansposten, waardoor begrip kan ontstaan als de bank aanvullende zekerheden vraagt of zelfs een financieringsaanvraag afwijst op grond van de cijfermatige beoordelingscriteria, waaronder het bancair aansprakelijk vermogen.

- Adviseurs van ondernemers kunnen aan de hand van de theorie van de leencapaciteit hun voordeel doen bij het adviseren. Met enkele voorbeelden van de benadering van de betalingscapaciteitsmarge en het kapitaliseren daarvan tot de maximale leencapaciteit, besluit dit hoofdstuk.

Meerkeuzevragen

7.1 Formuleachterstand is:
   a de achterstand die het bedrijf heeft in de kritieke succesfactoren, de aankoopcriteria van klanten.
   b de noodzaak om het klantenbestand uit te breiden.
   c kiezen voor een andere bedrijfsvoering.
   d de organisatie moderniseren in het licht van een gehouden consumentenquête.

7.2 Het secureren van onroerende zaken is het:
   a goed verzekeren van de gebouwen, enzovoort.
   b als een goed huisvader zorgen voor de onroerende zaken.
   c aan de financier in onderpand geven van de onroerende zaken.
   d afstoten van een deel van het bezit aan onroerende zaken.

7.3 Een dichtraming van een exploitatieprognose is:
   a een meerjarenprognose maken voor de ondernemingsleiding.
   b de reeds gerealiseerde cijfers en de prognosecijfers van de resterende maanden samenvoegen.
   c de exploitatieprognose voorzien van overige kasuitstroomposten.
   d het normaliseren van een exploitatieprognose.

7.4 Bij yieldmanagement:
   a zorgt de ondernemer voor een overzichtelijk systeem van plannen.
   b speelt de ondernemer met flexibele prijzen in op de vraag uit de markt.
   c delegeert de ondernemer veel werkzaamheden aan zijn medewerkers.
   d sluit de ondernemer strategische allianties af.

7.5 Gross operating profit is:
   a de brutowinst van een bedrijf tot en met het vierde kwartaal.
   b de nettowinst verminderd met uitgaven voor achterstallig onderhoud.
   c het brutobedrijfsresultaat na investeringen maar vóór belastingen.
   d het bedrijfsresultaat vóór kapitaalslasten en na een gewaardeerd ondernemersinkomen.

8
Continuïteit en discontinuïteit

8.1 Informatie
8.1.1 Managementinformatie
8.1.2 Verzamelen van informatie
8.1.3 Veelvoorkomende methoden van informatie verzamelen
8.1.4 Kwaliteit van de informatie
8.1.5 Geheimhouding van de informatie
8.2 Benchmarking
8.3 Signalen van discontinuïteit
8.3.1 Omgevingsfactoren voor de MKB-onderneming
8.3.2 Signalen van een tegenvallende gang van zaken
8.3.3 Faalfactoren van persoonlijke aard
8.4 Risicomanagement
8.5 Verandermanagement
8.6 Bijzondere saneringen
8.6.1 Financiële sanering
8.7 Beëindigen van een onderneming
8.7.1 Wet schuldsanering natuurlijke personen
8.7.2 Faillissement
8.7.3 Herijking faillissementsrecht
8.8 Doorstart na faillissement
8.8.1 Pre-pack
Samenvatting
Meerkeuzevragen

In een organisatie ontbreekt het vaak aan adequate informatie over klanten, consumententrends of de gang van zaken in het eigen bedrijf. In paragraaf 8.1 wordt hierop eerst ingegaan, waarbij ook de kwaliteit van de informatiemethoden wordt besproken. Een vorm van bijzondere kennisvergaring, benchmarking, wordt behandeld in paragraaf 8.2. Na een startperiode of de volwassenheidsfase van een onderneming kan het gebeuren dat er sprake is van een sterke neergang in de bedrijfsvoering. Daarvan zijn signalen zichtbaar in het bedrijf, zowel voor medewerkers als voor mensen die wat meer op afstand staan, zoals de accountant. Dit wordt beschreven in paragraaf 8.3.

Maar ook andere betrokkenen zien soms die negatieve ontwikkelingen. Die negatieve signalen en het ondernemersgedrag worden in een aantal specifieke subparagrafen aan de orde gesteld. Om risico's voor negatieve ontwikkelingen in bedrijven zo veel mogelijk te vermijden, nemen ondernemers beheersmaatregelen tegen risico's, het zogenoemde risicomanagement. Dit wordt behandeld in paragraaf 8.4. Als door de minder goede ontwikkelingen in een onderneming een verandertraject moet worden bewandeld, kan dit op verschillende wijzen. Daarover gaat het in paragraaf 8.5.

Vóór een faillissement ontstaan bepaalde situaties die het overwegen waard zijn om te analyseren, soms met behulp van anderen. Dit kan uitlopen op vervelende beslissingen, waarop paragraaf 8.6 dieper ingaat. Het kan zelfs het einde van de onderneming betekenen, waarover in paragraaf 8.7 uitvoerig wordt gesproken. Ook een doorstart na faillissement zou dan kunnen worden overwogen, bijvoorbeeld via een 'pre-pack'. Met dit onderwerp in paragraaf 8.8 wordt dit hoofdstuk afgesloten.

8.1 Informatie

Niemand kan goede beslissingen nemen zonder informatie te hebben verkregen. Informatievoorziening wordt door sommigen gezien als dé *productiefactor*, nog voor de factoren grond, kapitaal en arbeid. Als die informatie dan zo relevant is, moet beoordeeld worden waaruit die informatie moet bestaan. Een deel daarvan kan worden beschreven in het kader van strategisch management. Voor de ondernemer en zijn adviseurs worden enkele vormen van informatie in deze paragraaf behandeld. Voor meer specifieke kennis over informatie en informatieoverdracht wordt verwezen naar de vele boeken en artikelen die zijn verschenen op het gebied van managementinformatiesystemen (MIS), marketinginformatie, informatietechnologie, enzovoort.

In de volgende subparagrafen wordt nader ingegaan op managementinformatie en het verzamelen van informatie. Enkele veelvoorkomende methoden van informatie verzamelen worden besproken. Ten slotte worden de kwaliteit en de geheimhouding van de informatie behandeld.

8.1.1 Managementinformatie

Wissema (1992) heeft in zijn definitie van strategisch management aan informatie een prominente plaats gegeven:

> 'Strategisch management is een toekomstgerichte en concurrentiebewuste managementstijl en een informatie-, communicatie-, besluitvormings- en planningsproces, waarbij top, staf en lijn gezamenlijk concrete businessdoelstellingen vaststellen op basis van externe en interne informatie en waarderingen daarvan, uitmondend in een strategische oriëntatie van alle medewerkers van de onderneming en in gesynchroniseerde plannen voor de eenheden die de doelstellingen moeten realiseren.'

Management-informatie

Managementinformatie levert een belangrijke bijdrage aan de besturing en de beheersing van de organisatie, maar niet de belangrijkste. Deze informatie blijkt bij een onderzoek onder controllers op de tweede plaats te komen met een score van 53%. Op de eerste plaats komt bij hen de financiële informatie, zoals budgetten. Managementinformatie wordt door de staffunctionarissen vooral als een *verantwoordingsinstrument* gezien, daarna als *beheersinstrument* en als laatste als *stuurinstrument*. Deze groep geënquêteerden vindt dat managementinformatie vooral toekomstgericht moet zijn en dus zaken als prognoses en scenario's moet bevatten. Toch blijken ook zij lang niet altijd aan die eis te (kunnen) voldoen. Deze groep blijkt slechts voor een gering deel de informatie te baseren op externe informatie die door gebruik te maken van omgevingsfactoren, meer inhoud kan krijgen.

Mintzberg (1991) beweert dat er veel bewijzen zijn dat informatie die de managers krijgen voor een groot deel zacht en speculatief is; indrukken en gevoelens over anderen, geruchten, kletspraatjes, enzovoort, maken dan een behoorlijk deel uit van de informatie die de ondernemer verwerkt in zijn *besluitvormingsproces*. Analytische vormen van informatie (*primaire informatie*), zoals rapporten, documenten en harde gegevens in het algemeen, lijken voor managers veel minder interessant te zijn. De gebruiker schijnt die informatie dan meer te synthetiseren dan te analyseren. Een groot deel van deze informatie helpt de manager zijn organisatie, en het milieu waarin deze opereert, te begrijpen, het 'hele plaatje' te zien. Een aantal, vaak door managers en ondernemers gebruikte uitdrukkingen, wijst op dit soort mentale processen. Mintzberg spreekt dan over '(voor)gevoel' en het door ondernemers onbewust gebruiken van modellen die in hun brein zijn ontwikkeld. Zij gebruiken ook vaak het woord 'intuïtie' waarmee zij naar denkprocessen verwijzen zonder dat zij dit zelf zo beseffen.

Een negatieve opmerking over managers: zij blijken helaas vaak niet in staat de verkregen informatie op een goede wijze door te geven aan hun ondergeschikten. Als ze het druk hebben moeten ze kiezen: ofwel taken delegeren zonder achtergrondinformatie te verstrekken, ofwel de taak gewoon zelf uitvoeren. Geen van beide methoden is dan bevredigend.

In een toelichting op zijn visie over managementinformatie schrijft Mintzberg dat managers vijf media tot hun beschikking hebben: documenten, telefoontjes, geagendeerde en ongeagendeerde besprekingen en rondkijken. Hieruit volgt dat van de verkregen informatie maar een beperkt deel direct kan worden gebruikt. De gegevens (data) moeten dus door de informatieverkrijgers worden geselecteerd, bewerkt en geïnterpreteerd en er moeten verbanden worden gelegd voordat er informatie aan kan worden ontleend voor de besluitvorming.

Managers schijnen veel te doen met *zachte informatie*, zoals geruchten. De reden daarvoor is dat ze er op tijd bij willen zijn; wat vandaag een gerucht is, kan morgen een feit zijn. De nadruk die de leidinggevenden op mondelinge media leggen, wijst op twee belangrijke punten (opnieuw volgens Mintzberg die via onderzoek veel verklaringen heeft gegeven voor de handelwijze van ondernemers en managers):

- Mondelinge informatie wordt opgeslagen in de hersenen van mensen. Pas wanneer mensen deze informatie opschrijven, kan ze worden vastgelegd in de papieren of computerbestanden van de organisatie. Managers schijnen maar weinig op te schrijven van wat ze horen. Het strategische gegevensbestand bevindt zich dan ook meer in de geest van haar managers dan in de geheugens van haar computers.
- Het uitgebreide gebruik van de mondelinge media door managers verklaart ook waarom zij zo moeilijk taken delegeren. De informatie wordt in het hoofd opgeslagen waardoor de leiding met tegenzin, omdat dit tijd kost, die kennis overdraagt.

Verantwoordingsinstrument

Beheersinstrument

Stuurinstrument

Primaire informatie

Zachte informatie

De ondernemerstaak is dus ook op het punt van informatieoverdracht moeilijk en gecompliceerd. Een ondernemer heeft veel verplichtingen terwijl zijn taak toch moeilijk is te delegeren. Daarom moet hij zoveel zelf doen, werkt veel en lang en moet ook nog een groot aantal taken oppervlakkig verrichten. Zijn werk wordt gekenmerkt door beknoptheid, fragmentatie en mondelinge communicatie.

Managerscommunicatie

Uit een onderzoek van de hiervoor genoemde Henry Mintzberg is gebleken dat de verwerking van informatie een belangrijk element is in de taak van de manager. Directeuren besteedden veertig procent van hun voor contacten bestemde tijd aan activiteiten die uitsluitend dienden voor het doorgeven van informatie, en zeventig procent van hun inkomende post had een zuiver informatief karakter. Het werk van de manager bestaat grotendeels uit communicatie. Nader aangegeven: als *waarnemer* om naar informatie te zoeken, als *verspreider* om informatie met anderen te delen en als *woordvoerder* om de informatie door te geven aan anderen in of buiten de organisatie.

8.1.2 Verzamelen van informatie

Data verzamelen is bezig zijn met het vergaren van – schaarse – informatie. Daarom is het verkrijgen van de meeste informatie een kostbare aangelegenheid. Na het ontvangen van die informatie moet deze nog weer worden bewerkt, zowel vóór, tijdens als na het strategisch beleidsvormingsproces. In handboeken voor verkopers, maar ook in de beschrijvingen van Van der Lee (1993) en Kooiker/Van den Heuvel (1992), worden methoden opgesomd en toegelicht waar de ondernemer aan kan denken bij het vergaren van informatie. Verschillende methoden zijn bruikbaar voor zowel de consument, de manager als de ondernemer bij het verzamelen van bruikbare informatie voor de te nemen beslissing voor koop, verkoop, promotie, enzovoort.

Informatiebronnen van de consument:
- *persoonlijke informatie* – niet commercieel; commercieel (via verkopers);
- *niet-persoonlijke informatie* – niet commercieel (free publicity, consumentengids); commercieel (advertenties, folders);
- *eigen informatie* – (ervaringen, zelfkennis).

Producteigenschappen

Door de verkregen informatie zal de consument het aangeboden product evalueren, merken vergelijken en de merkkeuze bepalen. Voor elk product kan onderscheid worden gemaakt in *instrumentele (technische) eigenschappen* van het product (wat kan het?) en *emotionele eigenschappen* (wat zegt dit de gebruiker?). Van groot belang voor de consument is de centrale eigenschap van een product of dienst. Deze is afgeleid van de functie die het product heeft in het leven van de consument en is doorslaggevend voor zijn beslissing. Daarop speelt de pr van de fabrikant en handelaar in, en daarover wil de ondernemer meer weten om het juiste product te maken uitgaande van het feit dat de ondernemer zich vooral bezighoudt met de vraag wat de klant wil (vraagzijde van de markt) en niet met wat hij zelf goed vindt (de aanbodzijde).

8.1.3 Veelvoorkomende methoden van informatie verzamelen

Hierna wordt een aantal veelvoorkomende methoden van informatie verzamelen besproken.

Deskresearch (bronnenstudie)
Deskresearch zal maar zelden precies die gegevens opleveren die passen bij het specifieke bedrijfsgebeuren. Het levert doorgaans in het verleden verzamelde getallen en meningen op. Niettemin kan die informatie ertoe leiden dat trends en marktbewegingen zichtbaar worden gemaakt en dat op basis van deze – *secundaire* – gegevens en de analyse daarvan de grote lijnen van de marktstructuur en marktontwikkeling zichtbaar worden.

Bronnenstudie omvat onder andere het bestuderen van jaarstukken, kranten, tijdschriften, artikelen, statistieken, websites, handelsgegevens, wetgeving en gepubliceerde marktonderzoeken, het lezen van huisorganen van de concurrentie en personeelsadvertenties en het bezoeken van beurzen en shows. Dit zijn allemaal legale middelen van informatieverwerving. Wat minder elegante methoden zijn bijvoorbeeld het uithoren van leveranciers, adviseurs, accountants en reclamebureaus en het ondervragen van oud-medewerkers van de concurrent.

Secundaire informatie

Bronnenstudie

Communicatieonderzoek
Het *communicatieonderzoek* heeft tot doel om informatie te verkrijgen over het 'landen' van de reclameboodschap van een onderneming (advertentie; kabel-tv). Wordt de boodschap begrepen; slaat deze aan; welke gevolgen heeft deze voor de omzet?

Communicatie-onderzoek

Interviews, enquêtering
Via een proefenquête (pilot-enquête) kan er zodanige informatie worden verkregen over een mogelijke actie, dat er met relatief geringe kosten een – redelijk – betrouwbaar resultaat ontstaat. De *proefenquête* moet inzicht geven in:
- de juiste inhoud van de vragen;
- de meest doelmatige instructie voor de interviewer;
- het totaal aantal ondervragingen dat nodig is;
- de kosten die aan het onderzoek zijn verbonden.

Proefenquête

Veelal zijn het deskundigen die de enquête uitvoeren, waarbij de ondervraagde (respondent) een grote mate van vrijheid heeft om te antwoorden zoals hij wil. Er zijn verschillende vormen van interviews, zoals een vragenlijst, het testen van een product, een panel of een rollenspel. Vertekening van de resultaten moet de ondernemer onderkennen (hoe en wat wordt er gevraagd; hoe rapporteert de interviewer de verkregen antwoorden; is het panel betrouwbaar; is de vragenlijst wel compleet; zijn de vragen te onduidelijk of te persoonlijk?).

Groepsdiscussies
Bij groepsdiscussies moet de groep niet homogeen zijn en mensen uit verschillende disciplines bevatten. Een onafhankelijke derde zal leiding moeten geven aan de discussie. In de discussie wordt de problematiek indirect benaderd om zo veel mogelijk reacties en meningen los te krijgen. Enkele nadelen zijn: beïnvloeding, ontwijkgedrag en wijze van antwoorden door nervositeit. Enkele voordelen zijn: direct antwoord, vaak emotioneel getint. Door beïnvloeding (interactie) ontstaan meerdere varianten.

Groepsdiscussies

Observaties
Door buitenstaanders worden werkers in de organisatie geobserveerd. Dit kan direct (gedragsobservatie) of indirect gebeuren (via tv-circuit; *one-way*

One-way screen

screen, dat is een glazen wand waardoor slechts in één richting kan worden gekeken). De te verkrijgen informatie is gericht op inzet, motivatie en prestatie/gedrag van – bijvoorbeeld – verkopers of klanten. Bij dit *kwalitatief onderzoek* zijn niet alleen de woorden van belang maar ook het gedrag en de lichaamstaal.

Kwalitatief onderzoek

Ondernemers kunnen zelf ook op deze wijze informatie ontvangen, door bijvoorbeeld in het bedrijf rond te lopen of medewerkers met een dergelijke opdracht te belasten.

Gesprekken aan de borreltafel en in de wandelgangen
In een vertrouwelijke sfeer zijn mensen graag bereid informatie te geven over producten, situaties, bedrijven of personen. Vaak wordt dit gedaan op basis van ruilinformatie: zelf iets vertellen waarop de ander reageert. Meestal wordt deze methode gebruikt om informatie in het informele circuit te brengen. Men hoort dan hoe op komende veranderingen wordt gereageerd en hoe een en ander valt. De brenger van de boodschap moet wel het voornemen hebben om die veranderingen inderdaad in te voeren (investeringen, enzovoort), anders wordt deze methode als ongeloofwaardig ervaren en is deze door hem nauwelijks meer toe te passen.

8.1.4 Kwaliteit van de informatie

Als de informatie eenmaal is ontvangen, bewerkt en verwerkt, blijft voor de ontvanger en degene die op basis van de verkregen informatie moet beslissen, steeds de vraag in hoeverre de informatie betrouwbaar genoeg is om daarop in te spelen en op basis daarvan beslissingen te nemen. Anders gezegd, voldoet de informatie aan de eis van *tijdigheid, nauwkeurigheid en relevantie*? Is de informatie dus nuttig genoeg om te gebruiken? Er zijn deskundigen die de *betrouwbaarheid van de informatie* kunnen bevorderen. Deze deskundigen zijn lang niet altijd direct beschikbaar of te duur voor het gemiddelde bedrijf in het midden- en kleinbedrijf. In geval van twijfel overlegt de ondernemer met zijn medewerkers of zijn adviseurs. In de discussie worden dan de nodige gevoelens en ervaringen ingebracht, die degene die deze te berde brengt bijna altijd het gevoel geven toegevoegde waarde te hebben geleverd aan de discussie. Voor iedere gesprekspartner is het dan goed te weten dat de volgende aspecten van de informatievoorziening een bepaalde rol kunnen spelen voor de kwaliteit van de informatie (Van der Lee (1993) verwijst naar Hogarth en Makridakis (1981):

Betrouwbaarheid van de informatie

- De bronnen van waarneming, schriftelijk of mondeling, kunnen zelf onbetrouwbaar zijn.
- Veel gegevens worden als 'oud nieuws' beschouwd tegen de tijd dat – interne – rapportage plaatsvindt; dit kan ook gelden voor door de accountant gemaakte overzichten.
- Het waarschijnlijke wordt overdreven, het onwaarschijnlijke onderschat.
- Aan een model van de werkelijkheid, hoe onjuist ook, wordt vaak een hoog waarheidsgehalte toegekend.
- Resultaten van een (te) kleine steekproef worden vaak representatief geacht.
- Het herinneringsvermogen is beperkt en wordt vertroebeld: zaken waarover veel gepubliceerd wordt, of die met een bepaalde gebeurtenis samenvallen, komen eerder in het geheugen terug; het eigen aandeel wordt soms vergroot, of als dit beter uitkomt, soms verkleind; een neiging tot sensatiezucht is bij iedereen wel aanwezig.

- Selectieve waarneming speelt een rol: mensen zien en oordelen vaak op basis van eigen ervaring en verwachtingen, en trachten conflicterende gegevens uit de weg te gaan.
- Degene die een proces van gegevensverzameling leidt, kan een sterke invloed op het resultaat hebben.
- Aan concrete gegevens of meningen kent men een hogere waarde toe dan aan abstracte of statistische gegevens.
- Men ziet verbanden waar ze niet zijn, inhoudelijk of in de tijd.
- Men kan onwelkome gegevens bewust buiten houden.
- Een suggestieve presentatie komt veel voor.
- Waarnemen en interpreteren onder stress komt de kwaliteit van de informatie niet ten goede.
- Formele, primaire informatie (documenten) zijn vaak te beperkt of onvolledig en zeggen te weinig over de externe situatie. De informatie kan ook te algemeen zijn en te weinig gericht op de eigen onderneming.

8.1.5 Geheimhouding van de informatie

Er is een zekere vorm van kwetsbaarheid voor de onderneming ten aanzien van de informatie die in het bedrijf aanwezig is. Dit speelt in het bijzonder als de onderneming een voorsprong heeft in de markt. De concurrentie is dan gebaat bij inlichtingen over verschillende zaken die rondom het product een rol spelen. Als er strategische informatie aan het papier is toevertrouwd, ontstaat een vitaal stuk voor de onderneming, waarin de nodige zorgvuldigheid moet worden betracht. Verspreiding van het stuk is even onvermijdelijk als gevaarlijk. De interne informatievoorziening vereist echter dat er door anderen dan de leiding kennis van wordt genomen. Het uitlekken van informatie moet dan worden voorkomen.

Uitlekken van informatie

Wissema (1992) heeft de volgende opsomming gegeven van oorzaken waardoor informatie uitlekt:
- onnadenkendheid, naïviteit;
- stoer doen, laten zien hoeveel je weet;
- wrok, wraak;
- het verlaten door personeelsleden van de onderneming;
- loyaliteit met anderen, vrienden, familieleden; ook wel het groepsgevoel tussen leden van bepaalde groepen als financiële mensen;
- het uitwisselen van informatie;
- corruptie, geldnood;
- spionage of diefstal door derden;
- het geven van informatie aan buitenstaanders als sollicitanten, verslaggevers, adviseurs.

Wissema geeft de volgende wapens tegen het mogelijk uitlekken:
- mensen leren bewuster met informatie om te gaan en betrokkenheid scheppen;
- sociale controle;
- het ontwikkelen van discipline;
- opstellen van voorschriften en classificeren van stukken;
- bewaking, afsluiten van kasten, toegangsbewaking;
- concurrentie- en geheimhoudingsbeding opnemen in de arbeidsovereenkomst;
- het geven van het goede voorbeeld door de ondernemer zelf;
- het goed laten overdragen van stukken als iemand de onderneming verlaat;
- het beveiligen van kopieerapparatuur;

- het geven van een 'waardig afscheid' als iemand met negatieve gevoelens de onderneming gaat verlaten;
- huiszoeking bij verdenking.

8.2 Benchmarking

Het woord 'benchmarking' is afkomstig uit de landmeetkunde, waar het de betekenis heeft van referentiepunt. Bij het opmeten van bijvoorbeeld een landgoed moet één punt immers als referentiepunt dienen wanneer je een plattegrond wilt maken. Van alle zaken en objecten, gelokaliseerd in het in kaart te brengen gebied, wordt de afstand tot dit vaste punt vastgelegd (Masurel, 1998).

Veel ondernemers zijn afzetgericht. Het is de taak van het management om de meest geschikte technieken te selecteren met als doel de mogelijkheid en middelen van de organisatie zo optimaal mogelijk af te stemmen op de behoeften van de klant. In Nederland minder bekend maar toenemend in de belangstelling, en in Amerika wel populair, is de techniek om deze doelstelling te bereiken met behulp van het stellen van de vragen:
- Welke organisatie doet iets beter dan de eigen onderneming (best in class)?
- Waarom doen anderen het beter?
- Kan ons bedrijf dit ook toepassen?

Benchmarking

Benchmarking (bedrijfsvergelijkend onderzoek) is een moderne managementtechniek, gericht op het continu verbeteren van de prestatie van het bedrijf. De techniek is in 1983 ontwikkeld door Rank Xerox, die toen zijn marktaandeel snel zag teruglopen. De concurrenten brachten producten op de markt met een prijs die lager was dan de productiekosten van Rank Xerox. Het bedrijf is toen zeer intensief begonnen zich te vergelijken met andere bedrijven. Aan de hand van die vergelijkingen spoorde men de beste werkwijzen op voor bepaalde zaken en nam ze vervolgens over.

In de dienstverlening vergelijkt men de eigen prestaties met die van collegae en stelt dan vast of er verbetering nodig is van de organisatie, de dienstverlening zelf of de tarieven. In sommige gevallen kan men in overleg met een collegabedrijf informatie verkrijgen over de verschillen, in de meeste gevallen zullen er waarnemingen moeten plaatsvinden via bepaalde methoden van informatieverwerving.

Benchmarking is er dus op gericht om door meten en weten ook te verbeteren. Het gaat dan om de vergelijking van processen, de werkwijze, de organisatie en de managementstijl achter de gegevens. Al die factoren worden in het benchmarkingproces geanalyseerd. Vooral de mogelijkheid om buiten de eigen branche vergelijkingsmateriaal te verzamelen, onderscheidt benchmarking van de klassieke concurrentieanalyse. Daarnaast gaat benchmarking veel dieper. Vooral kwaliteitsgerichte managers maken steeds meer gebruik van deze informatiemethode. Het NIPO heeft samen met PriceWaterhouseCoopers een onderzoek ingesteld bij de duizend grootste ondernemingen in Nederland. Daaruit kwam naar voren dat bijna driekwart van de ondervraagde ondernemingen aan benchmarking zou doen en van de bedrijven die nog geen gebruik maakten van deze technieken zou daarvan de helft ook overgaan tot benchmarking. Deskundigen beweren dat deze uitkomst een te populair beeld geeft van benchmarking. Bij het doorvragen naar de wijze waarop benchmarking werd toegepast, bleek dat bij nog geen vijftig procent van de bedrijven die meededen aan het onderzoek sprake was van een gestructureerde vorm van benchmarking, waaruit kan worden geconcludeerd dat men graag wil zeggen benchmarking onderdeel te laten uitmaken van de informatievoorziening, terwijl men er eigenlijk geen raad mee weet. Ongetwijfeld zullen ondernemers in het midden- en kleinbedrijf ook volgen in het bewust en systematisch toepassen van benchmarking-technieken, waarbij dan door de ondernemers bepaalde methoden moeten worden gebruikt die door de adviseur kunnen worden aangereikt.

Processen van niet-commerciële aard die geschikt zijn om te vergelijken zijn:
- inkoop- en crediteurenadministratie
- productie- en voorraadadministratie
- offerte en ordercalculatie
- facturering
- debiteurenadministratie
- verkoopadministratie
- planning, budgettering, forecasting
- management- en financiële verslaglegging
- investeringsselecties
- cost accounting
- cashmanagement
- grootboekadministratie
- administratieve organisatie
- salarisadministratie

Figuur 8.1 geeft het benchmarkingproces schematisch weer.

FIGUUR 8.1 Het benchmarkingproces

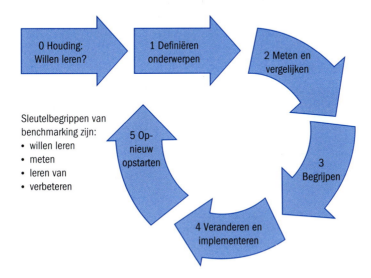

Benchmarking is in drie hoofdvormen te onderscheiden:
- *internal benchmarking (interne)*: om de beste werkwijzen binnen de eigen organisatie te vinden (McDonald's die de levertijd van de snacks in alle filialen vergelijkt);

Internal benchmarking

Competitive benchmarking

- *competitive benchmarking (concurrerende)*: om de beste werkwijzen van concurrenten te vinden en die te vergelijken met de eigen werkwijzen (gegevens worden dan vaak via neutrale intermediairs uitgewisseld);

Functional (generic) benchmarking

- *functional (generic) benchmarking (functionele)*, waarbij het zoekproces zich uitstrekt tot allerlei soorten ondernemingen, dus bedrijven die elkaar helemaal niet beconcurreren.

Voorwaarde voor verbeteringen aan de hand van benchmarking is wel dat de prestaties en de oorzaken kunnen worden gemeten. Pas dan zijn er objectieve maatstaven voor vergelijking aanwezig, hoewel aan de hand van subjectieve factoren ook bepaald wordt waarom bij het vergelijkingsbedrijf een product beter loopt dan bij het eigen bedrijf. Dan gaan aspecten van informatie-inwinning weer een rol spelen en moeten de uitkomsten daarvan een duidelijk signaal afgeven voor verandering. Toch is de hoofdlijn: gestructureerde informatie-uitwisseling.

Het volgende overzicht in casus 8.1 laat een *benchmarkingproces* zien:

CASUS 8.1 BENCHMARKINGPROCES

0 Definieer of er een attitude voor benchmarking aanwezig is.
1 Bepaal precies wat er gebenchmarkt moet worden.
2 Vorm een benchmarkteam en geef training aan de leden.
3 Ontwikkel een gedetailleerd projectplan.
4 Identificeer en selecteer benchmarkpartner(s).
5 Verzamel en analyseer interne benchmarkinginformatie.
6 Verzamel en analyseer externe benchmarkinginformatie.
7 Integreer in- en externe benchmarkinginformatie.
8 Bereik consensus over de oplossing.
9 Pilot de oplossing.
10 Leg de laatste hand aan de oplossing.

↓

Zeer tevreden klanten

+

Kostenbesparingen

8.3 Signalen van discontinuïteit

In deze paragraaf worden de omgevingsfactoren voor de MKB-onderneming behandeld en wordt dieper ingegaan op signalen van een tegenvallende gang van zaken en faalfactoren van persoonlijke aard.

8.3.1 Omgevingsfactoren voor de MKB-onderneming

In onrustige tijden, dus de periode waarin men denkt dat alles kan en er geen einde lijkt te zijn aan de mogelijkheden, kunnen ondernemers worden geconfronteerd met bijvoorbeeld een schaarste aan deskundig personeel. Personeelskosten nemen meer dan autonoom toe en aan de kwaliteitseis van het geleverde product kan niet altijd meer worden voldaan, ondanks de ISO-certificering. De vraag kan dan ontstaan of men ook wil groeien of tevreden kan zijn met wat is bereikt. Zicht op continuïteit van het bedrijf, met of zonder de huidige eigenaar, is dan een basis waarop goede beslissingen kunnen worden genomen. Het tegenovergestelde is ook waar. Als het bedrijf niet wordt geleid op grond van met elkaar afgesproken gedragsregels, die voortvloeien uit de missie en de doelstellingen, kan het ondernemingsschip gaan zwalken en daar terechtkomen waar men niet wil zijn.

In veel artikelen is en wordt geschreven over de gevolgen van verslechterende economische omstandigheden, zeker in de periode van de kredietcrisis van 2008/2009 en de daarop gevolgde economische crisis. Daarbij wordt dikwijls rekening gehouden met *conjunctuurgolven*, waarbij de theorie is dat een periode van economische vooruitgang wordt afgewisseld met een periode van teruggang of malaise. Enkele auteurs benaderen de ontwikkeling in meso- en microsituaties, in het bijzonder bij ondernemers in het midden- en kleinbedrijf. Men neemt waar dat het aantal faillissementen toeneemt. Bewakers van de faillissementsstatistieken verklaren dan dat in de onderscheiden branches een slechte situatie is ontstaan of vermelden positieve ontwikkelingen in andere sectoren van het bedrijfsleven. Duidelijk is wel dat de economische omstandigheden in het buitenland, met name Duitsland en Amerika, van grote invloed zijn op de Nederlandse ontwikkeling. Dit alles gaat qua waarneming aan veel ondernemers voorbij, hoewel dezen zeker geïnteresseerd zijn in politieke en maatschappelijke ontwikkelingen, en natuurlijk in de economie zoals deze vrijwel dagelijks wordt geanalyseerd door de media en trendwatchers.

Conjunctuur-golven

8.3.2 Signalen van een tegenvallende gang van zaken

In een tijd waarin veel starters een onderneming leiden kunnen er, ondanks het feit dat er met een goed ondernemingsplan is begonnen, situaties in het bedrijf ontstaan die men niet wil. Die kunnen verband houden met de persoon van de ondernemer, bijvoorbeeld omdat hij te veel vakman is en te weinig allround-ondernemer zodat kansen onbenut blijven. Men zou dan kunnen blijven kiezen voor een duidelijk afgebakende markt terwijl juist de niches in de markt zouden moeten worden gezocht. Een ander struikelblok kan zijn dat door de bank tegemoet is gekomen aan voorfinanciering van verwachte omzetgroei, maar dat targets niet worden gehaald, waardoor liquiditeitsproblemen ontstaan. Een ander voorbeeld van slecht renderen is de situatie die ontstaat na overname van een bedrijf. Het management kijkt te veel naar externe factoren en heeft de interne bedrijfsvoering niet goed in beeld. Of de nieuwe eigenaar blijkt niet geschikt te zijn als ondernemer, wat in het familiebedrijf zo vaak voorkomt. En dan niet te vergeten een management buy-out of management buy-in (zie paragraaf 9.6) die heeft plaatsgevonden en waarbij de onderneming is overgewaardeerd. Het gevolg kan zijn dat het eigen vermogen niet of nauwelijks op eigen kracht groeit. In feite is de economische waarde dan negatief en is er sprake van badwill in plaats van goodwill. De kapitaalslasten (rente- en aflossingsverplichtingen) leggen dan een te groot beslag op de beschikbare kasstromen. De prognoses zijn misschien te taakstellend geweest. En als geen ruimte meer kan worden gevonden voor de noodzakelijke vervangingsinvesteringen, kan een bedrijf achteruit hollen. Daardoor ontstaat demotivatie bij medewerkers die kan overslaan op de leiding. Het gevolg laat zich raden. Dat adviseurs in die fase concluderen dat de overnameprijs te hoog is geweest of de

Liquiditeits-problemen

vermogensstructuur bij de overname niet goed is geweest, is dan jammer maar te laat. Niet zelden zijn diezelfde adviseurs betrokken geweest bij de overname en hebben zich te veel laten leiden door de overnamegedachte in plaats van met gezond verstand de risico's te bespreken. Hét hulpmiddel bij de beoordeling op haalbaarheid, het *kasstroomoverzicht* of de opstelling van de betalingscapaciteitsmarge, blijkt dan niet te zijn gebruikt.

Kasstroomoverzicht

In preventieve zin kan veel worden gedaan om problemen in de bedrijfsvoering te voorkomen. Adviseurs die vaak met het bijltje hakken van bedrijfsopvolging en de financiering daarvan, en ook geconsulteerd worden bij liquiditeitsproblemen of stagnerende exploitatieresultaten, kunnen door hun ervaring ondernemers waarschuwen voor de risico's die kleven aan een verkeerde start of het nemen van risicovolle beslissingen tijdens het ondernemen. Vooral accountants en accountmanagers van banken hebben uit ervaring kennis van potentiële problemen als niet wordt voldaan aan bepaalde eisen van zorgvuldig (financieel) management. Zij weten dit door eerdere confrontaties en afwikkelingen van in de problemen gekomen bedrijven. Zij zijn het ook die een financieel echec kunnen zien aankomen. Natuurlijk kennen de ondernemer en zijn naaste medewerkers die signalen ook, maar zij zijn vaak optimistisch en denken dat het tij wel keert. De signalen zijn onder meer:

Signalen van negatieve aard

- De omzetten stagneren.
- Het personeelsbestand moet worden ingekrompen.
- Waardevolle mensen met een eigen mening vertrekken.
- De kosten moeten afnemen.
- Er wordt gezocht naar omzetvergroting.
- De ondernemer handelt niet altijd daadkrachtig.
- Men rekent vaak op verbetering van de situatie en wil niet over de teruggang spreken.
- Er wordt op eigen houtje geopereerd zonder deskundigen om advies te vragen.
- Adviezen van commissarissen worden in de wind geslagen.
- De ondernemer neemt verkeerde maatregelen of bezuinigt verkeerd.
- Men doet wat anderen doen (me-too-beleid), maar neemt daardoor geen op het lijf geschreven besluiten.
- Men verliest zich in details.
- Er is een obsessie voor getallen en metingen. Getalsmatig micromanagement voert de boventoon en er is geen ruimte voor inhoudelijke gesprekken en creativiteit.
- De schuld wordt gegeven aan de omgeving of de omstandigheden.
- Men wijst met de vinger beschuldigend naar anderen.
- De mensen die er belang bij hebben worden te laat geïnformeerd dat het hen minder goed gaat.
- Er is een sfeer in het bedrijf die lijkt op angstmanagement, bijvoorbeeld dat beslissingen in het geheim worden genomen of dat mensen die klagen worden gesust met geruststellende opmerkingen zonder dat een goed verhaal deze onderbouwen.

De belangrijkste oorzaken van het mislukken van een (bancaire) financiering zijn:
1 Privéomstandigheden van de cliënt.
2 Start- en investeringsproblemen; bijvoorbeeld uitloop van de investeringsbegroting.

3 Onvoldoende ondernemerscapaciteiten.
4 Het ondernemingsplan wordt niet gerealiseerd; meestal tegenvallende omzetten.
5 Het geleverde product vertoont gebreken.
6 Het marketingbeleid laat te wensen over.
7 Organisatie- en administratieproblematiek.
8 Mismanagement.
9 Te zware concurrentie.

Er zijn mogelijkheden voor de ondernemer om op omstandigheden in te spelen. Eén van de kenmerken van de onderneming in het midden- en kleinbedrijf is dat deze flexibel is. Ook in situaties waarin de omstandigheden minder zijn dan gewenst, zal de ondernemer die flexibiliteit moeten uitbuiten. Zwakke ondernemers weten zich vaak te handhaven in jaren waarin het economisch in het algemeen goed gaat, maar vallen ogenblikkelijk door de mand bij een teruggang in afzet en winst. Dit zijn doorgaans ook de ondernemers die te lang wachten met het inschakelen van adviseurs of die de verkeerde adviseurs aantrekken, bijvoorbeeld de goedkoopste die er zijn te vinden of adviseurs die zich toevallig aanbieden.

Zwakke ondernemers

Ondernemers leggen zich niet zomaar neer bij een achteruitgang in de bedrijfsresultaten. Uiteraard is het afhankelijk van de financiële positie van een onderneming welke *maatregelen* er moeten worden genomen. Het volgende wordt wel gedaan:
- De liquiditeitsoverschotten worden aangewend.
- De kredietruimte wordt gebruikt.
- De kosten worden teruggedrongen.
- De investeringen worden beperkt.
- Extra bankleningen worden aangetrokken.
- Het eigen vermogen wordt uitgebreid.
- De productie wordt ingekrompen.
- Activa worden verkocht.

Veel ondernemers denken echter dat het allemaal niet zo'n vaart zal lopen. Zij denken nog maatregelen te kunnen nemen, zoals kostenreducties. Als de kosten worden aangepakt, dan is de procesvolgorde vaak:
- taakstellende budgetten
- hanteren van de '*kaasschaafmethode*'

Kaasschaaf-methode

Deze wijze van bezuinigen gaat nog voor:
- verbetering van de klantenservice
- verhoging van de marketing- en verkoopinspanningen
- strategische heroriëntatie

8.3.3 Faalfactoren van persoonlijke aard

'Wanneer zul je mij nu eindelijk het geld betalen dat je mij schuldig bent?'
'Hoe kan ik dat weten? Ben ik een profeet?'
'Kun je me wat lenen?'
'Ik heb helaas niets bij me.'
'En thuis?'
'Dank je. Thuis gaat alles prima.'

Uit: *Joodse humor* van Salcia Landmann

De in de vorige subparagraaf aangegeven signalen zijn uiteraard te herleiden tot de kwaliteit van de ondernemer, maar kunnen mede worden veroorzaakt door derden als medewerkers, klanten die niet betalen of onvoorziene productieproblemen. Er zijn ook risicoaspecten verbonden aan de *persoon* van de ondernemer zelf die de aanleiding kunnen zijn dat een onderneming kwetsbaar is geworden. Het gaat om de volgende risicoaspecten:

Persoonlijkheid als risicofactor

1. de ondernemer die niet in staat is tot het vasthouden aan de eenmaal gekozen weg en nogal eens terugvalt op oude gewoonten en oplossingsmethoden;
2. zelfkritiek, waaronder sociale vaardigheden; de ondernemer die zijn eigen grenzen kent op dit punt, komt sterker uit de bus dan hij die vindt dat hij goed is in menselijke contacten;
3. persoonlijke risico's, die bij het starten van de onderneming worden genomen en de kwetsbaarheid verhogen in een latere fase van de bedrijfsvoering;
4. de ondernemer die niet in staat is vanuit een totaalvisie te komen tot een *planmatige aanpak* van de problemen;
5. een in het verleden gebleken geringe bereidheid tot veranderen, die de kwetsbaarheid in het heden verhoogt;
6. het zich onvoldoende bewust zijn van de sterke kanten van de onderneming;
7. een ondernemer die een (te) beperkte hoeveelheid energie in zijn bedrijf steekt of juist te sterk bij het bedrijf is betrokken;
8. arrogantie: de ondernemer die denkt dat zijn idee zo goed is dat het zichzelf wel verkoopt, zonder dat hij adequate marketinginspanningen levert;
9. impulsiviteit: hij die niet eerst onderzoekt of er een markt is voor zijn product of dienst, alvorens een eigen bedrijf te starten; hij begint gewoon en ziet wel waar het schip strandt;
10. pessimisme: sommige mensen kunnen niet goed alleen werken en hebben een superieur nodig om gemotiveerd te worden en structuur te vinden;
11. niet goed met geld kunnen omgaan (meer uitgeven dan verdienen);
12. de ondernemer die alleen nog zijn eigen (familie)verplichtingen nakomt, alsmede de verplichtingen voor de onderneming waar hij na een eventueel faillissement mee verder wil gaan.

Verhullende maatregelen

In opdracht van de ondernemer worden soms andere maatregelen in het bedrijf genomen die een sluier over het bedrijf moeten leggen, bijvoorbeeld:
- De onderneming beantwoordt plotseling geen telefoontjes en e-mails meer.
- De medewerker die verantwoordelijk is voor het betalen van facturen is ineens overspannen.
- Afspraken worden niet nagekomen; excuus volgt op excuus.
- Er zijn geruchten over een mogelijk faillissement van de onderneming.
- Er vertrekken belangrijke sleutelfiguren van het bedrijf.

Faillissement vooraf traceren

In sommige gevallen kan een schuldeiser een mogelijk toekomstig faillissement (zie paragraaf 8.7.2) vooraf traceren. Heeft men twijfels over de onderneming, bespreek die dan met andere, vergelijkbare bedrijven in de branche of vraag de klant om borg. Wanneer een bedrijf daartoe niet bereid of in staat is, weet men dat er wat mis is. Men kan dan het volgende doen:

- Volg de ontwikkelingen over het bedrijf in de pers.
- Volg vooral het 'ondernemersinstinct'.
- Bied een grote korting op het afbetalen van de schulden (beter iets dan niets).
- Verlang bij het leveren van de goederen of de dienst betaling en eis dat er pas geleverd wordt als (een deel van) de schuld is afbetaald.
- Onderneem eventueel juridische stappen.
- Als de onderneming toch failliet is gegaan: claim zo snel mogelijk de geleverde goederen en verzamel zo veel mogelijk bewijsmateriaal van de levering en de niet-betaling daarvan.

8.4 Risicomanagement

Als gevolg van vooral de kredietcrisis en de economische onrust is de belangstelling voor de wijze waarop ondernemingen omgaan met hun bedrijfsrisico's en de wijze waarop de managers deze risico's beheersen, sterk toegenomen. Het *strategisch risicomanagement* als element van *corporate governance* staat dan ook volop in belangstelling. Ook bij het nemen van besluiten over mogelijke strategische keuzen moet het management zich vooraf verdiepen in de mogelijke hierdoor te lopen risico's. De voornaamste ondernemingsspecifieke bedrijfsrisico's, gerelateerd aan de strategiekeuze (zie hoofdstuk 3), van de onderneming moeten in het jaarverslag van alle nv's en bv's worden beschreven, ongeacht of ze een beursnotering hebben. In het *Controllers Magazine* van januari/februari 2010 geeft J. de Groot een praktische lijst van mogelijke richtpunten voor het opstellen van een helder risicoprofiel (zie casus 8.2). Iedereen moet zich ervan bewust zijn dat nieuwe bedrijfsrisico's zomaar in deze veranderende en dynamische marktomgeving uit het niets ontstaan. Wanneer het management niet adequaat op nieuwe bedrijfsrisico's reageert, zal de onderneming niet alleen te maken krijgen met wisselvallige, emotiegedreven financiële marktomstandigheden, maar kan het management ook persoonlijk aansprakelijk gesteld worden voor de wijze waarop het met deze bedrijfsrisico's is omgegaan.

Zowel voor nv's als voor bv's is in artikel 2:141 lid 2 BW en artikel 2:251 lid 2 BW wettelijk voorgeschreven dat het bestuur ten minste één keer per jaar de raad van commissarissen schriftelijk op de hoogte stelt van de hoofdlijnen van het strategische beleid, de algemene en financiële risico's en het beheersings- en controlesysteem van de vennootschap. Casus 8.3 (afkomstig van het Canadian Institute of Chartered Accountants) is een goed bruikbare checklist over hoe de beoordeling van het *risicoprofiel* door de commissarissen concreet kan worden uitgevoerd.

Strategisch risicomanagement

Risicoprofiel

CASUS 8.2 TWAALF PRAKTISCHE HANDVATTEN VOOR HET OPSTELLEN VAN EEN HELDER RISICOPROFIEL

1 *Presenteer een breed evenwichtig beeld*
   Bedek het volledige spectrum van strategische, operationele, financiële, compliance- en financiële verslagleggingsrisico's, zorg voor een evenwichtig inzicht in elk van deze risicocategorieën en besteed aandacht aan zowel externe als interne risico's.

2 *Wees specifiek in plaats van generiek*
   Wees bedrijfs- en branchespecifiek en houd rekening met de specifieke regelgeving die van toepassing is.

3 *Minder is meer*
Richt u op de voornaamste risico's voor de onderneming in plaats van alleen een lange lijst van alle mogelijke risico's te maken, en probeer een prioriteitenvolgorde aan te geven.
4 *'No risk no fun' ('risk appetite')*
Maak duidelijk wat de risicobereidheid van de onderneming is, omdat dit de toon zet voor de genomen risico's en gekozen reactie op elk risico.
5 *Strategie zet de toon voor risico's*
Verbind de risico's aan de strategische doelstellingen van de organisatie omdat de strategie beeldbepalend is voor de risico's die een organisatie tegenkomt en neemt.
6 *Oorzaak en gevolg komen altijd samen*
Beschrijf voor elk risico welke impact dit kan hebben op de resultaten, reputatie, liquiditeit, strategie en/of andere doelstellingen.
7 *Getallen doen ertoe ('numbers count')*
Kwantificeer, bijvoorbeeld in de vorm van gevoeligheidsanalyses, de gevolgen van bepaalde risico's indien dat gebruikelijk en/of mogelijk is in uw branche.
8 *Benadruk de reactie op het risico*
Beschrijf voor elk risico hoe het wordt beheerst, verminderd, overgedragen of geaccepteerd.
9 *Er is meer dan alleen het risicoprofiel*
Probeer het risicoprofiel te integreren met de andere elementen van de risicoverslaggeving, te weten de beschrijving van het risicomanagementsysteem en – indien van toepassing – de incontrolverklaring. Neem tevens een verwijzing op naar de IFRS 7-toelichtingen in de jaarrekening.
10 *Wees up-to-date*
Zorg ervoor dat u een actueel risicoprofiel laat zien gezien de huidige snelle veranderingen in de economische, sociale en politieke omgeving. Zorg er ook voor dat het risicoprofiel in het jaarverslag volledig is afgestemd op het meest actuele risicoprofiel dat intern gebruikt wordt.
11 *Accepteer dat sommige dingen fout gaan*
Het maakt niet uit hoe goed een intern beheersingssysteem is ontworpen, er zullen altijd verstoringen optreden. Wees dus transparant over de belangrijke interne beheersingskwesties en de maatregelen die het management genomen heeft om deze kwesties aan te pakken.
12 *Gebruik eenvoudige en heldere taal*
Schrijf op een toegankelijke wijze die lezers goed kunnen begrijpen.

CASUS 8.3 BEOORDELING VAN DE TOEREIKENDHEID VAN HET RISICOPROFIEL IN HET JAARVERSLAG: TIEN KERNVRAGEN VOOR COMMISSARISSEN
1 Is het opgenomen risicoprofiel in het jaarverslag in overeenstemming met de informatie die eerder door de raad van bestuur is gepresenteerd en met de RvC is besproken in het kader van onze reguliere taakuitoefening als commissarissen?
2 Voldoet het risicoprofiel aan de van toepassing zijnde wettelijke informatieverplichtingen?
3 Zijn er toereikende informatiesystemen en interne beheersingsmaatregelen die een betrouwbare risicoverslaglegging waarborgen?

4 Zijn we tevreden met de uitleg van de raad van bestuur over de criteria om bepaalde risico-informatie wel en niet te verstrekken in het jaarverslag, en stelt het jaarverslag de voornaamste bedrijfsrisico's aan de orde, evenals de mogelijke gevolgen en de wijze hoe met deze risico's wordt omgegaan?
5 Heeft de raad van bestuur in het jaarverslag risico-informatie uit het risicoprofiel weggelaten met het oog op de concurrentie of andere bedreigingen, en zo ja, kunnen wij ons als commissarissen vinden in het niet opnemen van die specifieke informatie?
6 Welke feedback is ontvangen van belangrijke institutionele of andere belangrijke investeerders over de toereikendheid van de risicoverslaggeving van de onderneming?
7 Heeft de onderneming opmerkingen ontvangen van toezichthouders over de toereikendheid van de risicoverslaggeving?
8 Welke opmerkingen heeft de eigen juridische adviseur gemaakt over de risicoverslaggeving en wat heeft de onderneming met deze opmerkingen gedaan?
9 Welke eventuele opmerkingen hebben de externe accountants over de risicoverslaggeving?
10 Is het risicoprofiel in duidelijke, eenvoudige taal geschreven?

Mogelijke ondernemingsspecifieke *bedrijfsrisico's* kunnen zijn:

Bedrijfsrisico's

- de *strategische risico's* door verkeerde strategische besluiten, door de aanwezigheid van concurrentie, door de economische crisis, door imagoschade, door veranderingen in de wensen van de afnemers, door technologische ontwikkelingen, door wettelijke veranderingen, etc.;
- de *bedrijfsprocesrisico's* door leveringsproblemen, door afnemersklachten, door de aanvoer van onvoldoende grondstoffen, door tekorten aan deskundig personeel, etc.;
- de *financiële risico's* door meer benodigd nettowerkkapitaal vanwege het onverwacht door afnemers later betalen van hun schulden en het tegelijk verkorten van de ontvangen kredietduur door leveranciers, door mutaties in de wisselkoersen van de valuta's, door grote renteschommelingen, door internationale betalingsrisico's, etc.;
- de *technologische risico's* door onvoldoende technische kennis binnen de onderneming;
- de *informatierisico's* door onvoldoende of te veel actuele informatie.

Bij het uitstippelen van de strategische koers van de onderneming zal het management zich van deze risico's bewust moeten zijn. Bestuurders maar ook commissarissen worden steeds meer door belanghebbenden uitgedaagd om transparant te zijn over hun strategie, hun bereidheid om risico's te nemen (de risk appetite) en de wijze waarop zij reageren op snel veranderende risico's voor de onderneming. In veel ondernemingen zijn er risicomanagers met de opdracht om deze mogelijk te lopen ondernemingsspecifieke bedrijfsrisico's te beheersen. Eén van de voor hen hiervoor beschikbare instrumenten is het *geïntegreerd risicomanagementsysteem*. In dit systeem staat de *risicoanalyse* centraal.

Een *risicoanalyse* is een steeds terugkerende methode om mogelijke risico's te kwantificeren door het vaststellen van de kans dat er een risicodreiging is,

Risicoanalyse

het bepalen van de financiële gevolgen van dit te lopen risico en het beperken van de kans van de risicodreiging.

Het doel van een risicoanalyse is het vaststellen op welke wijze en op welk niveau de ondernemingsspecifieke bedrijfsrisico's beheerst kunnen worden, of teruggebracht tot een aanvaardbaar niveau. Op voorhand wordt niet ieder risico afgedekt. Wanneer de kosten van de maatregelen om een risico te beperken hoger zijn dan de mogelijke schade, dan kan besloten worden het risico te accepteren.

Risk Management

Het permanent uitvoeren van risicoanalyses wordt *risicomanagement* (ook wel *Risk Management* of *Risk Control*) genoemd.

8.5 Verandermanagement

Turnaround

Van een *turnaround* is sprake in de situatie dat een onderneming een verlieslatende periode van vaak meerdere jaren heeft doorgemaakt. De financiële positie is zwak en er is (op termijn) sprake van een dreigend continuïteitsprobleem. Om op korte termijn de positie te verbeteren is vaak een verandering nodig bij het management, een productwijziging of een aanpassing van de financiële structuur. De bank of leveranciers staan voor een beslissing om in te grijpen of te participeren in de plannen voor gezondmaking.

Als de leiding van een bedrijf goed naar het personeel heeft geluisterd en getracht heeft in samenwerking met haar mensen een reorganisatie uit te voeren, maar desondanks is dit niet gelukt, resteert meestal niets anders dan het inschakelen van een derde. Deze krijgt de opdracht er het beste van te maken binnen een bepaalde overeenkomst. Een goede organisatieadviseur zal met verstand van de kenmerken van falend management ingrijpen om het bedrijf uit een crisis te halen. Vaak begint dat met het overnemen van de dagelijkse leiding. De organisatie kan dan vrijer tegen de problemen aankijken, terwijl de medewerkers weer vertrouwen krijgen in de toekomst.

Interim-manager

De *interim-manager* moet er wel voor zorgen dat hij niet over de hoofden van de mensen heen saneert. Dat is niet alleen emotioneel en ethisch, maar ook zakelijk niet verstandig. De mensen in een bedrijf zorgen immers voor de toegevoegde waarde van de producten. Bij hen zit de kennis, de emotionaliteit, de beleving.

Organisatieadviseur

Een interim-manager is geen *organisatieadviseur*; deze werkt voornamelijk diagnosticerend en analyserend. Een interim-manager draagt verantwoordelijkheid en is veel meer gericht op het nemen van beslissingen. Door de omstandigheden zijn het ook vaak de leveranciers en de financiers die op de rem trappen en het er voor de bedrijfsvoering niet gemakkelijk op maken. Het is ook moeilijk om de leiding te verstaan te geven dat zij niet bekwaam (meer) is en moet toestaan dat anderen het roer overnemen. Dit is vooral moeilijk als er sprake is van volledig eigendom.

Turnaround managers

Dat ingrijpende beslissingen niet eenvoudig zijn en vakbekwaamheid en ervaring eisen, zal duidelijk zijn. Daarvoor zijn *turnaround managers* beschikbaar. Het is van belang dat de accountant in zijn netwerk van relaties kennisneemt van het bestaan van enkele goede verandermanagers, of een bepaald bureau, om die te kunnen inschakelen bij begeleiding.

Een tijdelijk terugtreden van de leiding is een optie als de problemen tijdig worden onderkend. In casus 8.4 wordt aangegeven welke persoonlijkheidskenmerken een turnaround manager moet bezitten.

CASUS 8.4 PERSOONLIJKHEIDSKENMERKEN VAN EEN TURNAROUND MANAGER

Achtergrond, kennis en ervaring
- Hij beschikt over bestuurlijke kwaliteiten.
- Hij gaat uit van marktgericht ondernemerschap.
- Hij heeft zicht op financiële en strategische vraagstukken.
- Hij heeft ervaring met ondernemingen in problemen.
- Hij bezit het vermogen om zich snel in te werken (belangrijker dan kennis hebben van de branche).

Besluitvaardig en dynamisch
Hij is in staat tot grote veranderingsbereidheid, wat blijkt uit het:
- streven de status-quo te doorbreken;
- doorvoeren van ingrijpende wijzigingen;
- streven de organisatie beter te laten functioneren.

Informatiegericht
Zijn besluitvaardigheid blijkt uit zijn kwaliteit om situaties te analyseren op basis van beperkte en onvolledige informatie.

Daadkrachtig
Daadkracht kan blijken uit:
- het naar zich toe trekken van beslissingsbevoegdheid;
- de uitvoering delegeren;
- het wars zijn van bureaucratie;
- opdracht geven om relevante informatie te verzamelen;
- vasthouden aan het ingezette reddingsplan;
- ondanks alles openstaan voor incrementele veranderingen;
- niet terugschrikken voor het nemen van pijnlijke maatregelen.

Uitstraling
- Hij heeft geloof in eigen kunnen.
- Hij straalt inspirerend zelfvertrouwen uit.
- Hij neemt snel maatregelen die op korte termijn zichtbare positieve effecten opleveren waardoor een klimaat van vertrouwen en succes wordt geschapen.
- Hij heeft het vermogen om positieve eigenschappen van medewerkers aan het licht te brengen, zoals:
  - anderen tot goede prestaties stimuleren;
  - activiteiten en verantwoordelijkheden kunnen delegeren;
  - interesse tonen in anderen.

Sociale vaardigheden
- Hij is in staat formele en informele contacten te verbeteren.
- Hij onderhoudt met gemak en plezier interne en externe contacten.
- Hij bouwt gemakkelijk tweezijdige communicatie op.
- Hij kan een nieuwe missie en gewijzigde doelstellingen en maatregelen toelichten.
- Hij vergroot de betrokkenheid door zinvolle en accurate informatie te geven.
- Hij gaat conflicten niet uit de weg.
- Hij beschikt over onderhandelingsvaardigheden.

De meeste turnaround managers blijken in de praktijk vooral geschikt voor het uitvoeren van reorganisaties. Het ontbreekt hen doorgaans aan geduld en ambitie om na een reorganisatie een consolidatiefase in te gaan.

Reorganisatie-procedure

Een bureau dat de strategische heroriëntatie (reorganisatie) begeleidt, of een persoon die reorganiseert, zal ongeveer de volgende procedure volgen:
- *een systematische en gefaseerde aanpak;*
- *opstellen van een draaiboek;* dit geeft weer wie, wat, wanneer uitvoert; alle activiteiten moeten hierin worden opgenomen, inclusief de daarvoor geldende deadlines;
- *opstellen van een basisdocument 'reorganisatie';* inhoudelijk moet een reorganisatie goed onderbouwd zijn; in samenwerking met het management wordt dit document opgesteld en dient als een verantwoordingsdocument, bijvoorbeeld om aan te bieden aan de ondernemingsraad (OR) en vakbonden; het dient ook voor de communicatie met de medewerkers en eventueel derden; daarnaast is het belangrijk basismateriaal voor een sociaal plan en om zicht te krijgen op de kosten van de reorganisatie;
- *overleg met leidinggevenden;* op verschillende niveaus vervullen leidinggevenden een cruciale rol in de reorganisatie; zij zijn vaak degenen die elke dag door hun medewerkers worden aangesproken over de inhoud van de reorganisatie, de wijze waarop deze wordt uitgevoerd en de gevolgen daarvan voor individuele medewerkers; het is van belang de leidinggevenden te betrekken in de voorbereiding en de uitvoering van een reorganisatie, en hen zo nodig te ondersteunen;
- *overleg met de ondernemingsraad;* op grond van art. 25 lid 1 Wet op de ondernemingsraden (WOR) beschikt een OR over de adviesbevoegdheid voor een voorgenomen reorganisatie; een OR zal veel vragen hebben die beantwoord moeten worden; van het management wordt verwacht dat het zich vooraf instelt op die vragen en daarop het antwoord weet;
- *overleg met de vakorganisaties;* in veel gevallen zullen de vakorganisaties betrokken zijn bij het tot stand komen van het besluit tot reorganisatie en de wijze waarop de gevolgen worden afgewikkeld; bij collectief ontslag hebben zij een wettelijk vastgelegde rol op basis van de Wet Melding Collectief Ontslag. In het traject van het opstellen van het sociaal plan zullen zij een gespreks-/onderhandelingspartner zijn; effectief omgaan met deze belangenbehartigende partijen is noodzakelijk voor het goed en zorgvuldig uitvoeren van een reorganisatie;
- *opstellen van een sociaal plan;* een op maat gesneden sociaal plan dat de balans houdt tussen wat sociaal wenselijk en bedrijfseconomisch mogelijk is, is een belangrijk onderdeel van een reorganisatieproces;
- *zorgvuldige uitvoering;* bij een reorganisatie kunnen de personele gevolgen van verschillende aard zijn, variërend van herplaatsing tot afvloeiing.

Goed verandermanagement betekent eerst en vooral de kracht van het management en medewerkers versterken om de dingen te doen waarvan iedereen weet dat ze moeten worden gedaan (Mastenbroek, 2004). Hij wijst op een aantal knelpunten waar men in de organisatie tegenaan kan lopen, zoals:
- traag of niet reageren op signalen van klanten;
- gebrekkige interne coördinatie;
- verspilling van materialen;
- een hoog percentage afgekeurde eindproducten;
- leveranciers die zich niet aan de afspraken houden;
- precaire verhoudingen in teams;
- heilige huisjes en hobbyisme;

- voortwoekerende fricties op grensvlakken;
- beroerde communicatiepatronen.

Deze gesignaleerde omissies in de interne organisatie betekenen een ondermijning van de bedrijfsethiek, de sfeer in het bedrijf, het belemmeren van het gebruik van human resources en als extra signaal een lager bedrijfsresultaat. Managers zullen de koe bij de horens moeten vatten en daadkrachtig de problemen moeten aanpakken, anders verliezen zij hun geloofwaardigheid. Daarvoor is moed en kracht nodig en als die niet kunnen worden opgebracht, zal men de consequenties onder ogen moeten zien door terug te treden of tijdelijk interim-management aan te trekken dat kan beoordelen of er een basis kan worden gevonden voor terugkeer. Belangrijke uitgangspunten voor de *verbetering van de interne organisatie* zijn:

- het verbeteren van de werkrelaties, vóór het sturen van mensen naar een opleiding;
- geen veranderingen aanbrengen via stuurgroepen, maar via de normale werkorganisatie;
- persoonlijke communicatie in plaats van memo's, intranetberichten of via een personeelsblad;
- geen cultuurverandering aanbrengen, maar mensen in de lijnorganisatie vragen om betere resultaten;
- het middenmanagement uitkiezen als motor van de verandering.

Omissies in de interne organisatie

In de situatie dat managers zelf veranderingsprocessen in het bedrijf willen leiden, kunnen zij gebruikmaken van het *reizigersmodel* of het *trekkersmodel*. Deze in de organisatieboeken regelmatig aangehaalde modellen geven aan dat men aan een beperkte groep een *kant-en-klare reis* aanbiedt, waarbij bestemming en route bekend zijn, terwijl men bij een *gezamenlijke trektocht* binnen een globale gemeenschappelijke visie samen op pad gaat. Doelen en route worden gaandeweg gevonden.

Reizigersmodel
Trekkersmodel

In het *reizigersmodel* kiest men voor een vastomlijnd traject van A naar B. Als het ontwerp tot in detail is uitgewerkt, kunnen de stappen in het traject van invoering nauwkeurig worden beschreven. Iedereen weet dus wat hem te doen staat en kan daarop worden aangesproken. De meeste energie gaat zitten in de overtuiging van de medewerkers aan de start van een implementatietraject. Het voordeel hiervan is dat de inhoudelijke discussie over de veranderingen 'afgesloten' kan worden bij de start. Bovendien heeft het in detail ontwerpen vooraf aan de implementatie het voordeel dat de persoonlijke verborgen agenda's minder kans krijgen en dat relatief objectief wordt ontworpen. Een nadeel kan zijn dat het 'eindplaatje' weinig ruimte biedt voor aanpassingen tijdens het traject (Rijksen en De Bruin, 1998). Zoals in een groepsreis het reisprogramma moet worden uitgevoerd, een haast dwangmatige regel omdat deelnemers rekenen op de aangegeven uitvoering. Slechts in uitzonderingsgevallen, dus bij overmacht, kan hiervan worden afgeweken.

Reizigersmodel

Het *trekkersmodel* kan een vruchtbaar resultaat opleveren, maar er kunnen ook nadelen aan kleven. Er kan herhaaldelijk discussie ontstaan over de weg die men moet gaan bewandelen, dominante personen kunnen een verkeerde rol spelen, irritaties kunnen de voortgang belemmeren en men kan door het nemen van tussentijdse beslissingen duidelijke mijlpalen uit het oog verliezen om ten slotte in het geheel geen eindbestemming te bereiken. Van het management vereist deze vorm meer inspanning en creativiteit. Als

Trekkersmodel

alles goed gaat, hebben de medewerkers een stevige motiveringsbasis voor het uitvoeren van de genomen beslissingen, waarvan men veel jaren plezier kan hebben.

8.6 Bijzondere saneringen

Geen enkele ondernemer ontkomt in zijn bestaan aan het nemen van vervelende beslissingen, met name in de sfeer van het ontslaan van medewerkers. Het moeilijkste is dan nog het moeten afscheid nemen van personeel dat jarenlang goed heeft gewerkt maar gedwongen moet afvloeien door de slechte gang van zaken in het bedrijf. Met of zonder een vaststellingsovereenkomst betekent dit toch werkloos worden. Een moderne vorm van elegant afscheid nemen van medewerkers, en dan vooral van staffunctionarissen en hoger geschoolden, is het gebruikmaken van outplacement bureaus. Ook ziet men ontslagen waarbij de werknemer geld als afscheid meekrijgt, soms honderdduizenden euro's. Niet zelden is het afscheid nemen met een behoorlijke schadeloosstelling de basis voor nieuw ondernemerschap. De ex-werknemer die werkloos zou worden, ziet kans om met het geld dat wordt ontvangen een inbreng te leveren in de vorm van eigen vermogen. Eerder is gesproken over de negatieve motivatie om op deze manier – uit een situatie van werkloosheid – ondernemer te worden, zie hoofdstuk 1.

Outplacement

Als de werknemer een redelijk hoog bedrag bij afscheid meekreeg, kon hij gebruikmaken van de mogelijkheid om de ontvangen schadeloosstelling in een *stamrecht-bv* in te brengen. Dit geld mocht dan worden gebruikt voor de aankoop van bedrijfsmatige activa, zonder dat de fiscus daar bezwaar tegen maakte. Er moest wel aan bepaalde voorwaarden worden voldaan, maar die waren over het algemeen voor de aspirant-ondernemer niet zwaar. Deze regeling is per 1 januari 2015 vervallen.

Stamrecht-bv

Ondernemingen met meerdere bedrijven ziet men gebruikmaken van de management buy-out of management buy-in (zie hoofdstuk 9), waardoor verzelfstandiging optreedt van (soms) minder winstgevende bedrijven. Een meer ingrijpende vorm is het afstoten van bedrijfsonderdelen, niet zelden gecombineerd met het verdwijnen van de leiding, al dan niet onder invloed van de commissarissen.

8.6.1 Financiële sanering

Het zal duidelijk zijn dat ook kredietverschaffers niet lijdelijk willen afwachten tot het faillissement daar is. In de eerste plaats is het hun – ongevraagde – functie om aan de ondernemer duidelijk te maken dat maatregelen nodig zijn door bijvoorbeeld te weigeren het krediet te verhogen of zelfs over te gaan tot verlaging van een eerder verleend krediet, omdat zekerheden in waarde teruglopen. In dit geval kan intensief overleg plaatsvinden over noodzakelijke maatregelen en wordt onder stringente voorwaarden soms een extra *noodkrediet* verleend. Voor begeleiding van deze aandachtvragende situaties beschikken banken over gespecialiseerde afdelingen die zaken doen onder de aanduiding: Bijzondere Kredieten of Bijzonder Beheer. Alhoewel hun primaire taak het beperken van het kredietrisico is, betekent dit niet dat het beleid altijd gericht is op afbouw van het krediet. Immers, de bank heeft ook belang bij het voortbestaan van een cliënt die wellicht over enige tijd weer beter draait. Het inperken of opzeggen van kredieten is bovendien door de jurisprudentie aan grote zorgvuldigheid gebonden.

De ondernemer en zijn accountant die met deze activiteit te maken krijgen, zullen erop voorbereid moeten zijn dat in de eerste plaats de kredietafspraken nog eens extra onder de aandacht zullen komen en eventuele omissies daarin moeten worden hersteld. Vervolgens zal duidelijk gemaakt moeten worden waardoor de (liquiditeits)problemen veroorzaakt zijn en welke maatregelen in de bedrijfsvoering zijn of worden genomen om daaraan het hoofd te bieden.

Niet zelden is een *financiële sanering* onderdeel van het te voeren beleid. De te nemen financiële saneringsmaatregelen kunnen betreffen:

Financiële sanering

- *het afstoten van overtollige activa*. Bijvoorbeeld:
    - verkopen van een bedrijfs-onroerende zaak en deze vervolgens terughuren;
    - verkopen van rollend materieel en inventaris en deze vervolgens leasen;
    - afbouwen van debiteuren of het afstoten van debiteuren via factoring;
    - verminderen van de voorraden of het via afspraken met leveranciers afbouwen van voorraden.
- *het versterken van het eigen vermogen*. Bijvoorbeeld:
    - bijstorten door aandeelhouders of andere belanghebbenden;
    - afboeken van achtergesteld vermogen;
    - afboeken van vorderingen van direct belanghebbenden, bijvoorbeeld de rekening-courantverhouding met de directie.
- *het verminderen van het vreemd vermogen* door het aanbieden van een gedeeltelijke betaling aan crediteuren ter voorkoming van faillissement.

Een *financiële sanering* zal altijd tot onrust leiden bij vooral afnemers en leveranciers.

8.7 Beëindigen van een onderneming

Het aantal nieuwe bedrijven in Nederland is behoorlijk hoog, zo'n 40.000 per jaar of meer. Het merendeel van de nieuwkomers is starter. Ondernemers zijn niet zomaar toegetreden tot deze bijzondere groep van mensen die de samenleving kent. Zij hebben vaak een drive om dit te worden en te blijven. Zie daarvoor de kenmerken van een ondernemer in hoofdstuk 1.

Evenals de goede managers in het bedrijfsleven zullen de goede ondernemers weten te overleven door een juiste attitude als ondernemer. Daarin zullen ze nauwelijks verschillen van die managers. Hun *emotionele intelligentie* zal hoog zijn. Deze bestaat uit vijf componenten (Goleman, 1999):

Emotionele intelligentie

- *zelfbewustzijn*: zelfvertrouwen, realistische zelfinschatting en gevoel voor humor;
- *zelfregulering*: het vermogen om 'verstorende' impulsen en stemmingen te beheersen en om niet te snel te oordelen ('eerst denken, dan doen');
- *motivatie*: de wil om te ondernemen om andere redenen dan alleen geld of status, en het vermogen om energiek doelen na te streven;
- *empathie*: het vermogen om te begrijpen hoe andere mensen emotioneel in elkaar zitten;
- *sociale vaardigheden*: het vermogen om relaties te managen en netwerken op te bouwen.

Emotionele intelligentie is belangrijk voor het ondernemerschap. Men kan het in de genen hebben, maar het kan ook worden aangeleerd. Met de jaren verandert de levenshouding en neemt de levenswijsheid toe: de ondernemer wordt volwassen.

Tot de volwassenheidsfase van zowel de ondernemer als de onderneming is aangebroken, kunnen allerlei situaties ontstaan die niet zijn verwacht. De ondernemer kan inschattingsfouten maken, te grote risico's nemen, onvoldoende hebben nagedacht over investeringen, veel te hoog zijn gefinancierd, te veel vertrouwen hebben in de gekozen formule, enzovoort. Daardoor mislukken acties en ondernemingen helaas. Vijf jaar na de start schommelt het aantal opgeheven ondernemingen rond de vijftig procent, en dat is al jaren het geval. Figuur 8.2 geeft een overzicht van de leeftijd van opgeheven bedrijven in een recent jaar.

FIGUUR 8.2 Leeftijd van opgeheven bedrijven

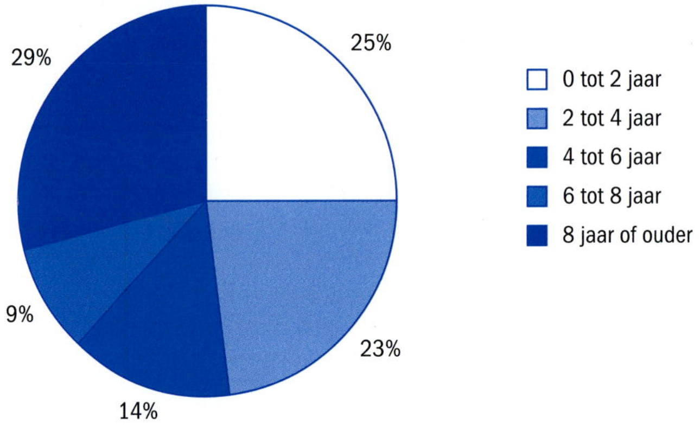

- 0 tot 2 jaar: 25%
- 2 tot 4 jaar: 23%
- 4 tot 6 jaar: 14%
- 6 tot 8 jaar: 9%
- 8 jaar of ouder: 29%

Hulp bij bedrijfsbeëindiging

De eerste *hulp bij bedrijfsbeëindiging* mag worden verwacht van de accountant van de onderneming. Hij zal zijn klant adviezen geven over onder andere schriftelijke ontslagaanvragen bij het Centrum voor werk en inkomen (CWI), de liquidatie melden bij de Belastingdienst Ondernemingen, de leveranciers in kennis stellen, contracten en vergunningen opzeggen (na overleg met de advocaat), makelaars inschakelen voor onroerende en roerende zaken en uitschrijven bij de Kamer van Koophandel. Verder zal hij hem wijzen op verschillende instanties die hem kunnen helpen als er geen inkomsten meer zijn. Daarbij kan de Gemeentelijke Sociale Dienst helpen voor bijvoorbeeld een uitkering op grond van het Besluit Bijstandverlening Zelfstandigen.

In de volgende subparagrafen wordt nader ingegaan op de Wet schuldsanering natuurlijke personen en op faillissement, situaties waarin ondernemers terecht kunnen komen als daadwerkelijk moet worden gestopt met ondernemen.

8.7.1 Wet schuldsanering natuurlijke personen

Er zijn voor de ondernemer die het met zijn bedrijf niet meer ziet zitten, meerdere mogelijkheden om de activiteiten te beëindigen, zoals staken en afrekenen met de schuldeisers, of als er sprake is van een negatieve solvabiliteit een traject van schuldsanering ingaan, faillissement aanvragen of gewoon afwachten tot derden het faillissement aanvragen.

Een particulier (eenmanszaak, vof, beherend vennoot in een cv, enzovoort) kan trachten op basis van de Wet schuldsanering natuurlijke personen (*Wsnp*) zijn schulden te saneren via een *minnelijk traject,* samen met een gemeentelijke kredietbank bijvoorbeeld. In sommige gevallen verleent die bank een *saneringskrediet* waarmee crediteuren kunnen worden afgekocht. Om voor sanering door een schuldhulpverlener in aanmerking te komen, moet de ondernemer zijn ondernemingsactiviteiten hebben gestaakt. In sommige gevallen kan met advisering van een extern deskundige, zoals Stichting Ondernemersklankbord of IMK Intermediair, een doorstartplan worden gemaakt waarna wordt beoordeeld of het bedrijf toch nog levensvatbaar is. (De kosten van dit onderzoek komen in eerste instantie voor rekening van de gemeente, die daarvan negentig procent kan declareren bij de rijksoverheid.) Bij de evaluatie van de wet is gebleken dat slechts een kleine groep ondernemers het minnelijke traject heeft doorlopen. Over het algemeen wacht een ondernemer te lang met het aanpakken van zijn probleem. Hij is immers gewend zelf zijn zaakjes te regelen of ontkent gewoon dat er een probleem is.

Wet schuldsanering natuurlijke personen

Saneringskrediet

Als het minnelijk traject is mislukt, bijvoorbeeld als een crediteur niet akkoord is gegaan met het saneringsvoorstel, kan het *wettelijk traject* van de Wsnp worden doorlopen. De gemeente of een instelling die daarvoor is aangewezen, geeft een verklaring af (artikel 285 van de Faillissementswet) waarin onder andere de persoonsgegevens van de schuldenaar staan vermeld en een lijst van crediteuren moet zijn bijgevoegd. Samen met een verzoekschrift wordt de verklaring naar de rechtbank gezonden. Als de schuldenaar in gemeenschap van goederen is getrouwd, moet ook de partner een aanvraag indienen.
Bij *schuldsaneringen* wordt ook gekeken naar het inkomen en het vermogen van de partner. Bij een huwelijk/partnerschap in gemeenschap van goederen is de partner medeschuldenaar.
De rechtbank nodigt de schuldenaren per brief uit op de zitting te verschijnen en zal spoedig uitspraak doen, doorgaans dezelfde dag nog. In de wet is een aantal criteria opgenomen waarop de rechtbank het verzoekschrift kan afwijzen. Bijvoorbeeld als de vrees bestaat dat de schuldenaar zal trachten zijn schuldeisers te benadelen of dat hij zijn verplichtingen die uit de saneringsregeling zullen voortvloeien niet zal nakomen. Ook kan de afwijzing als reden hebben dat de schuldenaar niet te goeder trouw is geweest bij het laten ontstaan van de schuld.

Schuldsaneringen

De schuldenaar krijgt een *bewindvoerder* toegewezen, meestal een advocaat. Deze zal naast de belangen van zijn cliënt ook die van de schuldeiser behartigen. Publicatie vindt plaats in een regionaal dagblad. Die openheid heeft een functie: alle schuldeisers moeten namelijk op de hoogte worden gesteld dat de schuldenaar is toegelaten tot de regeling. Een ander – groot – probleem voor de ex-ondernemer is dat er een postblokkade wordt opgelegd. De bewindvoerder zal daardoor alle vorderingen gewaarworden en kunnen vaststellen of zijn cliënt zich aan de verplichtingen houdt die de wet hem stelt. De gesaneerde ondernemer (saniet) heeft recht op een uitkering van minimaal negentig procent van de bijstandsnorm. De rechtbanken hanteren doorgaans een percentage dat vijf procent hoger ligt. Als er inkomsten zijn, wordt daarvoor een aparte regeling getroffen. De periode van schuldsanering is in beginsel drie jaren, maar kan worden verlengd tot maximaal vijf

Bewindvoerder

jaren. In die tijd kan de bewindvoerder bepaalde vermogensbestanddelen verkopen, zoals een auto als die niet strikt nodig is, of de eigen woning. Ook kan hij polissen of andere waardepapieren verzilveren. De saniet wordt verplicht om zich in de saneringsperiode maximaal in te spannen om de boedel te versterken. Als de schuldsanering helemaal is doorlopen, volgt een uitdeling. Restanten van de boedel zijn dan niet meer opeisbaar. In de meeste gevallen is de onderneming tijdens de schuldsaneringsperiode opgeheven. Werknemers van de saniet kunnen overeenkomstig de Faillissementswet de arbeidsovereenkomst opzeggen; de bewindvoerder kan dit ook doen. De wettelijke termijnen moeten worden aangehouden.

Saneren kan dus op basis van drie vervolgstappen plaatsvinden. Eerst wordt getracht de kredietbank een schuld te laten overnemen die getemporiseerd wordt afgelost. Als dit niet lukt, wordt geprobeerd een minnelijke schikking te regelen en als dit niet tot een goed resultaat leidt, wordt een beroep gedaan op de Wsnp. Bij een faillissement moet de griffier van de rechtbank de natuurlijk persoon die failliet is gegaan op de hoogte stellen van het voordeel van de Wsnp.

De wet biedt dus een uitweg voor mensen die in onontkoombare financiële problemen zijn geraakt. Na minimaal drie jaren kan men via de zogenoemde '*schone leiverklaring*' weer een 'normaal' leven gaan opbouwen.

Schone leiverklaring

Er wordt ook misbruik van de Wsnp gemaakt. Men wil vaak niet eerst proberen om een minnelijke schikking aan te gaan of bezittingen te verkopen zoals de wet eist. Gedupeerden als financieringsmaatschappijen stelden vast dat na het verstrijken van de wettelijke saneringstermijn van drie jaren de schuldenaar soms moeiteloos zijn schulden kon afbetalen, zodat een langere periode best tot de mogelijkheden zou hebben behoord. Ook is gebleken dat de rechtbank niet altijd een verzoek honoreert. Het gerechtshof te Arnhem besloot op 8 april 1999 dat een ondernemer niet gebruik mocht maken van de Wsnp omdat er een verzuim in de boekhoudplicht werd geconstateerd en de bewindvoerder en de rechter niet in staat bleken om de inkomens- en vermogenspositie van de saniet te beoordelen. Er werd bij gezegd dat de schuldenaar alsnog een schuldsaneringsregeling mocht aanvragen als hij zijn boekhouding in orde had gebracht.

Een andere afwijzingsgrond kan zijn dat de schuldenaar binnen een toetsingsperiode van tien jaren voorafgaand aan het verzoek eerder failliet is geweest of zijn schulden zijn gesaneerd.

Casus 8.5 geeft een overzicht van schuldhulpverlening.

> **CASUS 8.5 VORMEN VAN SCHULDHULPVERLENING**
> - *Schuldregeling*. De schulden worden afgelost door te bemiddelen tussen de cliënt, de schuldeisers en anderen. Er wordt geen krediet verleend, de schuld wordt afgelost op basis van de aflossingscapaciteit van de cliënt.
> - *Schuldsanering*. De cliënt krijgt een krediet om zijn schulden af te lossen. Dit krediet moet in maximaal drie jaar worden afgelost.
> - *Budgetbegeleiding*. De cliënt krijgt advies over zijn financiële situatie en wordt begeleid bij het aanleveren van een nieuw uitgavenpatroon. Het doel is dat de cliënt uiteindelijk in staat is om zelfstandig en op verantwoorde wijze zijn financiën te beheren.

- *Budgetbeheer*. Er wordt iemand (van de sociale dienst of van de krediet-bank) aangesteld die het budget van de cliënt beheert. Deze beheerder ontvangt het inkomen en verzorgt de betalingen op zo'n manier dat de schulden worden afgelost en dat er geen nieuwe schulden ontstaan.

Bron: Ministerie van Sociale Zaken en Werkgelegenheid

8.7.2 Faillissement

De levenscyclus van een onderneming wordt in belangrijke mate bepaald door de kennis en de ervaring van een ondernemer. Er zijn natuurtalenten, die gevoelsmatig weten welke beslissing moet worden genomen voor het succes van het bedrijf. Er zijn er ook die uitsluitend kunnen overleven door inzet, het leveren van kwaliteit in dienstverlening, en soms een beetje geluk. Niemand krijgt orders die komen 'aanwaaien'. Er moet een degelijk marketingbeleid worden uitgevoerd, doorgaans gebaseerd op ervaring, het uitproberen van formules en het constateren dat anderen het niet goed deden, om niet op die manier zelf in de fout te gaan.

Toch is er soms geen ontkomen aan. Het bedrijf heeft gewoon 'zijn tijd gehad', er komt wat nieuws voor in de plaats. De ondernemer die dan niet op tijd zijn bakens heeft verzet, kan failliet gaan. Is dit erg? Zie casus 8.6.

CASUS 8.6 FAILLISSEMENTEN HOREN BIJ HET ONDERNEMERSCHAP

Is het zo erg om failliet te gaan? vroegen we. We oogstten persoonlijk leed en woede, maar ook optimistische geluiden over nieuwe kansen.

Frans van Steenis, algemeen directeur Kamer van Koophandel.
Een faillissement is een dramatische gebeurtenis voor een onderneming en haar omgeving, zowel zakelijk als persoonlijk. Het betekent veelal het einde van een lang gekoesterde droom en een zakelijk fiasco voor medewerkers, leveranciers en klanten.
Terwijl in andere landen, zoals de Verenigde Staten, een faillissement in veel gevallen als een leermoment wordt gezien, betekent zakelijk falen in Nederland helaas nog steeds een stigma dat mensen nog jaren met zich mee moeten dragen. Ondernemerschap betekent per definitie het nemen van risico's. En daarom is het risico van een faillissement – hoe tragisch ook – onlosmakelijk verbonden met het ondernemerschap. Het is een noodzakelijk instrument om zwakkere partijen met de minst mogelijke schade uit de markt te halen, waardoor andere partijen weer kansen krijgen om te bloeien. Een ondernemer kan in de problemen komen door zijn eigen fouten, externe factoren, of een combinatie van beide. In de vrije markt is er geen automatische oplossing voor dat probleem. In de Griekse oudheid gold de wet van Draco, die de doodstraf voorschreef voor ondernemers die hun leningen niet konden terugbetalen. Vandaar de term draconische maatregel. Deze wet was echter niet bepaald bevorderlijk voor de economie. In de praktijk betekende het dat de onfortuinlijke ondernemer zijn onderneming stuurloos achterliet door in het holst van de nacht het hazenpad te kiezen om de strop te ontlopen.
Faillissementen bevorderen het proces van natuurlijke selectie, dat cruciaal is voor een gezonde economie. Zwakke bedrijven leveren geen goede bijdrage

aan de economie en vormen een belemmering voor andere spelers die wellicht heel goed in staat zijn dat gat in de markt veel beter in te vullen. En het biedt failliete ondernemers een tweede kans, die ze in veel gevallen ook met beide handen aangrijpen, met alle positieve economische gevolgen van dien. Dat faillissementen onlosmakelijk verbonden zijn met ondernemen betekent natuurlijk niet dat we er als samenleving niet alles aan moeten doen om faillissementen te voorkomen. Dat is een van de voornaamste redenen waarom wij zoveel tijd en energie steken in het informeren en ondersteunen van ondernemers.

Het nemen van risico's hoort bij het spel, maar goede ondernemers doen er alles aan om de risico's zo goed mogelijk in kaart te brengen en te beperken. Wij informeren en ondersteunen ondernemers daarbij op allerhande manieren.

Bron: Het Financieele Dagblad, 15 juni 2009, ingekort

Faillissement

Faillissement is een gerechtelijk beslag op het gehele vermogen van een schuldenaar voor de gezamenlijke schuldeisers (Faillissementswet van 1893!). Het is bedoeld om afzonderlijke beslagen van verschillende crediteuren te voorkomen; in plaats daarvan komt één gezamenlijk beslag, dat uiteindelijk moet uitlopen op een verdeling van de baten onder de schuldeisers met inachtneming van ieders bijzondere recht (Algra, 1989).
Iedere schuldenaar die in een toestand verkeert *dat hij heeft opgehouden te betalen*, kan in staat van faillissement worden verklaard. Ook al is er geld genoeg, *maar is de wil er niet* om te betalen, dan kan deze situatie zich voordoen. Het komt voor dat mensen failliet worden verklaard, maar zich daartegen verzetten omdat het failliet verklaren slechts een pressiemiddel was om een conflict op te lossen. De rechter zal dan oordelen of het uitspreken van het faillissement gegrond was. In de praktijk betekent dit vaak dat het conflict snel wordt opgelost omdat zeker de schuldenaar niet gebaat is bij de negatieve publiciteit rond het uitspreken van een faillissement.

Een schuldenaar kan failliet worden verklaard als:
- er ten minste twee schulden onbetaald zijn;
- er ten minste twee schuldeisers zijn.

CASUS 8.7 HAN VAN MEEGEREN
Even na de Tweede Wereldoorlog werd de schilder Han van Meegeren op verzoek van de Rotterdamse Bank en de Nederlandse staat failliet verklaard. Daartegen rees verzet, omdat gebleken was 'dat de vorderingen van deze kopers (van vervalste Vermeers) beneden het bedrag bleven waarop het vermogen van de schuldenaar tenminste moest worden begroot'. De Hoge Raad besliste: 'de toestand 'opgehouden hebben te betalen' treedt niet alleen in wanneer het vermogen van de schuldenaar onvoldoende is om zijn schulden te voldoen, maar ook wanneer hij ze niet betaalt'.

Redelijk belang

Een aanvrager van het faillissement moet wel een '*redelijk belang*' hebben bij de aanvraag. Als dit lichtvaardig gebeurt of ongemotiveerd, kan dit voor de aanvrager een onrechtmatige daad opleveren tegenover de (rechts)persoon voor wie het faillissement wordt aangevraagd, ook al spreekt de rechter het faillissement niet uit.

Failliet kunnen worden verklaard:
- een natuurlijk persoon, ook een minderjarige of onder curatele gestelde;
- een nalatenschap;
- een rechtspersoon;
- een vennootschap onder firma (tegelijkertijd worden ook de vennoten failliet verklaard).

Niet failliet kunnen worden verklaard:
- een maatschap: er is geen afgescheiden vermogen;
- een vereniging zonder rechtspersoonlijkheid;
- hij/zij die nog steeds in staat van faillissement verkeert.

Wie kan het faillissement aanvragen?
- de persoon in kwestie zelf, als de schulden niet meer kunnen worden betaald;
- schuldeisers;
- het Openbaar Ministerie, als het openbaar belang hiermee is gediend;
- de rechtbank na het intrekken van de surseance van betaling.

Bij ieder faillissementsvonnis worden een *rechter-commissaris* (een lid van de rechtbank) en een curator (meestal een advocaat) benoemd. De curator is belast met de afwikkeling van de boedel; de rechter-commissaris houdt daarop toezicht. **Rechter-commissaris**

De *curator* geniet een salaris uit de boedel. Dit salaris is een boedelschuld en gaat daarom boven alle andere vorderingen uit. De taak van de curator is het opmaken van een inventarisstaat (een staat van bezittingen en schulden). Hij geeft alle bekende schuldeisers bericht van het faillissement. De post van de gefailleerde komt bij hem terecht (Algra, 1989). **Curator**

De nietigheid van alle rechtshandelingen door de gefailleerde vóór het faillissement verricht, kan op grond van de *Actio Pauliana* door de curator worden ingeroepen als: **Actio Pauliana**
- de schuldenaars daardoor zijn benadeeld;
- de handeling onverplicht was;
- de gefailleerde de wetenschap had, of althans kon weten, dat hij zijn schudeisers ermee benadeelde;
- ook degene met wie hij handelde (de derde dus), dit wist of redelijkerwijs kon weten. Dit laatste hoeft de curator niet te bewijzen wanneer het een schenking betrof.

Schuldeisers kunnen in een bevoorrechte positie verkeren, bijvoorbeeld de eerste hypotheekhouder (separatist) of hij die het *recht van retentie* heeft (dat wil zeggen het recht om goederen onder zich te houden zolang deze niet zijn betaald). **Separatist** **Recht van retentie**

Als de gefailleerde een bedrijf uitoefent, hoeft het niet per se noodzakelijk te zijn dat de curator tot onmiddellijke verkoop van het bedrijf overgaat. Geleidelijke verkoop is in de meeste gevallen gunstiger voor de maximale opbrengst voor de schuldeisers.

In 2013 zijn ruim 12.000 faillissementen uitgesproken, een stijging van tien procent ten opzichte van het jaar 2012.

Surseance van betaling

Voorafgaande aan een faillissement van een ondernemer of onderneming, komt het aanvragen van surseance van betaling voor, in veel gevallen overigens toch nog gevolgd door faillissement. Een surseance kan maximaal anderhalf jaar worden verleend, maar kan daarna een onbeperkt aantal malen met een nieuwe periode van anderhalf jaar worden verlengd. Surseance kan worden ingetrokken op verzoek van:
1 de schuldenaar zelf (omdat hij weer kan betalen);
2 de bewindvoerder, één of meer schuldeisers, of de rechtbank omdat
   a de schuldenaar zich bij het beheer schuldig maakt aan kwade trouw;
   b hij niet wil meewerken met de bewindvoerder;
   c hij schuldeisers probeert te benadelen;
   d hij weigert verplichtingen na te komen die de rechter hem heeft opgelegd;
   e blijkt dat voortzetting niet langer zinvol is of dat er geen kans is dat de schuldeisers zullen worden voldaan.

Van de accountant wordt verwacht dat hij in de periode van surseance en faillissement nog bepaalde werkzaamheden verricht, meestal op verzoek van de bewindvoerder of curator. Hij zal dan een (schriftelijke) garantie willen hebben van de jurist die het heft in handen heeft, dat deze de declaratie aan hem betaalt.
In die moeilijke periode van zijn bestaan heeft de ondernemer ook grote behoefte aan de steun van zijn accountant, die echter vrijwel zeker weet dat zijn begeleiding niet wordt betaald. Het is dan een afweging wat hij zal doen. De ervaring leert dat de accountant zijn cliënt niet gemakkelijk in de steek laat en probeert te helpen waar dat in zijn vermogen ligt.

Iets anders is als de curator de voormalige bestuurder wil gaan aanspreken of de Actio Pauliana wil inroepen. De curator kan daarvoor een voorschot krijgen via het ministerie van Justitie, als de boedel onvoldoende middelen heeft. De accountant kan dan desgevraagd werkzaamheden verrichten en in overleg met de curator een beroep doen op de middelen die deze daarvoor heeft gekregen.

De ondernemer die voor de bank hoofdelijk medeschuldenaar is of in privé borg staat voor de schulden van zijn bv aan de bank, zal in de meeste gevallen een goede medewerking verlenen bij de afwikkeling van de bedrijfsbeëindiging. Daarmee kan hij bereiken dat de bank geen beroep doet op zijn privévermogen. Als de failliet verklaarde ondernemer nadien opnieuw het ondernemerschap ambieert en dezelfde bank vraagt om weer krediet te verlenen, is het niet gebruikelijk dat deze bank krediet verleent.

Schuldsanering door banken

Schuldsanering wordt nagenoeg nooit door de banken gedaan, gelijktijdig met het continueren van de relatie. Als de (ex-)ondernemer opnieuw wil starten, zal dat dus moeten gebeuren met een financiering van een andere bank, desnoods eerst via hulp op grond van het Besluit Bijstandverlening Zelfstandigen.

Voordat het faillissement actueel wordt, komt het voor dat de bank het krediet opzegt. Hoewel in beginsel een krediet in rekening-courant direct opzegbaar is, heeft jurisprudentie uitgewezen dat de bank daar zorgvuldig mee moet omgaan. Zo zal de rechter een aantal zaken afwegen bij zijn oordeel of de opzegging te goeder trouw heeft plaatsgevonden, bijvoorbeeld:

- Was er voldoende onderpand voor het krediet?
- Heeft de bank zorgvuldig met de cliënt gesproken over de financiële positie waarin die verkeerde en aangegeven welke stappen er van de zijde van de bank eventueel zouden volgen?
- Heeft de ondernemer een wanprestatie geleverd, bijvoorbeeld doordat hij geen extra zekerheid wilde verstrekken? (Dit is sterk in het nadeel van de ondernemer.)
- Heeft de bank zelf bij de ondernemer de verwachting gewekt dat zij nog wel zou doorgaan met financieren, bijvoorbeeld door meer krediet toe te laten dan de afgesproken limiet toestond (overstanden in r/c) zonder nadrukkelijk te wijzen op het feit dat dit met tegenzin werd gedaan en alleen om kortstondig medewerking te verlenen aan het zoeken van oplossingen?
- Zijn er voldoende (schriftelijke) waarschuwingen naar de cliënt gezonden?
- Is aan de ondernemer voldoende ruimte gegeven om een andere bank te zoeken? (Een periode van drie maanden wordt aanvaardbaar geacht.)

Opzegging van krediet

In het Nederlandse arbeidsrecht worden werknemers zodanig beschermd dat het vaak onmogelijk is om een onderneming die in financiële moeilijkheden verkeert over te dragen. Dit wordt met name veroorzaakt door artikel 7A:1639 aa e.v. BW. Deze bepalingen regelen dat de in de over te dragen onderneming werkzame werknemers van rechtswege bij de verkrijger in dienst treden. Men probeert daaraan te ontkomen door het in financiële problemen verkerende bedrijf het faillissement te laten aanvragen. In dat geval is het artikel niet van toepassing. Een bijkomend voordeel is dat de curator geen ontslagvergunning nodig heeft en niet is gebonden aan de opzegtermijnen van het BW. De onderneming kan dan met een afgeslankt personeelsbestand worden overgedragen. De curator zal moeten waken voor een overnamescenario waarin is voorzien in het ontslag van personeel kort na faillietverklaring. Dan is sprake van oneigenlijk gebruik van de faillissementswetgeving. Overigens worden de door de curator genomen maatregelen niet teruggedraaid als bezwaar zou worden gemaakt tegen faillietverklaring door misbruik.

Oneigenlijk gebruik van de faillissementswetgeving

8.7.3 Herijking faillissementsrecht

Er is een nieuwe regeling in het Wetboek van Strafrecht ontworpen voor faillissementsdelicten. Deze modernisering vindt plaats met het oog op het verbeteren van de bruikbaarheid en verhoging van de effectiviteit van de bestaande strafbepalingen.

Faillissementsdelicten

Fraudeurs ontspringen nu nog vaak de dans als de curator een lege boedel aantreft. Activa van de onderneming blijken voor het intreden van het faillissement al te zijn weggesluisd en er is opzettelijk geen administratie gevoerd. Dit maakt het 'terugrechercheren' heel moeilijk. Om dit laakbaar handelen beter te kunnen bestrijden, komt er een aparte strafbaarstelling van overtreding van de administratieplicht bij faillissement, met een maximum van twee jaar gevangenisstraf.

Als de onderneming in financiële problemen komt door ernstig frauduleus handelen, zonder dat er daadwerkelijk een faillissement volgt, kan ook maximaal twee jaar gevangenisstraf worden opgelegd; is er sprake van persoonlijke verrijking, dan kan de straf omhooggaan naar maximaal vier jaar gevangenisstraf.

In een ander voorstel tot wetswijziging wil de minister financiers beschermen die een noodkrediet ter beschikking stellen in een situatie van insolventie van de onderneming. De bank vraagt voor deze financieringsuitbreiding zekerheid, maar in faillissement zou de curator die dekking kunnen terugdraaien. Omdat een overbruggingskrediet heel belangrijk kan zijn voor een ruime onderhandelingsperiode met crediteuren enzovoort, wil de minister tegemoetkomen aan de Europese Commissie, die in 2014 de lidstaten aanspoorde de positie van verschaffers van nieuw krediet te verbeteren.

8.8 Doorstart na faillissement

In de meeste gevallen vindt na een faillissement bedrijfsbeëindiging plaats door gebrek aan baten of na een veiling. Er wordt niet sterk gekeken naar de belangen van de crediteuren en de werknemers. Met een doorstart is dat wel het geval. Deze biedt de mogelijkheid het bedrijf te redden, waardoor deze betrokkenen in een betere positie kunnen komen dan tijdens de periode waarin de onderneming er financieel slecht aan toe was. Uit onderzoek is gebleken dat de slaagkans van *herstarters* groter is dan die van starters. Maar in Nederland vindt niet vaak een herstart plaats. Dit wordt vooral veroorzaakt door de houding van Nederlandse banken. Zij vinden een ex-ondernemer die failliet is verklaard geen aantrekkelijke zakelijke partner. Het vertrouwen ontbreekt dat nu met meer succes kan worden geopereerd dan daarvoor. Een belangrijk meewegend gevoel is dat de bank bij het vorige faillissement verlies heeft geleden. Hoewel dit waarschijnlijk bij een andere bank is afgeboekt, leeft toch sterk het gevoel dat dit deze bank ook nog eens kan overkomen.

Herstarters

In andere landen, bijvoorbeeld de Verenigde Staten, wordt anders tegen een faillissement aangekeken. Men ziet een faillissement daar meer als een leermoment. Helaas is dit in Nederland niet het geval en moet een gefailleerde veelal met dit stigma nog jarenlang verder door het leven.

Niet altijd moet negatief worden aangekeken tegen faillissementen. Deze horen min of meer bij het ondernemen. Zij bevorderen het proces van natuurlijke selectie, wat weer goed is voor een gezonde economie (Van Steenis, KvK, 2009).
Ruim de helft van de herstarters ervaart geen knelpunten bij de herstart. Door de toegenomen managementervaring op financieel en beheerstechnisch gebied in de eerdere periode is het ondernemerschap niet de eerste belemmering voor een doorstart, zo bleek uit het onderzoek, maar wel externe factoren en dan met name het verkrijgen van krediet. Doorgaans vinden de meeste herstarters zichzelf succesvol. Zij hebben al een netwerk van klanten en doen meer een beroep op adviseurs, zijn voorzichtiger geworden door de opgedane ervaringen en beginnen kleinschaliger. De onderzoekers kwamen tot de conclusie dat herstarters in beginsel kansrijker zijn dan bij hun eerste start (zie casus 8.8).

CASUS 8.8 FAILLISSEMENT VAAK AAN BASIS NIEUW SUCCES
Ondernemers die ooit failliet zijn gegaan, blijken daarna meer succes te hebben dan ondernemers die geen bankroet achter de rug hebben. Dit blijkt uit een Europese studie van de Boston Consultancy Group (BCG). Ondernemers die failliet gaan, leren van hun fouten en zijn daardoor meer succesvol, zegt dr. A. Mei-Pöchler, vice-president van BCG. Zij onderzocht vijfhonderd ondernemingen. In het onderzoek vergeleek zij de resultaten van ondernemers die ooit bankroet gingen, de zogeheten herstarters, met die van hun collega's. De herstarters zagen in de periode van 1993 tot en met 1998 hun omzet sterker stijgen, en dat gold ook voor het aantal werknemers.

Bron: ANP

De *doorstart na faillissement* is onder bepaalde voorwaarden mogelijk, volgens de Faillissementswet. De koper zal voldoende financiële armslag moeten hebben om de overname en de herstart te financieren. Ook een goed *ondernemingsplan* moet aanwezig zijn. Bij overname van een bedrijf gaat het personeel doorgaans mee over naar de nieuwe eigenaar zie (subparagraaf 8.7.2). In een situatie van faillissement is dat anders, dan wordt daarop een uitzondering gemaakt. De doorstart van een bedrijf mag niet worden gebruikt om personeel te ontslaan, maar volgens de Universiteit van Amsterdam zou één op de vijf doorstartende ondernemingen echter juist om die reden hebben aangestuurd op een faillissement. Dit onderzoek is gebaseerd op de dossiers van failliet gegane ondernemingen. Een *vanzelfsprekend* goedkeuren van een doorstart door een curator bestaat niet. Van de curator wordt immers verwacht dat hij kritisch kijkt naar het instrument doorstart na faillissement. Dit is zeker het geval bij een *technisch faillissement*, waarbij al afspraken zijn gemaakt met de overnemende partij vóór de eigenlijke faillissementsaanvraag.

Ophof (1997) meent dat een doorstart met veel argwaan moet worden bezien en alleen mag plaatsvinden als het falen van de onderneming te wijten is aan tekortschietend management. Indien de neergang van het bedrijf te maken heeft met een trendbreuk in de vraag en de marktpartijen onderling niet tot een sanering kunnen komen, zal een *koude sanering* moeten plaatsvinden, is zijn mening. Hij meent dat het niet zinvol is onder die omstandigheden een doorstart te effectueren, omdat dan het euvel, de bestaande overcapaciteit, in stand wordt gehouden. Bovendien zal de concurrentie alleen nog maar verscherpt worden en de winstgevendheid van de andere marktdeelnemers nog verder wordt aangetast, doordat de doorgestarte onderneming veelal een lagere kostprijs heeft, voor een aantal jaren. Hij wijt veel debacles aan de kwaliteit van het management, dat tijdens de *levenscyclus van het bedrijf* niet tijdig heeft gereageerd op veranderingen. Als die bedrijven daardoor slecht functioneren, is een saneringsproces een goede zaak, waardoor verstarring in de branche wordt voorkomen en een proces van innovatie wordt gestimuleerd. Ophof vindt daarom het faillissement een onderdeel van het saneringsproces in de bedrijfstak. Ook vindt hij dat de neergang van de onderneming altijd het gevolg is van slecht management, ook al heeft dat management het in het verleden goed gedaan.

Doorstart na faillissement

Ondernemingsplan

Technisch faillissement

Koude sanering

Levenscyclus van een bedrijf

Hij waarschuwt financiers om weer in zee te gaan met dit soort doorstarters en vooral als het een soort managers betreft die verhoogde risico's met zich meebrengen. Hij typeert deze managers als volgt:

- *De overdominante manager*: hij laat te weinig kritiek toe, creëert jaknikkers en goede mensen lopen weg, waarna de onderneming verlieslatend wordt.
- *De empire builder*: hij laat de onderneming te snel groeien. De organisatie komt niet mee en wordt een loszandorganisatie. Ook dit leidt tot verlies.
- *De management-escapist*: hij vertoont vluchtgedrag onder de mantel van ijverigheid. Het zijn degenen die zich storten in werk voor brancheorganisaties of veel reizen. Zij zijn drukbezet maar niet met managen.
- *De omstandigheden-de-schuld-gever*: hij speelt niet in op veranderingen en beseft niet dat elke onderneming kwetsbaar is door veranderingen.
- *De sprookjesverteller*: hij weet kort voor het faillissement te vertellen dat een faillissement niet nodig is omdat er meevallers zullen komen of concurrenten het loodje zullen leggen.

8.8.1 Pre-pack

In Engeland wordt dertig procent van de faillissementen afgewikkeld met een pre-pack. Dit is de periode waarin de eventuele doorstart door de bewindvoerder 'in stilte' wordt voorbereid. In de praktijk komt het er meestal op neer dat de ondernemingsleiding onder druk van de bank een 'administrator' aanstelt, dit is de toekomstige curator in het faillissement. Hij kan als 'stille bewindvoerder' zich richten op de continuïteit van de onderneming, zonder dat een faillissementsaanvraag tot fatale paniek leidt bij crediteuren. Een belangrijk probleem dat een curator in een faillissement doorgaans tegenkomt is het moeten saneren in de personeelskosten. Maar hoe kom je van overtollige medewerkers af zonder een faillissement? Dit wil men dan regelen in de stille periode voorafgaand aan het faillissement, zodat een snelle doorstart een onderneming kan redden, zij het in afgeslankte vorm.

Accountant van juli/augustus 2014: 'Pre-packs kunnen tot fraaie resultaten leiden, maar stuiten ook op kritiek. Veel van die kritiek slaat meer op de doorstart in het algemeen dan op de pre-pack. Een belangrijk verschil tussen een pre-pack en een doorstart na faillissement zonder pre-pack is de geringe transparantie bij een pre-pack. Terwijl een curator regelmatig verslag uitbrengt, doet de beoogd curator dit pas nadat alles in kannen en kruiken is en het faillissement is uitgesproken.'

CASUS 8.9 STILLE BEWINDVOERING
Steeds meer noodlijdende ondernemers doen bij een naderend faillissement een beroep op stille bewindvoering. Zonder brede bekendheid werkt deze bewindvoerder 'in stilte' aan een doorstart. In een sfeer van vertrouwelijkheid werkt hij aan een overlevingsplan. Het vraagt van de bewindvoerder 'in stilte' veel bedrijfskundige managementdeskundigheid. Hij wordt geen bestuurder, hij is slechts adviseur van de directie. Soms gaat hij met een 'geheimhoudingsverklaring' de markt op om een koper te vinden. Zelfs

zijn er stemmen die stellen dat deze bewindvoering 'in stilte' door twee bewindvoerders uitgevoerd moet worden. Een jurist die de traditionele rol van de bewindvoerder vervult en een 'executief bewindvoerder'. Zodra het faillissement wordt uitgesproken, wordt de jurist tot curator benoemd en hij wikkelt vervolgens het faillissement af. De 'executief bewindvoerder' maakt de analyse van de overlevingskansen van het bedrijf en voert de onderhandelingen met de kopers.

Executief bewindvoerder

(Bron: Het Financieele Dagblad, oktober en november 2013)

Een pre-pack is een vorm van een gecontroleerd faillissement. Het heeft enkele voordelen, zoals de rust waarmee een doorstart kan worden voorbereid doordat de leveranciers blijven leveren, de medewerkers in dienst blijven en de afnemers erop kunnen vertrouwen dat er geleverd wordt. En ... direct na het uitspreken van het faillissement kan de doorstart al plaatsvinden. De schuldeiseres mogen rekenen op een deel van hun vorderingen.
Er zijn ook wel nadelen aan verbonden, zoals het hiervoor genoemde gebrek aan transparantie. Zo moet er in ieder geval goedkeuring komen van de rechter-commissaris, omdat hij de meerwaarde moet erkennen van het 'in stilte' voorbereiden van een faillissement. Ook wordt wel gezegd dat de bewindvoerder 'in stilte' in een afhankelijkheidspositie terechtkomt doordat hij uit de boedel moet worden betaald. Een ander gevaar is dat de doorstart gebeurt met dezelfde mensen die het debacle hebben veroorzaakt.
Er is al een situatie bekend dat concurrenten bezwaar tegen een pre-pack hebben ingebracht omdat zij geen mogelijkheid hadden om mee te bieden door de informatieachterstand. Ook mag men zich afvragen of een faillissement en het daarmee verdwijnen van een bepaald bedrijf geen gewenste sanering van de branche is.

Tot slot: in de beginhoofdstukken wordt uitvoerig beschreven dat de kwaliteit van de ondernemer een allesbepalende factor is voor het succes van een onderneming. In dit hoofdstuk, waarin aspecten van een teloorgaand bedrijf werden besproken, blijkt dat zelfs in een doorstartfase nog moet worden gewaarschuwd tegen de persoon van de manager of de ondernemer. Het komt er dus steeds op aan om als accountant, bank of consultant die zaken kan doen met een (potentiële) ondernemer zoveel (mensen)kennis en ervaring te bezitten, dat geen onnodige risico's worden gelopen voor de eigen bedrijfsvoering. Daarmee wordt ook het maatschappelijk belang gediend.

'Hoe komt het dat Goldberg jou als compagnon heeft gekozen? Jij bezit immers geen cent!'
'Nou ja – hij bezit 't geld, ik de ervaring.'
'Aha, ik begrijp het. Over een jaar zul jij het geld hebben – en hij de ervaring.'
(Uit *Joodse humor*)

Samenvatting

▶ Als mensen graag als ondernemer hun geld willen verdienen, rekenen zij bij het begin van het ondernemerschap op succes. Uit het ondernemingsplan zal blijken dat er door het exploiteren van een bedrijf, of het hebben van een dienstverlenende organisatie, een flinke boterham kan worden verdiend. Dat het daarbij toch verkeerd kan gaan, is ook waar. In dit hoofdstuk wordt aangegeven wáár het dan fout kan gaan: is het door invloeden van buitenaf, of moet heel simpel de schuld worden gelegd bij de ondernemer zelf? Kunnen zijn faalfactoren worden aangewezen, en zijn die dan van dien aard dat er nog redding mogelijk is?

▶ Het voortbestaan van een onderneming die in financiële problemen is geraakt, ligt vaak niet meer in handen van de directie of de eigenaren. Als men afhankelijk is geworden van de welwillendheid van een financier, of alsmaar afspraken moet maken met de Belastingdienst en leveranciers, is het ondernemen niet gemakkelijk. Als dan ook nog de liquiditeitspositie erg onder druk staat en er vervolgens geen nieuw vermogen kan worden aangetrokken, lijkt het tijdstip van beëindigen van de onderneming in zicht te zijn.
Men kan dan met behulp van derden proberen een uitweg te vinden, bijvoorbeeld met een turn-around manager, of zelfs met een bewindvoerder 'in stilte' een faillissement voorbereiden. Al met al geen goed vooruitzicht, maar misschien levert de bedrijfsvoering in afgeslankte vorm voor elke betrokkene het meest op. Natuurlijk zijn als gevolg van een bedrijfsdebacle ook de omstandigheden van de ondernemer niet goed te noemen. Vaak zijn hij en zijn gezin afhankelijk van de resultaten van zijn onderneming, en als deze niet meer positief zijn, en zelfs afscheid moet worden genomen met schulden, resteert soms niet anders dan een beroep te doen op een schuldsaneringsregeling.

▶ Soms lijkt het dat het ene faillissement het andere opvolgt. Met ruim 12.000 faillissementen per jaar zijn het er wel veel, maar er zijn ook ongeveer 1,4 miljoen ondernemingen en organisaties in Nederland! Juist in tijden van toenemende werkloosheid komen er meer zzp'ers, zeker als er weinig uitzicht op een goede dienstbetrekking is. Logisch dat ook zij het er niet altijd goed vanaf brengen. Dit is mede een oorzaak van het toegenomen aantal faillissementen in de jaren sinds het begin van de laatste economische crisis.

Meerkeuzevragen

8.1 Benchmarking is een vorm van:
a reclame maken zonder gebruik te maken van een reclamebureau.
b marketing met behulp van deskundigen.
c signalering van achterstanden in debiteurenbetalingen.
d bedrijfsvergelijkend onderzoek.

8.2 Bij het trekkersmodel worden:
a doelen en route gaandeweg gevonden.
b derden ingeschakeld voor het verkennen van strategische doelen.
c intelligente hulpmiddelen ingezet voor het bepalen van het strategische ondernemingsbeleid.
d medewerkers getraind in het werven van nieuwe klanten.

8.3 Managers met emotionele intelligentie:
a hebben gevoel voor problemen van medewerkers.
b vertonen meer dan gemiddelde aandacht voor de missie van de onderneming.
c hebben empathie, sociale vaardigheden en zijn zelfregulerend.
d zijn meer leider dan manager.

8.4 Het doel van budgetbegeleiding is:
a met (maandelijkse) budgetten de onderneming goed managen.
b medewerkers helpen bij het maken van de jaarlijkse exploitatiebegroting.
c iemand in staat stellen zelfstandig zijn financiën te beheren.
d het tegengaan van budgetoverschrijdingen.

8.5 In het geval van faillissement:
a is de schuldenaar opgehouden met betalen.
b neemt een bewindvoerder de taak van de ondernemer over.
c stopt een organisatie met de bedrijfsuitoefening.
d zijn alle financiële middelen uitgeput.

9
Bedrijfsopvolging, bedrijfsovername en bedrijfsoverdracht

9.1 Opvolging in het familiebedrijf
9.1.1 Fiscale voordelen bedrijfsopvolgingsregeling (BOR)
9.2 Fasen van bedrijfsoverdracht
9.3 Activa- of aandelentransactie?
9.4 Waardebepaling van de aandelen
9.5 Waardering van bedrijven
9.6 Management buy-out/buy-in
9.7 Due diligence-onderzoek
9.7.1 Onderzoek naar DDO-vormen
9.7.2 Accountantscontrole en DDO
9.8 Stichting Ondernemersklankbord
Samenvatting
Meerkeuzevragen

Over bedrijfsopvolging, bedrijfsovername en bedrijfsoverdracht (*BOOO* of BtripleO) wordt veel geschreven en dat is niet zomaar. Voor veel adviseurs en accountants maakt advisering aan ondernemers in het midden- en kleinbedrijf rondom opvolging, overname en overdracht het grootste deel van hun dagtaak uit. Omdat voor ondernemers dit slechts één of twee keer in hun ondernemersleven een rol speelt, is voor hen juiste advisering en goede begeleiding heel belangrijk. Het ontbreekt ondernemers aan kennis en ervaring om een bedrijfsopvolging volledig te overzien qua voorbereiding en uitvoering. Maar zij moeten wel de beslissingen nemen!
Kamers van Koophandel, de beroepsorganisatie van accountants, werkgeversorganisaties, banken en brancheorganisaties, geven alle boekwerkjes uit waarin de levenscyclus van bedrijven wordt besproken en de stappen die moeten worden genomen bij bedrijfsopvolging. In dit hoofdstuk worden enkele belangrijke aandachtspunten aan de orde gesteld en enkele onderwerpen die niet in publicaties van genoemde organisaties voorkomen. Er wordt inzicht gegeven in zaken die spelen rond de aan- en verkoop van ondernemingen. Voor een bv spelen andere zaken dan voor het familiebedrijf dat in de vorm van een eenmanszaak wordt uitgeoefend. Maar voor beide geldt dat er sprake is van een levenscyclus van zowel ondernemer als

onderneming. Vroeg of laat wordt de verkoper geconfronteerd met het einde van zijn maatschappelijk functioneren, dus het stoppen als ondernemer of manager, en ziet een overnemende partij zich geconfronteerd met de problemen van de koop van een bedrijf, als gekozen is voor koop in plaats van geheel zelfstandig en voor het eerst starten.

Bij overdracht speelt van beide kanten de prijsbepaling. Daarom is het van belang dat zowel de koper als de verkoper een eigen adviseur heeft voor het bereiken van de gewenste onafhankelijkheid in advisering. Uitvoerig wordt in paragraaf 9.2 vermeld wat er zoal komt kijken in de verschillende fasen van bedrijfsopvolging, voor zowel de overdrager als de opvolger.
Bij de behandeling van de waardering van bedrijven in paragraaf 9.4 wordt wel duidelijk hoe zorgvuldig dit moet worden gedaan en hoe gevoelig dit kan liggen bij de contractpartijen.
Onderzoeken zullen moeten plaatsvinden om de waarde van een bedrijf te kunnen bepalen, de zogenoemde due diligence-onderzoeken die in paragraaf 9.7 worden besproken.

In de komende vijf jaren bereiken in Nederland veel ondernemers de leeftijd waarop ze met pensioen gaan. Nederland staat dus aan de vooravond van een groot aantal bedrijfsoverdrachten. Hiervan vindt ongeveer 45% plaats binnen de familie. Dit percentage neemt enigszins af; er zijn jaren geweest dat dit bijna 60% was. Als er sprake is van bedrijfsoverdracht in de kring van de familie, is 95% daarvan een overdracht van ouder naar kind. Menig fiscalist, accountant, consultant en bank maakt zich op om kopers en verkopers van dienst te zijn. Dat het een hot item is blijkt uit de vele artikelen die regelmatig in allerlei tijdschriften en kranten verschijnen. Natuurlijk is het geen nieuw onderwerp, maar wel is duidelijk dat er voor veel adviseurs wat valt te verdienen. Dit is de negatieve benadering van BOOO. De positieve zijde is dat ondernemers vaak niet in staat zijn zelfstandig de complexe materie van het verkopen van het bedrijf te overzien. Dat zij zich laten voorlichten is een uitstekende zaak. Hoe vaak verkopen zij immers een bedrijf? Daarnaast hebben accountants en specialisten op het gebied van BOOO veel ervaring opgedaan en zullen zij snel een degelijk advies kunnen geven.

9.1 Opvolging in het familiebedrijf

Bedrijfsopvolging

De *bedrijfsopvolging* speelt vaak in een familieonderneming. Omdat het afstand doen van een bedrijf doorgaans een emotionele zaak is voor de eigenaar en beslissingen daarover vooruit worden geschoven, worden veel zaken rondom een overdracht niet tijdig onder ogen gezien. Als de opvolging echter niet goed wordt geregeld, dreigt voor de overnemer een grote kans op mislukking. Familieleden zijn met elkaar verbonden door sterke emotionele banden, die zowel de drijvende kracht voor het bedrijf betekenen als het faillissement kunnen inluiden.

Meer dan negentig procent van de ondernemingen bestaat uit familiebedrijven, bedrijven waar het management in handen is van personen die afkomstig zijn van één familie. Vaak is er ook sprake van het overdragen van de onderneming van de ene generatie op de andere, zodat de onderneming soms wel enkele honderden jaren in het bezit is van een en dezelfde familie.

Kenmerkend voor een familiebedrijf is dat familie, bedrijf en zeggenschap één zijn (zie figuur 9.1). Dit wil zeggen: eigenaars en leidinggevenden zijn uit de familie afkomstig. Dat is een duidelijk verschil met de niet-familiale onderneming, waarbij eigendom en management duidelijk gescheiden zijn. Opvallend is dat ondernemers uit familiebedrijven dit ook zo willen houden.

FIGUUR 9.1 In een familieonderneming zijn drie belangen geïntegreerd

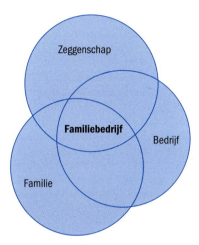

Gevraagd naar hun belangrijkste doelstelling, wanneer het onderwerp 'opvolging' aan de orde wordt gesteld, antwoorden ondernemers als volgt:
1 continuïteit van de onderneming garanderen;
2 billijke regeling voor de kinderen;
3 zowel eigendom als beheer van de onderneming binnen de familie houden.

Twee van de drie ondernemers geven er de voorkeur aan dat het bedrijf volledig eigendom blijft én door de familie wordt geleid, wanneer het door de volgende generatie wordt overgenomen. 45% van de ondernemers heeft er geen moeite mee sleutelfiguren bij eigendom en leiding te betrekken.

De opvolging van de directeur-eigenaar binnen de eigen familie ligt voor de hand. In het voorgaande is beschreven dat menig directeur-eigenaar geen alternatief heeft en tot in lengte van jaren aan de onderneming verbonden blijft.
Eerder is al geconstateerd dat ondernemers in het midden- en kleinbedrijf hun bezit maar moeizaam kunnen afstaan. Enerzijds omdat ondernemingen sterk persoonsgebonden zijn (een bankfinanciering is vaak aan die persoon gebonden, c.q. individuen met ondernemerscapaciteiten beschikken niet over voldoende vermogen om het bedrijf echt over te nemen), anderzijds omdat ondernemers geen alternatieven buiten hun bedrijf ontwikkeld hebben en daarom – tegen beter weten in – aan het bedrijf leiding willen blijven geven. Aan deze lange verbondenheid met het bedrijf kleven tal van risico's. Allereerst het probleem dat elk mens (dus ook een ondernemer) na verloop van tijd routinematig gedrag gaat vertonen. Men heeft tal van

situaties al eerder meegemaakt en gaat op een standaardmanier reageren. Wanneer niet tijdig wordt ingeschat dat de situatie toch fundamenteel anders is, kan men niet meer reageren en is het te laat. Het routinematige gedrag van ondernemers maakt dat jonge medewerkers, met vernieuwende denkbeelden, onvoldoende mogelijkheid krijgen om nieuwe kansen binnen de onderneming te ontwikkelen. Dit *routinematige gedrag van de ondernemers* ('hebben we al eerder meegemaakt; waait vanzelf over') kan het adequaat inspelen op kansen in de omgeving dramatisch in de weg staan.

Routinematig gedrag van de ondernemers

Kinderen van de eigenaar groeien met het bedrijf op en beschouwen (nog steeds) een toekomst binnen het bedrijf van vader (of moeder) als een aantrekkelijk perspectief. Opvolging door de familie komt ook tegemoet aan het probleem van de financiering, omdat wel het eigendom overgedragen wordt, maar er geen – of minder – contanten op tafel (behoeven te) komen. Ieder kind krijgt zijn deel van het eigendom van de onderneming en in het geval dat meerdere kinderen in de onderneming werkzaam zijn, behoeft niemand (of een beperkt aantal) 'uitgekocht' te worden. Op deze wijze kan aan het knelpunt van de externe financiering worden voorbijgegaan. Wel ontstaat het probleem van een relatief zware top, omdat meerdere kinderen van het management deel gaan uitmaken. Opvolging binnen de lijn van de familie komt nog steeds veel voor. De leiding van een familiebedrijf is voor meer dan de helft van de gevallen in handen van tweede- en derdegeneratiefamilieleden (zie figuur 9.2); dit verschijnsel kent een aantal belangrijke voordelen.

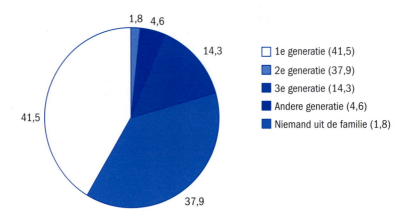

FIGUUR 9.2 Opvolging bij het familiebedrijf

In de eerste plaats zal de financiering gemakkelijker verlopen. Zeker wanneer het pensioen van de oprichter binnen de onderneming (bv) blijft (en als extra zekerheid geldt, bijvoorbeeld in de vorm van een borgtocht) en wanneer er niet te veel kinderen uitgekocht hoeven te worden, blijft de financieringsstructuur veelal acceptabel. Externe financiers lopen dan niet al te veel risico, ook omdat men – in het geval van een capabele opvolger – de opvolger binnen het bedrijf heeft leren kennen. De opvolger heeft het ondernemen met de paplepel ingegoten gekregen en dat wordt in het algemeen als een belangrijk voordeel beschouwd, een pull factor (zie paragraaf 1.3).

Er zijn echter ook belangrijke nadelen. De praktijk heeft uitgewezen dat bij opvolging binnen de familie niet in de eerste plaats gekeken wordt naar de *capaciteiten van de opvolgers*, maar veel meer naar hun *beschikbaarheid*. Ouders hebben vaak de neiging kinderen gelijk te willen behandelen en dit betekent dat iedereen een vergelijkbare positie binnen de onderneming moet kunnen vervullen, denkt men dan. In de praktijk houdt dit in dat de kinderen van ondernemers formeel eenzelfde positie verkrijgen, daar ook in gelijke mate voor beloond worden, maar dat er in het soort werkzaamheden en de verantwoordelijkheden grote verschillen kunnen bestaan. Door andere personeelsleden die hetzelfde werk verrichten, maar daarvoor minder betaald krijgen, wordt dit niet begrepen.

In het geval van bijvoorbeeld drie opvolgers, waarbij één opvolger de capabele ondernemer is en de anderen duidelijk niet, ontstaan ook problemen. Alle drie hebben gelijke zeggenschap (en inkomen), waardoor de 'echte' ondernemer afhankelijk wordt van de beoordeling van zijn niet-capabele broers en/of zusters. De meer capabele familieleden genereren inkomen dat met de minder capabele personen moet worden gedeeld. Aangetrouwde familie, die vanwege de familierelatie ook in het management wordt opgenomen, kan de problematiek vergroten. Zij praten ook mee, maar vaak niet vanuit een ondernemersachtergrond, laat staan vanuit de familietraditie. Een tweede belangrijk nadeel is (opnieuw) het marginaliseren van het managementsysteem. Nog afgezien van een deels niet-capabele directie, zien we ook dat veel opvolgers in het familiebedrijf te jong en onervaren in het management worden opgenomen. Het zou voor de hand liggen dat kinderen van oprichters zich eerst buiten de eigen onderneming bekwamen en bewijzen, om bij gebleken geschiktheid eventueel terug te keren. Overigens is uit onderzoek gebleken dat uittreders/opvolgers aan deze ervaring niet zo zwaar hechten. Bij veel familiebedrijven staat bij voorbaat vast dat bepaalde familieleden in het management worden opgenomen, waardoor kansen voor gekwalificeerde werknemers om managementposities in te nemen nadrukkelijk afnemen. Goede medewerkers binnen een familiebedrijf verlaten om die reden nogal eens de onderneming. Dit fenomeen wordt geïllustreerd met figuur 9.3, waaruit blijkt dat kinderen, meer dan buitenstaanders, in aanmerking komen om op te volgen (en ook feitelijk opvolgen), hoewel de capaciteiten van buitenstaanders relatief hoger worden ingeschat.

Capaciteiten van de opvolgers

Opvolgingspraktijk

Bedrijfsopvolger en zijn kwaliteiten

FIGUUR 9.3 Belangrijkste capaciteiten die een opvolger moet bezitten

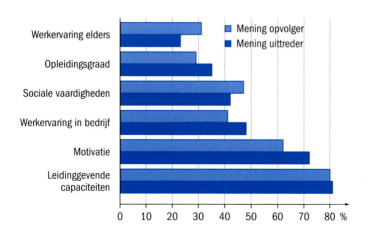

Een oplossing voor deze problematiek is allereerst om kinderen van oprichters ook alternatieven buiten de onderneming van de ouders te laten zoeken. Dit betekent het volgen van goede opleidingen die toegang kunnen geven tot interessante functies buiten de familieonderneming.

Wanneer een eventuele opvolger dan toch voor het familiebedrijf kiest, is duidelijk sprake van een positieve keuze. Daarnaast moet een financieringsinstrument ontwikkeld worden, waardoor het gemakkelijker wordt ondernemingen te verkopen aan opvolgers buiten de familie. Risicokapitaal, verstrekt door participatiemaatschappijen, speelt daarom bij familiebedrijven een belangrijke rol.

Figuur 9.4 illustreert wie in de familie in aanmerking komen voor opvolging en wie er ook daadwerkelijk opvolger worden.

FIGUUR 9.4 Wie komen er in aanmerking en wie worden opvolger?

Onderzoek in België heeft aangetoond dat meer dan 68% van de familiebedrijven zich onvoldoende op de opvolging voorbereidt. Van de bedrijven die wel systematisch aan de opvolging werken, kent achttien procent de opvolger; veertien procent kent de opvolger niet. Dit is opvallend, omdat uit hetzelfde onderzoek bleek dat ondernemers maar één ding belangrijk vinden en dat is dat de zaak aan de kinderen wordt overgedragen. Eén conclusie ligt voor de hand: ondernemers willen graag dat kinderen opvolgen, maar praten daar niet (tijdig genoeg) over. De beslissing wordt steeds uitgesteld en dat verklaart de volgende uitspraak:

> 'Ik had na mijn studie bedrijfskunde een goede baan en was van plan verder carrière te maken. Ik was 27. Op een dag komt mijn vader op bezoek en zegt, dat hij toch even met me moet praten over wat we met de zaak gaan doen. Dat was de eerste keer, dat we daarover spraken.'

De niet-tijdig voorbereide opvolging leidt niet alleen tot ernstige problemen in het management van het bedrijf. Er zijn veel fiscale haken en ogen, naast de al genoemde knelpunten op het gebied van de financiering. Het zal daarom niemand verbazen dat de accountant en fiscaal adviseur de belangrijkste adviseurs zijn die bij de opvolging betrokken zijn. Figuur 9.5 geeft aan welke adviseurs bij de opvolging betrokken kunnen worden.

Met name vanwege de fiscale aspecten en het goed regelen van het pensioen van de bestaande directeur-eigenaar, moet rekening worden gehouden met een overdrachtsperiode van circa vijf jaar. Als die tijd er niet is, bijvoorbeeld door het plotseling wegvallen van de directeur-eigenaar, leidt dit tot een vacuüm in de leiding van de onderneming en tot kosten die hadden kunnen worden vermeden.

FIGUUR 9.5 Wie adviseert tijdens het opvolgingstraject?

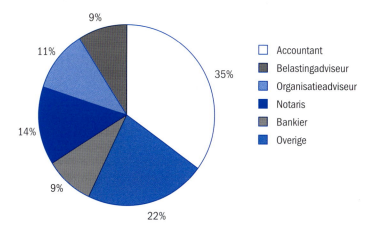

In het genoemde onderzoek is ondernemers gevraagd naar het grootste *knelpunt bij de opvolging*. De ondernemers noemen dan achtereenvolgens:
1 waardebepaling van het bedrijf
2 financiering van de overname
3 wettelijke regelingen
4 emotionele aspecten
5 geen goede opvolger
6 fiscale problemen
7 steeds maar uitstellen
8 te laat ingeschakelde adviseurs
9 geen familiestatuut

Knelpunt bij opvolging

Adviseurs die veel met familieondernemingen te maken hebben, concluderen dat de volgorde vaak andersom ligt. Financiering en het wettelijk kader zijn zaken die goed te regelen zijn. Veel problematischer is dat ondernemers de opvolging voor zich uitschuiven, omdat ze bang zijn om keuzen te maken, bijvoorbeeld over de vraag wie van de kinderen het management moet overnemen. Samengevat staat het ondernemers dan in de weg dat men zowel directeur van een bedrijf als hoofd van het gezin wil zijn. Tussen deze twee rollen kunnen belangrijke tegenstellingen bestaan: wat goed is voor de zaak, kan grote spanningen binnen het gezin teweegbrengen (en omgekeerd).

Familiebedrijven wijken niet echt af van niet-familiebedrijven. Het doorslaggevende onderscheid is de unieke sfeer en de bijbehorende bedrijfscul-

Concurrentie-voordelen

tuur. Mede hierdoor kan het familiebedrijf belangrijke *concurrentievoordelen* behalen. Die sfeer komt tot uiting in de volgende *voordelen* (Flören/Van Engelenburg, 2000):
- betrokkenheid en toewijding van familie en personeel;
- kennis die wordt gekoesterd en beschermd binnen de familie;
- flexibiliteit in werk, tijd en geld;
- langetermijndenken in visie en financiering;
- stabiele cultuur door langdurig aanblijven van de leiding;
- korte besluitvormingslijnen en platte organisatiestructuur;
- betrouwbaarheid en trots.

Nadelen van het familiebedrijf kunnen zijn:
- niet snel noodzakelijke veranderingen willen inzetten;
- lagere omzetgroei in tijden van economische bloei;
- minder belangstelling voor strategische planning en vastlegging;
- een gesloten cultuur, die geen ruimte biedt voor nieuwe ideeën en werkwijzen;
- geen opvolgingsplan.

Hoewel veel ondernemers voor opvolgingsproblemen worden gewaarschuwd, is bij nog geen dertig procent van de familiebedrijven de opvolging procedureel geregeld, terwijl bij bijna zestig procent nog helemaal niets is geregeld (Europese bron). Men denkt dat opvolging een gebeurtenis is in plaats van een proces. Dit proces moet vele jaren voor de overdracht in gang worden gezet. Het schema van tabel 9.1 kan daaraan richting geven.

Stappen bedrijfsopvolging

TABEL 9.1 Stappenplan opvolging

Jaren tot overname	Fasen	Actie
7 - 5	I	**Oriëntatie** Streefdatum opvolging vaststellen Bedrijfs- en persoonlijke belangen afwegen Financiële gevolgen overzien
5 - 3	II	**Voorbereiding** Ondernemings- en overdrachtsplan Vertrouwenspersoon aanstellen Waardebepaling en doelstelling overdracht bepalen Juridische en fiscale maatregelen treffen
3 - 1	III	**Zoeken en onderhandelen** Overleg in familiekring over de kandidaat De opvolger aanwijzen Vinden van een nieuwe uitdaging Start terugtreding uit bedrijf
1	IV	**Verkoop en afronding** Due diligence[1] Laatste onderhandelingen voeren Contract opstellen en ondertekenen Bedrijf verkopen
0 - ?	V	**Nazorg** Informeren relaties Integreren opvolger

[1] Op verzoek van de opvolger, als door de verkoper geen garanties worden gegeven voor onverwachte verliezen na de overdracht.

Bijna elke ondernemer wordt geconfronteerd met een veranderende omgeving, complexe technologieën en snelle innovatieve ontwikkelingen. Om de gewenste doelstellingen te bereiken, zal hij niet steeds in dezelfde omvang zijn bedrijf kunnen voeren. Uit *strategische overwegingen*, zoals het bereiken van een groter marktaandeel, het verbeteren van de exportpositie of de verbreding van het assortiment, moet hij soms zorgen voor schaalvergroting of integratie van kennis en vaardigheden in zijn bestaande onderneming. Hij kan kiezen voor autonome groei, maar dit heeft als nadeel dat er niet altijd adequaat kan worden gehandeld als afnemers een flexibele opstelling van de leverancier wensen en hij daaraan (nog) niet kan voldoen. Voor het verkrijgen van een bepaalde marktpositie of kennis kan een *bedrijfsovername* een goede keus zijn. Soms wordt daarmee gelijk een marktpartij (concurrent) geëlimineerd. Een ander voordeel van overname is dat de zeggenschap over een bedrijf niet hoeft te worden gedeeld met anderen. Een viertal motieven kan ten grondslag liggen aan een overname:

Motieven voor bedrijfsovername

- *Concurrentiemotief:* overnemen van een concurrent kan een beter marktaandeel betekenen.
- *Besparings- of efficiencymotief:* samenvoegen van diverse bedrijfsprocessen kan voor efficiencyverbeteringen zorgen. Ook schaalvoordelen, realiseren van synergetische effecten en beheersen van organisatierisico's kunnen een positieve rol spelen.
- *Persoonlijke motieven:* macht, prestige en beloning kunnen een drijfveer zijn. Als dit de enige reden van acquireren zou zijn, lijkt een overname niet zinvol.
- *Speculatiemotief:* een bedrijf met geringe winsten kan naar een winstgevend bedrijf worden geleid. Verkoop van het bedrijf is het doel, nadat de betere resultaten zijn gegenereerd.

Voor het overnemen van een bedrijf is enige ervaring en kennis nodig. De aandachtspunten en waarschuwingen in tabel 9.2 zijn op z'n plaats.

TABEL 9.2 Tips voor de koop van een onderneming

Vergelijk de bedrijfsculturen van beide ondernemingen.	Overschat synergievoordelen niet!
Eén van de belangrijkste oorzaken van het niet slagen van een acquisitie is het verschil in bedrijfscultuur.	Veelal wordt uitgegaan van een optimale 'post acquisitie'-situatie, die in de praktijk niet altijd is te realiseren.
Bespreek het integratieproces uitvoerig met de verkopende partij. De acquisitie stopt niet bij het ondertekenen van het overnamecontract.	Bekijk de positie van de directeur-grootaandeelhouder (DGA) met betrekking tot de afhankelijkheid en de positie van de DGA na de overname.
Neem voldoende garanties op in het contract.	Betrek managers en kernfunctionarissen tijdig in het overnametraject.
Voer altijd een due diligence-onderzoek uit, onafhankelijk van de grootte van de transactie en de bekendheid met de onderneming.	Check de afhankelijkheid van afnemers én leveranciers en hun positie na de overname. Beschikt de onderneming over contracten en wat zijn de ontbindende voorwaarden?
Neem alleen ondernemingen over die passen binnen de ondernemingsstrategie.	

Bron: *Accountant Adviseur*, A. Koops/R. Jonk

Gefaseerde bedrijfsoverdracht

Een belemmering bij verkoop van een bedrijf kan de solvabiliteit en liquiditeit van de koper zijn. Men zou dan kunnen overwegen om de *bedrijfsoverdracht* gefaseerd te laten plaatsvinden. Dit is mogelijk als de verkoper bereid is een deel van de koopsom als lening aan de opvolger te verstrekken, desnoods gepaard gaande met een gefaseerde overdracht van de leiding. Ook kan ruim voor de overdrachtsdatum de opvolger een managementrol in het bedrijf gaan vervullen waarvoor hij wordt gehonoreerd en waardoor hij in staat wordt gesteld om vermogen te kweken. Daarbij kan een bepaalde vorm van winstdeling worden afgesproken. Een derde mogelijkheid is het aantrekken van een derde financier, bijvoorbeeld een venture capitalist of een participatiemaatschappij. Deze verwerft dan doorgaans een klein deel van het aandelenkapitaal en daarbij vaak ook een bepaalde zeggenschap in het bedrijf. Dit hoeft geen nadeel te zijn voor de nieuwe ondernemer. De belangen lopen parallel, terwijl deze financier over deskundigheid beschikt om een zodanige structuur en financiële verhouding te creëren, dat na verloop van enkele jaren de aandelen door de participant kunnen worden verkocht aan de ondernemer.

9.1.1 Fiscale voordelen bedrijfsopvolgingsregeling (BOR)

Per jaar wisselen ruim 15.000 bedrijven van eigenaar. Veel van deze bedrijven worden door ouders geheel of voor een deel aan hun kinderen geschonken of gaan bij overlijden via vererving over naar de erfgenamen. Om de overdracht van bedrijven via schenking of vererving eenvoudiger te maken, is de BOR in het leven geroepen. Deze regeling biedt fiscale voordelen voor de bedrijfsopvolgers. Om optimaal van die voordelen gebruik te kunnen maken, is een goede waardering van het bedrijf nodig.

Bedrijfsopvolging en vrijstellingen

De bedrijfsopvolgingsregeling kent drie vrijstellingen:
- een vrijstelling van erf- en schenkbelasting voor degenen die de onderneming krijgen en voortzetten;
- uitstel van betaling van erf- en schenkbelasting voor degenen die de onderneming krijgen en voortzetten;
- uitstel van betaling van erfbelasting als er meerdere erfgenamen zijn.

De Belastingdienst hanteert twee waarden voor een onderneming:
- de goingconcernwaarde: de waarde van de gehele onderneming, inclusief de goodwill bij voortzetting van de onderneming;
- de liquidatiewaarde: de totale verwachte opbrengstwaarde van alle individuele bedrijfsmiddelen samen indien de onderneming zou worden geliquideerd.

9.2 Fasen van bedrijfsoverdracht

Bij de overdracht van een familiebedrijf gaat het in principe om de overdracht van eigendom, de overdracht van zeggenschap en de overdracht van leiding. Bij de overdracht van het grootbedrijf krijgt de meeste aandacht de overdracht van eigendom en de overdracht van leiding.

Hoewel de overdragende eigenaar/ondernemer vanaf de start van zijn onderneming weet dat een afscheid ooit zal plaatsvinden, zal de bewustwording meestal pas komen tegen de tijd dat het zover is. Soms vindt deze bewustwording zelfs zeer laat plaats, waardoor de overdracht binnen korte tijd moet worden afgerond. Door (te) laat met de bedrijfsoverdracht te beginnen, blijven er vaak kansen voor opbrengstmaximalisatie voor de overdrager en kansen voor de opvolger liggen. Tevens kan dat leiden tot familieproblemen en/of problemen voor de continuïteit van het bedrijf. In de verschillende fasen die voorafgaan aan bedrijfsoverdracht, wordt van de ondernemer en zijn opvolger een bepaalde actie verlangd en zullen zij zich beiden moeten bezinnen op hun toekomst.

De fasen van bedrijfsoverdracht zijn:
- bewustwordingsfase
- overwegingsfase
- voorbereidingsfase
- onderhandelingsfase
- uitvoeringsfase
- afrondingsfase

Bewustwordingsfase

Overdrager
- De ondernemer wordt zich bewust van zijn leeftijd. Hij praat met zijn adviseurs (accountant, notaris, fiscalist, etc.) over onder andere het tijdstip van mogelijke bedrijfsoverdracht en over zijn mogelijke emotionele pijn om zich uit zijn bedrijf terug te trekken. Het moeten afstand doen van zijn eigen bedrijf blijkt voor veel vertrekkende ondernemers moeilijker dan verwacht. Familie en adviseurs moeten hiervoor tijd vrijmaken om ook deze emotionele kant van de overdracht zorgvuldig te bespreken.
- De ondernemer zal in deze fase goed moeten nadenken over zijn persoonlijke en zakelijke toekomstige doelen. Hij wenst bijvoorbeeld te stoppen om te cashen voor zijn reeds jaren geplande wereldreis of om plaats te maken voor de volgende generatie.
- De ondernemer begint ook te beseffen dat hij fysiek niet meer in staat is om het bedrijf adequaat te leiden. Tegelijk ervaart hij bij zichzelf een afnemende motivatie. Misschien is hij toe aan een nieuwe uitdaging, bijvoorbeeld een hobby of andere vrijetijdsbesteding, en hij neemt het besluit tot overdracht.

Opvolger
- Een succesvolle overname begint ook voor de opvolger met een gedegen voorbereiding. Een onderneming overnemen is een grote stap. Hij moet zijn motieven hiervoor goed in kaart brengen en zijn zakelijke doelstellingen op papier zetten. Wees hierbij vooral als een starter voorzichtig met eventueel te verwachten synergievoordelen. Het creëren van synergie kan voor deze koper een motief zijn. Synergie is de extra waarde die de (strategische) koper met zijn aankoop nastreeft. Er zijn 'kosten'synergievoordelen en 'opbrengsten'synergievoordelen. Voorbeelden van kostensynergievoordelen zijn de toegang verkrijgen tot nieuwe technologieën (de tijdwinst), grotere inkoopformules (meer kwantumkorting), besparen op indirecte kosten en ontlasting van management.
- Een volgende werkzaamheid is het door de opvolger maken van een globaal profiel van de selectiecriteria van mogelijke kandidaat-overnemers. Vanzelfsprekend valt deze werkzaamheid weg bij een bedrijfsoverdracht van vader naar zoon/dochter.
- Globale voorstellen uitwerken over de wijze van financiering van een mogelijke bedrijfsovername.
- Mogelijke vage overnameplannen moet de koper in deze fase vooral bespreken met een betrouwbaar panel van deskundigen.

Overwegingsfase

Overdrager
De ondernemer gaat met zijn team van deskundigen na welke zaken bij een bedrijfsopvolging van belang zijn. In deze fase wordt zijn opvolging verkoopklaar gemaakt. Hij kan hierbij tot de volgende opsomming komen:
- De ondernemer heeft zijn overwegingen voor bedrijfsoverdracht op een rijtje gezet en bepreekt deze met een adviesteam bestaande uit accountant, belastingadviscur, huisbankier, notaris, etc.
- Hoe eerder hij emotioneel en zakelijk zijn onderneming loslaat, des te gemakkelijker wordt het voor hem de onderneming over te dragen. Ook verloopt bij een open bedrijfscultuur met een duidelijke taakverdeling in de organisatie de opvolgingsoverdracht soepeler dan bij een zeer gesloten bedrijfscultuur.
- In deze fase moet de vertrekkende ondernemer ervoor zorgen dat zijn onderneming minder van hem afhankelijk wordt. De accountant analyseert hiervoor de organisatorische structuur van de onderneming. Eventueel worden voor meerdere bedrijfsonderdelen functies uitgewerkt en de verantwoordelijken per bedrijfsonderdeel aangewezen. Deze organisatorische aanpassing is voor de overdracht van groot belang. De aspirant-kopers weten nu wat hen te wachten staat.
- Een belangrijk werk in deze fase is het samen met zijn adviseurs maken van een overdrachtsplan waarin de bedrijfsopvolging helder en inzichtelijk besproken wordt. Een overdrachtsplan schept duidelijkheid en vormt een leidraad voor het verdere overdrachtsproces. Belangrijke te bespreken elementen hierin kunnen zijn: de taakverdeling binnen het team van deskundigen, een globaal plan van aanpak van noodzakelijke werkzaamheden en adviezen, de resultaten van de actuele SWOT-analyse, de persoonlijke en zakelijke doelstellingen van de vertrekkende ondernemer, op welke termijn hij zijn opvolger wenst te zoeken en de winstverwachtingen van de onderneming voor de lange termijn.
- Fiscale consequenties spelen steeds een grote rol bij een bedrijfsoverdracht. Voor de vertrekkende ondernemer is vooral de fiscale afrekening van de (stakings)winst van groot belang. Thema's als geruisloze overdracht, successie- en schenkingsrechten, overdracht van de bv via bedrijfsfusie, aandelenfusie of juridische fusie (zie paragraaf 5.15) moeten hierbij begrijpelijk besproken worden.
- Het vaststellen van de waarde van de onderneming. Harde gegevens zoals de winst- en verliescijfers van de laatste drie jaren, de winstverwachtingen voor de komende jaren, de flexibiliteit van de organisatie en de organisatorische opzet, maar ook toekomstige externe ontwikkelingen en gevoelsmatige factoren hebben grote invloed op de waarde van de onderneming. Er bestaan voor het berekenen van de ondernemingswaarde meerdere waarderingsmethoden (zie hiervoor paragraaf 9.5). Hieruit zal een keuze gemaakt moeten worden.
- Ook de informatievoorziening via een verkoopmemorandum aan opvolgers moet goed geregeld worden. Te denken valt hierbij aan informatie over de historie van de onderneming, de gewenste overnameprijs, de bestaande juridische en fiscale structuur, sleutelfiguren in de organisatie, het assortiment van bedrijfsactiviteiten, het personeelsbestand, het huidige management en de organisatiestructuur. Deze informatie – het verkoopmemorandum – wordt onder geheimhoudingsplicht aan kandidaat-opvolgers verstrekt. Hierbij tekenen de overdragende ondernemer

Bedrijfsovername en geheimhoudingsplicht

en de kandidaat-opvolger een geheimhoudingsverklaring die onder meer het volgende verbiedt:
- alle verkregen informatie voor andere doelen te gebruiken dan voor aankoop van deze onderneming;
- het personeel van de kandidaat-opvolger en van de te verkopen onderneming te informeren tenzij dit in het onderhandelingsproces noodzakelijk is, waarbij dan echter de geheimhoudingsplicht vervolgens ook voor deze werknemers geldt;
- de geheimhoudingsplicht niet van toepassing te verklaren op alle door de twee partijen in te schakelen deskundigen;
- zonder wederzijdse toestemming berichten in de (sociale) massamedia te publiceren.

Opvolger
Ook de koper-opvolger gaat na welke zaken voor hem bij een bedrijfsopvolging van belang zijn. In deze fase wordt zijn opvolging 'koopklaar' gemaakt. Hij kan hierbij tot de volgende opsomming komen:
- Het maken op basis van de selectiecriteria van een overzicht van kandidaat-ondernemingen.
- Het benaderen van de kandidaat-ondernemingen en het maken van een afspraak voor een eerste kennismaking.
- Het opvragen van informatie van de geselecteerde kandidaat-ondernemingen na tekening van de geheimhoudingsverklaring. Deze te verzamelen informatie betreft informatie over de bedrijfsactiviteiten, de afzetmarkt, de juridische structuur en de onderhoudsstaat van de vaste activa, alsmede een indicatie van de te verwachten overnameprijs en actuele informatie over financiële cijfers van de afgelopen jaren.
- Zich een goed beeld vormen van waar het voor de overname benodigde vermogen vandaan komt. Deze eerste financiële oriëntatie vindt plaats in samenspel met zijn accountant en zijn huisbankier.
- Weet de opvolger zeker dat hij een kandidaat-onderneming gaat overnemen, dan is het verstandig zijn overnameplannen op papier te zetten en deze vervolgens te bespreken met een door hem te formeren adviesteam.

Voorbereidingsfase

Overdrager
- Beslissen over de vraag op welke wijze de kandidaat-opvolger de overdrachtsprijs moet betalen.
- Het nemen van een besluit bij de overdracht van een bv/nv over de wijze van overdracht: via een aandelentransactie of met een activa-passivatransactie?
- De accountant maakt op basis van het reeds samengestelde verkoopmemorandum en het overdrachtsplan een berekening van de ondernemingswaarde.
- De belastingadviseur en de jurist bestuderen de voor de overdracht samengestelde accountantsrapporten op hun fiscale, juridische en personele gevolgen.
- Nu is het moment daar om aan te geven wie mogelijke opvolgers zullen zijn en aan welke criteria zij moeten voldoen. Mogelijke opvolgers komen uit de familie, de medeaandeelhouders, de in de onderneming werkzame werknemers en/of uit een groep buitenstaanders.

- Houd bij opstellen van het opvolgersprofiel ook rekening met de behoeften en specifieke wensen van de onderneming en met haar te verwachten technische ontwikkelingen en marktontwikkelingen.
- Het regelen van een eerste kennismakingsgesprek met kandidaat-opvolgers.
- Het maken van een lijst van mogelijke gesprekspunten voor de eerste kennismaking.

Opvolger
- De kandidaat-opvolger vraagt bij de kandidaat-onderneming voor extra informatie het verkoopmemorandum aan.
- Ook de kandidaat-opvolger maakt op basis van het aangevraagde verkoopmemorandum en voorafgaande aan het eerste bezoek een lijst van aandachtspunten, zodat ook de opvolger een efficiënt eerste bezoek heeft. Mogelijke aandachtpunten zijn: de bedrijfscultuur, de organisatiestructuur, de nog in het bedrijf aanwezige vergunningen, de personeelsopbouw, de toe te passen methode voor het vaststellen van de ondernemingswaarde.
- Zeer belangrijk wordt nu de wijze van financiering van de overdracht. Hiervoor zal veel overleg met de accountant en de bank nodig zijn.
- De kandidaat-opvolger moet met zijn adviesteam een waardeanalyse maken van de berekende ondernemingswaarde en de factoren begrijpen die deze ondernemingswaarde het meest hebben beïnvloed.
- In geval van de overdracht van een onderneming in de vorm van een bv of nv, beslissen over de wijze van overdracht: via een aandelentransactie of met een activa-passivatransactie?
- Het adviesteam van de koper-opvolger komt met een advies over de mogelijke juridische structuur.
- De fiscalist laat in een rapportage de fiscale gevolgen van de bedrijfsovername zien.

Eventuele fiscale aspecten zijn afhankelijk van de geadviseerde juridische structuur.

Onderhandelingsfase

Overdrager
- Tijdens de onderhandelingen probeert de vertrekkende ondernemer over tal van zaken overeenstemming te bereiken (zoals de prijs, de af te geven garanties, de te kiezen opsteller van de koopovereenkomst, de koopoptieduur, de geheimhoudingsclausule, het exclusiviteitsbeding, het onderhandelingsschema, de geschillenregeling en mogelijke ontbindende clausules).
- Onderzoeken of de gevraagde ondernemingswaarde kan worden betaald.
- Alle zaken waarover overeenstemming bereikt is, worden vastgelegd in een intentieverklaring. Voor of na de ondertekening van deze intentieverklaring zal door deskundigen een juridische en fiscale toetsing plaatsvinden. De ondertekening van de intentieverklaring brengt exclusiviteit voor de opvolger met zich mee. De koper kan in de intentieverklaring het recht van een *due diligence-onderzoek* bedingen (zie paragraaf 9.7).
- Uiteindelijk wordt de overnameovereenkomst geformaliseerd en ondertekend. De kopende partij is meestal verantwoordelijk voor het opstellen van deze overnameovereenkomst. Om het risico van negatieve financiële gevolgen af te dekken, zal de koper-opvolger hierin garanties bedingen. Ook wordt hierin wordt vastgelegd op welke wijze arbitrage bij meningsgeschillen wordt geregeld.

Opvolger
- Door de waardeanalyse weet de kandidaat-opvolger wat de onderneming waard is. Op basis hiervan moet hij beoordelen of hij de gevraagde prijs wenst te betalen en of hij in staat is de gevraagde overnameprijs te financieren. De financierbaarheid van de overname hangt ook af van de wijze waarop de eigendom van de onderneming wordt overgedragen.
- Alle zaken waarin overeenstemming bereikt is, worden vastgelegd in een intentieverklaring. Voor of na de ondertekening van deze intentieverklaring zal door deskundigen een juridische en fiscale toetsing plaatsvinden. De ondertekening van de intentieverklaring brengt exclusiviteit voor de opvolger met zich mee. De koper kan in de intentieverklaring het recht van een *due diligence-onderzoek* bedingen (zie paragraaf 9.7). Een verstandige buitenstaander als opvolger laat altijd een boekenonderzoek doen.
- Tevens zal de koper-opvolger in de overnameovereenkomst garanties voor onverwachte claims laten opnemen. Ook laat hij hierin vastleggen op welke wijze arbitrage bij meningsgeschillen wordt geregeld.

Uitvoeringsfase

Overdrager
- De belangrijkste stap in deze fase is de daadwerkelijke overdracht van de onderneming. Betreft het een bv of een nv, dan vindt deze bij de notaris plaats. De overdracht wordt bekrachtigd door het passeren van de akte en de (gedeeltelijke) ontvangst van de koopprijs.
- De vertrekkende ondernemer communiceert de bekrachtiging van de koopakte met zijn familie (familieberaad), het personeel, de huisbank en andere belanghebbenden.

Opvolger
- Het bekrachtigen van de daadwerkelijke overdracht van de onderneming en het betalen van de koopprijs.
- Eventueel doorloopt de opvolger een ervarings-, opleidings- of inwerktraject.
- Het personeel wordt ingelicht.
- Leveranciers en afnemers worden in kennis gesteld van de daadwerkelijke overdracht van de onderneming.

Afrondingsfase

Overdrager
- Na definitief afstand van zijn onderneming te hebben genomen, gaat de vertrekkende ondernemer proberen een nieuw levensritme op te bouwen.
- Het door de notaris laten doorwerken van de overdracht in en vervolgens aanpassen van het testament.
- In deze fase wordt de vertrekkende ondernemer geconfronteerd met vermogensbeheer. Als het goed is, beschikt hij namelijk over een behoorlijk vermogen.
- Misschien wordt de vertrekkende ondernemer een 'informal investor'?!

Opvolger
- De koper-opvolger gaat ondernemen of hij leert het ondernemen.
- De koper betrekt het personeel actief in de overdracht en bekrachtigt de organisatiestructuur.

- De koper regelt de dingen die voor een goede bedrijfsvoering en privépositie nodig zijn.
- Zowel de accountant, de notaris als de bank betrekt hij in zijn afwegingen, besluitvorming en uitvoering.

9.3 Activa- of aandelentransactie?

De praktijk van BOOO kan op een aantal manieren worden gerealiseerd. Drie varianten worden veelvuldig gehanteerd, te weten:
- een activa-passivatransactie
- een aandelentransactie
- een oneigenlijke bedrijfsfusieregeling (subparagraaf 5.15.1)

Activa-passivatransactie

Bedrijfsfusie

De activa-passivatransactie wordt ook wel *bedrijfsfusie* genoemd. Hierbij worden naast activa en passiva ook lopende contracten overgedragen.
Bij de verkoop van activa van het bedrijf door de bv effectueert de fiscus in beginsel zijn claim op de stille reserves.

Voordelen koper
1. Hij kan afschrijven op de werkelijke prijs die hij voor de bedrijfsmiddelen betaalde.
2. Hij neemt geen (eventueel) aanwezige VPB-claim van de verkoper over.
3. De gekochte activa kunnen worden aangewend voor het stellen van zekerheden, indien vreemd vermogen moet worden aangetrokken.
4. Hij neemt in beginsel geen verplichtingen over van de bv.
5. Hij heeft de keuze om alle activa of een individueel actief over te nemen.

Nadelen koper
1. Als onroerende zaken worden overgenomen is, naast de kosten van de transportakte, zes procent overdrachtsbelasting over de koopprijs verschuldigd.
2. In veel gevallen is het te investeren bedrag hoger dan bij een aandelentransactie, omdat in het laatste geval onder andere rekening wordt gehouden met de contante waarde van de in de toekomst verschuldigde belasting over de stille (en fiscale) reserves, de zogenoemde belastinglatenties.
3. Alle activa moeten specifiek worden gewaardeerd en overgedragen, wat meer kosten met zich meebrengt (meerdere leveringshandelingen met elk hun aparte voorschriften).

Voordelen verkoper
1. In de bv kunnen zich belangrijke vermogensbestanddelen bevinden, die hij niet wenst over te dragen, bijvoorbeeld onroerende zaken. Overigens kan dat ook een voordeel voor de koper betekenen.
2. Duidelijke beschrijving van de verkochte activa.

Nadelen verkoper
1. Over de gerealiseerde boekwinst (stille en fiscale reserves) bij de verkoop van het bedrijf uit de bv, is VPB verschuldigd.
2. De fiscus behoudt zijn inkomstenbelastingclaim op de winstreserves van de bv zolang die nog niet zijn uitgekeerd.

3 Als de verkoper het vermogen van de bv concreet in handen wil hebben, zal hij de liquide middelen in de bv nog moeten overhevelen naar privé. Vaak moet dan worden afgerekend met de fiscus.

Aandelentransactie
Bij verkoop van de aandelen van de bv realiseert de fiscus zijn VPB-claim op de stille en fiscale reserves niet. Dit voordeel zal de verkoper echter voor een deel met de koper moeten delen. De koper van de aandelen zal er immers in zijn bod rekening mee houden dat de bv in de toekomst deze belasting moet betalen. Doordat het om een toekomstige heffing gaat, kan de koper bij de prijsbepaling van de aandelen uitgaan van de contante waarde van de belastingclaim. De verkoper draagt dus de last van de belasting over de stille en fiscale reserves over aan de koper, die deze echter weer verrekent in de koopsom van de aandelen (waarde aandelenkapitaal, minus de contante waarde van de belastinglatenties). Deze transactie wordt ook wel *aandelenfusie* genoemd. Hierbij wordt minimaal een meerderheid van de aandelen van de bv die de onderneming drijft overgenomen door een ander.

Aandelenfusie

Voordelen koper
1 Als onroerende zaken (mede) worden overgenomen, is geen zes procent overdrachtsbelasting verschuldigd. Een uitzondering hierop betreft de regel dat aandelenoverdracht wordt beschouwd als een overdracht van onroerende zaken. Dit kan zich voordoen als er een situatie is, waarin de verhuur van bijvoorbeeld recreatiebungalows een zodanige plaats inneemt, dat sprake is van een *onroerendezakenlichaam*, als bedoeld in artikel 4 lid 1 letter a Wet Belastingen van rechtsverkeer (BRV). Het criterium is dat op het beoordelingstijdstip de waarde in het economisch verkeer van de in Nederland gelegen onroerende zaken, *die als zodanig dienstbaar* zijn aan het verkrijgen, vervreemden of *exploiteren* van die onroerende zaken, meer dan vijftig procent beloopt van alle activa van het lichaam. De activa moeten hoofdzakelijk (ten minste zeventig procent) bestaan uit onroerende zaken.
2 Het te investeren bedrag is in veel gevallen lager dan bij een activatransactie (er wordt rekening gehouden met de contante waarde van de belastinglatenties).
3 Als gekozen wordt voor exploitatie van het bedrijf in de juridische vorm van een bv, behoeft geen rechtspersoon meer te worden opgericht.
4 Er is slechts één leveringshandeling nodig (notariële overdrachtsakte).

Nadelen koper
1 Bij koop van aandelen ontstaat geen recht om af te schrijven op basis van de actuele waarde van de activa.
2 De belastinglatentie gaat over van de verkoper naar de koper.
3 De verplichtingen van de bv blijven in stand.

Voordeel verkoper
Over de vervreemdingswinst van aandelen is 'slechts' 25% aanmerkelijkbelangheffing (inkomstenbelasting) verschuldigd indien de verkoper een natuurlijk persoon is.

Vervreemdingswinst van aandelen

Nadelen verkoper
1 Hij mist de mogelijkheid van uitstellen of afstellen van de aanmerkelijkbelangheffing.

2 In de bv kunnen zich belangrijke vermogensbestanddelen bevinden die hij wil houden, bijvoorbeeld onroerende zaken.
3 Hij moet vaak zijn pensioenrechten, die in de bv zijn gepassiveerd, op een andere wijze regelen.

Ontwikkelingen na de aandelentransactie
Na overdracht van de aandelen kunnen feiten en omstandigheden bekend worden, die van invloed zouden zijn geweest op de vaststelling van de waarde van de aandelen, als zij voor de waardebepaling reeds bekend waren geweest. Bijvoorbeeld:
- naheffingsaanslagen van de fiscus naar aanleiding van controles omzetbelasting, loonbelasting, enzovoort;
- aansprakelijkheid voor milieuvervuiling;
- aansprakelijkheid voor andere zaken, bijvoorbeeld producten.

Het verdient aanbeveling in de *akte van overdracht* van de aandelen een artikel op te nemen waarin de financiële gevolgen daarvan worden geregeld. Controles van de belastingdienst kunnen ook vóór de overname plaatsvinden. De inspecties zijn vaak bereid mee te werken aan een controle op verzoek als zij weten dat een overname daartoe de aanleiding is. Het is gebruikelijk om in de akte van koop/verkoop en overdracht van aandelen op te nemen, dat de koper verplicht is om de overgenomen onderneming binnen een bepaalde termijn niet te liquideren en/of de doelstelling van de vennootschap te wijzigen. Een dergelijke verplichting kan ook worden opgenomen voor het maximum uit te keren dividend. Opname van deze voorwaarden heeft als achtergrond dat tegenover de fiscus wordt aangegeven, dat het de bedoeling is de bedrijfsactiviteiten te continueren en dat geen handelingen worden verricht om een bepaalde belastingheffing te ontwijken.

9.4 Waardebepaling van de aandelen

De waardering van de aandelen is een moeilijke en boeiende aangelegenheid waar in het bijzonder de accountant zich mee bezig zal houden. Daarover mag hij niet lichtvaardig denken. Er zijn vaak grote bedragen mee gemoeid die van invloed zijn op familierelaties (verkoper) en continuïteit van het bedrijf (koper). Daarnaast kan de bank een zeker risico lopen als de financiering zwaar is en is gebaseerd op prognoses. Omdat de koper privé vaak borg staat voor de verplichtingen van zijn bv aan de bank, is ook het gezin van de koper nauw betrokken bij de financiering van de transactie.
Er zijn wetenschappelijke methoden ontwikkeld (onder andere door prof.

Waardering van de aandelen

Traas) aan de hand waarvan een *waardering van de aandelen* kan plaatsvinden. Meer gangbare methoden, als één keer de intrinsieke waarde plus twee keer de rentabiliteitswaarde gedeeld door drie, worden voor de verkoper en koper als begrijpelijker aanvaard. Ook de benadering van 'wat de gek er voor geeft...' komt voor.

Verschil tussen waarde en prijs

Het verschil tussen de berekende *waarde* enerzijds en de *prijs* die tussen de partijen wordt overeengekomen anderzijds wordt veroorzaakt door vier factoren:
1 de wijze waarop de toekomstverwachtingen van het bedrijf in financiële termen worden vertaald;
2 de kwaliteit van het verkoop- en onderhandelingsproces;
3 de schaarste op de fusie- en overnamemarkt;

4 de bedrijfsmatige en commerciële voordelen van de samengevoegde bedrijven.

De waarde en de prijs van een onderneming zijn dus sterk afhankelijk van de belangstelling van potentiële kopers en in het bijzonder van hun identiteit. Immers, het maakt een groot verschil of het gaat om een zogenoemde financiële koper – een participatiemaatschappij, een institutionele belegger – of om een commerciële of zelfs strategische koper die in dezelfde of een aanverwante markt opereert.

De waarde en de prijs

De gegadigden van de financiële categorie beoordelen het over te nemen bedrijf vrijwel uitsluitend op het rendement. De prijs die zij bereid zijn te betalen, is relatief nauwkeurig te berekenen met de beschikbare en gangbare waarderingstechnieken.

De commerciële en strategische kopers daarentegen kijken meestal ook naar minder gemakkelijk te kwantificeren elementen. Bijvoorbeeld de schaalvoordelen die op korte of middellange termijn gerealiseerd kunnen worden en de acquisitiepositie op de langere termijn. Als bovendien blijkt dat er slechts een gering aantal ondernemingen van het gezochte type in aanmerking komt voor overname, gaat de dynamiek van vraag en aanbod een rol van betekenis spelen. Dit kan ertoe leiden dat de oorspronkelijke waardering op de achtergrond raakt en dat de uiteindelijke transactiesom aanzienlijk afwijkt van de berekeningen aan de hand van de waarderingsmethoden. Zie figuur 9.6.

FIGUUR 9.6 Prijsbepalende factoren

Ondernemers moeten ervoor waken om voor de prijsbepaling van de te (ver)kopen onderneming tijdens de onderhandelingen afhankelijk te worden van de waarderingsgrondslagen van de andere partij. Waardering van een onderneming ter voorbereiding van koop of verkoop is onvolledig als deze slechts is gebaseerd op gangbare waarderingsmethodieken, zonder te kijken naar kwalitatieve elementen. Deze elementen moeten geïdentificeerd worden via een uitgebreide studie van de onderneming in haar markt en haar omgeving (wetgeving, infrastructuur) en een materiële analyse van de bedrijfstak en de mogelijke kopers. Dit betekent dat er vanuit diverse disciplines naar de onderneming moet worden gekeken; niet alleen door marktstrategische en financiële adviseurs, maar ook door adviseurs die op de hoogte zijn van de

Balanced scorecard

dynamiek op de fusie- en overnamemarkt. Op die manier verkrijgt de ondernemer een goed inzicht in vraag en aanbod. Een hulpmiddel bij de beoordeling van een bedrijf is de *balanced scorecard*, waarmee niet alleen de financiële prestatie wordt gemeten, maar ook wordt gekeken naar het perspectief, de kwaliteit van de organisatie en het innovatief vermogen.

Als die in het bedrijf al is ingevoerd kan men een beeld krijgen van de kwaliteit van de bedrijfsvoering en de resultaten (zie voor de behandeling en toepassing van de BSC paragraaf 3.10).

9.5 Waardering van bedrijven

Een veelbesproken onderwerp in de literatuur is de waardering van bedrijven of activa in allerlei voorkomende gevallen, bijvoorbeeld in verband met:
- bedrijfsopvolging in familiekring of een buy-in;
- inbreng van een eenmanszaak of vof in een bv (ruisend of geruisloos);
- verkoop van het bedrijf aan werknemers of een management buy-out;
- uittreden van een vennoot of het overnemen van een deel van het aandelenkapitaal;
- echtscheiding;
- de verzekering.

Gevoelswaarde
Waardebenadering

Tegenover de *gevoelswaarde*, het emotionele waardebesef dat de verkoper heeft van zijn bedrijf of bezittingen, zal de koper een meer *rationele waarde*benadering willen hanteren. Overigens komt het voor dat ook de koper een sterke emotionele binding lijkt te hebben met een aan te kopen bedrijf of onroerende zaak. Dit komt vooral veel voor in de toeristische sector, onder andere bij aankoop van een campingbedrijf. Potentiële kopers lijken bij aankoop van een recreatiebedrijf veel eigen vermogen te willen inzetten, zonder daarvoor een redelijke vergoeding te hoeven ontvangen na het verwerven van het gewenste bedrijf. De koper heeft zijn keus voor de bedrijfstak bepaald, bijvoorbeeld tijdens een vakantie in het buitenland. Hij heeft er dan veel voor over om in die branche 'binnen' te komen en zet veel op het spel. Onafhankelijke adviseurs doen er goed aan om hem te waarschuwen tegen het betalen van een (veel) te hoge prijs.

> Het gebeurt in bepaalde sectoren (te) veel dat de koopprijs zo hoog is, dat de ondernemer er vele jaren over doet om de gevolgen van die te hoge koopsom te boven te komen. Bovendien kan dit als gevolg hebben dat uitbreidingsinvesteringen en zelfs vervangingsinvesteringen niet kunnen worden betaald uit de cashflow of gefinancierd met bancair krediet. Hier is een belangrijke taak weggelegd voor de Nederlandse makelaardij. Deze zal toekomstgericht moeten opereren en niet op de korte termijn moeten denken met het oog op de te verkrijgen courtage.

Eigenaarswaarde
Billijke waarde (fair value)

Er kunnen bepaalde waarden worden genoemd bij de overdracht van een onderneming, zoals de *eigenaarswaarde* (de waarde van het aandelenbezit zal een meerderheidseigenaar meer aanspreken dan iemand die een (ruime) minderheid heeft van het aandelenpakket) en de *billijke waarde (fair value)*. Dit betreft de prijs die partijen onderling als billijk ervaren, vaak door hun persoonlijke relatie. Dit kan verband houden met een formele regel, bijvoorbeeld het verplicht moeten aanbieden van de aandelen aan de medeaandeelhouder, de overdracht van een bedrijf van de vader aan de zoon, de verkoop van de aandelen aan de werknemers of een management

buy-out. De *billijke waarde* is de prijs die door de bijzondere omstandigheden voor beide partijen als acceptabel wordt beschouwd. Wat billijk is moet dan soms aan een deskundige derde worden voorgelegd voor *arbitrage*.
In de meeste gevallen wordt een financiële waarde bepaald op basis van voor de hand liggende, of nog voor de ondernemer begrijpelijke berekeningswijzen. Slechts in bepaalde gevallen zal de verkoper het niets kunnen schelen hoe een waardebepaling is gedaan, als hij maar genoeg beurt. Die financiële waarden hangen dan nauw samen met de *opbrengstverwachtingen*. De opbrengstverwachtingen zullen zo objectief mogelijk moeten worden vastgesteld. De vraag is door wie. In beginsel zullen daarvoor de accountants van de verkoper en de koper aan de slag moeten. Zij zullen, waar mogelijk, subjectieve zaken moeten uitsluiten. Daarbij kan worden gedacht aan de persoon van de ondernemer en de binding van het management met het bedrijf.

> Koper en verkoper doen er goed aan om niet dezelfde accountant te consulteren voor de waardebepaling van het te verkopen bedrijf. Het is moeilijk, zo niet onmogelijk, 'om twee heren te dienen'.

In de vele artikelen die er de afgelopen jaren zijn verschenen over de waardebepaling van een onderneming, worden als belangrijkste waarden naar voren geschoven de *rentabiliteitswaarde,* de *intrinsieke waarde* en de *waarde op basis van de discounted cashflow*.

De *rentabiliteitswaarde* kan op een eenvoudige wijze worden bepaald door de resultaten van de afgelopen jaren te middelen en deze te vermenigvuldigen met een factor, nadat de resultaten zijn genormaliseerd voor de kopende partij. De koper en de verkoper hebben beiden de neiging om de toekomst in dezen belangrijker te laten wegen dan het verleden. Ook wordt deze mening vaak gedeeld door de makelaars, zodat positieve trends (te) gemakkelijk worden doorgetrokken ten nadele van de koper. Toekomstverwachtend waarde bepalen houdt in dat de taxateur de markt zeer goed moet kennen om geen flater te slaan bij de waardebepaling. Overigens tracht men zich daartegen in te dekken door middel van een verzekering voor risico's dienaangaande, maar daarmee is de koper niet gediend.

Rentabiliteitswaarde

Er zijn zeker twee methoden die worden gehanteerd. De eerste gaat uit van een som die wordt bepaald op basis van de winst vóór belastingen, plus rente op vreemd vermogen en alle afschrijvingen (soms gecorrigeerd met de afschrijving op roerende zaken), de EBITDA. De andere methode hanteert de nettowinst vóór belastingen als basis, met uitsluitend bijtelling van de betaalde rente. Banken gaan vaak uit van deze laatste methode, die de rentabiliteitsgedachte beter benadert dan de eerste methode, omdat men ervan uitgaat dat de afschrijvingen realistisch zijn en zeker het niveau van de vervangingsinvesteringen zullen dekken. Als de rentabiliteitswaardemethode wordt toegepast, zal wel aan enkele criteria moeten worden voldaan. Zo wordt ervan uitgegaan dat de ontwikkelingen in de branche stabiel zijn, afschrijvingen en investeringen de komende jaren niet wezenlijk veel van elkaar zullen verschillen (anders kan beter worden uitgegaan van de cashflow voor de waarde van de nettowinst) en een juiste rendementseis wordt gesteld voor het bepalen van de kapitalisatiefactor.

> NB Bij deze becijferingen moet wel rekening worden gehouden met een aanvaardbaar ondernemersinkomen, óf via een correctiepost, óf door middel van een directiesalaris als er sprake is van een kapitaalsvennootschap.

Een rentabiliteitsberekening is gegeven in casus 9.1.

CASUS 9.1 VOORBEELD VAN EEN RENTABILITEITSWAARDEBEREKENING VAN EEN CAMPING

Bepaling omzet:

Toeristische plaatsen	200 plaatsen	€	200.000
Seizoensplaatsen	50 plaatsen	–	42.000
Jaarplaatsen	100 plaatsen	–	120.000
Horeca		–	70.000
Diversen		–	12.000
		€	444.000
Inslag horeca		–	24.000 –/–

Brutowinst	€	420.000
• Personeelskosten bij eenmanszaak en familiebedrijf € 50.000		
• Overige kosten – 97.000		
	–	147.000 –/–

Gross Operating Profit vóór ondernemersinkomen	€	273.000
Gewaardeerd ondernemersinkomen, stel	–	45.000 –/–
Gross Operating Profit na ondernemersinkomen	€	228.000
Jaarlijkse vervangingsinvesteringen voor roerende zaken, stel	–	28.000 –/–
	€	200.000

Stel, de kapitalisatiefactor is 10.[1]

Bedrijfswaarde voor roerende en onroerende zaken samen:	€	2.000.000 (v.o.n.)
Waarde roerende zaken (materiaal en infrastructuur), stel	–	280.000 –/–
Waarde onroerende zaken (v.o.n.)	€	1.720.000
Kosten koper, stel 7% (7/107)	–	113.000 (afg.)
Waarde onroerende zaken op basis van rentabiliteit en k.k.	€	1.607.000
Bij: Waarde roerende zaken, materiaal en infrastructuur	–	280.000
Bedrijfswaarde k.k. op basis van de rentabiliteit	€	1.887.000

Stel, de huuropbrengst van de bedrijfswoning is als opbrengst in het resultaat opgenomen.
De maandelijkse huur is €700, per jaar €8.400.
Vermenigvuldigt men deze €8.400 met de kapitalisatiefactor (stel 10), dan is de rentabiliteitswaarde van de huuropbrengst 10 × €8.400 = €84.000. Wordt de bedrijfswoning getaxeerd op €350.000, dan is de meerwaarde van het bedrijf met de bedrijfswoning: €350.000 − €84.000 = €266.000 (v.o.n.) = €248.600 k.k. (afgerond).

De totale indicatieve waarde van de camping is dan:

Waarde onroerende zaken (k.k.) op basis van rentabiliteit	€ 1.607.000
K.k-waarde van de bedrijfswoning	− 248.600
Waarde roerende zaken	− 280.000
Totale indicatieve waarde van de camping	€ 2.135.600

De verkoper zal een hoger bedrag als vraagprijs noemen, omdat hij een courant bedrijf (10 ha) verkoopt en stelt de vraagprijs bijvoorbeeld op €2,5 miljoen. De koper zal maximaal de rentabiliteitswaarde willen betalen. De transactie zal desondanks kunnen plaatsvinden als de koper relatief veel eigen vermogen bezit, omdat de bank waarschijnlijk niet verder wil financieren dan €1,5 miljoen. Dit laatste bedrag is gebaseerd op de executiewaarde van het bedrijf en het maximale bedrag dat de bank bereid is te verstrekken op basis van deze executiewaarde.

[1] De kapitalisatiefactor wordt bepaald door als noemer van een breuk te hanteren: de rentevoet, het ondernemersrisico en de veroudering van het bedrijf door de jaren heen. Stel op het moment van indiceren respectievelijk: 5%, 3% en 2%, totaal 10%, ook wel het gewenste rendement genoemd. De factor is dan:

100% / 10% = 10

De *intrinsieke waarde* is niets anders dan de waarde van de bezittingen minus de schulden. Daarmee wordt de waarde van het bedrijf aangegeven, niet specifiek de waarde van de onroerende zaken. Men moet erop letten, dat steeds duidelijk voor ogen staat wat onder waarde wordt verstaan. Is het de waarde van bepaalde activa of van het totale bedrijf? In dit laatste geval kan er sprake zijn van *goodwill* of *badwill*.

Intrinsieke waarde

Goede adviseurs zullen zo transparant mogelijk de waarde indiceren. Men kiest dan ook vaak voor de kasstroommethode. Volgens de methode van de verdisconteerde kasstromen (*discounted cashflow, DCF*) kan de waarde van een onderneming worden bepaald door de verwachte toekomstige kasstromen contant te maken. Er wordt niet gekeken naar boekhoudkundig beïnvloedbare winsten. De *DCF-methode* is toekomstgericht waarbij via de invoer van de gegevens in een waardebepalingsmodel een bepaalde waarde wordt verkregen. Hierbij wordt rekening gehouden met belangrijke factoren zoals SWOT-aspecten, de levenscyclus van de producten, de kwaliteit van het management en de strategie van het bedrijf. Deze zaken worden verwerkt in de rentabiliteitseis van het eigen vermogen.

Discounted cashflow

DCF-methode

Kasstromen

Kasstromen zijn voor een onderneming van zeer groot belang voor de volgende zaken:
- het opleveren van geldmiddelen voor de terugbetaling van vreemd vermogen (daarmee wordt de leencapaciteit in stand gehouden);
- het kunnen afdragen van een vergoeding voor het ter beschikking gestelde eigen vermogen (daarmee kan een blijvend beroep worden gedaan op verschaffers van eigen/garantievermogen);
- het kunnen plegen van vervangingsinvesteringen.

De nettokasstroom bepaalt de vermogensgroei van een onderneming, dus de solvabiliteit. Als deze positief is en jaarlijks groeit, schept de ondernemer zich leencapaciteit.

> 'De uiteindelijk overeengekomen transactieprijs is het resultaat van loven en bieden tussen verkoper en koper waarbij onderhandelingstechnieken, onderhandelingspositie en de gretigheid om te verkopen of te kopen een belangrijke rol spelen.' (R. Ernst in Dossier).

CASUS 9.2 WAARDERING VAN GOODWILL

Een rechter heeft eens geoordeeld dat bij de berekening van goodwill rekening moet worden gehouden met de conjunctuurschommelingen van de onderneming. Daarom gaf hij de voorkeur aan een berekeningswijze die niet alléén uitgaat van onzekere factoren in de toekomst. In dit geval verwierp hij de discounted cashflowmethode. Goodwill, de toekomstige overwinsten van een onderneming, wordt in de loop van de tijd opgebouwd door het ondernemen. Een betere methode vond de rechter een waardering met een conventionele methode die het verleden extrapoleert.

De casus:
Ondernemer A. had een bedrijf dat hij exploiteerde in de vorm van een vof. Aan het eind van jaar X besloot hij zijn bedrijf zonder belastingheffing in te brengen in een bv. Vanaf het jaar X+1 kwamen de resultaten voor rekening van deze bv. Volgens de rechter mag A. de discounted cashflowmethode niet gebruiken bij het bepalen van de boekwaarde op 1 januari van jaar X+1, omdat deze methode uitsluitend rekening houdt met resultaten in de toekomst. De vraag was, hoeveel een willekeurige derde op 1 januari, het moment van inbreng, voor de goodwill zou willen betalen. Hij koos voor de waarde van de gemiddelde toekomstige overwinst voor de formule: 1 × winst van X-2, plus 2 × winst van X-1, plus 3 × winst van X : 6. Hiervan werden de arbeidsbeloning en de rente over het geïnvesteerde vermogen afgetrokken, waarna de overwinst resteerde. Deze werd met een kapitalisatiefactor 3 (jaren) vermenigvuldigd.
Als deze formule wordt gehanteerd voor de jaren 2015 = X, met enkele voorbeeldcijfers, dan wordt de goodwill:
X-2 = 2013 (€130.000), plus X-1 = 2014 (2 × €170.000), plus X = 2015 (3 × €260.000) : 6 = €208.300.
De arbeidsbeloning is €100.000 en de rente over het geïnvesteerde vermogen is €60.000.
De **overwinst** is dan €48.300 × factor 3 en geeft een goodwillbedrag van €144.900.
De winsten over de verstreken jaren worden dus voor de helft meegeteld en die van het eerste prognosejaar eveneens voor de helft.

9.6 Management buy-out/buy-in

Bij een *management buy-out* (MBO) wordt het zittende management in de gelegenheid gesteld (mede-)eigenaar te worden van de onderneming waarvoor het op dat moment werkt. De MBO heeft de laatste jaren veel aandacht gekregen, omdat hij uitstekend past in de strategie van grote ondernemingen om naar hun kernactiviteiten terug te keren. Veel MBO's zijn oorspronkelijk onderdelen van bedrijven die niet (meer) passen in de mix van producten van het concern. Ook kan het zijn dat het object van de MBO, als onderdeel van een concern, te weinig winstgevend is, maar als zelfstandig bedrijf wel kan voortbestaan. Zo hadden de Nederlandse Philipsbedrijven vroeger een eigen bewakingsdienst, architectenbureau en organisatieadviesbureau. Dit zijn voorbeelden van activiteiten die afgestoten zijn en nu als zelfstandige ondernemingen voortbestaan. Ook taken van de overheid worden geprivatiseerd en bedrijfsmatig voortgezet. Bekende voorbeelden hiervan zijn TNT Post en de energiebedrijven.

Management buy-out

Het zelfstandig voortzetten van bedrijfsonderdelen kent de volgende kenmerken:
- het zittende management wordt topmanagement/mede-eigenaar;
- het opereren op dezelfde markten als voorheen met dezelfde producten;
- het voortaan dragen van eindverantwoordelijkheid (zelfstandigheid);
- het verkrijgen van een vernieuwd toezicht via een plaats in de raad van commissarissen van de nieuwe externe aandeelhouders;
- de door financiële participatie in sterkere mate financiële afhankelijkheid van de manager/eigenaar van de economische waarde van de onderneming. Dit is een goede voedingsbodem voor zowel herstructurerings- als innovatieve maatregelen.

Bron: Bruining, *MAB*, mei 2002.

De *voordelen* van een MBO liggen voor de hand:
- Er is sprake van een draaiend bedrijf, met een positie op de markt. Overname zal veel sneller tot succes leiden dan het opzetten van een totaal nieuw bedrijf.
- De strategie wordt gekenmerkt door marktgerichtheid. Hoe de strategie tot stand komt, bepalen de nieuwe aandeelhouders die gewoonlijk bestaan uit het zittende management en een selecte groep van verschaffers van risicodragend vermogen.

Aan de MBO kleven echter ook *nadelen*. In de eerste plaats blijkt dat niet iedereen het zelfstandig ondernemerschap aankan. Ook zou het zittende management, dat soms jarenlang in loondienst vergelijkbare werkzaamheden heeft verricht, kunnen opzien tegen risico's en onzekerheden. De MBO mist daarnaast de steun die het moederconcern voorheen kon bieden. Gedacht kan worden aan de ondersteunende diensten als een juridische stafafdeling of een marketinggroep. Ook straalt een eventueel positief imago van de grote onderneming niet langer af op de zelfstandige onderneming. Afnemers kunnen daardoor gaan twijfelen aan leverbetrouwbaarheid, kwaliteit van producten, enzovoort. Ten slotte kan de financierbaarheid van het MBO-bedrijf moeilijk zijn, omdat voor veel activiteiten die vroeger intern gefinancierd werden nu externe middelen moeten worden verkregen. Toch bleek uit onderzoek dat zeventig procent van de bedrijven er na de buy-out economisch gezonder voor stond. Allereerst blijkt de verzelfstandiging voor de (nieuwe) directie en het personeel enorm motiverend te zijn. Het verschaft het bedrijf als het ware nieuw elan. Daarnaast kunnen de interne richtlijnen van een groot concern remmend hebben gewerkt voor het oorspronkelijke bedrijfsonderdeel: denk bijvoorbeeld aan centrale arbeidsvoorwaarden, voorschriften over de wijze van produceren en de gemeenschappelijke marketing. Ook kan de besturing van een groot bedrijf veel overbodige bureaucratie met zich meebrengen. Het wegvallen van minder nuttige en soms zelfs overbodige zaken maakt dat menige MBO al snel na de afsplitsing succesvol draait.

Het toenemende aantal MBO's ondersteunt de trend van groei in *toeleveren en uitbesteden*. Aan het inkopen van diensten van een toeleverancier (bijvoorbeeld ook bij een voormalig onderdeel van de onderneming) kleeft een aantal voor- en nadelen. Als belangrijkste voordelen worden genoemd een toegenomen flexibiliteit en kostenverlaging. Dit doordat de ingekochte producten of diensten voor de toeleverancier een kernactiviteit zijn en voor de afnemer (oorspronkelijk) een nevenproduct. Veel ondernemingen verkijken zich op de transactiekosten en de problemen met het aansturen van interne dienstverlening. Hetzelfde geldt voor de kwaliteit van de ingekochte producten. Een nadeel van het inkopen is het risico dat anderen gaan beschikken over exclusieve kennis, waardoor de kernactiviteit van de inkoper bedreigd kan worden. Ook kan de inkopende onderneming afhankelijk worden van de toeleverancier, bijvoorbeeld doordat de kennis die wordt opgebouwd niet kan worden overgedragen. Ondanks deze problemen beschouwen meer bedrijven uitbesteden van activiteiten als een goede mogelijkheid.

Casus 9.3 is een onderzoek onder negen bedrijven van middelgrote omvang na een MBO of MBI.

CASUS 9.3 ONDERZOEK MBO OF MBI
De resultaten van de studie tonen aan dat het (bancair) financieren van MBO's en dan vooral van management buy-in's (MBI's) een risicovolle transactie is als de bankier vasthoudt aan de traditionele financiële prestatiemaatstaven (zoals winst en cashflow) en correctie van de goodwill op het eigen vermogen. Uit het onderzoek blijkt dat vier van de negen bedrijven na de **MBO of MBI** economisch succesvol presteren. Binnen de groep van economisch minder succesvol presterende ondernemingen bevinden zich twee MBO's en alle in het onderzoek betrokken MBI's. Van deze laatste groep ondernemingen heeft de bank intensieve kredietbewaking toegepast. Inmiddels heeft bij twee MBI's een succesvolle doorstart plaatsgevonden, onder meer door additionele inbreng van risicodragend vermogen.

De in de internationale literatuur hoog aangeprezen criteria als economische waardebepaling, gezonde vermogensstructuur en bepaling van de vrije kasstromen, lijken in theorie waarborgen te bieden tegen onverantwoord hoge financiële risico's. In de praktijk wordt daarvan ogenschijnlijk echter (nog) onvoldoende gebruikgemaakt. Consequente toepassing van deze moderne financiële criteria en verdergaande professionalisering van bancaire financiering van MBO's en MBI's achten wij dus noodzakelijk. Immers, de risico's zijn bij de financiering van MBO's of MBI's in vergelijking met de meer traditionele ondernemingsfinanciering groter. Het adequaat beoordelen en beheersen van deze risico's is van wezenlijk belang, niet in de laatste plaats om beter relatiegericht te kunnen bankieren.

Bron: Bruining, Henderik en Van Meenen: 'Beheersing van financiële risico's bij MBO's door banken', MAB, mei 2001

Een bedrijf dat via een MBO wordt verworven, kan met eigen geld en/of met privé geleende middelen worden gekocht van de moedermaatschappij. Het management zal om financiële en fiscale redenen er de voorkeur aan geven om de overname te realiseren met een speciaal voor dat doel opgerichte bv (personal holding), die dan de werkmaatschappij (of haar holding-bv) koopt. Juridisch betekent dit dat het management indirect eigenaar wordt van de werkmaatschappij en daarmee de macht en het economisch belang verwerft. Dit heeft tot gevolg dat:
- er een financiële betrokkenheid van het management bij de onderneming bestaat, wat gunstig kan zijn voor zijn inzet en motivatie;
- het management aan de onderneming verbonden blijft, inclusief zijn specifieke ervaring en kennis die zich inmiddels hebben bewezen. Dit laatste is vooral van belang voor het eventueel interesseren van financiers.

Bij een *management buy-in* (MBI) koopt een extern management(team), al of niet in samenwerking met financiële partners, een onderneming. De MBI wordt ook veel aangetroffen bij familiebedrijven, bijvoorbeeld wanneer er geen (capabele) opvolgers binnen de familiebedrijven te vinden zijn of wanneer het herfinancieren van de onderneming op te veel problemen stuit.

Management buy-in

Een *leveraged buy-out* wordt zo genoemd, als de overdracht van de aandelen voornamelijk gebeurt met leenvermogen, onder andere om via de fiscale aftrekbaarheid van de daaruit voortvloeiende rentelasten de rentabiliteit van het relatief geringe eigen vermogen te verhogen. Het gevolg kan zijn dat de onderneming via deze weg zware rente- en aflossingsverplichtingen op zich moet nemen. Het begrip leveraged slaat dus niet op een overnamevorm, maar op de wijze waarop een buy-out of buy-in wordt gefinancierd. Elke buy-out kan dus leveraged zijn, onafhankelijk van het feit of het zittende management zelf financieel in de transactie participeert.

Leveraged buy-out

Bij een *employee buy-out* gaan de aandelen van de bv over in handen van de werknemers of nemen zij in grote mate deel, op een financiële basis die met de positie van de uitkopende managers vergelijkbaar is. In veel gevallen wordt een stichting in het leven geroepen om de belangen van de werknemers te behartigen.

Employee buy-out

Met een *investors buy-out* wordt een situatie aangegeven waarin een aantal geïnteresseerde investeerders de aandelen overneemt, met het oog op het verkrijgen van zeggenschap in het bedrijf of een deel daarvan.

Investors buy-out

MBO's en MBI's zijn in de regel zwaar 'leveraged', al was het alleen maar omdat de managers zelf niet vermogend zijn. Met de aanduiding MBO wordt dus in het algemeen impliciet op een 'leveraged MBO' gedoeld. Deze vorm van bedrijfsovername brengt vaak een grote financieringsbehoefte met zich mee.
Het is voor de verkopende en de kopende partij van belang om tijdig maatregelen te treffen om een financiering van een MBO mogelijk te maken. Dit kan gebeuren als men in tijd en structuur tijdig voorsorteert om de gewenste bestemming zonder obstakels te bereiken. In de praktijk betekent dit het uitvoeren van een tijdige herstructurering, waarbij flexibiliteit wordt aangebracht om zonder onoverkomelijke hindernissen de koper in staat te stellen het bedrijf via een MBO over te nemen.

In figuur 9.7 wordt met enkele aandachtspunten aangegeven met welk proces managers worden geconfronteerd als zij in overweging nemen om het bedrijf te kopen waarin zij de leiding hebben.

FIGUUR 9.7 Managementbuyout-proces

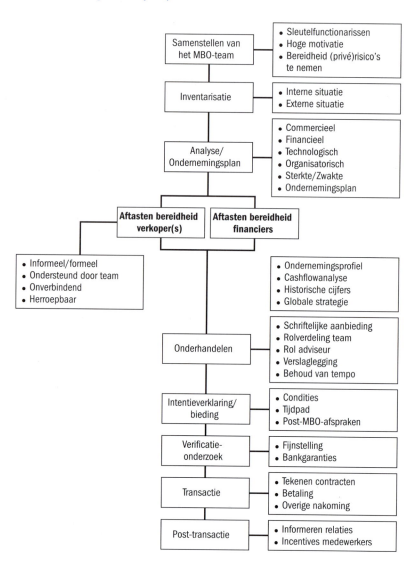

Bron: *Accountant Adviseur*, april 1999

9.7 Due diligence-onderzoek

Bij DGA's en het topmanagement van ondernemingen groeit de behoefte om beslissingen bij fusies, overnames, management buy-outs en buy-ins, enzovoort te onderbouwen aan de hand van specialistisch onderzoek. Veel van dergelijke due diligence-opdrachten zijn een onderzoek 'in de boeken' van een onderneming om na te gaan welke risico's er aan de overname, koop of beursintroductie kleven. In veel gevallen wordt voor een dergelijk onderzoek een beroep gedaan op de externe accountant en/of een fiscalist, zeker bij een financiële of een fiscale *due diligence*. In de regel heeft een wat groter accountantskantoor een in BOOO gespecialiseerde afdeling die due diligences begeleidt of gedeeltelijk zelf uitvoert.

Het doel van een *due diligence-onderzoek* (*DDO*) is: beslissingen in het onderhandelingsproces over koop en verkoop aan de hand van de uitkomsten van een DDO onderbouwen. Bijvoorbeeld:

Due diligence-onderzoek

- Op basis van de bevindingen die tijdens het onderzoek naar voren zijn gekomen, kan worden besloten het acquisitieproces al dan niet voort te zetten.
- De DDO kan van invloed zijn op de hoogte van de koopprijs: nagestreefd wordt via het onderzoek inzicht te krijgen in hoeverre de bedongen koopsom gerechtvaardigd is.
- Via het onderzoek kan de opdrachtgever erop worden geattendeerd bepaalde waarborgen en zekerheden in het koopcontract op te nemen.

Voordelen voor kopers:
- 'voldoen' aan de onderzoeksplicht ter voorkoming van bestuurdersaansprakelijkheid;
- risico's afdekken of de koopsom verlagen;
- tijdig identificeren van valuedrivers óf dealbrekers/lijken in de kast;
- voldoen aan vereisten van financiers.

Voordelen voor verkopers:
- verkoopbaar maken van de onderneming (een algehele check op onder meer financieel, fiscaal en juridisch gebied);
- identificeren van valuedrivers én dealbrekers voor een koper, zodat deze tijdig kunnen worden opgelost;
- verkorten van de doorlooptijd van een onderzoek door koper;
- optimaliseren van de koopsom (minder risico voor koper is een hogere koopsom).

Bron: BTB magazine, nr. 3/2012

In de volgende subparagrafen wordt nader ingegaan op een onderzoek naar DDO-vormen en worden de accountantscontrole en de DDO besproken.

9.7.1 Onderzoek naar DDO-vormen

Er worden verschillende vormen van DDO onderscheiden, die onder meer samenhangen met de fase binnen het acquisitieproces (is er al formeel contact met de acquisitiekandidaat geweest of nog niet?) en het doel van het onderzoek (wat is de aard en de omvang van het onderzoek, welke onderwerpen moeten worden onderzocht?).

In een onderzoek is gekeken hoe vaak een DDO werd uitgevoerd en welke interne en/of externe deskundigen daarbij werden ingeschakeld. Uit het resultaat blijkt dat met name een *financieel DDO* populair is; deze vorm van due diligence-onderzoek werd in 87% van de onderzochte gevallen uitgevoerd. Opvallend daarbij is dat in maar liefst 80% van deze situaties een beroep werd gedaan op de externe accountant.

Financieel DDO

Als belangrijkste onderzoeksgebieden van het financiële DDO kwamen naar voren het identificeren van verborgen verplichtingen en/of stille reserves, het onderzoek naar subjectieve elementen in de grondslagen voor waardering en resultaatbepaling, winst- en cashflowvoorspellingen en trends in het cijfermateriaal.

Fiscaal DDO

Een andere belangrijke vorm, het *fiscale DDO*, werd in 65% van de gevallen uitgevoerd. Dat in die situatie vooral ook een beroep wordt gedaan op de belastingadviseur was te verwachten (in bijna 83% van de gevallen), maar ook de inschakeling van eigen deskundigen scoort hoog (rond 73%). Zie ook casus 9.4.

CASUS 9.4 BELASTINGDIENST HEEFT GEEN RECHT OP INZAGE IN DDO-RAPPORT

In het algemeen bestaan DDO-rapporten uit feiten en beschrijvingen enerzijds en analyses van de feiten anderzijds. Tijdens een gerechtelijke procedure waren alle partijen het erover eens dat analyses uit het rapport niet vallen onder het inzagerecht van de belastingdienst. De vraag is dan echter welke delen wel openbaar gemaakt moeten worden en welke niet. De Hoge Raad heeft beslist dat behalve analyses ook de feitelijke fiscale beschrijvingen niet aan de belastingdienst overhandigd hoeven te worden. Deze uitspraak komt erop neer dat het gehele fiscale rapport niet overhandigd hoeft te worden (Hoge Raad, 23 september 2005, 38809).

Commercieel DDO

Een *commercieel DDO* werd in 63% van de gevallen uitgevoerd. Bij deze vorm van due diligence-onderzoek werden vooral eigen deskundigen ingezet (95%).

Uit het onderzoek komt verder naar voren dat bij de uitvoering van DDO voornamelijk in teamverband wordt gewerkt en dat de teamleden in 55% van de gevallen niet alleen van dezelfde opdrachtgevers komen. Veelal wordt een beroep gedaan op in DDO gespecialiseerde accountants, fiscalisten of juristen. Ten slotte blijkt de ervaring en reputatie van de financiële expert (of zijn organisatie) het belangrijkste element te zijn waarop de keuze voor de financiële expert wordt gebaseerd.

Redenen om een DDO uit te voeren, blijken vooral terug te voeren op economische en juridische motieven en in mindere mate op persoonlijke aansprakelijkheid van bestuurders als gevolg van de tweede en derde antimisbruikwet. De argumenten om geen DDO uit te voeren, zijn vooral gelegen in de veronderstelling dat men voorafgaand aan de transactie reeds over voldoende inzicht in feiten en eventuele risicogebieden van de acquisitiekandidaat beschikte.

9.7.2 Accountantscontrole en DDO

Due diligence-onderzoek baseert zich voornamelijk op – door de leiding van de te onderzoeken onderneming – ter beschikking te stellen informatie. Daarbij gaat het om bedrijfseconomische, fiscale en/of juridische gegevens. Om misverstanden en teleurstellingen later te voorkomen, is het verstandig voor aanvang van het onderzoek in een zogenoemde *letter of intent* zorgvuldige afspraken te maken. Die betreffen niet alleen de aard en de omvang van het onderzoek, maar tevens moet worden geregeld hoelang het onderzoek gaat duren, wie partij is en met wie zal worden gesproken. Ook zal in de

Letter of intent

letter of intent een *break-up fee* moeten worden afgesproken. Dit is een vergoeding door de verkoper aan de bieder van een bepaald bedrag als de overnameonderhandelingen uiteindelijk niet uitmonden in een overname. Door deze fee op te nemen in de letter of intent ontstaan bindende verplichtingen. Een belangrijke reden voor de break-up fee is dat de bieder daarmee zijn gemaakte voorbereidingskosten kan betalen, en mocht er een andere kaper op de kust zijn, dan is de fee mogelijk een afschrikking voor het doen van een concurrerend bod.

Break-up fee

In het onderzoek zelf gaat het er vooral om verbanden te vinden in de door de ondernemingsleiding verstrekte informatie. Daarnaast wordt gezocht naar verbanden tussen deze informatie en de door de externe accountant van de onderneming gecertificeerde informatie. In tegenstelling tot wat bij een accountantscontrole het geval is, vindt geen controle plaats op de juistheid van de informatie. Ook onderscheidt DDO zich van de accountantscontrole in die zin, dat de accountantscontrole veelal wordt uitgevoerd in opdracht van de te onderzoeken onderneming zelf.

De accountant zal bij de overdracht van een onderneming een belangrijke rol vervullen. Hij zal zich grondig moeten verdiepen in alle onderwerpen die aan de orde kunnen komen, maar hij zal niet moeten schromen om specialistische kennis in te roepen. Met name moet dan worden gedacht aan het laten taxeren van de onroerende zaken voor de herwaardering van de activa en, in sommige gevallen, de vaststelling van de goodwill (of de badwill) die onderdeel uitmaakt van de waardebepaling.

Enkele veelvoorkomende onderzoeken zijn de volgende:
- financieel onderzoek: onderzoek naar de juistheid van de verstrekte financiële gegevens;
- onderzoek naar de juridische en financiële kruisverbanden;
- onderzoek naar de procedures binnen het bedrijf;
- milieuonderzoek: onderzoek ter voorkoming van onverwachte milieuclaims;
- informatieonderzoek: onderzoek naar de kwaliteit van de informatievoorziening in het bedrijf en de wijze waarop die kan worden afgestemd op die van de koper;
- onderzoek naar de automatisering;
- pensioenonderzoek: nodig voor de beoordeling of de pensioenregeling van de over te nemen onderneming aansluit bij die van de overnemende onderneming.

In plaats van een DDO kan aan de verkoper worden gevraagd *garanties* te verstrekken voor bepaalde zaken die normaal onder een DDO zouden vallen, maar niet kunnen worden onderzocht. Dit kan het geval zijn als de verkoper niet voortijdig informatie over zijn bedrijf wil prijsgeven. Garanties kunnen op een veelheid van zaken slaan, al naar gelang de kopende partij vindt dat risico's op bepaalde punten zo veel mogelijk moeten worden uitgesloten.

Garanties

Garanties in plaats van DDO

Hoe beperkter de onderzoeken, des te belangrijker de rol is van de garanties en de redactie daarvan. Vooral in het midden- en kleinbedrijf heeft het afgeven van garanties door de verkoper niet zoveel waarde. Als eenmaal de koopsom is ontvangen, is het maar de vraag hoelang die in stand blijft en beschikbaar blijft voor eventuele claims op basis van de afgegeven garanties. Min of meer diepgaand onderzoek ligt daarom eerder voor de hand.

Men mag niet altijd verwachten dat de verkoper op grond van redelijkheid en billijkheid feiten meldt over de bedrijfsvoering en continuïteit van de onderneming. Worden de garanties afgegeven door een DGA in privé, dan moet zijn echtgenote/partner meetekenen. Daarbij maakt het geen verschil of men in gemeenschap van goederen is getrouwd of onder huwelijkse voorwaarden.

9.8 Stichting Ondernemersklankbord

Bij het ondernemen zullen ondernemers in verschillende fasen van de bedrijfsvoering komen te verkeren. In elke fase kan men problemen tegenkomen die men niet meer op eigen kracht kan oplossen en waarbij hulp nodig is, vooral in adviserende zin.

De meest lastige fase is die van de start (eerste drie jaren), dan de doorstart (de drie jaren daarna) en de neergangsfase in de bedrijfsvoering.

Adviseurs vindt de ondernemer in zijn directe omgeving in de personen van partner, kinderen en andere familieleden, maar ook in kringen daaromheen (zie subparagraaf 2.4.3).

Veel steun kan de betrokkene ervaren van mensen die zelf die problemen hebben gekend. Deze ervaringsdeskundigen stellen dan als ex-ondernemer of ex-manager hun kennis en ervaring in dienst van de ondernemers die behoefte hebben aan een klankbord en advies. Er zijn er die dit georganiseerd doen, bijvoorbeeld via de *Stichting Ondernemersklankbord*. De vrijwillige adviseurs van de stichting kan men plaatsen in de derde schil rond de ondernemer, maar zullen vaak door hun betrokkenheid opschuiven naar de tweede schil van adviseurs.

Stichting Ondernemersklankbord

De Stichting Ondernemersklankbord bestaat 35 jaar, werkt nu met ongeveer 300 adviseurs met twintig teams en heeft jaarlijks zo'n 3.000 projecten in behandeling. De diensten van de adviseurs, die zich belangeloos ter beschikking stellen, strekken zich steeds meer uit over een langere periode, waardoor de dienstverlening meer het karakter krijgt van begeleiding. Gemiddeld bezoeken de adviseurs een klant vier keer, maar bij startende en allochtone ondernemers ligt de bezoekfrequentie hoger. Ook komt het steeds meer voor dat meerdere adviseurs bij één adviestraject zijn betrokken. Deze multidisciplinaire aanpak komt de kwaliteit ten goede, aldus een jaarverslag van de stichting.

De missie van de stichting is de succeskansen van ondernemers in het midden- en kleinbedrijf te vergroten.

Van de ondernemers die zich tot Stichting Ondernemersklankbord hebben gewend, deed 45% dit op eigen initiatief, maar wel via de Kamers van Koophandel, 40% via andere intermediairs, zoals accountants, en 15% via de website. Het is een belangrijke functie van eerstelijnsadviseurs om ondernemers te wijzen op het nut van goede advisering en hen aan te moedigen om dit advies in een concrete situatie ook te vragen. Veertig procent van de ondernemers die bij Stichting Ondernemersklankbord aankloppen, is starter.

De advisering over fusies en bedrijfsopvolging neemt toe, evenals de behandeling van vraagstukken die gaan over ingrijpende wijzigingen, zoals een doorstart, introductie van een nieuw product of veranderingen in management en organisatie. Het aantal ondernemers met een achterblijvende omzet of een problematische financiële situatie is volgens de stichting afgenomen. Men spreekt de verwachting uit dat als ondernemers in een eerder stadium een beroep zouden hebben gedaan op Stichting Ondernemersklankbord, de problemen minder zouden zijn geëscaleerd.

De stichting werkt samen met de afdeling Faillissementen en insolventie van de arrondissementsrechtbank te Utrecht, om op verzoek bedrijven alsnog te beoordelen op levensvatbaarheid. Een aantal bedrijven kon worden gecontinueerd waardoor kapitaals- en werkgelegenheidsvernietiging zijn voorkomen.
Stichting Ondernemersklankbord heeft, zoals hiervoor al gesteld, tot doel de succeskansen van ondernemers te vergroten. Een economische doelstelling die zich richt op de activiteiten van het midden- en kleinbedrijf en het ondernemerschap zelf.

Samenvatting

▶ Bedrijfsopvolging is een hot item. Wie kent in zijn omgeving geen recente overname of heeft onlangs niet in de krant kunnen lezen van een bedrijfsoverdracht? Dat ondernemers zelf niet de volledige kennis hebben over wat er komt kijken bij BOOO is begrijpelijk. Slechts enkele keren krijgen zij in hun leven hiermee te maken, bij hun eigen start en bij verkoop van hun onderneming. Daar komt bij dat in de tussenliggende tijd er veel veranderd kan zijn, vooral op het gebied van juridische zaken, belastingwetgeving en ondernemingswetgeving.

▶ Daarom zijn er adviseurs die veel met het overnamebijltje hakken en daar op een efficiënte en effectieve wijze mee weten om te gaan. Maar ook over hen dient te worden gezegd dat uit het grote aantal adviseurs de beste moet worden gekozen. Dat is hij waarmee de ondernemer een klik heeft en waar een goede reputatie van uitgaat.

▶ Om als verkoper van een bedrijf een goed gevoel te hebben bij een verkooptransactie is de waardebepaling van de onderneming heel belangrijk. Vaak is in het bedrijf immers het pensioen van de eigenaar en zijn partner begrepen. Daarvoor heeft hij al die jaren gewerkt en daarom moet er bij verkoop een zodanig bedrag op de plank komen dat hij de rest van zijn leven, hopelijk in ruste, er goed van kan leven. Die opbrengstwaarde wordt vooral bepaald door de winstgevendheid van de onderneming, eigenlijk de goodwill die er is door de goede exploitatiemogelijkheden die de opvolger kan realiseren. Deze wil wel een goede prijs betalen, maar niet zomaar. Een due diligence-onderzoek hoort standaard bij de voorbereiding tot aan- en verkoop. Dat dit specialistisch werk is spreekt voor zich, en hierop moet niet worden bezuinigd door de potentiële opvolger.

▶ Dit hoofdstuk is als laatste hoofdstuk opgenomen in dit boek *Strategisch management*. De opbouw van het boek laat dit toe: van informatie over de kwaliteit van de ondernemer en de onderneming, via de marketingconcepten en alle facetten van het ondernemingsplan naar het beëindigen van een onderneming. Waarbij niet in eerste instantie wordt gedacht aan stoppen door insolventie, maar juist door overdracht aan een goede opvolger die tevens bereid is aan de vertrekkende ondernemer een goede prijs te betalen.

Meerkeuzevragen

9.1 Bij een bedrijfsfusie worden:
a de aandelen overgenomen zonder de medewerkers.
b geen aandelen overgenomen, maar de medewerkers wel.
c de activa overgenomen plus de lopende contracten.
d de activa en passiva plus de lopende contracten overgenomen.

9.2 Bij een aandelenfusie wordt:
a het gehele aandelenkapitaal overgenomen.
b minimaal de meerderheid van de aandelen overgenomen.
c de onderneming in beginsel gestaakt.
d het familiekapitaal in de bv veiliggesteld.

9.3 De eigenaarswaarde van een bedrijf is:
a het door de eigenaar opgebouwde vermogen in het bedrijf.
b de waarde die de ondernemer gevoelsmatig toekent aan zijn bedrijf.
c het kapitaal dat de eigenaar in zijn bedrijf heeft geïnvesteerd.
d de toegevoegde waarde die de eigenaar aan zijn bedrijf levert.

9.4 Als op rentabiliteitswaarde wordt gewaardeerd houdt dit in dat:
a rekening wordt gehouden met het genormaliseerde bedrijfsresultaat.
b de gross operating profit wordt gekapitaliseerd.
c het resultaat op het geïnvesteerde vermogen de basis is.
d het resultaat van de vorige ondernemer wordt gekapitaliseerd.

9.5 Bij een leveraged buy-out wordt:
a het garantievermogen door venture capitalists verschaft.
b het aandelenkapitaal over meerderen verdeeld.
c in de financieringsbehoefte vooral met vreemd vermogen voorzien.
d alleen het vastgoed van de transactie met vreemd vermogen gefinancierd.

Antwoorden meerkeuzevragen

1.1	c		8.1	d
1.2	b		8.2	a
1.3	c		8.3	c
1.4	c		8.4	c
1.5	c		8.5	a
2.1	c		9.1	d
2.2	c		9.2	b
2.3	a		9.3	b
2.4	a		9.4	a
2.5	a		9.5	c
3.1	d			
3.2	d			
3.3	a			
3.4	c			
3.5	d			
4.1	a			
4.2	d			
4.3	b			
4.4	c			
4.5	c			
5.1	c			
5.2	a			
5.3	d			
5.4	b			
5.5	d			
6.1	a			
6.2	b			
6.3	b			
6.4	c			
6.5	d			
7.1	a			
7.2	c			
7.3	b			
7.4	b			
7.5	d			

Literatuuropgave

Accountant Adviseur (april 2010). *Branchekennis, een must voor iedere accountant.* AA nr. 21.
Algra, N.E. (1989). *Inleiding tot het Nederlands privaatrecht.* Groningen: Noordhoff Uitgevers.
Ansoff, H.I. (1965). *Corporate Strategy.*
Bangma, K.L., e.a. (2014a). *Kleinschalig Ondernemen.*
Bangma, K.L. & Snel, D. (2014b). *Stemming onder ondernemers in het MKB.*
Bangma, K.L. & Snel, D. (2014c). *Algemeen beeld van het MKB in de marktsector in 2014 en 2015.*
Bartels, C.P.A. (1992). *Investeren in mensen en economisch rendement.* Assen: Van Gorcum.
Bell, J. & Boersma, M.F. (2000). *Joint venture vanuit een strategisch perspectief.* Dossier nr. 43.
Berryman, J. (1983). *Small Business Failures and Bankruptcy.* International Small Business Journal.
Bruining, J. (2002). *Management accounting.* MAB, mei 2002.
Burns, P. (2007). *Entrepreneurship and small business.* Palgrave.
Brevoord, C. (1981). *De kleine ondernemer, niet klein te krijgen.*
Brockhoff, G. & Nienhaus, G. (2014). *Waardoor ontbreken schaalvoordelen bij fusie?* Management Executive, juli/augustus 2014.
BTB Magazine (2012; nr. 3). *Uitgelicht.*
Campbell, A. (1992). *A Sense of mission.* Londen: Economist Books.
Churchill, N.C. & Lewis, V.L. (1983). *Five stages of small business growth.* Harvard Business Review, mei-juni.
Daems, H. & Douma, S. (2000). *Concurrentiestrategie en concernstrategie.* Groningen: Noordhoff Uitgevers.
Dassen, R.J.M. (2000). *Enterprise Risk Management.* Tijdschrift voor financieel management, februari.
Douma, S. (2011). *Ondernemingsstrategie.* Groningen: Noordhoff Uitgevers.
Drucker, P. (1993). *De post-kapitalistische samenleving.* Schiedam: Scriptum.
EIM (1998); Nicholson, N. *Kennismanagement in het MKB.*
EIM (2010). *Een kwestie van ondernemen; ZZP'ers in crisis: enquête en conclusies EIM.*
EIM (2010); Valk, W.D.M. van der. *Financieringsmonitor MKB-starters.*
Eppink, J. & Have, S. ten. *Omgaan met tegenstellingen in de strategietheorie.* MAB, juni 2008.
Flören, R. & Engelenburg, R. van (2000). Economisch Statistische Berichten.
Frambach, R. & Nijssen, E. (2005). *Marketingstrategie.*
Gibb, A.A. & Hannon, P. (2006). *Towards the Entrepreneurial University.* International Journal of Entrepreneurship Education.
GITP; Klei, R. (2003). *Commentaar op het conceptrapport De Nederlandse corporate governance code.*
Goleman, D.C. (1999). *Emotionele intelligentie.* Olympus.
Grip, A. de, e.a. (1999). *Employability in Nederland.* Universiteit Maastricht.
Groot, T.L.C.M. (2003). *De Balanced Scorecard.* MAB 77.
Groot, J. de. *Risicomanagement.* Controllers Magazine, februari 2010.
Gurchom, M. van & Florijn, R. (1999). *Kennismanagement in veranderingsprocessen.* Accountant Adviseur nr. 10.

Hamel, G. & Prahalad, C.K. (2002). *De strijd om de toekomst.* Scriptum.
Hessels, J. e.a. (2014). *Twee mythes over ondernemerschap ontrafeld* (Nederlandse samenvatting).
Het Financieele Dagblad (12 februari 2009). *De ZZP'er blijkt een blijvertje.*
Het Financieele Dagblad (9 maart 2009). *Wat maakt ZZP'ers succesvol?*
Hofer, C.W. & Schendel, D. (1978). *Strategy formulation analytical concepts.* St. Paul MN: West.
Hogarth, R.M. & Makridakis, S. (1981). *Forecasting and planning: An Evaluation.*
Jansen, T. *Core Competences.* Controllers Magazine, maart 2009.
Kaplan, R. & Norton, D. (1997). *Op kop met de Balanced Scorecard.* Business Contact.
Kerste, R. & Overweel M. (2002). *Waarom investeren jonge bedrijven?* EIM.
Keulen, S. van. *Balanced Scorecard geeft Verlichting en Richting.* (Afstudeeropdracht).
Kim, W.C. & Mauborgne, R. (2005). *De Blauwe Oceaan.* Business Contact.
Koch, R. (2003). *Strategie.* Schoonhoven: Academic Services.
Kok, J.M.P. de, e.a. (2009). *Slim en gezond afslanken: best practices uit de praktijk.* EIM/TNO.
Kok, J., e.a. (2011). *Do SMEs create more and better jobs?*
Kooiker, R. & Heuvel, T. van den (1992). *Marktonderzoek.* Groningen: Noordhoff Uitgevers.
Kotler, P. & Armstrong, G. (2008). *Principles of Marketing.*
Landmann, S. (1990). *Joodse humor.* Den Haag: BZZToh.
Lee, H.J. van der (1993). *Strategisch management.* Alphen aan den Rijn: Samsom.
Lievegoed, B. (1982). *Organisaties in ontwikkeling.* Lemniscaat.
Malhotra, N.K. (2008). *Basic Marketing Research.*
Mastenbroek, W.G. (2004). *Verandermanagement.* Amsterdam: Holland Management Review.
Masurel, E. (1998). Fact 7/7, *Het MKB: benchmarking.*
Mintzberg, H. (1989). *Mintzberg on Management: Inside our strange World of organizations.* New York: The Free Press.
Mintzberg, H. (1991). *Over management.* Amsterdam: Veen.
McClelland, D. (1961). *The achieving society.* Princeton NJ: Van Nostrand.
NIMA. (1993). *Marketing Lexicon.*
NIMA-B. *Kernstof marketing.*
Nickols, F. (2004). *Three forms of strategy; Corporate, competitive and strategy in general.*
NOvAA. (2006). *Juridische fusie en splitsing.*
Ophof, H.P.J. (1997). Tijdschrift TVVS, nr. 97/7.
Panteia (2013). *Kerngegevens MKB 2012/2013.*
Panteia (2014). *Marktstructuur 2013.*
Pine, J.B. & Gilmore, J.H. (2004). *De belevenisseneconomie.*
Porter, M.E. (1992). *Concurrentiestrategie.* Business Contact.
Prince, Y.M., e.a. (2014). *Bedrijfsoverdrachten in een periode van recessie en vergrijzing.*
Rijksen, H.A. & Bruin P.J.M., de (1998). Holland Management Review, nr. 59.
Saher, E. von, e.a. (2001). *De Balanced Scorecard.* Kluwer.
Scarborough, N.M. & Zimmerer, T.W. (2004). *Essentials of entrepreneurship and small business management.* New Jersey: Prentice Hall.
Scherjon, D.P. (2008). *Ondernemen is durven.* Hogeschool INHolland: lectorale rede.
Shapero, A. (1975). *The displaced, uncomfortable entrepreneur.* Psychology Today, november.
Schumpeter, J.A. (1961). *The theory of economic development.* Cambridge: Harvard University Press.
Sminia, H. (1996). *De flexibele organisatie.* Groningen: RUG.
Stel, A. van, e.a. (2014). *Global Entrepreneurship Monitor (The Netherlands 2013).*
Ster, W. van der (1986). *Marketing en detailhandel.* Groningen: Noordhoff Uitgevers.
Tiggeloove, N. & Veldhuizen, C. (2014). *MKB: een belangrijke speler in internationale waardeketens?*

Treacy, M. & Wiersema, F. (2007). *De discipline van marktleiders*. Scriptum.
Ulrich, D. (1997). University of Michigan; School of business. *Trends in human resource competencies*. Michigan: Ann Arbor.
Velu, H. (1982). *Kwartaalbijeenkomsten NMB Bank*.
Verschuren, F.J.M. *Het Management Kompass Systeem* 2000.
Visser, M. & Sikkenga, B. (2012). *Basisboek Online Marketing*. Groningen: Noordhoff Uitgevers.
Volberda, H.W. (1996). *Naar een flexibele organisatie*.
Volberda, H.W. (1998). *Concurreren op basis van organisatievorm*.
Vries, W. de (2009). *Dienstenmarketingmanagement*. Groningen: Noordhoff Uitgevers.
Walgemoed Accountants (1996). *Het familiestatuut: Regeling van de relatie tussen familie en bedrijf*. Management Consult. Deventer: Kluwer.
Wisseman, J.G. (1992). *De kunst van strategisch management*. Deventer: Kluwer.
Wijn, M.F.C.M. & Veen-Dirks, P.M.G. van (2004). *De kritieke succesfactoren methode. Een marktgerichte update van de BSC*.
Zwart, P.S. & Postma, Th. (1998). *Een strategieontwikkelingsmodel voor kleine bedrijven*. MAB, nr. 6.

Register

Symbolen
4 P's   199
7S-model   128

A
Aanbodsegmentatie   192, 230
Aandelenfusie   293, 419
Aandelentransactie   321
Aandelen worden verhuurd   322
ABC-methode   207
Acceptatiebeleid   326
Accountant   300
Accountant als huisadviseur   67
Accountmanagers   197
Achtergestelde lening   316, 348
Acquisitiemarketing   197
Acquisitieve persoonlijke verkoop   215
Actief-prijsbeleidstrategieën   236
Actio Pauliana   393, 331
Activa-passivatransactie   292
Activity-Based Costing   207
Actuele waarde   346
Acyclisch financieren   303, 326
Adaptieparadigma   116
Ad-hoc   53
Ad-hocbeleid   76
Adhocracy   47
Adoptie   202
Adoptie en diffusie van het nieuwe product   202
Adviseur   268
Affiliate   242
Affiliate marketing op internet   242
Afgescheiden vermogens   263
Afnemerspartnerschap   147
Afschrijvingen   353
Afzetspreiding en afzetbeheersing   226
AIDA-regel   241
Akte tot verpanding   330
Allochtone markt   107
Ansoff-matrix   158
Ansoff-model   158

Antecedentenonderzoek   266
Antilopen   76
Anti-misbruikwetgeving   264
Appartementsrecht   283, 328
Arbeidsmobiliteit   34
Artikel 88   259
Artikel 89   260
Assortiment   230
Authentieke akte   262
Automatismemethode   218
Autonome groei   289
Autonome groepen   47

B
'Backbone' van de economie   38
Badwill   313, 345
Balanced scorecard   422
Bancair aansprakelijk vermogen   308, 312, 346
Bancaire solvabiliteit   346
Bankborgtocht   332
Bankgarantie   310, 332
Bankhypotheek   327
Basishypotheek   329
BCG-matrix   156
BCG-portfoliomethode   154
Bedreigingen   118
Bedrijfscultuur   80
Bedrijfsdoel   100
Bedrijfsfusie   292, 418
Bedrijfsopvolger en zijn kwaliteiten   407
Bedrijfsopvolging   404
Bedrijfsopvolging en vrijstellingen   412
Bedrijfsovername en geheimhoudingsplicht   414
Bedrijfsprocesrisico's   381
Bedrijfsrisico's   381
Bedrijfstakanalyse   109
Beheersinstrument   367
Beherende vennoot   263
Belasting over de stille reserves   347
Benchmarking   127, 372

Benchmarkingonderzoek 128
Benefietsegmentatie 192
Benefits 247
Beoordelingscriterium 326, 349
Beperkte distributie 226
Besloten vennootschap 263
Besluit bijstandverlening zelfstandigen 310
Bestuurdersaansprakelijkheid 275
Betalingscapaciteit 346, 356
Betalingscapaciteitsmarge 343, 354, 359
Betrouwbaarheid van de informatie 370
Bevoorschottingsnormen 325
Bewindvoerder 389
Bijzonder Beheer 64
Billijke waarde (fair value) 422
'Blue ocean'-strategie 148
BMKB 310
Borg 260
Borgstelling MKB-Kredieten 317
Borgtocht 332, 348
Boston Consultancy Group 154
Bottom-upbenadering 115, 164, 171
Bouwbegeleiding 308
Bouwrente 308
Branchegegevens 353
Branchekennis 62
Brancheorganisaties 68
Break-up fee 433
Breuk in de levensloop 16
Bronnenstudie 369
Brutowinst 352

C

Capabilities 95, 123, 127
Capaciteiten van de opvolgers 407
Capaciteitsplanning 59
Catalogus 217
Certificaathouders 278
Chaotische organisatiestructuur 117
Checklist familiestatuut 281
Code E-mail 245
Cognitieve dissonantie 234
Collega-ondernemers als
  informatiebron 65
Commanditaire vennoot 263
Commercieel DDO 432
Commerciële doelgroep 233
Commissarissenaansprakelijkheid 269
Commisseur 268
Communicatiedoelgroep 233
Communicatiemix 214, 233
Communicatieonderzoek 369
Competitive benchmarking 374

Competitor differentiation 145
Concentratiegraad 40
Concernfinancieringen 271
Concessies 289
Concurrentie 112
Concurrentieanalyse 112
Concurrentiegeoriënteerde
  prijsvaststellingsmethode 208
Concurrentiekrachten 111
Concurrentiekrachten vanuit het
  afnemersperspectief 114
Concurrentievoordelen 410
Confrontatiematrix 131
Conglomeratieve fusie 291
Conjunctuurgolven 375
Consumptiecyclus 233
Conversie 243
Cookie 245
Cookiewetgeving 245
Coöptatie 269
Core Marketing Systeem 119
Corporate doel 99, 100
Corporate merk 206
Covenants 333
Crediteurenbescherming 267
Cross-defaultclausule 334
Crowdfunding 324
Curator 393
Customer intimacy 147
Customer Relationship
  Management 194
Cybercriminaliteit 184

D

DCF-methode 425
Decharge 274
Decision Making Unit (DMU) 199
Deelname aan vakbeurzen 216
Deelplannen 58
Defensieve strategische allianties 170
Definiëren van het centrale probleem 132
Derde anti-misbruikwet 275
Derde hypotheek 327
DESTEP 120
DESTEP-factoren 105
DESTEP-methode 120
De waarde en de prijs 421
Dichtraming 350
Differentiatiefase 47
Diffusie 202
Directe concurrenten 113
Directe distributie 226
Directe overbrugger 210

Directeur-grootaandeelhouder 343
Direct mail 216
Discounted cashflow 425
Discounted cashflow-methode 349
Distributiebeleid 212, 224
Distributie-intensiteit 226
Distributiestructuur 211
Distributiesysteem 226
Diversificatie 161
Dividenduitkering 272
Doeloverschrijding 267, 271
Doelstellingen 57, 98
Doorgroeistrategie 169
Doorstart na faillissement 397
Downgrading 231
Drie generieke concurrentiestrategieën 134
Drijfveer 99
Duale distributie 226
Duale marketing 191
Due diligence-onderzoek 431
Duo-trends 221
Durfkapitaal 319
Duurzame concurrentievoordelen 138

E

Earn-out 322
EBITDA 355
E-business 184
Economies of scale 291
Economies of scope 291
Economisch belang 271
Economische crisis 106
Eenmanszaak 257
Eenpersoonsvennootschap 266
Eerstelijnsadviseur 66
EESV 285
Effectiviteitsstrategie 160
Efficiencystrategie 169
Eigenaarswaarde 422
Eigendomsvoorbehoud 318
Eigen vermogen 316
Eigenvermogenspositie 344
Eindresultaat 54
E-mailmarketing 241
Emotionele intelligentie 387
Employee buy-out 429
Empowerment 99
Erfpacht 306
Erfpachtrecht 328
Ervaringsvoordelen 135
Evenwichtige balansstructuur 315
Executief bewindvoerder 399
Explosiestrategie 166

Exportervaring 81
Export(marketing)plan 82
Extendability 145
Externe analyse 118
Externe oriëntatie 19

F

Factormaatschappij 268, 318
Faillissement 392
Faillissementsdelicten 395
Faillissement van een vennoot 263
Faillissement vooraf traceren 378
Familiemerk 206
Familieprotocol 279
Familiestatuut 279, 280
Familiestichting 279
Fictief directiesalaris 314
Fictief loon 357
Financieel DDO 431
Financiële hefboomwerking 316
Financiële risico's 381
Financiële sanering 387
Financieren 318
Financieringsplan 59, 315
Financieringsvoorbehoud 305
First to the market 83
Fiscaal DDO 432
Fiscale en commerciële balans 341
Flexibele liquiditeitsprognose 315
Flexibele organisatiestructuur 117
Flexibele prognose 350
Flexwet 266
'Foetsie'-criteria 163
Formele strategische beslissers 93
Formuleachterstand 347
Franchisingsysteem 226
Frontline-functies 123
Functies voor de communicatiemix van industriële en dienstverlenende ondernemingen 215
Functional (generic) benchmarking 374
Fusie en overname 290
Fusiegedragscode 295
Fusies 291

G

Games 241
Garantie Ondernemingsfinanciering 312
Garanties 433
Garanties in plaats van DDO 433
Garantievermogen 316
Gazellen 33
Gebrek aan delegatie 22

Gebruikelijk loon 358
Gebruikelijkloonregeling 314, 357
Geconcentreerde marktbenadering 188
Geconsolideerde balans 341
Gedachte van Abell 102
Gedifferentieerde marktbenadering 102, 188
Gefaseerde bedrijfsoverdracht 412
Geïntegreerde prijsvaststellingsmethode 209
Geldmarkt 354
Geregistreerde partner 257
Gesegmenteerd prijsbeleid 208
Gevoelswaarde 422
Gewaardeerd ondernemersinkomen 357
Gezagsverhouding 284
Goede voorbereiding 72
Goodwill 312, 342, 347
Goudenbalansregel 344
G-rekening 272
Groeifaciliteit 312
Groeiperspectief startende ondernemer 74
Groepsdiscussies 369
Gross operating profit 355

H

Harde en zachte franchiseformule 227
Harmonisatie 106
Hefboomproducten, -diensten 198
Herstarters 396
Herwaardering van roerende zaken 347
Heterogene producten en diensten 207
Het 'geweten' van de ondernemer 66
Het kortere indirecte kanaal 226
Het langere indirecte kanaal 226
Het menselijke gezicht van de onderneming 206
Homogene producten en diensten 207
Honden 155
(Hoofdelijk) aansprakelijk 260
Hoofdelijke aansprakelijkheid 261
Hoofdelijke borgtocht 333
Horizontale diversificatie of parallellisatie 160
Horizontale fusie 291
Horizontale prijsafspraken 352
Houdstermaatschappij 267
Hulp bij bedrijfsbeëindiging 388
Human capital 78
Huur 353
Huurwaardemethode 347
Huwelijkse voorwaarden 259
Hypercompetition 95

Hyperconcurrentie 96, 142
Hypothecaire inschrijving 328
Hypotheekverlening op de echtelijke woning 260

I

Immateriële activa 343
Implementatieplan 171
Inbreng in natura 265
Incrementeel innoveren 83
Incrementele plannen 84
Indicatoren binnen de bedrijfsbesturing van de onderneming 115
Indirecte distributie 226
Indirecte overbrugger 210
Indirect tegenstrijdig belang 271
Informal investors 319
Informatierisico's 381
Informatievoorziening 78
Informatiseringsplan 59
Informele netwerken 22
Initiatief voor export 80
Inkoopbeleid 352
Inkoopportfolioanalyse van Kraljic 198
Inlenersaansprakelijkheid 272
Innovatiestrategie 160
Innovatieve kernaspecten 34
Instandhoudingsverklaring 317, 345, 348
Integratie 161
Integratiefase 47
Intensieve distributie 226
Interim-manager 382
Intermediaire leveringen 348
Internal benchmarking 373
Interne analyse 123
Interne analyse van de waardeketen 126
Interne invloeden 57
Interne marketing 198
Interne oriëntatie 19
Interne werking 262
Interpersoonlijke communicatie 233
Intrinsieke waarde 425
Investeringscrediteuren 346
Investeringsplan 305
Investors buy-out 429
Involvement 246
Issues 131

J

Joint venture 286
Juridische fusie 293
Juridische splitsing 295

K

Kaasschaafmethode 353, 377
Kamer van Koophandel 276
Kansen 118
Kapitaalmarkt 354
Kapitaalsbehoefte 75
Kasstromen 426
Kasstroomoverzicht 376
Kengetallen en ratio's 354
Kennisslijtage 84
Kernelementen van een PMC 103
Ketenaansprakelijkheid 272
Ketenregisseur 111
Knelpunt bij opvolging 409
Knelpunten in advisering 69
Knelpuntproducten, -diensten 198
Koop op afstand 245
Kostengeoriënteerde prijsvaststellingsmethode 207
Koude sanering 397
Kredietunie 325
Kredietverzekering 268
Kritisch vermogen 77
KSF's van de groothandel 211
Kwalitatief onderzoek 370
Kwaliteit en kwalitijd 36

L

Latente belastingschuld 348
Leaseproducten 318
Leaseverplichtingen 310
Leasing 318
Leencapaciteit 359
Leencapaciteit van de onderneming 316
Leen- of aflossingscapaciteit 356
Leerproces 54, 55
Lege bv 266
Letter of intent 432
Letters of comfort 333
Levenscyclusfase 243
Levenscyclus van een bedrijf 307, 397
Levenscyclus van een product 287
Levensfasefinanciering 320
Leveraged buy-out 320, 429
Leverancierscrediteuren 346
Leverancierskrediet 318
Linkbuilding 241
Liquidatiesolvabiliteit 346
Liquiditeitspositie 344
Liquiditeitsproblemen 375
Liquiditeitsprognose 314
Liquiditeitsspanningen 350
Locus of control 15

M

Maatschap 261
Macro-omgevingsfactoren 105
Management buy-in 429
Management buy-out 427
Managementinformatie 366
Managerscommunicatie 368
Marge in de betalingscapaciteit 309
Marketingintelligence 194, 197
Marketsensingproces 185
Marktaandeel 225
Marktbereik 225
Marktdiversificatie 160
Marktgerichtheid 185
Marktontwikkeling 159
Marktpenetratie 158
Marktplan 58
Marktsegmentatie 192
Marktsegmentatieaanpak 193
Massacommunicatie 233
MBO of MBI 428
Mediation 62
Meerdoelgroepenbenadering 226
Meerwerk 307
Melkkoeien 155
Merk 203
Merknaam 203
Me-too-bedrijf 168
Me-too-pricing 236
Me-too-pricing prijstactiek 209
Microfinanciering 323
Microkrediet 323
Misleidende voorstelling van zaken 275
Missie 57, 97
Mix van communicatie-instrumenten 232
MKB in kwalitatieve termen 25
MKB in kwantitatieve termen 26
Mobielmarketing op internet 243
Modified rebuy 199
Moraliteitsverklaringen 333
Motieven voor bedrijfsovername 411
Multipele distributie 226

N

Naamloze vennootschap 277
Nauwelijks strategische beslissers 93
Need for achievement 15
Negatieve issue 132
Negatieve verklaring 333
Neiging tot zelfstandigheid 17
Nepotisme 281
Nettowinst 354
New task buying 198

Nichemarketing 140
Niche-markets 38
Niet-beheersbare
   meso-omgevingsfactoren 110
Nietigheid inroepen van de
   rechtshandeling 260
Niet-investeringsverklaring 333
Niet-kritieke producten en diensten 198

O

Objectfinanciering 318
Objectieve ratio's 63
Off-balance 318
Offensieve strategische alliantie 170
Omissies in de interne organisatie 385
Omzetaandeel 225
Onafhankelijk adviseur 63
Onbehoorlijk bestuur 273, 274
Onbewust onbekwaam 51
Onderhandse verkoopwaarde 347
Ondernemende samenleving 70
Ondernemer 14, 62, 284
Ondernemer-koopman 19
Ondernemerschaptest 25
Ondernemer-vakman 19
Ondernemingsplan 53, 397
Ondernemingsplan op papier 55
Ondersteunende functies 124
Oneigenlijke bedrijfsfusieregeling 292
Oneigenlijk gebruik van de
   faillissementswetgeving 395
One-tierboard 270
One-way screen 369
Ongedifferentieerde
   marktbenadering 102, 188, 193
Ongerealiseerde winst 345
Online communities 194
Online kritieke succesfactoren 246
Online marketing 184
Onpersoonlijke onderneming 277
Onpersoonlijke organisatie 21
Onroerende zaken-bv 314
Ontbinding van een besloten vennootschap 276
Onverplichte rechtshandeling 331
Openbare maatschap 262
Openbare vennootschappen 257
Operational cashflow 355
Operationeel excellence 147, 148
Operationele doelen 100
Operationele doelstellingen 99
Operationele flexibiliteit 117
Opties 132

Opvolgingspraktijk 407
Opzegging van krediet 395
Organisatieadviseur 382
Outplacement 386
Outsourcing 36
Overdrachtsbelasting 314
Overige kosten 353
Overnemingsbeding 262
Overschrijding investeringsbegroting 307
Overwinst 426

P

Pandrecht 270, 329
Pandrecht op aandelen 330
Paraplumerk 206
Pari-passu-verklaring 333
Passief prijsbeleid 236
Penetratiepolitiek 236
Penetratiepricing 207
Pensioenreserves 264
Pensioenverplichting 317
Pensioenvoorziening in eigen beheer 314
People-to-people markt 324
Perceived risk 234
Perceived value 247
Performance bond 334
Permanent adviseurschap 268
Personeelskosten 353
Persoonlijke borgstelling 348
Persoonlijke goodwill 312
Persoonlijke onderneming 20
Persoonlijke verkoop 216
Persoonlijkheid als risicofactor 378
Perspectieven 173
Pioniersfase 46
Planmatige organisatiestructuur 116
Porter 126
Portfoliobeleid 302
Positieve issue 131, 132
Positieve/negatieve hypotheekverklaring 260, 333
Positieve verklaring 333
Positioneringsprincipe 112
Pre-pack 398
Presentatie 234
Presentatiemix 234
Prestatie-indicatoren 175
Prestatiemeetpunten 175
Prijs 207, 235
Prijsdifferentiatie 207, 236
Prijsdiscriminatie 208, 236
Prijs voor de diensten van adviseurs 61
Primaire informatie 367

Primaire (kern)activiteiten 127
Privéonttrekkingen 357
Privé-uitgaven 357
Probleemgebieden 132
Probleemkinderen 155
Problem Solving Unit 197
Problem Solving Unit (PSU) 199
Proces 54
Proces van ondernemingsplanning 56
Proces van strategievorming 91, 101
Producteigenschappen 368
Producteliminatie 203
Productieplan 59
Productleiderschap 147
Product lines 230
Product-marktcombinatie (PMC's) 102
Productontwikkeling 159
Proefenquête 369
Prognosebalans 341
Prognosticeren 350
Psychological needs 15
Publiciteit 217
Publiek-private samenwerking 288
Pull 187
Pullbeleid 225
Pullpromotiestrategie 215
Pullstarters 17, 71
Push 187
Pushbeleid 225
Pushpromotiestrategie 215
Pushstarter 16, 71
Put-outpricing politiek 236

Q
Qredits 323

R
Raad van commissarissen 268, 272
Rack-rate 350
Radicaal innoveren 145, 148
Ratio's 354
Receptieve marketing 218
Rechter-commissaris 393
Recht van erfpacht 328
Recht van opstal 328
Recht van retentie 393
'Red ocean'-situatie 148
Redelijk belang 392
Registergoederen 327
Regulering 106
Reizigersmodel 385
'Re-invent the business'-activiteiten 115

Rekening-courant directeur-aandeelhouder 313
Rekening-courantkrediet 345
Relatiemanagers 197
Relatiemarketing 197
Rentabiliteitswaarde 423
Rentevoet 354
Reorganisatieprocedure 384
Resources 95, 123
Rigide organisatiestructuur 116
Risicoanalyse 381
Risicobewust financieren 301
Risicobewust of risicomijdend? 326
Risicokapitaal 320
Risicoprofiel 379
Risicoprofiel in het jaarverslag 380
Risk Management 382
Risk taking propensity 15
Routinematig gedrag van de ondernemers 406

S
Saldoborgtocht 332
Sale-lease-back-constructie 318
Salespromotions 217
Saneringskrediet 389
Sanering van schulden 309
Schaalvoordelen 39, 135
Schaarbeweging 49
Schonegrondverklaring 306
Schone leiverklaring 390
Schuldsanering door banken 394
Schuldsaneringen 389
Secundaire informatie 369
Secundaire ondersteunende competenties 127
Securatie 332
Secureren 348
Segmentatiecriteria 192, 193
Seizoenkrediet 315
Selectieve groeistrategie 167
Separatist 393
Serial starter 51
Shareholders 339
Shop-in-the-shops 166
Signalen van negatieve aard 376
Simple structure 47
Situatieanalyse 117
Skimming pricing 187, 207, 236
Slipstrategie 169
Sluikreclame 241
SMART 99

SMART-voorwaarden 173
Sociale media 244
Solvabiliteit 344
Span of control 20
Sponsoring 216
Spronginvesteringen 78, 313
Staatsgarantie 310
Stafmanco 18
Stakeholders 340
Stamrecht-bv 386
Stamrechtverplichting 314
Stamrechtvoorziening 317
Standaardrapportagemodellen 325
Stappen bedrijfsopvolging 410
Stapsgewijze aanpak 82
Starterslening 313
Startup-financieringen 303
Stay-outpricing 187
Steady-state-flexibiliteit 116
Stemrecht 270
Stemrecht op verpande aandelen 330
Sterren 155
Stichting 277
Stichting Administratiekantoor 264, 267, 278
Stichting Ondernemersklankbord 434
Stille bewindvoering 398
Stille maatschap 261
Stille reserves 342
Stille vennoot 263
Stil pandrecht 329
Stimuleringslening 317
Straight rebuy 199
Strategie 92
Strategiekeus 100, 161
Strategie van differentiatie 137
Strategie van focus 140
Strategisch besluit 134
Strategisch bewuste ondernemers 93
Strategisch flexibel 83
Strategisch management 162
Strategisch ondernemen 92
Strategisch risicomanagement 379
Strategische allianties 195
Strategische businessunit 103
Strategische flexibiliteit 117
Strategische kloof 117
Strategische planning 162
Strategische producten 198
Strategische risico's 381
Structurele flexibiliteit 117
Stuck in the middle 141

Stuurinstrument 367
Subcontracting 35
Subsidies 316
Substituut-producten en -diensten 113
Succes-fee 61
Succes van een franchiseformule 229
Succes van productontwikkeling 201
Supply chain-modellen 126
Surseance van betaling 394
Switchingkosten 207

T
Taakstellende methode 218
Taal van de ondernemer spreken 61
Tactiek van stay-out pricing 114
Taxatierapport 342
Technisch faillissement 397
Technologische risico's 381
Tegenstrijdig belang 271
Terugkoopverklaring 331
The plan is nothing, planning is everything 54
'Tipping point'-strategie 153
Tips gegeven voor het verkrijgen van bankkrediet 303
Toestemming van de echtgenoot 259
Toetreders in de bedrijfstak 114
Top-downbenadering 163
Tophypotheek 329
Track record 319
Trading down 231
Trading up 230
Trekkersmodel 385
Turnaround 382
Turnaround financing 321
Turnaround managers 382
Turn-key leveringen/dienstverlening 308
Tussentijdse cijfers 350
Two-tierboard 270
Type manager 398

U
Uitlekken van informatie 371
Uitvoerende principes 153
Uniek merk 206
Upgrading 231

V
Valkuilen en voordelen BSC 177
Value chain analysis 126
Value chain-model 127
Value engineering 135

Van kernvaardigheden naar basisvaardigheden 145
Varkenscyclus 110
VAR-verklaring 284
Vaste hypotheek 327
Vaststellingsovereenkomst 261
Vennootschap onder firma 262
Venture capital 319
Venture capitalist 321
Veranderingen in de marktomgeving 104, 117
Verantwoordingsinstrument 367
Verblijvingsbeding 262
Verbreding van de dienstverlening 68
Verbreding van het assortiment 201
Verdieping van het assortiment 201
Vereniging 283
Verhullende maatregelen 378
Verklaring Arbeidsrelatie 284
Verliesfinanciering 309
Vermogensverklaring 344
Verpanding van bedrijfsvorderingen 330
Verschil tussen waarde en prijs 420
Versterkte terugkoopverklaringen 331
Verstrekkingsnorm 306, 325
Verticale fusie 291
Vertrouwenspositie 66
Vervangingsinvesteringen 354
Vervreemdingswinst van aandelen 419
Vestigingseisen bij offline-aankopen van de consument 219
Vestigingsplaatsbepalende factoren 213
Vestigingsplaatsonderzoek 219
Vier hoofdgroepen 357
Vier instrumenten van de marketingmix 199
Vier organisatiestructuren voor ondernemingen 116
Vijandige overname 277
Vijf concurrentiekrachten 113
Visie 97
Visie, missie en de doelstelling van de onderneming 280
Vloereconomie 352
Volmacht tot hypotheekverlening 327
Voorbereidende principes 148
Voordelen strategische allianties 195
Voordelen van de BSC 177
'Voordelen' van het strategievormingsproces 94
Voordelen van marktsegmentatie 194
Voorfinanciering van de te verrekenen omzetbelasting 308
Voortzettingsbeding 262
Voorwaardenscheppende functies 124
Voorzieningen 345
Vormen van schuldhulpverlening 390
VPB-latentie 345
Vraaggeoriënteerde prijsvaststellingsmethode 208
Vruchtgebruik 329
Vuistpandrecht 329

W

Waardebenadering 422
Waarde-innovatie 148
Waardepositiestrategieën 147
Waardering van de aandelen 420
Wbp 245
Webdesigner 241
Webmaster 242
Weerstandsvermogen 78
Werkkapitaal 313
Wet bescherming persoonsgegevens 245
Wet Bestuurdersaansprakelijkheid 273
Wet Bestuurdersaansprakelijkheid bij Faillissement 274
Wet Ketenaansprakelijkheid 272
Wet schuldsanering natuurlijke personen 389
Wetsvoorstel Personenvennootschappen 257
Wettelijke reserve 344
Wettelijk traject 389
Winst uit aanmerkelijk belang 263
Wipaandelen 266

X

X-groep-werknemers 100

Y

Y-groep-werknemers 99
Yieldmanagement 352

Z

Zachte informatie 367
Zakelijke goodwill 312
Zoekmachine 241
Zorgplicht 63
Zorgplicht bank 332
Zwakke ondernemers 377
Zzp'er 283

Over de auteurs

H.J. Dekker AA
Hans Dekker begon zijn loopbaan op enkele accountantskantoren. Nadien was hij administrateur bij een industriële onderneming en controller bij een handelsonderneming.
Vanaf 1981 was hij als adviseur werkzaam bij Rabobank Nederland, afdeling Risicomanagement.
Zijn werkzaamheden waren gericht op het adviseren van Rabobanken bij grote c.q. complexe bedrijfsfinancieringen. Een belangrijk deel van zijn werk bestond ook uit het overdragen van (branche)kennis aan de medewerkers van lokale banken. Hij was vele jaren docent bij opleidingsinstituten, de laatste jaren met name voor het onderdeel Strategisch Management voor het diploma Accountant-Administratieconsulent. Hij was voorzitter van de Vakcommissie Strategisch Management voor de hbo-accountantsopleiding tot deze commissie in 2014 werd opgeheven door nieuwe wetgeving.

Drs. H.M.P. Huls
Huub Huls had altijd grote interesse in het midden- en kleinbedrijf. Meer dan veertig jaar was hij betrokken bij het onderwijs voor ondernemers in het MKB. In het verleden was hij verbonden aan het Accountancyonderwijs van de Fontys Hogescholen. Als docent was hij één van de pioniers van het vak Strategisch management en maakte hij deel uit van vakcommissies voor landelijke hbo- en accountancyexamens.

Drs. D.P. Scherjon
Dick Scherjon is in diverse functies betrokken geweest bij het begeleiden van ondernemers en het stimuleren van ondernemerschap. Ooit heeft hij de basis gelegd voor het ondernemerschapsonderwijs aan de toenmalige Faculteit Bedrijfskunde aan de Rijksuniversiteit Groningen. Zijn eerste functie was die van projectleider op 'de Baak', het managementstudiecentrum van VNO-NCW in Noordwijk, gericht op het aanbieden van cursussen voor ondernemers. Daarna is hij meer dan tien jaar (mede)verantwoordelijk geweest voor het MKB-beleid van KPMG Accountants. Samen met het ministerie van Buitenlandse Zaken, het ministerie van Defensie en VNO-NCW heeft hij daarna inhoud gegeven aan ondernemerschap in (voormalige) oorlogsgebieden. In al die jaren is hij parttime verbonden geweest als docent en lector aan universiteiten en hogescholen. De heer Scherjon is nu al weer tien jaar verbonden aan Rabobank Nederland, eerst bij het Directoraat Midden- en Kleinbedrijf, daarna bij het Directoraat Kennis en Economisch Onderzoek en nu als adviseur van het Bestuur van de Rabobank.